KARL BARTH
VORTRÄGE UND KLEINERE ARBEITEN

1925–1930

KARL · GESAMTAUSGABE

Im Auftrag der Karl Barth-Stiftung
herausgegeben von Hinrich Stoevesandt

III. Vorträge und kleinere Arbeiten

VORTRÄGE UND KLEINERE ARBEITEN
1925–1930

THEOLOGISCHER VERLAG ZÜRICH

KARL BARTH

VORTRÄGE UND KLEINERE ARBEITEN
1925–1930

Herausgegeben von Hermann Schmidt

THEOLOGISCHER VERLAG ZÜRICH

Gedruckt mit Unterstützung der Evangelischen Kirche in Deutschland
und der Karl Barth-Stiftung

Die redaktionelle Betreuung des Bandes durch das
Karl Barth-Archiv wurde ermöglicht vom
Schweizerischen Nationalfonds zur Förderung der
wissenschaftlichen Forschung

Die Deutsche Bibliothek – CIP-Einheitsaufnahme

Barth, Karl:

Gesamtausgabe / Karl Barth. Im Auftr. der Karl-Barth-Stiftung
hrsg. von Hinrich Stoevesandt. – Zürich: Theol. Verl.
NE: Stoevesandt, Hinrich [Hrsg.]; Barth, Karl: [Sammlung]

3. Vorträge und kleinere Arbeiten.
1925–1930 / hrsg. von Hermann Schmidt. – 1994
ISBN 3-290-10952-6

INHALT

VORWORT

1) Karl Barth in Münster

Über Barths Jahre in Münster unterrichten uns aufs beste Eberhard Buschs Biographie[1] und Wilhelm H. Neusers Monographie *Karl Barth in Münster 1925–1930*[2]. Barths Briefwechsel mit dem Freund Eduard Thurneysen aus diesem Zeitraum umfaßt 346 Seiten und gewährt uns einen starken Einblick in das Denken und Fühlen Karl Barths.[3]

Die evangelisch-theologische Fakultät der Westfälischen Wilhelms-Universität hatte Barth im Februar 1922 die Würde eines Ehrendoktors verliehen. Jetzt erreichte sie beim Preußischen Ministerium für Wissenschaft, Kunst und Volksbildung, daß Barth auf das vakante Extraordinariat berufen wurde. Die Professur wurde den Disziplinen Neues Testament und Systematische Theologie zugeordnet. Barth erhielt außerdem ein persönliches Ordinariat, aus dem er 1927 in ein planmäßiges Ordinariat versetzt wurde.[4] Am 25. Oktober 1925 zog Barth nach Münster; am 3. November begannen die Vorlesungen des Wintersemesters. Schwierigkeiten bereitete die Wohnungsfrage. Erst im März 1926 konnte die Familie Barth mit ihren fünf Kindern in das Haus Himmelreichallee 43 einziehen.

Acht Semester hat Barth in Münster bestritten. Die Themen seiner Vorlesungen und Seminare sind übersichtlich zusammengestellt in Barths Briefwechsel mit E. Thurneysen.[5] Im Sommer 1927 machte er erstmals eine dogmatische Vorlesung druckfertig.[6] Zugleich quälte ihn

[1] Busch, S. 176–211.

[2] Zürich 1985. Es handelt sich um einen für den Druck erweiterten und mit Anlagen versehenen Vortrag anläßlich des 200jährigen Jubiläums der Universität Münster.

[3] Bw. Th. II, S. 375–710. Der Briefwechsel mit Rudolf Bultmann in jenen Jahren umfaßt immerhin auch 50 Seiten: Bw. B¹, S. 56–106; Bw. B², S. 58–106.

[4] Vgl. Neuser, S. 7–9.

[5] Bw. Th. II, S. 742f. – Vier der Hauptvorlesungen sind inzwischen in der Karl Barth-Gesamtausgabe, Abt. II, Akademische Werke, veröffentlicht: K. Barth, *Erklärung des Johannes-Evangeliums*, hrsg. von W. Fürst, Zürich 1976; Chr. Dogm. (s. Abkürzungsverzeichnis); Ethik I + II (s. ebd.).

[6] Chr. Dogm., S. XI–XIII.

die Frage, ob er verpflichtet sei, einem Ruf in seine schweizerische Heimat nach Bern zu folgen; erleichtert war er, als die Sache sich zerschlug.[7] Für den Sommer 1929 beantragte er ein Freisemester, welches ihm, wohl zum Dank für sein Bleiben in Deutschland, sofort genehmigt wurde.[8] Dieses war kaum zu Ende, als er das Schreiben mit der Berufung nach Bonn empfing.[9] Das Wintersemester 1929/30, in dem Barth die Pflichten eines Dekans der evangelisch-theologischen Fakultät wahrzunehmen hatte, stand bereits unter dem Zeichen des Abschieds, der ihm, seiner Frau und seinen Kindern nicht leicht fiel, weil Münster «uns Allen lieb geworden» war.[10] Anfang März 1930 übersiedelte Barth mit seiner Familie nach Bonn, dem Höhepunkt seiner Lehrtätigkeit in Deutschland, dem Kirchenkampf und dem dramatischen Ende seiner Existenz als deutscher Professor entgegen.

2) Barths Vortragstätigkeit

Wie in Göttingen, so wurde Barth auch in Münster von seinen universitären Pflichten in Atem gehalten: «Ich bin längst wieder in das Stadium gekommen, wo das Dampfschiff auf hoher See mit allen Maschinen läuft und ich im Kesselraum, auf der Kommandobrücke, in der Rauchkajüte und im Kartenhäuschen alle Hände voll zu tun habe.»[11] Nichtsdestoweniger finden wir Barth in den Münsteraner wie in den Göttinger Jahren immer wieder auf Vortragstournee: «Die Frühlingsferien [1927] drohen sehr bedrängt zu werden. Von allen Seiten Anträge wegen Vorträgen und zwar solche, die ich schon mehrfach abgelehnt in früheren Jahren und nun einmal annehmen *muß* ...»[12]

Dies war kein Zufall, war es doch ein Vortrag, nämlich der in Tambach – «Der Christ in der Gesellschaft» – vom 25.9.1919, der in Deutschland viele Ohren öffnete für das, was Barth zu sagen hatte.[13]

---

[7] Vgl. Bw.Th. II, S. 512–514.516f.524–527.530.532–534.536f.540–555.

[8] Chr. Dogm., S. XIII mit Anm. 15.

[9] Bw.Th. II, S. 675f.

[10] Brief Barths an den Rektor der Universität Münster vom 3.10.1929, abgedruckt bei Neuser, S. 76.

[11] Bw.Th. II, S. 448.

[12] Bw.Th. II, S. 442f.

[13] Vgl. Busch, S. 124f.

Über die Göttinger Jahre schreibt Barth 1927: «Es waren freilich saure Jahre, da ich fortwährend nicht nur gleichzeitig lernen und lehren, sondern mich auch als Vertreter einer neuen theologischen Richtung in Form von Vorträgen und öffentlichen Diskussionen nach allen möglichen Richtungen legitimieren bzw. meiner Haut wehren mußte.»[14]

Groß waren die *Erwartungen*, die Barth entgegenkamen. Nach der Hollandreise von 1926 schrieb er: «Ich *erschrak* förmlich über dieses Echo und über die Erwartungen, die man dort auf uns setzt. Insofern fühlte ich mich die ganze Zeit wie gewürgt von dem Vertrauen und der Offenheit, mit der man mich aufnahm, auch dann, wenn ich den Leuten Dinge sagte, die ihnen zunächst nicht in den Kram paßten, sondern neu waren.»[15] Als 1927 die Berufung nach Bern auf dem Tisch lag, schickte das Presbyterium von Elberfeld einen langen offiziellen Brief an Barth «im Namen der reformierten und überhaupt der evangelischen Christenheit von Deutschland» und entsandte «eine feierliche Zweierdeputation» nach Münster mit der Nachricht, es liege «im Interesse des Weltprotestantismus», «daß meine Trompete gerade in Deutschland nicht verstumme».[16] Bei den theologischen Wochen des Reformierten Bundes am Niederrhein wollten wohl tausend Menschen Barth hören, Pfarrer und Laien, teils von weither angereist.[17] In Marburg mußten hunderte «wegen gänzlicher Überfüllung des Lokals umkehren».[18]

Von wem gingen die Einladungen aus? Da waren universitäre Gremien: theologische Fakultäten bzw. Fachschaften, die Münsteraner Dozentenvereinigung, studentische Gruppen wie Burschenschaft, Christliche Studenten-Vereinigung, Aarauer Konferenz und eine politische Hochschulgruppe. Da waren kirchliche Instanzen: die Evangelisch-reformierte Landeskirche der Provinz Hannover, die Generalsuperintendentur in Danzig, der Reformierte Bund, die Innere Mission, der CVJM, offizielle, offiziöse und private theologische Konferenzen bis hin zum Lesekreis von Dr. Karl Stoevesandt in Bremen. Da waren

[14] K. Barth, Autobiographische Skizze im Fakultätsalbum der Evangelisch-theologischen Fakultät in Münster vom 26.3.1927, abgedruckt in Bw. B¹, S. 310; Bw. B², S. 299.
[15] Bw. Th. II, S. 415: vgl. unten S. 9f.
[16] Bw. Th. II, S. 541.
[17] In Duisburg-Meiderich 1925 (Bw. Th. II, S. 332; vgl. V. u. kl. A. 1922–1925, S. 609f.), in Elberfeld 1927 und 1929 (s. unten S. 183ff. und S. 458ff.).
[18] Bw. Th. II, S. 700; vgl. unten S. 543.

auch weltliche Kulturträger: Bildungseinrichtungen der Städte Düsseldorf, Dortmund und Bremen nebst einer Kant-Gesellschaft. Einige Vorträge kamen zustande durch eine Freundesbitte, der sich Barth nicht verweigerte.[19]

Für Barth war es eine *Pflicht*, den an ihn gerichteten Erwartungen zu entsprechen: «... wir werden uns *sehr* Mühe geben müssen, um dem eindringlichen Fragen, das mir in dieser Ordensprovinz begegnet ist, fernerhin gerecht zu werden.»[20] In der Gewissenfrage, ob er nach Bern gehen müsse oder nicht, war dies Barths Kriterium: «Ob die *Lage in Deutschland* es nicht wahrscheinlich macht, daß *das Gebot*[21] doch auf Dableiben lautet.»[22] Manche Einladung hat er mit Seufzen angenommen[23], unvermeidlich war es, daß er manche Vorträge – wie schon in den Göttinger Jahren – mehrfach wiederholte[24], meist nicht ohne sie weiter auszuarbeiten. Zweimal hatte er eine ganze Vortragsreihe zu absolvieren[25], zur Bewältigung mancher Themen benötigte er volle zwei Stunden an Redezeit[26]. Unbekannt ist, wie oft er abgesagt hat bzw. absagen mußte.[27]

[19] Hierher gehören die Anfragen von R. Karwehl (s. unten S. 305), von L. Christ (s. unten S. 396) und von Barths Schwager K. Lindt (s. unten S. 395).

[20] Bw. Th. II, S. 415.

[21] Hervorhebung vom Hrsg.

[22] Bw. Th. II, S. 541.

[23] Vgl. z. B. Bw. Th. II, S. 392: «Das versalzt mir nun auch noch die Ferien.» S. 523: «Ich sehe wieder einmal allerhand Vorträgen entgegen, ... die ich nicht absagen konnte.» S. 530: «Ich knorze an einem Vortrag ...».

[24] Sechsmal: «Rechtfertigung und Heiligung», viermal: «Die Lehre von den Sakramenten», je dreimal: «Das Halten der Gebote», «Der römische Katholizismus als Frage an die protestantische Kirche» und «Theologische und philosophische Ethik».

[25] «Gottes Offenbarung nach der Lehre der christlichen Kirche» wurde an fünf, «Schicksal und Idee in der Theologie» an vier Abenden vorgetragen.

[26] Z. B. «Der römische Katholizismus ...», vgl. unten S. 306; «Rechtfertigung und Heiligung» und «Die Lehre von den Sakramenten» waren von vornherein für zwei Vortragseinheiten konzipiert.

[27] Dokumentiert sind drei Absagen: im September 1926 konnte Barth infolge eines Reitunfalls vier zugesagte Vorträge in Bethel nicht halten (Bw. Th. II, S. 423.429); im Wintersemester 1927/28 weigerte er sich, in Marburg zu reden, weil er «mit Leuten, die die Wahrheit gefressen haben, nichts zu tun haben wolle» (Bw. Th. II, S. 565; vgl. Bw. B¹, S. 76–78.233f.; Bw. B², S. 78f.226f.); im Januar 1929 sagte er dem Direktor des Prediger-Seminars der bischöflichen Methodistenkirche in Frankfurt/Main, Dr. O. Melle, die in Aussicht gestellte Teilnahme

Dem Pflichtbewußtsein Barths entsprach sein *Sendungsbewußtsein*. Es findet seinen schönsten Ausdruck in der manchmal saloppen Sprache im Briefwechsel mit dem Freund E. Thurneysen. Da ist dann nicht mehr wie im amtlichen Dokument von der «neuen theologischen Richtung» die Rede, sondern von der «reinen Lehre»[28], da gibt es «Ordensprovinzen»[29], und da fehlen – wie in den «schönen aargauischen Jugendtage[n]»[30] – die militärischen Bilder nicht: «Wir müssen jetzt mit *allen* Geschützen und *allen* Kalibern schießen.»[31] Jedoch: Der selbstkritische Unterton ist unüberhörbar. Die folgenden Verse gehören in ein Poem «Retractatio 1926»[32]:

> Wir wandern nun in Mittagshitze.
> Es wird nicht mehr so viel gelacht.
> Und stumpf ist manches Hornes Spitze,
> von dem wir einst Gebrauch gemacht.

Nicht gering waren die *Anfechtungen*: «Die Ethik wird nun unter täglich- und nächtlichen schweren Sorgen weitergewälzt. ... die Pression ist augenblicklich wirklich ganz wüst».[33] «Lieber Eduard, warum haben wir nicht geschwiegen, wie uns die Preiswerke ja immer rieten? Jedenfalls ich werde nun dafür mit Ruten gezüchtigt.»[34] Ich wäre ... «am liebsten Kontorist bei Rudi in Lugano ..., statt immer wieder solche Drucksachen über den lieben Gott herauszugeben, über die im Himmel angesichts des Übrigen, was man ist und tut, doch nur steigende Verwunderung herrschen kann!»[35]

Barths Vortragstätigkeit hat nicht geringen Anteil daran, daß Neuser «geradezu von einem Durchbruch in der Münsterischen Zeit», ja vom

---

an einem Theologischen Kursus wegen einer Terminkollision mit den Westfälischen Konsistorialprüfungen ab.

[28] Vgl. Bw. Th. II, S. 564.590 u. ö.

[29] Vgl. dazu die Redewendung Thurneysens von den «fratres minores unseres Ordens» (Bw. Th. II, S. 696).

[30] Bw. Th. II, S. 692: vgl. unten S. 521.

[31] Bw. Th. II, S. 539. Ähnliche Wendungen finden sich häufig.

[32] Bw. Th. II, S. 412.

[33] Bw. Th. II, S. 628f.

[34] Bw. Th. II, S. 558. Adolf und Richard Preiswerk waren schweizerische Pfarrer der älteren Generation; s. im Register von Bw. Th. II, S. 733.

[35] Bw. Th. II, S. 453. Barths Freund, der Zürcher Kaufmann Rudolf Pestalozzi, hatte eine Filiale in Lugano.

«*Beginn der ‹Barth-Bewegung›*» reden kann.[36] Wenn der Freund Lukas Christ nach Barths Vortrag in Pratteln schreibt: «Es hat sich mir aufs neue gezeigt, wie ganz anders zeugniskräftig das gesprochene Wort ist als das gedruckte»[37], dann spricht er aus, was damals unzähligen Hörern der Vorträge (und Predigten) Barths widerfuhr. Er selbst schrieb mit Staunen dem Freund E. Thurneysen: «Noch jüngst in Elberfeld hörte ich von einem Landarbeiter, der seinem Pfarrer nachher (‹Ick heww de Barth hört›) eine halbe Stunde lang glatt meine Predigten wiedergeben konnte. Du solltest schon auch einmal auf einem von Fruchtbarkeit so dampfenden Acker stehen dürfen.»[38] Ein Journalist schrieb: «Nach dem letzten Worte des Vortragenden verließen die Hörer still den Saal.»[39] Öfter kam es zu langen Aussprachen, oft zu heftigem Widerspruch. In Aarau erklärte Barth in seinem Schlußwort, «er müsse seine Schlacht ... als verloren ansehen».[40] Aus Utrecht und Leiden dagegen konnte Barth berichten, «daß auch ich dort ganz anders ‹in Form› war als in Aarau, in den großen Diskussionsschlachten mit Professoren und Studenten halbstündige Kontroversreden freudig und verbindlich hervorbrachte, ... bis sie, wie es ja sein soll, auf tausend nicht eins mehr zu erwidern wußten».[41]

Blickt man auf die *Landkarte*, so finden sich, wie in den Jahren 1922–1925, Vortragsorte in Nord-, Mittel-, Ostdeutschland und in der Schweiz. Das Schwergewicht fällt jetzt jedoch auf die reformierten Zentren am Niederrhein und in den Niederlanden. Deutsche Orte südlich der Mainlinie fehlen nach wie vor.

Blickt man auf den *Kalender*, so entdeckt man auch vortragsfreie Zeiten. Im Mai 1928 schrieb Barth: «Ich freue mich schon jetzt auf den *ganz* stillen August und ½ September».[42] Zwischen Juni 1928 und Februar 1929 ist kein einziger Vortrag notiert.[43] Mit Umtriebigkeit haben Barths

[36] Neuser, S. 56f.
[37] Siehe unten S. 396.
[38] Bw. Th. II, S. 536.
[39] Siehe unten, S. 304.
[40] Bw. Th. II, S. 478, Anm. 1; vgl. unten S. 101.
[41] Bw. Th. II, S. 490f.; vgl. unten S. 104.
[42] Bw. Th. II, S. 580; vgl. S. 596.
[43] Falls der für Juni 1928 vorgesehene, aber nicht nachweisbare Vortrag über D. Fr. Strauß (Bw. Th. II, S. 580f.) ausgefallen sein sollte, wäre Barth sogar mehr als 10 Monate vortragsfrei gewesen. Freie Zeiten hatte Barth auch in Göttingen

Vortragsreisen nichts zu tun. Nach der Lektüre von «Quousque tandem ...?» schrieb Thurneysen: «... die Rasanz dieses Fensteraufreißens und in den wüsten Hof der Kirche Hinunterrufens ist gerade darum so kraftvoll, weil sie herauskommt aus dem für gewöhnlich geschlossenen Fenster und aus der dahinter geleisteten Arbeit.»[44] Für den Weg Karl Barths war die stille Arbeit in Münster wichtiger als die Vorträge und Diskussionen. Er selbst hat später die zwanziger Jahre so gekennzeichnet: «Sie waren nicht mehr meine Lehrlings-, aber immerhin erst meine Gesellenjahre.»[45]

3) Zum Inhalt dieses Bandes

Zwölf *Vorträge* bzw. Vortragsreihen Barths bilden das Corpus dieses Bandes. Die meisten davon hat Barth selbst nach entsprechender Überarbeitung veröffentlicht, acht in der Zeitschrift «Zwischen den Zeiten», einen in einem Beiheft zu «Zwischen den Zeiten»[46]. Sechs dieser Vorträge ließ er in den 1928 und 1957 erschienenen Aufsatzbänden wiederum abdrucken. Drei Vorträge, darunter eine Vortragsreihe, hat er nicht veröffentlicht; sie werden hier erstmals vorgelegt.[47]

Wie jene Vorträge hat Barth seinerzeit auch zwei Teilstücke aus der Vorlesung des Sommersemesters 1926 «Geschichte der protestantischen Theologie seit Schleiermacher» veröffentlicht: «Ludwig Feuerbach»[48] und «Schleiermacher»[49]. Sie wurden in diesen Band nicht aufgenommen, weil die Abweichungen zwischen der Münsteraner Vorlesung von 1926 und der dem Buch *Die protestantische Theologie im 19. Jahrhun-*

---

zwischen Oktober 1922 und September 1923 sowie zwischen Februar und November 1924.

[44] Bw. Th. II, S. 696.

[45] K. Barth, *Zwischenzeit*, in: Magnum. Die Zeitschrift für das moderne Leben (Köln), Heft 35 (April 1961), S. 38. Über die Bedeutung der Münsteraner Zeit für Barths Werk vgl. Busch, S. 202–211, und Neuser, S. 5–7.

[46] «Der heilige Geist und das christliche Leben», 1929.

[47] Dies sind: «Die Theologie und der moderne Mensch», 1927, «Gottes Offenbarung nach der Lehre der christlichen Kirche», 1927, und «Theologische und philosophische Ethik», 1930.

[48] In: ZZ, Jg. 5 (1927), S. 11–33, und Th. u. K., S. 213–239.

[49] In: ZZ, Jg. 5 (1927), S. 422–464, und Th. u. K., S. 136–189.

dert. *Ihre Vorgeschichte und ihre Geschichte,* Zollikon 1946 (Zürich 1994[6]), zugrunde liegenden Bonner Vorlesung 1932/33 so erheblich sind, daß auch die erstere Anspruch auf eine eigene Veröffentlichung in der Karl Barth-Gesamtausgabe hat.

Neben den Vorträgen enthält dieser Band neun *kleinere Arbeiten.* Da sind zwei Ansprachen aus dem Pflichtenkreis Barths als Dekan der evangelisch-theologischen Fakultät, deren eine hier erstmals veröffentlicht wird[50]. Da sind drei Buch-Rezensionen und zwei Zeitungsartikel. Hier gilt jeweils: Was in «Zwischen den Zeiten» erschienen ist, hat Barth aus eigener Wahl geschrieben; was anderwärts gedruckt ist, ist eine Auftragsarbeit. Da sind schließlich die beiden kürzesten, nicht ganz eine Seite ausfüllenden Texte: eine Zeitungsnotiz und eine Thesenreihe. Ein Nachweis früherer Veröffentlichungen des Inhalts dieses Bandes befindet sich auf S. 572f.

4) Zu dieser Edition

In der Abteilung III der Karl Barth-Gesamtausgabe «Vorträge und kleinere Arbeiten» sind bereits drei Bände mit den einschlägigen Texten aus den Jahren 1905–1909, 1909–1914 und 1922–1925 erschienen. In absehbarer Zeit werden auch die Bände zu den Jahren 1914–1921 und 1930–1935 fertiggestellt sein. Dann werden Barths Vorträge und kleinere Arbeiten über einen Zeitraum von 30 Jahren vollständig vorliegen.

Über die der Edition zugrundeliegenden Absichten, Richtlinien und Verfahrensweisen ist in den Vorworten der erschienenen Bände berichtet worden. Ich kann mich darum kurz fassen.

Zu jedem der hier versammelten Stücke hat der Herausgeber eine *Einleitung* erstellt, in der Auskunft erteilt wird über Entstehung, nähere Umstände, Wirkungen usw. Die dabei verwendeten Quellen sind, wenn nicht anders angegeben, Briefe und Dokumente aus dem Karl Barth-Archiv.

Bei den Texten, die Barth selbst veröffentlicht hat, laufen zwischen senkrechten Strichen | | die *Seitenzahlen* eines früheren Druckes mit; so können in der Sekundärliteratur zitierte Stellen leicht gefunden werden.

---

[50] «Licentiaten-Promotion von Wilhelm Niesel», 1930.

XIV

In der Einleitung ist jeweils vermerkt, auf welche Ausgabe sich die Paginierung bezieht.

Abweichungen bei mehrfach veröffentlichten Texten wurden verglichen und festgehalten; in einem Fall wurden die Unterschiede zwischen dem gedruckten Text und dem ursprünglichen Manuskript vollständig nachgewiesen.[51]

Einige seiner Vorträge hat Barth für den Druck mit einem «Mückenschwarm von Anmerkungen»[52] versehen. Zustatten kam ihm dabei sein im Freisemester 1929 unter Mithilfe Charlotte von Kirschbaums und mancher studentischen Helfer angeschwollener «Zeddelkasten»[53]. Barths *Anmerkungen* (die im Register wie sein Haupttext behandelt werden!) wurden, um sie vom Anmerkungsapparat des Herausgebers zu unterscheiden, wie schon in früheren Bänden mit kleinen Buchstaben an Stelle der arabischen Ziffern bezeichnet.

Orthographie und *Zeichensetzung* wurden modernisiert mit Ausnahme einiger charakteristischer, auch in der KD beibehaltener Schreibweisen Barths (z. B. «schlechthinig»).

Eckige Klammern im Text [ ] bezeichnen einen Zusatz des Herausgebers. Sehr lange Passagen Barths wurden durch vom Herausgeber eingeführte Absätze untergliedert. Sie sind erkennbar an einem Strich | hinter dem Punkt. Häufig wurde auch ein Gedankenstrich, der bei Barth einen längeren Absatz unterteilt, in einen Druckabsatz umgewandelt.

Von Barth gesperrt gedruckte bzw. in den Manuskripten unterstrichene Worte sind kursiv gedruckt. Lateinische oder andere fremdsprachliche Elemente ließ Barth innerhalb eines in Fraktur gesetzten Textes in Antiqua (später im Antiqua-Text kursiv) drucken. Da dieses typographische Mittel zur Kennzeichnung fremdsprachlicher Wörter nicht mehr zur Verfügung steht, wurden vom Herausgeber Anführungszeichen verwendet, sofern es sich um Zitate handelt.

Der Erschließung des Buches für den Leser dienen die *Register*. Dort werden nachgewiesen: 1. Bibelstellen, 2. Namen (Personen, Gremien, Dokumente), 3. Geographische Namen, 4. Begriffe, 5. Lateinische Termini.

---

[51] «Das Halten der Gebote», 1927. Es handelt sich um ca. 175 durch ⌐ ¬ bezeichnete Zusätze und um über 200 im Apparat festgehaltene Veränderungen.
[52] Bw. Th. II, S. 662.
[53] Vgl. Busch, S. 198.

5) Dank des Herausgebers

Dieses Buch entstand in fünfjähriger intensiver Zusammenarbeit mit Pfarrer Dr.*Hinrich Stoevesandt* in Basel. Ihm verdanke ich den Editionsauftrag. Er übergab mir die Kopien der Texte dieses Bandes und der den Hintergrund erhellenden Dokumente aus dem Karl Barth-Archiv. Wenn ich in den – sehr beachtlichen! – Oldenburger Bibliotheken, der des Oberkirchenrats, der Landes- und der Universitäts-Bibliothek nicht weiterkam, gab er mir Einblick in die fraglichen Bände aus Karl Barths Bibliothek. Meine Entwürfe hat er kritisch begutachtet, und nicht ganz wenige der Herausgeber-Anmerkungen sind sein Werk als des für die Gesamtausgabe Verantwortlichen. Unsere Korrespondenz füllt einen dicken Aktenordner. Ihm habe ich in erster Linie zu danken! In diesen Dank sind seine Frau *Elisabeth Stoevesandt* und seine Assistentin *Ruth Ziemer* mit einbezogen.

Wichtige Auskünfte stammen von Prof. Dr. *Eberhard Busch* (Göttingen), Prof. Dr. *Peter Kaupp* (Dieburg), Prof. Dr. *Ulrich Köpf* (Tübingen), meinem Lehrer Prof. Dr. *Walter Kreck* (Bonn) und Prof. Dr. *Wilhelm H. Neuser* (Münster). Weitere Namen habe ich am entsprechenden Ort in der Anmerkung festgehalten.[54] Ihnen allen und denen, deren Namen hier nicht genannt werden, die meine Arbeit unterstützt, meine Briefe beantwortet, mir oder Dr. Stoevesandt Auskunft gegeben oder auch mich beherbergt haben, gilt ebenso mein Dank.

Oldenburg (Oldenburg), im Mai 1994   Hermann Schmidt

---

[54] Siehe unten S. 215f., Anm. 2; S. 289, Anm. 74; S. 303, Anm. 8; S. 344, Anm. 1; S. 417, Anm. 78.

ABKÜRZUNGEN

AELKZ	Allgemeine evangelisch-lutherische Kirchenzeitung, Leipzig
BSLK	*Die Bekenntnisschriften der evangelisch-lutherischen Kirche*, hrsg. vom Deutschen evangelischen Kirchenausschuß, Göttingen 1930
BSRK	*Die Bekenntnisschriften der reformierten Kirche*, hrsg. von E. Fr. K. Müller, Leipzig 1903 (= Zürich 1987)
Büchmann	G. Büchmann, *Geflügelte Worte. Der Zitatenschatz des deutschen Volkes*, vollständig neubearbeitet von G. Haupt und W. Hofmann, Berlin 1972³²
Busch	E. Busch, *Karl Barths Lebenslauf. Nach seinen Briefen und autobiographischen Texten*, München 1975
Bw.B¹⁺²	K. Barth/R. Bultmann, *Briefwechsel 1922–1966*, 2. Aufl.: *1911–1966*, hrsg. von B. Jaspert (Karl Barth-Gesamtausgabe, Abt. V: Briefe), Zürich 1971¹, 1994²
Bw.Th. I + II	K. Barth/E. Thurneysen, *Briefwechsel*, hrsg. von E. Thurneysen (Karl Barth-Gesamtausgabe, Abt. V: Briefe), Bd. I: *1913–1921*, Zürich 1973; Bd. II: *1921–1930*, Zürich 1974
CChrSL	*Corpus Christianorum, Series Latina*, Turnholt 1953ff.
Chr. Dogm.	K. Barth, *Die christliche Dogmatik im Entwurf*, Bd. I: *Die Lehre vom Worte Gottes. Prolegomena zur christlichen Dogmatik 1927*, hrsg. von G. Sauter (Karl Barth-Gesamtausgabe, Abt. II: Akademische Werke), Zürich 1982
c.o.h.	Irenaeus, *Contra omnes haereses* (= *Adversus haereses*)
CR	*Corpus reformatorum*, Halle/Braunschweig/Berlin; Leipzig; Zürich 1834ff.
CSEL	*Corpus scriptorum ecclesiasticorum latinorum*, Wien 1866ff.
DS	*Enchiridion symbolorum, definitionum et declarationum de rebus fidei et morum*, edd. H. Denzinger et A. Schönmetzer, Barcinone/Friburgi Brisgoviae/Romae 1976³⁶
EA	M. Luther, *Sämmtliche Werke*, Erlangen 1826–1867
EKG	[Deutsches] *Evangelisches Kirchengesangbuch* (eingeführt 1950)
Ethik I + II	K. Barth, *Ethik*, 2 Bde., hrsg. von D. Braun (Karl Barth-Gesamtausgabe, Abt. II: Akademische Werke), Zürich 1973/1978
GERS	*Gesangbuch für die evangelisch-reformierten Kirchen der deutschsprachigen Schweiz* (eingeführt 1952)
Glaubenslehre	Fr. Schleiermacher, *Der christliche Glaube nach den Grundsäzen der evangelischen Kirche im Zusammenhange dargestellt*, 2 Bde., Berlin 1830/31² (Sämmtliche Werke, 1. Abth., Bd. 3/4, Berlin 1835/36); Neuausgabe hrsg. von M. Redeker, 2 Bde., Berlin 1960
HpB	H. Heppe, *Die Dogmatik der evangelisch-reformierten*

	Kirche dargestellt und aus den Quellen belegt (1861), neu durchgesehen und hrsg. von E. Bizer, Neukirchen 1935
Inst.	J. Calvin, *Institutio christianae religionis* (1559)
KD	K. Barth, *Die Kirchliche Dogmatik*, München 1932, Zollikon 1938–1959, Zürich 1967
MPG	*Patrologiae cursus completus, Series Graeca*, accurante J.-P. Migne, Paris 1857–1866
MPL	*Patrologiae cursus completus, Series Latina*, accurante J.-P. Migne, Paris 1841–1855
Neuser	W. H. Neuser, *Karl Barth in Münster 1925–1930* (Theologische Studien 130), Zürich 1985
NKZ	Neue Kirchliche Zeitschrift, Erlangen u. a.
PhB	Philosophische Bibliothek
RGG[1 + 2 + 3]	*Die Religion in Geschichte und Gegenwart*, Tübingen 1909–1923[1], 1927–1932[2], 1956–1965[3]
RKZ	Reformierte Kirchenzeitung, Freudenberg u. a.
Römerbrief 1	K. Barth, *Der Römerbrief (Erste Fassung) 1919*, hrsg. von H. Schmidt (Karl Barth-Gesamtausgabe, Abt. II: Akademische Werke), Zürich 1985
Römerbrief 2	K. Barth, *Der Römerbrief*, München 1921[2] (= 1. Abdruck der Neubearbeitung; zitiert nach der Paginierung der Abdrucke ab 1923)
SC	*Sources chrétiennes*, Paris 1941ff.
SchmP	H. Schmid, *Die Dogmatik der evangelisch-lutherischen Kirche, dargestellt und aus den Quellen belegt* (1843), neu hrsg. und durchgesehen von H. G. Pöhlmann, Gütersloh 1983[10]
Schott[2]	Das vollständige Römische Meßbuch lateinisch und deutsch mit allgemeinen und besonderen Einführungen im Anschluß an das Meßbuch von Anselm Schott O. S. B. hrsg. von Pius Bihlmeyer O. S. B., Freiburg/Br. 1927[2]
Schott[10]	Das vollständige Römische Meßbuch lateinisch und deutsch mit allgemeinen und besonderen Einführungen im Anschluß an das Meßbuch von Anselm Schott O. S. B. hrsg. von Mönchen der Erzabtei Beuron, Freiburg/Br. 1949[10]
S.th.	Thomas von Aquino, *Summa theologica*
ThBl	Theologische Blätter, Leipzig
Th.Fr.u.A.	K. Barth, *Theologische Fragen und Antworten (Gesammelte Vorträge, 3. Bd.)*, Zollikon 1957
ThLZ	Theologische Literaturzeitung, Leipzig
Th.Schl.	K. Barth, *Die Theologie Schleiermachers. Vorlesung Göttingen Wintersemester 1923/24*, hrsg. von D. Ritschl (Karl Barth-Gesamtausgabe, Abt. II: Akademische Werke), Zürich 1978
Th.u.K.	K. Barth, *Die Theologie und die Kirche (Gesammelte Vorträge, 2. Bd.)*, München 1928

ThWNT	*Theologisches Wörterbuch zum Neuen Testament*, hrsg. und G. Kittel und (seit 1954) G. Friedrich, Stuttgart 1933– 1979
TRE	*Theologische Realenzyklopädie*, Berlin/New York 1977ff.
Unterricht I	K. Barth, «*Unterricht in der christlichen Religion*», Bd. I: *Prolegomena 1924*, hrsg. von H. Reiffen (Karl Barth-Ge- samtausgabe, Abt. II: Akademische Werke), Zürich 1985
Unterricht II	K. Barth, «*Unterricht in der christlichen Religion*», Bd. II: *Die Lehre von Gott, die Lehre vom Menschen 1924/25*, hrsg. von H. Stoevesandt (Karl Barth-Gesamtausgabe, Abt. II: Akademische Werke), Zürich 1990
V.u.kl.A. 1905–1909	K. Barth, *Vorträge und kleinere Arbeiten 1905–1909*, in Verbindung mit H. Helms hrsg. von H.-A. Drewes und H. Stoevesandt (Karl Barth-Gesamtausgabe, Abt. III), Zü- rich 1992
V.u.kl.A. 1909–1914	K. Barth, *Vorträge und kleinere Arbeiten 1909–1914*, in Verbindung mit H. Helms und Fr.-W. Marquardt hrsg. von H.-A. Drewes und H. Stoevesandt (Karl Barth-Gesamt- ausgabe, Abt. III), Zürich 1993
V.u.kl.A. 1922–1925	K. Barth, *Vorträge und kleinere Arbeiten 1922–1925*, hrsg. von H. Finze (Karl Barth-Gesamtausgabe, Abt. III), Zü- rich 1990
WA	M. Luther, *Werke. Kritische Gesamtausgabe*, Weimar 1883ff.
WA.B.	– Briefwechsel
WA.TR	– Tischreden
W.G.Th.	K. Barth, *Das Wort Gottes und die Theologie* (*Gesammelte Vorträge* [1. Bd.]), München 1924
ZZ	Zwischen den Zeiten, München

REZENSION VON: WILHELM VOLLRATH,
DAS PROBLEM DES WORTES
1925

Wie Barth dazu kam, die Rezension über Vollraths[1] Buch zu schreiben, läßt sich nicht mehr feststellen. Am nächsten liegt die Annahme, daß Emanuel Hirsch, Barths Kollege in Göttingen und damals Herausgeber der Theologischen Literaturzeitung, ihn darum gebeten hat. Vollrath hat am 15. 12. 1925 in einem Brief Barth seinen «aufrichtigsten Dank» für die Anzeige seines Buches ausgesprochen. Als er allerdings zwei Jahre später seinerseits eine Rezension über Barths Christliche Dogmatik zu schreiben hatte, äußerte er sich ablehnend.[2] Weitere persönliche Berührungen sind nicht bekannt.

W. Vollrath, Das Problem des Wortes, Zur Einleitung in eine Theologie, Gütersloh 1925.

Zwischen den durch die Begriffe «Leben», «Gemeinschaft», «Wort» bezeichneten Größen besteht nach dem Verf. eine «organische Systematik« (S. 160).[3] Das «Leben» wird nämlich nur «erfaßbar» als «Verhältniswirklichkeit zwischen Personen« (S. 125), d. h. eben als Gemeinschaft.[4] «Ein (sic) Soziologikum ersten Ranges», das «Pontifikale», d. h. die Aktualisierung der Gemeinschaft ist aber das «Wort» (S. 169).[5] Ist

[1] Wilhelm Vollrath (1887–1968), Dr. phil. und D. theol., lehrte seit 1919 als Privatdozent, seit 1924 als a. o. Professor in Erlangen. 1940 übernahm er den Lehrstuhl für Praktische Theologie in Gießen, den er bis zur Schließung der dortigen theologischen Fakultät (1945) innehatte.

[2] W. Vollrath, *Zur Glaubenslehre* (Sammelrezension), in: Theologie der Gegenwart (Literarische Beilage zur NKZ), Jg. 22 (1928), S. 35–46 (darin zu Barths «Christlicher Dogmatik»: S. 35–39). Vgl. dazu Bw. Th. II, S. 579.581.

[3] W. Vollrath, *Das Problem des Wortes*, S. 160: «Das Wesen des Wortes entspricht dem des Lebens, das Gemeinschaft ist. Zwischen Gemeinschaft, Leben und Wort besteht eine organische Systematik.»

[4] A. a. O., S. 125: «Aber das Leben als Beziehungszustand zu einem Gegenüber ist erfaßbar als Verhältniswirklichkeit zwischen Personen. Nur so wird es Gegenstand einer Wissenschaft vom Leben.»

[5] A. a. O., S. 169: «Das Wort wahrt die Einheit als Gegenüber. Als ein Soziologikum ersten Ranges ist es *das Pontifikale*.»

nun Religion allgemein als «Leben» zu definieren (S. 160), so ist das Christentum, der Protestantismus insbes., die «Religion des Wortes» (S. 243).[6] Das Wort in diesem speziellen «Verhältnis» ist in den zwei Modalitäten des Gotteswortes (= Verheißung und Gebot) und des Menschenwortes (= Gebet und Bekenntnis) *eines* (S. 180)[7], immerhin unter Primat der ersten (S. 141, 178, 235, 237). Es ist das zeitlos konstante «Ereignis zwischen menschlichem und göttlichen Geist, Endlichem und Unendlichem, Relativem und Absolutem» (S. 234), vor allem aber die «Synthese von Geschichte und Übergeschichte» (S. 245).[8] Sinnlicher und konkreter als «Begriff» und «Lehre», leichter und beweglicher als die «Heilstatsachen» und doch vorwärts und rückwärts auf beide hinweisend (S. 231) bildet es zugleich Prinzip und Gegenstand der Theologie (S. 233ff.), wobei seine «Schriftlichkeit» als Bibel Siegel und Symbol ist für seine Ewigkeit (S. 272).[9] So die Konzeption des Verf.'s in ihren Grundzügen.

[6] A. a. O., S. 160: «Wird die Religion als Leben definiert und das Leben als Verhältnis verstanden, so beruht das Verhältnis auf dem Wort.» – S. 243: «Man kann das Christentum noch kürzer definieren: als *die Religion des Wortes.*»

[7] A. a. O., S. 180: Das Wort «ist primär da als Verheißung und Gebot. Gebet und Bekenntnis sind sekundär. Treffender wäre schon, sie in eine kausale Beziehung zueinander zu setzen, so daß eines das andere hervorruft, als die Ursache und ihre Wirkung. Gotteswort weckt Menschenwort. Und auf das Menschenwort hört Gott. Beide sind Glieder eines Verhältnisdramas. Statt dieser begrifflichen Unterscheidung zweier Fälle von Wort (Gotteswort, Menschenwort) ... spräche man richtiger nur von dem einen Wort mit zwei Modalitäten.»

[8] A. a. O., S. 234: «... das Wort als Akt, als Synthese von Gedanke und Tat, als Ereignis zwischen menschlichem und göttlichem Geist, Endlichem und Unendlichem, Relativem und Absolutem, hat keine Entwicklungsgeschichte im Sinne eines Fortschreitens oder Dahintenlassens. In seiner Verhältnisfunktion ... ist es immer zeitlos konstant.» – S. 245: «Soll das Wort als Synthese von Geschichte und Übergeschichte begriffen werden und nach beiden Seiten methodische Behandlung erfahren, so ist seine Übergeschichtlichkeit exakt zu bestimmen ...»

[9] A. a. O., S. 230f.: «Das Wort ist sinnlicher und konkreter als der Begriff; es ist zugleich leichter und beweglicher als die Tatsache. Das Wort ist *geistgemäß*. Es lenkt die Betrachtung auf seinen Inhalt d. h. auf grundlegende Heilstaten. Es ermöglicht aber ebenso dem Denken die Erhebung in das Reich der Begriffe.» – «Die Synthesen einer Theologie des Wortes» lautet die Überschrift des Kapitels VII; dessen erster Abschnitt (S. 233–239) ist überschrieben: «Das kritische Prinzip aller Methoden». – S. 272f.: «Die Schrift fixiert im Wandel der Zeiten ein Überzeitliches, in allem Wechsel das semper idem eines davon unberührten Gehaltes. Es bleibt Brief und Siegel, Konzessionsurkunde eines *Verhältnisses*, das nicht mehr entwicklungsgeschichtlich zu begreifen ist ...»

Daß Theologie dort anfangen muß, wo Psychologismus und Historismus (S. 142ff. 150ff.) endigen[10] und daß der Anfang *evangelischer* Theologie im «Wort» zu suchen ist, darin werden heute mehr und verschiedenere Mitarbeiter mit dem Verf. einig gehen, als dies noch vor 10 Jahren der Fall gewesen wäre. Sein Beitrag ist schon wegen des darin sich bekundenden Wollens, aber auch wegen so mancher wertvollen phänomenologischen Einzelfeststellung dankbar zu begrüßen. Darüber hinaus würde ich aber ernstlich in Frage stellen, ob er einen glücklichen Blick hat, wenn er seine Absicht im Rahmen einer «Metaphysik des Lebens»[11] meint durchführen zu sollen und zu können. Ist wirklich von der *Aktualität* des Wortes *Gottes* die Rede, wo, wie es bei Anwendung eines solchen Oberbegriffs unvermeidlich ist, die Offenbarung neben «Kunstwerk, Vaterland, sittliches Ideal ...» (S. 158, 173) zu stehen kommt?[12] Ist wirklich das «Verhältnis zu Gott» nur ein «spezifischer Fall» (S. 235) des «Verhältnisses» überhaupt?[13] Oder ist nicht zu sagen, daß es überhaupt kein «Fall» ist, der unter die soziologische oder irgend eine andere Regel fällt, sondern allen, welcher Regel immer entsprechenden «Fällen» gegenüber, formal und inhaltlich *das* Novum und Unicum? Und kann das «Wort» anders als in *diesem* Verhältnis gesprochen und vernommen Gegenstand und Prinzip der *Theologie* sein? Der

[10] A.a.O., S. 142–150: Kritik der psychologischen Methode»; S. 150–159: «Kritik der historischen Methode».

[11] A.a.O., S. 117: «Wie das *Leben* selber alle Krisen, so überdauert auch der *Begriff des Lebens* den Wechsel der Zeiten. ... Er bezeichnet das Wesen alles Seins und Geschehens, ist das Kennwort zeitgenössischer Metaphysik, einer Metaphysik des Lebens, um nicht zu sagen die Losung der Mode.»

[12] A.a.O., S. 158: «Kunstwerk, Vaterland, sittliches Ideal, Gemeinschaft, Christus, Gott haben aber einen objektiven Sachgehalt mit eigener Strukturgesetzlichkeit und Würde. Sie weisen über das Maß ihrer geschichtlichen Verwirklichung und Sinngebung, wie über die Summe ihrer Wirkungen hinaus.» – S. 173: «*Resultate* wissenschaftlicher Erkenntnis, *Produkte* künstlerischer Schaffens, *Sittenregeln, Gedichte, Dogmen* der Religion sind geistige Instanzen von eigentümlicher Daseinsart ... Sie gehören unter die Kategorie des *objektiven Geistes*. ... Eine Form und Art dieses objektiven Geistes auf geschichtlicher Linie stellt die Worttradition dar.»

[13] A.a.O., S. 235: «Auch die soziologische Betrachtungsweise hat in ihrer Anwendung auf das Glaubensleben gelegentlich ihre kritische Kontrolle erfahren: Das Verhältnis zu Gott ist ein spezifischer Fall; dabei ist die restlose Analogisierung des religiösen Verhältnisses mit allen gesellschaftlichen Beziehungsweisen unstatthaft.»

Fehler, der hier vorzuliegen scheint, wiederholt sich sichtbarer, wenn in der Schlußabhandlung das Schriftprinzip durch eine besondere «Metaphysik des Buches» (S. 249)[14] zu begründen versucht wird mit dem Ergebnis: «So ist für die Offenbarung eine literarische Dauerform besorgt in Gestalt der Schrift auf Papier gedruckt und obendrein in Leder gebunden» (S. 267). Das geht eben nicht. Der Fehler rächt sich darin, daß es durch das ganze Buch hin zu keiner Klarheit kommt darüber, was es nun eigentlich mit jenem zugegebenen Primat des allein von Gott gesprochenen und zu sprechenden Wortes in *diesem* Verhältnis auf sich hat. Folgerichtig auch darin, daß die empfohlene «organische Systematik»[15] keine *konkrete theologische Mitte* hat, von der aus Fragen und Antworten zu überblicken wären. Schmerzlich, aber ebenfalls folgerichtig endlich darin, daß das Zentralproblem, das in diesem Zusammenhang das Feld beherrschen müßte, die *Trinitäts*lehre, kaum in einigen Andeutungen zur Sprache kommt. Ausführbar dürfte die gute Absicht des Verf.'s erst dann werden, wenn er die Kritik der psychologischen und historischen Methode *prinzipiell* (daß es ansatzweise gelegentlich geschieht, soll nicht verschwiegen werden) auch auf die soziologische anwenden wird, von der er jetzt viel zu viel Heil erwartet, als daß nicht das Anliegen der Theologie darunter leiden müßte. «*Eine*» Theologie kann man so einleiten. *Die* Theologie, um die es dem Verfasser sichtlich zu tun ist, müßte es wagen, auf eigenen Füßen zu gehen, – N.B. schon in der «Einleitung».

Schriftstellerisch[16] bedenklich ist der historische Abschnitt S. 16–116. Warum der Verf. gerade *diese* Theologen (Troeltsch, Schleiermacher, die Erlanger, Ihmels, Kähler, Schlatter, Schaeder, Heim, den Unterzeichneten, Brunner, Gogarten, Stange, Althaus – von Ritschl und den Seinen fehlt jede Spur), in welcher Absicht, unter welchen Gesichtspunkten und mit welchem Ertrag für die systematischen Abschnitte er sie darstellt und beurteilt, ist sehr undeutlich. Von dem Aufsatz über Schlatter S. 33–51 habe ich Mühe, zu glauben, daß er nicht ursprünglich zu irgend einem anderen Zweck verfaßt worden sei. Ähnlich angeleimt wirkt leider auch die nach dem Vorwort schon früher gedruckte Schluß-

---

[14] A.a.O., S. 249: «Unter vielen Gesichtspunkten läßt sich von einer *Metaphysik des Buches* reden.»

[15] Siehe Anm. 3.

[16] Der letzte Absatz der Rezension ist im Erstdruck in der ThLZ petit gesetzt.

abhandlung «Es steht geschrieben»[17], wegen der Wichtigkeit ihres Gegenstandes für das Ganze gewiß ein fataler Umstand.

<hr>

[17] Das Schlußkapitel «‹Es stehet geschrieben› (Zur Metaphysik des Buches», a.a.O., S. 247–273, ist laut Vorwort (a.a.O., S. 3) eine «ziemlich wörtliche» Übernahme eines Kapitels aus Vollraths unveröffentlichter Habilitationsschrift «Zur Theologie des Wortes» von 1919, das in NKZ, Jg. 15 (1921), S. 575ff. schon einmal separat veröffentlicht worden war.

Der im September 1923 in Wittenberg gegründete «Kontinentale Verband für Innere Mission und Diakonie» hielt vom 31. Mai bis 4. Juni 1926 in Amsterdam seinen ersten Kongreß ab. In der Zeitschrift der Inneren Mission finden sich in der Vorschau wie in der Rückschau eine Vielzahl von Informationen über diesen Kongreß wie auch über dessen Beziehungen zu der im August 1925 vorangegangenen Weltkirchenkonferenz für Praktisches Christentum (Life and Work) in Stockholm.[1]

Das holländische Komitee, mit dem der Geschäftsführer des Kontinentalen Verbandes, Gerhard Füllkrug, im Januar 1926 die letzten vorbereitenden Verhandlungen führen mußte[2], hatte «besonders und nachdrücklich gefordert», daß für das erste Referat des Kongresses Karl Barth verpflichtet werden sollte.[3] Angesichts der Dankesschuld für die holländische Nachkriegshilfe zugunsten der deutschen Pfarrhäuser konnte Füllkrug diesem Wunsch der Gastgeber nicht widersprechen. Immerhin hat er offenbar erreicht, daß Barth ein Korreferent zur Seite gestellt wurde, während die anderen Referenten die Frist von 3 Stunden für Vortrag und Aussprache ungeteilt in Anspruch nehmen konnten.[4]

Am 27. Januar 1926 schrieb der Präsident des Kontinentalen Verbandes für Innere Mission und Diakonie, Professor R. Seeberg, an Barth, das Vorbereitungskomitee habe «einstimmig» beschlossen, ihn «um das 1. Referat am Dienstag, den 1. Juni, vormittags 9 ¹/₂ Uhr zu bitten. Das Referat soll die alte und immer wieder neue Frage ‹Christentum und Kultur› behandeln.» Barth möchte in etwa 8 Tagen antworten und seine Wünsche zur Formulierung des Themas mitteilen. Es bestehe der «dringende Wunsch», «daß alle politischen Fragen bei den Verhandlungen völlig ausgeschaltet werden sollen.» Denn an dem Kongreß werden

---

[1] Die Innere Mission im evangelischen Deutschland. Organ des Central-Ausschusses und des Central-Verbandes für die Innere Mission der deutschen evangelischen Kirche, Berlin, Jg. 21 (1926), S. 72–80.105–109.125–130.201–208.234–239. Herausgeber der Zeitschrift war Direktor Dr. Gerhard Füllkrug (1870–1948).

[2] A.a.O., S. 72.201f.

[3] A.a.O., S. 129.237.

[4] Dies geht aus dem im Karl Barth-Archiv befindlichen Einladungs-Prospekt des Kongresses hervor.

«Angehörige der uns befreundeten, der neutralen aber auch der ehemals feindlichen Länder teilnehmen».

Barth muß umgehend geantwortet haben, denn schon am 5. Februar 1926 dankte Füllkrug Barth im Namen von Prof. Seeberg für seine Zusage und bestätigte den von Barth angemeldeten Titel des Vortrags. Er bat um Übersendung von «etwas ausführlichen Thesen» bis zum 1. Mai und zugleich im voraus um freundliche Überlassung des Referates für den «gedruckten Verhandlungsbericht», der alle Vorträge und Aussprachen enthalten und «bald nach Beendigung des Kongresses erscheinen» sollte. So ist es denn auch geschehen (vgl. unten S. 572), was allerdings Barth nicht hinderte, seinen Vortrag auch in «Zwischen den Zeiten» zu veröffentlichen.

In der Mai-Nummer der «Inneren Mission» hatte Füllkrug Leser und Kongreß-Teilnehmer gewarnt: «Es ist anzunehmen, daß Karl Barth ... vieles sagt, was kirchlich orientierte Pastoren und Laien in Deutschland und in anderen Ländern nicht zu hören gewohnt oder gewillt sind.»[5] Tröstlich sei indes, daß sowohl der maßgebliche Vertreter der holländischen Inneren Mission, Dr. Norel, als auch Barths Korreferent, Dr. Wielenga, eine Diastase von Christentum und Kultur ablehnten und sich für eine Synthese einsetzten.[6]

Wielenga begriff sich selber keineswegs als Barths Gegner. Bereits am 10. Februar 1926 schrieb er an Barth und bat ihn, ihm «die Hauptpunkte und Grundlinien» seines «Referates zu schicken, damit wir soviel wie möglich harmonisch und erbauend sprechen». Barth apostrophiert Wielenga später als den «Guten», der ihn sogar «als ‹Vater einer reformatorischen Bewegung›» gefeiert habe.[7]

Niederländische Theologen hatten sich schon länger um einen Besuch Barths bemüht. Am 17. Januar 1926 schrieb Barth in einem Rundbrief: «In der ersten Hälfte Mai soll es nun endlich (nach vielen Absagen) zu einer Expedition nach Holland kommen (Utrecht, Groningen, Leiden, Amsterdam).»[8] Am weitesten waren die Verhandlungen offenbar mit

[5] Die Innere Mission ..., a.a.O., S. 129.
[6] Pfarrer Dr. O. Norel (1882–1959) war seit 1921 Direktor des Komitees für «Inwendige Zending» (a.a.O., S. 106); Dr. Bastiaan Wielenga (1873–1949) war Pfarrer der Gereformeerde Kerk in Amsterdam (Bw. Th. II, S. 421, Anm. 17).
[7] Bw. Th. II, S. 418.
[8] Bw. Th. II, S. 400.

7

Groningen gediehen, wo Prof. Haitjema gerade ein Buch über Karl Barth herausgegeben hatte.[9] In Begleitung von 13 Studenten und 3 Studentinnen weilten Barth und seine Frau schließlich vom 28. bis 31. Mai in Groningen.[10] Nach Barths Zusage an den Kongreß der Inneren Mission bemühten sich nun auch Amsterdamer Theologen um eine Diskussionsmöglichkeit mit Barth: ohne Erfolg Dr. de Vrijer namens des Ministeriums der Hervormde Kerk, mit Erfolg Barths Gastgeber Dr. J. Eijkman, der am Nachmittag des 2. Juni eine große Diskussion im Lokal des C. V. J. M. zustande brachte.[11]

Am 22. April 1926 schickte Barth seine Thesen für Amsterdam an den Freund Thurneysen.[12] Ein Durchschlag des maschinenschriftlichen Thesenblattes befindet sich im Karl Barth-Archiv. Abweichungen gegenüber der Druckfassung sind in den Anmerkungen festgehalten.

An dem Kongreß nahmen gegen 500 Teilnehmer aus 14 europäischen Ländern teil, darunter etwa 300 Deutsche. Vorträge und Aussprachen über 1. Wohlfahrtspflege, 2. Kirche und Kultur, 3. Christliche Jugend und Sport, 4. Evangelisation, 5. Frauenprobleme und 6. Gefangenenarbeit fanden, von Andachten und Liedern umrahmt, in dem mit Teppichen und Lorbeergrün geschmückten Saal der Stadtmission statt.[13] Die Teilnehmer besuchten zwei Anstalten der Inneren Mission in Holland.[14] Neben einem Abendgottesdienst in der Nieuwe Kerk[15] gab es ein alkoholfreies «Feestmaal» in einem Hotel in Zandvoort an der Nordsee, an dem, «dringend geheißen», auch Barth und seine Frau teilnahmen.[16]

In der Juli- und der August-Nummer der «Inneren Mission» findet sich je ein Bericht über den 1. Kontinentalen Kongreß. Der erste, geschrieben von Pfarrer Münnich aus Glauchau in Sachsen, trägt den Untertitel «Stimmungsbilder». Genannt werden viele Namen, aber nicht die der Referenten. Es ist nicht zu erkennen, ob der Verfasser Barths

---

[9] Th. L. Haitjema, *Karl Barth*, Wageningen 1926. Vgl. Barths Bemerkungen zu diesem Buch in Bw. Th. II, S. 410.414f.

[10] Bw. Th. II, S. 413–416.

[11] Brief von J. A. de Vrijer an K. Barth vom 12. 5. 1926; Briefe von J. Eijkman an K. Barth vom 1. 5., 18. 5. und 25. 5. 1926.

[12] Bw. Th. II, S. 409.

[13] Die Innere Mission ..., a. a. O., S. 201.

[14] A. a. O., S. 207f.

[15] A. a. O., S. 205f.

[16] Bw. Th. II, S. 419.

Vortrag gehört hat; jedenfalls behauptet er, die «Führer» des Kongresses hätten Wert gelegt «auf ausschließliche Betonung des Tatchristentums, wie es sich in Innerer Mission und Diakonie auswirkt».[17]

Der zweite Bericht, aus der Feder des Herausgebers der Zeitschrift, G. Füllkrug, will Bedeutung und Ertrag des Kongresses darstellen. Hier lesen wir: «Wer Barth und seine Schriften kennt, war vielleicht dadurch angenehm enttäuscht, daß er in seinem Vortrag eine Annäherung an die Kirche versuchte. Von einigen Kritikern wurde schon in der Debatte aber auch nachher mit Recht bemerkt, daß er zu stark das Eschatologische, was jenseits der Totenauferstehung kommt, den Gegenstand der Hoffnung betonte und zu wenig das gegenwärtige Heil des Christen in der Erlösung zur Geltung kommen ließ. Dr. Wielenga versuchte in seinem feinsinnigen, nicht zu langen Korreferat die Ergänzung zu geben und stellte der Christenheit die Pflicht vor Augen, vom Standpunkt der Kirche aus die Welt zu beeinflussen und an der Kultur zu arbeiten.»[18]

Barth selbst gab am Morgen nach der Rückkehr in einem (im Abdruck 7 Seiten langen) Rundbrief an die Freunde einen anschaulichen Bericht von der Holland-Reise und legte zugleich seinen Vortrag Georg Merz zur Veröffentlichung «zu Füßen».[19] *«Mein eigener Vortrag soll nach Nellys [= Frau Barths] unbestechlichem Eindruck, von einer teppichverhängten Kanzel herunter gehalten, nur teilweise erbaulich geklungen haben und war wohl den meisten spanisch, obwohl man mich mit großem Respekt behandelte».*[20] *Von dem Kongreß hat Barth «wenig ... gesehen, und das Wenige gefiel mir wenig»*[21]. *«Ein Glück, daß er das kleinste Anliegen war, das uns dorthin führte.»*[22]

Das größere Anliegen waren die Erwartungen, die ihm in Groningen und Amsterdam (Utrecht und Leiden mußten 1926 noch warten) aus der holländischen Theologenschaft entgegenkamen: «Ja, du liebe Zeit, mit welcher Aufmerksamkeit ist dort in diesen Jahren der Römerbrief und Zw. d. Z. gelesen worden! Ich erschrak förmlich über dieses Echo und über die Erwartungen, die man dort auf uns setzt. Insofern fühlte

[17] Die Innere Mission ..., a.a.O., S. 201–208; Zitat S. 201.
[18] A.a.O., S. 234–239; Zitat S. 237.
[19] Bw.Th.II, S. 413–421; Zitat S. 413.
[20] Bw.Th.II, S. 418.
[21] Ebda.
[22] Bw.Th.II, S. 419.

ich mich die ganze Zeit wie gewürgt von dem Vertrauen und der Of-
fenheit, mit der man mich aufnahm ... wir werden uns sehr Mühe geben
müssen, um dem eindringlichen Fragen, das mir in dieser Ordenspro-
vinz begegnet ist, fernerhin gerecht zu werden.»[23]

Der Kongreß indessen, von solchen Erwartungen wie von Barths Vor-
trag unberührt, erließ eine nach Meinung von G. Füllkrug «sehr wichti-
ge» Resolution. Er bittet «alle ihm angeschlossenen Verbände, in ihren
Kirchen und Ländern dahin zu wirken, daß angesichts des immer weite-
ren Abfalls vom christlichen Glauben und von christlicher Sittlichkeit
und im Hinblick auf die erschreckliche Steigerung der religiösen Gleich-
gültigkeit und Gottlosigkeit das Werk der Evangelisierung und Missio-
nierung in jedem Volk und Land kräftig und energisch begonnen und
fortgeführt wird ...»[24]

Im Erstdruck des Vortrags in «Zwischen den Zeiten» sind die griechi-
schen und lateinischen Fachausdrücke in Fußnoten übersetzt. Vielleicht
handelt es sich dabei um redaktionelle Zutaten des Schriftleiters
G. Merz. Für den Abdruck in Th.u.K. hat Barth diese Fußnoten gestri-
chen. Sie werden im folgenden im Anmerkungsapparat wiedergegeben.

Die zwischen senkrechten Strichen in den Text eingefügte Original-
paginierung ist die des Wiederabdrucks in Th.u.K.

1.

Die Kirche[25] *ist die durch Gott selbst eingesetzte Gemeinschaft des von*
seinem Wort lebenden Glaubens und Gehorsams sündiger Menschen.

Lassen sie mich beginnen mit dem Hinweis darauf, daß die in meiner
ersten These gegebene Bestimmung der Kirche eine theologische Bestimmung sein möchte, eine Wiedergabe der Bestimmung, die die Kirche von sich selbst gibt. Das charakteristisch Theologische liegt darin,
daß die Kirche 1. eine von Gott selbst *eingesetzte* Gemeinschaft, 2. die
Gemeinschaft[26] des *Glaubens* und *Gehorsams*, 3. die Gemeinschaft des
von *Gottes Wort* lebenden Glaubens und Gehorsams genannt wird.

Das Problem der Kirche bietet neben dem theologischen auch einen

---

[23] Bw.Th.II, S. 415.
[24] Die Innere Mission ..., a.a.O., S. 236.
[25] Im Thesenpapier ist nur das Wort «*Kirche*» hervorgehoben.
[26] ZZ: «Gemeinde».

geschichtlich-soziologischen Aspekt. Wollten wir die Kirche von da aus bestimmen, so müßten wir von Gott und seinem Wort, von Glauben und Gehorsam schweigen. Von «derjenigen soziologischen Gruppe, in der es um Religion geht»ᵃ, oder konkreter: Von einer Gemeinschaft oder von einer Vielheit von Gemeinschaften religiös-ethisch mehr oder weniger übereinstimmend überzeugter Individuen oder (schon ein bißchen metaphysisch:) von der organisch existierenden und wirksamen geistigen Gesamtmacht des von Jesus ausgehenden geschichtlichen Lebenszusammenhangesᵇ hätten wir dann zu reden. Aber derartige Bestimmungen leiden, und wenn sie mit der größten religiösen Wärme vertreten würden, daran, daß sie genau nur halbe, |₃₆₅| und zwar gerade die wesentliche Hälfte *nicht* erreichende Bestimmungen sind. Sie sind freilich auf dieser bestimmten, der geschichtlich-soziologischen Ebene der Beobachtung und des Urteils notwendig, möglich und richtig, und sie sind indirekt auch theologisch lehrreich. Ich habe versucht, ihren theologischen Wahrheitsgehalt aufzunehmen, indem ich zu den genannten drei Punkten hinzufüge (4.), daß der in dieser von Gott eingesetzten Gemeinschaft von Gottes Wort lebende Glaube und Gehorsam der Glaube und Gehorsam *sündiger Menschen* ist. Damit ist vollauf gesagt, welches die theologische Kehrseite des geschichtlich-soziologischen²⁹ Außenaspektes der Kirche ist, was über «Religion», über religiös-ethische «Überzeugungen», über geschichtliche Geistesmächte

---

ᵃ So *P. Tillich*, Kirche und Kultur 1924, S. 3.²⁷
ᵇ Vgl. *Troeltsch*, Art. Kirche III dogmatisch in RGG, 1. Aufl.²⁸

²⁷ Wieder abgedruckt in: ders., *Gesammelte Werke*, Bd. IX: *Die religiöse Substanz der Kultur*, hrsg. von R. Albrecht, Stuttgart 1967, S. 32–46, Zitat S. 32.
²⁸ Die «unvergänglichen Wahrheitselemente des Kirchendogmas» beschreibt E. Troeltsch, a.a.O., Bd. III, Tübingen 1912, Sp. 1153 so: «Wenn überhaupt eine von Jesus ausgehende, emporhebende und erlösende Kraft behauptet und als Lebenserfahrung bekannt wird, dann ist damit ein von Jesus ausgehender Lebenszusammenhang ausgesagt, der nicht von den Individuen hervorgebracht wird, sondern umgekehrt die Individuen hervorbringt. Das enspricht jedem über den bloßen Vereinsbegriff hinausgehenden Gemeinschaftsgedanken, der nicht bloß einen Zusammenhang von Individuen zu bestimmten Zwecken, sondern eine geistige Gesamtmacht bedeuten will ... Wie jede solche geistige Gesamtmacht eine mystische, dem Individuum vorgeordnete Kraft ist und als ein sich selbst fortpflanzender Organismus zu betrachten ist, so gilt dies auch von dem von Jesus ausgehenden Lebenszusammenhang.»
²⁹ Im Druck: «theologischen»; Korrektur vom Hrsg.

und Lebenszusammenhänge theologisch grundsätzlich zu sagen ist. Wir werden auf die Bedeutung dieser theologischen Kehrseite des geschichtlich-soziologischen Außenaspektes der Kirche unter These 7 zurückkommen. Weil und sofern er bloß *Außen*aspekt ist, lassen wir uns zunächst nicht auf ihn ein. Er ist als solcher doch untergeordnet, sekundär. Er ist vom theologischen Innenaspekt aus zu deuten und nicht umgekehrt. Das gilt nicht nur darum, weil wir hier zufällig – aber kann das ein Zufall sein, ist nicht schon das entscheidende Notwendigkeit?, daß wir hier – als *Christen*, als in Anspruch genommene Glieder der Kirche vereinigt sind. Es gilt auch abgesehen davon darum, weil die Kirche, als offenbar erste Sachverständige, sich selbst erklärend, diesen Weg einschlägt und weil wir auch als Nichtchristen diesem ihrem Weg methodischerweise zunächst folgen müßten.

Das Eigentliche, Wesentliche, Innere, das die Kirche über sich selbst zu sagen hat, liegt in den Begriffen «Gottes Wort», «Glaube» und «Gehorsam», «sündige Menschen», «von Gott eingesetzte Gemeinschaft». Von allen diesen Begriffen gemeinsam ist im Sinne der Kirche selbst zu sagen, daß sie sich (im Unterschied zu den aus geschichtlich-soziologischen Betrachtungen zu gewinnenden) einzeln und miteinander auf eine Entscheidung beziehen, die sich ereignet zwischen Gott und dem Menschen, beide in ihrer *qualitativen Eigenart und Verschieden-*|366|*heit*, aber beide als *Personen*[30] verstanden. Abstrahiert von der Wirklichkeit dieses Ereignisses wären jene Begriffe leer. Sie können nur mißverstanden werden, sobald sie als Bezeichnung von Dingen, von Gegenständen und ihren möglichen Beziehungen zueinander, sobald sie nicht von *Gott* und dem *Menschen*, von der in ihrer Begegnung fallenden *Entscheidung* verstanden werden.

«Gottes Wort» ist seine, des unbekannten, unerforschlichen, heiligen Gottes gnadenvoll sich uns eröffnende Wahrheit, sofern er sie zu uns redet und durch sein[31] Reden uns zu hören gibt und eben damit Gemeinschaft schafft zwischen ihm und uns, uns und ihm. Wir kennen das Wort Gottes nicht, wir haben es nie anders, als indem er es – die Entscheidung fällt – zu uns spricht, im *Akt* seines Sprechens. Man kann es

---

[30] Vgl. Barths Ausführungen zum Person-Sein Gottes in: Unterricht II, S. 68–70 u. ö.

[31] Im Druck: «seine»; Korrektur vom Hrsg.

auch so sagen: Jesus Christus handelnd in seinem Amt, zeugend als Prophet, für uns eintretend als Priester, herrschend als König, immer als Person. *Er* ist der Logos, das Wort Gottes.

Auf dieses Wort Gottes nun bezogen, aus ihm geboren und von ihm lebend, der Glaube und der Gehorsam. Ich lege Gewicht darauf, eines nicht ohne das andere zu nennen: Der Glaube vernimmt, hört, hat das Wort Gottes, nur der Glaube, aber nur der *gehorsame*, der auf das Hören hin handelnde Glaube, der Glaube im Akt der Entscheidung, in der alles Betrachten und Erwägen, alles Zugleich von Ja und Nein dahinten[32] bleibt und in der doch der Glaube so völlig bedingt ist durch Gottes Reden, daß er den Seufzer: «Lieber Herr, hilf meinem Unglauben!» [Mk. 9,24] keinen Augenblick unterlassen kann.

Denn, und das ist das dritte: Sündige Menschen sind ja die Glaubenden und Gehorchenden nicht nur, bevor sie dies tun, sondern auch – sie wissen nun, was sie sind – indem sie dies tun. Glauben und gehorchen heißt: Sein ganzes Tun ins Licht der Wahrheit stellen, nicht mehr verteidigen, sondern preisgeben, anerkennen, daß wir Gottes nicht würdig [sind] und daß wir uns vor ihm unmöglich gemacht haben und täglich noch unmöglich machen und daß wir nun *als solche* gewürdigt sind, seine Kinder zu |367| heißen [vgl. 1. Joh. 3,1]. Mit dem Sprechen des göttlichen Wortes zu uns, mit der Entscheidung des Glaubens und Gehorsams, fällt auch diese Entscheidung über uns: Daß wir uns selbst in voller Blöße preisgeben müssen der göttlichen Barmherzigkeit.

Und nun ist die *Kirche* «die von Gott eingesetzte Gemeinschaft» solcher, sündiger Menschen also, glaubender und gehorchender Sünder, deren Glaube und Gehorsam lebt vom Worte Gottes. Unter *Einsetzung* oder Stiftung verstehen wir eine (nicht ursprünglich, aber um des menschlichen Abfalls und der den Abfall überwindenden Versöhnung willen notwendige) göttliche Anordnung und Veranstaltung, auf die sich, mitten in der Relativität des geschichtlichen Lebens der Menschheit, eine entsprechende menschliche Anstalt und Ordnung gründet. Eingesetzt in diesem Sinne ist die Kirche von Ewigkeit her im Dekret der göttlichen Versöhnung[33], verwirklicht in der Zeit in der Fleisch-

---

[32] Im Druck: «dahinter»; Korrektur vom Hrsg.
[33] Vgl. z. B. HpB 109: «Deus decrevit *ex lapsis* et exitio suo iam implicitis *alios seligere in Christo*, in tempore *vocare, iustificare* et *glorificare ad gloriam gratio-*

werdung des Wortes, als menschliche Ordnung und Anstalt begründet
in der Ausgießung des Heiligen Geistes zu Pfingsten. Diese Ordnung
und Anstalt besteht eben in der Zusammenberufung von Sündern zum
Glauben und Gehorsam, in der Errichtung dieser, in ihrer menschlichen Wirklichkeit sichtbaren, in ihrer göttlichen Wahrheit, in ihrem
Leben aus dem Wort unsichtbaren Gemeinschaft. Durch sie – wohlverstanden: nicht durch die Geschichte im allgemeinen, sondern durch die
Kirche – handelt Gott der Versöhner an der abgefallenen Menschheit,
läßt er im Tal des Todes[34] seine Ehre verkündigen. Er *handelt!* Noch
einmal möchte ich dieses Moment scharf betonen. Die Kirche *ist* durch
den Heiligen Geist, nicht anders. Der Heilige Geist aber ist göttliche
Person. Entscheidend göttlicher Akt ist ihre Einsetzung, deren Wahrheit steht und fällt mit ihrer immer zu erneuernden Begründung und
Erhaltung, – wie bestünde sie sonst in der Ausgießung des Heiligen
Geistes? Entscheidender Akt ist darum auch die Einbeziehung jedes
Einzelnen in die Kirche und seine Erhaltung in ihr. «*Erhalt* uns, Herr,
bei Deinem Wort!»[35] Diese Bitte ist wahrlich keine Floskel. Man ist
nicht anders in der Kirche, als indem man auf Grund seiner Taufe in
spiritu sancto |368| heute bekennt: «Credo ecclesiam.» Nicht «creditur
ecclesia», sondern «*credo* ecclesiam»[36], *ich* glaube – lieber Herr, hilf
meinem Unglauben! [Mk. 9,24] – als einer aus der Zahl der ἐϰϰληθέν-
τες[37], die den Ruf zur ἐϰϰλησία[38] vernommen haben und sich zur Stelle
melden.

sae misericordiae suae ... (H. Heidegger); sowie HpB 526: «*Ecclesia* est coetus s.
collectio hominum electorum, vocatorum et fidelium, quos Deus per verbum et
Spiritum e statu peccati in statum gratiae ad aeternam gloriam vocat» (H. Heidegger).

[34] Zur Wendung «Tal des Todes» vgl. Ps. 23,4 (in älteren Übersetzungen: «Tal
des Todesschattens») und die Ode von Fr. G. Klopstock «Frühlingsfeier» (*Oden
und Epigramme*, hrsg. von R. Boxberger, Berlin 1879, S. 168):

> Du wirst die Zweifel alle mir enthüllen,
> O Du, der mich durch das dunkle Thal
> Des Todes führen wird!

[35] M. Luther, «Erhalt uns, Herr, bei deinem Wort», EKG 142; GERS 343.

[36] Anm. in ZZ: «*Ich* glaube eine Kirche, nicht: *man* glaubt eine Kirche».

[37] Anm. in ZZ: «Gerufenen». Vgl. HpB 534: «Ecclesiae ergo vox in N.T. coe-
tum sacrum hominum ἐϰϰληθέντων notat. Nam omnino in voce ἐϰϰλησίας est
notio ϰλήσεως, quod ex Act. 2,39.47 liquet» (H. Heidegger).

[38] Anm. in ZZ: «Kirche».

Die Kultur[39] ist die durch das Wort Gottes gestellte Aufgabe der in der Einheit von Seele und Leib zu verwirklichenden Bestimmung des Menschen.

Meine zweite These will ein Versuch sein, auch den Begriff der Kultur theologisch zu bestimmen. Unser erster Schritt zieht diesen zweiten unaufhaltsam nach sich. Indem wir uns für die methodische Überordnung des theologischen Innenaspektes entschieden haben und indem wir, wie es durch das inhaltschwere Wörtlein *und* in unserem Thema geschieht, eine Beziehung zwischen Kirche *und* Kultur überhaupt voraussetzten, sind wir genötigt, auch die Kultur auf ihren theologischen Innenaspekt hin anzusehen. Man kann ihr Wesen ja auch untheologisch bestimmen. Zum Beispiel (in Annäherung an den Begriff «Zivilisation», der im französischen für den der Kultur eintritt) als «die Summe von Zwecken, die aus dem menschlichen Handeln hervorgehen und menschliches Handeln wieder anregen»[c]. Oder (etwas idealistischer, mehr im Sinne des deutschen Gebrauches des Wortes «Kultur») als die Idee des Endziels und den Inbegriff der Normen, von denen menschliches Handeln sich leiten lassen soll.[41] Sollten solche Formeln abschließend und ausschließend gemeint sein, so wäre über eine Bedeutung der Kultur für die Kirche nur Negatives und Polemisches zu sagen. Beide Größen würde dann auf nicht nur verschiedenen, sondern als Wahrheit und Irrtum sich ausschließenden Ebenen sich befinden, so daß sinnvollerweise nur zuerst von der Kirche, dann selbständig von der |369| angeblichen Kultur gesprochen werden könnte, dann aber drittens diese

---

[c] So *S. Eck*, Art. Kulturwissenschaft und Religion in RGG, 1. Aufl.[40]

[39] Im Thesenpapier ist nur das Wort «*Kultur*» hervorgehoben.

[40] S. Eck, a.a.O., Bd. III, Tübingen 1912, Sp. 1815: «Unter Kultur verstehen wir die Summe von Zwecken, die menschliches Handeln leiten, oder von Werten und Gütern, die aus menschlichem Handeln hervorgehen und menschliches Handeln wiederum anregen.»

[41] Vgl. z. B. J. G. Fichte, *Einige Vorlesungen über die Bestimmung des Gelehrten* (1794), Sämmtliche Werke, hrsg. von I. H. Fichte, Bd. VI, Berlin 1845, S. 298 f.: «Die Cultur ... ist das letzte und höchste Mittel für den Endzweck des Menschen, die völlige Übereinstimmung mit sich selbst, – wenn der Mensch als vernünftig sinnliches Wesen; – sie ist selbst letzter Zweck, wenn er als bloß sinnliches Wesen betrachtet wird. Die Sinnlichkeit soll cultivirt werden; das ist das höchste und letzte, was sich mit ihr vornehmen läßt.»

selbständige angebliche Kultur als ein von der Voraussetzung der Kirche aus unmögliches Phantom und Götzenbild perhorresziert werden müßte. Denn indem die Kirche sagt, was sie selbst ist, sagt sie, daß letztlich weder Zwecke noch Werte noch Güter, weder die Idee eines Zieles noch der Begriff von Normen das menschliche Handeln leiten oder leiten sollen. Sie setzt an den Anfang und an das Ende das Wort Gottes als das allen empirischen oder transzendentalen Prinzipien schlechthin überlegene Gesetzgebungs*ereignis*. Und weiß ebenso nichts von einem menschlichen Handeln in abstracto und im allgemeinen, sondern nur von einem erstens sündigen und zweitens gläubigen und gehorsamen Handeln des konkreten, vom Worte Gottes lebenden Menschen. Sie könnte sich also mit einem abschließend untheologisch bestimmten Kulturbegriff nur kritisch beschäftigen, und sie kann ihm, indem sie ihn als unabgeschlossen relativ würdigt, wieder nur untergeordnete, sekundäre Bedeutung beimessen: Sie kann sich also auch hier auf den Außenaspekt als solchen und in seiner Beschränkung nicht einlassen, sondern sie fragt, auf ihrem eigenen Boden bleibend, auch hier nach dem Innenaspekt. Weit entfernt davon, sich etwa einen ihren Voraussetzungen fremden Kulturbegriff aufdrängen zu lassen, mit dem sie sich dann irgendwie abzufinden hätte, meint sie durchaus auch über die Kultur das erste, das eigentliche und wesentliche Wort zu sagen. Versuchen wir es also, auch hier den Innenaspekt der Sache zu überschauen.

Das Gesprochen- und Vernommenwerden des göttlichen Wortes wäre nicht jener Akt, als den wir es bei Besprechung von These 1 beschrieben haben, wenn wir auch nur einen Augenblick vergessen könnten, daß wir, indem wir in der Kirche sind, auch in der Welt, in der Zeit, daß wir als Christen weder Tiere noch Engel, sondern *Menschen* sind. Daß wir dem Worte glauben und gehorchen, kann keinen Augenblick den Sinn haben, daß wir uns über unser Menschsein hinwegsetzen. Der das «credo ecclesiam» spricht, ist der Sünder, und der Sünder ist der Mensch, |370| der sich selbst kennt und weiß, daß er aus seiner Haut nicht heraus kann. Damit (und erst damit!), daß ich glaube, sehe ich das Problem meines Menschseins. Nicht glaubend, nicht gerichtet, als Sünder *ungestört* im Traum meiner Gottähnlichkeit, könnte ich mich über mich selbst täuschen. Das Wort Gottes aber setzt dem Menschen als solchem seine Grenze, und damit bestimmt es ihn. Es stellt ihn nämlich *Gott* gegenüber, der 1. als der Schöpfer, 2. als der Heilige und

Barmherzige, 3. als der in sich selbst Ewige reinlich und vollständig nicht *er* und nicht *wie* er, der Mensch, ist. Es stellt ihn vor das Problem seiner Existenz. Und eben das ist das Kulturproblem. Kultur heißt Humanität. Der Mensch existiert aber als Seele *und* Leib, Geist *und* Natur, Subjekt *und* Objekt, innerlich *und* äußerlich, *gerichtet* auf die Synthese dieser beiden Momente, aber eben dieser Synthese auch – *entbehrend*.[42] Mit dem «credo ecclesiam» hat er aufgehört zu träumen, ist er gleich sehr aufgeschreckt aus der bloßen Äußerlichkeit wie aus einer abgesonderten Innerlichkeit. Er hält es nicht mehr aus in der sumpfigen Region einer rein natürlichen, aber wahrlich auch nicht in der darüberliegenden Nebelregion einer rein geistigen Existenz und am allerwenigsten in der Illusion, er existiere schon jenseits des Gegensatzes als Geistnatur, als Körperseele, als Mensch an und für sich. Eben der Dualismus, das vernichtende Gegeneinander und das tödliche Auseinander seiner Existenz, manifest in der Sterblichkeit seines Leibes gegenüber einer wenig tröstlichen Unsterblichkeit seiner Seele, ist die Strafe seiner Sündhaftigkeit, in der er von Gott erkannt ist, in der er vor Gott nicht bestehen kann, der Spiegel seiner Feindschaft gegen seinen Herrn. Eben diesen Spiegel lasse ich mir vorhalten, indem ich bekenne: «Credo ecclesiam». Indem der Mensch um Gott weiß, weiß er um die Einheit, weiß er um seine Eigenbestimmung, weiß er, was es heißen würde, sich selber zu finden, weiß er, daß er nur im Ganzen sich selber finden kann. Er würde sich selber nicht suchen, wenn er nicht von Gott gefunden wäre.[43] Gefunden durch Gottes Wort weiß er: ja, der Geist müßte die Natur gestalten, Natur den Geist erfüllen und |371| verwirklichen. Das Subjekt müßte Objekt und das Objekt Subjekt werden. Das Innere müßte im Äußeren erscheinen, das Äußere im Inneren sein Wesen finden. Er weiß aber auch – im Akt seiner Begegnung mit Gott weiß er wahrlich nichts

[42] In Unterricht II hatte Barth ausgeführt, daß der Mensch als Gottes Geschöpf «der sichtbaren und der unsichtbaren Wirklichkeit» angehört, «er ist Natur und Geist, sterblicher Leib und unsterbliche Seele, beides ganz und in untrennbarer Einheit» (S. 344). Aber: «Durch die Sünde ist seine Natur verkehrt und verwandelt» (S. 415), entsteht der «*Dualismus* in der Natur des Menschen, der Streit zwischen Psyche und Physis» (S. 434). Vgl. auch die späteren Darlegungen Barths in Ethik I, S. 368.

[43] Vgl. Bl. Pascal, *Pensées* (1670, Brunschwicg), ed. Ch.-M. des Granges, Paris 1961. S. 212 (aus Fragment 553: «Le mystère de Jésus»): «Console-toi, tu ne me chercherais pas, si tu ne m'avais trouvé.»

anderes –, daß er gerade nicht, daß er in keinem Punkt im Ganzen lebt. Indem er vor Gott gestellt zu sich selbst kommt, steht er vor dem Riß, der durch seine Existenz geht, und vor der *Frage* nach der Synthese. Was immer den Namen Kultur verdient, das ist in irgendeiner Form aus diesem Riß und aus dieser Frage erwachsen. Kultur heißt Entbehren und [nicht][44] Gewißwerden, Suchen und nicht Finden der Einheit Gottes durch den Menschen. Unerbittlich zeigt uns der Spiegel unserer Doppelexistenz, den uns das Wort Gottes vorhält, beides, die Dringlichkeit und die Schrecklichkeit des Problems der Kultur. Seine Dringlichkeit als unvermeidliche Frage und Aufgabe: Es hat Sinn, daß die christliche Predigt in alten und in neuen Tagen immer zugleich Aufruf zur Kulturarbeit gewesen ist. Seine Schrecklichkeit als unauflösliche Frage und Aufgabe: Es hat wiederum Sinn, daß dieselbe christliche Predigt, wenn sie nicht sich selber untreu wurde, keiner vermeintlich erreichten und verwirklichten Kultur anders als mit letzter, schärfster Skepsis gegenübergetreten ist. In der Logik des vom glaubenden und gehorchenden Sünder zu vernehmenden Gotteswortes ist beides begründet. Und wichtiger als beides ist die Tatsache, daß uns durch das *Gotteswort* das Problem der Kultur auf alle Fälle *gestellt* ist.

3.

Das Thema: «Kirche und Kultur»[45] *bezeichnet also die nur im Hören des Wortes Gottes zu beantwortende Frage nach der Bedeutung dieser Aufgabe für jeden Menschen.*

Ich kann mich zu dieser These ganz kurz fassen. Sie soll nur eine Zusammenfassung und Einschärfung der methodischen Voraussetzungen von These 1 und 2 sein. Wir befinden uns, indem |372| wir das Thema «Kirche und Kultur» aufrollen, nicht als überlegene Zuschauer und

---

[44] Der Zusammenhang – besonders auch unten im Abschnitt 4 – macht die Ergänzung erforderlich. Im Erstdruck könnte hier ein – beim Nachdruck nicht bemerkter – Textverlust eingetreten sein. Vgl. auch Barths spätere Ausführungen (Ethik I, S. 380): «Wohl ist die Kultur, die Synthese von Geist und Natur, der letzte Zweck des Lebens des Menschen. Aber eben dieser letzte Zweck seines Lebens ruht ja in Gott, ist ja Gott selber, ist und wird verwirklicht nicht durch unser, sondern durch sein Tun. Verwirklichte Kultur heißt: ein neuer Himmel und eine neue Erde».

[45] Im Thesenpapier sind nur die Worte *«Kirche und Kultur»* hervorgehoben.

weise Beurteiler diesen beiden Größen gegenüber in einem leeren Raum. Es steht nicht so, daß wir, durch Philosophie oder Offenbarung belehrt, etwa ein Drittes wüßten, von dem aus oder mit Hilfe dessen wir Kirche und Kultur meistern und aus den Angeln heben könnten. Grundsätzlich nicht «Weltanschauung» (als ob es sich um die Welt, als ob es sich um Dinge handelte!), sondern «Gott hören» ist die sachgemäße Haltung zur Behandlung unseres Themas.[d] Ich mache dazu drei erläuternde Bemerkungen.

1. «Es gibt» Kirche und «es gibt» Kultur nur in dem entscheidenden Geschehen des Gesprochen- und Vernommenwerdens des göttlichen Wortes, durch das wir zur Kirche berufen und damit vor die Kulturfrage gestellt werden. Bricht dieses Geschehen ab, schaut Gott weg von uns und schweigt sein Wort, ist es nicht aktuell wirklich, daß wir zur Kirche berufen und vor die Kulturfrage gestellt sind, so ist alles Denken und Reden darüber, auch das umsichtigste und eindringendste, Schaum und Rauch.

2. Ein Gleichnis, wichtig für den Unterschied von Weltanschauung und «Gott hören»: Die Augen kann man anderswohin wenden und schließen, die Ohren nicht. Hier kommen die *Ohren* in Betracht: Wir sind, Gott *hörend*, nicht frei, sondern durchaus gefangen und gebunden in unserem Denken und Reden. Gefangen und gebunden dadurch, daß wir uns, Gott hörend, schon mitten in der Kirche, aber auch mitten in der Kultur befinden. Hier haben wir zu fragen und hier zu antworten. Weichen wir aus von hier in eine noch so klug gewählte Zuschauer-

---

[d] Das Meiste, das Allermeiste von dem, was sich heute Theologie nennt, ist «Weltanschauung». Ich denke dabei (und bei dem zu dieser These Gesagten überhaupt) auch und nicht zuletzt an die eingangs zitierte Schrift von *P. Tillich*.[46]

[46] Die Frage nach dem Verhältnis von Kirche und Kultur führt Tillich zurück auf die Polarität von heilig und profan, die er als «Fundament jeder Religions- und Kulturphilosophie» bezeichnet (a.a.O., S.32). Die Kirche ist zu bestimmen «als diejenige soziologische Wirklichkeit, in der das Heilige sich darstellen soll, und die Gesellschaft als diejenige, in der das Profane in Erscheinung tritt. Und wir hätten zu fragen nach dem Verhältnis von heiliger und profaner Gesellschaft» (ebd.). Tillich anerkennt den prophetischen Protest gegen diese Fragestellung: Das Heilige darf mit dem Profanen nicht auf eine Stufe gestellt werden. «Aber Theologie und Religionsphilosophie sind nicht Prophetie. Ihre Form ist notwendig objektivierend und dadurch verendlichend und nivellierend» (S.33). Dieser Standort Tillichs ist es, den Barth als «Weltanschauung» bezeichnet.

stellung, so wird unser Denken und Reden wiederum zu einem Spiel mit leeren Begriffen.

3. Wir sind, Gott hörend, nicht in der Lage, über unsere Stel-|373| lung zu Kirche und Kultur zu disponieren, als ob wir in Bezug[47] auf beide nicht in ganz *bestimmter* Weise in Anspruch genommen, kompromittiert, beteiligt wären, als ob sich hier nicht eine ganz bestimmte – wir nannten sie die theologische – Blickrichtung von selbst verstünde. Unser Anliegen ist das der *Kirche*. Von da aus verstehen und vertreten wir das der Kultur, nicht umgekehrt. Gott redet von einem höheren, freieren Ort aus, das wissen wir. Aber von dort aus haben wir angemessenerweise gerade nicht zu reden. Unser Standpunkt ist der des Knechtes, der, gerade wenn er gehorcht, ein charakteristisch anderer sein wird als der des Herrn. Gott ist nicht gebunden, aber wir. Also nicht Bestimmtheit, sondern gerade Unbestimmtheit, nicht Parteinahme, sondern gerade Neutralität und Erhabenheit zwischen Kirche und Kultur würde hier unsachliche Voreingenommenheit bedeuten. Auch die Erinnerung, daß Gott im Himmel ist und wir auf Erden [vgl. Pred. 5,1], darf uns nicht veranlassen, das empfangene *eine* Talent im Schweißtuch zu vergraben [vgl. Lk. 19,20], die alleinige Absolutheit Gottes uns nicht hindern an relativem Entschieden- und Gerichtetsein. Gott fordert uns als die Irdischen und Irrenden. Er weiß, was für ein Gemächte wir sind [Ps. 103,14]. Aber er fordert uns.

4.

Unter dem Gesichtspunkt der Schöpfung[48] (regnum naturae) ist die Kultur die dem Menschen ursprünglich gegebene Verheißung dessen, was er werden soll.[c] |374|

---

[c] Leser meiner früheren Schriften werden sich bei These 4–6 an die Abschnitte 3–5 meines Tambacher Vortrags «Der Christ in der Gesellschaft» (Das Wort Gottes und die Theologie, S. 50–69)[49] erinnert fühlen. Ich sagte damals: «Man

[47] Im Druck – vermutlich infolge einer falschen Auflösung der Abkürzung «Bez.» durch den Setzer –: «Beziehung»; Änderung vom Hrsg.

[48] Im Thesenpapier ist nur das Wort «*Schöpfung*» hervorgehoben.

[49] Wieder abgedruckt in: Anfänge der dialektischen Theologie, hrsg. von J. Moltmann (Theologische Bücherei. Neudrucke und Berichte aus dem 20. Jahrhundert, Bd. 17) Teil I, München 1962[1], S. 3–37; dort S. 19–37. Schon im Tambacher Vortrag 1919 arbeitete Barth mit der Trias regnum naturae, regnum gratiae, regnum gloriae. Diese triadische und implizit trinitarische Konzeption hat er

Das Wort Gottes ist inhaltlich Gnadenwort, Versöhnungswort. Es richtet sich an den *gefallenen* Adam, an den *verlorenen* Menschen. Die Kirche Christi ist *Sünderkirche*, sie weiß also von keinen ursprünglichen Beziehungen zwischen Gott und Mensch, die etwa anders als *gebrochen* bestehen würden, gebrochen durch den Zwiespalt zwischen beiden. Sie weiß aber, daß solche gebrochene Beziehungen bestehen können, nicht an sich, aber kraft der neuen, ungebrochenen Beziehung der Versöhnung, durch die auch jene wiederhergestellt sein können. Sie vergißt erstens nicht, daß der verlorene und verdammte, allein durch Gnade errettete Mensch[51] *Gottes Geschöpf* ist. Und sie vergißt zweitens nicht, daß das Reich des Wortes, das Reich Christi, nicht erst mit der Fleischwerdung anfängt und nicht durch sie beschränkt ist, daß der göttliche *Logos* (ich berufe mich hier auf eine wichtige Aufstellung der reformierten Konfession, das sogenannte «Extra Calvinisticum»[52]), indem er in seiner ganzen Fülle Mensch ist in Jesus von Nazareth, darum nichtsdestoweniger *Himmel* und *Erde* erfüllt, daß ihre eigene, der Kirche unsichtbare Wahrheit auch jenseits ihrer sichtbaren Wirklichkeit Wahrheit ist.[f] Ich wiederhole: Keine selbständig wirkliche Beziehung

wird von diesen Gesichtspunkten immer auch noch anders reden können; aber darin bin ich allerdings meiner Sache sicher, daß die Gesichtspunkte, von denen ich reden möchte, die notwendigen sind und daß es neben ihnen keine anderen gibt.» S.39.[50] Heute nach 7 Jahren rede ich in der Tat etwas anders von diesen Gesichtspunkten. Sie durch andere zu ersetzen, bin ich seither nicht veranlaßt worden.

[f] In der Diskussion in Amsterdam ist versucht worden, diesen Teil meines Vortrags in Beziehung zu setzen mit der Lehre von *Friedrich Brunstäd*. Ich möchte die Ireniker doch bitten, zu bedenken, ob Brunstäd und ich nicht auch hier, wo ich in die Nähe seines Themas komme, etwas *ganz* Verschiedenes sagen, denken und vor allem *wollen*.[53]

ausgebaut in der Ethik-Vorlesung 1928/29; vgl. besonders Ethik I, S. 86–101, wo Barth erklärt, warum und wie er die Ethik an die Dogmatik bindet. Die Kapitel 2–4 seiner Ethik lauten: Das Gebot Gottes des Schöpfers, des Versöhners, des Erlösers. Diese Disposition wird auch in KD nicht verändert.

[50] = Anfänge ..., a.a.O., S.9.

[51] Anspielung auf Luthers Kleinen Katechismus, BSLK, 551, 27f.: «... der mich verlornen und verdammpten Menschen erlöset hat ...»

[52] Vgl. Barths Ausführungen zum «Extra calvinisticum» in: Chr. Dogm., S. 251f.360–364.

[53] In seinem Rundbrief vom 4.6.1926 (Bw.Th.II, S. 418f.) identifiziert Barth den Diskussionsredner: «... Lic. *Mumm*, Mitglied des Reichstags, deutschnatio-

zwischen Gott und Natur, Gott und Geschichte, Gott und Vernunft soll damit behauptet sein, wohl aber das, daß das Gesprochen- und Vernommenwerden des Wortes in der Welt des sündigen Menschen, also in der Welt der Natur, der Geschichte, der Vernunft auf einer durch die Sünde nicht zerstörten Möglichkeit beruht, auf einem *Rechtsanspruch*, nicht des Menschen an Gott, aber Gottes an den Menschen, der durch die Versöhnung grundsätzlich in Kraft tritt. Der Mensch ist nicht sein eigen, sondern Gottes[54], – so lautet dieser Rechtsanspruch des Schöpfers, den der Sündenfall wohl dem Menschen schlecht-|375|hin verbergen, nicht aber in sich ungültig und unwirksam machen kann. Daß er vielmehr gilt und wirksam ist, das ist das Regiment Christi im regnum naturae, das Reich des Logos oberhalb des Gegensatzes von Sündenfall und Versöhnung, von dem wir an sich nichts wissen und sagen können, das aber eine unentbehrliche Voraussetzung seines Reiches unter den Sündern ist. In der Fleischwerdung des Wortes, in der Versöhnung durch Christus lebt diese Voraussetzung auf. In der theologia revelata ist die theologia naturalis[55], in der Wirklichkeit der göttlichen Gnade ist die Wahrheit der göttlichen Schöpfung mit enthalten und ans Licht gebracht – in diesem Sinn gilt: «Gratia non tollit naturam, sed perficit»[56] –, und man kann geradezu den *Sinn* des Wortes Gottes über-

naler Parteigenosse Georgs [= Merz] (er hatte die Unverfrorenheit bzw. Dummheit, zwischen mir und Brunstäd ‹Linien› ziehen zu wollen) ...» Zu Barths Kritik an dem Buch von Fr. Brunstäd, *Die Idee der Religion. Prinzipien der Religionsphilosophie*, Halle 1922, s. Unterricht II, S. 220.223f. u. ö., sowie Chr. Dogm., S. 78f.

[54] Anspielung auf Frage 1 des Heidelberger Katechismus, BSRK 682,22f.: «Das ich ... nicht mein, sonder meines getreuen Heilands Jesu Christi eigen bin ...»

[55] Anm. in ZZ: «Offenbarungstheologie – natürliche Theologie.»

[56] Anm. in ZZ: «Die Gnade hebt die Natur nicht auf, sondern vollendet sie.» – Der komplizierten Geschichte dieses so oder ähnlich oft zitierten Satzes und dem wechselnden Verständnis des zugrundeliegenden Gedankens von der alten Kirche bis zur Gegenwart ist nachgegangen: J.B. Beumer S.J., *Gratia supponit naturam. Zur Geschichte eines theologischen Prinzips*, in: «Gregorianum». Commentarii de re theologica et philosophica, Jg. 20 (1939), S. 381–406.435–452. Danach hat zuerst Thomas von Aquino den Satz, ohne ihm durch besondere Hervorhebung die ihm später zuerkannte axiomatische Bedeutung zu geben und entsprechende Verbreitung zu sichern, gelegentlich ausgesprochen, z.B. S.th. I q.1 a.8 ad 2: «Cum igitur gratia non tollat naturam, sed perficiat, oportet quod naturalis ratio subserviat fidei ...», und S.th. I q.2 a.2 ad 1: «Sic enim fides praesupponit cognitionem naturalem, sicut gratia naturam ...» (vgl. J.B. Beumer, a.a.O.,

haupt darin finden, daß es die verschüttete, vergessene Wahrheit der Schöpfung mächtig ans Licht bringt. Zu dieser Wahrheit der Schöpfung gehört nun aber nicht nur der Anspruch, den Gott auf den Menschen ursprünglich erhebt, sondern auch die Verheißung, die er ihm ursprünglich gegeben hat. Es gibt eine Bestimmung des Menschen, die nicht nur *Gesetz* ist, wie wir in der 5., und nicht nur *Grenze*, wie wir in der 6. These werden sagen müssen, sondern freundliche, den Menschen schlechterdings bejahende *Verheißung*, Zusage Gottes an ihn als sein Geschöpf und Ebenbild, Zusage eines Lebens in der Gemeinschaft mit ihm selbst, eines Lebens, dem jene gesuchte *Einheit* der Existenz nicht versagt, nicht unerreichbar wäre. Denn so weit hat die Sünde Gottes Ebenbild des Menschen nicht zerstört, daß die Menschenfreundlichkeit Gottes [Tit. 3, 4] etwa gegenstandslos geworden wäre, daß der Mensch aufgehört hätte, immerhin der *Mensch*, von Gott geschaffen und geliebt, und nicht ein «lapis aut truncus»[57] zu sein. Homo ist er auch als homo peccator[58], als *solchen* redet ihn Gott an in Jesus Christus, und Humanität ist darum die Verheißung – der Mensch ist fähig, dieser Verheißung teilhaftig zu sein –, die mit der Inkraftsetzung des göttlichen Rechtsanspruchs in Christus wieder auflebt. Verheißen ist dem Menschen gerade das, was der Begriff Kultur bezeichnet: Vollkommenheit, Einheit, Ganzheit in |376| seiner Sphäre als Geschöpf, als Mensch, wie Gott in seiner Sphäre vollkommen, ganz ist, Herr über Natur und Geist, Schöpfer des Himmels *und* der Erde. Diese Verheißung – scheint sie dem Menschen nicht voranzuleuchten überall da, wo er, mühselig und verworren genug, aber in unstillbarer Unruhe und un-

---

S. 400). Die «heute übliche Form» hat der Satz zuerst erhalten bei L. Molina, *Concordia liberi arbitrii cum gratiae donis, divina praescientia, providentia, praedestinatione et reprobatione*, Lissabon 1588, q.14 a.13 disp. 9: «Gratia non tollit naturam, sed supponit et perficit eam» (zitiert nach J. B. Beumer, a. a. O., S. 536). Seine Verbreitung im modernen Katholizismus scheint der Satz besonders J. E. (von) Kuhn, *Die christliche Lehre von der göttlichen Gnade*, Bd. I, Tübingen 1868, S. 5, zu verdanken, der ihn freilich zugleich in einem von Thomas abweichenden Sinne interpretiert. Siehe J. B. Beumer, a. a. O., S. 544f.551.

[57] Anm. in ZZ: «Stein oder Block.» – Die Frage, ob der gefallene Mensch «similis trunco et lapidi» sei, wurde im Synergismusstreit zwischen Gnesiolutheranern und Philippisten verhandelt und in der Konkordienformel vermittelnd entschieden: BSLK 879–882.894–896; Zitat 880,5.

[58] Anm. in ZZ: «Sündiger Mensch.»

erschöpflicher Produktivität im Ringen um Gestaltung und Verwirklichung begriffen ist? –, sie wird (das ist unsere 4. These) durch das Evangelium nicht verleugnet, sondern bestätigt. Ist es ein wahnsinniges Schöpfen ins bodenlose Faß der Danaiden[59], dieses Ringen? *An sich ja.* Denn der Mensch ist gefallen und hat mit dem Vergessen des göttlichen Rechtes auch seinen Anteil an der Verheißung verwirkt, und keine Mühsal noch Begeisterung kann ihn ihm wiederbringen. *In Christus nein.* Denn wie der Zwiespalt zwischen Gott und Menschen keine letzte Wirklichkeit ist in Christo, so auch nicht seine Folge und Strafe, der Zwiespalt im Menschen selbst, der Riß, der durch seine Existenz geht. Ringen um die Überwindung dieses Zwiespalts, Kulturarbeit also, *kann* gleichnisfähig, *kann* Hinweis sein auf das, was der Mensch als Gottes Geschöpf und Ebenbild werden soll, kann ein Widerschein sein vom Licht des ewigen Logos, der Fleisch wurde und doch auch König war, ist und sein wird im Reiche der Natur.[60] Sie *kann* Zeugnis sein von der Verheißung, die dem Menschen ursprünglich gegeben ist. «*Sie kann*», sage ich. Sie *ist* es in Christus. Die Versöhnung in Christus ist die Wiederbringung der verlorenen Verheißung. Sie erneuert den Gesichtspunkt der Schöpfung mit ihrem großen Ja zum Menschen, mit ihrer Vernünftigkeit der Vernunft. Sie gibt ihm wieder den Ausblick auf einen Sinn seines Tuns. Sie gibt ihm den Mut, auch die gebrochene Beziehung, in der er zu Gott steht und handelt, als Beziehung zu verstehen und ernst zu nehmen. Indem dies *Geben geschieht*, indem Gott dies tut am Menschen, in Christus also, ist ihm die ihm gestellte Frage und Aufgabe freudige Verheißung. Also nicht im allgemeinen, nicht abgesehen von diesem göttlichen Tun und auch nicht abgesehen von seinem Glauben und Gehorsam, nicht an |377| sich, nicht neben der Sündenvergebung, aber *durch* sie und *in ihr.*

Das ist die erste Linie, die die Kultur mit der Kirche verbindet. Sie kann sich an der Frage und Aufgabe, die dem Menschen als solchem ge-

[59] Vgl. Büchmann, S. 118.

[60] In dem entsprechenden Abschnitt des Tambacher Vortrags hatte Barth die Gleichnisfähigkeit menschlichen Tuns erwiesen aus der «schlichten Art», in der Jesus seine Gleichnisse für das Himmelreich aus der Welt, «wie sie's treibt und wie sie läuft», entnommen habe. «Bilder aus dem Leben, wie es *ist*, sind die Gleichnisse, Bilder, die etwas bedeuten. Denn das Leben, wie es *ist*, bedeutet etwas. Und wer das Leben, wie es *ist*, nicht versteht, kann auch seine Bedeutung nicht verstehen» (W. G. Th., S. 53–56; Anfänge ..., a.a.O., S. 22–25).

stellt ist, nicht desinteressieren. Sie kann sie wohl praktisch, aber nicht grundsätzlich der Gesellschaft bzw. den «Fachleuten» überlassen. Sie kann auch in eine Trennung der Gebiete, z.B. zwischen sich und dem Staate, nur praktisch, aber nicht grundsätzlich einwilligen, sie kennt den Menschen nur als Sünder, aber immerhin als Menschen, sie hofft für ihn, sie sieht ihn und sein Tun an auf die in Christus mögliche Beziehung zum Vater, Schöpfer Himmels und der Erden[61]. Sie kennt die Verheißung, an der er in Christus Anteil haben kann. Am Wort, am Glauben und Gehorsam, am Akt zwischen Gott und Mensch hängt alles. In dem Maße, als die Kirche das Wort hört, als sie glaubt und gehorcht, fällt offenbar die Frage und Aufgabe der Kultur, fällt die Arbeit an der Kultur unter die irdischen Zeichen, an denen sie sich selbst und der Welt die Güte, die Menschenfreundlichkeit Gottes anschaulich zu machen hat. Eine allgemeine Heiligsprechung der Kulturarbeit, wie sie in idealer Weise Schleiermacher vollzogen hat[62], kann nicht in Betracht kommen, aber eine grundsätzliche Blindheit für die Möglichkeit, daß sie gleichnisfähig, daß sie verheißungsvoll sein könnte, fast noch weniger. Sie wird sich wohl überlegen müssen, ob sie weiß, was sie tut, wenn sie im konkreten Fall das Vorhandensein der Verheißung bejaht. Es müßte aber merkwürdig stehen um sie selber, wenn sie von solchem Falle nicht wüßte, und schlimm, wenn sie von solchem überhaupt nicht wissen *wollte*. Das Reich Gottes wird sie in keiner menschlichen Kulturarbeit anbrechen sehen, sie wird sich aber offen halten für die vielleicht in vieler Kulturarbeit sich meldenden Anzeichen, daß es nahe herbeigekommen ist [vgl. Mk. 1,15]. |378|

5.

Unter dem Gesichtspunkt der Versöhnung[63] (regnum gratiae) *ist die Kultur das Gesetz, im Blick auf das der von Gott geheiligte Sünder seinen Glauben und seinen Gehorsam zu üben hat.*

[61] *Symbolum Apostolicum*, BSLK 21.

[62] Vgl. K. Barth, *Schleiermacher* (1927), in: Th. u. K., S.136–189; besonders Abschnitt 5: «Mystik und Kultur», S.180–189: «Als Frage sei ... die Konstruktion gewagt, ob Schleiermacher in seiner eigentlichen Absicht nicht am besten als christlicher *Kultur*theologe, d.h. als Verkündiger einer religiös-christlichen fundamentierten Durchdringung der Natur durch die Vernunft anzusprechen ist ...» (S.188).

[63] Im Thesenpapier ist nur das Wort «*Versöhnung*» hervorgehoben.

Das Wort Gottes an den Menschen ist nach seinem *Inhalt* Wort von der *Versöhnung* der Sünder mit Gott. (Ich möchte unterscheidend sagen: Es ist nach seinem *Sinn,* wie wir eben sahen, Wort von der ursprünglich in der Versöhnung wieder sichtbaren *Schöpfung;* und es ist nach seiner *Form,* wie wir sehen werden, Wort von der *Erlösung,* Eschatologie.) Von der Bedeutung der Kulturfrage unter dem Gesichtspunkt der Versöhnung haben wir nun zu reden.

Das Reich Christi steht als Reich der Gnade in medio inimicorum [Ps. 109 < = 110>, 2 Vulg.]. Mit dem Homo *peccator*[64] also haben wir es hier ganz und gar zu tun. Mit dem *glaubenden* und *gehorchenden* Sünder gewiß, aber mit dem, was das Glauben und Gehorchen für ihn, den *Sünder,* bedeutet. Offenbar – wenn er lebt vom Worte Gottes und wenn das Wort Gottes als Versöhnungswort Jesus Christus selbst ist, der Gekreuzigte und Auferstandene – grundsätzlich nichts anderes als: daß er, der Sünder, *gestorben* ist mit Christus und wiederum er, der Sünder, auferstanden ist und *lebt* mit Christus.[65] Diese seine Gemeinschaft mit dem Versöhner ist der Grund und die Kraft seiner ihm durch das Sakrament der Taufe bezeugten Berufung, Wiedergeburt und Bekehrung durch den Heiligen Geist. Daß er, der Sünder, gestorben ist mit Christus, das heißt, daß er, der ein Sünder ist und bleibt, (nicht in sich selbst, aber in seiner Gemeinschaft mit Christus:) rein und als Kind dasteht vor Gott. Das ist das Wunder der Gnade als *Rechtfertigung.* Daß er, der Sünder, mit Christus auferstanden ist und lebt, das heißt, daß wiederum er, der ein Sünder ist und bleibt, (nicht in sich selbst, aber in seiner Gemeinschaft mit Christus:) Gottes Willen tut in einem neuen Leben. Das ist das Wunder derselben Gnade als *Heiligung.* Bedarf es des Gehorsams wahrlich auch zum |379| Glauben an die *Rechtfertigung,* so bedarf es des Glaubens wahrlich auch zum Gehorsam in der *Heiligung.*[66] Von ihr haben wir hier zu reden.

Es gibt keine in die Erscheinung tretende Heiligung des Menschen, keine Heiligung, die man sehen, feststellen, messen könnte, die man nicht *glauben* müßte. Sie ist Tat der göttlichen Barmherzigkeit. Sie ist nicht und sie wird nicht ein Besitz und Ruhm des Menschen. Sünder

---

[64] Anm. in ZZ: «Sündigen Menschen».
[65] Vgl. Röm. 6, 8 und Kol. 3, 1.
[66] In ZZ steht dieser Satz in einer Anmerkung.

sind und Sünder bleiben auch die Geheiligten. In *Christus* tun sie den Willen Gottes, nicht sonstwie. Ihr Leben, ihr neues Leben ist mit ihm verborgen in Gott [vgl. Kol. 3,2]. Sonst wäre die Heiligung nicht Gnade und eben darum nicht *wirkliche* Heiligung. Der *Gehorsam* in der Heiligung steht ganz und gar im Glauben, nicht im Schauen [vgl. 2. Kor. 5,7]. Vergottungen kommen nicht in Betracht, auch nicht als minimale Keime und dergleichen.[67] Es gibt keine Heiligkeit, die nicht *gänzlich* verhüllt wäre von Unheiligkeit. Es *gibt* aber einen Gehorsam in der Heiligung, einen Gehorsam der *Sünder* also, als ihr Werk gänzlich befleckt und verkehrt wie Alles, was Sünder tun, in Christus in der Kraft seiner Auferstehung anerkannt und angenommen als Gehorsam. Diesen Gehorsam haben wir, in Christus berufen, zu *leisten*. Der Glaube ist nicht dawider, sondern dafür. Im Glauben *ist* er Gehorsam, *tun* wir den Willen Gottes, *leben* wir das neue Leben, wir, die Ungerechten, die Heuchler, die Feinde Gottes, die wir sind, nicht als vielversprechenden Anfang eigener Gerechtigkeit, wohl aber als Verkündigung der Gerechtigkeit Gottes im Tal des Todes.[68] Als Übung bloß – was kann unser Gehorchen anders sein als ein Uns-Üben im Gehorsam? –, aber als eine Übung, die stattfindet. Als Demonstration bloß, aber als notwendige, nicht zu unterlassende Demonstration. Als Opfer bloß[69] – und das Opfer ist nicht anders heilig, als weil der Altar heilig ist [vgl. Mt. 23,19] –, aber als gefordertes und als freudig gebrachtes Opfer; denn der Altar *ist* heilig. Und darum gilt nun auch, wenn die Frage nach der *Norm* dieses irdischen, sündigen, aber in Christus heiligen Gehorsams sich erhebt: daß durch das Wort von der Versöhnung das *Gesetz* |380| nicht aufge-

---

[67] Das Bild vom Keim hatte Barth mehrfach verwendet in: Römerbrief 1; vgl. dort S. 686 (Register).

[68] Siehe oben S. 14, Anm. 34.

[69] Der Gedanke, daß das lebendige, heilige, Gott wohlgefällige Opfer von Röm. 12,1 «eine *Demonstration* zur Ehre Gottes», eine «*notwendige* und *geforderte* Demonstration, aber auch *nur* das», ein «Ethos der gebrochenen Linie» sei, ist in Barths Römerbrief 2 von tragender Bedeutung (S. 417; vgl. S. 418.422. 430f.434.436f.440.443.445). «... erschreckend klar wird es hier, daß alles menschliche Ethos *nur* demonstrieren, *nur* bedeuten, *nur* opfern kann ...» (S. 449; vgl. S. 450). «Friedenhalten [Röm. 12,18] kann eine treffliche Demonstration sein» (S. 453; vgl. S. 458). «Von den jeweilen bestehenden *Ordnungen* des menschlichen Gemeinschaftslebens haben wir zu reden und davon, daß dies die große *Demonstration* für die Ordnung der kommenden Welt sein soll, diese Ordnungen als solche *nicht zu zerbrechen*» (S. 459f.).

hoben, sondern aufgerichtet wird [vgl. Röm. 3,31]. Was zu *geschehen* hat im regnum gratiae, in medio inimicorum, was die verlorenen Sünder zu *tun* haben im Gehorsam, in der Heiligung, es ist – wie wäre es sonst Gehorsam? – nicht ihrer Willkür überlassen, sondern von Gott selbst vorgezeichnet. Wo und wie? Offenbar prinzipiell nirgends sonst als in der dem Menschen durch das an ihn ergehende Wort gestellten *Aufgabe*. Was unter dem Gesichtspunkt der Schöpfung die dem Menschen gegebene *Verheißung* ist, das ist unter dem Gesichtspunkt der Versöhnung das *Gesetz*, unter dem er steht. Die göttliche Forderung heißt Humanität. Das Gebot der positiven Offenbarung trifft hier mit dem Gebot des Naturrechts inhaltlich genau zusammen. Es faßt es nur, es erhebt es aus der Sphäre der Ahnung, der Willkür zum wirklichen, zum göttlichen Gebot, es erweckt die Verheißung, die im Naturrecht von der Schöpfung her schlummert, es gibt ihm – eben um der Verheißung willen – Notwendigkeit. Es fordert, daß der Geist nicht müßig und die Natur nicht sich selbst überlassen sei. Es fordert Gestaltung und Verwirklichung. Es setzt ein Oben und Unten, ein Besser und Schlechter auch des Tuns, das als Ganzes der Sünde verfallen ist. Und immer ist das Maß solcher Unterscheidungen die Einheit, die Bestimmung des Menschen, sich selber zu finden als ein Ganzes. Immer ist der Inhalt des Gesetzes ganz einfach die Kultur. Immer bedeutet also Heiligung, Aussonderung für Gott, Tun des Willens Gottes inhaltlich Humanisierung. Die Menschen sollen *Menschen* werden, nicht mehr, aber auch nicht weniger. Daß dieses Ziel erreichbar, daß ein Reich Gottes als Reich des Friedens, des Rechts und der Wahrheit durch Menschen aufzurichten sei, daß es Humanität *gebe* auf der Welt – das ist durch das Gesetz *nicht* gesagt. Das Gesetz sagt nur, daß es sich um das alles *handelt* bei der Übung des Gehorsams. Damit, daß die Gehorchenden sich selber nie anders denn als *Sünder* erkennen werden, als geheiligt sich nur *glauben* können, damit ist gesagt: Das Ziel ist wirklich unerreichbar; wir haben das Reich Gottes *nicht* zu bauen; es gibt keine Humani-|361|tät in der Welt. In Christus ja, aber nicht in der Welt. Der Gehorsam aber wird danach nicht fragen, ob das ihm gestellte Ziel erreichbar sei oder nicht; sonst wäre er[70] nicht Gehorsam.

Das ist die zweite Linie, die die Kirche mit der Kultur verbindet. Sie

[70] Im Druck «es»; Korrektur vom Hrsg.

bejaht in ihr das *Gesetz*, das den Menschen durch das Wort gegeben ist. Sie kann es nicht unterlassen, das Gesetz zu *vertreten*, *mit* der Gesellschaft, *ohne* die Gesellschaft, *gegen* die Gesellschaft, zeitgemäß oder unzeitgemäß [vgl. 2. Tim. 4,2]. Sie weiß früher als die Gesellschaft und besser als sie, um was es sich handelt bei dem Tun, in dem sie sie bald in dumpfem, bald in bedächtigem, bald in stürmischem Drang begriffen sieht. Sie weiß es darum früher und besser, weil sie den Menschen früher und besser als *Menschen* kennt, weil sie von möglichen Vergottungen *nichts* weiß, weil sie kein erreichbares, aber das *wirkliche* Ziel verkündigt, weil sie sich begnügt, *Gehorsam* zu fordern, aber *Glaubens*gehorsam, der in Weisheit und Kühnheit in den dem Menschen gesetzten Schranken läuft [vgl. 1. Kor. 9,24]. Wehe der Kirche, wenn sie diesen Gehorsam etwa *nicht* verkündigte [vgl. 1 Kor. 9,16]. Sie würde mit dem Gesetz auch das Evangelium, mit der Kultur auch sich selbst verraten!

6.

Unter dem Gesichtspunkt der Erlösung[71] (regnum gloriae) *ist die Kultur die dem Menschen gesetzte Grenze, jenseits derer Gott selbst in Erfüllung seiner Verheißung alles neu macht.*

Das Wort Gottes ist – das ist unser dritter Gesichtspunkt – Wort von der *Erlösung*. Es hat (nicht zu guter Letzt, sondern durchgängig) *eschatologische* Form, d. h. es bezieht sich in jedem Punkt auf ein dem Menschen durchaus *nicht* Gegebenes, *nicht* Mögliches, *nicht* Erreichbares. Es spricht in jedem Punkt von einem schlechterdings und exklusiv in Gott und durch Gott Wahren, von Gott Kommenden, von Gott zu Gestaltenden und zu Verwirklichenden. Es redet in jedem Punkt sub specie aeternitatis[72], d. h. im Hinblick auf eine allein |382| in Gott selbst und seiner Treue begründete Erfüllung. Es fordert in jedem Punkt – und das ist charakteristisch für die Entscheidung, die damit fällt, daß es

---

[71] Im Thesenpapier ist nur das Wort «*Erlösung*» hervorgehoben.
[72] Diese Formel geht auf Spinoza zurück (*Ethica* 2,44.2; 5,22; 5,29), findet sich öfters bei Kierkegaard in der Form «sub specie aeterni» (*Abschließende unwissenschaftliche Nachschrift*, T. 2, Ges. Werke, hrsg. von H. Gottsched und Chr. Schrempf, Bd. VI, Jena 1910, S. 168.268; *Einübung im Christentum*, Ges. Werke, Bd. IX, Jena 1912, S. 110) und dann auch im Barthschen Frühwerk (z. B. *Römerbrief* 1, S. 68).

gesprochen und vernommen wird – ein Sursum corda![73], ein Suchen dessen, was droben ist [Kol. 3,1], bei dem ein nicht nur graduelles, sondern prinzipielles Droben! gemeint ist: das regnum gloriae, die endgültige, die ewige Selbstoffenbarung der Ehre Gottes in einer *neu* geschaffenen Welt.

Erlösung ist *mehr* als *Schöpfung*, mehr auch als (wie Schleiermacher meinte[74]) Vollendung und Krönung der Schöpfung. Gottes Schöpfung hat keine Vollendung nötig. Sie war und ist vollkommen. Aber als solche *konnte* sie uns verloren gehen und *ist* sie uns *verloren* gegangen. Uns muß sie durch Vergeben und Neuwerden hindurch *unverlierbar wiedergebracht* werden. Erlösung heißt Auferstehung der Toten ins ewige Leben, *radikaler* Wechsel aller Prädikate des Seienden, Aufhebung aller *nicht*göttlichen Möglichkeit und Größe zugunsten unbedingter und unbedingt manifester Gewalt Gottes selbst, Gottes allein in allem. Erlösung ist Schöpfung, aber ohne die Möglichkeit der Sünde und des Todes. Insofern ist sie *mehr* als Schöpfung.

Erlösung ist aber auch *mehr* als *Versöhnung*. Vollkommen ist freilich auch die Versöhnung als Wiederherstellung der Gemeinschaft der sündigen Menschen mit Gott in Christus. Zweifellos: die Gnade *genügt* [vgl. 2. Kor. 12,9]. Sie hat die Erlösung, das ewige Leben schon in sich. Ist jemand in Christus, so *ist* er neue Kreatur, das Alte *ist* vergangen, siehe, es *ist* neu geworden [2. Kor. 5,17]. Gott *ist* dem Sünder jetzt und hier schon *alles*. Aber im *Glauben*. Im Glauben steht jetzt und hier die Vollstreckung unserer Gemeinschaft mit Christus. Und es gibt keinen Glauben, der nicht auch Unglaube wäre. Ein Trauen und Wagen[75] auf

---

[73] Das «Sursum corda!» am Anfang der Präfation ist eines der ältesten Stücke des Ordo missae und ist bereits bei dem römischen Nebenbischof Hippolyt zu Anfang des 3. Jahrhunderts belegt. Vgl. R. Stählin, *Die Geschichte des christlichen Gottesdienstes*, in: *Leiturgia. Handbuch des evangelischen Gottesdienstes*, hrsg. von K. F. Müller und W. Blankenburg, Bd. I, Kassel 1954, S. 20.

[74] Glaubenslehre, Bd. II, S. 23 (§ 89, Leitsatz): «... so würde ... die Erscheinung Christi und die Stiftung dieses neuen Gesammtlebens als die nun erst vollendete Schöpfung der menschlichen Natur zu betrachten sein».

[75] Vgl. M. Luther, *Predigt über Gen. 31*, WA 9,587,11–13: «Also mechtig starck ding ist es umb den glawben, wan sich das hertzs auwff goth wagt und im alles heim gibt in eynnem rechten vortrawen ...» Vgl. ferner *Großer Katechismus*, BSLK 560,16f. = WA 30/I, 133,4: «... das Trauen und Gläuben des Herzens ...» Vgl. auch Barths Ausführungen über den Glauben als *«fiducia»* in: Chr. Dogm., S. 428–434.

das Unsichtbare ist jetzt und hier alle Gewißheit, ob sie nun christliche Wahrheits- oder Heilsgewißheit heiße.[76] Ihr Grund und Anker ruht in Gott, nicht in uns.[77] Was in uns ist, ist immer auch Ungewißheit. Wahres Gleichnis, wahres Zeugnis, wahrer |383| Hinweis nur ist auch das wahrste Menschenwort, durch das Gottes Wort zu uns kommt, Übung, Demonstration und Opfer auch das gehorsamste Tun des Willens Gottes. Sakramentale, nicht reale Gegenwart Gottes ist jetzt und hier unser Teil, so könnten wir auch sagen. Erlösung aber ist Versöhnung ohne den Vorbehalt, ohne das «Noch nicht», das wir jetzt und hier mit dem «in Christus», mit dem Hinweis auf Glauben und Sakrament aussprechen müssen: Insofern ist Erlösung mehr als Versöhnung. Der Erlösung in diesem eigentlichen, strengen Sinn *warten* wir [vgl. Röm. 8,23]. Und Erlöser in diesem eigentlichen, strengen Sinn ist Jesus Christus in seiner *Wiederkunft*, nicht vorher, nicht anders. Erlösung vorwegnehmen, vorweg besitzen, haben, fühlen, wohl gar in eigenem Erleben gestalten und verwirklichen wollen, läuft immer und notwendig nicht nur auf unnütze Illusionen, sondern auf Ungehorsam und Rebellion hinaus. Die Form, unter der Gottes Wort zu uns kommt, ist nun einmal die eschatologische Form, durch die sein Sinn und Inhalt unter den Vorbehalt der *göttlichen*, der noch *ausstehenden* Erfüllung gestellt wird. *Dein* Reich komme! und: Dein Reich *komme!* [Mt. 6,10].

Ist nun die Erlösung positiv die Realisierung der durch die Sünde nicht hinfällig gewordenen, aber vereitelten Bestimmung des Menschen in einer neuen Schöpfung, in manifester Vollstreckung der Versöhnung, so ist deutlich, daß *Humanität* unter diesem dritten Gesichtspunkt zu einem kritischen, zu einem *Grenz*begriff[78] wird. Kultur als Verheißung

[76] Vgl. Unterricht I, S. 56. Barth bezieht sich dort auf die beiden Bücher, die sich thematisch mit der christlichen Gewißheit befassen: L. Ihmels, *Die christliche Wahrheitsgewißheit, ihr letzter Grund und ihre Entstehung*, Leipzig 1908², und K. Heim, *Glaubensgewißheit. Eine Untersuchung über die Lebensfrage der Religion*, Berlin 1923³. Vgl. ferner Unterricht II, S. 203ff. Dort behandelt Barth das Problem der Gewißheit – «Wahrheits- *und* Heilsgewißheit!» – angesichts der Prädestination.

[77] Vgl. das Lied von J. A. Rothe (EKG 269; GERS 262):
Ich habe nun den Grund gefunden,
der meinen Anker ewig hält.

[78] Für I. Kant ist «der Begriff eines *Noumenon*, d. i. eines Dinges, welches gar nicht als Gegenstand der Sinne, sondern als ein Ding an sich selbst, (lediglich durch einen reinen Verstand) gedacht werden soll, ... bloß ein *Grenzbegriff*»

nicht nur, als Gesetz nicht nur, sondern nun als Ereignis, als *gestaltete* Wirklichkeit und *wirkliche* Gestalt, das ist nicht da, sondern das kommt, das steht nicht bei uns, sondern bei Gott, das gibt es nicht dies-seits, sondern nur jenseits der Totenauferstehung. Das *kommt*, das *gibt* es, das *steht* bei Gott, sagt uns sein Wort als Wort von der Erlösung. Grenze ist ja nicht bloß ein negativer, sondern ein höchst positiver Be-griff. Unsere Grenze sagt uns, wo wir uns befinden. *Gott* ist unsere Grenze – brauchen wir etwas Besseres über unseren Ort [zu] erfahren als das? –, Gott, |384| der den Menschen geschaffen und mit sich selbst versöhnt hat, um ihn ewig zu sich zu ziehen, Gott, der treu ist über unse-rer Untreue [vgl. 2.Tim 2,13].

Aber das ist klar, daß diese dritte Linie, die die Kirche mit der Kultur verbindet, eine *kritische* sein muß. Auf *Gott* und *sein* erfüllendes Ja und Amen hofft die Kirche. Beim Bau des Turmes von Babel, dessen Spitze an den Himmel stoßen soll [Gen. 11,4], kann sie *nicht* dabei sein. Sie hofft auf Gott *für* den Menschen, aber nicht *auf* den Menschen, auch nicht auf den frommen Menschen, auch nicht etwa darauf, daß der Mensch *mit Hilfe Gottes* jenen Turm schließlich doch noch bauen und vollenden werde. Sie glaubt weder an die Göttlichkeit des Geistes noch an die der Natur und erst recht nicht an angeblich schon vollzogene Synthesen zwischen beiden.[79] Sie nimmt ganz einfach den Tod zu ernst, als daß ihr Humanität etwas anderes sein könnte als Hoffnung der To-tenauferstehung. Sie beharrt dabei, daß der Erlöser sein «Siehe, ich ma-che alles *neu!*» [Apk. 21,5] erst sprechen *wird*. Mit diesem, dem eschato-logischen Vorbehalt tritt sie der Gesellschaft entgegen. Nicht aus Ge-ringschätzung der Kulturarbeit, sondern in höchster Schätzung dessen, worauf sie alle Kulturarbeit zielen sieht. Nicht aus Pessimismus, son-dern aus überschwenglicher Hoffnung. Nicht als Spielverderberin, aber wissend, daß Kunst und Wissenschaft, Wirtschaft und Politik, Technik und Erziehung wirklich ein Spiel sind, ein ernstes Spiel, aber ein Spiel, d.h. ein abbildliches und letztlich absichtsloses Tun, das seinen Sinn nicht in seinen erreichbaren Zwecken hat, sondern in dem, was es be-

(*Kritik der reinen Vernunft*, Kant's gesammelte Schriften, hrsg. von der Kö-niglich Preußischen Akademie der Wissenschaften, Bd. III, Berlin 1904, B 310f.). Vgl. K.Barth, *Der kosmologische Beweis für das Dasein Gottes*, in: Vort. u. kl. A. 1905–1909, S. 269.
[79] Vgl. oben S. 17 mit Anm. 42.

deutet, das vielleicht um so sachlicher, um so besser gespielt würde, je besser es als solches verstanden würde.[80] Es könnte ja unserem Ernst nichts schaden, wenn wir uns klar machen würden, daß es *letzter* Ernst nie sein kann und nie ist, daß Gott *allein* das Recht und die Möglichkeit hat, *ganz* ernst zu sein. Die Kirche leistet der Gesellschaft keinen Dienst, wenn sie, um sie nicht zu stören und sich selbst nicht mißliebig zu machen, diesen Vorbehalt nicht geltend macht, wenn sie in ihrer Haltung und Lehre den Trost und die Warnung der Ewigkeit nicht zum Ausdruck bringt. Die Gesellschaft *wartet* gerade auf *diesen* |385| Dienst. Sie wird vor einer Kirche, die es wagt, sie zu stören und sich selbst miß- liebig zu machen, Respekt haben, *keinen* Respekt aber vor einer Kir- che, die etwa hier – und dann sicher nicht nur hier – versagen sollte. Denn die Gesellschaft weiß, besser als sie sich eingesteht, daß dieser Trost und diese Warnung erst Kulturarbeit letztlich möglich macht.

7.

Unter allen diesen[81] *Gesichtspunkten hat die Kirche als eine Gemein-* *schaft menschlich-sündigen Wollens und Wirkens nicht nur die Gesell-* *schaft, sondern vor allem immer wieder sich selbst zu beurteilen und zu* *orientieren.*[82]

Wollten These 4–6 eine Übersicht geben über die Stellung der Kirche zum Kulturproblem der *Gesellschaft*, so soll in These 7 der Nachdruck darauf gelegt werden, daß das Kulturproblem auch ein Problem der *Kirche selbst* ist und auch als solches nach allen Seiten gewürdigt wer- den muß. Nach unseren in These 1–3 entwickelten Voraussetzungen ist das selbstverständlich. Es wird aber doch nicht überflüssig sein, es aus- drücklich auszusprechen. Wir kommen jetzt darauf zurück, daß die

[80] Vgl. folgende Stelle im Tambacher Vortrag (W.G.Th., S. 57 = Anfänge ..., a.a.O., S. 25f.): «Mag denn alles, was wir im Rahmen des jeweilig schlechthin Sei- enden und Geschehenden tun können, nur *Spiel* sein im Verhältnis zu dem, was eigentlich getan werden sollte, so ist es doch ein *sinnreiches* Spiel, wenn es recht gespielt wird. Aus schlechten Spielern werden sicher keine guten Arbeiter, aus Bummlern, Journalisten und Neugierigen auf dem Kampfplatz des Alltags keine Stürmer des Himmelreichs.»
[81] Im Thesenpapier: «drei».
[82] Im Thesenpapier sind nur die Worte «*Gesellschaft*» und «*sich selbst*» her- vorgehoben.

33

Kirche in ihrer sichtbaren Wirklichkeit eine menschliche Ordnung und Anstalt, eine Gemeinschaft des Glaubens und Gehorsams sündiger Menschen, d. h. aber eine Gemeinschaft menschlich-sündigen Wollens und Wirkens ist. Dem untheologischen Außenaspekt der Kirche soll nun sein Recht werden. Christen sind Menschen, die besser als alle anderen wissen, was für ein *Gericht* unter allen Umständen über den Menschen hängt, wie heillos – nicht die anderen, sondern sie selber sind. Christen sind Menschen, die weniger als alle anderen geneigt sein können, die menschlich tiefste Solidarität, die Solidarität der Schuld und Strafe, die uns alle drückt, auch nur durch eitle Hintergedanken etwa zu brechen. Daß die Kirche als Gemeinde der Heiligen der Gesellschaft unter anderen Gesetzen und Bedingungen, in überlegener Position gegenüberstehe, das kann zu allerletzt ihre eigene |386| Meinung sein. Sie weiß sehr genau um ihren profanen Außenaspekt. Sie weiß sehr wohl, daß sie, auf der Ebene der Geschichte und des Menschheitslebens betrachtet, in der Tat nur eine Sozietät (oder schöner gesagt: ein «Lebenszusammenhang»[83]) neben anderen ist. Sie weiß sehr wohl um die Relativität des Christentums. Sie weiß, daß ihre Haltung, ihr Wollen und Wirken, ihr Denken und Reden nicht prinzipiell andersartig ist als das der Menschen insgemein, daß ihr sonderlicher Gegenstand, die sogenannte «Religion», denselben Fragen und Bedenken unterliegt wie alles menschliche Wesen und ihr sonderliches Tun denselben Notwendigkeiten wie alles menschliche Tun. Sie weiß also, daß auch ihre Arbeit vom ersten Schritt an nichts anderes sein kann als schlecht und recht Kulturarbeit, Streben nach Gestalt und Verwirklichung, Suchen nach Humanität – an einer sehr merkwürdigen, sehr exponierten Stelle im Ganzen der menschlichen Gesellschaft, gewiß, aber Kulturarbeit im Rahmen der menschlichen Gesellschaft. Keine noch so tief gegründete christliche Gemeinschaft wird sich den allgemeinen soziologischen Gesetzen auch nur teilweise entziehen können. Kein gutes Werk des einzelnen wird nicht auch seine weniger gute psychologische Außenseite haben. Kein christlicher Theologe wird (leider) mit seiner Predigt oder Wissenschaft wirklich als doctor angelicus (frei von *aller* menschlichen Philosophie zum Beispiel!) sichtbar über diese Erde gehen.[84] Keine

---

[83] Vgl. oben S. 11, Anm. 28.
[84] Seit dem 15. Jahrhundert wird Thomas von Aquino «doctor angelicus» ge-

christliche Liebe wird nicht mit gutem Recht auch als sublimierte, höchst kultivierte Erotik anzusprechen sein. Keine christliche Zeit-Prophetie wird sich der Messung an sachlich politischen und wirtschaftlichen Maßstäben entziehen können. Die Kirche schwimmt auf der ganzen Linie mit im Strom der Kultur. Das *Darüber* und *Dagegen* ist wohl ihr heimlicher *Existenzgrund*. Aber der kann von ihr nur geglaubt werden und bleibt auch als geglaubter – weil auch der Glaube ein menschliches, ein seinen Ursprung und Gegenstand verhüllendes Tun ist – ihr *heimlicher* Existenzgrund. Die Existenz der Kirche und die Existenz der Christen in ihr hört in keinem Augenblick auf, ein Wagnis zu sein, das der Begründung und Siche-|387|rung bedarf wie alles menschliche Wagen. Analog ihrer Stellung zum Tun des Menschen überhaupt wird sie darum auch zu ihrem eigenen Tun Stellung nehmen, unter allen vorhin entwickelten Gesichtspunkten auch sich selbst beurteilen und orientieren müssen.

Sie wird sich also *erstens* – und das ist ihr Trost als Sünderkirche – daran erinnern, daß auf Grund der Versöhnung in Christus menschliches Wollen und Wirken gleichnisfähig, transparent, beziehungsvoll, teilhaftig der ursprünglich dem Menschen gegebenen Verheißung sein *kann*, daß es also keinen Sinn hätte, sondern gottlos wäre, aus allzu tiefer Erkenntnis der menschlichen Sündhaftigkeit die Hände sinken zu lassen und das Wollen und Wirken den anderen, dem Teufel zu überlassen. Auch spezifisch kirchliches Handeln, wie etwa das Halten und Hören einer Sonntagspredigt oder der Dienst einer Krankenschwester oder etwas so Fragwürdiges wie die Bemühungen der Theologie, *kann* gesegnet sein – wohlverstanden: nicht darum und nicht insofern, als es *kirchliches* Handeln ist, sondern gerade darum und insofern, als auch es sündiges, aber menschliches Handeln ist, weil auch das, was an diesem exponierten Rande der Gesellschaft geschieht, wo es «um Religion geht»[85], im Schatten aller Kulturarbeit in *Christus* gesegnet sein, vom λό-

nannt. Nach der Biographie des Wilhelm von Tocco wurden dem 20jährigen Thomas, als seine Brüder ihn mit Gewalt zwingen wollten, dem Prediger-Orden abzusagen, zwei Engel vom Himmel gesandt, die ihn mit dem Gürtel der Keuschheit gürteten. Siehe W.P. Eckert, *Das Leben des heiligen Thomas von Aquino*, Düsseldorf 1965, S. 89–91. Vgl. ferner Chr. Dogm., S. 524: «Bei niemandem ist es wahr, daß er das Evangelium nicht mit Philosophie vermenge.»

[85] Siehe oben S. 11 mit Anm. 27.

γος σπερματικός[86] einen Funken in sich tragen kann. Warum sollte es (nicht in der Ecke des Pharisäers, sondern in der Ecke des Zöllners [vgl. Lk. 18,9–14]) nicht auch das, nicht auch spezifisch und bewußt kirchliches Handeln geben? Warum sollte uns die Relativität der Kirche hindern, die Kirche ohne alle Überheblichkeit, aber in aller Gelassenheit als menschliche Möglichkeit ebenso ernst zu nehmen wie die Künstler ihre Kunst, wie die Wissenschaftler ihre Wissenschaft? Auch die Kirche *kann* ein Gleichnis sein dessen, was werden soll. Zwischen dem «kann» und dem «ist» steht Gottes freie Gnade und das Seufzen auch unserer Herzen aus tiefer Not [vgl. Röm. 8,26], weht der Geist, der weht, wo er will [vgl. Joh. 3,8]. Aber der Geist ist kein zweifelhafter, sondern der *gewisse* Faktor![87]

Die Kirche wird *zweitens* bedenken, daß in und mit der |388| Versöhnung das Recht Gottes aufgerichtet ist über alles, was Fleisch heißt, und daß sie, diesem Recht sich unterwerfend, nicht nur handeln *darf*, sondern handeln *soll*. Auch für sie gilt, daß der Glaube, der Glaube an die selbst- und alleinwirkende Gnade nicht dawider, sondern dafür ist. *Dafür*, daß (im Schatten aller Kulturarbeit! in aller Verkehrtheit des Menschlichen!) der Versuch nicht unterlassen werde, die Ehre Gottes zu verkündigen auch auf der schmalen und gefährlichen Linie, auf der die Kirche als Kirche handeln kann, daß auch hier der Geist nicht träge [vgl. Röm. 12,11] und das Fleisch nicht wild sei, daß auch hier mit Weisheit und Kühnheit innerhalb der dem Menschen gesetzten *Schranken gelaufen* werde [vgl. 1. Kor. 9,24]. *Ohne* die Einbildung, als wären nicht auch wir, nachdem wir alles, was uns geboten ist, getan haben, unnütze Knechte [Lk. 17,10]. *Ohne* Gott zu widerstehen, wenn seine Ehre vielleicht öfter, als wir denken, da *besser* verkündigt wird, wo es durchaus *nicht* «um Religion geht». Aber auch *ohne* Scham, *ohne* jene Zimperlichkeit, die um jeden Preis lieber profan und «laienhaft» sein möchte

---

[86] Anm. in ZZ: «λ. σ. = Die über das ganze Menschengeschlecht verbreitete Offenbarung.» Der stoische Begriff, Ausdruck für das Ursprungsprinzip aller Dinge und für die Universalvernunft, wurde von den altkirchlichen Apologeten, insbesondere von Justin übernommen zur Bezeichnung des göttlichen Wortes, das sich schon immer und überall mitgeteilt hat, ohne vor Christus mehr als eine Teilerkenntnis der Wahrheit vermitteln zu können; vgl. Justin, *Apologie* II 8,2; 13,3; MPG 6,457.465.

[87] Vgl. M. Luther, *De servo arbitrio* (1525), WA 18,605,32: «Spiritus sanctus non est scepticus ...»

als kirchlich, *ohne* Weigerung, auftragsgemäß nun eben an *dieser* Stelle *Dieses*, das Kirchliche zu tun. Ist das Opfer *geboten* und im Gehorsam in der Heiligung gebracht, warum sollte es dann nicht auch hier von Gott angenommen werden?

Und die Kirche wird *drittens* den Trost und die Warnung der Ewigkeit, die Erinnerung an Gott als die Grenze, auch und vor allem an sich selbst richten. Sie wird vor allem sich selbst den Dienst leisten, nicht trotz, sondern wegen des Ernstes der Sache des letzten Nicht-Ernstes auch ihres Tuns sich bewußt zu bleiben, zu bedenken, daß Gott seine Ehre, auch die *Verkündigung* seiner Ehre, letztlich keinem anderen läßt [vgl. Jes. 48,11]. Sie wird also dem weltlichen ja nicht etwa einen kirchlichen, einen frommen Turm zu Babel zur Seite stellen, Vergottungsexperimente auch auf ihrem Gebiet weislich unterlassen, sondern sich demütig und distanzbewußt, aber auch freudig und zuversichtlich an den *vor der Tür* stehenden und *anklopfenden* Christus [vgl. Apk. 3,20] halten als an den Erlöser auch ihrer Kümmerlichkeit und Gebrechlichkeit. |389| Die Hoffnung: *Dein* Reich komme! Dein Reich *komme!* [Mt. 6,10] gilt auch ihr. Sofern sie sich auch *gegen* sie richtet (vielleicht, wenn das Wort vom Gericht [gilt], das anheben muß beim Hause Gottes [1.Petr. 4,17], sogar zuerst und vor allem gegen sie!), wird sie sich ihm, weil es das Gericht der Hoffnung ist, zu allerletzt entziehen.

8.

Der letzte (eschatologische) Gesichtspunkt ist es, unter dem die Kirche unserer Zeit zuerst wieder nach Gottes Willen und Wegen fragen lernen muß.[88]

Meine letzte These will nicht mehr sein als ein Zusatz zum Ganzen.

Ich habe die drei Gesichtspunkte, unter denen die Beziehungen zwischen Kirche und Kultur zu erwägen waren, in These 4–7 in möglichst *gleichmäßiger* Betonung entwickelt. Ich meine nun aber zum Schluß noch folgendes sagen zu müssen: Hat es mit dem aktuellen Charakter aller christlichen Erkenntnis, von dem eingangs die Rede war, seine Richtigkeit, dann werden wir in Bezug[89] auf solche Gleichmäßigkeit al-

---

[88] Im Thesenpapier sind nur die Worte *«unserer»* und *«zuerst»* hervorgehoben; statt «Wegen»: «Weg».

[89] Wie oben S. 20, Anm. 47.

ler Wahrheitsmomente nicht allzu gerecht und nicht allzu weise sein wollen dürfen [vgl. Pred. 7,16].[90] Dieselbe Wahrheit kann, wirklich ausgesprochen und gehört, nicht zu jeder Zeit in derselben Weise, nicht immer und vielleicht nie in dem lehrbuchartigen Gleichmaß ihrer einzelnen Momente ausgesprochen und gehört werden, um das wir uns heute ernstlich bemüht haben. Es gibt vielmehr eine notwendige *Zeitbestimmtheit* der Wahrheit, auch der christlichen Wahrheit, deren Berücksichtigung man vielleicht, im Unterschied zur methodischen, als *prophetische* Sachlichkeit bezeichnen dürfte. Und nun hoffe ich, daß Sie die gewisse *Ungleichmäßigkeit* in der Gleichmäßigkeit, die gewisse Überbetonung *eines* Moments in meinen Ausführungen nicht überhört haben, auf die ich nun auch noch ausdrücklich aufmerksam machen möchte.[g] |390|

Was die Kirche *unserer* Zeit in Bezug[94] auf das Kulturproblem *vor al-*

---

[g] Als Illustration zu der erschreckenden Gehörlosigkeit, mit der auch der wohlmeinende moderne Kirchenmensch unsereinem zuzuhören pflegt[91], sei hier abgedruckt, wie *René H. Wallau* in den Theolog. Blättern 1926 Nr. 7 Spalte 184[92] über diesen Vortrag referiert hat: «Von den deutschen Darbietungen (scil. am Amsterdamer Kongreß) bot das Referat von Prof. D. Karl Barth – Münster über ‹Kultur und Kirche› (sic) ein eindrucksvolles Bekenntnis zum relativen Wert der Kultur als Gehorsamstat des Glaubens, wenn auch zum Schluß in bekannter Weise stark ‹die Grenze, jenseits deren Gott alles neu macht›, herausgearbeitet wurde. Es war wenigstens von christlicher Besinnung ein Hintergrund geschaffen, vor dem sozialpolitische Betätigung der Kirche als sinnvoll und von Gott gewollt Geltung behalten konnte.»[93]

[90] Auch im Schlußabschnitt ist Barth seinen Ausführungen in Tambach nahe (W.G.Th., S. 68 = Anfänge ..., a.a.O., S. 36): «Die Bewegung durch Gott wird uns, je mehr es uns wirklich um Gott und um Gott allein zu tun ist, desto weniger stecken lassen, weder zur Rechten noch zur Linken. Wir werden uns dann weder mit Naumann ins Ja verrennen und verbohren, bis es zum Unsinn geworden ist, noch mit Tolstoj ins Nein, bis es ebenfalls ad absurdum geführt ist. Wir lassen uns dann vom Prediger Salomo sagen: ‹Sei nicht allzu gerecht und nicht allzu weise ...›»

[91] In ZZ beginnt Barths Anmerkung so: «Als Illustration zu der erschütternden Gehörlosigkeit bzw. -unwilligkeit, mit der der modern-kirchliche Betriebsmensch unsereinem zuzuhören pflegt ...»

[92] R. H. Wallau, *Zur Auswirkung von Stockholm. Zwei wichtige Tagungen*, in: ThBl, Jg. 5 (1926), Sp. 181–184.

[93] In ZZ folgt hier noch der folgende Satz: «Ich verwahre mich gegen dieses Lob und gegen jede Gemeinschaft mit dieser Art!»

[94] Wie oben S. 20, Anm. 47. Ebenso S. 39, Z. 5.

lem wieder lernen müßte, das ist m. E. das, was ich die Form, die *escha-tologische Form* des Wortes Gottes nannte. Nicht als ob unser Wissen um die großen Wahrheiten der Schöpfung und der Versöhnung allzu gesättigt wäre, im Gegenteil, aber wenn wir wieder besser und mehr sehen möchten in Bezug auf die *Verheißung* und das *Gesetz*, dann werden wir, wenn ich recht sehe, den Hebel ansetzen müssen bei der Frage nach der *Grenze.*

Die Bedeutung der Kultur [als] Verheißung unter dem Gesichtspunkt des regnum naturae, die Wahrheit von der Identität des gefallenen mit dem ursprünglich von Gott gut geschaffenen Menschen, ist uns und wird uns seit dem 18. Jahrhundert kräftig zum Bewußtsein gebracht, und dafür wollen wir bei aller gebotenen Vorsicht gegenüber dem 18. Jahrhundert dankbar sein. Auch vom Zweiten, von der Bedeutung der Kultur als Gesetz im regnum gratiae, ist zu sagen, daß die moderne Kirche im ganzen, mag man ihre Haltung im einzelnen auch sehr bedenklich finden, das Problem des ohne Werke toten Glaubens [vgl. Jak. 2,17] gesehen und bearbeitet hat. Wir leiden aber (dies nicht erst seit dem 18. Jahrhundert, und Pietismus, Erweckung und Schleiermacher haben diesem Übel nicht gewehrt, sondern Nahrung gegeben![95]) an einem ans Verlieren streifenden Übersehen des Trostes und der Warnung der Ewigkeit, an einem für Lehre und Leben auf der ganzen Linie verhängnisvollen Nichtmehrwissen um Gott als Grenze, um den wiederkommenden Christus mit seinem «*Ich* mache alles |391| *neu!*» [Apk. 21,5]. Es handelt sich nicht um dogmatische Subtilitäten, die hier vernachlässigt sind, nicht um eine harmlose Lehre von den letzten Dingen, die etwa auf Kanzel und Katheder etwas fleißiger getrieben werden sollen, sondern um die Einsicht, daß das ganze Christentum und sein Verhältnis zur Kultur schlechterdings auf der Hoffnung steht, daß Versöhnung und Erlösung grundsätzlich zweierlei sind, und darum dann auch Versöhnung und Schöpfung. Am Wissen um die Grenze hängt das Wissen auch um die Verheißung und um das Gesetz. Dem Nicht-Wissen an diesem Punkt, das heißt dem «liberalen» und «positiven» Kulturprotestantismus gegenüber gilt es heute auf die andere Seite zu treten und dieses, das Dritte wieder zu sehen und zu versuchen. Einseitig?[96] Nein,

[95] Im Sommersemester 1926 las Barth über die «Geschichte der protestantischen Theologie seit Schleiermacher».
[96] Der Vorwurf der Einseitigkeit wurde mehrfach gegen Barth erhoben; z. B.

nicht einseitig. Nicht ohne auch das Erste und das Zweite zu sehen, ohne das man das Dritte nicht sehen kann, aber heute das *Dritte* zu sehen und zu suchen, nicht zuletzt um des Ersten und Zweiten willen. Es gab andere Stunden als die unsrigen, und es wird wieder andere geben. *Unsere* Stunde weist uns, wenn nicht alles täuscht, in *diese* Richtung. Die christliche Kirche aller Konfessionen und aller Länder hätte (ich will nur zwei große Symptome nennen) 1914–18 eine andere Haltung gewahrt[97] und sie hätte 1925 zu Stockholm ein anderes Wort gefunden[98], wenn sie nicht *krank* wäre. Sie wird nicht gesund werden, es sei denn, sie wage es wieder, sich ganz auf die Hoffnung zu stellen, auf die sie gegründet ist. Oder sagen wir besser: Es sei denn, der Herr erleuchte sein Angesicht über uns und sei uns gnädig [Num. 6,25], daß sein Wort uns wieder erreiche in seiner Vollkraft: als das Wort des *ewigen* Gottes.

---

schon 1921 von E. F. K. Müller in seiner Besprechung *Karl Barth's Römerbrief* in: RKZ, Jg. 71 (1921), S. 105: «Ich will nicht leugnen, daß Barth diese großen Wahrheiten hie und da in knorriger Einseitigkeit vorträgt.» Vgl. auch den oben S. 9 zitierten Bericht von G. Füllkrug über Barths Vortrag in Amsterdam.

[97] Vgl. Busch, S. 93–95 («Der Ausbruch des Ersten Weltkriegs»). Hier sind zahlreiche Äußerungen Barths bis in sein Sterbejahr 1968 zusammengestellt, die sein Entsetzen über das Versagen seiner deutschen theologischen Lehrer «gegenüber der Kriegsideologie» bezeugen.

[98] Im August 1925 tagte in Stockholm die «Allgemeine Konferenz der Kirche Christi für Praktisches Christentum» (Life and Work), auf die der Amsterdamer Kongreß immer wieder Bezug genommen hat (z. B. G. Füllkrug, *Stockholm und Amsterdam*, in: Die Innere Mission im evangelischen Deutschland, Jg. 21 [1926], S. 125–130). In Bw.Th. II, S. 369.371.383.385.387 wird Stockholm erwähnt. E. Thurneysen schrieb eine Betrachtung: *Stockholm. Auch eine Bettagsbetrachtung*, in: Evangelisches Gemeindeblatt Straubenzell, 1925, Nr. 43. In dem Briefwechsel ist eine Stellungnahme Barths nicht enthalten.

Auf der letzten Seite eines Heftes von «Zwischen den Zeiten»[1] finden sich im Kleindruck drei knappe «Bemerkungen», in denen Barth den Mißbrauch seines Namens für Werbezwecke und eine unqualifizierte theologische Attacke zurückweist.

a) Der Verlag Grethlein & Co. hatte einige Bücher mit «religiösem Problemgehalt» herausgebracht.[2] Durch die Versendung von Freiexemplaren nebst der Bitte um Stellungnahme sollte die Unterstützung bekannter und in religiösen Kreisen maßgeblicher Männer gewonnen werden. So empfing Barth 1925 die beiden Romane des dänischen Schriftstellers J. Anker Larsen (1874–1957).[3] 1926 fand er dann auf dem Verlagsprospekt seinen Namen wieder.

b) In der Theologischen Literaturzeitung, Jg. 50 (1925) war Barths oben (S. 1–5) abgedruckte Rezension von W. Vollrath, Das Problem des Wortes erschienen. Welchen Satz aus Barths Besprechung der Verlag Bertelsmann auswählte, um für das Buch zu werben, läßt sich nicht mehr feststellen.[4]

c) Im Evangelischen Allianzblatt vom 2. und 9. Mai 1926 erschien ein 10-seitiger Artikel von Pastor W. Zilz, Miechowitz (Oberschlesien): «Was ist es mit Karl Barth? Eine Prüfung von der Grundlage des biblischen Evangeliums aus».[5] Die Schriftleitung stellte eine Anmerkung voran, die das Motiv des Allianzblattes, sich mit K. Barth zu beschäftigen, offenlegt: «Immer tiefer dringt der Einfluß des Theologen Karl Barth auch in die gläubige Gemeinde hinein.» Das bereite Sorge, denn es «kann Barth niemals als ein wirklich zuverlässiger Führer ins

---

[1] ZZ, Jg. 4 (1926), S. 356 (Heft 4).

[2] So Dr. Köster von der «Verlagsredaktion» in seinem Brief vom 5. 12. 1925 an Barth. Ebenda und in einem weiteren Brief vom 14. 12. 1925 äußerte derselbe sein Interesse, ein Werk von K. Barth verlegerisch zu betreuen.

[3] J. A. Larsen, *Der Stein der Weisen*, deutsch Leipzig 1924, und *Martha und Maria*, deutsch Leipzig 1925.

[4] Eine entsprechende Anfrage des Hrsg. beantwortete die Bibliothek der Verlagsgruppe Bertelsmann freundlich, aber negativ.

[5] Evang. Allianzblatt, Jg. 36 (1926), S. 276–279.294–299. Vgl. die Nachträge zu dem Artikel a. a. O., S. 410f.665–668.

Schriftwort hinein angesehen werden».[6] *Diese Behauptung quer durch die Glaubensartikel mit Hilfe vermischter Barth-Zitate zu belegen ist denn auch die Absicht des Verfassers.*[7]

In einer Anzeige des Verlags *Grethlein & Co.* Leipzig-Zürich lese ich folgende, auf Anker Larsens «Stein der Weisen» sich beziehende Worte: «Männer aller Richtungen und Anschauungen, die größten und besten unserer Zeit – Knut Hamsun[8], Hermann Hesse[9], Frank Thieß[10], Karl Barth, Heinrich Federer[11], P. Przywara[12], Exp. Schmidt[13], u.v.a. haben dem Werk begeisterte Worte gewidmet, «weil es das Göttliche vom Himmel herab- und das Menschliche zum Himmel emporzieht»! Daß diese Meldung, was *mich* betrifft, frei erfunden ist, werden sich die Wissenden sofort gesagt haben, während es den weniger Wissenden hiermit gesagt sein soll. Der Verlag Grethlein & Co. war so freundlich, mich mit Freiexemplaren der Werke Anker Larsens zu bedenken, wofür ich ebenso freundlich gedankt habe, aber *sicher* nicht mit «begeister-

[6] A.a.O., S. 276.
[7] E. Busch, *Karl Barth und die Pietisten. Die Pietismuskritik des jungen Karl Barth und ihre Erwiderung*, München 1978, erwähnt den Artikel von Zilz nicht, wohl aber die Schrift des Allianzblatt-Herausgebers: G. F. Nagel, *Karl Barth und der heilsgewisse Glaube* (Biblische Grundwahrheiten, Heft 9), Neukirchen 1929.
[8] Knut Hamsun (1859–1952), norwegischer Schriftsteller. Der Verlag Grethlein & Co. verlegte 1923 die deutsche Übersetzung seines Romans *Das letzte Kapitel.*
[9] Hermann Hesse (1877–1962), deutscher Schriftsteller, seit 1923 Schweizer Staatsbürger, Nobelpreisträger.
[10] Frank Thieß (1890–1977), deutscher Autor von Romanen, Dramen, Reden und Essays.
[11] Heinrich Federer (1866–1928), Schweizer, katholischer Priester, seit 1900 freier Schriftsteller. Auf ihn geht – wie Barth dem Verlagsprospekt hätte entnehmen können – das inkriminierte Zitat zurück; es bezieht sich allerdings nicht auf *Der Stein der Weisen*, sondern auf *Martha und Maria.*
[12] Erich Przywara S. J. (1889–1972), Theologe und Philosoph, wichtiger Gesprächspartner Barths, im Februar 1929 Gast in Barths Seminar; vgl. Neuser, S. 40–46; K. G. Steck, *Über das ekklesiologische Gespräch zwischen Karl Barth und Erich Przywara 1927/29*, in: *Antwort. Karl Barth zum 70. Geburtstag*, Zollikon-Zürich 1956, S. 249–264.
[13] Expeditus (eigentlich Hermann) Schmidt (1868–1939), zum Katholizismus konvertierter Theaterhistoriker.

ten Worten» und zu allerletzt mit jener ungeheuerlichen Begründung, die ganz und gar einem der *anderen*[14] von den «Größten und Besten unserer Zeit» entschlüpft sein muß!

Nicht geradezu frei *erfunden*, aber aus einer in der Hauptsache ablehnenden Rezension des Buches von Vollrath «Das Problem des Wortes» in der Theol. Literaturzeitung allzu frei *ausgewählt* ist ein Satz von mir, mit dem der Verlag *Bertelsmann* in Gütersloh Reklame für dieses Buch macht. Ich bedaure es um des Verfassers willen, auch dagegen Beschwerde erheben zu müssen.

Von verschiedenen Seiten[15] bin ich auf einen im Blankenburger «*Evangelischen Allianzblatt*» Nr. 18 und 19 unter dem Titel «Was ist es mit Karl Barth?» erschienenen Artikel aufmerksam gemacht, der nun allerdings unter den mannigfaltigen Widerlegungen, die mir zuteil werden, in besonders auffallender Weise an das unerfreuliche Benehmen Simeis, des Sohnes Geras, 2. Sam. 16,13 erinnert. Zu auffallend, als daß es mir nicht ratsam schiene, meinerseits die damaligen Erwägungen des Königs David in Betracht zu ziehen und, wo vieles zu sagen wäre, zu schweigen.

---

[14] Siehe oben Anm. 11.
[15] Unter anderen war es Katharina (Käthe) Seifert aus Frankfurt/Main, später eine enge Freundin der Familie Barth, damals noch eine Unbekannte, die bei der Schriftleitung des Allianzblattes Einspruch gegen den Artikel von W. Zilz erhoben und Barth eine Abschrift übersandt hatte.

POLEMISCHES NACHWORT
Stellungnahme zu der Schrift von Wilhelm Bruhn,
Vom Gott im Menschen[1]
1926/27

Anfang November 1926 – das Wintersemester mit der fünfstündigen
Prolegomena-Vorlesung hatte gerade begonnen – entschloß sich Barth,
den Feuerbach-Paragraphen seiner Theologiegeschichts-Vorlesung aus
dem Sommersemester 1926 separat in «Zwischen den Zeiten» abzu-
drucken.[2]
Da kam auf seinen Schreibtisch, vom Autor selbst übersandt,
W. Bruhns Schrift «Vom Gott im Menschen», eine Streitschrift gegen die
Theologie der Krisis, genauer gegen die Theologie Barths.[3] Barth hat die
64 Seiten umfassende Schrift sofort gelesen und in seiner Vorlesung er-
wähnt.[4] Er schickte einen «freundlichen Brief» an Bruhn, der am
23. 11. 1926 ebenso freundlich antwortete.[5] In Bruhns Darlegungen sah

---

[1] W. Bruhn, *Vom Gott im Menschen. Ein Weg in metaphysisches Neuland*,
Gießen 1926 (Aus der Welt der Religion. Religionsphilosophische Reihe, Heft 2).

[2] Anlaß war ein Bericht Thurneysens über einen Besuch Gogartens, der seinem Gastgeber «in unendlichen Tag- und Nachtgesprächen sein neues Buch»
(*Ich glaube an den dreieinigen Gott. Eine Untersuchung über Glauben und Geschichte*, Jena 1926) «endgültig erklärt» hat (Bw. Th. II, S. 438). Barth antwortete:
«Denk, deine Mitteilungen über Gogarten haben bei mir die merkwürdige Wirkung gehabt, daß ich sofort anfing, den Paragraphen über *Feuerbach* ... druckfertig zu machen ... Ist das Buch [Gogartens] gut, so mag Feuerbach als testis veritatis *dafür*, ist es nicht gut, so mag er als Gespenst *dagegen* reden. Jedenfalls gehört
er in diesem historischen Augenblick auf die Bühne, er, der von Du und Ich und
von der Menschwerdung doch wirklich auch schon Einiges wußte» (a. a. O.,
S. 442).

[3] Bruhn klammert Gogarten ausdrücklich aus seinen Erörterungen aus
(a. a. O., S. 4, Anm. 2).

[4] Chr. Dogm., S. 77f.

[5] W. Bruhn (1876–1969), Dr. theol., war Universitätsprofessor in Kiel. Barths
Brief ist nicht erhalten, wohl aber Bruhns Antwort: «... Für Ihr freundliches
Schreiben danke ich Ihnen herzlich. In *einem* Punkte sind wir denn doch eins: in
der Überzeugung, daß sachliche Gegnerschaft der persönlichen Hochachtung
nichts abbrechen dürfe. So haben Sie die sofortige Übersendung meiner Schrift
richtig gewertet, und so bewerte ich Ihren freundlichen Brief. Das ist aber,
scheint mir, heutzutage schon ein ganz wesentlicher Punkt. Im übrigen haben Sie
wohl recht: eine Debatte zwischen uns ist kaum möglich, weil die Linien neben-

Barth eine weitere Variante des von Feuerbach entlarvten cartesiani-
schen Gottesbeweises, der aus dem «Dasein der Gottesidee in uns» auf
das «Dasein Gottes an sich» schließt.[6] *So ergriff er die Gelegenheit,*
Bruhns Schrift alsbald in einem «Nachwort» zum Feuerbach-Aufsatz zu
beantworten.[7] *Die Seitenüberschrift im Heft 1 des 5. Jahrgangs von*
«Zwischen den Zeiten» lautet «Karl Barth/Polemisches Nachwort».[8]
Diese Formulierung wird hier als Titel übernommen. In den Schlußsatz
des Feuerbach-Artikels hat Barth eine Anspielung auf Bruhn eingefügt:
«... solange die Rede ‹Vom Gott im Menschen› nicht in der Wurzel abge-
schnitten ist, haben wir keinen Anlaß, Feuerbach zu kritisieren ...»[9]
Barth versäumte nicht, seine Erwiderung dem Kieler Kontrahenten zu
übersenden, der mit «herzlichem Gruß» antwortete.[10] *Als Barth aber*

einander herlaufen, ohne sich zu kreuzen. Schiffe, die sich begegnen. Immerhin
kann auch dies von Nutzen sein: den Dissensus einmal bis in die Wurzelgründe
letzter Entscheidungen zu verfolgen ...»

   [6] Chr. Dogm., S. 78f.
   [7] Als Bruhns Schrift in Barths Hände kam, hatte dieser sich gerade vorgenommen – an freundlichen Mahnungen dazu fehlte es gewiß nicht –, mit seinen
theologischen Gegnern friedlicher umzugehen. Unter Berufung auf ein Votum
Charlotte von Kirschbaums (= «Lollo») vertagte er für einmal seinen frommen
Vorsatz und reimte folgende Ankündigung zum nächsten Heft von «Zwischen
den Zeiten»:
              Ich dacht in meinem fernern Leben
              Zu fügen mich gemeinem Brauch,
              Mich friedlich-kollegial zu geben
              Wie ceteri confratres auch. –
              Da kommt ein Kerl, so frech, so leer
              (*«Bruhn ist ein Schaf»* – was will man mehr? –
              Dies gab ihm Lollo zum Geleit!)
              Auf, auf zum Kampf, ich bin bereit.
              Noch ist für diesmal nichts zu machen,
              Noch einmal muß es schrecklich krachen,
              Noch einmal kommt in *alter* Art
              Zu Wort (dem Schaf der *Wolf*) Karl ...
   [8] ZZ, Jg. 5 (1927), S. 33–40.
   [9] ZZ, Jg. 5 (1927), S. 32f.; Th.u.K., S. 239.
   [10] Bruhn schreibt am 2. 2. 1927: «... ich danke Ihnen herzlich für die Übersendung Ihrer Erwiderung. Sie verfahren ja nicht gerade fein säuberlich mit dem
Knaben Absalom, aber das kann ich recht wohl verstehen: wir wohnen ja wirklich in zwei verschiedenen Welten. Deswegen spüre ich doch Ihr großes, starkes
Gottsuchen so dankbar wie es nur einer Ihrer Anhänger kann, und Sie werden
auch meinem Wollen nicht die Achtung versagen. *Also* sind wir im Tiefsten dennoch verbunden! ...»

1928 seinen Feuerbach-Aufsatz in dem Sammelband «Die Theologie und die Kirche» wieder abdrucken ließ, verzichtete er auf das «Polemische Nachwort», das seinerseits hier nun ohne den Feuerbach-Artikel[11] erscheint.

Als ich eben dabei war, die letzten Seiten dieser Vorlesung für den Druck ins Reine zu schreiben, empfing ich – wahrlich zu guter Stunde – eine gegen mich gerichtete neue Streitschrift unter dem Titel «*Vom Gott im Menschen. Ein Weg in metaphysisches Neuland*» von Prof. D. *Wilhelm Bruhn* in Kiel.[a] Wo könnte ich mich – schon auf diesen Titel hin – besser dazu äußern als am Fuß des eben errichteten kleinen Feuerbachdenkmals?

Bruhns Schrift schließt mit dem schönen Wort Hebr. 10,35: «Werft euer Vertrauen nicht weg, welches eine große Belohnung hat». Das soll ich nämlich getan haben, das ist der «eigentliche Fehler» in meiner Rechnung: ich habe mein Vertrauen weggeworfen. «Hätte sich Barth dies in schweren Tagen erhalten ...» (S. 47) – Bruhn meint die Kriegs- und Nachkriegszeit –, so würde ich alles ganz anders ansehen. So aber bin ich damals unter die Grübler (S. 6, 30, 55)[12], unter die Pessimisten (S. 10, 37, 42, 47) gegangen.[13] Aus einer «erlebnismäßigen Einstellung zur Welt der Gegenwart» – ich sah nämlich Gott nicht mehr in dieser Welt – floß mir eine «ganz persönliche und für uns andere unverständliche[14] Weltanschauung» zu. Diese gab mir den «exklusiven Jenseitsbegriff» und dieser wieder «die absolute Paradoxie» (S. 47), die «schwer erträglich, weil wider die Natur des Menschen gehend» (S. 17), «dem suchenden

---

[a] Töpelmann, Gießen 1926.

[11] Vgl. die Ausführungen im Vorwort, S. XIIIf.

[12] Die Not der Theologen, die Barth in seinem Vortrag «Das Wort Gottes als Aufgabe der Theologie» und öfter zur Sprache bringt, ist für Bruhn die Not derer, «die über Religion grübeln», statt sie zu haben. Es sei aber eine «ungeheure Zumutung» an «eine erdrückende Mehrheit von Erlebnisgläubigen», «den bewährten Besitz von Jahrtausenden gegen ein grübelndes Suchen, eine Welt von lebendigen Wirklichkeiten gegen eine Problematik einzutauschen» (S. 5f.).

[13] Barths Lehre «ist das Erzeugnis eines *zeitgeschichtlich bedingten Pessimismus.* ... Gott soll im Unzugänglichen wohnen, weil die Welt augenscheinlich nie so gottleer gewesen ist wie in diesen Zeitläuften» (S. 10).

[14] Bruhn: «unverbindliche».

46

Mitmenschen ohne Grund die ungeheure Not hoffnungsloser Gehemmtheit[15] aufbürdet» (S. 3), von «der großartigen Simplizität der Religion Christi» (S. 20, 43) weit entfernt ist und in Thomas Manns Zauberberg mit Recht «die größte Liederlichkeit von allen» genannt wird (S. 3).[16]

In etwas anderen Zungen ist mir das alles nun wirklich schon oft gesagt worden, aber es lohnt sich, gerade an Hand einer so eindeutigen Erscheinung wie des Bruhnschen Votums und gerade nachdem wir Feuerbach vernommen haben, wieder einmal festzustellen, woher solche Beschwerden eigentlich kommen.|34|

Also: «Werfet euer *Vertrauen* nicht weg!» Euer Vertrauen *auf was?* Bruhn sagt es uns klipp und klar und ohne alle exegetischen Hemmungen, daß er meint: das Vertrauen «auf die Immanenz des Göttlichen im reinen Menschentum» (S. 24) – «auf das gotterfüllte Menschentum» (S. 41) – «auf den Gott im Menschen» (S. 42, 29) – das Vertrauen, daß, «wenn anders ein Gott für den Menschen da ist», er in der «Erst- und Letztwirklichkeit» des menschlichen Existenzbewußtseins zu finden sein muß (S. 55). Es ist (in Bezug auf die Aufgabe der Theologie!) das Vertrauen, «daß der Mensch trotz allem ‹von oben› sei», so daß wir «zur Bestätigung unseres Glaubensbesitzes nur dies eine zu untersuchen haben: ob sich denkend ein Absolutes im Menschen feststellen lasse, welches zugleich er selbst und doch ein ganz Anderes ist, oder nicht» (S. 52). Dieses Vertrauen also habe ich «weggeworfen». Es könnte ja sein. Aber hören wir zunächst, was Bruhn veranlaßt, auf dieses Vertrauen sein Haus zu bauen, und wie er das macht.

Es gibt nämlich nach Bruhn einen von dem «Lebensphilosophen» Kant leider trotz seines Rechnens mit einer intelligiblen Welt «nicht klar» gesehenen (S. 46, 54) Weg der überrational-alogischen Selbstbesinnung, auf dem wir «hindurchstoßen» können (S. 24, 54) bis in den «Urgrund unseres Daseins» (S. 54), «auf den absoluten Wurzelgrund»

---

[15] Bruhn: «hoffnungslosen Gehemmtseins».
[16] Th. Mann, *Der Zauberberg* (1924), *Werke*, Bd. VI, Stockholm 1959, S. 310: [Settembrini:] «Das Paradoxon ist die Giftblüte des Quietismus, das Schillern des faulig gewordenen Geistes, die größte Liederlichkeit von allen.» Dieses Zitat stellt Bruhn an den Anfang seiner Schrift. Der Dichter warne den Theologen davor, bei dem Paradoxon als der ultima ratio stehenzubleiben. «Das darf er nicht, weil die Vernunft des Menschen Einheit ist und daher ein Paradoxes als Letztes das Zerreißen des Menschentums» (S. 3).

unserer Existenz, auf die «Urtatsache des Lebens», auf das «gelebte Geheimnis des Menschseins» (S. 56).[17] «Indem ich *fühle*, daß ich bin, stoße ich auf eine Wirklichkeit, der gegenüber alles andere Lebendige nur in einem uneigentlichen und abgeleiteten Sinn wirklich ist. Sie ist der feste Grund, auf dem ich stehe» (S. 57). Sie ist – man höre! – ein «Außermenschliches im Menschen» (S. 28), das Ganz-Andere im Verhältnis zum Menschen und doch in ihm zu finden (S. 45f.), ein Von-Unten, das zugleich auch ein Von-Oben ist (S. 46), ein Jenseitiges, welches aber trotz allem ein Diesseitiges bleibt (S. 49), ein Absolutes im Menschen, «welches zugleich er selbst und doch ein ganz Anderes ist» (S. 52), nicht vom Menschen abhängig und doch im Menschen vorkommend (S. 55), der Existenzgrund, der doch nicht außerhalb des Ich liegt, sondern in ihm, weil ihm «lebensidentisch» ist (S. 62). Fragen wir nun aber, ob solches doch gewiß kühne Reden nicht etwa auch auf eine «absolute Paradoxie» hinweisen möchte, so belehrt uns Bruhn, daß es allerdings eine «Paradoxie des Glaubens» gibt, mit der es aber so schlimm zum vornherein nicht be-|35|stellt ist. Ist sie doch nur eine «vorläufige und scheinbare, welche ihre Lösung in sich selber trägt; denn Gottferne und Gottnähe erweisen sich immer wieder nur als die Ufer, zwischen denen die lebendige Gotteswirklichkeit fließt» (S. 8). Gottferne und Gottnähe sind zwei «Pole», die in einem «elliptischen Zusammenhang» stehen (S. 10), nämlich in einem «erlebten Ineinander» (S. 11). Glaube ist, wie Otto viel besser als Barth lehrt: «Gottesbesitz in dem Zugleich letzter Gottferne und höchster Zugehörigkeit» (S. 16).[18]

---

[17] W. Bruhn, a.a.O., S. 37: «Die herbe Wahrheit des Allzerschmetterers *Kant* gilt unbedingt. Es gibt keinen Weg, aus dem Menschlichen denkend-gestaltend in ein Nicht-menschliches zu gelangen. Aber *könnte nicht das Absolute vor aller Gestaltung* im Menschen *gegeben sein?* ... Hielt nicht Kant selber trotz seiner Erkenntniskritik mit Selbstverständlichkeit an einer intelligiblen Welt des Menschen fest?» – S. 46: «Man darf wohl sagen, daß gerade das Bemühen, die Realität dieser intelligiblen Welt trotz des doppelten Phänomenalismus erkennend zu erfassen, der eigentliche, vom Leben selbst diktierte Grundakkord des Kantischen Schaffens ist, so wenig er in der Tat dies Ziel erreicht hat.» – S. 54: «Denn wie Kant, so sieht auch *Barth* nicht klar, daß es in der Tat noch einen anderen Weg zu einem geltenden Absoluten als den über das erlebende und denkende Gestalten geben könnte, nämlich den *des Lebens selber* ...»

[18] A.a.O., S. 16: «Ottos Verdienst ist es, daß er innerhalb des oberflächlich gewordenen Erlebensbegriffes der Theologie Raum geschaffen hat für die jähen *Tiefen* und Unergründlichkeiten in Gott, die der Blitzschlag des Schicksals vor

Barth hätte eben, bevor er zur absoluten Paradoxie überging, die «Denkmöglichkeit» «erproben» sollen: daß der Mensch in seinem «Lebensgrund» als homo *absconditus* mit dem *deus* absconditus «zusammentreffen» (S. 46), daß der deus absconditus im homo absconditus zu «finden» sein könnte (S. 18, 55). Auf Grund dieser Entdeckung des «Weges in metaphysisches Neuland» glaubt Bruhn nun – kühner als mancher andere unter unseren Gegnern die «Sprache der religiösen Mehrheit» (S. 5) wieder aufnehmend –, den Frommen «ein großes Staunen über das Wunder ihrer eigenen Gottwirklichkeit» (S. 5) zusprechen, glaubt er, von «seelischem Besitz», von einem «Haben» Gottes (S. 7, 9, 12), von einem zwar «inexplizierten, aber geltenden Besitz eines Absoluten» (S. 39), von einem Gotterleben, «welches aus der Tiefe der Seele durch das Bewußtsein strömt» (S. 11) reden, glaubt er z. B. die Gnade nach wie vor gut osiandrisch als «persönlichste Erfahrung einer lebendig einströmenden Gotteswirklichkeit» (S. 9) definieren[19], das alte «Gott lebt im Seelengrunde» unter ausdrücklicher Berufung auf Ekkehard erneuern (S. 12, 64)[20] und die Eschatologie, aus der ich viel zu viel

dem erschrockenen Auge der Gegenwart aufgerissen hat. Die neueste Theologie aber nimmt uns den *ganzen Gott*, den des Grauens sowohl wie den der Liebe, indem sie ihn ganz aus dem Bewußtsein verweist in eine Region, aus der ihn nur noch die Einsicht in das Unmöglich durch ihr Umschlagen in ein Gerade-Darum angeblich soll herunterholen können. ... Dort der Glaube als Gottesbesitz, in dem Zugleich letzter Gottferne und höchster Zugehörigkeit; hier der leere Begriff eines Exklusiv-Jenseitigen, der nur den Traumgedanken einer möglichen Gotteswelt übrig läßt, zu welcher die Reflexion und lediglich das Fürwahrhalten und Wollen des obschon im Prinzip gänzlich durchstrichenen, Menschen den Notschlüssel hat.» – R. Otto, *Das Heilige. Über das Irrationale in der Idee des Göttlichen und sein Verhältnis zum Rationalen,* München 1917[1].1963[35].
[19] Andreas Osiander (1498–1552) lehrte, daß die Gerechtsprechung durch das Wort der Vergebung nur Voraussetzung der wesentlichen Gerechtmachung sei, die in der Einwohnung der göttlichen Natur Christi im Menschen geschehe. Die Konkordienformel verwarf diese Lehre (Solida Declaratio, III. Von der Gerechtigkeit des Glaubens, BSLK 913–936).
[20] Auf der letzten Seite (64) seiner Schrift erklärt Bruhn – mit dem unter Vorbehalt aufgenommenen Begriff «Panentheismus» –, «was der fromme Mensch erfährt: das Diesseits eingebettet in ein Jenseits, das Jenseitige hineinragend in das Diesseitige, sein Gegensatz und Besitz zugleich, die große Paradoxie des Lebens, die sich niemals begreifend löst, wohl aber in gehorsamer Hingabe an das Leben, welches in der Gestaltung den Grund und im Grund die Gestaltung offenbart, weil es das Sein im Werden ist. Es ist die Philosophie des ‹Seelengrundes›, der rechtverstandenen, das ist nicht auf schauendes Gestalten verengten, sondern als

49

Aufhebens mache und die «doch nur Anhang zu der Diesseitserfahrung des Göttlichen» ist (S. 17), wieder in ihren alten Winkel verweisen zu können[21]. «Wir Erlebnisgläubigen!» (S. 6) «Wir Glaubensmenschen!» (S. 15) Alles, alles kommt wieder. Der «Liberalismus» darf getrost weiterreden wie zuvor, er, der «das Vertrauen nicht wegwarf», der «von seiner letzten Voraussetzung» «auch in schwersten Tagen» nicht losgekommen ist (S. 48). – Nein, das ist er wirklich nicht. Das brauchte uns Bruhn nicht zu sagen. Wir sehen es.

Ich aber habe, Bruhn hat ganz recht, «mein Vertrauen weggeworfen»: damit und darin, daß ich diese «Sprache der religiösen Mehrheit» nach wie vor für kitschig und frivol zugleich und die theologische Kunst, mit der man sie begründet, für einen feierlichen Unfug halte, weil ich für «den Gott im Menschen» nicht nur nicht das |36| geringste Vertrauen, sondern nur ein Gelächter oder, wenn man etwas Ernsthaftes vorzieht, das Wort *Blasphemie* übrig habe. Ich weiß, was ich tue, wenn ich auch gegenüber Bruhn nicht einen Finger breit nachgebe – gerade im Blick auf Feuerbach. Natürlich meint und sagt «es» auch Bruhn anders als Feuerbach. Aber was hilft das? Er ist offenkundig nicht im Stande, die Manipulationen, die einst Schleiermacher in § 4,3–4 seiner Glaubenslehre (auch er auf dem «Wege in metaphysisches Neuland»!) vorgenommen, um das «Objekt», *dieses* Objekt im Subjekt nachzuweisen, *dieses* Objekt dem Subjekt zur Verfügung zu stellen[22], auch nur in

keusches Leben im Unerforschlichen belassenen Mystik Ekkehards, die Philosophie des bejahten Menschentums und des vom Leid nicht zerbrochenen Glaubens an die Welt; der einzige Weg, der zwischen dogmatistischer Willkür und dialektischer Skepsis hindurchführt und das Vertrauen eines unphilosophischen Liberalismus rechtfertigt. Wie sagt der Apostel? ‹Werfet euer *Vertrauen* nicht weg, welches eine große Belohnung hat.›»

[21] A.a.O., S. 17: «Da das dialektisch ermittelte Dasein eines nur jenseitigen Gottes für den erfahrunggebundenen Menschen ewig ein Vielleicht bleiben muß, so wird das Schwergewicht des Glaubens aus dem Diesseitsleben ins *Eschatologische* verlegt. Das Göttliche an sich, in den erlebten Glauben als Verheißung eingeschlossen, größter Schatz des Christenmenschen und doch nur Anhang zu seiner Diesseitserfahrung des Göttlichen, ist hier zum Inhalt selber geworden, aber als Theorie. Der eschatologische Gedanke steht vor dem Leben und mißt ihm sein Recht zu, statt umgekehrt.»

[22] In seiner Schleiermacher-Vorlesung 1923/24 hatte sich Barth ausführlich mit dem «Sanctissimum der Schleiermacherschen Theologie», den §§ 3–6 der Glaubenslehre, befaßt (Th.Schl., S. 377–400; Zitat S. 377), insbesondere auch mit der

einem Punkte zu verbessern, weder in der Absicht noch in der Technik. Genau so zweideutig wie bei Schleiermacher bleibt es auch bei Bruhn, ob der Mensch nicht etwa anstelle Gottes «sich» (S. 31 wird das ausdrücklich gefragt) als das «Letztwirkliche» weiß. Nicht behoben ist der Feuerbachsche Verdacht (wie würde sich Feuerbach über das Bild von der «Gotteswirklichkeit» als dem Fluß zwischen den Ufern der Gottferne und Gottnähe gefreut haben!), als treibe der Mensch in der sog. Religion ein Feuerwerk zu seinem eigenen Vergnügen. Nicht einmal geschickter gemacht ist der dazu nötige Versuch, den Menschen etwas größer und Gott etwas kleiner zu machen, als beide nun einmal sind. Und nicht gesehen ist das Problem einer ihres Namens werten Theologie: den Menschen in Gott, *nicht aber* Gott im Menschen zu begreifen. *Von daher* kommt der Bruhnsche Angriff – nicht nur der Bruhnsche, der mir nun allerdings in seinem *besonderen* Woher? von meiner Berner Studentenzeit her merkwürdig bekannt vorkommt[23] –, aber auch der Bruhnsche. Was aber *von daher* kommt, das – ich kann Bruhn und einigen anderen nicht helfen und muß es auf die Gefahr der Anklage maßloser Intoleranz etc. aussprechen – das macht mir darum immer weniger Eindruck, weil ich es als Theologie und also als mögliche Gegenrede überhaupt immer weniger anerkennen kann.

Vielleicht kann ich dies gerade an dem Hauptargument dieses Bruhnschen *Angriffs* noch etwas deutlicher machen. Bruhn hält mir nämlich vor, daß doch auch ich nicht umhin könne, eine «erlebte Klammer um Gott und Mensch» zuzugeben (S. 18), daß auch ich «an dem Postulat des Menschentums» festhalte (S. 19), daß auch ich keinen «anderen Weg ins Absolute» kenne als den «über den Menschen» (S. 53), daß auch wir nach einem Diktum |37| von Bultmann nicht anders von Gott reden

Frage, wie Schleiermachers Behauptung, im schlechthinigen Abhängigkeitsgefühl des Menschen sei Gott «mitgesetzt» (S. 386), zu verstehen sei.

[23] Die Parenthese bezieht sich auf den Berner Systematiker Hermann Lüdemann (1842–1933), in dessen Vorlesungen Barth erstmals akademischer Dogmatik begegnete (Busch, S. 45f.) und dessen Nachfolger er beinahe geworden wäre (Bw.Th. II, S. 262 u. ö.). In seinem Exemplar der Bruhnschen Schrift hat Barth die oben in Anm. 17 zitierte Stelle über Kant (Bruhn, S. 46) angestrichen und an den Rand den Namen Lüdemann geschrieben. Aus Lüdemanns zweibändigem Werk *Christliche Dogmatik*, Bern/Leipzig 1924/1926, zitiert Barth in seiner Christlichen Dogmatik. Dort steht das Lüdemann-Zitat unmittelbar vor einem Bruhn-Zitat (Chr. Dogm., S. 77f.).

können als dadurch, daß wir von uns reden (S. 53).[24] *Wir unterscheiden uns letztlich von Barth dadurch, daß wir das Existenzbewußtsein, an welches er selbst nur zaghaft und auf eine innerhalb seines Gedankenganges nicht haltbare Weise appelliert, mit vollem Bewußtsein statt seines konstruierten Jenseitigkeitsbegriffs als ein Erst- und Letztgeltendes an den Anfang stellen»* (S. 55 in der Vorlage gesperrt). Merkwürdig, merkwürdig, kann ich nur sagen, daß Bruhn nicht sieht, daß «Existenz» in seinem und in unserem Munde offenbar etwas *so* anderes bedeutet, daß auch das «Appellieren» an diesen Begriff und erst recht die Vorstellung von jener «Klammer» bei ihm und bei uns etwas geradezu hoffnungslos anderes ist. «Existenz» heißt in *seinem* Mund: das «unbewußte Menschentum» (S. 18), der «Seelengrund», der «homo absconditus», der mit dem «deus absconditus» in der Weise «zusammentrifft», daß seine Gottferne und Gottnähe doch immer nur, durchaus nicht lebensgefährlich (genau wie Sünde und Erlösung bei Schleiermacher![25]) die zwei Pole in einem «elliptischen Zusammenhang» bezeichnen, die beiden Ufer des Flusses der Gottwirklichkeit, die über den Menschen nicht weniger, aber auch nicht mehr verfügt und Macht hat als er über sie. In der «Existenz» ist der Mensch nach Bruhn Gott jedenfalls darin *gleich*, als er dort *jenseits* des Gegensatzes von Abfall und Versöhnung steht und darum mit Fug und Recht in der Lage ist, «auch in schwersten Tagen» seine eigene «Gottwirklichkeit» zu bestaunen. Um zu erklären, was «Existenz» in *meinem* Munde heißt, schlage ich den Heidelberger Katechismus auf, dessen Verfasser, geraume Zeit vor dem Weltkrieg – für Bruhn natürlich «unverbindlich» – doch schon rechte «Grübler» und «Pessimisten» waren, und sage z. B. nach Frage 2, 5, 8, 12 daselbst: ich weiß von keiner anderen «Existenz» als von der in «Sünde und Elend». «Ich bin von Natur geneigt, Gott und meinen Nächsten zu hassen», «ganz und gar untüchtig zu einigem Guten und geneigt zu allem Bösen», habe «nach dem gerechten Urteil Gottes zeitliche und ewige

---

[24] R. Bultmann, *Welchen Sinn hat es, von Gott zu reden?* (1925) in: ders., *Glauben und Verstehen. Gesammelte Aufsätze*, [Bd. I,] Tübingen 1933, S. 28: «Es zeigt sich also: will man von Gott reden, so muß man offenbar *von sich selbst reden*.»
[25] Die entsprechenden Ausführungen Barths über Schleiermacher finden sich Th. Schl., S. 347–352, und Th. u. K., S. 156f.

Strafe verdient».²⁶ So steht es mit dem «Seelengrund». Daran «appelliere» ich, wenn ich an das «Existenzbewußtsein» appelliere. Und nun müßte Bruhn sehen und verstehen, daß «existenzielles» Denken in meinem Sinn das Reden von einer «erlebten Klammer um Gott und Mensch» selbstverständlich ausschließt. Ich kenne |38| allerdings auch eine «Klammer». Aber *weder* ist sie eine Klammer «um Gott und Mensch»: Gott ist die Klammer um den Menschen, aber *nicht umgekehrt*; ein Oberhalb kommt in diesem Verhältnis *nicht* in Betracht. *Noch* ist sie eine «erlebte» Klammer, denn da hilft kein «Hindurchstoßen» in keine Tiefe *meines* Lebens: ich finde *daselbst* diese Klammer nicht, sondern auch in der tiefsten Tiefe immer nur die Unerfreulichkeiten meiner eigenen Existenz. Examiniert mich also Bruhn, ob es nicht auch bei mir «irgendwie ein Haben Gottes» (S. 7) gebe, so antworte ich: *Nein*, denn wenn ich *glaube*, daß Gott *mich* «hat», so bekenne ich eben damit, daß ich ihn *nicht* «habe», daß es mit solchem Haben für mich aus ist. Ob ich nicht «die menschliche Sehnsucht nach Gott bereits als un-

---

²⁶ *Heidelberger Katechismus* (1563), BSRK 683,7–13; 683,34–684,3; 684,22–27; 685,23–30:

«2. Frag.
Wieviel stück seind dir nötig zu wissen, daß du in diesem trost seliglich leben und sterben mögest?
Antwort.
Drey stück. Erstlich wie groß meine sünde unnd elend seyen. Zum andern, wie ich von allen meinen sünden unnd elend erlöset werde. Und zum dritten, wie ich Gott für solche erlösung sol danckbar sein.
5. Frag.
Kanstu diß alles vollkomlich halten?
Antwort.
Nein: denn ich bin von natur geneigt Gott und meinen Nechsten zu hassen.
8. Frag.
Seind wir aber dermassen verderbt, daß wir gantz unnd gar untüchtig seind zu einigem guten, unnd geneigt zu allem bösen?
Antwort.
Ja: Es sey denn, daß wir durch den Geist Gottes wider geboren werden.
12. Frag.
Dieweil wir denn nach dem gerechten urtheil Gottes zeitliche unnd ewige straff verdient haben: wie möchten wir dieser straff entgehen, und widerumb zu gnaden kommen?
Antwort.
Gott will das seiner gerechtigkeyt genug geschehe, derwegen müssen wir derselben entweder durch uns selbst, oder durch einen andern volkomne bezalung thun.»

explizierten Gottesbesitz» «werten» müßte (S. 17)? *Nein,* denn wenn ich *glaube,* daß ich ihn nicht suchen würde, wenn ich ihn nicht schon gefunden hätte[27], so bekenne ich gerade damit, daß mein «Finden» nicht eine Explikation meines «Suchens» ist, sondern mein in keinerlei «menschliche Sehnsucht» zu übersetzendes Gefunden*werden.* Ob ich nicht bereit sei, der in der menschlichen Frage gegebenen unexplizierten göttlichen Antwort nachzugehen, «sie durch Hingabe zum geltenden Erlebnis zu explizieren» (S. 18)? *Nein,* denn wenn ich *glaube,* daß wir Gott versöhnt sind, «da wir noch Sünder waren» (Röm. 5,10), so bekenne ich gerade damit, daß der vorgeschlagene erkenntnistheoretische Weg für mich *kein* Weg zu *keinem* Ziel ist, weil alle «Hingabe» und alles «Explizieren» mich nur wieder – und das ist mir wahrlich kein «metaphysisches Neuland», sondern eine nur zu bekannte Trift – zu mir selber führt. Oder ob ich etwa meine, die «Gerichtserkenntnis» dialektisch «umschlagen» lassen zu können in «Gnadenerkenntnis» (S. 18, 35)? *Nein* (schon oft gefragt, 1924 z. B. von Althaus[28], immer wieder: *Nein!*). Bruhn kennt und zitiert ja die Stellen, wo ich dieses Nein längst ausgesprochen und begründet habe. Oder ob das «Erlösende» bei mir in einer «dialektischen Höhenschwebe des religiösen Denkens zwischen dem absoluten Ja und dem absoluten Nein» zu suchen sei (S. 36)? *Nein,* und Bruhn weiß, daß ich auch weiß, daß das Absolute (geschweige denn *Gott,* würde ich hinzufügen) auf dialektischem Wege auch so nicht zu «ermitteln» ist (S. 36). Sollte Bruhn nicht seinerseits *die* «Denkmöglichkeit» einmal «erproben», daß der Cartesianismus in der Theologie von Grund aus ein Unsinn sein könnte, daß Gott weder im gestalteten *noch* im ungestalteten |39| «Menschentum», weder auf dem Weg der Refle-

---

[27] Siehe oben S. 17, Anm. 43.
[28] P. Althaus, *Theologie und Geschichte. Zur Auseinandersetzung mit der dialektischen Theologie,* in: Zeitschrift für Systematische Theologie, Jg. 1 (1923/24), S. 773f.: «Worauf aber ruht dann bei Barth der Glaube an Gottes ‹Ja›, an die Rechtfertigung, an den neuen Menschen? Wir stehen bei der für das Urteil über diese Theologie wichtigsten Frage. Auch Barth hört doch nicht nur ein göttliches Nein, sondern auch ein Ja. ... Barth vernimmt das Ja in dem Nein selbst. ... Gericht ist nur da, weil Vergebung da ist, Tod nur, weil Auferstehung. ... Weil das Nein ohne die Voraussetzung des Ja nicht möglich ist, werden wir gewiß, daß das Nein in sich schon das Ja ist, die Frage in sich schon Gottes Antwort, die Todeslinie zugleich die Lebenslinie. Hier ist der dialektische Umschlag des Nein in Ja begründet, den Barth in immer neuen Wendungen verkündet.»

xion noch auf dem Weg des Erlebens zu *ermitteln,* sondern nur als der sich selbst uns («da wir noch Sünder waren») Ermittelnde, als der «mediator foederis gratiae»[29] *an*erkannt werden könnte? An *einer* Stelle seiner Schrift scheint Bruhn dem, worauf ich ziele, auf einmal nahe zu kommen. Ich lese: «Barth operiert nicht mit dem Glauben an das Menschentum, sondern mit der nüchternen Dialektik der Tatsachen» (S. 38). Die Frage des Menschen nach Gott könne für mich «zunächst nichts als einen irgendwie im Menschen gegebenen Anspruch bedeuten», ein Nein, das sich beziehe auf ein Ja, das als ein «Faktum im Geistleben» «gerade durch sein erkenntnistheoretisch ganz unmögliches und absurdes Verharren seinen außermenschlich-absoluten Charakter erwiese» (S. 39), «ein Absurdum ..., welches ohne den Menschen und trotz seiner da ist und zu ihm kommen will» (S. 40). Nun, noch ein paar Schritte weiter und besser gefragt, und Bruhn bekäme, so meint man, *mein* «Ja» zu hören und wüßte dann wenigstens, gegen *was* er streitet. Aber schon ist er wieder umgekehrt: Diese absurde Größe X könnte ja nach ihm nur ein Postulat, eine Hypothese sein, eine mögliche Paradoxie, hinter der die Möglichkeit eines Absoluten als großes Vielleicht auftaucht (S. 40), ein in die Luft geschlagener Nagel, an dem ich mein Gedankengefüge aufhänge (S. 43) – also doch wieder ein dialektisches Kunststück angesichts dessen, bzw. angesichts meiner ihm bekannten Warnungen vor der Tragkraft solcher, Bruhn zu dem wenig wahrscheinlichen Trost zurückkehrt, daß auch ich von dem Vertrauen auf das «gotterfüllte Menschentum» «im Grunde» nicht loskomme, alles übrige aber auf meine «zeitgeschichtlich bedingte Weltanschauung» zurückzuführen sei (S. 40–42). Warum weicht Bruhn an jener Stelle zurück, als ob er ein Gespenst gesehen hätte? Steht *der* Begriff, über den dort nachzudenken gewesen wäre, nicht ebenso deutlich auf dem Titel meiner Vorträge[30] wie «der Gott im Menschen» auf dem Titel seiner Streitschrift? Hat er Bruhn gar nicht darauf aufmerksam machen können, daß seine beabsichtigte Ad absurdum-Führung mich überhaupt nicht berühren konnte, daß ich zwischen der Scylla eines dialektischen Postulats und der

[29] Vgl. HpB 323: «De mediatore foederis gratiae sive de persona Iesu Christi». So lautet die Überschrift, unter der die Lehre von der Person Christi abgehandelt wird.
[30] Gemeint ist der erste (und bis 1928 einzige) Band von Barths gesammelten Vorträgen: *Das Wort Gottes und die Theologie,* München 1924.

Charybdis des gotterfüllten Menschentums zum Glück *nicht* zu wählen brauche? Oder ist es am Platze, zu fragen, ob nicht Bruhn (und nicht nur Bruhn) ein gewisses *anderes* Vertrauen, das mit der παρρησία von Hebr. 10,35 vielleicht doch in näherer Be-|40|ziehung steht, weggeworfen hat; so daß er gar nicht in der Lage ist, zu *sehen*, was mit «Wort Gottes» (in unaufhebbarem Gegensatz zum «Gott im Menschen») von mir (und nicht nur von mir) gemeint sein könnte? Darum dann auch nicht, woher ich das weiß, was ich oben mit dem Heidelberger Katechismus um die «Existenz» des Menschen zu wissen behauptete, um «das unverrückbare Gewiß der Frage» (S. 19)? Also nicht in der Lage, mein Ja, und nicht in der Lage, mein Nein zu sehen, und darum blind für die «Klammer», von der der Mensch (ohne alle Reziprozität) dann – wenn «das Wort Gottes» etwa keine Hypothese sein sollte – umklammert wäre, blind für die Möglichkeit einer «fides quae non in sensu sed in promissione recumbit» (Olevian)?[31]

Ich kann nur feststellen, daß die Bruhnsche Broschüre, mit Ausnahme der Dämmerung an jener einen Stelle, ein Dokument völliger Verschlossenheit in *dieser* Beziehung ist. Ich würde die Lage zwischen ihm und mir nicht als hoffnungslos bezeichnen, wenn ich bei ihm wenigstens ein Verständnis dafür voraussetzen könnte, daß sein Prinzip und meines sich gegenseitig so streng ausschließen wie Jahwe und Baal [vgl. 1. Kön. 18,21], wobei die Frage, wer von uns Jahwe, wer Baal dient, ja noch immer offen bleiben könnte. Das *müßte* er ja eigentlich einsehen; denn darüber wird er sich nicht im Unklaren sein, daß ihm alles, was er von mir gelesen hat, *nichts* gesagt hat. Ich meinerseits kann mir auch von ihm *nichts* sagen lassen. Wenn er einmal als Theologe statt als Anthropologe zu mir reden wird, werde ich das sicher nicht mehr sagen.

---

[31] HpB 427: «Non enim in sensum, sed in promissionem recumbit fides.»

RECHTFERTIGUNG UND HEILIGUNG
1927

1. Münster 3.–5. Januar 1927

Erstmals vom 4.–7. Januar 1925 führte die Theologische Fakultät Münster einen «Ferienkurs für Pfarrer, Religionslehrer und Religionslehrerinnen» durch.[1] Ein ebensolcher Kurs war für die Frühjahrsferien 1926 geplant, kam aber nicht zustande[2], sondern wurde auf den 3.–5. Januar 1927 verschoben. Das Verzeichnis der Vorträge und Darbietungen enthält die Themen der acht beteiligten Dozenten.[3] Barth las am Montag, 3. Januar, 18–19 Uhr, und am Mittwoch, 5. Januar 8–10 Uhr, wobei die letzte Stunde der Aussprache gewidmet sein sollte. Das Thema war nicht im Blick auf den Ferienkurs konzipiert; Barth hatte es zunächst am 19. Oktober 1926 der Rudolstädter Pastoralkonferenz als Angebot genannt, und diese hatte es umgehend bestätigt.[4] Zu Weihnachten 1926 schenkte Frau Barth ihrem Mann eine Schreibmaschine, und die erste darauf getippte Karte an E. Thurneysen schließt mit dem Satz: «Nun muß ich an die Erstellung meiner Ferienkursvorträge gehen».[5] Da ein Manuskript des Vortrags nicht erhalten ist, bleibt es unbekannt, ob und wie sich seine Gestalt zwischen Januar und Juni 1927 noch verändert hat. Am 4. Februar faßte Barth den Abdruck in ZZ ins Auge, zusammen mit einem dazu passenden Vortrag von E. Thurneysen. «Das könnte dann freilich erst im Sommer geschehen, da ich diese Walze noch einige Male brauche bis dahin.»[6] Die mehrfache Wiederholung von «Rechtfertigung und Heiligung» war also keine Notlösung[7], sondern beruhte auf einer realistischen Kalkulation der eigenen Arbeitskraft.

[1] Neuser, S. 17.79.

[2] A.a.O., S. 79. Diese den Universitätsakten entnommene Nachricht macht die Vermutung eines verlorenen Vortrags Barths über die Sakramentslehre in Bw. Th. II, S. 391, Anm. 6, hinfällig, ebenso die entsprechende Vermutung bei Busch, S. 180.

[3] Neuser, S. 80.

[4] Siehe unten zu 5. Rudolstadt.

[5] Bw. Th. II, S. 450f.

[6] A.a.O., S. 459.

[7] Anders als 1922, als Barth zwei vorgesehene Themen nicht hatte ausarbeiten können. Damals mußte er sich auf die viermalige Wiederholung des Wiesbadener

Über den Verlauf des Münsterschen Ferienkurses fehlt es an Informationen.

2. Bremen 23. Januar 1927

Dem Besuch Barths in Bremen ging ein langer Brief des Freundes Dr. med. K. Stoevesandt (12. 12. 1926) voraus, und ein ebensolcher (27. 2. 1927) folgte ihm nach. Barth hatte laut des ersten dieser Briefe das Manuskript seines Calvin-Kollegs von 1922[8] nach Bremen geschickt, und Stoevesandt hatte vor dem Forum eines abwechselnd in den Häusern der Beteiligten regelmäßig tagenden «Leseabends» daraus vorgelesen. Eine lebhafte Diskussion hatte sich ergeben, «größtes Aufsehen, freudige Zustimmung und starke Bedenken» waren ausgelöst worden, und nun mußte Barth «gerichtsmäßig vorgeladen» oder «herzlich und demütig» gebeten werden zu kommen.[9]

Stoevesandts zweiter Brief läßt erkennen, daß Barth zwar nicht – wie erbeten – am Dienstag, 4. Januar nach Bremen reiste, wohl aber mit seiner Frau am Sonntag, 23. Januar. Sie blieben «voll gefüllte 24 Stunden» lang, von denen man in Bremen «erst mal mit Dankbarkeit zehren durfte». Daß indessen weniger oder nicht über Calvin verhandelt wurde, daß vielmehr Barth seine «Vorträge vorlesen mußte», das erfahren wir aus Barths Brief vom 4. Februar 1927 an E. Thurneysen.[10]

3. Utrecht 30. März 1927
4. Leiden 1. April 1927

An beiden Orten belehrte Barth seine zahlreiche Hörerschaft zunächst über «Das Halten der Gebote». Auf die Einleitung zu diesem Vortrag muß daher verwiesen werden.[11]

Vortrags «Das Problem der Ethik in der Gegenwart» beschränken. Vortr. u. kl. Arb. 1922–1925, S. 98.

[8] K. Barth, *Die Theologie Calvins* (1922), in Verbindung mit A. Reinstädtler hrsg. von H. Scholl (Gesamtausgabe, Abt. II), Zürich 1993.

[9] K. Stoevesandt, Brief vom 12. 12. 1926. Der Leseabend hatte etwa zwölf Teilnehmer, von denen der Philosoph H. Knittermeyer und der Pfarrer K. Refer in Barths Briefen an E. Thurneysen namentlich erwähnt werden (vgl. im Register von Bw. Th. II, S. 730.733).

[10] Bw. Th. II, S. 459f.

[11] Siehe unten, S. 103f.

Über das Kolleg «Rechtvaardigmaking en Heiligmaking» im großen Auditorium der Utrechter Universität in Anwesenheit fast der ganzen Fakultät und vieler «predikanten» der Stadt berichtet eine holländische Zeitung.[12] Der Bericht ist sehr ausführlich[13], korrekt in der Wiedergabe der Gedanken[14], persönlich[15], voller Humor und Anerkennung[16] und läßt erkennen, welchen Dank Barth für sein Kommen und welches Verständnis für seine Lehre er gefunden hat.[17]

5. Rudolstadt 20.–21. April 1927

Am 1. Oktober 1926 fragte Generalsuperintendent Braune aus Rudolstadt/Thüringen brieflich bei Barth an, ob er bereit sei, in der Osterwoche 1927 bei der «Freien Rudolstädter Pastoralkonferenz» einen zweiteiligen Vortrag zu halten. Die Pastoralkonferenz, deren erster Vorsitzender Braune war, sei eine «theologische Arbeitsgemeinschaft von Geistlichen, die mit Bewußtsein auf dem Boden und in der Bahn der lutherischen Kirche stehen und arbeiten wollen». Barth sagte am

---

[12] Der ungezeichnete Zeitungsausschnitt «KARL BARTH. Een college van der grooten Zwitserschen theoloog voor de Utrechtsche studenten» ist im Karl Barth-Archiv aufbewahrt. Der Name der Zeitung ist nicht ersichtlich.

[13] Er umfaßt 142 Zeilen der 6,8 cm breiten Spalte.

[14] Die instruktive Wiedergabe von Barths Referat umfaßt 75 Zeilen.

[15] Der Berichterstatter schreibt: «Prof. Barth, uiterlijk een tengere gestalte, nerveuze expressieve handen, bleeke, fijne denkerskop, begon zijn college met een korte inleiding, waarin hij reageerde op de welkomstwoorden van prof. Cramer. Hij herinnerde aan een Utrechtsch dogmaticus uit vroeger eeuwen, aan wien hij veel te danken heeft.»

[16] Vgl. z. B. folgenden Absatz: «Uiteraard leent zich dit college niet voor een courant-verslag; het ging daarvoor te diep op zuiver theologisch-dogmatische problemen in. Bovendien is het niet gemakkelijk wanneer men Barth voor de eerste maal hoort, hem op den voet te volgen. Hij articuleert naar Duitsche zede tamelijk scherp en heeft een duidelijke stem, maar nu en dan is zijn voordracht te vlug om zijn ‹spoor› in aanteekeningen na te trekken, terwijl zijn sterk Zwitsersch accent dat van Taufe ‹Toofe›, van auch ‹ooch›, van an ‹âân›, van glauben ‹globen›, van Zeit vrijwel ‹Zeet› maakt, van ‹gieltik› en ‹Rechtsaakt› spreekt, het opvangen en verwerken van zijn rede niet gemakkelijker maakt. – Intusschen, op den duur gleden de bezwaren weg, en kon men zich vrijelijk openstellen voor den fonkelenden rijkdom van dezen machtigen geest.»

[17] Vgl. den Schluß des Berichts: «Aan't slot werd de theoloog hartelijk bedankt door prof. Cramer, die hem onder luiden bijval een tot weerszins toeriep, terwijl de heer Enklaar van de Theol. faculteit U.S.C. èn prof. Barth èn prof. Cramer dank en hulde bracht.»

19. Oktober bedingt zu und benannte das Thema «Rechtfertigung und Heiligung». Im Januar wurde die Verabredung beiderseits bestätigt.

Die Konferenz begann am Mittwoch, 20. April, 17 Uhr, und endete am Donnerstag nachmittag. Barth war der einzige Referent, so daß viel Zeit für die Aussprache zur Verfügung stand. Barth schreibt an E. Thurneysen: «Sehr schön war dann die Konferenz in Rudolstadt mit den dortigen Gnesio-Lutheranern, mit denen ich viel besser zu Rande komme als mit den Modernen von Hirsch über Gogarten bis zu Georg [Merz]. An einigen törichten Schwätzern hat es ja auch da nicht gefehlt, aber ich konnte in einigen langen Diskussionsreden wie in Holland fast völlig reinen Tisch machen und den Widerspruch zum Schweigen bringen ...»[18] Braune, der infolge einer Erkrankung an der Konferenz nicht teilnehmen konnte, richtete am 30. Juli 1927, nachdem er das ZZ-Heft mit Barths Vortrag in Händen hatte, ein Dankschreiben an den «hochverehrten lieben Herrn Professor». Er schreibt: «Alle meine Freunde reden mit Dank und Freude von den Stunden, in denen sie unter dem Einfluß Ihrer Persönlichkeit standen. Alle hatten Gewinn von Ihnen.»

Zur Rudolstädter Tagung gehört auch der Brief, den Pastor Fr. Schwär, zuvor Pfarrer in Dorfilm/Thüringen, jetzt mit seiner Familie auf der Reise nach Südafrika, am 12. April 1927 an Barth richtete. Schwär habe, so schreibt er, von Barth und Gogarten soviel gelernt, daß er den Widerspruch zwischen den «volltönenden Sätzen» der Satzung der Freien Rudolstädter Pastoralkonferenz und «der Wirklichkeit theologisch-kirchlicher Einstellung unserer Pastorenschaft» nicht ertragen könne. Ihn bedrücke der «Stimmungsumschlag», daß Barth beginne, «in ‹positiven› Kreisen Mode zu werden». Seine Zeilen seien ein «Notschrei» aus der Sorge, Barth möchte sich von den «Positiven» vereinnahmen lassen.

6. Putbus/Rügen 9.–10. Juni 1927

Zum sechsten Male hielt Barth seinen Vortrag auf der Ostseekonferenz der Deutschen Christlichen Studentenvereinigung (D.C.S.V.) in Putbus/Rügen.

In Münster hatte Barth häufiger Berührung mit der D.C.S.V., war doch sein Kollege, der Neutestamentler Otto Schmitz, führendes Mit-

[18] Bw. Th. II, S. 501.

glied derselben, dazu seit *1928* Herausgeber und Schriftleiter der Zeitschrift «Die Furche». *1926* hielt Barth zwei Bibelstunden in der Münsterschen D.C.S.V., die in deren «Mitteilungen» abgedruckt wurden.[19]

Wann um Barths Referat für die Ostseekonferenz nachgefragt wurde, ist aus der erhaltenen Korrespondenz nicht ersichtlich; aber am *21.* Januar *1927* bedankte sich namens der D.C.S.V. Th. Leithäuser für Barths Zusage zum Thema «Rechtfertigung und Heiligung». Die Tagung würde nicht mehr als *100* Teilnehmer haben, darunter aber solche aus Skandinavien, Holland, Österreich und der Schweiz. Als weitere Themen seien vorgesehen «Relativismus oder christliche Kultursynthese» sowie «Eros und die Persönlichkeit». Am *18.* März erfuhr Barth den Ort der Tagung: Putbus auf Rügen, und die Termine seiner Vorträge: *9.* und *10.* Juni vormittags. Am *6.* Mai wurde er nochmals gebeten – von J. Müller, der inzwischen Th. Leithäuser in der Geschäftsstelle der D.C.S.V. abgelöst hatte –, seine Thesen zu übersenden. Das Thesenblatt ist erhalten. Abweichungen gegenüber der Druckfassung in ZZ werden in den Anmerkungen mitgeteilt.

Barths Bericht über die Tagung in Putbus umfaßt nicht mehr als drei Zeilen: Er erwähnt «die ungeahnte Heftigkeit meines jüngsten Zusammenpralls mit den Furchepietisten auf Rügen, unter denen ich zwei Tage gehaust habe wie ein Wilder –.»[20]

Weiteres hat W.H. Neuser erkundet: «In den ‹Mitteilungen› der D.C.S.V. erschien ein ausführlicher Bericht über die Aussprache. ‹Gleich am ersten Tage setzte der wesentliche Widerspruch gegen die rein negative Beschreibung der Heiligung ein. Dieser Protest geschah nicht aus einem katholischen Bestreben heraus, dem Menschen eine Position Gott gegenüber zu verschaffen, sondern aus Gehorsam gegenüber dem Worte Gottes, das die Heiligung auch anders beschreibt als ein bloßes Sterben des Sünders. Diese negative Beschreibung der Heiligung [durch K. Barth] aber hatte ihren Grund darin, daß man den Anfang der Erlösung des Christen in dieser Welt verneinte, ... Paulus weiß nicht nur von einer Erlösung zu sprechen, die kommen wird, auf die wir warten, sondern auch davon, daß wir erlöst sind, daß wir des Geistes Erstlinge ha-

[19] Über die Kontakte und Konflikte Barths mit der D.C.S.V., mit O. Schmitz usw. berichtet Neuser, S. 13–17.

[20] Bw. Th. II, S. 507.

ben.› *Offensichtlich hatte Barth aber bei den Teilnehmern auch Zustimmung gefunden. In einer späteren Nummer der ‹Mitteilungen› gingen zwei Theologiestudenten mit der Versammlung scharf ins Gericht. ‹Die Aussprache zeigte, daß wir uns zankten, und unser Zank war alles andere als schön. Wir hatten den Eindruck, daß die D.C.S.V. in Putbus ihren Konkurs anmeldete. Das innerlich Faule und Morsche zeigte sich darin, daß man von solchen Männern wie Barth ‹Anregung›, ‹interessante Diskussionen› usw. erwartet, aber nicht das eine, was uns not tut.›»[21]*

Der Vortrag erschien in ZZ, Jg. 5 (1927), S. 281–309, und ist bisher nicht wieder abgedruckt worden.

In Barths Handexemplar finden sich zahlreiche Bleistift-Unterstreichungen. Es ist zu vermuten, daß Barth seinen Vortrag mit dem Bleistift in der Hand wieder gelesen hat, als er in KD IV/2, § 66 erneut über «Rechtfertigung und Heiligung» zu handeln hatte. Diese Vermutung wird unterstützt von der einzigen Marginalie aus Barths Hand: Im 8. Abschnitt hat er die beiden Worte «In Christus» unterstrichen und an den Rand geschrieben: «Endlich!»[22] Diese Selbstkritik paßt zu dem Barth der KD. Hier liegt vielleicht auch die Erklärung dafür, daß in den 1957 – zwei Jahre nach KD IV/2 – erschienenen Sammelband Th. Fr. u. A. wohl der Aarauer Vortrag über «Das Halten der Gebote», nicht aber «Rechtfertigung und Heiligung» aufgenommen worden ist.

Zwischen senkrechten Strichen in den Text eingefügt ist die Originalpaginierung aus ZZ.

1.

Rechtfertigung und Heiligung sind die Vollstreckung der dem Christen in der Taufe zugesprochenen Gnade seiner Erwählung und Berufung zur Gemeinschaft mit Gott durch Jesus Christus in der Wahrheit des heiligen Geistes.

Diese erste These hat eine doppelte Absicht. Sie möchte zunächst einfach *orientieren*, den Ort feststellen, an den wir uns, indem wir von

[21] Neuser, S. 15; dort die entsprechenden Belege.
[22] Siehe unten S. 95, Anm. 79.

Rechtfertigung und Heiligung miteinander reden wollen, begeben haben. – Wir befinden uns in einem bestimmten Sektor des großen Kreises der der christlichen Kirche von Christus offenbarten, im alten und neuen Testament bezeugten, in ihrer eigenen Verkündigung gegenwärtigen *Wahrheit des Wortes Gottes.* Das wenigstens punktierende Ausziehen des ganzen Kreises ist in der praktischen Arbeit der Kirche die Aufgabe des Katechismusunterrichts, in der theologischen Wissenschaft die Aufgabe der Dogmatik. Den Mittelpunkt dieses Kreises zu setzen, ist keine menschliche Aufgabe. Daß er gesetzt *ist,* daß das Wort Gottes *gesprochen* ist, seine Wahrheit *Wahrheit* ist, das ist die Gabe Gottes, von der die Kirche lebt, immer auf Zusehen, immer unter dem Vorbehalt, daß Gott sie gibt, daß sein Wort in ihr Ereignis ist. Die Wahrheit steht weder im Ganzen noch im Einzelnen zu unserer Verfügung – sehen wir zu, daß wir *ihr* zur Verfügung stehen. Sie ist die Wahrheit Gottes, sie ist Wahrheit in dem Ereignis, daß Gott sein Wort spricht in seiner Kirche.

Fassen wir nun aus jenem großen Kreis einen solchen Kreisausschnitt für sich ins Auge, wie wir es hier zu tun beabsichtigen, so haben wir außer dem eben gemachten allgemeinen Vorbehalt auch das zu bedenken, daß die Wahrheit der vielleicht zu erreichenden Klarstellungen bedingt ist durch ihren Zusammenhang mit dem |282| Ganzen, in das sie, prinzipiell unlösbar, hineingehören. Wir müssen dieses Ganze in zahllosen unausgesprochenen oder nur anzudeutenden Voraussetzungen und Folgerungen mitreden lassen, um im Einzelnen zu hören, was im Einzelnen zu hören ist. Man tut gut, sich dieser Selbstverständlichkeit ausdrücklich zu erinnern, gerade wenn einem eine solche Teilfrage wichtiger ist und brennender erscheint als manche andere, wie dies vielleicht bei der unsrigen der Fall ist. Man kann sich ihr doch nicht sinnvoll nähern, ohne auch die anderen im Auge zu behalten, und man muß sich sogar klar sein darüber (man ist es im Protestantismus nicht immer gewesen), daß es in jenem Kreise grundsätzlich nichts gibt, was man etwa als weniger wichtig und dringlich behandeln könnte als das Andere.

Die Begriffe *Rechtfertigung* und *Heiligung* sind die Antwort auf die besondere Frage: Was bedeutet die Gnade Gottes in Christus für den Menschen, dem sie widerfährt? Was heißt das, ein Glied des Bundes sein, den Gott in Christus mit dem Menschen geschlossen? Was heißt das, ein in Christus mit Gott versöhnter Mensch sein? Worin besteht die Vollstreckung der Gnade Gottes? Dieser Frage müßte eine andere vorangehen: wie kommt denn die Gnade Gottes zum Menschen oder der Mensch zur Gnade? Worauf zu antworten wäre mit dem, was man mit dem Begriff der Berufung oder spezieller mit den beiden Begriffen der Wiedergeburt und der Bekehrung zu bezeichnen pflegt.[23] Und unserer Frage müßte folgen die Überlegung, ob es auch so etwas wie eine Bewahrung der empfangenen und ergriffenen Gnade[24] gibt und weiter eine Entfaltung der Erkenntnis der Kirche, ihrer Würde, ihres Auftrags und ihrer Schranke als der Gemeinschaft in der Gnade. Und es wäre in diesem ganzen Zusammenhang das Problem des Sakramentes in genaue Erwägung zu ziehen. Diesem ganzen Zusammenhang vorangehend wäre aber zu zeigen, daß und inwiefern es so etwas wie Gnade, Versöhnung, Bund zwischen Gott und Mensch in Christus überhaupt gibt, noch weiter zurück, was es sein möchte um das in der Versöhnung offenbar wiederhergestellte Verhältnis zwischen Gott und Mensch und seine eingetretene Störung, ja Zerstörung, und noch weiter zurück, was denn etwa die große Vokabel «Gott» christlich verstanden besagen möchte. Und unser Kreis müßte sich auf der anderen Seite schließen mit der Frage nach dem, was als Ziel, als Vollendung, als Erlösung, als unsere Hoffnung offenbar noch jenseits der vollstreckten Versöhnung, was als Herrlichkeit noch jenseits der Gnade Wahrheit ist. Daß wir durch Got-|283|tes Gnade gerechtfertigt und geheiligt werden, das ist also wahr, weil und indem all dies Vorangehende und Nachfolgende auch wahr ist, gleich wahr ist wie jenes, und wir können jenes nicht als wahr erkennen, ohne das Licht und den Schatten zu sehen, die von allen diesen anderen Punkten des Kreises aus auf jenen fallen, wie er selber alle anderen in bestimmter Weise beleuchtet und beschattet. Wir haben alle jene anderen Punkte mitzubedenken, auch wenn wir auf ihre Bedeutung im Einzelnen nicht näher begründend eintreten können. *Die* christliche Wahrheit in der unerschöpflichen Fülle der Fragen und Antworten, in der wir sie erkennen, in der sie sich zu erkennen gibt, ist zu bedenken, wenn wir *diese* christliche Wahrheit recht bedenken wollen.

[23] Zu den Begriffen Wiedergeburt (regeneratio) und Bekehrung (conversio) als Momenten der Berufung in der reformierten Orthodoxie vgl. HpB 407f.

[24] Zum Problem der Bewahrung im Stand der Gnade (perseverantia sanctorum) vgl. HpB 461–467.

Die zweite Absicht dieser ersten These führt uns sofort mitten in die Sache selbst. – Rechtfertigung und Heiligung sind die Vollstreckung der Gnade. D. h. also ganz allgemein: sie sind ein *Handeln Gottes am Menschen*. Von einem solchen redet grundsätzlich der ganze Katechismus, die ganze Dogmatik, gleichviel ob sie von der Schöpfung, von der Versöhnung oder von der Erlösung redet. Christliche Verkündigung ist Verkündigung der magnalia Dei (der großen Taten Gottes, Apg. 2,11[25]), oder sie ist nicht christliche Verkündigung. Also nicht – es liegt bei unserem Thema besonders versuchlich nahe, diese Grundregel aller verständigen christlichen Besinnung außer Acht zu lassen – nicht Verkündigung der Taten und Werke, der Erfahrungen und Erlebnisse, der Frömmigkeit und der Liebestätigkeit des Menschen, auch nicht indirekt, auf dem Umweg und unter dem Vorwand der Verherrlichung Gottes, wie dies in christlichen Kreisen nicht selten zu geschehen pflegt. Gewiß: um das Handeln Gottes am *Menschen* geht es, aber exklusiv um das Handeln *Gottes* am Menschen, nicht um einen Handel zwischen Gott und Mensch, geschweige denn, daß der Mensch selber in das Zentrum der Betrachtung rücken dürfte. Die Sachlichkeit christlichen Nachdenkens steht und fällt damit, daß man sich in dieser Richtung kein Jota abmarkten läßt. Wo die wahre Kirche ist, da wird Gott angebetet und gepriesen als *Allein*herrscher. Also: *Gott* rechtfertigt und heiligt, er selbst und er allein. Gewiß, wo Gott rechtfertigt und heiligt, da glaubt und gehorcht der Mensch. Aber gerade glaubend und gehorchend wird er keinen Augenblick auf seinen Glauben und auf sein Gehorchen als auf *sein* Tun Gewicht und Wert legen, sondern wird, indem er glaubt und gehorcht, alle zärtliche Aufmerksamkeit |284| auf sich selbst dahintenlassend, Gott die Ehre geben. Er wird ja keinen Augenblick vergessen können, daß sein Glauben und Gehorchen, als *sein* Tun betrachtet, Finsternis ist, so gut wie all sein übriges Tun, Licht nur in Gott. Er wird es nicht nur teilweise, sondern ganz als Wunder, als Gnade, als Werk Gottes ansehen, daß er in seinem Glauben gerechtfertigt, in seinem Gehorsam geheiligt ist. Er wird die Gerechtigkeit und Heiligkeit, die er als Glaubender und Gehorchender in der Tat hat, mit *Luther* verstehen als «iustitia» und «sanctitas extrinseca», nicht «intrinseca», «aliena», nicht «propria», «passiva», nicht «activa», «extra nos

[25] Vulgata.

habitans», nicht «domestica»[26] (Gerechtigkeit und Heiligkeit von außen, nicht von innen, fremde, nicht eigene, passive, nicht aktive, außer uns, nicht in uns wohnende). Darin glaubt und gehorcht er, ist er gerecht und heilig, ist er dabei bei Gottes Handeln – darin, daß er von allen erlebten und erlebbaren Tiefen, von allen betätigten und zu betätigenden Kräften seiner Existenz hinweggerichtet ist auf Gott, der größer ist als unser Herz [vgl. 1. Joh. 3,20]. *So* gerade ist und *wird* sein Herz immer wieder *fest*, welches geschieht durch Gnade [Hebr. 13,9].

Wir *haben* aber Gnade. Ein souveränes Tun Gottes am Menschen ist im Gang, auf Grund dessen geglaubt und gehorcht *wird*, von dem lebend der Mensch im Glauben gerechtfertigt und im Gehorsam geheiligt *ist*. Gott der Versöhner *hat* gehandelt. Er *hat* Ja gesagt zu uns, Er *hat* sich uns verbunden. Er *hat* uns angenommen. Nicht auf Grund unserer Würdigkeit, sondern da wir noch Feinde waren (Röm. 5,10). Nicht unter Benützung unserer besten Bemühungen, sondern trotz unserer vermeintlich besten Bemühungen. Nicht in Ansehung unserer Offenheit und Bereitschaft, sondern mitten in unserem Widerspruch. So war es nicht nur, sondern so ist es. So steht es mit unserer Erwählung und Berufung in jedem Augenblick. Es gibt kein Weiterkommen zu Erlebnissen und Errungenschaften, auf Grund derer wir etwas Anderes sagen könnten, als daß die Gnade, die wir haben, die Gnade unseres Herrn Jesus Christus [2. Kor. 13,13] ist, die Gnade des an uns ergehenden Wortes. Aber: wir *haben* Gnade. Gott behauptet sein Recht an uns, und Gott erbarmt sich unser. Indem er sein Recht behauptet, erbarmt er sich, und indem er sich erbarmt, behauptet er sein Recht. Beides miteinander, eines das andere erklärend und begründend, das ist die Gnade, wie sie uns begegnet. Gnade ist das Gesetz, und Gnade ist das Evangelium. Durch beide miteinander beruft uns Gott, wenn und nachdem er

---

[26] Die Begrifflichkeit der Rechtfertigungslehre hat Luther im wesentlichen schon 1515 entwickelt; vgl. *Luthers Vorlesung über den Römerbrief 1515/1516*, hrsg. von J. Ficker, Bd. II: *Die Scholien*, Leipzig 1908, S. 2 (= WA 56,158,10ff.): «Deus enim nos non per domesticam, sed per extraneam iustitiam et sapientiam vult salvare, non que veniat et nascatur ex nobis, sed que aliunde veniat in nos, non que in terra nostra oritur, sed que de celo venit. Igitur omnino externa et aliena iustitia oportet erudiri. Quare primum oportet propriam et domesticam evelli.» – S. 104 (= WA 56,268,27–30): *«Sancti intrinsece sunt peccatores semper, ideo extrinsece iustificantur semper. Hipocrite autem intrinsece sunt iusti semper, ideo extrinsece sunt peccatores semper.»*

uns erwählt hat, zu den Seinen, zu |285| seiner Kirche. Denn daß wir *sein* sind entgegen dem, was unser Herz und Gewissen uns von uns sagen: daß wir doch *unser eigen* seien und eben darum Sünder, die dem Tode verfallen sind, – nein «daß ich mit Leib und Seele, beide im Leben und im Sterben *nicht* mein, *sondern* meines getreuen Heilands Jesu Christi eigen bin»[27], das ist die Gnade, die an uns zur Vollstreckung kommt, die Gnade der Rechtfertigung und der Heiligung.

Wir *haben* Gnade. Wer darf das von sich sagen? Jeder muß das von sich sagen, der vernommen hat, was ihm *zugesprochen* ist. Immer kann es sich nur darum handeln, zu vernehmen, daß es uns zugesprochen ist. Nicht auf Grund unserer Erfahrungen, nicht auf Grund der frommen Erregung, in der wir das vielleicht vernommen haben oder die aus unserem Vernehmen hervorging, werden wir sagen, daß wir Gnade haben. Es war ein böser, böser Augenblick in der Geschichte des neueren Protestantismus, böser als Alles, was in dieser Tragödie noch weiter sich ereignen sollte, als man anfing, das Haben der Gnade als eine Herzens- oder Gewissenserfahrung des frommen Menschen zu verstehen. Was sollen wir denn von unserem Vernehmen dessen, daß uns Gnade zugesprochen ist, Anderes sagen, als daß auch dieses Vernehmen uns durch *Gnade* widerfährt, durch die Gnade des heiligen Geistes, die sich der Torheit und Bosheit unseres Herzens und Gewissens annimmt, die wir aus unseren Erfahrungen und aus unserem Frommsein gerade nicht erklären können, sondern die, höher als alle unsere Erfahrungen, ohne und gegen sie, mitten in unserer frommen Unfrömmigkeit, einfach da ist, wie eben Gott da ist? Und was vernehmen wir denn anderes, als daß uns Gnade *zugesprochen* ist, die Gnade Jesu Christi, in welchem uns Gott je und je geliebt hat und hat uns zu sich gezogen aus lauter Güte [vgl. Jer. 31,3], die Gnade des Wortes, das wir uns schlechterdings nur *gesagt* sein lassen können, in welchem Gott für uns da ist, wie eben Gott da ist? Auf was wollen wir uns also berufen, um uns unserer Berufung zu vergewissern, um zu begründen, daß wir Gnade haben, als auf unsere *Taufe*? Sie ist das Zeichen, unter das wir als schreiende, widerstrebende Kindlein einst gestellt worden sind[28], das von Gott selbst

[27] *Heidelberger Katechismus* (1563), Frage 1, BSRK 682,22f.: «Das ich mit Leib und Seel, beyde in leben und in sterben nicht mein, sonder meines getreuen Heilands Jesu Christi eigen bin ...»
[28] Vgl. K. Barth, *Die Kirche und die Offenbarung* (1923) in: Vortr. u. kl. A.

durch den Dienst seiner Kirche uns gegebene Zeichen, daß wir durch Jesus Christus in der Wahrheit des heiligen Geistes zur Gemeinschaft mit ihm erwählt und berufen sind. Als schreiende, widerstrebende Kindlein stehen wir aber Gott zeitlebens gegenüber. Ist es etwas Anderes jetzt wie damals, wenn wir seine Gnade haben? Ist es jetzt in unserer Sün-|286|den Maienblüte[29] nicht noch viel klarer als damals, daß es Zuspruch und nichts als Zuspruch ist? Werden wir uns in der Stunde des Todes auf etwas Anderes berufen können und wollen als eben auf unsere Taufgnade, darauf, daß wir als wilde Schößlinge, anders als Gärtner zu tun pflegen, auf den guten Baum versetzt sind (Röm. 11,27), «Christo inserti» (Christus Eingefügte), wie *Calvin* in bezeichnendem Ausdruck zu sagen liebte[30]? Unsere Taufgnade ist aber eben die Gegenwart Gottes durch das Wort im heiligen Geiste. Sie ist *reine* Gnade. Wüßten wir um eine andere, bessere Gnade, so würden wir besser sagen, daß wir *keine* Gnade haben. Wissen wir, daß wir sie haben, so rühmen wir uns des Herrn und nur des Herrn. «Er hat uns gemacht und nicht wir selbst zu seinem Volk und zu Schafen seiner Weide» (Ps. 100,3).

Die Vollstreckung der Gnade ist unsere Rechtfertigung und Heiligung.

2.

Indem der Christ die Gnade Gottes im Glauben und Gehorsam ergreift, erkennt er sich selbst als Sünder, und nur indem er sich selbst als Sünder erkennt, ergreift er im Glauben und Gehorsam die Gnade Gottes.[31]

1922–25, S. 339: «... da wir getauft wurden, da waren wir ... unvernünftige, kleine Geschöpfe, die von Allem nichts wußten noch wollten und die sich gegen die ihnen widerfahrende Prozedur mit lautem kindischem Geschrei gewehrt haben. *Das* ist unser Christenstand ...» Vgl auch Chr. Dogm., S. 392–396.

[29] Vgl. W. Shakespeare, *Hamlet*, III,3 (deutsch von A. W. von Schlegel):
Er überfiel in Wüstheit meinen Vater,
Voll Speis', in seiner Sünden Maienblüte.

[30] Z. B. J. Calvin, *Commentarius in epistolam Pauli ad Corinthios I.*, CR 77 (= Calvini opera 49), col. 372: «Observemus ergo, tunc nos gigni coram Deo, dum Christo inserimur, extra quem nonnisi mera mors reperietur ...» (zu 1. Kor. 4,15). Vgl. ib. col. 313; Inst. III 2,30; III 2,35 u. ö.

[31] Auf dem Thesenblatt sind die Worte «ergreift», «Sünder», «Sünder» und «ergreift» unterstrichen.

Diese zweite These handelt von dem anderen Faktor in dem Geschehen der Gnade. Rechtfertigung und Heiligung sind das Handeln Gottes am *Menschen*. Um *seine* Umkehr, um *seine* Entscheidung für Gott geht es. Nur kraft Gottes Entscheidung für *ihn* ist sie seine Entscheidung für Gott. Aber sie ist *seine* Entscheidung. Nur durch Gnade wird Gnade ergriffen, aber sie wird *ergriffen* von dem, der begnadigt ist. Glauben und Gehorchen ist ein Akt des Wissens und Wollens des Menschen, so gewiß die Kraft dieses Aktes allein Gottes Kraft ist. Handelt es sich in dem Geschehen der Gnade nach Lk. 15,32 um nicht mehr und nicht weniger als um eine Totenauferstehung, so bedarf es doch auch zu einer Totenauferstehung zum mindesten einer *Leiche*[32] und so im Geschehen der Gnade, im Werk des Wortes und des Geistes eben des *Menschen*. Was von ihm, von dem die Gnade im Glauben und Gehorsam ergreifenden Menschen, also vom Christen zu sagen ist, danach fragen wir jetzt.

Gnade heißt Gegenwart Gottes durch das Wort im heiligen Geist, sagten wir zuletzt. Was bedeutet das für den Menschen? Was heißt für ihn: die Gnade ergreifen? |287| Offenbar zunächst und allgemein: *Wissen*, daß er vor Gott steht. Das ist das unbegreifliche Wissen des christlichen Glaubens. Und dazu sofort: vor Gott stehen *wollen*. Das ist das unbegreifliche Wollen des christlichen Gehorsams. *Vor Gott* – der uns durch Jesus Christus im heiligen Geist anspricht als die Seinen, der uns unter sein Recht und unter seine Barmherzigkeit stellt. Indem er weiß, daß er vor Gott steht, und indem er will, daß es geschehe, ergreift der Mensch die Gnade – daraufhin, daß er von Christus Jesus ergriffen ist (Phil. 3,12). In diesem Wissen und Wollen vollzieht sich das, was die Alten die «Applicatio gratiae»[33] nannten. Und nun fragt es sich, was dieses Wissen und Wollen für den Menschen bedeute. Eine Warnung dürfte hier angebracht sein. Man darf den Menschen, man darf sich selbst und man darf die Gnade zur richtigen Beantwortung dieser Frage nicht von außen, aus einer Zuschauerstellung betrachten, in der man sich einbil-

---

[32] Vgl. Unterricht II, S. 31.

[33] In den orthodoxen lutherischen Dogmatiken lautet die entsprechende Überschrift vorzugsweise «De gratia spiritus sancti applicatrice» (SchmP 261ff.), die reformierten Lehrer schreiben «redemptionis applicatio» (HpB 411) oder «applicatio salutis» (HpB 404). So wird Barth später auch die alte Dogmatik genauer zitieren (KD IV/1, S. 159).

den könnte, darüber verfügen zu können, wie Gnade unter allen Umständen wirken und was durch die Gnade unter allen Umständen aus einem werden müsse. In solcher Gesichertheit weiß man offenbar noch nicht, daß man vor Gott steht, und will auch nicht dort stehen. Das überlegene Reden mit den schönen befriedigenden Resultaten würde einem sonst vergehen. Die Wahrheit erkennt nur, wer e mediis rebus denken und reden muß, wessen Denken und Reden alles Betrachtungsmäßige und Überlegene genommen ist dadurch, daß er mitten in dem in Rede stehenden Ereignis steht. Wirklich mit dem göttlichen Du konfrontiert, wird er sagen: Das bedeutet für mich, daß ich mich erkenne als einen *Sünder*, d. h. als einen, der sich von Gott gesondert hat.[34] Ich suche und will mich selbst, ich möchte ohne Gott selbst Gott sein in meiner Welt. So bin ich von Gott abgefallen, ein Rebell gegen ihn. Ich habe Unrecht getan, tue Unrecht und werde Unrecht tun, bin des Todes schuldig, und das alles in meiner ganzen Existenz, in meinem ganzen Tun und Lassen, in meinem ganzen Wesen bis in die raffiniertesten Falten meiner Innerlichkeit hinein. Ich wüßte nicht, was ich zu meinen Gunsten vorbringen oder in Aussicht stellen könnte. Das bedeutet es für mich, daß ich vor Gott stehe. So weiß ich mich vor Gott stehend. So will ich vor Gott stehen.

Der Zuschauer fragt: Ob ich denn das nicht etwa auch sonst schon wissen sollte? Ob es denn dazu der Gnade bedürfe? Der, den es angeht, antwortet: Nein, gerade das weiß ich sonst, weiß ich ohne die Gnade durchaus nicht. Sonst vergleiche ich mich nämlich beharrlich |288| mit Anderen, und der Vergleich fällt durch alle möglichen glücklichen Umstände immer zu meinen Gunsten aus. Sonst meine ich, auch wenn ich an Gott denke, immer noch viel, ja Alles zu meiner Entschuldigung übrig zu haben. Sonst bin ich so getrost bei mir selbst, so getrost mein eigen, daß ich auch Gott oder was ich so nenne, fröhlich bei mir, in mir, für mich zu haben meine. Gerade dieses «Sonst» erkenne ich erst jetzt durch die Gnade als Sünde. Indem das Vergleichen mit Anderen aufhört, ist mir der Boden unter den Füßen weggezogen. Indem mir Gott

---

[34] Diese irrige Etymologie von «Sünde» bzw. «Sünder» begegnet schon in einer anonymen Predigt aus dem 13. oder 14. Jahrhundert: *Deutsche Predigten des 13. und 14. Jahrhunderts*, hrsg. von H. Leyser, Quedlinburg/Leipzig 1838 (Nachdruck Darmstadt 1970, S. 6, Z. 26: «diu sunde heizet von dem sundern, wan [= denn] der sunder von got unt von der christenheit gesundert ist.»

begegnet, weiß ich, daß ich ihm entgegenstehe. Indem sein Recht über mich ergeht, weiß ich, daß ich ein Übertreter, indem mir Barmherzigkeit widerfährt, weiß ich, daß ich ein Elender bin. Nicht vorher und nicht sonst.

Der Zuschauer fragt: Ob ich denn nicht neben dem, daß ich mich als Sünder wisse, auch noch etwas Anderes von mir wisse, ob ich nicht wisse von einem wenigstens teilweisen Rechthaben vor Gott, von einem freundlichen kleinen Anfang von Nicht-Sünde, von Gesundheit, von gutem Werk, wenn nicht der Tat, so doch wenigstens des Herzens und der Gesinnung, von einem Anfang, der sich dann wohl bis zu meiner Sterbestunde bis zu einem ansehnlichen kleinen Kapital steigern könnte?[35] Der, den es angeht, antwortet: Ich weiß wohl, was Gott an mir tut, aber gerade als solcher weiß ich von mir selbst wirklich nichts, als daß ich verloren bin, krank vom Scheitel bis zur Sohle, krank sein werde bis zu meiner letzten Stunde, «semper peccator» («immer Sünder»), wie der junge Luther nicht müde wurde einzuschärfen[36], auch in allen meinen neuen Anfängen, auch auf den besten Stationen meines Weges. Was sollte ich daneben wissen, wenn ich um Gott weiß?

Der Zuschauer fragt: Aber du glaubst und gehorchst ja. Du hältst dich ja mit Wissen und Willen zu deinem Gott. Sollte dieses Tun nicht gut sein? Solltest du dich wirklich auch darin als Sünder erkennen? Der, den es angeht, antwortet: Gewiß, auch darin! Sofern Glauben und Gehorchen *mein* Werk ist, mein Wissen und Wollen, meine Religion und meine Moral (auch meine christliche Religion, meine christliche Moral!), schaffe ich mir auch damit wahrlich keinen Ruhm, sondern das Gegenteil, bin ich wahrlich auch darin verkehrt und strafwürdig. In sich selbst betrachtet, abgesehen von dem Wohlgefallen Gottes, das darauf

---

[35] Vgl. unten S. 125 mit Anm. 27.
[36] Z. B. in seiner Vorlesung über den Römerbrief, a.a.O., S. 89 (= WA 56, 252,31–253,1): «... soli Christo iustitia relinquitur, soli ipsi opera gratie et spiritus. Nos autem semper in operibus legis semper iniusti, semper peccatores ...» – S. 1 (= WA 56,157,2–6): «Summarium huius epistolae est destruere et evellere et disperdere omnem sapientiam et iustitiam carnis ..., quantumvis ex animo et synceritate fiant, et plantare ac constituere et magnificare peccatum ...» – Vgl. auch die zweite in Anm. 26 zitierte Stelle. Barth hatte Luthers Römerbriefvorlesung durchgearbeitet, bevor er an die Erstellung seiner Ferienkursvorträge ging (Bw. Th. II, S. 451).

ruhen mag, ist auch das Opfer meines Glaubens und Gehorsams ein rechtes Kainsopfer [vgl. Gen. 4,3–5].

Der Zuschauer fragt: Aber was hat das mit Gnade zu tun? Das |289| ist ja typisch der Zustand des unversöhnten Menschen! Der, den es angeht, antwortet: Mitnichten, sondern eben indem ich versöhnt bin, weiß ich von mir selbst, daß «Gott sich gar nicht mit mir einlassen kann, daß er mich auf ewig von seinem heiligen Angesicht verstoßen muß» *(Kohlbrügge)*[37]. Eben gerade in Christus erkenne ich mich als verloren und verdammt. Eben gerade wiedergeboren zu einer lebendigen Hoffnung durch seine Auferstehung von den Toten [1. Petr. 1,3] muß ich mich selbst ganz, aber auch ganz preisgeben. Eben gerade wirklich, und zwar freudig und gewiß glaubend und gehorchend in der gnädigen Gegenwart Gottes weiß ich über mich selbst gründlich und endgültig Bescheid, diesen Bescheid. Noch einmal: ohne die Gnade wüßte ich *das nicht!* Woher sollte ich das auch wissen?

Und nun fahren wir sofort weiter mit dem zweiten Teil unserer These: Indem sich der Christ als Sünder erkennt, *ergreift* er im Glauben und Gehorsam die Gnade. Also: wer sich nicht oder nur unter Vorbehalten und Sicherungen aller Art als Sünder erkennt, der glaubt und gehorcht *nicht*, der ergreift auch die *Gnade* nicht. Sie lassen sich nicht trennen, dieses Erkennen und dieses Ergreifen. Die Wirklichkeit des Geschehens der Gnade hängt daran, daß an der Wahrheit über uns selbst nichts abgemarktet wird, am wenigsten unter Berufung auf Chri-

---

[37] H. Fr. Kohlbrügge, *Erläuternde und befestigende Fragen zu dem Heidelberger Catechismus*, Elberfeld 1851 (1922[8]), S. 10 f.: «Fr. Warum ist dir, um in diesem göttlichen Troste seliglich zu leben und zu sterben, nötig zu wissen: wie groß deine Sünde und Elend sei? Antw. Wenn ich das nicht weiß, daß darin meine Sünde und Elend besteht, daß ich Gottes Gebot übertreten und Sein heiliges Gesetz durch meinen Ungehorsam verkannt habe, und daß darum Gott mich auf ewig von Seinem Angesicht verstoßen muß: so werde ich wohl große Verlegenheit und Reue zeigen, aber bloß damit ich nicht in die Hölle komme. Da werde ich mich auch bald beruhigen mit einem falschen Trost. Wenn ich aber weiß, daß ich ein solcher Sünder bin, daß Gott Sich gar nicht mit mir einlassen kann, so werde ich Gott recht geben und mich selbst verdammen; da wird denn aber Gott aus lauter Barmherzigkeit zu mir mit dem wahrhaftigen Troste kommen, nämlich daß Er mir Seinen Christum zeigt als das Lamm, das Seiner Gerechtigkeit genug getan. Und um so mehr ich weiß, daß es mit mir ganz und gar aus ist, um so zuverlässiger werde ich leben und sterben auf Seine Verheißung: Tue deinen Mund weit auf, Ich will ihn füllen. Ps. 81,11.»

stus, Versöhnung, heiligen Geist, denn das alles *ist* ja gerade diese Wahrheit über uns selbst. Gnade, und sie ist alle Morgen neu [Klagel. 3,23], ist Gnade an solchen, die keine Gnade verdient haben. «Non quaeritur ovis nisi quae periit, non liberatur nisi captivus, non locupletatur nisi pauper, non roboratur nisi infirmus, non exaltatur nisi humiliatus, non impletur nisi quod vacuum est, non construitur nisi quod inconstructum est» (*Luther* zu Röm. 3,7 1515/16; s. Jahrg. 1926, S.362, 9ff.).[38] Mit dem Sündervolk Israel hat Gott seinen Bund geschlossen. Die Wahrheit von Röm. 8 steht und fällt mit der ungemilderten Wahrheit von Röm. 7. Warum und inwiefern ist dem so? Darum, weil der Mensch damit, daß er sich als Sünder erkennt, welches geschieht durch Gnade [Hebr. 13,9], endlich (und vorher eben nicht!) den Gott wohlgefälligen Ort bezieht, der ihm in diesem Leben zukommen, den Ort, wo Gemeinschaft zwischen Gott und ihm bestehen kann. Dieser Ort ist die Wahrheit. An diesem Ort sind wir in Christus. Das ist ja die Lüge, das Sündige in der Sünde, daß wir nicht sein wollen, was wir sind, sondern sein wollen wie Gott [vgl. Gen. 3,5]. Das hieß für Adam, daß er nicht Geschöpf sein wollte; das heißt für uns, daß |290| wir unseren Anteil an Adams Schuld und Strafe nicht anerkennen wollen. Das ist der Fluch, der durch die Versöhnung von uns genommen wird. Darin war Christus dem Vater gehorsam, daß er, der von keiner Sünde wußte [2.Kor. 5,21], in unserer Menschennatur die Sünde der Welt nicht leugnete, nicht von sich schob, es nicht für einen Raub ansah, Gott gleich zu sein (Phil. 2,6), sondern als «der Zöllner und Sünder Geselle» (Mt. 11,19), den Übeltätern gleich gerechnet (Jes. 53,12), ja selbst «zur Sünde gemacht» (2.Kor. 5,21) alle Gerechtigkeit, nämlich die Gerechtigkeit der Buße erfüllend (Mt. 3,15) die Sünde *trug* (Joh. 1,29). Damit, mit dieser konsequenten Fleischwerdung hat er die Versöhnung zwischen Gott und Mensch (objektiv) geschaffen. Und dazu befreit er die Seinen, befreit sie (subjektiv) das Wort und der Geist, den unseligen Hochmut, den offenen wie den versteckten, endlich fahren zu lassen, sich unter Gottes Gericht gestellt zu wissen und nirgends anders wohin, im Winkel des Zöllners stehen zu wollen [vgl. Lk. 18,13], der Wahrheit als Kin-

---

[38] M.Luther, a.a.O., S.57f. (= WA 56,218,18–21). In ZZ, Jg.4 (1926), S.359–362 ist unter der Überschrift *Von der Gerechtigkeit Gottes und der Ungerechtigkeit der Menschen* Luthers Auslegung von Röm. 3,7 (a.a.O., S.55–59 = WA 56,216 – 219) in der deutschen Übersetzung von E.Ellwein wiedergegeben.

der Adams die Ehre zu geben. Punktum, das ist's, was Gott jetzt und hier von uns will. Er will Beugung vor ihm und nichts sonst, und das eben ist diese Beugung. Damit glauben und gehorchen wir, daß wir uns dahin gestellt sein *lassen*. Damit ergreifen wir die Gnade. Denn da steht Gott und wartet auf uns mit seinem Frieden. Wie sollten wir denn die Gnade ergreifen, wenn wir uns schämen, zu *wissen*, wo wir stehen, wenn wir um keinen Preis da stehen *wollen?* Da, wo die Welt steht, die Gott mit sich selber versöhnt hat (2. Kor. 5,19)? Wie soll uns denn die Sünde vergeben werden, wenn und solange wir sagen: wir haben keine Sünde, damit uns selbst verführen und ihn, Christus zum Lügner machen? «So wir aber unsere Sünden bekennen, so ist er treu und gerecht, daß er uns die Sünden vergibt und reinigt uns von aller Untugend» (1. Joh. 1,8–10). Das ist's, was von der Rolle des Menschen, des Christen – wohlverstanden gerade des Christen – im Geschehen der Gnade zu sagen ist. Alles, was wir noch hinzuzufügen haben, kann nur verschärfen und unterstreichen, daß vom Menschen in diesem Zusammenhang das und nur das zu sagen ist.

3.

Die Einheit[39] *des Werkes der Gnade ist wahr im Geheimnis Gottes des heiligen Geistes. Für uns aber ist es ein Anderes, daß wir als Sünder versöhnt sind*[40], *ein Anderes, daß wir als Sünder versöhnt* |291| *sind. Jenes ist unsere Rechtfertigung, dieses ist unsere Heiligung.*

Es liegt uns nun ob, klar zu machen, daß und warum wir die Vollstreckung der Gnade in *zwei*, in *diesen* zwei Worten zu beschreiben haben: Rechtfertigung und Heiligung.

Unsere bisher gewonnene Antwort auf die Frage, was die Gnade Gottes für den Menschen bedeute, muß lauten: er ist ein als *Sünder Versöhnter*. Ein Versöhnter im Blick auf das, was Gott an ihm tut, ein Sünder im Blick auf das, was er, indem Gott das an ihm tut, in sich selbst ist. Das ist ein schweres Paradoxon, das durch alle Erläuterungen, die man dazu geben kann, wohl in seiner Notwendigkeit nachgewiesen, aber eben nicht gemildert werden kann: Das Subjekt will das Prädikat,

---

[39] Auf dem Thesenblatt ist das Wort «Einheit» unterstrichen.
[40] Das Wort «sind» fehlt auf dem Thesenblatt.

das Prädikat will das Subjekt ausschließen. Eines scheint nicht wahr sein zu können, wenn das Andere wahr ist, und umgekehrt. Und in der Tat: so scheint es nicht nur, sondern so ist es. Das Reich der Gnade, der «transitus de morte ad vitam» («Übergang vom Tode zum Leben»)[41], in dem sich der Mensch kraft der Versöhnung befindet, ist eine in vollem Gang begriffene Kampfhandlung. «Gnade ist wider die Sünde und frißt sie auf» (*Luther*).[42] Dem muß nun unsere Besinnung darüber standhalten, koste es, was es wolle. Es ist wohlverständlich, daß man in Lehre und Leben immer wieder versucht hat und noch versucht, dieses Paradoxon zu beseitigen, die Gnade Gottes und die Sünde des Menschen als zwei Quanten vorzustellen und das bewegte Verhältnis der beiden als einen Prozeß, in dem die Gnade allmählich zu-, die Sünde allmählich abnehme. Aber alle diese Versuche von der offiziellen Gnadenlehre der römisch-katholischen Kirche[43] bis zu ihrem modern-protestantischen Analogon in der Lehre *Schleiermachers*[44] kranken daran, daß sie dem radikalen Ernst jenes Widereinander nicht gerecht werden. Sie setzen ein Nebeneinander von Gnade und Sünde in einem Zusammensein beider voraus, das dem Begriff dieser beiden Größen nach eine Unmöglichkeit ist. Gnade und Sünde sind qualitative Gegensätze, die beide, aber eben eines als die Aufhebung des anderen, Bestimmungen des *ganzen* Menschen sind. Mit Gott versöhnt sein, das heißt nicht in ein Wachstum der Gnade, sondern in diesen aufs Ganze gehenden *Streit* der Gnade wider die Sünde versetzt sein. Wollen wir aber die Versöhnung in ihrem Vollzug näher verstehen, dann werden wir beides sehen

---

[41] Die Wendung hat ein Vorbild im Text des Requiems (Schott[10], S.[175]): «... fac eas, Domine, de morte transire ad vitam». Vgl. auch z.B. M.Luther, *Predigt am Sonntag Jubilate in der Schloßkirche* (7.5.1536) WA 41,574,9f.: «Transitus est, quod ex ista sterblichem leben vadit per mortem in aeternam vitam.» Oder HpB 416: «Transitus enim a morte ad vitam moras non patitur» (H.Witsius).

[42] M.Luther, *Predigt am 6. Sonntag nach Trinitatis über Röm. 6,3−11* (Kirchenpostille), WA 22,94,11f.

[43] Vgl. Concilium Tridentinum, Sessio VI (1547), Decretum de iustificatione (DS 1520−1583), insbesondere die Capitula 9: «Contra inanem haereticorum fiduciam», 10: «De acceptae iustificationis incremento», 16: «De fructu iustificationis, hoc est, de merito bonorum operum, deque ipsius meriti ratione» sowie die Canones 11, 12, 24 und 32.

[44] Vgl. §§ 62−64 der Glaubenslehre; dazu Th. Schl., S.347−352.

müssen, was in diesem Streit, in diesem Sieg der Gnade zu sehen ist: einmal, daß der Sünder hier wirklich |292| *versöhnt* ist, sodann daß es wirklich der *Sünder* ist, der hier versöhnt ist. Wir werden mit *zwei* dieselbe Wahrheit beschreibenden, aber nicht ineinander aufzulösenden Gedankenreihen zu rechnen haben. Die Gnade ist in ihrem Vollzug von oben nach unten unsere Rechtfertigung, von unten nach oben unsere Heiligung. Wir haben diese beiden Wege zu sehen und zu beschreiben, immer bedenkend, daß es der eine Weg Gottes ist.

Damit ist schon gesagt, was zu sagen ist gegenüber einem *Einwand*, der hier erhoben werden könnte. Es könnte nämlich gesagt werden: der heilige Geist ist doch *einer*, also ist auch sein Werk im Menschen *eines*, also muß es auch in einem eindeutigen Wort zu beschreiben sein. Worauf zu antworten ist: kein Zweifel, das Werk der Gnade ist eines und eindeutig, wie Gott selbst einer und eindeutig ist. Aber nun gilt es sich zu bescheiden und nach einem eindeutigen Menschenwort, in dem wir des einen Gottes und seines Wortes mächtig wären, nicht zu verlangen. Wie Gottes Ewigkeit ein einziges ungeteiltes Jetzt ist, unsere Zeit aber, obwohl in seinen Händen [vgl. Ps. 31,16], ein Schreiten aus der Vergangenheit in die Zukunft – wie in Gottes Heiligkeit eins ist seine Gerechtigkeit und seine Barmherzigkeit, unsere Erkenntnis seiner aber ein Weg von der Furcht zur Liebe und wieder zur Furcht – wie das fleischgewordene Wort eines ist, unsere Worte über das Wort aber notwendig zwei: Jesus und Christus, Gottes und des Menschen Sohn –, so ist in ihm, im Geheimnis des uns geschenkten heiligen Geistes das Werk der Gnade ein einziges, wir aber erkennen es in einer doppelten Gestalt, Rechtfertigung und Heiligung, deren Einheit wir wohl *erkennen* und *anbeten* können, wie man eben Gott selbst erkennt und anbetet, die wir aber nicht, weder im Leben noch in der Lehre, also weder in der Erfahrung noch im Begriff vollziehen können. Nicht können und auch nicht dürfen! Es ist auf der ganzen Linie der christlichen Besinnung gefährlich, auf Grund angeblicher Erlebnisse mittels gewisser kühner, intellektuell nur zu leicht zu vollziehender Synthesen Positionen an sich zu reißen, die Gott sich selber vorbehalten hat, deren Einsicht unsererseits der Hoffnung, der ewigen Vollendung angehört. Die Neigung dazu ist ein verhängnisvolles Erbe, das die deutsche Theologie von der Mystik, vom Idealismus und doch auch von dem größten aller deutschen (dem vielleicht nur allzu deutschen) Theologen Martin Luther überkommen und übernommen hat.[45] Ich nenne sie darum verhängnisvoll, weil es für keinen Menschen, auch nicht für den seiner Innig-|293|keit und seines Tiefsinns sich mit Recht freuenden deutschen Menschen ratsam sein kann, sich, Zentralschau[46] übend, auf den Thron Gottes selbst zu setzen und die Grenzen zwischen Gnade und ewiger Herrlichkeit für aufgehoben zu achten. Theoretische und praktische Konfusionen aller Art können nicht ausbleiben, wenn man unter Verkennung der Tatsache, daß der heilige Geist, der uns gegeben ist [Röm. 5,5], Gott selber ist, über den wir keine Verfügung haben, nicht zugeben will, daß es – nicht für ihn, nicht für Gott, aber für uns – zweierlei ist, wenn wir von dem Sünder, der ein *Versöhnter* ist, oder von dem Versöhnten, der ein *Sünder* ist, reden, daß wir nach der Einheit der damit bezeichneten Vollstreckung der Versöhnung in Lehre und Leben immer nur auf dem Wege sein können und daß unsere Besinnung unerlaubte Sprünge zu unterlassen, sondern sich als «theologia viatorum»[47] in diese Wirklichkeit des Geistes *für uns* zu schicken, sich an sie zu halten hat. Es ist ein Anderes – nicht für ihn, aber für uns –, wenn derselbe Mund zum Menschen sagt: Dir sind deine Sünden vergeben!, ein Anderes, wenn er sagt: Steh auf, nimm dein Bett und wandle! [Mk. 2,5.9]. Es ist ein Anderes, wenn wir unser Augenmerk darauf richten, daß am Menschen ein *Handeln Gottes* stattfindet, ein Anderes, wenn wir bedenken, daß dieses Handeln Gottes *am Menschen* stattfindet. Ein Anderes, ob wir den terminus a quo oder den terminus ad quem dieses Handelns, ein Anderes, ob wir es unter dem Gesichtspunkt der Wiedergeburt oder der Bekehrung betrachten. Wobei wir doch nicht daran denken, das eine etwa Gott, das

[45] Vgl. Bw. Th. II, S. 424: «Was die Deutschen im allgemeinen wollen, ist mir dieser Tage bei der Beschäftigung mit Marheineke sehr klar geworden, hinter dem Hegel steht, wie hinter Hegel zweifellos – Luther steht: daß Gott in uns, wir in Gott denken, jenseits dessen, was *wir* ‹dialektisches› Denken nennen.»

[46] Zu diesem, in ähnlicher Form von Barth auch schon früher (Bw. Th. I, S. 299; Römerbrief 1, S. 460; Unterricht I, S. 377) gebrauchten Begriff vgl. Fr. Chr. Oetinger, *Anmerkungen 1. von der Central-Schau oder Erkenntnis, wie die Engel erkennen, 2. von ihrem Unterschied von den Gesichten und Offenbarungen Gottes in den äußern Kräften der Seele* (1734), in: ders., Sämmtliche Schriften, hrsg. von K. Chr. E. Ehmann, Abt. 2, Bd. V, Stuttgart 1863, S. 285–298.

[47] Der Begriff «theologia viatorum» und der Gegenbegriff «theologia beatorum» oder «comprehensorum» ist von der altprotestantischen Dogmatik geprägt und von Barth aufgenommen worden; vgl. SchmP 28; HpB 6; Unterricht I, S. 280–282; Chr. Dogm., S. 477f.

andere dem Menschen zuzuschreiben. Nein, in dem einen Werk *Gottes* und nur Gottes, das nun doch sein Werk an uns, am *Menschen* ist, werden, sobald wir es als solches betrachten und bedenken, diese zwei Linien sichtbar und müssen, wenn wir überhaupt etwas sehen wollen, als zwei Linien gesehen werden. Beide sind notwendig, keine darf zu Ungunsten der anderen übersehen werden. Beide müssen «conjunctim» (*Calvin*)[48] betrachtet werden, wenn man die Wahrheit sehen will. Beide zeigen die Wahrheit derselben Gnade. Beide lassen sich aber auch nicht miteinander identifizieren und verwirren, eine nicht auf die andere zurückführen oder in die andere hinüberführen, wie dies der Fehler der katholischen und aller katholisierenden, aber auch aller antinomistischen Gnadenlehre ist. Es ist gleich falsch, mit den Einen die Rechtfertigung in der Heiligung oder mit den Anderen die Heiligung in der Rechtfertigung verschwimmen zu lassen. Fromme Hybris ist das eine wie das andere. Wir denken also zwei |294| Gedanken und sagen zwei Worte, entsprechend der Wirklichkeit des Streites, in den wir durch die Gnade gestürzt sind, und entsprechend dem, daß wir Menschen und nicht Gott sind. Das Wort Gottes kann nicht gebrochen werden. Unser Menschenwort aber *ist* gebrochen. Es spricht die Wahrheit, wenn es in seiner Gebrochenheit von dem einen Wort Gottes *Zeugnis* gibt.

4

Die Rechtfertigung ist Gottes Übersehen unserer jetzt und hier nicht beseitigten Sünde. Die Heiligung ist unsere Inanspruchnahme durch Gott in dieser unserer jetzt und hier nicht beseitigten Sünde.[49]

Das ist die Vollstreckung der Gnade, daß Gott den Menschen in Christus ansieht. In Christus, d. h. als solidarisch mit dem, der sich gerade darin als sein geliebter Sohn bewiesen, der gerade darin das Dekret der Versöhnung vollstreckte, daß er sich zur Sünde der Menschheit *bekannte*, den Zorn Gottes, den sie herausfordert, *trug* und ihm eben damit gehorsam war und *Genüge* tat. Nicht mehr und nicht weniger als Gott selbst brauchte es dazu, daß dieses Einfache, daß der Mensch sich

---

[48] Siehe unten S. 139, Anm. 40.
[49] Die Worte «nicht» im ersten und «in» im zweiten Satz sind auf dem Thesenblatt unterstrichen.

zur Sünde *bekenne* und ihre Strafe *trage*, geschehe. Daß das geschehen ist, das ist die Versöhnung, das ist das versöhnende Wort der Offenbarung. Und das ist nun die uns zugesprochene Gnade der Versöhnung, daß Gott den Menschen ansieht mit demselben Wohlgefallen, in demselben Frieden, in dem er Christus ansieht. Das war die Botschaft, mit der die Apostel ausgegangen sind in die Welt: das Wohlgefallen Gottes, das auf dem auf Golgatha Gekreuzigten ruhte, das, das ist die Wahrheit über Gott und Mensch, die verborgene Weisheit Gottes, die alle Weisheit der Welt Lügen straft [vgl. 1. Kor. 1,20; 2,7]. Gott sieht den Menschen daraufhin an, daß er in Christus sein Geliebter, d. h. ein verlorenes Schaf ist, das er sucht, bis daß er es finde [vgl. Mt. 18,12f.]. Er sieht ihn also nicht darauf an, was er in sich selbst doch ist: ein Abtrünniger, ein Rebell, ein Verräter. Er *sieht* das alles, aber er *übersieht* es, nicht aus Gleichgültigkeit gegen die Sünde, aber weil die Sünde des Menschen ja in Christus, der von keiner Sünde wußte [2. Kor. 5,21], *bekannt* und sein Zorn, der auf ihr liegt, und der Fluch des Todes, der ihr folgen muß, *getragen ist*. Also er übersieht die Sünde (Deut. 9,27) als Unwissenheit (Apg. 17,30), weil er das Opfer ansieht, das ihm dargebracht ist. Von einem göttlichen «Bedecken» |295| der Sünde redet die Bibel auch (Röm. 4,7), davon, daß Gott alle unsere Sünde hinter sich zurückwerfe (Jes. 38,17), davon, daß er sie uns nicht zurechne (Röm. 4,8), und besonders häufig bekanntlich davon, daß er sie uns vergebe, immer so, daß Gott dabei nicht etwa schwach, weich, nachsichtig ist, sondern vielmehr gewaltig, aber gewaltig nicht gegen uns, sondern für uns, und zwar nicht, weil wir das neben unserer Sünde irgendwie um ihn verdient hätten, sondern angesichts unserer Sünde um seiner selbst willen, weil er selber in der konsequenten Fleischwerdung seines Wortes bei sich selber für uns eingetreten ist und gut gemacht hat, was wir böse machten [vgl. Gen. 50,20]. Dieses «Gott für uns!» trotz unserer Sünde ist die uns zugesprochene Gnade, ist unsere Gerechtigkeit, die vor ihm gilt [Röm. 3,21] und neben der wir keine andere haben. So macht er uns gerecht, das ist unsere iustificatio, Rechtfertigung. Anders können wir uns nicht rechtfertigen als damit, daß wir glauben, daß wir durch ihn selbst gerechtfertigt *sind*. Unsere Gerechtigkeit ist also *seine* Gerechtigkeit, uns aber zugesprochen durch sein Wort, uns eigen, indem wir sein Wort glauben, weil es sein Wort ist. Wir finden sie also nie und nimmer in uns selbst vor, um sie daselbst etwa mit *Osiander* in Augenblicken höchster, konzentriertester Andacht bestaunen zu können.[50] Wir werden nicht Christus, auch nicht halbwegs, auch nicht ein ganz klein bißchen! Das Subjekt «peccator» wird durch das Prädikat «iustus» nicht aufgehoben. Wir sind aber in Christus, durch Christus, im Glauben an ihn an den Ort der Wahrheit gestellt, der auch der Ort der Versöhnung ist: «peccatores iusti». Daß das ein Paradoxon ist, das einer Auflösung wartet in der ewigen Erlösung, das ändert nichts daran, daß es jetzt und hier gilt, daß wir auf dem *Wege*, auf dem wir uns jetzt und hier befinden, so und nicht anders dran sind. Unsere Sünde *ist* uns vergeben, aber darum nicht beseitigt, wir *haben* Frieden mit Gott [Röm. 5,1], aber nun wirklich darin und nur darin, daß er uns um seiner selbst willen vergibt, also Frieden mitten im Unfrieden, Gerechtigkeit mitten im Gericht,

---

[50] Vgl. oben S. 49 mit Anm. 19, wo Barth Bruhns «persönlichste Erfahrung einer lebendig einströmenden Gotteswirklichkeit» als gut osiandrisch bezeichnet, und S. 52, wo er den Menschen nach Bruhns Darstellung in der Lage sieht, «‹auch in schwersten Tagen› seine eigene ‹Gottwirklichkeit› zu bestaunen». 1920 hatte Barth den Schritt vom 1. zum 2. Römerbrief als einen Schritt von Osiander zu Luther bezeichnet (Bw. Th. I, S. 448). An der obigen Stelle bezieht sich Barth wahrscheinlich auf ein Osiander-Zitat in der Monographie, die der Verfasser, sein Göttinger Kollege, ihm geschenkt und die er, wie die Anstreichungen beweisen, gründlich gelesen hat: E. Hirsch, *Die Theologie des Andreas Osiander und ihre geschichtlichen Voraussetzungen*, Göttingen 1919, S. 237: «Ich ... muß bekennen vor mir selbst, daß ich mein tag oftmals in der kirchen angehebt hab, ein Vater unser mit großem ernst zu beten, und wenn ich bedacht, daß Gott der vater darumb unser vater heiße, daß Jesus Christus sein eingeborner sohn unser und nicht allein unser sonder auch in uns ist und wir aus ihm als dem unvergenglichen samen des worts Gottes, das ewiglich bleibt und Gott selbs ist, und aus dem heiligen geist neu geboren sein, – kam ich also tief in das UNSER, daß ich wohl eine ganze stund mit verzehret und gleich mein selbs vergaß, bis alles in der kirchen aus war, eh dann ich ein Vater unser ausbetet.» Hirsch spricht zu diesem Zitat von dem «frommen Staunen über die Gegenwart des dreieinigen Gottes im Menschen» bei Osiander (S. 237), bestreitet allerdings, daß Osiander das Gottvertrauen auf die Erfahrung der einwohnenden Gerechtigkeit gegründet habe (S. 209). Die Gegenwart Gottes im Menschen will «nicht erkannt, geschmeckt und erfahren» werden, «sondern allein gehorsam geglaubt werden» (S. 237). Die Einwohnung der Gottheit im Christen löse «viel eher Abstands- als Verschmelzungsgefühle in ihm» aus (S. 238). Osianders Abweichung von Melanchthon sei Schritt für Schritt von Luther gedeckt. Barth konnte diese Deutung um so weniger akzeptieren, als er das Luther-Verständnis von Hirschs Lehrer K. Holl (ihm hat Hirsch sein Osianderbuch gewidmet) als unzutreffend beurteilte: s. unten Anm. 64: Sicherlich war Barth auch von der grimmigen Abrechnung Calvins mit Osiander (Inst. III 11,5–12) nicht unbeeindruckt geblieben.

Leben mitten im Tode, gehalten durch Gottes Barmherzigkeit und durch nichts sonst, also in unserer Erbärmlichkeit und nicht anders. Ich bin, wie *Luther* (zu Röm. 7, 1515/1516) sagt, «caro et spiritus», «peccator et iustus», «mortuus et liberatus», «reus et non reus», und zwar beides *ganz* und beides *gleichzeitig*[51]. Wer's fassen mag, der fasse es [Mt. 19,12]. Das ist die Vollstreckung der Gnade der Rechtfertigung.

Aber damit ist noch nicht alles gesagt. Also der *Sünder* ist der |296| Versöhnte, weil der in Christus Erwählte, Berufene, Geliebte. Er ist der Gerechte Gottes auf Erden. Ist dem nun so, dann ist er offenbar, ohne aufzuhören ein Sünder zu sein, ein besonderer, ein qualifizierter, ein von Gott in außerordentlicher Weise beanspruchter Sünder, ein solcher Sünder, dessen Sünde durch die ihm widerfahrene Vergebung – nur in Christus, durch Christus an den Ort der Wahrheit gestellt hat er ja Vergebung – ans Licht und ins Gericht gestellt ist. Ein versöhnter Sünder ist offenbar ein solcher Sünder, dem damit, daß er sich nicht mehr weigern kann, sich als solchen zu erkennen, der seine Gerechtigkeit nur noch in Gottes Barmherzigkeit suchen kann, seine Ehre, Kraft und Selbständigkeit als solcher genommen ist. Er ist nicht mehr «sein eigen».[52] Er ist ein Baum, dem die Axt an die Wurzel gelegt ist [vgl. Mt. 3,10]. Er ist auf Gott geworfen ohne allen anderen Trost. Er kann nur noch glauben und gehorchen, d. h. den Anspruch anerkennen, der an ihn ergangen ist. Ob er nun damit doch seine eigene Gerechtigkeit betätigt, daß er glaubt und gehorcht? Damit, daß er ein solcher qualifizierter Sünder ist? Unter der Masse derer, die sich von Gott gesondert, ein von Gott wiederum für sich Ausgesonderter ist? Nein, damit sicher nicht! Sein Ausgesondertsein ist verborgen in seiner Sünde, in seiner Sonderung, die er mit der Masse aller Anderen teilt. Er glaubt und gehorcht in der Zweideutigkeit oder vielmehr Eindeutigkeit alles Menschlichen. Mit seiner Rechtfertigung hat diese seine Veränderung als Sünder nichts zu tun, die steht allein auf Barmherzigkeit und Vergebung. Und doch ist diese *Verände-*

---

[51] A.a.O., S. 172 (= WA 56,343,16–19): «Sed quia ex carne et spiritu idem unus homo constat totalis, ideo toti homini tribuit utraque contraria, que ex contrariis sui partibus veniunt. Sic enim fit communio ideomatum, quod idem homo est spiritualis et carnalis, iustus et peccator, bonus et malus.» – S. 173 (344,15): «Ergo nos ... simul sumus mortui et liberati.» – S. 179 (351,13): «Ex quo tamen mirabile sequitur, quod rei sumus et non rei.»
[52] Siehe oben S. 67, Anm. 27.

rung des Sünders eine *Wirklichkeit*. Eine Wirklichkeit, die wie die Vergebung der Sünde Gnade und nur Gnade ist, aber eine Wirklichkeit. Auch sie keine Beseitigung der Sünde, aber notorisch eine Bewegung in der Existenz des Sünders als solchen. Auf ihn als solchen ist Gottes Hand gelegt. Er als solcher ist unter Gottes *Recht* gestellt. «Semper peccator», «peccator manens» ist er *sanctus*, heilig, d. h. Gott gehörig.[53] Denn das ist die Heiligung des Sünders, daß er, wie er durch die Gnade Gottes in Christus Vergebung der Sünde hat, so als Sünder nicht mehr derselbe ist, sondern Gottes Eigentum. «Sola fide et mera venia iustificatur homo, neque tamen a gratuita iustitiae imputatione separetur realis, ut ita loquar, sanctitas» (Durch Glauben allein und durch reines Verzeihen wird der Mensch gerechtfertigt; und dennoch darf von der gnädigen Zurechnung der Gerechtigkeit die, daß ich so sage, *wirkliche* Heiligkeit nicht getrennt werden. *Calvin*, Instit. III |297| 3,1).[54] Indem die Gnade uns gerecht macht, macht sie uns auch heilig. «Peccator sanctus», dieses zweite Prädikat gehört also auch zu jenem Subjekt, wenn wir vollständig beschreiben wollen, was die Gnade für den Menschen, dem sie widerfährt, bedeutet. Auch das ist ein Paradoxon, das der Auflösung wartet, das aber nichtsdestoweniger *gilt*. Es kann nicht das Ende der Wege Gottes sein, daß wir so, erst und nur so sein Eigentum sind. Aber wir stehen nicht am Ende der Wege Gottes. Sehen wir zu, daß wir wenigstens auf dem Wege seien. Und auf dem Wege gilt das Paradoxon. Also: Noch ist die Sünde da, aber *in* der Sünde die Buße, die sich vor dem Rechte Gottes beugt, die das über uns gesprochene Urteil annimmt, die die Erkenntnis und das Bekenntnis der Sünde vollzieht. *In*

[53] M. Luther, a. a. O., S. 105f. (= WA 56, 270, 5–11): «Ecce omnis sanctus est peccator et orat pro peccatis suis. ... Igitur mirabilis et dulcissima misericordia Dei, qui nos simul peccatores et non peccatores habet. Simul manet peccatum et non manet.» – S. 145 (= WA 56, 314, 3–5): «Quia aperta causa humilitatis est, quod peccatum in nobis manet, sed ‹non dominatur nobis›, quia subiectum est spiritui ...» Zu dieser Stelle hat Barth in seinem Exemplar an den Rand geschrieben: «peccatum manet».

[54] Barth hat hier Calvins Satzkonstruktion aufgelöst und deshalb das erste Tätigkeitswort aus dem Konjunktiv in den Indikativ versetzt: «iustificatur». Inkonsequenterweise ist er beim zweiten Verbum «separetur» nicht ebenso verfahren. Der vollständige Satz lautet bei Calvin: «Proximus autem a fide ad poenitentiam nobis erit transitus; quia hoc capite probe cognito, melius patebit, quomodo sola fide et mera venia iustificetur homo, neque tamen a gratuita iustitiae imputatione separetur realis, ut ita loquar, vitae sanctitas.»

der Sünde ist auch der Glaube und der Gehorsam da, der sich an den Ort der Wahrheit stellt, auf dem Gottes Wohlgefallen ruht, und *damit, damit* das neue Leben in der Richtung, die eben mit dem Gericht gegeben ist. In der Sünde! Oder waren die christlichen Korinther etwa keine Sünder? Eben solche Gemeinden von Verlorenen in Christus hat Paulus als «berufene Heilige» [1. Kor. 1,2; Röm. 1,7] angeredet! – Wieder steht Alles in der Gnade, in Christus, im Wort und im Geiste, im Glauben und im Gehorsam. Aber in der Gnade *steht* das alles. Das alles ist die Vollstreckung der Gnade nunmehr als Heiligung.

5.

Die Gnade der Rechtfertigung ist unser Leben, die Gnade der Heiligung ist unser Sterben als Sünder.[55]

In der Rechtfertigung sagt Gott zu dem Toten: Lebe! In der Heiligung sagt Gott zu dem Lebenden: Stirb! Der Tote, der leben soll, ist der Sünder, und der Lebende, der sterben soll, ist wieder der Sünder. Unter diesen beiden Bestimmungen und nicht anders lebt man das christliche Leben.

Gott sagt zu dem Toten: Lebe! Was heißt das? Das heißt: Wie du bist, so darfst du kommen! Du bist ein Toter vor Gott. Nicht nur ein Scheintoter, wie Schleiermacher meinte![56] Du bist unmöglich vor Gott. Du bist nicht nur ein wenig, sondern ganz von Gott abgefallen. Du gehorchst nicht nur unvollkommen, sondern du gehorchst gar nicht. Du lügst nicht nur gelegentlich, sondern du bist ein Lügner. Es gibt also keine Vorbereitung der Rechtfertigung, keine Mitwirkung dabei, keine

---

[55] Die beiden Worte «Leben» und «Sterben» sind auf dem Thesenblatt unterstrichen.

[56] Das Ostergeschehen deutete Schleiermacher mit Hilfe der Scheintodhypothese (vgl. dazu: Th. Schl., S. 186–188). In der Soteriologie findet sich zwar nicht der Begriff, wohl aber die Sache, indem Schleiermacher die Sünde als ein Minder, die Gnade als ein Mehr im Gottesbewußtsein des erlösungsbedürftigen wie des erlösten Menschen definiert. Läßt sich der Zustand der Sünde «in seiner höchsten Steigerung durch die Ausdrücke *Gottlosigkeit* oder besser *Gottvergessenheit* bezeichnen: so dürfen wir uns doch dies nicht als eine gänzliche Unmöglichkeit der Belebung des Gottesbewußtseins denken.» Im letzteren Fall würde «eine Umschaffung im eigentlichen Sinne erfordert werden, und diese Vorstellung ist in dem Begriff der Erlösung nicht enthalten» (a. a. O., § 11,2). Vgl. dazu: Th. Schl., S. 347–352.

krönende Durchführung unsererseits, wie die katholische Theologie offen und die modern-protestantische |298| Theologie heimlich lehrt. Wie sollte auch ein Toter zu dem allem kommen? «*Aber Gott*, der da reich ist an Barmherzigkeit, – durch seine große Liebe, damit er uns geliebet hat, da wir tot waren in den Sünden, hat er uns samt Christo lebendig gemacht, denn aus Gnade seid ihr gerettet worden» (Eph. 2,4f.). In diesem «*Aber Gott!*» steht unsere Rechtfertigung. Dieses «Aber Gott!» ist das Kleid der Gerechtigkeit, mit dem unsere Blöße bedeckt wird [vgl. Apk. 3,18]. Von ihm bedeckt, dürfen wir leben trotz unserer Sünde, als ob unsere Sünde nicht wäre. Barmherzigkeit hält uns, daß wir immer wieder eine Stunde, wieder einen Tag in unserer Torheit und Bosheit vor Gott möglich sind, atmen dürfen, als ob wir dessen wert wären, fröhlich sein dürfen in unserer Arbeit [vgl. Pred. 3,22] und in unserer Ruhe, als ob die Anklage auch nur eine Minute nicht über uns stünde, liebhaben und uns liebhaben lassen dürfen, als ob nicht alles menschliche Lieben Eitelkeit wäre, einander dienen dürfen, als ob wir Menschen einander dienen könnten, auch in der offenkundigen konkreten Gefangenschaft unserer Übertretung und Schuld nicht verzweifeln dürfen, als ob wir nicht verloren wären. Barmherzigkeit segnet uns, macht täglich, stündlich gut, was wir täglich, stündlich schlecht machen. Das ist das Wunder des *versöhnten* Sünders, das Wunder unserer Rechtfertigung. Das ist das christliche Leben unter dem *Evangelium*. So segnet uns Gott in Christus.

Gott sagt zu dem Lebenden: Stirb! Was heißt das? Nicht wohl das, was man unter dem neuen Leben des Christen oft verstehen möchte: den Ersatz der ordinären, der sinnlichen durch eine geistige, moralische, fromme Menschlichkeit. Nein, sondern daß unsere Menschlichkeit in allen ihren Stufen und Möglichkeiten Gott *verfallen* ist, ihm endlich, endlich, nachdem uns Barmherzigkeit widerfahren ist, zum Opfer gebracht werde (Röm. 12,1f.). Ist uns Barmherzigkeit widerfahren, so müssen wir wissen, wie es steht um uns und um alle unsere Werke. Wissen wir das, so können wir mit Allem, was wir sind und haben, mit unserer Freude und mit unserem Leid, mit unserem Lieben, Nicht-Lieben und Hassen, mit unserem Ernst und mit unserem Leichtsinn, mit unserer Frömmigkeit und mit unseren Zweifeln nur noch zu Gott fliehen, Alles ihm preisgeben und anbefehlen, damit er uns töte, wie er uns lebendig macht. Wir sind Gott verfallen mit derselben Notwendigkeit, mit der er uns angenommen hat. Wie *Kohlbrügge* es in einer gewaltigen Predigt über das alttestamentliche Opfer beschrieben hat: da sieht der Mensch «sein letztes Leben ausgegossen zur Erde, die letzte Be-|299|deckung wird ihm abgezogen, Kopf und Fett, alle Vernunft und Geistlichkeit geht aufs Holz. Eingeweide und Schenkel, Herz und Liebe und jede Stütze, worauf er so fest einherschritt, sind für unrein erklärt, müssen gewaschen werden und kommen auch aufs Holz. Unten ist Feuer, darauf das Holz, und darauf der Mensch, sein ganzes Ich mit Verstand und allem dem, was er von Gott hat, mit Herz und Sinnen, mit Kraft und Macht; er darf nicht mehr klagen: hätte ich es so oder so bedacht, hätte ich in Gottseligkeit nur mehr zugenommen, hätte ich ein weicheres Herz gehabt, hätte ich es so oder so gemacht, wäre ich so oder so gegangen – angezündet wird er, und das Feuer frißt weg Kopf und Fett, Eingeweide und Schenkel, daß nichts daraus wird vor Gott als Staub und Asche.»

Aber: «Wird der Gestank seines Kopfes, womit er sich selbst zum Gott gemacht, seines Fettes, womit er des Heiligen Geistes Stelle an sich geraubt, seines Herzens, womit er mehr zu lieben und es besser zu meinen gewähnt hat als Gott[57], seiner Schenkel, worauf er sich manchmal gestemmt, als läge es an seinem Wollen und Laufen, wird dieser Gestank nicht Gott um so mehr reizen, daß er herniederfahre mit seinem Feuer und wegfresse den Altar mit solcher Sünde, den Menschen mit solchem Wesen? Es sieht und staunt der Mensch: – es fährt hinauf das Rind in lodernder Flamme mit allem dem, was es sich hat aufbürden lassen, es fährt durch alle Himmel hindurch[58] – und der Mensch sieht und staunt. Gott hat's angenommen und den Gestank in Lieblichkeit vor ihm verwandelt. Er sieht und staunt: mit seiner Sünde ist das Rind hinaufgefahren, die Flamme des Zorns ist Flamme der Liebe geworden, die Flamme der Verzehrung eine Flamme der Errettung; in dieser Flamme ist der Mensch mitten in seiner Verlorenheit hinaufgefahren zu seinem Gott und er geht gerechtfertigt nach Hause; das ist gewißlich wahr.»[59] *Gerechtfertigt?*, möchten wir fragen. Ja, weil das Gott wohlgefällige Opfer für uns dargebracht und von Gott angenommen *ist*, – und

[57] Kohlbrügge (s. Anm. 59): «... es besser zu meinen gewähnt als Gott ...»
[58] Kohlbrügge: «... es fährt hinauf durch alle Himmel hindurch ...»
[59] H. Fr. Kohlbrügge, *Zwanzig Predigten im Jahre 1846 gehalten*, Elberfeld 1925³, S. 26f. (Predigt über 2. Chr. 29,27).

geheiligt, weil und sofern mit ihm auch wir geopfert *sind*. In jenem *«Aber Gott!»* steht wie unsere Rechtfertigung so auch unsere Heiligung. Denn das ist unsere Heiligung, daß wir, wie wir sind, in die Hände des lebendigen Gottes fallen [vgl. Hebr. 10,31], daß wir ihm in unserer ganzen Unmöglichkeit ausgeliefert werden. Darin sind wir nun nicht nur Hörer, sondern auch Täter des Wortes [vgl. Jak. 1,22]. Denn das will das Wort von uns, das ist der Anspruch, den es an uns stellt, daß unser ganzes Christenleben nicht ein Aufschwung, nicht |300| ein Triumph, nicht ein Streben und Gelingen, sondern eine *Buße* werde[60], eine Anerkennung der Wahrheit, eine Demonstration für die Herrlichkeit der Barmherzigkeit, die uns an diesen Ort geführt hat, gutes Werk auf der Flucht zu dem, der allein gut ist [vgl. Mk. 10,18 parr.]. Gnade fordert es, Gnade schafft es, Gnade nimmt es an. Das ist das Wunder des versöhnten *Sünders*, das Wunder unserer Heiligung. Das ist das christliche Leben unter dem *Gesetz*. Denn das Gesetz steht aufrecht [vgl. Röm. 3,31]! So will es Gott mit uns haben in Christus.

6.

Die Rechtfertigung ist die ewige, die Heiligung ist die zeitliche Seite des Werks der Sünderliebe Gottes.[61]

Rechtfertigung und Heiligung sind beide im gleichen Sinn Gottes Werk an uns. Also noch einmal: So verteilen sich die Dinge nicht etwa, daß Gott uns zwar rechtfertigte, wir selbst aber uns zu heiligen hätten. Aber das muß gesagt werden: Die Rechtfertigung ist die ewige, also die göttliche Seite, die Heiligung ist die zeitliche Seite des unbegreiflich einen Tuns der Gnade. Sie verhalten sich in dieser Hinsicht zueinander wie Wiedergeburt und Bekehrung, wie Erwählung und Berufung und letztlich wie Gott und Mensch in Christus selber.

Also wir müssen von der Rechtfertigung mit den alten Theologen sagen: sie ist «unica, perfecta, absoluta, aequalis»[62], d. h. sie ist dem «actus

---

[60] Vgl. M. Luther, *Disputatio pro declaratione virtutis indulgentiarum* (31.10.1517), WA 1,233,10f.: «1. Dominus et magister noster Iesus Christus dicendo ‹Penitentiam agite &c.› omnem vitam fidelium penitentiam esse voluit.»

[61] Auf dem Thesenblatt sind die Worte «ewige» und «zeitliche» unterstrichen.

[62] Vgl. HpB 446: «Eius vero iustificationis variae sunt *proprietates* observandae: 1) Est *unica*, quae fit ex parte Dei unico actu et semel, mox a vocatione salutari. 2) Est *perfecta*, expers quoad se incrementi et decrementi, licet quoad eius

purus»[63], in dem Gott Gott ist, entsprechend einmal für allemal wahr, in sich vollkommen und genügend, unbedingt geltend, gleichwertig für den Heiligen und für den Zuchthäusler, für den Enthusiasten und für den Skeptiker. Als Rechtfertigung steht Gottes Gnade über uns mit der Majestät und Klarheit des Sternenhimmels, ist sie «actus forensis», hat sie mit einem natürlichen oder historischen Prozeß nichts, aber auch gar nichts zu tun, darf sie mit einer ärztlichen Kur ja nicht verglichen werden, wie dies von *Karl Holl* m.E. mit Unrecht als die Meinung Luthers angegeben worden ist.[64] Eben darum ist nun von dem in der Zeit leben-

apprehensionem et certitudinem ita gradatim provehatur fides nostra, ut etiam suos labores, instar lunae, interdum patiatur. 3) Tandem, ut absoluta est remissio peccatorum in semel iustificatis, ita ipsa iustificatio *absoluta* nec incerta ac potestativa conditione ... suspensa est» (S. Maresius). – Ebd.: «*Iustitia* nobis imputata *perfecta* et *aequalis* est in omnibus credentibus» (J. Wolleb).

[63] Vgl. Thomas von Aquino, S.th. I q.3 a.2 i.c.: «... Deus est purus actus, non habens aliquid de potentialitate.» Barth hat den Begriff aus der reformierten Dogmatik aufgenommen; vgl. Chr. Dogm., S. 263.

[64] Vgl. K. Holl, *Die Rechtfertigungslehre im Lichte der Geschichte des Protestantismus* (1906), in: ders., *Gesammelte Aufsätze zur Kirchengeschichte*, Bd. III: *Der Westen*, Tübingen 1928, S. 532: Die Rechtfertigung «ist ein Gnadenakt, aber doch kein reiner Willkürakt. Denn Gott nimmt den Menschen, den er in das Verhältnis zu sich hereinzieht, nicht an, um ihn so zu lassen, wie er ist, sondern *um ihn umzuschaffen zu einem wirklich Gerechten*. ... wenn Gott den Sünder in dem Augenblick, in dem er nur Sünder ist, für ‹gerecht erklärt›, so nimmt er das Ergebnis vorweg, zu dem *er selbst* den Menschen führen wird. Sein Rechtfertigungsurteil ist ‹analytisch›, d. h. er spricht denjenigen gerecht, der in seinen Augen jetzt schon gerecht *ist*. ... in *Gottes* Rechtfertigungsurteil [ist] der schließliche Erfolg, das wirkliche Heiligwerden des Menschen, der entscheidende Punkt ... Sonst wäre sein Gnadenakt eine Laune und Selbsttäuschung – das eine Gottes so unwürdig, wie das andere.» In seinem Aufsatz *Die Rechtfertigungslehre in Luthers Vorlesung über den Römerbrief mit besonderer Rücksicht auf die Frage der Heilsgewißheit* (1910), in: ders., *Gesammelte Aufsätze zur Kirchengeschichte*, Bd. I: *Luther*, Tübingen 1923[2,3], S. 111–154, deutet Holl Luthers Kommentar dementsprechend: S. 122f.: «Er [Luther] vergleicht Gott mit dem barmherzigen Samariter ... Wie dieser nimmt Gott den Menschen auf, aber *um ihn zu heilen*. Ohne diese Absicht hätte das Aufnehmen keinen Sinn. ... *Rechtfertigung und Gerechtmachung gehören innerlich zusammen*. Sie verhalten sich wie Mittel und Zweck ... [Damit] hat Luther bereits den schwersten Einwand aus dem Weg geräumt, der sich gegen seine Rechtfertigungslehre erheben konnte: die Frage, wie sich eine bedingungslose Gerechterklärung mit dem *sittlichen* Wesen Gottes verträge.»

Vgl. dazu Barths Brief an E. Thurneysen vom 26.12.1926 (Bw. Th. II, S. 451): «Dieser Tage habe ich Luthers Römerbrief von 1516 durchgearbeitet und genau den Menschen zu sagen: Er hat seine Rechtfertigung in der Weise, daß er seiner Lebtage nach ihr fragen und suchen, um sie flehen und beten muß. Er muß sie glauben, und er kann sie nur glauben. Er kann sich nur an das Wort klammern, durch das ihm Gnade zugesagt ist. *So* hat er sie, *so* ist er ihrer gewiß. *Luther* selbst hat es in dürren Worten ausgesprochen: «Populus fidei *totam* vitam suam agit in |301| *quaerendo* iustificationem» (Das Volk des Glaubens bringt sein *ganzes* Leben im *Suchen* der Gerechtigkeit zu) (zu Röm. 3,28 1515/16).[65]

Aber wenn er die Gnade als Rechtfertigung so *hat*, ihrer so *gewiß* ist, dann ist schon damit gesagt, daß die Gnade (nicht weniger als Gnade!) auch eine zeitliche Seite hat. Und das, haben wir schon vorhin gesehen, dieses Fliehen zu Gott mit leerer und immer leerer werdenden Händen, das ist unsere *Heiligung*. Als Heiligung geht die Gnade, entsprechend der Liebe, in der Gott die Welt geschaffen und in seinem Wort Fleisch geworden ist, ein in die Vielfältigkeit, Unvollkommenheit und Relativität der menschlichen Glaubens- und Gehorsamsakte. Die Heiligung ist also nach den Alten im Unterschied zur Rechtfertigung zu beschreiben als «multiplex, inchoata, relativa, inaequalis.»[66] Die Heiligung darf, ja sie muß als ein historisch-psychologischer Prozeß oder als ein ganzer Komplex von solchen Prozessen beschrieben werden, als ein «actus physicus».[67] Hier mag auch das Bild von der ärztlichen Kur am Platze sein, wenn dabei bedacht ist, daß das Gesundwerden, um das es sich handelt, menschlich betrachtet vielmehr ein Kränker- und immer Kränkerwerden bedeutet, und wenn es klar bleibt, daß auch das vollkommenste Resultat dieses Vorgangs nie und nimmer die Gerechtigkeit ist, die vor

mit Holl verglichen – ich bin starr, zu sehen, was sich dieser historische Meister da alles geleistet hat an offenkundigen Entstellungen.» Ausführlicher setzt sich Barth mit dem Rechtfertigungsverständnis von (Osiander, Beck und) Holl auseinander in: Ethik II; S. 35–42.

[65] A.a.O., S. 100 (= WA 56,264,35); Hervorhebungen von Barth.

[66] Diese Ausdrücke scheint Barth in Analogie zu der oben bei Anm. 62 zitierten Formel gebildet zu haben sowie in Anlehnung an J. H. Alsted, *Theologia didactica exhibens locos communes methodo scholastica*, Hannover 1627, S. 645: «Differt sanctificatio a justificatione, nam est impressio qualitatis s. justitiae inhaerentis, inchoata modo et datur paulatim, pendet a justificatione adeoque a fide» (zitiert nach A. Schweizer, *Die Glaubenslehre der evangelisch-reformirten Kirche*, Bd. II, Zürich 1847, S. 530f.).

[67] Vgl. HpB 452: «Sanctificatio a iustificatione differt: 1) iustificatio est actus forensis, sanctificatio physica et realis ...» (L. van Rijssen).

Gott gilt. Hier gibt es dann zweifellos auch Unterschiede zwischen den einzelnen Menschen, gibt es Stufen und Grade, wobei nur zu bedenken ist, daß das Urteil über das hier in Betracht kommende Mehr und Weniger, Oben und Unten in Gottes Hand ist und also auf keinen Fall nach dem Maß irgendeiner menschlichen Moral von uns gefällt werden kann. Hier stehen wir eben in unserer zeitlichen Wirklichkeit. Sie ist sündig. Sie bedarf, und wenn unsere Buße noch so tief und ernst wäre, ganz und gar und bis zum letzten Augenblick der Bedeckung durch Gottes Eintreten für uns. Wir sind aber auch in dieser Wirklichkeit nicht ohne die ganze Gnade Gottes. In dieser Wirklichkeit *heiligt* uns die Gnade. Wir bezeichnen das Wesen und die Schranke der Heiligung, wenn wir von ihr sagen, daß sie mit uns *auf dem Wege* ist. Gnade ist auch jenes «quaerere iustificationem», in dem das Volk Gottes zeitlebens begriffen ist, die Buße, in der wir uns als Ungerechte erkennen und bekennen im Angesicht des gerechten Gottes, die gehorsame Furcht und die gehorsame Liebe, die wir ihm als Sünder entgegenbringen. Nur in Christus hat der Mensch die Gnade auch in dieser seiner zeitlichen Wirklichkeit. Aber das |302| heißt nun: nur in diesem *Gehorsam*. Würde er nicht gehorchen, wie würde er dann glauben?, wo bliebe dann die Gnade? Der Mensch bekommt nicht recht durch die Heiligung, aber Gott behält auch so recht, auch an dem Menschen, der von sich nichts anderes weiß, als daß er vor Gott immer Unrecht hat. Er behält damit recht, daß eben dieser gedemütigte Mensch ihm, ihm allein recht geben muß und darin, in dem, was er damit tut, reif wird für die ewige Erlösung. Solche Heilige will Gott haben auf Erden.

7.

Mit dem gleichen göttlichen Ernst stellt uns die Gnade als Rechtfertigung in die große absolute und als Heiligung in die kleinen relativen Entscheidungen des Glaubens und des Gehorsams.[68]

Gnade als Rechtfertigung stellt uns in die absolute göttliche Entscheidung, in die ewige Erwählung des ewigen Gottes, in die Entschei-

---

[68] Die beiden Worte «absolute» und «relativen» sind auf dem Thesenblatt unterstrichen.

dung des heiligen Geistes, dessen Werk unser Glaube und Gehorsam ist. Das schreiende, widerstrebende Wesen, das wir waren, da wir getauft wurden, und das wir wahrlich heute noch sind, eben dieses Wesen ist Gottes geliebtes Ebenbild, Eigentum und Kind, ist angenommen von dem, in dem kein Wechsel des Lichtes und der Finsternis ist [Jak. 1,17]. Gnade, als Rechtfertigung ergriffen, erlaubt es uns nicht, von einer anderen Entscheidung zu wissen als immer wieder von dieser großen letzten, in Gottes Dekret feststehenden, in Christus vollzogenen: Dir sind deine Sünden vergeben! [Mk. 2,5]. Du bist nicht der, als den du dich selbst kennst. Gott kennt dich besser als so. Über alle deine Verkehrtheit hinweg hat er es gut mit dir gemacht. Fürchte dich nicht, glaube nur! [Mk. 5,36] Das Ja, das Gott in seiner Gnade zu uns spricht, und das Ja, mit dem ihm unser Glaube – nein, der heilige Geist, der für uns eintritt [vgl. Röm. 8,26] – antwortet, das ist die absolute Entscheidung der Rechtfertigung.

Aber eben: *sola fide* stehen wir in dieser Entscheidung, d. h. aber, da wir über den heiligen Geist keine Verfügung haben: allein mit unserem Glauben – gegen Alles, was unser Herz und Gewissen, was gerade unsere innerste Stimme uns von uns selber sagt, während wir die ganze Last unserer Existenz zu tragen haben, unserer Existenz als jenes schreiende, widerstrebende Wesen, ohne greifbare Garantie, ohne etwas Anderes als Übertretung bei uns zu finden. Sola fide heißt, von uns aus gesehen: in einem Sprung, gegen dessen Gelingen nicht weniger als Alles spricht. Ein tollkühnes |303| Wagnis? Nein, gerade nicht, sondern *Gehorsam*. Gehorsam kraft derselben Gnade, die den Sünder als solchen angenommen hat. Also Gehorsam im Ungehorsam, Gehorsam in der Zeit, Gehorsam in einer Entscheidung, in Entscheidungen, die in ihrer Kleinheit und Relativität jener großen Entscheidung ganz inkommensurabel erscheinen möchten. Aber das ist unsere Heiligung, daß wir durch die Gnade auch in diese kleinen, relativen Entscheidungen gestellt sind. Wir wüßten nichts von ihr, wenn wir das nicht erkennen würden, wenn wir uns etwa dabei beruhigen würden, in der großen, absoluten Entscheidung zu stehen. Als ob man sich *dabei* beruhigen könnte! Als ob wir nicht gerade mit der großen, absoluten Entscheidung des Evangeliums unter Gottes Gesetz gestellt wären, das uns zu glauben und damit zu gehorchen gebietet. Als ob Glaube etwas Anderes wäre als Geistesgehorsam («obedientia spiritus», *Luther* zu Röm. 12,3,

1515).[69] Die Einsicht, daß doch all unser Tun umsonst ist, auch in dem besten Leben[70], kann wahrlich nur dem zum Gewissensopium werden, der von ihr bloß hat reden hören, ohne sie selbst zu haben. Wer diese Einsicht hat, der, der erst hört die Stimme des Mose, wie sie Paulus Röm. 7 gehört hat. Denn erst in Christus, erst im heiligen Geiste, in der Gnade redet auch Mose, redet das Gesetz *wirklich* zu uns und dann mit dem *gleichen* göttlichen Ernst wie das Evangelium. Nicht darum kann es sich in diesen kleinen, relativen Entscheidungen der Stunde und des Tages handeln, die Gnade zu verdienen oder ihr Werk vorzubereiten, zu unterstützen oder zu vollenden, wohl aber ganz schlicht darum, ihr Recht zu geben, und zwar immer so Recht zu geben, daß wir uns selbst Unrecht geben. Daß der Sünder, *an seinen Ort gestellt*, glaubt, das ist sein Gehorsam. Gute Werke sind die Werke des an diesen Ort gestellten Menschen. Wir beschreiben also nicht Frömmigkeit und Geistlichkeit, wir beschreiben vielmehr eine qualifizierte Weltlichkeit, wir beschreiben nach wie vor nicht des Menschen Erleben und Wirken, sondern Gottes Gnade, wenn wir, ohne systematischen Anspruch, rein beispielsweise, in ein paar Strichen andeuten, was als solcher Gehorsam in der Heiligung auf alle Fälle in Frage kommen könnte.

An jenen Ort gestellt glauben, das heißt sicher: gebunden sein und bleiben an das uns berufende *Wort*, wie es konkret in Christus, in der Schrift, in der «viva vox»[71] der Kirche zu uns kommt – offen bleiben, bereit bleiben für seine Wirklichkeit, gleichviel ob sie uns Freude oder Schmerz, Erschütterung oder Gewißheit, Leben |304| oder Tod bedeute, das Wort sich angehen lassen, nicht ausweichen in die Zuschauerstellung, wo es sich so gemächlich fromm sein oder auch zweifeln läßt, wo das Wort so bequem zum Gegenstand von klugen und törichten Glossen gemacht werden kann. Solange und sofern diese Inanspruchnahme stattfindet, stehen, nein gehen wir in der Heiligung, in der Gnade, und

[69] A.a.O., S. 275 (= WA 56, 451, 25f.): «Quia fides nihil aliud est quam obedientia spiritus.»
[70] Vgl. die 2. Strophe von M. Luthers Lied «Aus tiefer Not schrei ich zu dir» (EKG 195; GERS 37).
[71] Zur Geschichte des Begriffes in der alten Kirche vgl. H. Karpp, *Viva vox*, in: *Mullus. Festschrift Theodor Klauser, Jahrbuch für Antike und Christentum*, Ergänzungsband I, Münster 1964, S. 190–198.

wenn unsere Sünden gen Himmel schreien würden – und das tun sie faktisch lauter, als wir gewöhnlich denken. Aber wo Bindung ist, wohlverstanden: wo Gott wirkliche Bindung bei uns findet (denn darüber hat er zu befinden!), da ist Gehorsam, da ist Heiligung.

An jenen Ort gestellt glauben, heißt weiter: *Leid* tragen um unsere Sünde. Das «semper peccator, libenter peccator»[72], ja «pecca fortiter!»[73] Luthers ist wahr, aber nur das *verwundete*, zu Tod verwundete Gewissen kann und darf sich das sagen lassen, die nach der Erlösung wirklich *seufzende* Kreatur. Den Prometheus und Nietzsche in uns, den rebellischen Halbgott geht das nichts an. Ein «gutes» Gewissen ist ein anklagendes, störendes, aufhaltendes, beunruhigendes Gewissen, ein Gewissen, das nicht mit uns, sondern wider uns geht, ein Gewissen, das uns, nachdem es die Verkündigung von der Vergebung der Sünden gehört hat, von dem Entsetzen über unsere Sünde nicht frei, sondern in diesem Entsetzen erst recht erschrocken macht. Da, da, in dem so geschaffenen Raum blüht dann die Freiheit und Freude eines Christenmenschen, in der er sich als der Sünder, der er war, ist und sein wird, gerecht weiß vor Gott. Wer das weiß, daß sie in *diesem* Raum blüht, der wird es wahrscheinlich unterlassen, allzu rasch, allzu sicher und allzu laut und viel von ihr zu reden. So einfach, wie es in der Kirche Luthers nicht selten dargestellt oder doch beteuert worden ist, ist es nämlich nicht, diese verborgene Stätte zu betreten und zu behaupten. Aber solange und sofern wir ein solches beunruhigendes Gewissen haben, solange der heilige Geist uns straft und tröstet, tröstet und straft [vgl. Joh. 16,7f.] – wieder muß Gott selbst entscheiden, ob das *wahr* ist, ob wir mit der Beunruhigung kein frevles Spiel treiben –, solange wir Leid, wahres, fruchtbares, tätiges Leid um unsere Sünde tragen, sind wir in der Gnade, was auch (wohlverstanden), *was* auch im übrigen gegen uns zu sagen sei.

An jenen Ort gestellt glauben, heißt: Hungern und Dürsten nach *Gerechtigkeit* [vgl. Mt. 5,6]. Hungern und Dürsten ist ein wirkliches

[72] A.a.O., S. 59 (= WA 56,219,6–10): «Ergo dicamus Deo: O quam libenter sumus vacui, ut tu plenus sis in nobis! Libenter infirmus, ut tua virtus in me habitet; libenter peccator, ut tu iustificeris in me; libenter insipiens, ut tu mea sapientia sis; libenter iniustus, ut tu sis iustitia mea!»
[73] Aus M. Luthers Brief an Melanchthon vom 1.8.1521, WA.B 2,372,84f.: «Esto peccator et pecca fortiter, sed fortius fide et gaude in Christo, qui victor est peccati, mortis et mundi.»

Entbehren dessen, was man mit unumgänglicher Notwendigkeit *braucht.* Versöhnt sein und nun doch ein Sünder sein, der die |305| ihm zugerechnete Gerechtigkeit Christi nicht hat in sich selbst – und diese Gerechtigkeit nicht entbehren, nicht von ganzem Herzen suchen, das geht eben nicht, das ist ein hölzernes Eisen. Ein versöhnter Sünder – dieses Paradox beunruhigt wahrlich nicht allein und nicht zuerst unser Denken –, der *kann* ja gar nicht zufrieden sein mit dem, was heute ist, der muß sich ja in seiner privaten und sozialen Existenz wenigstens aus allen Kräften ausstrecken nach etwas Besserem, auch wenn er weiß, daß morgen auch nur ein Tag und immer wieder ein vorletzter Tag sein wird. Er muß einfach der aufgehenden Sonne entgegengehen, auch wenn er wohl weiß, daß seine Füße ihn auf keinen Fall in die Sonne hineintragen werden. Er muß in der Welt der Sünde und in ihren Ordnungen ein heimatloser, ein bewegter, ein handelnder, ein kämpfender, ein hoffender Mensch sein – wenn denn zu wählen sein sollte zwischen beiden: immer noch lieber ein Rigorist als ein Bequemling, immer noch lieber ein Schwärmer mit einigen Illusionen zu viel als ein Bourgeois, der überhaupt nichts erwartet. Ein Christ *muß* «warten *und* eilen zu der Zukunft des Tages des Herrn» (2. Petr. 3,12). Er *ist* entwurzelt, und wenn ihn die Erde über und über bedeckte. Solange und sofern er es wirklich ist – Gott weiß es und ist Richter, ob das wahr ist bei dir und mir! – *ist* er ein Heiliger Gottes.

An jenen Ort gestellt glauben, heißt: im *Streit* stehen mit sich selber und darum und darin in tiefster *Solidarität* mit den Mitmenschen. Zwischen den Gerechten und Weisen, zwischen denen, die über sich selbst erfreut auf ihren Stühlen sitzen, wird immer Streit sein oder bestenfalls gemeinsame Einsamkeit. Frieden, Liebe, Gemeinschaft gibt es nur unter Angefochtenen, Angeklagten, Verurteilten, unter Schächern, die sich selber kennen und darum nicht liebhaben können. Wem viel *vergeben* ist und wer darum sich selber nicht mehr lieben kann, *der* kann viel lieben [vgl. Lk. 7,47]; vorher ist alles Schein und Betrug, hinter dem trotz aller Ethik beim ersten besten Anlaß das alte Raubtier, das wir alle sind, wieder zum Vorschein kommt. Man muß wohl sehr mürbe geworden sein durch die Bedrängnis, nur noch glauben zu können, um den Anspruch des Nächsten wirklich zu hören, um allmählich anzufangen, des Anderen Last wirklich zu tragen [vgl. Gal. 6,2]. *Müssen* wir sie tragen, *müssen* wir vergeben – Gott mag uns allen sagen, ob es uns ernst ist mit unserem bißchen Tragen und Vergeben! –, dann mag uns das ein Zeichen, ein «signum electionis»[74] sein, daß auch uns vergeben ist, dann *sind* wir in der Gnade. |306|

8.

Der Glaube des gerechtfertigten und der Gehorsam des geheiligten Sünders sind in gleicher Weise miteinander Lobpreis der Barmherzigkeit und Anerkennung des unverbrüchlichen Rechtes Gottes.[75]

Diese vorletzte These möchte einschärfen, daß das Ergreifen der Gnade durch den Menschen nichts Anderes sein kann als ein Einstimmen in jenes «Heilig, Heilig, Heilig ist der Herr!» [Jes. 6,3], mit welchem sich auch die Engel vor Gott beugen und uns damit sagen, was Gott von seinen Geschöpfen will. *Heilig* ist Gott darin, daß er so gerecht als barmherzig, so barmherzig als gerecht ist. *Beugung* ist es, was ihm so oder so zukommt. Beugung ist es, was der Sinn unseres Glaubens und unseres Gehorchens sein muß.

Der Grund, um deswillen uns Gott unsere Sünde vergibt, ist reine, freie Barmherzigkeit. Gegen die Richtigkeit seines uns rechtfertigenden Urteils schreit nicht weniger als unsere ganze Existenz, die Existenz jedes Menschen in jeder Lebenslage auf jeder Lebensstufe, und wäre er in seiner Heiligung noch so weit fortgeschritten. Wir können unsere Rechtfertigung als Rechtsakt gar nicht, sondern nur als Gnade-für-Rechts-Akt verstehen. – Eine solche «actio Dei gratuita»[76] ist aber auch unsere Heiligung. Heilig ist ja kein menschliches Tun an sich. «Christiana sanctitas non est activa, sed *passiva*» – «*aliena*» (*Luther* zu Gal. 1,2, 1535).[77] «Ihr seid jetzt rein um des Wortes willen, das ich zu euch geredet habe» (Joh. 15,3). «Ihr sollt heilig sein, denn ich bin heilig» (Lev.

[74] Der Ausdruck findet sich z. B. bei HpB 142 (J. Coccejus).
[75] Thesenblatt: «... in gleicher Weise und miteinander ...» Die Worte «Barmherzigkeit» und «Rechtes» sind unterstrichen.
[76] Vgl. HpB 448: «*Sanctificatio* est gratuita Dei actio, qua fideles per fidem Christo insitos et iustificatos per Spiritum S. magis magisque a nativa vitiositate liberat et ad imaginem suam instaurat ...» (J. Wolleb).
[77] WA 40/I,70,14–22: «Christiana sanctitas non est activa sed passiva sanctitas ... ego, tu sancti sumus, Ecclesia, Civitas, populus sanctus est non sua sed aliena, non activa sed passiva sanctitate, Quia res habet divinas et sanctas, scilicet vocationem ministerii, Evangelium, Baptisma etc., Per quae est sanctus.» Hervorhebung von Barth.

94

11,45), «geheiligt durch den heiligen Geist» (Röm. 15,16). Die Gnade allein, die die Buße notwendig macht, nimmt das, was in sich selbst Unbußfertigkeit ist, als Buße, das in sich Unerfreuliche unserer Existenz als Gott wohlgefälliges Opfer [vgl. Röm. 12,1] an. So kann Glauben *und* Gehorchen nichts anderes sein als dankbarer Lobpreis der *Barmherzigkeit* Gottes, die *Verlorenen* widerfährt. Rechtfertigung ist iustificatio *impii*, und Heiligung ist sanctificatio *impii*. Wir haben beide nicht verdient.

Aber Gott ist nicht ungerecht, sondern gerade so, in seiner Gnade, gerecht. Gottes ewige *Ordnung* ist seine Barmherzigkeit, mit der er uns in Christus anschaut und so sein Recht über uns ergehen läßt, uns freispricht. Das ist ja die Kraft des Wortes und des Geistes, durch die wir zur Gnade berufen sind, daß beide, das Wort und der Geist, Gott selber sind, daß Gott so und so selber eintritt für uns |307| bei sich selber. Indem er selber es ist, der uns vertritt, ist die Wohltat unserer Rechtfertigung ein Rechtsakt, so wenig wir sie als solche begreifen können, so gewiß sie als reines Geschenk zu uns kommt. – Ganz dasselbe ist aber auch zu sagen von unserer Heiligung. Gott heiligt, was ihm tatsächlich gehört. Werden wir ihm wieder zugeeignet in der Gnade, als Sünder, aber in der beschriebenen Weise zugeeignet, so ist das nichts anderes als die vorläufige Wiederherstellung der *Schöpfungs*ordnung. Es ist darum keine Willkür, wenn dasselbe Sakrament der Taufe, das die Vergebung der Sünden uns verkündigt, uns das verkündigt, was *Calvin* als die «Summa vitae christianae» bezeichnet hat: «Nostri non sumus, sed Domini!» (Wir sind nicht unser, sondern des Herrn!)[78] Wir sind wohl Rebellen, aber eben nur das, und stehen, ob wir's wissen oder nicht, zur Verfügung dessen, der uns geschaffen hat aus dem Nichts. So ist das Gesetz eine Rechtsproklamation so gut wie das Urteil, das uns von der Sünde freispricht, so gewiß auch das, daß wir uns wirklich unter das Gesetz gestellt sehen, jeden Augenblick ein Wunder vor unseren Augen ist. In Christus[79], dem wir durch die Taufe im heiligen Geist angehören,

[78] Das 7. Kapitel im III. Buch der Institutio, in dessen erstem Abschnitt der Satz «nostri non sumus, sed Domini» entfaltet wird, ist überschrieben: «Summa vitae christianae; ubi de abnegatione nostri».
[79] In seinem Handexemplar hat Barth die beiden Worte «In Christus» unterstrichen und an den Rand geschrieben: «Endlich!» Zur vermutlichen Deutung dieser Marginalie siehe oben S. 62.

ist es Ordnung, ist es wirklich gerecht, daß die Ungerechten gerecht, die Unheiligen heilig sind. Denn er ist die *Liebe*, in der Gott die Welt geschaffen und in der er sie mit sich selber versöhnt hat. In seiner *Liebe* ist Gott gerecht und barmherzig und in beidem heilig. So kann unser Glauben und Gehorchen nur ein Preisen seiner großen Liebe sein.

9.

Die Kraft unseres Sünderglaubens und unseres Sündergehorsams ist die Hoffnung auf die die Versöhnung vollendende künftige Erlösung.[80]

Was hier noch zu sagen ist, kann nur eine Erläuterung sein in Form eines Ausblicks und Hinweises. Wer das Bisherige verstanden hat, soweit man hier von Verstehen reden kann, der wird sich diese Erläuterung längst selbst im Stillen gegeben haben. Wer nicht verstanden hat, den mag sie nun wenigstens darauf aufmerksam machen, *was* es wahrscheinlich ist, was er nicht verstanden hat, und gegen *was* er sich wahrscheinlich auflehnt, wenn er gegen das Gesagte sich aufzulehnen vielleicht den Drang fühlt.

«Wenn wir solche sind, die nur in diesem Leben auf Christus hoffen, so sind wir die elendesten unter allen Menschen», hat Paulus an die Gemeinde von Korinth geschrieben (1. Kor. 15,19). Christ-|308|liche Besinnung hat auf der ganzen Linie damit zu rechnen, daß wir nicht nur in diesem Leben auf Christus hoffen. In dem Maß, als sie das bedenkt, wird sie ehrlich, demütig und sachlich sein. Sie wird sich dann nicht fürchten vor der Rätselgestalt, in der sich unser Begreifen der Wahrheit auf Schritt und Tritt vollzieht, sie wird sich davor hüten, sie durch ungute, die Wahrheit verdunkelnde und den heiligen Geist betrübende [vgl. Eph. 4,30] Mittel zu beseitigen. Sie wird sich nicht weigern, harte Reden zu hören [vgl. Joh. 6,60], wenn es sich darum handelt, zu hören, was Christus in *diesem* Leben für uns ist. Und darum handelt es sich ja, wenn wir von Rechtfertigung und Heiligung reden, vom Vollzug der *Versöhnung*. Versöhnung ist die Herrschaft Gottes mitten in dem Widerspruch des Menschen zu ihm und mit sich selbst. Keinen Augenblick können wir die Schranke *dieser* Herrschaft Gottes vergessen, wenn wir sachgemäß und ehrlich nun gerade von ihr sprechen wollen. Alles Re-

---

[80] Auf dem Thesenblatt sind die Worte «Hoffnung» und «Erlösung» unterstrichen.

den davon muß eine harte Rede, im tiefsten Sinn eine Streitrede sein, wie die Sache selbst, die hier darzustellen ist, ein Streit ist, der Streit des Reiches Christi «in medio inimicorum» (mitten unter seinen Feinden).[81] Alles Reden davon erinnert uns schon durch seine Form an die Vorläufigkeit dieses Reiches. Wie steht es denn? «In Hoffnung sind wir gerettet» (Röm. 8,24). «Wir wandeln im Glauben und nicht im Schauen» (2.Kor. 5,7). «Wir sind nun Gottes Kinder, und es ist noch nicht erschienen, was wir sein werden» (1.Joh. 3,2). Das ist das regnum gratiae und seine Schranke. Da muß dann auch das andere gelten und gilt für alles Reden von göttlichen Dingen: «Unser Wissen ist Stückwerk, und unser Weissagen ist Stückwerk» (1.Kor. 13,9). Freuen wir uns, daß es ein solches Wissen und Weissagen überhaupt gibt, und verlangen wir nicht mehr von ihm, als es, wenn es sachlich bleiben will, leisten kann. Es *muß* uns durch die Gebrechlichkeit seiner Gestalt daran erinnern, daß wir die elendsten aller Menschen wären, wenn wir nur in diesem Leben auf Christum hofften, wenn die vollbrachte Versöhnung nicht über sich selbst hinauswiese auf die kommende *Erlösung*.

Denn ein Anderes ist καταλλαγή (Versöhnung), ein Anderes ἀπολύτρωσις (Erlösung), ein Anderes die Begnadigung des Sünders und Sterbenden, ein Anderes die Auferstehung des Fleisches und das ewige Leben[82], ein Anderes das «incipere» jetzt und hier, ein Anderes das «perficere» einst und dort[83], ein Anderes das Wort vom Kreuz [1.Kor. 1,18], in dem uns Christus in der Zeit gegenwärtig ist, ein Anderes sein Wiederkommen in der Herrlichkeit[84], ein Anderes darum auch |309| das Erkennen im Spiegel, ein Anderes das Erkennen von Angesicht zu An-

[81] Vgl. M.Luther zu Röm. 10,14, a.a.O., S.247 (= WA 56,422,1–9): «Ps. 109 [110,2]: ‹Virgam virtutis tue emittet Dominus ex Zion›. Et tunc ‹dominare›, i.e. robuste ages, ‹et efficax erit predicatio tua in medio inimicorum›. Illi autem in medio amicorum dominantur, qui blandiciis attrahunt. ... Quando enim Deus verbum emittit, ßo geets mit gewalt, ut non tantum amicos et applaudentes, sed inimicos et resistentes convertat.»

[82] *Symbolum Apostolicum*, BSLK 21.

[83] Vgl. M.Luther, a.a.O., S.94 (= WA 56,258,15–20): «Interim semper gemendum cum Apostolo: ‹Quis me liberabit de morte corporis huius?› Semper timendum, ne deserat amplius immergi. Ideo semper orandum et operandum, ut crescat gratia et spiritus, decrescat autem ac destruatur corpus peccati et deficiat vetustas. Non enim iustificavit nos i.e. perfecit et absolvit iustos ac iustitiam, sed incepit, ut perficiat.»

[84] *Symbolum Nicaeno-Constantinopolitanum*, BSLK 26.

gesicht [vgl. 1. Kor. 13,12]. Wenn dieses Zweite gekommen sein wird, dann wird die Streitrede aufhören, weil dann kein Streit mehr sein wird. Wir warten dieses Zweiten, wir warten der Erlösung. Aus diesem Warten heraus ist alles gesagt, was gesagt wurde. Auch die Begriffe, die uns beschäftigt haben, Rechtfertigung und Heiligung, weisen ja, in ihrem neutestamentlichen Gebrauch wenigstens, über sich selbst hinaus auf jenes Zweite. Sie sind in ihrer Spitze wie alle biblischen Begriffe eschatologische Begriffe. D. h. aber: sie haben ihre eigentliche Erfüllung in *dem* Wort, das zu *uns* als das Wort ohne Widerwort erst wieder *kommen* muß. Jetzt und hier ist es für uns das Wort, das Gott sich selbst vorbehalten hat.

Also von der *Hoffnung*, von der Hoffnung auf die kommende Erlösung lebt unser Verstehen der Versöhnung. Denn von der Hoffnung lebt der christliche Glaube und lebt der christliche Gehorsam. Er ist der Glaube und Gehorsam von *Sündern*. Die Versöhnung ist noch nicht die Aufhebung dieses Subjektes. Die Erlösung wird es sein. Die Erlösung ist die Herrschaft Gottes in der Überwindung, in der Austilgung dieses Subjektes, nicht des Menschen, aber des Sünders. In dieser Hoffnung glauben und gehorchen wir. In dieser Hoffnung halten wir es aus, Gott als den Herrn, uns aber als Staub zu erkennen, halten wir es aus, ein Leben zu leben, das sich abspielt auf des Messers Schneide zwischen Lebendürfen und Sterbenmüssen, zwischen Ewigkeit und Zeit, in der Freiheit der großen und doch im Gedränge der kleinen Entscheidungen. Halten es nicht nur aus, sondern sehen auch ein, daß es so recht und gut und heilsam ist. Ohne diese Hoffnung wären wir die elendesten unter allen Menschen. Wir *sind* die elendesten unter allen Menschen, wenn Gott seinen Odem von uns nimmt [vgl. Ps. 104,29]. Denn das Unterpfand der Hoffnung ist *sein* Odem, der Geist [vgl. 2. Kor. 5,5]. Und der Geist weht, wo er will [Joh. 3,8].

DAS HALTEN DER GEBOTE
1927

1. Aarau 9. März 1927

Die Christliche Studentenkonferenz war 1897 unter Mitwirkung von Fritz Barth gegründet worden. Ihr Ziel war, «das Interesse für religiöse Fragen unter den Studenten zu wecken, dieselben im Sinne Jesu Christi zu beantworten und christliches Leben unter den Studenten zu fördern»[1]. Als 19jähriger Student hat Barth den Bericht über die X. Aarauer Konferenz geschrieben.[2] Vor allem während seiner Zeit in Safenwil hat Barth häufig an den Konferenzen teilgenommen, auf denen sich «seit etwa 1910 eine deutliche Zuwendung zu den ‹praktisch-sozialen Gegenwartsfragen›» abzeichnete.[3]

Die Tagungen fanden alljährlich nach dem Ende des Wintersemesters, d. h. in den ersten Märztagen, in Aarau statt. Die Organisation lag in studentischen Händen. An den deutschschweizerischen Hochschulen, den Universitäten Basel, Bern und Zürich, sowie an der Eidgenössischen Technischen Hochschule Zürich und der Handelshochschule St. Gallen gab es jeweils ein Lokalkomitee. Im Sommer trafen sich diese Komitees und einigten sich über die Thematik und die Referenten der nächsten Konferenz. Die Durchführung wurde dann dem Komitee einer Hochschule übertragen, das seinerseits einen Zentralausschuß einsetzte. Den Referenten wurden keine Honorare gezahlt; dennoch gelang es öfters, namhafte Redner zu gewinnen, wie z. B. 1920 Adolf von Harnack.[4] Zum Programm gehörte neben den Vorträgen ein Abendgottesdienst. Für Diskussionen und Begegnungen war viel Zeit vorgesehen, ebenfalls für das Zusammensein mit den Gastgebern, die den Studenten Freiquartier und mehrere Mahlzeiten angeboten hatten. An den Konferenzen nahmen auch viele schweizerische Pfarrer teil.[5]

---

[1] Zitiert nach Busch, S. 49.

[2] Vortr. u. kl. A. 1905–1909, S. 120–125.

[3] Busch, S. 90.

[4] A. von Harnack, *Was hat die Historie an fester Erkenntnis zur Deutung des Weltgeschehens zu bieten?* in: *Aarauer Studentenkonferenz 1920*, Basel 1920, S. 47–72.

[5] J. Neuhaus (s. u.) redet in seinem Einladungsschreiben vom 15. 7. 1926 von

Barth hatte 1916 die Predigt gehalten[6], 1920 den Vortrag «Biblische Fragen, Einsichten und Ausblicke»[7]. Jetzt wurde er wiederum eingeladen. Als Präsident des Zentralausschusses fungierte Johannes Neuhaus, cand. math. aus Zürich. Aus seiner Feder sind nicht weniger als 10 Schreiben an Barth erhalten. Die Anfrage erfolgte am 15. 7. 1926. Barth sagte umgehend zu, wie das Dankschreiben vom 27. 7. 1926 zeigt. Komplikationen ergaben sich über die Formulierung des Themas. Die Studenten hatten einen Vortrag über «die Grundlage der Ethik» erbeten, Barth aber, in Neuhaus' Brief vom 29. 1. 1927 nochmals befragt, wollte über «Das Halten der Gebote» sprechen. Am 16. 2. 1927 erfuhr er dann, daß der Zentralausschuß diese Formulierung nicht gebilligt hatte aus Furcht, Studierende, «die den christlichen Kreisen sonst fern stehen», abzuschrecken. Da Programme und Plakate rasch in Druck gegeben werden mußten, hatte man Barths Freund Thurneysen angerufen und sich aus dem Verlauf des Telefonats ermächtigt gefühlt, Barths Vortrag mit dem Titel «Das ethische Problem» zu versehen. So stand es denn auf dem gedruckten Programm, das Barth mit jenem Brief zuging. Seine Reaktion war zornig: er glaubte nicht, daß Thurneysen die Änderung des Titels gebilligt habe, und zog seine Zusage für Aarau zurück. Immerhin schickte er seinen zornigen Brief an Thurneysen zur Weitergabe an Neuhaus. So gab er dem Freund Gelegenheit, dem Absagebrief einen Wiedergutmachungsvorschlag beizufügen, den Neuhaus prompt aufnahm in einem Telegramm vom 20. 2. und einem Brief vom 21. 2. Barth nahm seine Absage zurück und entschuldigte sich bei Thurneysen, daß er dem Freund durch seine seiner Frau «Nelly gegenüber hartnäckig verfochtene These, diese Berufung auf dich könne nur Mißverständnis oder Ausrede sein, eine so kreditschädigende Geschichte auf den Hals

unseren «alten Freunden, von denen jedes Jahr eine ansehnliche Zahl zu den Vorträgen kommt». Vgl. auch Barths Rückblick auf die Aarauer Konferenz von 1917: «Es muß für die Engel ein seltsames Schauspiel gewesen sein, als am letzten Mittwoch eilige Eisenbahnzüge alle die fuchtelnden, zeigenden, achselzuckenden, seufzenden und triumphierenden Gottesmännlein nach allen Seiten der Windrose wieder auseinander führten, hinter sich den wieder still gewordenen Großratssaal mit seinen schwarzen Polstern» (Bw. Th. I, S. 181).

[6] K. Barth, *Das Eine Notwendige* (Predigt über Gen. 15,6), in: *Die XX. Christliche Studentenkonferenz Aarau 1916. Den 13. bis 15. März*, Bern 1916, S. 5–15.

[7] W. G. Th., S. 70–98.

gebracht habe»[8]. *Programme und Plakate wurden neu gedruckt mit dem richtigen Thema.*

Die 30. Christliche Studentenkonferenz Aarau begann am Montag, 7. 3. 1927, mit einem Vortrag von Prof. Dr. med. W. von Gonzenbach/Zürich über «Sexuelle Erziehung». Prof. Lic. E. Staehelin/Basel hielt die Predigt im Abendgottesdienst. Über «Das Problem der Gewalt» referierte Pfr. R. Lejeune, der Nachfolger H. Kutters an der Kirchgemeinde Zürich-Neumünster. Barth, der die Reise in die Schweiz mit einer Reihe von Besuchen verband[9], *kam als letzter Referent am Vormittag des 9. 3. zu Wort. Seinem fast zweistündigen Vortrag schloß sich eine heftige Diskussion an, deren Ende sich mit dem im Konferenzprogramm für 12.30 Uhr angesetzten gemeinsamen Mittagessen im Hotel Löwen ergab. Ein Zeitungsbericht*[10] *gibt darüber folgende Nachricht: «Nun wurde in der anschließenden Diskussion doch dem Befremden Ausdruck gegeben, daß über die guten Werke des Gerechtfertigten nicht mehr und Erfreulicheres gesagt worden sei, und auch an der Auffassung des Heidelberger Katechismus, der von der angeborenen Geneigtheit, Gott und den Nächsten zu hassen, redet, wurde gerüttelt; sodaß Professor Barth im Schlußwort erklärte, er müsse seine Schlacht in Aarau als verloren ansehen. Aber die lebhafte Opposition war doch erstens ein gutes Zeichen dafür, daß die Hörer dem Vortrag aufmerksam gefolgt waren und zweitens ein Zeichen für die Güte des Vortrages, denn nur eine Posaune, die einen klaren Ton gibt, vermag zu erschrecken, und einer klaren biblischen Verkündigung wird wohl immer Opposition gemacht werden!»*

Die Szene wird ein wenig erleuchtet bei der Lektüre der Briefe, die Barth nach dem Tag von Aarau empfing:

a. Am 10. 3. 1927 schrieb Lukas Christ einen vierseitigen Brief an Barth: «Lieber Freund, wenn dieser Brief in deine Hände kommt, hast du dich hoffentlich in Frau Pestalozzis Pflege von der Niederlage in Aarau erholt. Ich habs so empfunden wie du und nicht wie Brunner. Es

[8] Bw.Th.II, S.465. Auch Thurneysens Brief an Neuhaus befindet sich im Karl Barth-Archiv.

[9] Vgl. Bw.Th.II, S.466f.474f.480–482.

[10] Zeitungsausschnitt im Karl Barth-Archiv ohne Überschrift und Namen der Zeitung. Berichtet wird auch über die beiden anderen Vorträge und die Predigt. Die Initialen des Autors lauten H.H.

*war sicher eine Niederlage. Aber nun nicht eine persönliche Niederlage,
verschuldet durch irgendeinen Mangel deines Vortrages, sondern eine
Niederlage der Sache, die grad deshalb erfolgen mußte, weil sie so gut
vertreten wurde. Aber da ja diese Sache eigentlich keine Niederlage er-
leiden kann, so wars doch wohl, recht besehen, viel eher eine Niederlage
der scheinbaren Sieger. Oder anders gesagt, das Evangelium ist wieder
einmal zu einem Stein des Ärgernisses geworden. Und zwar bezeich-
nenderweise grad den Frommen.»* Im Fortgang seines Briefes versuchte
Christ dann, zwischen Barth und Gogarten zu vermitteln.[11]*

b. Am 11. 3. 1927 schrieb Barths Bruder Peter auf einer Postkarte:
«*Von Aarau hat Niesel erzählt. Der aargauische Großratssaal hat offenbar dämonische Wirkungen ausgeübt in deinem Unterbewußt-
sein.*»[12]

c. Am gleichen Tag schrieb auch Theophil Spoerri aus Zürich einen
achtseitigen Brief an Barth. Er hatte in der Diskussion zu Aarau «einige
Bedenken» gegen Barths Vortrag geäußert und daraufhin von Barth
«die denkbar schroffste Ablehnung» erfahren. Waren seine Formulierungen teilweise «unklar», so habe ihm Barth «so entschieden den Fa-
den abgeschnitten», daß er keine Gelegenheit fand, das Mißverständnis
aufzudecken. Dieses möchte er nun brieflich versuchen.

d. Auf den *15. 3. 1927* datiert ist der Brief einer schweizerischen Or-
ganistin, der Barths Vortrag eine entscheidende seelsorgerliche Hilfe
gewesen ist. Sie schreibt u. a.: «Es tat mir leid für Sie, daß Sie so wenig
verstanden wurden. Verstehen können Sie eben nur diejenigen, die denselben Weg gehen wollen, den Sie gehen, diejenigen, die ganz ehrlich
sind und deshalb demütig werden.»

e. Ganz ähnlich äußerte sich am *15. 4. 1927* Theophil Spörri aus Elberfeld, ein Vetter jenes Zürcher Disputanten (siehe oben *c.*): «Wir können ja nur als Zerbrochene Vollmacht haben, nur als Entehrte in Gottes

---

[11] Siehe unten S. 133, Anm. 32.

[12] In eben diesem Saale fanden auch die Tagungen der aargauischen Synode
statt, an denen Barth als Safenwiler Pfarrer regelmäßig teilgenommen hatte. Vgl.
seine für die Basler Nachrichten geschriebenen Synodalberichte in: Vortr. u.
kl. A. 1909–1914, S. 704–709.716–722, und ebenfalls den Bericht von Busch, S. 99,
über Barths Antrag auf Wegfall des Gottesdienstes bei der aargauischen Herbst-
synode 1915. (Der Text dieses Antrags wird in: Vortr. u. kl. A. 1914–1921 veröffentlicht werden.)

Gunst stehen, nur als Entblößte in Christus gehüllt uns seines Heils freuen, nur als Bedrängte in Kraft wirken.»

f. Den Abschluß der Korrespondenz um den Aarauer Vortrag bilden zwei Briefe von Neuhaus. Am 22. 4. 1927 dankte er Barth für seine Mühe und für den Sonderabzug des Vortrags aus ZZ, den ihm der Verlag Kaiser auf Barths Bitte hin zugesagt hat. Am 6. 6. mußte er sich entschuldigen, weil seine Kommilitonin Barths Spesenabrechnung verbummelt hatte. «Zum Schluß möchte ich die Hoffnung aussprechen, daß Sie sich die Sympathie für die Aarauerkonferenz nicht haben nehmen lassen durch die nicht gerade erfreulichen Erfahrungen, die Sie in diesem Jahr betr. Aarau mit uns Schweizer Studenten machten.»

2. Utrecht 29. März 1927
3. Leiden 31. März 1927

Die Erwartungen, die Barth von seiten seiner Leser, Schüler und Freunde in den Niederlanden entgegenschlugen, hatten ihn bei seiner Hollandreise vom 28. 5.–3. 6. 1926 sehr beeindruckt, ja erschreckt.[13] Utrecht und Leiden hatten damals auch begehrt, Barth zu hören, mußten aber hinter Groningen und Amsterdam zurückstehen.[14] Jetzt galt ihnen sein Besuch.

Näheres erfahren wir wiederum aus der erhaltenen Korrespondenz: da sind 7 Briefe von den Vertretern der Fachschaften, die das Unternehmen organisierten («Theologische Faculteit van het Utrechtsch Studentencorps» bzw. «van Leidsche Studenten»), und 4 Briefe von den Professoren H. Windisch/Leiden, Th. L. Haitjema/Groningen, J. A. Cramer/Utrecht und A. Eekhof/Leiden. Die beiden letzteren gewährten Barth, der diesmal offenbar ohne Begleitung reiste, die Gastfreundschaft ihres Hauses. Veranstaltungstermine waren die folgenden:
Utrecht: Dienstag, 29. 3. 27, 20 Uhr «Das Halten der Gebote»
Mittwoch, 30. 3., 10–12 Uhr «Rechtfertigung und Heiligung»
Mittwoch, 30. 3., abends Gesellschaftsabend im Hause von Prof. Cramer mit ca. 50 Gästen

---

[13] Bw. Th. II, S. 415; vgl. die Einleitung zu «Die Kirche und die Kultur», oben S. 9f.
[14] Bw. Th. II, S. 419.

Leiden: Donnerstag, 31. 3., abends «Das Halten der Gebote»
  Freitag, 1. 4., vormittags «Rechtfertigung und Heiligung»
Von einem weiteren Zusammentreffen in Leiden verrät die Korrespondenz nichts; Barth selbst erwähnt, daß er am Freitag oder Samstag von einem «stramm calvinistischen Holzhändler ... im Auto nach Den Haag und ans Meer geführt» und mit einer Meerschaumpfeife beschenkt wurde. Die Holland-Reise war für Barth «eine wahre Erholung»[15]. *«... die dortigen Menschen haben ... etwas einfach Wohltuendes in ihrer frischen und freundlichen Offenheit, mit der sie zuhören, fragen, auch widersprechen, ohne doch einen Moment in Frage zu stellen, daß sie vor Allem etwas von einem* wollen *und bereit* sind, *es einem abzunehmen, soweit sie das von ihren Voraussetzungen her können. Das war das geradezu verblüffend andere gegenüber Aarau ... So kam es denn, daß auch ich dort ganz anders ‹in Form› war als in Aarau, in den großen Diskussionsschlachten mit Professoren und Studenten halbstündige Kontroversreden freudig und verbindlich hervorbrachte ... Die calvinistische Vergangenheit jenes Landes erwies sich dabei ... als eine gute Verbindungsbrücke ..., jedenfalls hat man in der guten Bekanntschaft mit der Dogmatik (wie ich es hier [scil. in Münster] schon mit Katholiken erlebt habe) eine Verständigungsbasis, die gewisse törichte Mißverständnisse im Gespräch einfach ausschließt und der Verhandlung auch mit allerlei verschiedenen Geistern sofort Niveau gibt.»*[16]

Der Vortrag liegt in dreifacher Fassung vor:
a) *als Manuskript,*
b) *im Erstdruck in ZZ, Jg. 5 (1927), S. 208–227 und*
c) *im Wiederabdruck in Th. Fr. u. Antw., S. 32–53.*
   Die beiden gedruckten Fassungen sind fast identisch; im Abweichungsfall folgen wir dem Aufsatzband.[17] *Auf diesen bezieht sich auch die zwischen senkrechten Strichen in den Text eingefügte Originalpaginierung.*

---

[15] Bw. Th. II, S. 491f.
[16] Bw. Th. II, S. 490f.
[17] 1927 schrieb Barth den «heiligen Geist» mit einem kleinen h, 1957 aber, dem Gebrauch der KD entsprechend, mit einem großen H. Im ersten Satz des Vortrags beginnt die «Heilige Schrift» mit einem großen H. Diese Schreibweise ist 1957 inkonsequenterweise entgegen dem Gebrauch der KD stehen geblieben.

Das Manuskript ist mit lateinischer Schrift auf 30 Seiten im Querfor-
mat (16,5 × 20,5 cm) geschrieben. Die Blätter gleichen denen, auf die
Barth seine Vorlesungen zu schreiben pflegte. Rechts ist ein Rand von
7–8 cm frei gelassen; dort finden sich allerlei Nachträge.

Der gedruckte Text unterscheidet sich vom Mskr.-Text durch zahlrei-
che Veränderungen, vor allem Erweiterungen. Sehr wahrscheinlich hat
Barth diese Veränderungen vorgenommen, als er die Reinschrift für den
Druck anzufertigen hatte.

Um dem Leser einen Einblick in Barths Arbeitsweise zu geben, haben
wir die Abweichungen vollständig nachgewiesen. Reine Erweiterungen
gegenüber dem Mskr. sind in ⌐ ¬ gesetzt. Veränderungen sind in einem
ersten, durch Buchstaben gekennzeichneten Apparat dokumentiert. Nur
abweichende Unterstreichungen wurden vernachlässigt.

In Beantwortung der Frage, was denn der Mensch um des ewigen Lebens oder um seiner Liebe zu Gott willen *tun solle*, redet die Heilige
Schrift Alten und Neuen Testamentes in einer Reihe von entscheidenden Stellen vom «Halten der Gebote».[a] *«Halten»* ist[b] nach den hebräi-
schen und griechischen Texten und nach der altkirchlichen Übersetzung
ins Lateinische gleichbedeutend mit Beobachten, Bewachen[c], Be-
wahren.[18] Unter *«Geboten»* ⌐aber¬ sind zu verstehen Aufträge, Anweisungen, Befehle, von denen stillschweigend oder ausdrücklich vorausgesetzt ist, daß sie von Gott gegeben und als das[d] den Menschen bekannt seien. Also: ein sorgfältiges, andauerndes Merken auf die[e] bekannten Befehle Gottes – das ist das Tun, in dem begriffen der Mensch
⌐Gott liebt und¬ des ewigen Lebens teilhaftig ist[f].

[a] Im Mskr. beginnt der Satz so: «In Beantwortung der Frage, was denn der
Mensch tun solle, um das ewige Leben zu gewinnen? oder: wie sich seine Liebe
zu Gott bewähren solle? ... » Hier ist noch deutlicher, welche Stellen Barth vor
Augen stehen: im Alten Testament in erster Linie Ex. 20,6 = Dtn. 5,10, im Neuen
Testament einerseits Mk. 10,17–19 parr. und Lk. 10,25–28, andererseits 1. Joh. 5,3
mit Joh. 14,15.21.24.

[b] Mskr.: «heißt».

[c] Mskr.: «mit Bewachen, Beobachten».

[d] Mskr.: «solche».

[e] Mskr.: «diese».

[f] Mskr.: «wird».

[18] Hebr. שׁמר; griech. τηρεῖν und φυλάσσειν; lat. servare und custodire.

I.

Die These, die in diesem Vortrag vertreten und erläutert werden soll[g],
ist die: daß auf das sogenannte ethische Problem[h], auf die alte und immer neue Frage: «Was sollen wir denn tun?» [Lk. 3,10] – sofern sie nicht
einfach mit der Tat selbst, sondern zum Zweck der Besinnung auf die
Tat auch denkend und redend[i] zu beantworten ist – keine andere Antwort zu geben ist als eben diese: die *Gebote halten*[j], beide Begriffe in
dem schlichten tiefen[k] Sinn verstanden, in dem sie in der Bibel verstanden werden. Mit dieser These ist dem ethischen Problem gegenüber eine
ganz bestimmte methodische Stellung bezogen.[l] ⌐Wollte mir jemand sagen, daß diese Stellung die spezifisch *theologische* sei, so würde ich ihm
nicht Unrecht geben, unter dem Vorbehalt allerdings, daß darunter
nicht eine Stellung zu verstehen ist, neben der, in sich abgerundet, eine
andere, die philosophische Stellung möglich wäre, sondern die Stellung,
auf die der wirkliche Philosoph, auch wenn er sie als Philosoph nicht
selber beziehen wird, in der Spitze *seiner* Stellung notwendig hinweisen
muß. Aber lassen wir diese Frage auf sich beruhen. Die hier bezogene
Stellung zum ethischen Problem ist sachlich⌐ |33| vor allem dadurch ge-
kennzeichnet, daß sie es als «Problem», das heißt als allgemeine Frage,
auf die eine allgemeine Antwort zu geben wäre, *nicht* anerkennt⌐, es
wäre denn, daß unter Allgemeinheit eine ganz besondere, *die* besondere
Allgemeinheit der *Kirche* verstanden würde, der Kirche als der Gemeinschaft, in der sich, was Kierkegaard[19] weithin übersehen hat, der
Einzelne als solcher befindet, der Kirche als der Gemeinschaft der *besonderen* Wahrheit, in der nur unproblematisch gefragt und unproblematisch geantwortet werden kann⌐. Dadurch unterscheidet sich die

---

[g] Mskr.: «..., die ich in diesem Vortrag vertreten und erläutern möchte».

[h] Mskr.: «das sog. Problem der Ethik»,

[i] Mskr.: «... auf die Tat auch mit Worten».

[j] Mskr.: «das Halten der Gebote».

[k] Mskr.: «... schlichten aber unermeßlich tiefen».

[l] Mskr.: «... verstanden werden. Das bedeutet eine ganz bestimmte grundsätzliche Stellung diesem Problem gegenüber. Sie ist ...» Die Fortsetzung des Satzes
nach dem folgenden Einschub ist wieder identisch mit dem Drucktext.

[19] Zu S. Kierkegaards Hervorhebung der Kategorie des «Einzelnen» vgl. z. B.
Furcht und Zittern (Ges. Werke, hrsg. von H. Gottsched und Chr. Schrempf, Bd.
III), Jena 1923³, S. 68, sowie *Die Krankheit zum Tode* (Ges. Werke, Bd. VIII),
1911, S. 3; vgl. auch K. Barth, Unterricht I, S. 60.63.

ethische Wahrheit etwa von der mathematischen oder von einer vielleicht ausfindig[m] zu machenden spekulativ-metaphysischen Wahrheit, daß sie nie evident *ist*, sondern immer nur evident *wird* in der konkreten Situation ⌐des Einzelnen, in der Situation⌐, in der ich mich, in der du dich, in der wir alle uns eben jetzt ⌐wirklich⌐ befinden, eben vorhin[n] ⌐wirklich⌐ befunden haben, gleich wieder ⌐wirklich⌐ befinden werden. Die Wirklichkeit[o] unserer Situation ist, ob wir sie durchschauen[p] oder nicht, eine Wahl, eine Entscheidung, nicht eine Entscheidung, ⌐die irgendwie erst vor uns liegt,⌐ die wir ⌐erst⌐ fällen *sollen*, sondern eine Entscheidung, die wir ⌐eben jetzt⌐ tatsächlich fällen. Dir und mir ist ein Gebot[q] gegeben und bekannt. Du und ich halten es oder halten es nicht[r]. Du und ich sind gefragt. Du und ich antworten[s], so oder so, beidemal mit der Tat unserer Existenz. ⌐Du und ich sind eben jetzt das, wofür wir uns in unserem Verhältnis zu dem uns gegebenen und bekannten Gebot entscheiden, in unserem Halten oder Nichthalten dieses Gebotes.⌐ Alles Bedenken und Bereden des sogenannten ethischen Problems kann nur darin bestehen, daß wir uns wieder einmal darüber klar zu werden versuchen[t], daß wir uns und inwiefern wir uns in dieser konkreten Situation befinden. Daß ⌐du *und* ich, daß⌐ wir alle⌐, ob wir es wissen oder nicht,⌐ uns in dieser konkreten Situation befinden und darum[u] in der Lage sind, uns gemeinsam ⌐daran zu erinnern und⌐ darüber zu verständigen, das ist das *Allgemeine*, das hier in Betracht kommt⌐, die auf uns *wartende Kirche*, könnten wir sagen⌐. Diese Situation selbst aber ist kein Problem, sondern ganz unproblematische Wirklichkeit. Und die ethische Wahrheit, die in dieser Situation evident[v] wird, ist keine allgemeine Wahrheit ⌐– es wäre denn wiederum als Wahrheit der Kirche, gerade als solche aber⌐ die höchst besondere Wahrheit des Augenblicks

---

[m] Mskr.: «... von einer etwa auffindig».
[n] Mskr.: «vorher».
[o] Mskr.: «Der Sinn».
[p] Mskr.: «ob wir ihn kennen».
[q] Mskr.: «sind Gebote».
[r] Mskr.: «halten sie oder halten sie nicht.»
[s] Mskr.: «Wir sind gefragt und wir antworten».
[t] Mskr.: «darüber klar werden».
[u] Mskr.: «und daß wir».
[v] Mskr.: «manifest».

deiner und meiner Entscheidung.^w Diese höchst besondere Wahrheit ist bezeichnet durch den Doppelbegriff: das *Halten* der *Gebote*. Lassen Sie mich die damit bezogene^x grundsätzliche Stellung kurz ⌐erklären und⌐ begründen. |34|

Die Frage: *Was sollen wir tun?* ist entweder ernst oder nicht ernst gemeint, und wir haben bei uns selbst und Anderen immer Anlaß, mit beiden Möglichkeiten zu rechnen^y.

Sie ist unter Umständen *nicht ernst gemeint*. Einmal in bezug auf den Begriff des *Sollens*.^z Der Frager fragt vielleicht sich selbst und uns doch nur nach dem, was er zu tun wünscht; über sein eigenes *Begehren* ⌐, vielleicht über das Begehren seines wirklich guten Herzens⌐ möchte er mit seiner Frage zur Klarheit kommen. Oder ⌐er⌐ fragt nach dem, was er unter dem mannigfachen Druck seiner Lebenslage etwa tun *kann*^{aa} ⌐, nach seinen oder unseren *Möglichkeiten* für das Gute⌐. Oder er fragt, auch das kommt vor, nach einem rettenden *Geheiß*, ⌐nach dem Schutz einer *Ordnung*,⌐ durch die, unter Ausschaltung der eigenen Verantwortung, der Ratlosigkeit seines oder unseres Gewissens gesteuert werden sollte^{ab}. Alles vielleicht an sich sehr ernste, sehr wohl anzuhörende und mit guter Antwort ⌐oder gemeinsamer Abrede⌐ zu beantwortende^{ac} Anliegen. *Nicht* ernst freilich als Frage nach dem, was der Frager [*soll*], nach dem, was wir *sollen*^{ad}. Der Metallklang *dieser* Frage ist^{ae} so offenbar noch nicht gehört. – *Nicht* ernsthaft ist vielleicht gefragt auch in bezug auf den Begriff des *Tuns*. Der Frager fragt^{af} vielleicht aus einer nicht

---

^w Mskr.: «... sondern die höchst besondere Wahrheit deines und meines Augenblicks.»

^x Mskr.: «Das letzte Allgemeine, was sich im Hinblick und als Hinweis auf sie sagen läßt, ist eben das *Halten der Gebote*. Von diesem Doppelbegriff soll heute die Rede sein. Lassen Sie mich zunächst die hier bezogene».

^y Hier folgt im Mskr. nach einem Doppelpunkt noch der Satz: «Ernst oder nicht ernst in Bez. auf die Begriffe *Sollen* und *Tun*.»

^z Mskr.: «auf das *Sollen*».

^{aa} Mskr.: «... Lebenslage im engeren und weiteren Sinn etwa tun *kann*».

^{ab} Mskr.: «... durch das man ihm in der Ratlosigkeit seines Gewissens die Verantwortung ihm abnehmend, zu Hilfe kommen möchte.»

^{ac} Mskr.: «berücksichtigende».

^{ad} Mskr.: «..., was der Frager *soll*».

^{ae} Mskr.: «Den Metallklang dieser Frage hat er ...»

^{af} Mskr.: «Nicht ernsthaft fragt er vielleicht auch nach dem was er *tun* soll. Er fragt ...»

notwendig unedlen *Neugierde*. Er möchte sich orientieren. ⌐Er interessiert sich für ethische Probleme.⌐ Er möchte *wissen* ⌐– aber eben⌐ bloß wissen, was gut ist. Um uns oder jedenfalls sich selbst[ag] dann doch noch die zweite Frage vorzulegen, ob er es denn ⌐nun wirklich⌐ auch *tun* soll? Er kommt wie jener reiche Jüngling [Mt. 19,20–22] von gewissen Voraussetzungen her, die preiszugeben er nicht unter allen Umständen entschlossen ist, so ernsthaft er im übrigen nach dem Guten, nach dem, was er soll, zu fragen scheint. Er behält sich seine Freiheit noch vor.[ah] ⌐Er will es nicht wahr haben, daß eben jetzt die Entscheidung fällt, er möchte sie sich noch ein wenig vom Leibe halten.⌐ Was sollen wir ihm ⌐(oder wenn wir selbst der Frager sind, uns selbst)⌐ anderes sagen, als daß die Frage nach dem, was wir tun sollen, auch in bezug auf den Begriff des Tuns einen Metallklang, eine Dringlichkeit hat, die wir, auch wenn sie noch so aufrichtig in unserem Herzen und auf unseren Lippen ist, manchmal noch nicht gehört haben.[ai]

Die zweite Möglichkeit⌐, die wir nun ins Auge fassen,⌐ sei also die, daß die Frage in bezug auf beide Begriffe *ernst gemeint* ist. Dann bedeutet[aj] zunächst der Begriff *Sollen*: dem Frager ist *bekannt*, was das heißt: *Sollen*, ein unbedingt an mich gerichteter Anspruch, der sich nicht dadurch ⌐bei mir⌐ legitimieren muß, daß er meinen Wünschen entspricht oder daß ich |35| in der Lage bin, ihm gerecht zu werden, oder daß jemand da ist, der für seine Autorität einsteht[ak], sondern ein Anspruch, der in sich selbst gegründet und gefestigt so an mich gerichtet ist, daß ich ihn anerkennen *muß*, daß ich beansprucht *bin*. Frage ich wirklich nach dem, was ich *soll*, wissend, was das heißt: Sollen, dann zeige ich damit, daß dieser Anspruch an mich *ergangen* ist, daß ich also durchaus schon *weiß*, *was* ich soll.[al] Aber warum frage ich dann noch danach? Ja,

---

[ag] Mskr.: «Um sich oder uns ...»

[ah] Mskr.: «Er behält sich die Freiheit, die Entscheidung vor.»

[ai] Mskr.: «... als daß seine Frage in diesem Fall doch wohl anders lauten müßte, daß dagegen die Frage nach dem was er tun solle auch in Bez. auf das Tun einen Metallklang habe, den er obwohl sie in seinem Herzen und auf seinen Lippen ist, offenbar noch nicht gehört hat.»

[aj] Mskr.: «involviert».

[ak] Mskr.: «... daß jemand da ist, der mit seiner Autorität für ihn einsteht bei mir».

[al] Mskr.: «Danach frage ich, wenn ich frage, was ich soll? Indem ich *danach* frage, frage ich nach dem, was ich schon weiß. *Danach* fragen kann nur wer *schon* weiß wonach er fragt.»

in der Tat: Warum? Darum offenbar (schon hier kehrt sich meine[am] Frage um und wird zur an mich[an] gerichteten Frage!), ⌐darum,⌐ weil ich ein Mensch bin⌐. Und das bedeutet *vielleicht*, daß ich die Gnade habe, soeben aus dem Tiefschlaf des Vergessens dessen, was ich schon weiß, zu erwachen, mich seiner wieder erinnern zu wollen, um in und mit meiner ernsthaften Frage mir selbst die allein mögliche ernsthafte Antwort klar zu machen. Es bedeutet aber *vielleicht* auch das Andere, daß ich⌐ leichtsinnig genug bin[ao], ernsthaft zu fragen, wo ich durch die Tat meiner Existenz ernsthaft antworten sollte, leichtsinnig, weil meine Frage ein Spiel ist, weil ich ja schon weiß, wonach ich so ernsthaft frage.[ap] So oder so: Die ernsthafte Frage: Was *sollen* wir tun?[aq] setzt voraus, daß zu ihrer gemeinsamen Beratung als über ein «Problem» gar kein Raum ist, daß mir vielmehr die Antwort in meiner konkreten Situation schon gegeben und bekannt ist, daß ich einem wirklich erhobenen und wirklich mich treffenden Anspruch gegenüber in der Entscheidung *stehe*. Anders könnte ich nach dem, was ich *soll*, nicht fragen, jedenfalls nicht ernsthaft fragen. Ernsthaft fragend verweise ich mich selbst aus aller Problematik in die Wirklichkeit, in meine ⌐besondere⌐ Wirklichkeit. Hier wird die Wahrheit erkannt oder gar nicht. Und ihre Erkenntnis kann sich dann nur darin vollziehen[ar], daß wir sie *tun*. – Damit kommen wir zu unserem zweiten Begriff. Er bezeichnet im Unterschied zum ersten die wirkliche *Frage* in der Frage. Frage ich nämlich ernstlich⌐, dringlich⌐ nach dem, was ich *tun* soll, so bekenne ich damit auf alle Fälle, daß ich auf jenen Vorbehalt meiner Freiheit, ⌐dies oder jenes zu tun,⌐ auf jenes Verschieben meiner[as] Entscheidung *Verzicht* leiste, daß ich vielmehr nicht nur bereit bin, sondern schon im Begriffe stehe, mich

---

[am] Mskr.: «die».

[an] Mskr.: «an mich selbst».

[ao] Mskr.: «... weil ich ein Mensch bin und als solcher *vielleicht* leichtsinnig genug bin».

[ap] Der für die Druckfassung um einige Zeilen nach oben versetzte Passus folgt im Mskr. hier: «... vielleicht auch die Gnade habe, soeben aus dem Schlaf des Vergessens dessen was ich schon weiß zu erwachen, mich seiner wieder erinnern zu wollen, um also in und mit meiner ernsthaften Frage mir die allein mögliche ernsthafte Antwort selbst klar zu machen.»

[aq] Mskr.: «Was *soll* ich tun?»

[ar] Mskr.: «kann dann nur darin bestehen».

[as] Mskr.: «der».

zu *entscheiden*: daraufhin, daß ich *weiß*, was ich soll. Durch dieses Wissen ist mir die Freiheit, mich nicht zu entscheiden, abgesprochen[at]. Eine Entscheidung in bezug auf das, was ich weiß, wäre auch der Versuch, die Entscheidung zu verzögern. Was ich auch tue, was ich auch bin – indem ich weiß, was ich soll, weiß ich, daß es die Entscheidung ist.[au] ⌜Noch nicht gesagt ist, ob ich |36| stehe oder falle [vgl. 1. Kor. 10,12],⌝ ob ich mich für oder gegen das entscheide, von dem ich weiß, daß ich es soll[av], ob ⌜also⌝ mein Wissen um das, was ich soll, mir zum Eckstein oder zum Stein des Ärgernisses [vgl. 1. Petr. 2,7f.] wird.[aw] *Das* ist vielmehr die *Frage*. Nicht *meine* Frage, sondern die in und mit meiner ernsthaft gestellten Frage[ax] an *mich* gerichtete und von *mir* zu beantwortende Frage. Meine Antwort ist die Tat meiner Existenz für oder gegen das, von dem ich weiß, daß ich es soll. Diese Frage wird mir aber auch durch mein ernsthaftestes Fragen nach dem, was ich soll, nicht abgenommen, sondern vielmehr aufgeladen. Aufgeladen zugleich mit der Last, die Antwort darauf nicht sowohl zu geben, als vielmehr[ay] mit der Tat meiner Existenz in diesem Augenblick zu *sein*. Bedeutet doch das Wissen um das, was ich soll, den Anspruch auf mich selbst, dem ich in diesem Augenblick als der, der ich bin, genüge oder nicht genüge. Habe ich ernsthaft gefragt, *so bin* ich gefragt, ⌜gleichviel,⌝ ob ich dem Anspruch genüge oder nicht genüge, so *ist* mein Existieren[az]⌜, gleichviel, wie beschaffen es immer sei,⌝ gestempelt als Antwort auf diese Frage[ba]. Warum Frage? Warum Antwort? könnte auch hier eingeworfen werden.[bb] Warum kein Sollen, das als eindeutige⌜, unwiderstehliche⌝ Mitteilung, als übermächtige Kraft des Guten vielleicht, auf mich zukommt und mein Wollen und Tun wird? Warum kein Begegnen mit diesem Sollen unsererseits, das eindeutig und notwendig ihm entsprechen würde? Ja, in der Tat: Warum? wäre wiederum zu bestätigen und wiederum zu

---

[at] Mskr.: «... ist mir die Freiheit mich zu entscheiden oder nicht zu entscheiden, auf alle Fälle *genommen*.»
[au] Mskr.: «– indem ich weiß, was ich soll, ist es die Entscheidung.»
[av] Mskr.: «entscheide, was ich weiß».
[aw] Mskr.: «Stein des Ärgernisses wird, das ist damit noch nicht gesagt.»
[ax] Mskr.: «sondern die indem ich ernsthaft frage».
[ay] Mskr.: «zu geben, sondern».
[az] Mskr.: «meine Existenz».
[ba] Mskr.: «auf diese Frage, wie sie auch ausfalle».
[bb] Mskr.: «Warum Frage und Antwort? wäre auch hier zu fragen.»

antworten[bc]: Offenbar darum, weil wir Menschen sind und ⌐weder Gott, noch Götter, noch Halbgötter, weil wir⌐ versuchlich existieren[bd], umgeben von der unbegreiflich unabweisbar realen Möglichkeit[be] des Ärgernisses. Aber wie dem auch sei: auch von dieser Seite gesehen bleibt offenbar, wo[bf] die Frage: Was sollen wir *tun*? ernsthaft aufgeworfen ist, für ein im allgemeinen zu diskutierendes Problem[bg] *kein* Raum. Ich selbst bin in diesem Augenblick so oder so die Antwort auf diese Frage, habe mich als ernsthaft Fragender[bh] aus aller Problematik in die Wirklichkeit, in meine ⌐besondere⌐ Wirklichkeit verwiesen. In ihr, in meinem Tun oder Nichttun dessen, was ich soll, erkenne ich die Wahrheit als die Wahrheit, die mich rettet oder richtet. Daß diese Wahrheit in der Gemeinschaft der Kirche vernommen und verkündigt wird, darin ist sie allgemeine Wahrheit. Gemeinsames Bedenken und Bereden dieser Wahrheit aber kann nur darin bestehen, daß wir uns darüber verständigen: *Da, da* wird sie erkannt, in der Wirklichkeit der konkreten Situation, in der du und ich uns befinden, wenn wir nach dem, was wir tun sollen, etwa ernst-|37|lich fragen.[bi] Diesen Verweis aus der Problematik ⌐des Allgemeinen⌐ in die Wirklichkeit ⌐des Besonderen⌐ und damit die einzig mögliche Antwort auf das sogenannte ethische Problem[bj] gibt uns die Bibel, indem sie vom Halten der Gebote redet.

II.

Versuchen wir es, dem bisherigen Gang unserer Überlegungen entsprechend, uns zunächst über den Begriff der *Gebote* zu verständigen.

Als erste Frage begegnet uns hier offenbar die, ob wir wohl daran tun, statt wie bisher vom Sollen nun von ⌐den⌐ Geboten, also offenbar von *gegebenen, konkreten,* ⌐*vielfachen*⌐ Forderungen zu reden, von de-

[bc] Mskr.: «wäre wiederum zu sagen und weiter wiederum:»
[bd] Mskr.: «und als solche in der Versuchung existieren».
[be] Mskr.: «von der unbegreiflichen, unableitbaren Möglichkeit».
[bf] Mskr.: «gerade wo».
[bg] Mskr.: «für ein Problem, das man im Allgemeinen diskutieren könnte ...»
[bh] Mskr.: «habe mich, indem ich ernsthaft gefragt habe,».
[bi] Mskr.: «Nicht über diese Wahrheit können wir uns gemeinsam verständigen, sondern nur darüber, daß *da, da,* in der Wirklichkeit der konkreten Situation, in der wir uns befinden, wenn wir nach dem was wir tun sollen ernstlich fragen, die Wahrheit erkannt wird.»
[bj] Mskr.: «das sog. Problem der Ethik».

nen dann jedesmal eine ganz bestimmte *das* Gebot wäre, das wir in der Entscheidung des Augenblicks halten oder nicht halten?[bk] In der Tat, ist zu sagen[bl], wer im Ernst vom Sollen redet, von dem Sollen, um das es sich handelt in der wirklichen Entscheidung, in der wir stehen, der muß von den Geboten, von den gegebenen, konkreten, vielfachen[bm] Geboten reden. Das Gebot, unter dem wir stehen, ist uns gegeben.[bn] Wer ein Sollen kennt, der kennt es als vollzogenen Anspruch an ihn selbst, von dem er das Gesetz, auf das sich dieser Anspruch begründet, auf keine Weise abstrahieren kann. ⌐Sonst kennt er es gar nicht.⌐ Es ist dir *gesagt*, Mensch, was gut ist [Mi. 6,8]. ⌐Es gibt keinen Appell von dem dir Gesagten an das dir nicht gesagte Gute, sondern⌐ das dir Gesagte *ist* das Gute. Der Anspruch, von dem du getroffen bist, ist selbst das Gesetz. Da mag nun ein jeder mit sich selbst ausmachen, ob es sich mit dem an ihn ergehenden Anspruch so verhält oder ob er etwa wirklich in der Lage ist, ihm gegenüber die Entscheidung zu suspendieren und einstweilen von ⌐dem⌐ ihm ⌐gegebenen⌐ an[bo] ein ihm nicht gegebenes Gebot zu appellieren[bp]. *Weiß* er, daß er in der *Entscheidung* steht, dann auch das[bq], daß ihm das Gebot mit der Gewißheit seiner eigenen Existenz *gegeben* ist. *Das* Gebot, das uns in der Wirklichkeit der Entscheidung gegeben ist, ist aber immer ein *konkretes* Gebot, *ein* Gebot neben *anderen*. Es ist nicht wahr, daß jemand in der Wirklichkeit der Entscheidung dem Sittengesetz oder der Idee des Guten oder dem kategorischen Imperativ oder dem Willen Gottes im allgemeinen oder seinem Gewissen im allgemeinen[br] gehorcht oder nicht gehorcht.[20] Es ist darum nicht

[bk] Mskr.: «... Forderungen und zwar von Forderungen in der Mehrzahl zu reden?»

[bl] Mskr.: «antworten».

[bm] Mskr.: «vielfältigen».

[bn] Mskr.: «Stellen wir vor Allem fest, daß das Gebot – um zunächst von der Einzahl auszugehen – uns *gegeben* ist.»

[bo] Mskr.: «auf».

[bp] Mskr.: «rekurrieren».

[bq] Mskr.: «Das ist sicher: Steht er in der Entscheidung und muß er sich dazu bekennen, dann auch dazu,».

[br] Mskr.: «oder wiederum dem Gewissen im Allgemeinen».

[20] Zur «Idee des Guten» vgl. z.B. H. Barth, *Die Seele in der Philosophie Platons*, Tübingen 1921, bes. den Abschnitt «Der Erkenntnisweg der Seele und die Idee des Guten» (S. 70–104). Zu den anderen Begriffen vgl. z.B. I. Kant, *Kritik der praktischen Vernunft*, Kant's gesammelte Schriften, Bd. V, Berlin 1913

wahr, weil wir in der Wirklichkeit der Entscheidung einem Anspruch gehorchen oder nicht gehorchen, der an uns *gestellt* ist, über dessen Inhalt wir *keine* Verfügung haben[bs]. Wäre jenes Andere wahr, dann verhielte es |38| sich offenbar so, daß wir selbst von Fall zu Fall über die Bestimmtheit jener unbestimmten Größen Sittengesetz, Imperativ, Wille Gottes usf. zu befinden hätten. Wir hätten dann zwar geheimnisvoll irgendwoher das Wissen darum, daß das Tun des Guten unter einer unbedingt geltenden Regel stehe und unter allen Umständen die dieser Regel entsprechende Form haben müsse. Die Bestimmung dessen, *was das Gute ist*, *was* wir also tun sollen, wäre ⌜dann⌝ *unsere* Sache. Unser Tun wäre dann doch nur das Tun dessen, was *wir* wollen, unsere in der konkreten Tat fallende Entscheidung in bezug auf den angeblich an uns gestellten Anspruch doch nur eine Entscheidung für uns selbst.[bt] ⌜Wir hätten dann unseren eigenen Spruch in das leere Gefäß einer jener Allgemeinheiten gegossen und ihm so glücklich (allzu glücklich!) die Form eines Anspruchs, eines absoluten Ausspruchs gegeben.⌝ Bleibt es dabei, daß wir es im Sollen der wirklichen Entscheidung mit einem wirklichen Ausspruch und Anspruch zu tun haben, dann ist er konkretes Gebot – abstraktes Gebot ist überhaupt kein Gebot –, ein Gebot, über dessen Inhalt wir nicht zu verfügen haben, sondern über den verfügt *ist*, das

---

[bs] Mskr.: «... einem uns begegnenden Anspruch, einem Anspruch, über dessen Inhalt wir keine Verfügung haben, gehorchen oder nicht gehorchen.»

[bt] Mskr.: «Das Tun wäre dann doch ein Tun dessen, was wir wollen, die Entscheidung in Sachen des vermeintlich an uns gerichteten Anspruchs – sofern die konkrete Tat diese Entscheidung ist – die Entscheidung für uns selbst.»

(Nachdruck 1974), S. 31f.: «Reine Vernunft ist für sich allein praktisch und giebt (dem Menschen) ein allgemeines Gesetz, welches wir das *Sittengesetz* nennen. ... Das moralische Gesetz ist ... ein *Imperativ*, der kategorisch gebietet, weil das Gesetz unbedingt ist». Vgl. ferner K. Holl, *Was verstand Luther unter Religion?* in: ders., *Gesammelte Aufsätze zur Kirchengeschichte*, Bd. I: *Luther*, Tübingen 1921, S. 86 (1923²·³, S. 106f.): «Der Gläubige muß sich, so meint es Luther, als *Vollstrecker des göttlichen Willens* fühlen können. Dann erst wird sein Handeln im wahren Sinn ein Gottesdienst. Die Zuspitzung auf diese Forderung gibt der Einstellung des Tuns auf Gott die Bedeutung einer *Gewissensprobe*. Sie durchbricht die Gedankenlosigkeit ... und nötigt dazu, die Regel des Handelns ... vom höchsten Gesichtspunkt, vom göttlichen Willen und aus dem persönlichen Gottesverhältnis heraus, jedesmal *neu zu erzeugen*.» Vgl. K. Holl, a.a.O., S. 151 (1923²·³, S. 178), und Bd. III: *Der Westen*, Tübingen 1928, S. 245, wo Holl Luthers Religion «eine *Gewissensreligion*» nennt.

uns inhaltlich *bestimmt* und *gefüllt* begegnet.[bu] *Dann* ist es klar, daß es eine *Frage* ist, auf die wir mit unserer ebenso konkreten Tat *antworten* müssen[bv], nicht eine Antwort, die wir uns selbst gegeben haben, um sie dann durch unsere Tat bloß zu wiederholen und zu bestätigen oder im schlimmeren Fall uns selbst ⌜(aber doch nur uns selbst!)⌝ untreu zu sein. ⌜Was ist es denn mit jenen Allgemeinheiten?⌝ Das *Sittengesetz* oder die *Idee des Guten* ist ⌜offenbar⌝ der Begriff⌝, der Inbegriff⌝ der Gebote[bw], aber ⌜eben darum⌝ nicht selbst das Gebot, dem wir in der Entscheidung gehorchen oder nicht gehorchen. Der *kategorische Imperativ* ist Kants ausgezeichnete[bx] Formel für die Unbedingtheit, in der das Gebot Gebot ist. Nie und nimmer aber ist er[by] – ⌜wenn man aus Kant nicht einen Unmittelbarkeitsphilosophen machen will[21]⌝ – selber wirkliches, uns treffendes Gebot. Das *Gewissen* ist die Totalität unseres[bz] Bewußtseins, sofern es vom Gebot getroffen werden⌝, für das Gebot offen sein⌝ kann, aber wiederum nicht das Gebot selbst. Der *Wille Gottes* endlich – ja, was ist der Wille Gottes anderes als ⌜eben⌝ das in diesem Augenblick mich treffende ⌜konkrete⌝ Gebot selbst?, er am allerwenigsten geeignet, gegen die Konkretheit und Einzelnheit des Gebotes ausgespielt, als

[bu] Mskr.: «Der uns in der Entscheidung begegnende Anspruch ist – wenn er wirklicher Anspruch, wirkliches Sollen ist, ein *konkretes* Gebot, ein Gebot über dessen Inhalt wir nicht zu verfügen haben, sondern über den verfügt ist, das uns inhaltlich bestimmt begegnet.»

[bv] Mskr.: «auf die wir mit der Tat antworten müssen».

[bw] Mskr.: «des Gebotes».

[bx] Mskr.: «glückliche».

[by] Mskr.: «... Gebot ist, aber nie und nimmer ...»

[bz] Mskr.: «des menschlichen».

[21] Vgl. H. Kutter, *Das Unmittelbare. Eine Menschheitsfrage*, Berlin 1902, S. 339: «In der Philosophie *Kants, Fichtes* und *Schellings* ist die Trennung zwischen Denken und Sein prinzipiell aufgehoben und – namentlich in der *Schellings* – die Einheit des Lebens klar ausgesprochen worden. Es bedeutet deshalb die neue Philosophie die letzte Staffel des denkenden Geistes in seiner Rückkehr zum Unmittelbaren. Aber während sich im *Intellekt* nur die Tatsächlichkeit der verlorenen Unmittelbarkeit spiegelt, ohne dass abzusehen wäre, wie sich vom Begriff zum Leben, vom Allgemeinen des Gedankens zum Allgemeinen des Unmittelbaren, vom Schatten also zum Körper eine verbindende Brücke schlagen liesse, schlägt der *Wille* diese Brücke, indem er reel [sic] zum Unmittelbaren zurückstrebt. Denn der Wille ist selbst das Element der Unmittelbarkeit innerhalb des isolierten Geistes.» Vgl. auch a.a.O., S. 34.68.

leere Form der Füllung durch unser eigenes Befinden für bedürftig erklärt zu werden. Wir meinen nicht *gegen* Kant, sondern letztlich – wenn auch vielleicht sehr letztlich – *mit* Kant zu gehen, wenn wir sagen: gerade die Unbedingtheit des Sollens, |39| die Kants[ca] Anliegen war, schließt nicht aus, sondern ein, daß es nur ein konkretes, inhaltlich bestimmtes Sollen gibt, daß es in der wirklichen Entscheidung immer um den Gehorsam oder Ungehorsam gegen dieses und dieses Gebot geht, das, abgesehen von unserem[cb] Dafürhalten, gerade dieses und dieses ist⌐, gerade so und so lautet⌐. Darin, darin besteht die Entscheidung:[cc] nicht, ob das Gebot wohl dies oder das von mir will, sondern, ob ich wohl dem (in dem in konkretester Zuspitzung auf mich zukommenden Gebot) ⌐von mir⌐ Geforderten Gehör und Gehorsam leisten[cd] oder nicht leisten werde. Darum ist es so sachgemäß, daß der an den Menschen sich richtende Anspruch, wie er in der in der christlichen Kirche vernommenen und verkündigten Botschaft der Bibel vorliegt[ce], nicht nur als schlechthin *gegebenes* Gebot auftritt, sondern auch auf der ganzen Linie als *konkretes* Gebot und darum auseinandergehend in eine Mehrheit von Geboten, in die berühmten *zehn* Gebote, in die *vielen* Gebote der Bergpredigt oder der epistolischen Ermahnungskapitel, auch in der konzentriertesten Formel in das bekannte, *nicht* in eine Einheit aufzulösende *Doppel*gebot der Liebe zu Gott *und* zum Nächsten [Mk. 12,29–31 parr.]. ⌐*Konkretes* Gebot ist das Gebot der Bibel auch als *Glaubens*gebot, und immer kann es sich ihm gegenüber nicht um Gehorsam oder Glauben im allgemeinen, sondern um den konkreten Gehorsam oder Ungehorsam, Glauben oder Unglauben handeln.⌐ Nicht nur: Du *weißt*, daß du *sollst!*, sagt Jesus dem reichen Jüngling, sondern: Du *weißt* die *Gebote!* [Mk. 10,19]. So, in dieser konkreten Weise weißt du, daß du sollst, stehst du in der Entscheidung. Es gehört zu den nicht im allgemeinen, sondern nur[cf] im besonderen zu beantwortenden Fragen: ob der in diesem Augenblick an dich und mich ge-

---

[ca] Mskr.: «sein».
[cb] Mskr.: «meinem».
[cc] Mskr.: «... dieses ist, daß *darin, darin* die Entscheidung fällt,».
[cd] Mskr.: «... ob ich wohl das in dem in konkretester Zuspitzung auf mich zukommenden Gebot Geforderte, Gehör und Gehorsam ihm leisten».
[ce] Mskr.: «vorliegt, sofern er Forderung, Gesetz, Gebot ist,».
[cf] Mskr.: «sondern (im strengsten Sinn:) nur».

richtete Anspruch[cg] identisch ist mit der von der christlichen Kirche
vernommenen und verkündigten Botschaft der Bibel? Ich würde in unserem Zusammenhang[ch] einfach darauf antworten mit der Gegenfrage[ci]:
ob etwa jemand da ist, der Lust hat, dies ⌐im Widerspruch zu seiner
Taufe¬ für seine Person im Ernst in Abrede zu stellen, und was für einen anderen an ihn gerichteten Anspruch er denn etwa ernstlich zu
kennen meint?[cj] Und wiederum gehört es zu den nur[ck] im besonderen
zu beantwortenden Fragen, welches von den Geboten der Bibel oder in
welcher konkreten Zuspitzung das Gebot der Bibel das jetzt und hier
dir und mit[cl] gegebene Gebot ist[cm], wobei übrigens eine Verständigung
darüber nicht ausgeschlossen sein kann, daß Mehrere oder Viele im selben Augenblick von demselben Gebot sich getroffen wissen. Wie dem
auch sei: wo Menschen, vom Gebot getroffen, in der Entscheidung ste-
hen, da |40| ist es ein besonderes, bestimmtes Gebot, das sie getroffen
hat. Das Gute ist dieses und dieses *mir* gegebene Gebot. Können mich
andere trösten und ermutigen dadurch, daß sie mir sagen, daß sie mit
mir unter demselben Gebot stehen, so kann mir doch kein anderer die
Verantwortung dafür abnehmen, daß ich recht gehört habe, was gerade
jetzt gerade mir geboten ist, kein anderer mein Gewissen binden unter

[cg] Mskr.: «ob der Anspruch der in diesem Augenblick an dich und mich gerichtet ist,»
[ch] Mskr.: «Ich würde an dieser Stelle und in diesem Zusammenhang».
[ci] Mskr.: «Frage».
[cj] Mskr.: «im Ernste zu leugnen und was für einen andern ernsthaft an ihn gerichteten Anspruch er denn etwa zu kennen meint.»
[ck] Mskr.: «zu den (im strengsten Sinn!) nur».
[cl] Mskr.: «gerade dir und mir».
[cm] Von hier bis zum Schluß des Absatzes differieren Mskr. und Druck. Im
Mskr. lautet der Text: «... Gebot ist, durch das wir in die Entscheidung gestellt
sind. *Stehen* wir in der Entscheidung, dann ist uns ein besonderes bestimmtes
Gebot gegeben. Weiß ich um den Sinn des Augenblicks, der jetzt und hier für
mich selbst durch mich selbst fallenden Entscheidung, dann höre [ich] dieses besondere *mir* gegebene Gebot. Kein Anderer kann mir die Verantwortung dafür
abnehmen daß ich recht gehört habe, was gerade jetzt gerade mir geboten ist.
Und keinem Andern kann ich die Verantwortung dafür abnehmen, daß er recht
gehört hat, was gerade jetzt gerade ihm geboten ist. Wir können uns nur gegenseitig daran erinnern daß es gilt, *recht* zu hören. Und wir müssen es uns gegenseitig letztlich *glauben*, daß wir *recht* gehört haben. In beiden Fällen wissend, daß
es für uns wie für die Anderen nur darum gehen kann, das schon bestimmte Gebot zu *hören*, wie *es uns* trifft, nicht aber darum selber das Rechte zu treffen oder
zu bestimmen, *was* uns denn geboten ist.»

Berufung auf das, was er gehört hat. Und wiederum kann und soll ich auf Grund dessen, was ich gehört habe, gar sehr meines Bruders Hüter [vgl. Gen. 4,9] und nicht meines Bruders Zuschauer sein und kann doch keinem anderen die Verantwortung dafür abnehmen, daß er recht gehört hat, was gerade ihm geboten ist, kann mein Gewissen nicht zu dem seinigen machen. Wir können uns letztlich nur gegenseitig daran erinnern, daß es gilt, *recht* zu hören, und dann müssen wir es uns gegenseitig wieder einmal glauben, daß wir *recht* gehört haben. In dieser Verantwortlichkeit und Freiheit des Einzelnen vernimmt und verkündigt die Kirche das biblische Gebot. Dieses Gebot aber *trifft* den Einzelnen, nicht hat er selber das Rechte zu treffen. Als bestimmtes Gebot kommt es zu ihm, nicht hat er selber zu bestimmen, was Gebot ist. Es ist *ein* Gebot und ein *konkretes* Gebot.

Wir sagen dasselbe, wenn wir nun sagen: das Gebot, mit dem es in der Wirklichkeit der konkreten Entscheidung zu tun haben[cn], ist *Gottes* Gebot. Es kann sich fragen, ob wir *recht* hören, was uns geboten ist, ob wir uns also über den Sinn der unter allen Umständen jetzt fallenden Entscheidung[co] im klaren sind. Es kann sich aber nicht fragen, daß das vorhandene Gebot, ob gehört oder nicht gehört, *Gottes* Gebot ist, das Gebot des sich uns offenbarenden, durch seinen Ausspruch und Anspruch, durch sein Wort[cp] mit uns handelnden schlechthin souveränen Herrn. ⌜Gebote sind Aufträge, Anweisungen, Befehle dieses gebietenden Herrn, nicht Paragraphen eines absoluten Corpus juris, und das ist zweierlei. Aber wie kommen wir dazu, von diesem gebietenden Herrn zu reden? Antwort: Es steht nicht so, daß wir irgendwie dazu kommen, sondern wir *müssen* von ihm reden, wir *haben* schon von ihm geredet in allem, wovon wir bis jetzt geredet haben.[cq] Wo Gebot ist, da ist gebietender Wille.[cr] Ein *absoluter* Wille, so gewiß wir mit der ernst-

---

[cn] Mskr.: «... in der konkreten Wirklichkeit unserer Situation immer zu tun haben».

[co] Mskr.: «der eben jetzt fallenden Entscheidung».

[cp] Mskr.: «Es kann sich aber nicht fragen, daß wir, wenn wir *recht* hören, hören was uns geboten ist, *Gottes* Gebot hören, das Gebot des sich uns offenbarenden und durch sein Wort».

[cq] Anstelle der fehlenden Passage steht im Mskr.: «*Sein* Wille ist das uns treffende Gebot.»

[cr] Im Mskr. steht hier noch folgender, in den nächsten Satz übergehender Text: «Insofern ist das konkrete Gebot identisch mit Gottes Offenbarung. Was

haft gestellten Frage nach dem Guten das Vorhandensein, das Für-uns-Vorhandensein eines *absoluten* Sollens anerkannt haben. Ein von dem unsrigen *unterschiedener* Wille, so gewiß er uns ⌐in dem, was wir sollen,⌐ *begegnet* und keineswegs in uns selbst vorhanden ist, so gewiß wir durch sein Für-uns-Vorhanden-|141|sein radikal in Frage, in die Frage der Entscheidung gestellt sind. Ein *persönlicher* Wille, ⌐so gewiß er wie der einer menschlichen Person nie etwas Unbestimmtes, sondern immer etwas *Bestimmtes*, immer dies und das von uns will und⌐ so gewiß er uns in der von ⌐der Macht der⌐ Natur, ⌐des⌐ Schicksal⌐s⌐ und dergleichen charakteristisch verschiedenen Weise des unser *Gewissen* treffenden *Wortes* entgegentritt: ansprechen mag uns zur Not auch eine Blume oder ein Wasserfall, wer uns beansprucht, der ist Person[cs]⌐; durch das Gebot sind wir aber beansprucht⌐. Ein *lebendiger* Wille ⌐endlich⌐, so gewiß er uns als der eine, der er ist und bleibt, *folgt* ⌐und *vorangeht*⌐ und in jedem besonderen Augenblick mit diesem und diesem *besonderen* Gebot an uns[ct] herantritt. ⌐Dieser absolute, von dem unsrigen unterschiedene, persönliche, lebendige Wille im Gebot ist der Wille Gottes.⌐ Für oder gegen *ihn* fällt die Entscheidung, in die wir durch das Gebot gestellt sind. Indem wir ernsthaft fragen[cu], anerkennen wir, daß wir nicht eigenen Rechtes sind, sondern einen *Herrn, diesen* Herrn, *den* Herrn haben. Ihn «haben», wie man eben den Herrn «hat», das heißt genau insofern, als wir sein Gebot haben[cv], als wir, du und ich, jetzt und hier sein Wort hören[cw], also genau insofern, als er kraft dieses seines Wortes *uns* «hat»[cx]. Alles Reden von Gott aus einer Abseitsstellung[cy], abseits von dem jetzt und hier dir und mir gegebenen Gebot, redet, ob es nun Bekenntnis oder Leugnung sei, *nicht* von Gott.

ist es um diesen gebietenden Willen? Im Gebot begegnet uns ein *absoluter* Wille, begegnet uns, so gewiß ...»

[cs] Mskr.: «ansprechen mag uns auch Natur, wer uns be-ansprucht, der ist Person – so gewiß er wie eine menschliche Person nie etwas Unbestimmtes, sondern immer etwas Bestimmtes, immer dies und das von uns will.»

[ct] Mskr.: «mich».

[cu] Mskr.: «fragen nach dem was wir sollen ...»

[cv] Mskr.: «als wir in diesem Augenblick sein Gebot haben».

[cw] Mskr.: «seinen Anspruch hören».

[cx] Mskr.: «kraft dieses seines Anspruchs *uns* hat, uns *offenbar* ist, durch sein Wort mit uns handelt».

[cy] Mskr.: «Zuschauerstellung».

Gott ist der, kraft dessen Wortes^{cz} ich in der *Entscheidung* stehe, kein anderer.

Aber nun müssen wir, um einen weiteren und nun den entscheidend wichtigen Aspekt vom Begriff des Gebotes zu gewinnen, ⌐gerade den letzten Satz¬ auch umgekehrt betonen: *Gott* ist der, kraft dessen Wortes^{da} ich in der Entscheidung stehe. «Gott» ist aber gerade in dieser Wirklichkeit der Entscheidung^{db} (auf die bezogen jenes höchste Wort allein sinnvoll sein kann) nicht vollständig erkannt^{dc}, solange wir ihn bloß als *gebietenden* Willen verstehen. Indem er mir gebietet, mir die Entscheidung im Sinne seines Gebotes, und zwar als die Tat^{dd} meiner Existenz gebietet, will er offenbar, wie *Calvin* einmal (Instit. III 6,1)[22] sagt, daß zwischen seinem im Gebot handelnden Willen und meinem «obsequium», meiner gehorsamen Entscheidung «symmetria et consensus» stattfinde.^{de} Das heißt aber: er will *mich*, und zwar mich für *sich*. Er will nicht ohne mich sein. Er will, daß ich als der, der ich bin, mit ihm sei. Wir hätten die Entscheidung, in der wir stehen, schlecht verstanden, wenn wir nicht verstehen würden, daß wir in ihr *geliebt* sind, geliebt von eben dem, der uns durch sein Gebot |42| in die Entscheidung stellt. Indem er das tut, sagt er uns *mit* dem Gebot, daß er unser Gott sein will^{df}, daß wir sein Volk sein sollen [vgl. Lev. 26,12]. Höre! ⌐heißt es, aber¬ nicht: Höre Moab, Midian ⌐oder¬ Amalek, sondern: Höre *Israel!* [Dtn. 6,4]. Gesetzgebung findet statt, weil Bundesschluß stattgefunden hat⌐, und wiederum Abschluß eines foedus μονόπλευρον[23], eines einzig

---

^{cz} Mskr.: «Anspruchs».

^{da} Mskr.: «Anspruchs».

^{db} Mskr.: «gerade in der konkreten Situation».

^{dc} Mskr.: «nicht vollständig ja noch gar nicht erkannt».

^{dd} Mskr.: «und zwar die Entscheidung als die Tat».

^{de} Mskr.: «... sagt, symmetria et consensus zwischen seinem durch das Gebot handelnden Willen und meinem obsequium, meiner gehorsamen Entscheidung, d. h. aber ...»

^{df} Mskr.: «Damit daß er uns in die Entscheidung stellt sagt er uns (durch das Gebot aber wirklich nur *durch* das Gebot!), daß er unser Gott sein will,».

[22] «Scopum regenerationis esse diximus, ut in vita fidelium appareat inter Dei iustitiam et eorum obsequium symmetria et consensus, atque ita adoptionem confirment qua recepti sunt in filios.»

[23] Vgl. z. B. HpB 227: «Nec liberi cum parentibus, nec subditi cum rege, nec servi ἀργυρώνητοι cum heris, nec victi cum victoribus pacisci et contrahere iure ausint, quia leges praescribendi superioribus suis potestate destituuntur. Ac mul-

in der Freiheit und dem Recht der *einen* Partei (ich brauche nicht zu sagen welcher) begründeten Bundes⌐. Der Ursprung^dg des Gebotes ist Liebe, Gnade, Erwählung. Wir hätten es gar nicht gehört, wenn wir es nicht so gehört hätten; denn dann hätten wir es nicht als *Gottes* Gebot ⌐gehört⌐ und dann sicher auch nicht als wirkliches *Gebot* gehört. ⌐Wenn Israel seine *Erwählung* vergaß und verwarf, dann, dann vergaß und verwarf es auch die *Gebote.*⌐ Gerade das *Gehör* für die Gebote, das *rechte* Gehör^dh, ohne das es keinen Gehorsam gibt, gilt der Liebe, der Gnade, der Erwählung im Gebot^di. Eben wegen dieses Ursprungs der Gebote ist nun aber der an mich ⌐und dich⌐ gerichtete Anspruch Gottes *nicht bloß* Gebot, ist es nicht das Gebot *allein*, mit dem wir es in der Entscheidung zu tun haben.^dj ⌐Das Gesetz ist von Haus aus «gratuitae adoptionis foedere vestita» (*Calvin*, Inst. II 7,2)[24].⌐ Mit dem Gebot und als eigentlich^dk letzter Sinn des Gebotes kommt in dem an uns gerichteten Worte Gottes zu uns^dl die *Verheißung*, und erst mit der Verheißung *zusammen* haben wir^dm das Gebot *wirklich* gehört. ⌐Nur wo es illegitimerweise entkleidet von der Verheißung, das heißt dann aber: gar nicht gehört wird, ist das Gesetz als abzuschaffender «Zuchtmeister» «zwischenhinein gekommen» [vgl. Gal. 3,24; Röm. 5,20]. Mit der Verheißung gehört, ist und bleibt es heilig, gerecht und gut, aufgerichtet und nie und nimmer abzuschaffen [vgl. Röm. 7,12; 3,31].⌐ Das ist aber die Verheißung: die mit dem mir gegebenen Gebot^dn vollzogene Zusage meiner

---

^dg Mskr.: «Sinn».

^dh Mskr.: «... für das Gebot, das rechte Gehör, von dem schon die Rede war,».

^di Mskr.: «die Erwählung Gottes».

^dj Mskr.: «Eben wegen dieses seines Ursprungs ist ... mit dem ich es ... zu tun habe.»

^dk Mskr.: «eigentlicher».

^dl Mskr.: «in dem an mich gerichteten Anspruch zu mir».

^dm Mskr.: «habe ich». Am Rand ist hier die Calvin-Stelle aus Inst. II 7,2 notiert, die Barth im vorangehenden Satz in den Drucktext aufgenommen hat.

^dn Mskr.: «Die Verheißung ist aber nichts Anderes als die mit dem Gebot, durch das Gebot».

to minus homo, Dei filius, servus, cliens, subditus cum Deo contrahendo legibus suis obstringere potest. Eatenus igitur *foedus Dei cum homine non mutuum sed* μονόπλευϱον, unius lateris seu partis est» (J. H. Heidegger). Vgl. auch Unterricht II, S. 392f.

[24] «Paulus ... coactus est interdum nudam legem praecise accipere; quae tamen gratuitae adoptionis foedere alioqui vestita est.»

Erwählung, die Zusage, daß Gott sich mir verbunden *hat*, daß ich in meiner Existenz⌐, als der, der ich jetzt und hier *bin*,⌐ Gottes[do] *Geliebter* bin, er mein Gott und ich sein Kind [vgl. Röm. 8,16]. Vorgängig meiner Entscheidung für ihn, *bevor* es in der Tat meines Gehorsams gegen sein Gebot wahr geworden ist, daß ich sein Knecht bin, und also auch *bevor* das Andere[dp], das Absurde, wahr geworden ist in der Tat meines Ungehorsams, daß ich sein unnützer[dq], untreuer, verräterischer Knecht bin [vgl. Mt. 25,26.30] – *vorher, vorher* ist *seine* Entscheidung *für mich* gefallen, und wenn Berge weichen und Hügel hinfallen, so wird *seine* Gnade *nicht* von mir weichen und der Bund seines Friedens *nicht* hinfallen [Jes. 54,10]. Seine Entscheidung *vikariert* insofern für die meinige, als in ihr⌐, wie sie der letzte Sinn des an mich ergehenden *Gebotes* ist, so auch⌐ über den letzten Sinn meiner *Entscheidung* vorweg verfügt ⌐ist⌐, als mit ihr dem |43| Gebot, unter das ich gestellt bin, vorweg *genug* getan, und zwar *vollkommen* genug getan ist. ⌐Ist Gott für uns, wer mag wider uns sein? [Röm. 8,31] Sein Gebot sicher nicht!⌐ Kraft seiner Entscheidung bin ich nicht der, den sein Gebot verdammen könnte[dr], bin ich vielmehr so, wie ich bin, in der Tat meiner Existenz, was auch von ihr zu sagen sein möge, ⌐was ich auch selber von ihr sagen müsse, in «symmetria» und «consensus» mit seinem Gebote⌐[ds], ist meiner Tat zugesprochen und nicht wieder abzusprechen die Gerechtigkeit, die sein Gebot fordert ⌐und die darum vor ihm gilt [vgl. Röm. 3,23–26]⌐. Das ist das vom Gesetz nicht zu trennende *Evangelium*. Durch das Evangelium erst bekommt das Gesetz Wahrheit und Kraft.[dt] Ohne das Evangelium habe ich auch das Gesetz nicht als Gesetz gehört⌐, nicht als Wort, das mich bindet⌐. Erst damit erkenne ich ja die Gebote ⌐als solche⌐, daß ich sie als *Gottes* Gebote erkenne. Aber erst damit erkenne ich sie als Gottes Gebote, daß ich Gottes *Liebe* in ihnen erkenne, die Liebe des Gottes, der mich für sich will. Und erst damit erkenne ich Gottes Liebe in ihnen, daß ich mir sagen lasse: Gottes Liebe ist *unbedingte*, durch meine Ent-

---

[do] Mskr.: «sein».

[dp] Mskr.: «*bevor* vielleicht das Andere».

[dq] Mskr.: «schlechter».

[dr] Mskr.: «... der, der sich gegen seine Gebote entscheiden könnte».

[ds] Mskr.: «bin ich ihm vielmehr so ... möge, recht und wert».

[dt] Mskr.: «Heben wir das Gesetz auf durch das Evangelium? Im Gegenteil: Durch den Gnadenbund geschieht es, daß der Gesetzesbund erst Wahrheit und Kraft bekommt.»

scheidung nicht bedingte, sondern ihr vorangehende Liebe^{du}, Liebe ewiger Erwählung. So, als der unbedingt Geliebte, als der, über den entschieden *ist*, bin ich aufgerufen, mich zu entscheiden. Das heißt nun aber: aufgerufen, der zu sein, der ich bin, also nicht mehr zu wählen, sondern erwählt zu *sein* und meine Erwählung zu bestätigen, die über mich *gefallene* Entscheidung durch *meine* Entscheidung auf alle Fälle zu vollstrecken, in *meiner* Entscheidung unter allen Umständen der von Gott Geliebte zu sein. Mit der im Gebot an mich gerichteten, im Gebot wirklich ⌜von mir⌝ gehörten *Frage* ist mir auch die *Antwort* gegeben, ist mir gesagt, wer ich in der Tat meiner Existenz in diesem Augenblick bin. Du wirst – das ist das Letzte, was mit den Geboten zu mir gesagt ist^{dv} –, du wirst die Gebote *halten*.

III.

Wir wenden uns nun zu diesem zweiten Begriff, also zu unserem Tun^{dw} dessen, was wir sollen. Die Gebote *halten* – darunter ist unzweifelhaft zu verstehen^{dx}: sie wahr sein lassen in der Wirklichkeit unserer Tat, sie in unserem Handeln^{dy} ebenso konkret erfüllt sein lassen, wie sie es in sich selber sind. Dann – wie anders etwa? – haben wir sie beobachtet, bewacht, bewahrt. Darum – oder eben um ihre Übertretung, ihre Nichterfüllung durch unsere Tat, darum handelt es sich in der Entscheidung, in der wir stehen. |44|

Als solches Halten der Gebote können wir nun aber *unsere* Entscheidung gerade *nicht* verstehen: in diesem Augenblick nicht, im vorangegangenen auch nicht, im nächsten auch nicht, niemals. Wir müßten das Gebot noch einmal schlecht verstanden haben, wenn wir dessen nicht gewahr sein sollten, daß es in dem Augenblick, in dem unsere Entscheidung fällt^{dz}, zu unserem *Richter* wird⌜, wir vor ihm dastehen als seine

---

^{du} Mskr.: «… *unbedingte*, meiner Entscheidung unbedingt vorangehende Liebe».

^{dv} Mskr.: «– das ist das Letzte was *durch* die Gebote *mit* den Geboten selbst zu mir gesagt ist».

^{dw} Mskr.: «also zu *unserer* Entscheidung, zu unserem Tun».

^{dx} Mskr.: «Was unter dem *Halten* der Gebote an sich zu verstehen ist, darüber kann kein Zweifel bestehen. Die Gebote halten heißt».

^{dy} Mskr.: «unsrer Tat, sie erfüllen d. h. sie in unserem Handeln».

^{dz} Mskr.: «… nicht gewahr wären, daß es in dem Augenblick, in dem es uns in die Entscheidung stellt».

Übertreter⌐. – Wir gehen[ea] noch einmal darauf zurück, daß das Gebot
gegebenes, konkretes Gebot ist. Es möchte leicht sein, unsere Entscheidung als Entscheidung für das Gebot zu verstehen und also uns selbst
für gerechtfertigt zu halten, wenn wir es bloß mit einer allgemeinen
Idee des Gebotenen zu tun hätten, dessen konkrete Füllung *uns*[eb] überlassen wäre. Wir würden es dann gewiß nicht anders füllen als ⌐eben⌐
so, wie wir es nachher erfüllen wollen[25] und können[ec]. ⌐Um den fälsch-
lich an Stelle des Gebotes gesetzten kategorischen Imperativ versam-
meln sich darum bis auf diesen Tag notorisch nicht wenige von den 99
Gerechten, die der Buße nicht bedürfen [Lk. 15,7]. Die Gegebenheit und
Konkretheit des wirklichen Gebotes verdirbt uns dieses Spiel. Ihm gegenüber ist es immer so, daß wir im Augenblick der Entscheidung doch
noch ⌐irgend⌐etwas dazu- oder davontun [vgl. Dtn. 4,2; 13,1] und also[ed]
etwas Anderes tun als ⌐das⌐, was uns geboten ist, und also das uns Gebotene[ee] *nicht* tun. Daß wir das[ef]⌐, was wir an seiner Stelle tun,⌐ für geboten *halten*, daß es uns vielleicht früher einmal geboten *war* oder später einmal geboten sein *könnte*, daß es vielleicht Anderen, vielleicht allen Anderen geboten ist, das ändert nichts daran, daß wir das *uns jetzt*
Gebotene *nicht* getan haben. Und auch das fällt in diesem Zusammenhang nicht ins Gewicht[eg], ob wir uns mit dem, was wir tun[eh], von dem
uns Gebotenen weit oder weniger weit entfernen. Entfernen wir uns gelegentlich sehr *weit* davon, so kann und soll uns daran nur klar werden,
daß wir uns von ihm entfernen,[ei] was uns vielleicht nicht klar wird[ej],
wenn wir uns⌐, mit mehr Glück als Verstand, Dei providentia et hominum confusione[26] auf weite Strecken⌐ nur ⌐so⌐ *ein wenig* von ihm ent-

[ea] Mskr.: «Gehen wir doch».
[eb] Mskr.: «uns selbst».
[ec] Mskr.: «wie wir es nachher auch erfüllen könnten».
[ed] Mskr.: «... davontun, daß wir also».
[ee] Mskr.: «daß wir also das uns jetzt Gebotene».
[ef] Mskr.: «es».
[eg] Mskr.: «Und auch das macht in unserer Frage nichts aus».
[eh] Mskr.: «was wir wirklich tun».
[ei] Hier ist am Rande des Mskr. noch hinzugefügt: «daß unser Tun nicht etwa
unvollkommener Gehorsam, sondern Ungehorsam ist gegen das Gebot».
[ej] Mskr.: «würde».

25 Im Drucktext: «sollen»; Korrektur vom Hrsg.
26 Diese Sentenz wird von Barth öfter gebraucht; vgl. Vortr. u. kl. A. 1922–
1925, S.18; K.Barth, *Hominum confusione et Dei providentia Helvetia regitur*,

fernen^ek. ⌐Es ist furchtbar, eines Tages in *weiter* Ferne vom Gebot *erwachen* zu müssen, aber was wir dann wissen, ist dennoch wahrer als das, was wir in *näherer* Ferne von ihm vielleicht immer noch meinen *träumen* zu können. Wahr ist's, daß unser Tun allezeit nicht etwa unvollkommener Gehorsam, sondern Ungehorsam ist gegen das Gebot. Denn⌐ Entscheidung heißt: Entweder-Oder! Und was wir tun sollten, das haben wir ⌐in kleinerer oder größerer Ferne⌐ nicht getan⌐, *werden* es auch nicht tun, auch nicht auf unserem Totenbett, wie ein berühmter Lutherforscher gutmütig genug |45| gemeint hat annehmen zu dürfen^27⌐. Ich kann das nicht beweisen, daß unsere Entscheidung, so weit das Auge reicht, Streit gegen das Gebot bedeutet.^el Wir berühren hier die Wahrheitsfrage, die nicht im allgemeinen, sondern nur im besonderen zu beantworten ist. Nur fragen kann ich, ob etwa Einer da ist^em, der von seinem Tun das Gegenteil zu sagen den Mut hat? ⌐Der also in seiner Entscheidung das konkrete Gebot konkret erfüllt zu haben oder in Zu-

^ek Mskr.: «entfernten».
^el Mskr.: «... daß wir in allen unsern Entscheidungen *gegen* das konkrete Gebot handeln.»
^em Mskr.: «Ich kann nur fragen, ob etwa ein Gerechter da ist».

in: ders., *Eine Schweizer Stimme 1938–1945*, Zollikon-Zürich 1945 (Zürich 1985³), S. 233–239; KD IV/3, S. 793ff. Ihre Herkunft ist nicht im einzelnen bekannt. Material zu ihrer Entstehungsgeschichte findet sich in: *Briefwechsel Philipp von Segesser (1817–1888)*, Bd. IV: *1864–1868*, bearbeitet von C. Bossart-Pfluger, Zürich/Köln 1989, S. 178, Anm. 3.
^27 Vgl. K. Holl, *Die Rechtfertigungslehre in Luthers Vorlesung über den Römerbrief mit besonderer Rücksicht auf die Frage der Heilsgewißheit* (1910), in: ders., *Gesammelte Aufsätze zur Kirchengeschichte*, Bd. I: *Luther*, Tübingen 1923²·³, S. 121f.: «Ist es demnach Gott und Gott allein, der, wie er die Gemeinschaft zwischen sich und dem Menschen setzt, so auch das neue Leben in ihm schafft, so erscheint es damit auch verbürgt, daß die Umbildung des Menschen einmal *ihr Ziel erreicht*. Denn was Gott beginnt, das will er auch *vollenden*. Durch die Macht seiner unwandelbaren Gnade bringt er den Menschen tatsächlich bis zum Höchsten hinan. Freilich geschieht das Letzte erst im Tod. Bei Lebzeiten wird, nach dem Psalmwort (Ps. 143,2), niemand vor Gott gerecht. Denn – soweit stimmt Luther mit Augustin überein – reine Gottesliebe ist dem Menschen erst möglich, wenn er von den Banden des Irdischen frei geworden ist. Aber mag die Vollendung auch erst an der Schwelle zum Jenseits erfolgen, *daß* sie erfolgt, steht für Luther fest. Der Mensch *wird tatsächlich vor Gott gerecht*. So gerecht, daß er im Gericht bestehen kann. Gerecht jedoch in dem Sinn, wie Luther das Wort versteht, d. h. durchläutert von der Gottesliebe und vollkommen eins mit Gott.»

kunft konkret erfüllen zu werden denkt? Oder der sich getraut, seine Abweichung nur als relativ, nur als Unvollkommenheit zu beurteilen?⌐ – Wir gehen[en] noch einmal darauf zurück, daß das Gebot *Gottes* Gebot ist.[eo] «Nostri non sumus, sed Domini», so hat *Calvin* (Instit. III 7,1)[ep] das Wesen des wirklichen Gehorsams formuliert. Wäre es anders: handelte es sich nicht darum, sich dem Herrn zu beugen und Knecht zu sein, sondern etwa darum, dem Stern in der eigenen Brust[28] oder der Macht einer alten allgemeinen Gewohnheit oder auch der eines neuen allgemeinen Aufschwunges zu gehorchen, wie sollte dann Gehorsam und Gerechtigkeit nicht in unserem Bereich liegen?[eq] Aber wer hört denn ⌐etwa⌐ in seiner[er] Entscheidung auf, sein eigen zu sein, sein eigen sein zu *wollen*?[es] ⌐Wer gleicht denn nun etwa wirklich dem Zöllner im Tempel [Lk. 18,9–14] darin, daß er aufgehört hätte, mit Gott zu verhandeln auf Grund seines Guthabens, um sich selbst gerade vor Gott erst recht zu behaupten?⌐ Wer gibt denn ⌐etwa⌐ den Vorbehalt auf, daß er, gerade[et] in seiner Entscheidung für das vermeintliche Gute, sein eigener Herr ist? Wann ⌐und wo⌐ handeln wir denn etwa wirklich gebunden, wie wir im wirklichen Gehorsam gegen das Gebot allein handeln können? Tun wir das aber nicht, dann ist das Gebot übertreten, und wenn wir es ⌐, wie es der Pharisäer meinte geltend machen zu können,⌐ scheinbar[eu] in seinem konkretesten Gehalt erfüllt hätten. Gott wollte mich, gerade mich habe ich ihm wieder einmal entzogen. Wiederum ist's gewiß ein bedeutsamer Unterschied, ob wir uns dieses unseres fortwährenden Aufruhrs in Taten und auf Wegen offenbarer[ev] Willkür bewußt werden oder ob er sich in Form des stillen, sanften Eigensinns

[en] Mskr.: «Gehen wir».
[eo] Hier folgt im Mskr. noch der Satz: «Für oder gegen ihn geht die Entscheidung.»
[ep] Mskr.: «so hat Calvin einmal».
[eq] Mskr.: «... wie sollte es dann nicht Gehorsam und Gerechtigkeit geben?»
[er] Mskr.: «der».
[es] Mskr.: «zu *wollen*, mit Gott zu verhandeln wie mit einem Partner?»
[et] Mskr.: «daß er in seiner Entscheidung, gerade».
[eu] Mskr.: «scheinbar auch».
[ev] Mskr.: «offenkundiger».

[28] Vgl. Fr. von Schiller, *Wallenstein*, 2. Teil: *Die Piccolomini* II,6 (V. 962):
In deiner Brust sind deines Schicksals Sterne.

des im ganzen gutartigen und wohlerzogenen Musterkindes[ew] vollzieht. ⌐Aber hier kann dieser Unterschied nicht wichtig sein.⌐ Entscheidung heißt: Entweder-Oder!, und was geschehen sollte, das gerade ist *nicht* geschehen. Wiederum gibt es hier keinen Beweis, nur den Appell an unser aller besondere, höchst besondere Kenntnis des Sachverhaltes[ex], nur die Frage, ob etwa jemand da ist, der der Meinung sein sollte, einmal, auch nur einmal ⌐*Gott*,⌐ wirklich Gott wirklich *gehorcht* zu haben?

Wir gehen[ey] endlich noch einmal darauf zurück, daß |46| uns mit dem Gebot gesagt ist, daß wir Gottes Bundesgenossen, Erwählte und Geliebte sind. ⌐Damit ist gesagt, was das Gebot als Gehorsam letztlich von uns fordert: *Liebe*. Sie ist des Gesetzes Erfüllung [Röm. 13,10]. Liebe zu *Gott und* (als Frage- und Ausrufzeichen nicht zu übersehen, nicht davon zu trennen, obwohl das ein Anderes ist!) Liebe zum *Nächsten* [vgl. Mk. 12,29–31 parr.], in der es sich in jeder unserer Entscheidungen greifbar bewährt oder nicht bewährt, ob wir Gott denn etwa wirklich, wirklich mit der Tat unserer in das Verhältnis zum Nächsten gestellten Existenz lieben.⌐ Wiederum wäre es uns ein nicht allzu Schweres, unsere Entscheidung für gut und uns selbst für gerecht zu halten, wenn uns Gott nicht so unheimlich nahe[ez] träte in seinem Gebot, ⌐wenn er uns nicht liebte,⌐ wenn es ⌐also⌐ nicht gerade Liebe, Gegenliebe wäre, was das Gebot letztlich[fa] von uns will, wenn wir bloß als Sklaven eines fernen, fremden Schicksals oder als Organe einer sittlichen Weltordnung zu gehorchen hätten⌐, ohne ihn gerade lieben zu müssen, wie man zum Beispiel dem Staat sehr wohl und vollkommen gehorchen und dienen kann, ohne ihn auch nur ein bißchen zu lieben. Gott aber fordert Liebe für sich und den Nächsten. Sein Gebot fordert durchaus unser Herz. Lieben aber heißt, durchaus nicht ohne den sein wollen, in allem mit dem sein wollen, den man liebt, in der gleichen unwiderstehlichen Selbstverständlichkeit, mit der man nicht ohne sich selbst sein kann.⌐[fb]

[ew] Mskr.: «in der Form des sanften kleinen Eigensinns des im Ganzen durchaus gutartigen und wohlerzogenen Musterknaben».
[ex] Mskr.: «keinen Beweis, nur Appell an den λόγος ἀναπόδεικτος».
[ey] Mskr.: «Gehen wir».
[ez] Mskr.: «wenn Gott uns nicht so nahe, so unheimlich nahe».
[fa] Mskr.: «offenbar letztlich».
[fb] Im Mskr. steht hier folgender Text: «Wo aber nehmen wir *Liebe* her für den, der uns mit seinem Gebot doch offenkundig stört, in unserm Lauf unterbricht und aufhält, uns hindert zu sein und zu tun wie Moab, Amalek und Mi-

Wann und wo wäre nun eine unserer Entscheidungen dadurch charakterisiert, daß wir in ihr mit Gott sein wollen, wie er mit uns ist, oder mit
unserem Nächsten wie mit uns selbst, und dadurch unsere Erwählung
bestätigten?[fc] Welcher Erwählte fände[fd] etwas in seinem Leben, auf das
er in diesem Sinne die Hand zu legen sich getraute? ⌐Im Heidelberger
Katechismus steht zu lesen, daß ich vielmehr «von Natur geneigt bin,
Gott und meinen Nächsten zu hassen».[29] Es wäre wohl schön, sich den
Kopf aus der Schlinge ziehen zu können wie jener bekannte deutsche
Publizist, der mir neulich schrieb, die Verfasser dieses Katechismus hätten gewiß, in dem dunklen 16. Jahrhundert allerdings nicht unbegreifli-
cherweise, an schwerer Schizophrenie gelitten.[30] Aber es könnte ja doch
sein, daß man sich auch im 20. Jahrhundert und ohne allzu schlimme
Schizophrenie ehrlicherweise gestehen müßte, daß man in allen seinen
Entscheidungen, so korrekt und so gehorsam sie das Gebot zu erfüllen
scheinen, im tiefsten Herzensgrund wirklich gerne ohne Gott und ohne
den Nächsten sein möchte, daß uns die Liebe, die Liebe als des Gesetzes Erfüllung wirklich abgeht.⌐ Wieder[fe] mag es gewichtige Unterschiede geben im Grad unserer Nicht-Erwiderung der uns mit dem Gebote[ff]
|47| begegnenden Liebe Gottes. Aber ⌐was hilft uns hier ein Gradunter-
schied?⌐ Entscheidung heißt: Entweder-Oder! Stehen wir jemals anderswo als in der Nicht-Erwiderung? Das ist die Frage. Die Frage wie-

dian, dessen Liebe unsere Eigenliebe auch unsere berechtigtste Eigenliebe in keiner Weise bestätigt, sondern vielmehr aufhebt und tötet.»
    [fc] Mskr.: «Wann und wo besteht unser Tun denn etwa darin, daß wir ihn wol-
len wie er uns will und dadurch unsre Erwählung bestätigen?» Im Drucktext
heißt das letzte Wort «betätigten». Korrektur nach Mskr.
    [fd] Mskr.: «fände denn».
    [fe] Mskr.: «Wohlgemerkt: wieder».
    [ff] Mskr.: «der uns im Gebot».

[29] BSRK 683,32–684,3: 5. Frag. Kanstu diß alles vollkomlich halten? Antwort.
Nein: denn ich bin von natur geneigt Gott und meinen Nechsten zu hassen.»
[30] Wilhelm Stapel (1882–1954), 1919–1938 Herausgeber der Zeitschrift «Deutsches Volkstum», schrieb am 13. 2. 1927 einen Brief an Barth. Er nimmt Bezug auf
das «Polemische Nachwort», in dem Barth die Frage 5 und andere Fragen des
Heidelberger Katechismus zitiert hatte (oben S. 52f). Stapel schreibt: «Ihr Bekenntnis zu den Sätzen des Heidelberger Katechismus: Diese Sätze sind theologische Schizophrenie. Freilich sind sie ‹richtig›, wenn sie ‹religiös›, aber *nur* ‹religiös› genommen werden. Aber ‹böse› und ‹hassen› sind eben doch moralische
Ausdrücke. Man nimmt sie psychologisch-moralisch. Und jedes Zeitalter schiebt
seine biologischen Bedürfnisse als Moral unter. So ergibt sich der ‹Fortschritt›.»

derum und kein Beweis. Die Wahrheit, um die es hier geht, ist ⌐die⌐ besondere Wahrheit. Will ein Begeisterter aufstehen und von sich sagen: *er, er* liebe Gott und den Nächsten[fg], so kann *ich* ihm den Mund nicht stopfen. Aber vielleicht steht keiner auf und sind wir ⌐nochmals⌐ mit *Calvin* (Instit. III 14,11) einig in der Einsicht: «nullum unquam exstitisse pii hominis opus, quod, si severo Dei judicio examinaretur, non esset damnabile».[fh] Betrachten wir unsere oder anderer Entscheidungen von außen, dann mag uns wohl viel übrig bleiben, milder[fi] zu urteilen. Stehen wir *in* der Entscheidung[fj], ⌐betrachten wir unser eigen Angesicht im Spiegel und laufen nicht davon, um zu vergessen, was wir gesehen haben [vgl. Jak. 1,23f.], sondern sagen uns, daß *das, das* uns die Antwort ist auf das, wonach wir durch das Gebot gefragt sind,⌐ dann geht uns ⌐doch wohl⌐ für alle anderen Urteile ⌐über diese Antwort⌐ der Atem aus. Wir tun nicht das Gute. Wir tun – ein Drittes gibt es nicht – das Böse.

Wäre unsere Entscheidung nur das, als was wir selbst sie verstehen, dann wäre jetzt nichts weiter zu sagen als das Zusammenfassende: daß wir die Gebote nicht gehalten haben, nicht halten und nicht halten werden. Und der verzweifelte Versuch, uns vor dem an uns ergehenden Anspruch die Ohren zu verschließen und zu vergessen, daß wir in der Entscheidung stehen, wäre das Einzige, was angesichts dieses Ergebnisses etwa zu unternehmen wäre. Aber so ergeht der göttliche Anspruch nun gerade *nicht* an uns, daß wir hier Halt machen ⌐oder vielmehr so entwischen⌐ könnten. *Bevor* unsere Entscheidung fiel gegen das Gebot, *war* über sie entschieden[fk], daß sie nicht Ungehorsam, sondern Gehorsam, nicht Übertretung, sondern Halten des Gebotes sein solle. *Bevor* wir das Verkehrte wählten, ⌐supra lapsum, wie die rechtgläubige reformierte Theologie lehrte[31],⌐ *waren* wir erwählt. *Bevor* wir nicht liebten,

---

[fg] Mskr.: «und von sich sagen, daß er Gott sehr wohl liebe».
[fh] Im Mskr. folgt hier der Satz: «Man beachte wohl: nicht nur unvollkommen, nicht nur tadelnswert, nicht nur fragwürdig, sondern damnabile, verdammenswert.»
[fi] Mskr.: «weniger scharf».
[fj] Mskr.: «*in* der Entscheidung als *Hörer* des Worts».
[fk] Mskr.: «verfügt».

[31] Vgl. Barths Bericht und Stellungnahme zum reformierten Schulstreit zwischen Infra- und Supralapsarismus in: Unterricht II, S. 200–203.

waren wir geliebt. *Bevor* unser Ungenügen an den Tag kam, *war* für uns genug getan. Gottes[fl] Treue wird ⌐aber¬ durch unsere Untreue nicht aufgehoben [vgl. Röm. 3,3; 2. Tim. 2,13]. Wir erinnern uns nun an das vom Gesetz nicht zu trennende Evangelium von Gottes Entscheidung, in der der *letzte* Sinn unserer Entscheidung vorweggenommen ist, bestimmt ist als Gehorsam, als Gerechtigkeit, als Halten der Gebote. Als *meine* Entscheidung kann ich sie in dieser Bestimmung *nicht* verstehen, haben wir gesehen. Als *meine* Entscheidung kann *ich* sie eindeutig nur unter dem *Gericht* des Gebotes sehen und verstehen, darüber gibt es unter |48| Leuten, die Sentimentalitäten und Illusionen nicht lieben, nur eine Meinung.[fm] Aber was sie als *meine* Entscheidung ⌐*meines* Wissens¬ *nicht* ist, das kann sie sein, das *ist* sie laut des Evangeliums, prädeterminiert in Gottes Liebe: *vergebene* Sünde, das heißt dann aber: *gerechtfertigte* Tat, *gutes* Werk. Und kann ich sie als solches nimmermehr sehen und verstehen[fn] – wie könnte ich auch? und wie dürfte ich auch? –, bleibt sie als *meine* Entscheidung im *Gericht* des Gebots – und wehe uns, wenn wir sie diesem Gericht entziehen wollten! –, so besteht die Vollstreckung unserer Erwählung, ⌐zu der wir aufgerufen sind,¬ darin, daß wir unsere Entscheidung in dieser ihrer Bestimmtheit durch Gottes Entscheidung, daß wir also unsere *Rechtfertigung*, die Rechtfertigung des *Sünders* und seines ⌐argen¬ Werkes *glauben*. Glauben heißt Ja sagen zur *ganzen* Gnade[fo], nichts sonst, und geschieht in der Kraft ⌐des Geistes¬ derselben Gnade, nicht anders. Der Glaube kann sein[fp] ⌐– wenn wir nämlich glauben –¬ der *letzte* Sinn unserer Entscheidung, in welch letztem Sinn sie ⌐dann¬, welches auch ihr Inhalt sei, Gott wohlgefällig ist, Entscheidung *für* das Gebot, *Halten* der Gebote[fq]. Denn im Glauben ⌐– wenn wir nämlich glauben –¬ erkennen wir *unsere* Entscheidung gestellt in *Gottes* Entscheidung und darum von Gott angenommen[fr] als

[fl] Mskr.: «Seine».
[fm] Mskr.: «als *meine* Entscheidung steht sie eindeutig unter dem Gericht des Gebots, ist sie auch als *gutes* Werk damnabile, darüber giebt es unter ehrlichen Leuten keine Täuschung.»
[fn] Mskr.: «nimmermehr begreifen».
[fo] Mskr.: «Ja sagen zum Evangelium der *Gnade*».
[fp] Mskr.: «Der Glaube ist».
[fq] Mskr.: «*Halten* des Gebots».
[fr] Mskr.: «steht *unsre* Entscheidung in *Gottes* Entscheidung und ist von Gott angenommen».

das, was sie als *unsere* Entscheidung ⌜*unseres* Wissens⌝ nie sein könnte: angenommen als die *rechte* Entscheidung. Im Glauben ⌜– wenn wir glauben –⌝ hören wir das Wort, wie es uns *gesagt* ist als Gesetz *und* Evangelium, und darum sind wir im Glauben *Täter* des Wortes [vgl. Jak. 1,22], des Evangeliums *und* des Gesetzes, *in* ihrer Sündigkeit freigesprochen, das heißt aber mit der Gerechtigkeit Gottes bekleidete Sünder [vgl. Jes. 61,10]. Nicht darum, weil der Glaube nun etwa die fehlende Heldentat⌜, das reine Werk⌝ des Gehorsams wäre, durch die unser Ungehorsam nachträglich entschuldigt und wohl gar rühmlich würde. ⌜Wir wissen auch von unserem Glauben nichts Besseres, als wir von unserem Tun wissen. *Glauben* müssen wir auch, daß unser *Glaube* der *rechte* Glaube ist. Und eben im Glauben erkennen wir unseren Ungehorsam als unentschuldbar.⌝ Wohl aber darum, weil unser Glaube – wenn wir glauben – als letzter Sinn unserer Entscheidung Gottes des Gesetzgebers und Richters eigener Sinn, *sein* Werk, das Werk des Heiligen Geistes ist[fs], durch das wir – ohne Entschuldigung, ohne Ruhm – *frei* sind vom Gericht, indem es über uns ergeht[ft], *gerechtfertigt*, indem wir als Übertreter entlarvt werden[fu], *angenommen*, indem wir uns selbst preisgeben müssen. Ich brauche nicht zu sagen, daß es die besondere, die schlechthin besondere Wahrheit in der Wirklichkeit unseres Augenblicks |49| ist, die wir hier aufs neue berühren. ⌜Der Geist weht, wo er will [vgl. Joh. 3,8]. Und darum gilt:⌝ Der Glaube ist nicht jedermanns Ding [2. Thess. 3,2], als der kühne, von außen gesehen einfach absurde Griff[fv] nach der Erwählung nicht und erst recht nicht als das entscheidende Ereignis der Liebe Gottes selber[fw]. Kann die christliche Kirche, als Gemeinde der gerechtfertigten Sünder, die Botschaft vernehmen und verkündigen:[fx] Glaube! Glaube an den Herrn Jesum Christum! [Act. 16,31], ⌜Glaube und halte alles andere für Dreck! [vgl. Phil. 3,8]?⌝ Denn *das*, *das* ist die Antwort auf die Frage: Was sollen wir ⌜denn⌝ tun?, *das*⌜, *das*⌝ ist das Halten der Gebote! –, *so* kann doch ⌜auch in der

---

[fs] Mskr.: «Sondern darum weil er als letzter Sinn *unsrer* Entscheidung Gottes, des Gesetzgebers und Richters eigener Sinn ist, das Werk des heiligen Geistes».

[ft] Mskr.: «*frei* sind vom Gericht, frei *indem* das Gericht über uns ergeht».

[fu] Mskr.: «sind».

[fv] Mskr.: «von außen gesehen unsinnige Griff».

[fw] Mskr.: «als die Ereignis gewordene Liebe Gottes zu uns».

[fx] Mskr.: «Kann man einander zurufen, verkündigend zurufen:»

131

Kirche, gerade in der Kirche,⌐ keiner für den anderen glauben, keiner den anderen ⌐sicher⌐ vorübergeleiten an dem finsteren Abgrund der Verwerfung, des Unglaubens, des Bleibens in der Sünde, ⌐der Sünde gegen den Heiligen Geist [vgl. Mk. 3,28f. parr.],⌐ der die andere Seite jener besonderen Wahrheit ist. Und ist ihre erste Seite die Erwählung, der Glaube, die Vergebung ⌐der Sünde⌐, so wird doch gerade ihr durch nichts[fy] als durch sich selbst⌐, das heißt aber durch Gott selbst⌐ garantiertes Wahrsein[fz] dem, der ⌐als Glied der Sünderkirche⌐ glaubt, keinen Augenblick nicht Erinnerung sein ⌐daran⌐, daß, wer da steht, wohl zusehe, daß er nicht falle [vgl. 1. Kor. 10,12]. ⌐Denn *Entscheidung* ist auch die durch das Gebot letztlich geforderte *Glaubens*entscheidung. Und wie die Wahrheit des Gebotes, wie die Wahrheit des Gerichtes, das das Gebot für uns bedeutet, so ist auch die Wahrheit der Glaubensentscheidung, die Wahrheit unserer Rechtfertigung nicht evident *seiende*, sondern evident *werdende* Wahrheit, gleich dem Manna in der Wüste [vgl. Ex. 16,19–21] *nicht* zu konservierende, *nicht* zu magazinierende Wahrheit, Wahrheit Gottes, in der wir stehen *oder* fallen können. Denn auf Gott können wir nicht die Hand legen, sondern wir leben davon, daß er *seine* Hand nicht von *uns* abzieht [vgl. 1. Kön. 8,57].⌐[ga]

Dürfen wir *nun* etwa Halt machen? ⌐Nein, noch einmal nicht und nun noch einmal: gerade hier nicht etwa entwischen!⌐ Die Frage: Heben wir nun das Gesetz auf durch den Glauben? [Röm. 3,31] ist eine ebenso alte wie törichte Frage und ist doch um unserer Torheit willen eine Kontrollfrage, an der es sich lohnt, nicht vorüberzueilen.[gb] Wir beantworten sie also und stellen nochmals fest:[gc] ⌐Nein,⌐ durch den Glauben[gd] gerade wird das Gesetz *aufgerichtet* und unerschütterlich *be-*

[fy] Mskr.: «durch nichts gar nichts».

[fz] Mskr.: «garantierte Besonderheit».

[ga] Anstelle der letzten 3 Sätze hat das Mskr. (als Randnachtrag): «Ist die Entscheidung in der wir stehen, in ihrem letzten Sinn *Glaubens*entscheidung, so ist und bleibt sie doch *Entscheidung*, so ist und bleibt ihre rettende Wahrheit doch *wie* die Wahrheit des Gebots, *wie* die Wahrheit des Gerichts unter dem wir stehen nicht evident seiende, sondern evident werdende, gleich dem Manna in der Wüste *nicht* zu konservierende und *nicht* zu magazinierende Wahrheit, Wahrheit der *Tat* in der wir stehen oder – nicht stehen.»

[gb] Mskr.: «Wir hätten dann offenbar noch einmal die Frage zu gewärtigen, ob das nicht heiße, das Gesetz aufheben durch den Glauben?»

[gc] Mskr.: «... also, indem wir noch einmal feststellen und unterstreichen:».

[gd] Mskr.: «durch die Gnade, durch den Glauben».

festigt. Nicht so, als ob der Glaubende das Gebot nun auf einmal doch[ge] in seiner eigenen Entscheidung erfüllte aus lauter Lust und Liebe und in lauter ⌐plötzlich gewonnener⌐ Freiheit zum Guten⌐, so daß er, als Glaubender vom Nicht-Glaubenden unzweideutig und direkt zu unterscheiden, Dinge täte, die der Vergebung |50| und Rechtfertigung nicht mehr oder nur noch in einem irgendwie abgeschwächten Maße bedürftig wären⌐. So hat freilich *Luther* gelegentlich geredet, und allzu gerne werden ihm gerade solche Sprüche von den allzu Siegreichen in Deutschland und anderwärts nachgeredet.[gf/32] ⌐*Warnung* ist hier *am Platz*, im Einklang mit anderen, besseren Sprüchen desselben Luther, an denen es zum Glück auch nicht fehlt. Der Heilige Geist wird nicht

---

[ge] Mskr.: «als ob der Glaubende das Gesetz nun nachträglich etwa doch noch».

[gf] Mskr.: «So hat es Luther gelegentlich gesagt und so wird es ihm von den allzu Siegreichen immer wieder nachgeredet. Aber das ist nicht wahr.»

[32] Barth denkt höchstwahrscheinlich u. a. an Luthers bekannte Ausführungen in der Schrift *Wider Hans Worst* (1541), WA 51,517,5–16: «Ein prediger mus nicht das Vater vnser beten, noch vergebung der sunden suchen, wenn er gepredigt hat (wo er ein rechter prediger ist) Sondern müs mit Jeremia sagen vnd rhümen Herr du weissest das was aus meinem munde gangen ist, das ist recht vnd dir gefellig, Ja mit Sanct Paulo vnd allen Aposteln vnd propheten trotzlich sagen. Hec dixit Dominus. Das hat Gott selbs gesagt Et iterum Ich bin ein Apostel und prophet Jesu Christi gewest ynn dieser predigt Hie ist nicht not, ia nicht gut vergebung der sunde zu bitten, als were es vnrecht geleret, Denn es ist Gottes vnd nicht mein wort, das mir Gott nicht vergeben sol noch kan, Sondern bestetigen loben kronen vnd sagen Du hast recht geleret Denn ich hab durch dich geredt vnd das wort ist mein Wer solchs nicht rhumen kan von seiner predigt, der lasse das predigen anstehen, Denn er leugt gewislich vnd lestert Gott». Eben diese Luther-Stelle zitiert Fr. Gogarten in dem Aufsatz *Das Wort und die Frage nach der Kirche*, in: ZZ, Jg. 4 (1926), S. 279–296 (wieder abgedruckt in: ders., *Glaube und Wirklichkeit*, Jena 1928, S. 52f.). Barths Bemerkung über die «allzu Siegreichen in Deutschland» dürfte in erster Linie auf Gogarten zielen. Am 7.3.1927 führte Barth in Basel mit seinem Bruder Peter und mit dem Freund Lukas Christ ein langes Gespräch über Gogarten (Bw. Th. II, S. 474). Am 10.3. schrieb L. Christ im Rückblick auf die Aarauer Veranstaltung an Barth: «Die Streiche, die Luther und sein Jünger Gogarten abgekriegt haben, nehm ich nicht tragisch. ... Du bist nicht nur Luther, sondern auch Gogarten sehr nahe gewesen.» Barth selber hatte jene Luther-Stelle in seiner Prolegomena-Vorlesung im WS 1926/27 auch zitiert (Chr. Dogm., S. 535f.). Seine Meinung: «Darauf kann man bei allem Respekt nur mit einem glatten *Nein* antworten». A.a.O., S. 536, Anm. 3, zitiert Barth dann einer jener «anderen besseren Sprüche desselben Luther». Später hat er aber sein «*Nein*» revoziert: KD I/2, S. 835.

der Herren eigener Geist³³, auch nicht der Herren Christen, das ist gerade im Glauben wohl zu bedenken. *Ihre* Lust, Liebe und Freiheit ist von der anderer Leute *nicht* unzweideutig, *nicht* direkt zu unterscheiden. *Ihre* Werke, auch ihre feinsten und besten Werke, dem Gericht des Gebotes zu entziehen werden sie selbst gerade im Glauben weislich unterlassen. Rechtfertigung, wahre Kirche, wahres Christentum, wahre Christen, Halten der Gebote, das alles gibt es nur im Glauben, nicht im Schauen [vgl. 2. Kor. 5,7].⌐ So weit das Auge reicht, ist das, was Menschen, auch glaubende Menschen, tun, *nicht* Halten der Gebote. Das Halten der Gebote *geschieht* in der *vergebenen* Sünde des *gerechtfertigten* Sünders, das heißt aber im Glauben und nicht anders. Aber eben über dieses *Geschehen* im Glauben ist nun noch ein Wort zu sagen. Glauben heißt Ja sagen zur *ganzen* Gnade, haben wir gesagt. Gnade aber ist Gesetz *und* Evangelium, Evangelium *und* Gesetz; in dieser Ganzheit ergeht Gottes Ausspruch und Anspruch. Der *Sünder*, der *Übertreter* der Gebote, der Mann der *verkehrten* Entscheidung vernimmt ihn, er, den er darum wahrlich auch als glaubenden und gerechtfertigten Sünder *angeht*, *trifft*, in das helle Licht des *Gebotes* stellt. Kraft der Entscheidung Gottes, kraft des Evangeliums ist ihm seine verkehrte Entscheidung *vergeben*, ist sie angenommen als die rechte. Aber kraft derselben Entscheidung Gottes, kraft des Gesetzes ist sie offenbar auch, ohne dem strengsten Gericht entzogen zu sein, ja vielmehr so gerade unter das Gericht gestellt, in sich selbst *eine andere*. Nicht als unsere Leistung und Heldentat, sondern kraft der Entscheidung Gottes, kraft desselben Geistes der Gnade, dessen Werk es ist, wenn wir glauben, gibt es eine *Heiligung* unserer verkehrten Entscheidung, einen Charakter des *Gehorsams*, den, merkwürdig genug, unser Ungehorsam bekommen kann⁼⁼, ⌐in der nicht abgelegten Hülle des alten ein *neues*

ᵍᵍ Der ganze Passus ab «So weit das Auge reicht» ist gegenüber dem Mskr. umformuliert, so daß zum Vergleich eine vollständige Wiedergabe der Mskr.-Fassung erforderlich ist: «So weit das Auge reicht, findet in unsrer Entscheidung als solcher Halten der Gebote als Erfüllung der Gebote[,] als eine Erfüllung die nicht *ganz* in der Gnade und *ganz* im Glauben ihre Wahrheit hätte, nicht statt. Wohl aber ist es so, daß wir über diese Erfüllung des Gesetzes ganz in der Gnade

³³ Vgl. J. W. von Goethe, *Faust I*, V. 577f. (Nacht):
Was ihr den Geist der Zeiten heißt,
Das ist im Grund der Herren eigner Geist.

Leben, nicht in der Unmittelbarkeit, sondern in der Mittelbarkeit, im Schatten des *Gesetzes*, das *auch* Gnade ist, aber daselbst ein *neues* Leben, ein *Halten der Gebote*, das freilich auch nur *vergebene Sünde* sein kann, als solche nun aber unvermeidlich geschehen muß, es wäre denn, wir hätten auch das Evangelium *nicht*, das heißt, |51| wir hätten Gottes Anspruch gar nicht vernommen. Lassen Sie mich diese letzte Einsicht an Hand eines bekannten Gedankengangs der reformatorischen Theologie[34] in drei Punkten kurz entwickeln.⌐

1. Kraft der ⌐im Glauben bejahten⌐ Entscheidung Gottes ⌐oder kraft des Heiligen Geistes der Gnade⌐ ist auch unsere verkehrte Entschei-

und ganz im Glauben ein letztes Wort noch nicht gesagt haben. Gnade bedeutet den *ganzen* Anspruch Gottes auf den Menschen. Und Glauben bedeutet das Vernehmen dieses *ganzen* Anspruchs. Der Sünder, der Übertreter der Gebote, der Mann der verkehrten Entscheidung[,] vernimmt ihn, der gerechtfertigte Sünder, aber er *vernimmt* ihn, er der *Sünder*, den er wahrlich nach wie vor angeht, trifft und in das helle Licht des Gebotes stellt, weil er nicht aufhört, nicht nur Evangelium sondern auch Gesetz zu sein. Ist seine Entscheidung und bleibt sie eine verkehrte, giebt es keine solche Lust, Liebe und Freiheit des Glaubens kraft welcher sie etwa dem Gericht entzogen wäre, ist sie dem Gericht nur entzogen in und durch Gottes Entscheidung, so kann es doch nicht anders sein, als daß sie *in* ihrer Verkehrtheit kraft der Entscheidung Gottes eine *andere* sein, einen anderen *Charakter* tragen wird. Kraft der Entscheidung *Gottes*, ist auch hier zu sagen, nicht als *unser* Werk[,] unsre Heldentat, so wenig wie der Glaube als das anzusprechen ist, giebt es eine *Heiligung* unsrer verkehrten Entscheidung, einen Charakter des *Gehorsams*, den merkwürdig genug unser Ungehorsam bekommen kann.»

[34] Gemeint ist die Lehre vom triplex usus legis, nämlich 1. usus politicus, 2. usus elenchticus und 3. usus in renatis. Eine kurze Zusammenfassung findet sich in der Konkordienformel, BSLK 962:
«I.   Lege enim disciplina externa et honestas contra feros et indomitos homines utcunque conservatur.
II.   Lege peccatores ad agnitionem peccati adducuntur.
III. Denique qui per spiritum Dei renati et ad Dominum conversi sunt, et quibus iam velamen Moisis sublatum est, lege docentur, ut in vera pietate vivant et ambulent».
Bedeutsame Darlegungen dieser Lehre finden sich bei Ph. Melanchthon, *Loci praecipui theologici* (1559), in: *Melanchthons Werke*, Bd. II,1, hrsg. von H. Engelland, Gütersloh 1952, S. 321–326, in dem Abschnitt «De usu Legis», sowie bei J. Calvin, Inst. II,7,6–17, wo allerdings die Reihenfolge der ersten beiden usus vertauscht ist. Luther hatte in der Regel nur von zwei Funktionen des Gesetzes geredet (z. B. in den *Schmalkaldischen Artikeln*, BSLK 435f.). Zur Problematik vgl. E. Wolf, Art. «Gesetz, V. Gesetz und Evangelium, dogmengeschichtlich» in: RGG³ II, Sp. 1519–1526.

dung nicht ohne heilsame *Übung und Disziplin*. Die Gebote hören ja nicht auf, ihre konkrete Sprache zu uns zu reden. *Halten* wir sie nicht, so bedeutet das, daß wir sie *hören*, doch unvermeidlich, daß uns *in* unserer Übertretung Maß, Ziel und Grenzen gesteckt, daß *in* der Unordnung Ordnung aufgerichtet, *in* der Wüste eine Orientierung möglich ist. Wie eine Räuberbande, durch Zuchthaus- und Galgendrohung von Moral und Recht der bürgerlichen Gesellschaft handgreiflich geschieden, nicht umhin kann, innerhalb ihrer eigenen Sphäre Moral und Recht zu anerkennen, Räubermoral und Räuberrecht, aber Moral und Recht[35], so gibt es ein Halten der Gebote mitten in unserer Entscheidung, die als solche die verkehrte ist, einen *Respekt* vor den Geboten, in deren Verkündigung Kirche, Schule und Haus wahrhaftig nicht umsonst arbeiten. Hier werden uns dann die Unterschiede zwischen größerer oder kleinerer Ferne vom Gebot durchaus nicht gleichgültig sein können. Rechtfertigt uns die kleinere Ferne nicht, besteht zu der Haltung des Pharisäers im Tempel [Lk. 18,11f.] *kein* Anlaß und darf es auch in der größten Ferne keine Verzweiflung geben, so gibt es doch aus der Ferne in die Nähe *Wege*, deren Begehen hoffnungsvoll ist, nicht um der zu erreichenden Ziele willen, sondern weil der *Sinn* dieses Gehens Übung und Disziplin ist, die Gnade der Heiligung und des Gehorsams.[gh] Wer gerechtfertigt ist, der ist auch geheiligt. Wer glaubt, der ge-

[gh] Das Mittelstück des Abschnitts 1. lautet im Mskr.: «Das Gebot hört ja nicht auf seine konkrete Sprache zu uns zu reden. Es ist nicht gleichgültig ob wir dem was es von uns will, ferner bleiben oder näher kommen durch unsere Entscheidung. Rechtfertigt uns unser Näherkommen nicht, so gewiß es ein Erreichen hier überhaupt nicht giebt, so giebt es doch innerhalb des Unvollkomme-

[35] Das Gleichnis von der «Räubermoral» wurde im März 1928 noch einmal angesprochen von jenem Th. Spoerri, dessen Einwände Barth in Aarau so zornig zurückgewiesen hatte (s. oben S. 102). In einem versöhnlichen Antwortbrief auf einen späteren Brief Spoerris schreibt Barth: «... es könnte Ihnen ja beim Lesen kaum entgangen sein, daß von einer ‹Identifizierung› zwischen dem uns möglichen ‹Halten der Gebote› und der Moral von Räubern nicht die Rede war, sondern eben nur von einem *Gleichnis* zur Erklärung des Begriffs ‹Ordnung in der Unordnung›» (Brief vom 20.3.1928). Barth hätte sich auch auf Augustinus berufen können, der ausführlich darlegt, daß jeder Mensch von Natur aus Frieden und Ordnung dem Unfrieden und der Unordnung vorzieht. «Proinde latrones ipsi, ut uehementius et tutius infesti sint paci ceterorum, pacem uolunt habere sociorum. ... In domo autem sua cum uxore et cum filiis, et si quos alios illic habet, studet profecto esse pacatus ...» (*De civitate dei* 19,12, CChrSL 48,676, 17−19.24f.).

136

horcht auch, auf *seiner* Stufe, in *seinen* Grenzen, in *seiner* Sünde, Torheit und Bosheit, aber er gehorcht. Heute gerichtet[gi], weiß er sich morgen wieder verantwortlich. Sonst würde er auch nicht glauben.

2. Kraft der ⌐im Glauben bejahten⌐ Entscheidung Gottes ⌐oder kraft
des Heiligen Geistes der Gnade⌐ ist auch unsere verkehrte Entscheidung nicht ohne ⌐heilsame⌐ *Demütigung.* Das Gebot hört nicht auf,
uns den Meister zu zeigen⌐, uns im wörtlichsten Sinne heimzuschicken,
nämlich zu dem Herrn, dem wir gehören, und zu seiner Barmherzigkeit. Auch der Glaubende hat es nötig, immer wieder glauben zu *lernen*
und darum durch das Gebot sich *erschrecken* zu lassen. Was Röm. 7 von
der Wirkung des Gesetzes zu lesen steht, das hat und das behält volle
Aktualität⌐. Rechtfertigt uns unser Erschrecken, auch unser tiefstes Er-
schrecken nicht, weil es nicht wahr ist, |52| wenn Leute sagen, sie hätten
sich «dem Herrn übergeben»[gj/36], weil es ⌐vielmehr⌐ immer wieder
wahr ist, daß sie wie wir alle *dazu* noch lange nicht erschrocken genug
sind[gk], so ist es doch nicht gleichgültig, ob wir uns durch das unerschütterlich in Kraft stehende Gebot in unserer Sicherheit wenigstens ein
Stück weit erschüttern lassen. Der Sinn solchen ⌐Unruhig- und⌐ Unsi-
cherwerdens ist dann wiederum unsere Heiligung, unser Gehorsam.
Wer glaubt, der fürchtet den Herrn[gl]. Heute zuversichtlich, allzu zuversichtlich wahrscheinlich, wird er morgen wieder anfangen mit diesem
Anfang der [gm] Weisheit [Ps. 111,10]. Wollte er sich dessen weigern, so
würde er gewiß auch nicht glauben oder in seinem unerschrockenen
Glauben sicher nicht gerechtfertigt sein[gn].

3. Kraft der ⌐im Glauben bejahten⌐ Entscheidung Gottes ⌐oder kraft

---

nen einen Weg, einen zu durchlaufenden Prozeß, dessen Ziel zwar nicht, aber
dessen Sinn unsre Heiligung unser Gehorsam ist.»

[gi] Mskr.: «Gestern gerichtet und heute gerichtet».

[gj] Mskr.: «ganz dem Herrn übergeben».

[gk] Mskr.: «daß sie wie wir alle gar sehr ihr eigen sind».

[gl] Mskr.: «der fürchtet sich auch».

[gm] Mskr.: «aller».

[gn] Mskr.: «nicht glauben und wenn vermeintlich glauben, durch *solchen* Glauben nicht gerechtfertigt sein».

[36] Die Wendung «sich dem Herrn übergeben» ist eine pietistische Stereotype,
der Barth in seiner Safenwiler Zeit häufig begegnet sein mag. Vielleicht kommt
sie ihm in die Feder, weil er einen Vortrag für Aarau schreibt, für die Hauptstadt
des Kantons, zu dem Safenwil gehört.

des Heiligen Geistes der Gnade⌐ ist auch unsere verkehrte Entscheidung nicht ohne ⌐heilsame⌐ *Dankbarkeit*[37]. Das Gebot hört nicht auf,
uns an die Liebe, die nicht erwiderte Liebe Gottes zu erinnern. Von
Vergeltung kann keine Rede sein. Wir werden auch bei größtem, leben-
digstem ⌐und⌐ tiefstem Glauben an Gott nie auch nur annähernd so
handeln wie er an uns[go]. Es ist nicht wahr, wenn man sagt, daß wir[gp] in
unserem Gewissen mit seinem Willen einig werden ⌐können⌐.[38] Wir
sind in *unserer* Entscheidung *unseres* Wissens nie gerecht[gq]. Es kann
aber sein und es muß so sein, daß wir als die Aufrührer, als die wir uns
selbst jeden Tag entdeckt und verurteilt finden durch sein Gebot, ein
Zeichen tun⌐, demonstrieren⌐ möchten, daß wir seine uns eben in seinem Gebot nahegehende Liebe[gr] wenigstens als solche *verstanden* haben, und dazu wird[gs] uns dann eben sein Gebot mitten in dem Urwald
unserer Übertretung Wegweiser[gt] sein, ⌐«ein Licht auf unserem Wege»
[vgl. Ps. 119,105],⌐ dazu werden wir uns durch das Gebot, das uns richtet[gu], nun auch *aus*richten lassen. Der ⌐hoffnungsvolle⌐ Sinn solchen
Ausgerichtetwerdens⌐, solcher «symmetria» und solches «consensus»[39]
mitten in der Zweideutigkeit⌐ ist[gv] unsere Heiligung, unser Gehorsam.
Wer glaubt, der dankt und wird damit Gott und dem Nächsten nicht
verborgen sein.[gw] Heute trotzig gegen Gottes Liebe ⌐und ein Täter toter

go Mskr.: «wie er an uns handelt».
gp Mskr.: «Es ist eine Lüge, daß wir».
gq Mskr.: «als der unsrigen nie gerechtfertigt».
gr Mskr.: «uns in eben diesem Gebot nachgehende [sic] Liebe».
gs Mskr.: «wird und muß».
gt Mskr.: «Wegweiser und Maßstab».
gu Mskr.: «das uns gerichtet hat».
gv Mskr.: «ist dann nochmals».
gw Mskr.: «Wer glaubt, der möchte sich dankbar bezeigen.»

[37] Daß Barth den tertius usus legis mit dem Stichwort «Dankbarkeit» über-
schreibt, dürfte mit dem Heidelberger Katechismus zusammenhängen, der die
zehn Gebote im 3. Teil «Von der Dankbarkeyt» (BSRK 706–715) behandelt.
[38] Vgl. z. B. K. Holl, *Der Neubau der Sittlichkeit* (1919), in: ders., *Gesammelte
Aufsätze zur Kirchengeschichte*, Bd. I: *Luther*, Tübingen 1923²·³, S.160: «Erst
wenn das Dichten und Trachten des Menschen so ganz mit dem Gebot eins geworden ist, daß dessen Forderung sich wie von selbst aus dem eigenen inneren
Drang ergibt, ist das Handeln des Menschen wirklich frei und Gottes Willen
gemäß.»
[39] Siehe oben S.120.

Werke unter seinen Nächsten⌐, wird er ⌐aus Dankbarkeit⌐ morgen wieder kommen. Täte er es nicht[gx], so würde er auch nicht glauben.

Das ⌐also⌐ ist das Andere, was über das Halten der Gebote zu sagen[gy] ist ⌐, soweit es sich auf der unteren Ebene, im Bereiche dessen, was wir sehen und verstehen, abspielt. Noch einmal: Gnade ist die *Rechtfertigung*, Gnade ist auch die *Heiligung*. Es ist lebensnotwendig, zu wissen, daß man |53| diese beiden Begriffe nicht scheiden darf, aber unterscheiden muß. Sie gleichen zwei parallelen Geraden, die sich im Unendlichen schneiden. Das Unendliche aber ist das Ende, da Gott sein wird Alles in Allem [1. Kor. 15,28], die Hoffnung, die Erlösung⌐. Wer, nach Synthesen lüstern, jetzt und hier schon mehr sagen will, als nüchtern und bestimmt mit *Calvin: Rechtfertigung* und *Heiligung*[40], der sehe zu, daß er nicht weniger sage.[gz]

[gx] Mskr.: «Wäre es anders».

[gy] Mskr.: «ganz in der Gnade und ganz im Glauben zu sagen».

[gz] Der Schluß des Vortrags lautet im Mskr.: «Wem damit zu wenig gesagt sein sollte, der sehe zu daß er, indem er mehr sagt, nicht weniger sage. Es verhält sich mit der Wahrheit von der wir leben auch von dieser Seite so, daß wir solchen Schatz haben – in irdenen Gefäßen».

[40] Vgl. Inst. III 11,6: «... sicut non potest discerpi Christus in partes, ita inseparabilia esse haec duo, quae simul et coniunctim in ipso percipimus, iustitiam et sanctificationem. ... Atqui Scriptura, utrumque coniungens, distincte tamen enumerat, quo multiplex Dei gratia melius nobis pateat. Neque enim supervacuum est illud Pauli, datum fuisse nobis Christum in iustitiam et sanctificationem (1. Cor. 1,30). ... aperte iudicat aliud esse iustificari quam fieri novas creaturas.»

DER BEGRIFF DER KIRCHE
1927

*Mit der Übersiedlung nach Münster hatte sich Barth in die norddeut-
sche Tiefebene, aber auch in die Diaspora versetzt gefunden: «Die herr-
schende Bodenform dieses Landes ist die Fläche, außerhalb der Stadt
von ‹Chausseen› durchzogen, die jeweilen vom Standpunkt des Betrach-
ters bis zum Horizont eine gerade Linie bilden ..., die dominierende Art
der Gottesverehrung der Katholizismus, sichtbar in zahllosen Mönchen,
Nonnen und Pfäfflein von allen Sorten bis hinunter zu den kleinen ver-
schmitzten Institutszöglingen ...»[1] Über Barths vielfältige Begegnungen
mit dem Katholizismus in den Jahren seiner Tätigkeit in Münster hat
W. H. Neuser zusammenfassend berichtet.[2] Eine dieser Berührungen –
andere waren für Barth weitaus eindrucksvoller – ergab sich, als die
Hochschulgruppe der Zentrumspartei ihn zu einem Vortrag einlud.
Über das Thema dieses Vortrags wurde mündlich verhandelt; denn am
2. 7. 1927 schreibt der 1. Vorsitzende jener Hochschulgruppe, Diplom-
Volkswirt E. Haffner, an Barth, die Einladungen seien «entsprechend
unserer Vereinbarung vom 29. Juni» ergangen. Barth hat seinen Vortrag dann am Montag, 11. Juli 1927, abends im ‹Imanum› Hansahof zu
Münster gehalten. Aus der Hand Haffners stammt der Semesterbericht
der Hochschulgruppe vom 30. 7. 1927.[3] Dort heißt es: «Der Monat Juli
brachte den Höhepunkt unserer Semesterarbeit. Der engere Rahmen
früherer Veranstaltungen wurde durch Beteiligung protestantischer und
religiös sozialistischer Kreise verlassen. Der protestantische Dogmatiker
der hiesigen Universität D. Karl Barth sprach über ‹Der Begriff der Kirche›. Obwohl nur schriftliche Einladungen ergingen, waren annähernd
100 Studierende erschienen. Vortrag und Diskussion, bei welcher u. a.
auch Herr Privatdozent Dr. Rosenmöller[4] das Wort ergriff, brachten
jedem innere Bereicherung und Anregung.»*

---

[1] Bw. Th. II, S. 397f.

[2] Neuser, S. 37–46.

[3] Hektographie (3 Seiten) im Karl Barth-Archiv.

[4] Der Religionsphilosoph Bernhard Rosenmöller gehörte zu den katholischen
Teilnehmern eines Gesprächskreises, der in den Jahren 1928 und 1929 regelmäßig
zusammenkam und Barth viel Freude bereitete. Vgl. Neuser, S. 38f.

Barth sandte sein Manuskript sofort an Georg Merz in München, den Schriftleiter von «Zwischen den Zeiten». Dieser schrieb am 16. 7. 1927 an Barth: «Dein Zentrumsvortrag ist in jeder Hinsicht ein kleines Meisterwerk und verdient es, in der nächsten Nummer an der Spitze zu marschieren. Gestaunt habe ich vor allem, mit welcher Kunst und welchem Scharfsinn Du die entsprechenden Stellen aus den Symbolen herbeigebracht hast. Es ist nun einmal Dein in den letzten Jahren besonders zur Entfaltung gelangtes Charisma, wissenschaftliche Forschung und aktuelle Beziehung zu verknüpfen.»

Barth war mit sich selber nicht so zufrieden; jedenfalls schrieb er am 21. 8. 1927 an E. Thurneysen: «Ich schicke dir ... die Druckbogen meines Kirchenaufsatzes oder -vortrages, dessen Dünnheit sich neben deinen gewichtigen Darlegungen zu diesem Thema freilich nicht sehen lassen kann.»[5]

Am 7. 10. 1927, kurz nach dem Erscheinen des Heftes von «Zwischen den Zeiten», schrieb der 76jährige Adolf von Harnack eine Postkarte an Barth: «Hochgeehrter Herr Kollege! Besten Dank für ‹Schleiermacher› u. ‹Kirche›, die ich aufmerksam u. mit Teilnahme gelesen habe.» Es folgt eine kurze sachliche Stellungnahme, die wir am entsprechenden Platz[6] mitteilen werden. Harnack schließt «mit herzlichem Gruß».

Die zwischen senkrechten Strichen in den Text eingefügte Originalpaginierung ist die des Wiederabdrucks in Th. u. K., der sich von dem Erstdruck in ZZ nur in drucktechnischen Einzelheiten unterscheidet.

Wir wollen uns alle keinen Augenblick darüber täuschen: unser heutiges Zusammensein bedeutet ein Wagnis erster Ordnung. Ich gestehe, daß ich froh bin darüber, mit der Annahme der freundlichst an mich ergangenen Einladung dazu wenigstens nur die halbe Verantwortung dafür zu tragen. Können Katholiken und Protestanten denn überhaupt ein theologisches Gespräch miteinander führen, wenn es sich nicht bloß um ein historisches oder auch praktisches Thema, sondern allen Ernstes um eine *Sach*frage, um einen Begriff aus der christlichen *Dogmatik* handeln soll und nun noch gar um den Begriff, von dem jeder Erfahrene weiß,

[5] Bw. Th. II, S. 517.
[6] Siehe unten S. 159, Anm. 41.

141

daß gerade er bei jedem auch nur einigermaßen gründlichen Versuch einer Verständigung zwischen hüben und drüben aufzutauchen pflegt als
die Grenze, an der Sic et Non[7] unerbittlich aufeinander stoßen und alle
Verständigung ein Ende hat, alle etwa scheinbar schon erreichte Verständigung wieder fragwürdig wird – den Begriff der *Kirche?* Ich würde
antworten: *Wenn* ein solches Gespräch einmal gewagt werden soll (und
es liegt hier in Münster ja wirklich nahe, das einmal zu tun), dann sinnvoller Weise ein Gespräch über eine ernsthafte, d. h. über eine dogmatische Frage und dann eben gerade über diese Frage, an der sich, wenn
nicht alles täuscht, die Geister scheiden – auch wenn das Ergebnis im
besten Fall bestimmt kein anderes sein kann als das, daß wir uns verständigen darüber, warum und inwiefern wir uns rebus sic stantibus
nicht verständigen können. Darum ist unser heutiges Unternehmen ein
Wagnis, weil es bestenfalls mit diesem Ergebnis endigen kann.|

Ich würde nun freilich dieses Ergebnis für einen Gewinn halten. |286|
Im 16. und 17. Jahrhundert haben sich Katholiken und Protestanten
noch in die Augen gesehen, grimmig, aber in die *Augen*, und dann haben sie miteinander geredet, scharf und böse, aber wirklich miteinander
geredet, während wir heute, des langen Haders, aber vielleicht doch
auch des christlichen Ernstes in dieser Hinsicht müde, so ziemlich auf
der ganzen Linie aneinander vorbeisehen und vorbeireden, in einer unfruchtbaren, in einer des hohen Geheimnisses, um das es hüben und
drüben auf alle Fälle geht, nicht würdigen Weise gegen- oder vielmehr
im Grunde teilnahmslos nebeneinander stehen. Ich habe die Einladung,
hieher zu kommen, angenommen, weil ich dieses Zusammensein als einen Versuch auffasse, uns gegenseitig ernst zu nehmen. Sich ernst nehmen kann gerade zwischen solchen, die im *Letzten*, die in *Christus*
nicht einig sind – und das sind wir allerdings *nicht* –, nicht etwa bedeuten: sich menschlich freundlich begegnen, sich ruhig und aufmerksam
anhören, sich in allerlei Nebensachen gegenseitig anerkennen, sich
wohl auch in der großen kritischen Hauptsache eine gewisse bona fides,
wenn auch als Irrenden, gegenseitig zusprechen – so gewiß wir das alles
auch tun wollen –, sondern: die ganze Last des Gegensatzes als Last
und als Last des Gegensatzes beiderseitig wieder einmal auf sich nehmen – man dispensiert sich ja so oft davon, daran zu denken, daß sie da

---

[7] Vgl. den Titel der Schrift *Sic et non* (etwa 1130) von P. Abaelard.

ist –, also den Anderen da drüben, der sich auch einen Christen nennt, *sehen*, aber wirklich sehen in seiner ganzen erschreckenden Andersgläubigkeit, in seiner unheimlichen Abgewendetheit von dem, was uns selbst zentralste und unerschütterlichste christliche Wahrheit ist, und uns dabei klar machen, daß er seinerseits genau in derselben Weise über uns erschrocken ist – das große schmerzliche Rätsel der Kirchenspaltung, der Spaltung gerade da, wo es keine Spaltung geben dürfte, wo die Spaltung eine contradictio in adjecto ist –, dieses Rätsel wieder einmal zu sich reden lassen, um dann als besserer, überzeugterer, aber doch wohl auch etwas nachdenklicherer Katholik oder Protestant, sehnsüchtiger nach dem Frieden in Christus, den wir jetzt nicht kennen, ausschauend, vom Platze zu |287| gehen. Unter dem Aspekt, daß es uns vielleicht gelingt, uns in diesem Sinne gegenseitig ernst zu nehmen, kann ich es verantworten, hier das Wort zu ergreifen.

I.

Die Zertrennung der abendländischen Christenheit, die vielleicht nirgends so grell in die Erscheinung tritt wie in ihrer Uneinigkeit gerade über den Begriff der Kirche, ist darum so ernsthaft, weil man von keiner Seite im Ernst wird leugnen können, daß es wirklich *dasselbe Objekt* ist, über dessen rechten Begriff man sich nicht einigen kann, mit allen schweren Folgen, die sich von hier aus ergeben. Es steht nicht so, daß Katholiken und Protestanten etwa eine ganz andere Wirklichkeit meinten, wenn sie von der Kirche reden. Es ist zwar nicht zu leugnen, daß wir teilweise *auch* andere Wirklichkeiten sehen, aber der Streit darum kann nur deshalb wichtig und notwendig werden, weil wir vorher und vor allem *dieselbe* Wirklichkeit so ganz *anders sehen* hüben und drüben, wenn wir nicht sagen müssen: weil dieselbe Wirklichkeit uns nach Gottes unerforschlichem Ratschluß hüben und drüben so ganz anders *ansieht*, *so* anders, daß wir uns über den rechten Begriff von ihr nicht verständigen können, daß wir in Christus nicht einig, sondern uneinig sind, daß wir an die Kirche nicht denken können, ohne an ihren unheilvollen Riß denken zu müssen. Darum, weil wir so anders, aliter, sehen, sehen wir dann teilweise wirklich auch Anderes, alia, kommt zu dem Streit über das quale hinzu der prinzipiell sekundäre Streit über das quantum, z. B. über den Vorrang der Funktionen der Kirche: ob Sa-

143

kraments- oder ob Predigtkirche, über das Verhältnis der Träger der kirchlichen Gewalt zum übrigen Kirchenvolk, über die Tragweite der kirchlichen Autorität, über die besonderen Prädikate der Lehr- und Jurisdiktionsgewalt des Bischofs von Rom für die Gesamtkirche und dergl., alles brennende und entscheidende Fragen wahrhaftig, aber brennend und entscheidend doch nur darum, weil wir vorher und im Grunde über etwas ganz *Anderes* streiten. Um |288| auf dieses ganz Andere aufmerksam zu machen, möchte ich zunächst nachdrücklich darauf hinweisen, daß wir in der Substanz schon – ich sage nicht etwa einig sind, aber dieselbe Wirklichkeit sehen, wenn wir von der Kirche reden. Man macht sich die Diskussion von beiden Seiten viel zu leicht, wenn man damit nicht *rechnet*, wenn man sich den Gegner durch Überhören der wichtigsten Dinge, die er *auch* weiß und *auch* sagt, konstruiert, als kniee er vor irgend einem fremden Götzenbild, während man sich bei genauerem Hinhören sagen müßte, daß er wohl denselben Gott anbetet, aber in so unvereinbar anderer Weise, daß ein gemeinsames Anbeten faktisch nicht stattfindet, daß von beiden Seiten das Vorhandensein der wahren Kirche auf der Gegenseite – aller gutmütigen Aufklärungstoleranz zum Trotz – in Abrede gestellt werden, daß das bittere Wort «Andersgläubige» in Kraft treten muß. Lassen Sie mich zunächst diesen (also ganz und gar nicht irenisch gemeinten) Satz, daß Katholiken und Protestanten dieselbe Wirklichkeit sehen, wenn sie von der Kirche reden, an den wichtigsten Bestimmungen dieses Begriffs erläutern.

«Credo unam sanctam catholicam et apostolicam ecclesiam.»[8] So der Wortlaut des gemeinsamen Symbols und Bekenntnisses. Gehen wir diesen Worten in Kürze nach:

1. «Significat ecclesia evocationem.»[a] Die Kirche ist die Einberufung des Volkes Gottes, des auf Grund des Bundes zwischen Gott und den Menschen durch Christus geschaffenen, durch den heiligen Geist erweckten Volkes des Glaubens. Es ist ebenso unrichtig, wenn man auf protestantischer Seite meint, der Katholizismus verstehe unter «evocatio» nur das Aufrufen als solches, also die Kirche nur als «magisch»

[a] Cat. Rom. I 10, 2.[9]

[8] *Symbolum Nicaeno-Constantinopolitanum*, BSLK 27.

[9] *Catechismus ex Decreto Concilii Tridentini ad parochos* (1566), I.10,2: «Significat autem Ecclesia evocationem» (*Libri symbolici ecclesiae catholicae*, edd. Fr. G. Streitwolf et R. E. Klener, Gottingae 1846, Vol. I, p. 193).

wirkende Heilsanstalt, wie wenn man auf katholischer Seite meint, der Protestantismus verstehe die Kirche eben nicht als göttliche Stiftung, sondern nur als eine Korporation frommer oder fromm sein wollender Menschen. Hören Sie folgende zwei De-|289|finitionen der Kirche: a) «Was glaubst du von der heiligen allgemeinen christlichen Kirche? Daß der Sohn Gottes aus dem ganzen menschlichen Geschlecht ihm eine auserwählte Gemeinde zum ewigen Leben durch seinen Geist und Wort in Einigkeit des wahren Glaubens von Anbeginn der Welt bis ans Ende versammle, schütze und erhalte und daß ich derselben ein lebendiges Glied bin und ewig bleiben werde.» b) Die Kirche ist eine «congregatio fidelium, qui scilicet ad lucem veritatis et Dei notitiam per fidem vocati sunt, ut, rejectis ignorantiae et errorum tenebris, Deum verum et vivum pie et sancte colant illique ex toto corde inserviant.» Wer müßte nicht sagen, daß die erste Formel mehr den Stiftungs-, die zweite Formel mehr den Gemeinschaftscharakter der Kirche erkennen läßt? Dort ist Christus, hier sind die «fideles» das Subjekt. Nun ist aber gerade jene Formel die des Heidelberger Katechismus[10], diese die des Catechismus Romanus (a.a.O.)![11] Ich erwähne dies nur, um darauf hinzuweisen: der Protestantismus scheint das objektive, der Katholizismus das subjektive Moment im Begriff der Kirche auch zu kennen, und es hätte wenig Sinn, sich etwa hier anzugreifen.

2. Die Kirche ist *eine*, so gewiß nur ein Gott ist. Sie ist der Leib Christi auf Erden, der nur einer sein kann. Es ist ein Unding, von mehreren gegeneinanderstehenden Kirchen zu reden. Kommt dergleichen in Wirklichkeit vor, so ist die eine die wahre, so sind die anderen falsche Kirchen, Nicht-Kirchen, so kann nur in Erinnerung an die göttliche Stiftung *der* Kirche darauf rekurriert werden, daß die Angehörigen jener, sine fraude ihrerseits irregehend, im Grunde (etwa wie dies Papst Pius IX. gegenüber Kaiser Wilhelm I. geltend gemacht hat)[12] der einen

---

[10] Frage 54, BSRK 696,30–36.
[11] Ed. cit., p.194: «Communi vero deinde sacrarum scripturarum consuetudine haec vox [scil. ecclesia] ad remp[ublicam] Christianam, fidēliumque tantum congregationes significandas, usurpata est; qui scilicet ad lucem ...»
[12] In seinem Brief an Wilhelm I. vom 7.8.1873 versuchte Pius IX. den Kaiser zum Einlenken im sog. Kulturkampf zu bewegen. Daß er «auch denen, die nicht Katholiken sind», die Wahrheit zu sagen habe, begründete er so: «Denn jeder, welcher die Taufe empfangen hat, gehört in irgend einer Beziehung oder auf irgend eine Weise ... dem Papste an.» Wilhelm I. wies diesen Anspruch in seiner

wahren Kirche angehörten. Man muß unterscheiden zwischen der ecclesia triumphans im Himmel und der ecclesia militans auf Erden, zwischen der Kirche des alten und der des neuen Bundes, zwischen der sichtbaren und der unsichtbaren Kirche, man darf aber mit dem allem die Einheit der Kirche nicht in Frage stellen. Die zuletzt genannte Unterscheidung scheint und ist wohl auch kritisch. Der Protestantismus betont bekanntlich diese Unterscheidung. |290| Aber man darf auf der Gegenseite nicht überhören, daß auch nach protestantischer Lehre die unsichtbare und die sichtbare Kirche eine und dieselbe ist, nicht zwei Spezies eines Genus, sondern zwei Prädikate desselben Subjektes, daß der «coetus electorum», die unsichtbare Kirche der nicht nur Berufenen, sondern auch Erwählten also nicht eine «civitas platonica» irgendwo oberhalb der sichtbaren, sondern mit dieser in ihrem zweideutigen Bestand identisch ist.[13] Die katholische Dogmatik betont die Sichtbarkeit der Kirche, anerkennt aber doch, daß es auch in Bezug auf die Kirche so etwas wie das Verhältnis von Leib und Seele gebe, von denen die letztere nur geistig, nur «bis zu einem gewissen Grade» wahrnehmbar sei[b], und der Catechismus Romanus[c] lehrt ausdrücklich, daß in der Kir-

---

[b] Bartmann, Lehrb. d. Dogm. II 189f.[14]
[c] I 10,6,7.[15]

Antwort vom 3.9.1873 zurück (C. Mirbt, *Quellen zur Geschichte des Papsttums und des römischen Katholizismus*, Tübingen 1924[4], S. 469–471, Zitat S. 470).

[13] Vgl. J. Calvin, Inst. IV 1,7: «Quemadmodum ergo nobis invisibilem, solius Dei oculis conspicuam ecclesiam credere necesse est, ita hanc, quae respectu hominum ecclesia dicitur, observare eiusque communionem colere iubemur.» – HpB 540 (J. Wolleb): «Invisibilis ecclesia est coetus tantum electorum. – Invisibilis autem nominatur non quod homines ad eam pertinentes non videantur qua homines, sed quod non cernantur qua *electi;* solus enim Deus novit, qui sint sui (2. Tim. 2,19).» – *Apologia Confessionis Augustanae* VII,20 (BSLK 238,17–25): «Neque vero somniamus nos Platonicam civitatem, ut quidem impie cavillantur, sed dicimus existere hanc ecclesiam, videlicet vere credentes ac iustos sparsos per totem orbem. Et addimus notas: puram doctrinam evangelii et sacramenta. Et haec ecclesia proprie est columna veritatis.»

[14] B. Bartmann, *Lehrbuch der Dogmatik*, Bd. II, Freiburg 1923[6] (= 1929[7], S. 183f.).

[15] Ed. cit., p. 196s.: «... in Ecclesia Militanti duo sunt hominum genera, bonorum, et improborum ... Sed multo ante etiam in arca Noe, qua non solum munda, sed etiam immunda animantia concludebantur, hujus ecclesiae figuram, et similitudinem licet intueri. Quamvis autem, bonos, et malos ad Ecclesiam pertinere, catholica fides vere, et constanter affirmet: ex iisdem tamen fidei regulis fi-

che, wie die reinen und unreinen Tiere in Noahs Arche, Gute und Böse äußerlich ununterscheidbar beieinander seien. Eine für Menschenaugen unsichtbare Abgrenzung der Kirche in der Kirche, bei der bekanntlich u. U. sogar ein Papst zur Linken zu stehen kommen kann, scheint demnach auch hier vorgesehen zu sein. Ebenfalls zu dem Punkte Einheit der Kirche ist zu bemerken, daß auch in der Frage der Heilsnotwendigkeit der Kirche ein substantieller Gegensatz nicht zu bestehen scheint. Zu den berühmten Väterworten, die die katholische Dogmatik hier anzuführen pflegt, wie: «ubi ecclesia, ibi et spiritus Dei; et ubi spiritus Dei, illic ecclesia»[16], oder: «extra ecclesiam nulla salus»[17], oder: «ego evangelio non crederem, nisi ecclesiae catholicae me commoveret auctoritas»[18] bekennt sich auch die protestantische Dogmatik. Die Kirche ist nach Luther[d] «die Mutter, so einen jeglichen Christen zeuget und trägt durch das Wort Gottes, welches er offenbart und treibet, die Herzen erleuchtet und anzündet, daß sie es fassen, annehmen, daran hangen und dabei bleiben», und es ist nach Calvin die «discessio ab ecclesia» nicht mehr und nicht weniger als «Dei et Christi abnegatio».[e]|291|

3. Die Kirche ist *heilig*, abgesondert nach ihrem Ursprung und nach ihrer Bestimmung als Ort und als Mittel des göttlichen Tuns der Offenbarung und Versöhnung im Unterschied von jeder anderen Anstalt und Gemeinschaft. Inwiefern ist sie sancta? Hören Sie wiederum zwei Definitionen: a) Sie ist heilig «inter tot peccatores ... quod, veluti corpus cum

[d] Gr. Kat. z. 3. Art.[19]
[e] Instit. IV 1,10.[20]

delibus explicandum est, utriusque partis diversam admodum rationem esse. ut enim paleae cum frumento in area confusae sunt, vel interdum membra varie intermortua corpora conjuncta: ita etiam mali in Ecclesia continentur.»

[16] Irenäus von Lyon, *Adversus haereses* III,24,1, SC 211,400: «Vbi enim Ecclesia, ibi et Spiritus Dei; et ubi Spiritus Dei, illic Ecclesia et omnis gratia: Spiritus autem Veritas.»

[17] Th. C. Cyprianus, *De unitate ecclesiae*, 73,21, CSEL 3/II, 795: «... quia salus extra ecclesiam non est ...» Vgl. DS 792.802.870.1051.1351.1870.2543.2867. B. Bartmann, a.a.O., 7. Aufl., Bd. II, S. 148, zitiert DS 802.

[18] A. Augustinus, *Contra epistolam Manichaei quam vocant fundamenti*, CSEL 25/I, 197,22f. Vgl. B. Bartmann, a.a.O., 7. Aufl., Bd. I, S. 33. Calvins Zustimmung zu Augustins Satz (Inst. I 7,3) ist belegt in: Chr. Dogm., S. 480, Anm. 5.

[19] BSLK 655,3–8.

[20] «Unde sequitur, discessionem ab ecclesia, Dei et Christi abnegationem esse ...»

sancto capite, Christo Domino conjungitur»; b) «quia quoscunque elegit Deus, eos justificat reformatque in sanctitatem ac vitae innocentiam, quo in illis reluceat sua gloria». Wer würde nicht diesmal die objektiv bestimmende erste Formel für die protestantische, wahrscheinlich calvinische halten, die zweite aber mit ihrem Nachdrucklegen auf die Heiligung der Glieder für die katholische? In Wirklichkeit ist die erste die des Catechismus Romanus[f], die zweite die Calvins[g], wobei ja kein Zweifel sein kann, daß der Protestant auch jene, der Katholik auch diese mit Freuden unterschreiben könnte. Hieher gehört ferner der ebenfalls gemeinsame Satz, daß die Kirche als Ganzes in fundamento fidei nicht irren, daß das Volk Gottes als solches, was auch von den Einzelnen und im Einzelnen zu sagen sein möge, sein Ziel nicht verfehlen kann, also der Satz von der wesentlichen Infallibilität und Perennität der Kirche.[23] Einverständnis scheint aber auch darüber zu herrschen, daß die Heiligkeit der Kirche von der Heiligkeit Gottes wohl zu unterscheiden sei, weshalb nicht etwa nur Calvin[h], sondern auch der Cate-

---

[f] I, 10,12.[21]
[g] Cat. Genev., Müller S. 125.[22]
[h] Instit. IV 1,2.[24]

[21] Ed. cit., p. 202s.: «(Qu. 12. Quomodo Ecclesia Christi inter tot peccatores dicitur sancta?) ... Nec mirum cuiquam videri debet, Ecclesiam dici sanctam, tametsi multos peccatores continet. sancti enim vocantur fideles, qui populus Dei effecti sunt, quive se, fide et baptismate suscepto, Christo consecrarunt ... Sancta etiam dicenda est, quod veluti corpus cum sancto capite Christo domino, totius sanctitatis fonte, conjungitur ...»
[22] Catechismus ecclesiae Genevensis, BSRK 125,38–40: «Porro ecclesiam quo sensu nominas sanctam? Quia scilicet quoscunque elegit Deus ...»
[23] Vgl. Catechismus Romanus I,10,15, ed.cit., p.205: «Ecclesia errare non potest in fidei, ac morum disciplina tradenda, cum a Spiritu sancto gubernetur ...» J.Calvin, Inst. IV 8,13: «Quod illi [scil. nostri adversarii] negant errare posse ecclesiam, huc spectat, atque ita interpretantur: quando spiritu Dei gubernatur, tuto incedere sine verbo posse; quocunque pergat, non posse sentire aut loqui nisi verum; proinde, si quid extra aut praeter Dei verbum statuerit, id habendum esse non alio loco quam certum Dei oraculum. Nos si demus illud primum, errare non posse ecclesiam in rebus ad salutem necessariis, hic sensus noster est, ideo hoc esse, quod abdicata omni sua sapientia a spiritu sancto doceri se per verbum Dei patitur.»
[24] «Nam quod particula IN a multis interponitur [scil. in Symbolo], probabili ratione caret. ... Simul tamen ex scriptis veterum animadvertere licet, fuisse olim citra controversiam receptum ut dicerent se ecclesiam credere, non in ecclesiam. ... Ideo enim credere in Deum nos testamur, quod et in ipsum ut veracem animus

chismus Romanus[i] Gewicht darauf legt, daß es im Symbol heißt: «credo ecclesiam» und nicht «in ecclesiam» wie bei den drei göttlichen Personen: «ut, hac etiam diversa loquendi ratione, Deus omnium effector a creatis rebus distinguatur, praeclaraque illa omnia, quae in Ecclesiam collata sunt, beneficia divinae bonitati accepta referamus.»

4. Auch in Sachen des Prädikats «catholica» scheint ein grundsätzlicher Streit eigentlich nicht möglich zu sein, sowohl wenn |292| man darunter die unbedingte Priorität der kirchlichen Gemeinschaft vor den Gemeinschaften der Rasse, der Sprache, der Kultur, des Staates, der Klasse versteht, als auch wenn man den Nachdruck legt auf die Priorität des mit seinem Haupte geeinten Leibes als solchen vor den einzelnen Gliedern. Wir scheinen einig auch darin, daß dieses Prädikat nicht mechanisch-quantitativ, sondern spiritual-qualitativ, als göttlich gegebener Rechtsanspruch der Kirche, der sich nicht mit Zahlen, sondern nur mit der sachlichen Überlegenheit der Wahrheit begründen läßt, zu verstehen ist.[j] Katholizität heißt virtuelle Universalität, nicht numerische Mehrheit. Eine merkwürdige und schätzenswerte Beleuchtung dieses Sachverhaltes auf katholischer Seite besteht darin, daß der Papst mit seiner notwendigen Bestätigung eines Konzilsbeschlusses nicht etwa an die Mehrheit gebunden ist, sondern auch der «pars minor et sanior» beitreten kann.[k]

5. Wiederum scheint das Merkmal der *Apostolizität* des Ursprungs der Lehre und der Sukzession der Kirche grundsätzlich von beiden Seiten gesehen und anerkannt zu sein. Der Katholik wird nicht verkennen dürfen, daß der Protestantismus sehr wohl eine Autorität nicht nur

---

[i] I, 10,19.[25]
[j] Bartmann II 199.[26]
[k] Bartmann II 161.[27]

noster se reclinat, et fiducia nostra in ipso acquiescit; quod in ecclesiam non ita conveniret ...»

[25] Ed. cit., p. 207: «(An, ut in Deum, ita in Ecclesiam credendum est?) tres enim trinitatis personas, Patrem, et Filium, et Spiritum sanctum, ita credimus, ut in eis fidem nostram collocemus. Nunc autem, mutata dicendi forma, sanctam, et non in sanctam Ecclesiam, credere profitemur: ut, hac etiam diversa ...»

[26] A.a.O., 7. Aufl., II, S. 192: «*Einwände*, welche man gegen die Katholizität macht, lassen sich dann leicht widerlegen, wenn man diese richtig erklärt und nicht einfach mechanisch-quantitativ, sondern mehr spiritual-qualitativ faßt.»

[27] A.a.O., 7. Aufl., II, S. 159.

149

Gottes, sondern auch der Kirche kennt, sofern sie eben auf das für das Verständnis und für die Verkündigung der göttlichen Offenbarung maßgebende Zeugnis der Apostel begründet ist und immer wieder sich zu gründen hat. Und der Protestant, der auf der Gegenseite begreiflicherweise auf den ersten Blick nur eine gottähnliche Autorität der Kirche als solcher wahrzunehmen meint, wird sich klar zu machen haben, daß es sich dabei nach katholischer Lehre um die delegierte, relative Gewalt handelt, die Christus den Aposteln bzw. *dem* Apostel Petrus übergeben hat, rein auf die Sache gesehen offenbar dasselbe, was im Protestantismus eben unter der Autorität des geschriebenen und verkündigten Bibelwortes verstanden wird. Daß es eine apostolische Autorität gibt in der Kirche (und nebenbei gesagt: daß dies in Matth. 16[,18] dokumentiert ist, daß |293| man sich also über die bekannte Verwendung des «Tu es Petrus» in der Peterskirche zu Rom[28] grundsätzlich nicht aufzuregen braucht), darüber brauchen wir uns also ebenfalls nicht zu streiten.

6. Ich nenne als Letztes: Man scheint sich auf beiden Seiten darüber einig zu sein, daß auch das «credo» vor unserem Symbolstück wohl zu beachten ist auch für das Verständnis der Sache, daß die Kirche, obwohl ihre Existenz sichtbar und als in sich vernünftig begreiflich ist, in dem Mysterium, das ihre Existenz begründet und erhält, in allen den Merkmalen, kraft welcher sie nicht irgend eine Kirche, sondern die Kirche Gottes ist, geglaubt werden muß, daß sie als Kirche Gottes nur durch die Gnade sichtbar wird und ist. Nicht in einer protestantischen Bekenntnisschrift, sondern noch einmal im Catechismus Romanus[1] lese ich: «Cum igitur hic articulus, non minus quam ceteri, intelligentiae nostrae facultatem et vires superet, jure optimo confitemur, nos Ecclesiae ortum, munera et dignitatem non humana ratione cognoscere, sed fidei oculis intueri. ... Neque enim homines hujus Ecclesiae auctores fuerunt, sed Deus ipse immortalis ... Nec potestas quam accepti, humana est, sed divino munere tributa. Quare, quemadmodum naturae viribus comparari non potest, ita etiam *fide solum intelligimus*, in Ecclesia claves cae-

---

[1] I, 10,17f.[29]

[28] Im Inneren der Kuppel der Peterskirche ist Mt. 16,18 im Vulgata-Text zu lesen: «Tu es Petrus, et super hanc petram aedificabo ecclesiam meam, et portae inferi non praevalebunt adversus eam.»

[29] Ed. cit., p. 206s.; Hervorhebung von Barth.

lorum esse eique potestatem peccata remittendi, excommunicandi, verumque Christi corpus consecrandi traditam.»

II.

Man darf sich angesichts dieser breiten Basis scheinbarer Übereinstimmung, über die sich leicht weiteres sagen ließe, wohl einen Augenblick darüber wundern, wie es nun doch möglich war und ist, daß die Reformatoren des 16. Jahrhunderts die römische Kirche in der nachdrücklichen Sprache jener Zeit einmütig als die Kirche des Antichrist abgelehnt haben[30], daß die zu Trient regenerierte römische Kirche ihrerseits für die Kirche der Reformation nichts übrig hatte als ein eintöniges Anathema[31] und daß alle |294| Ernsthaften auf beiden Seiten noch heute zu dieser Haltung der beiderseitigen Väter schweren Herzens und in den gedämpfteren Ausdrücken unserer Tage sachlich Amen sagen müssen. Warum nur? Ja warum? Darum, ist zu antworten, ist allen Gutmütigen und Wohlmeinenden, die etwa in die Mitte treten und zur Anerkennung dieses doch recht ansehnlichen gemeinsamen Minimums und zur Verträglichkeit mahnen möchten, zu antworten – darum, weil alles, ausnahmslos alles Angeführte und etwa weiter Anzuführende hüben und drüben so verschieden gemeint ist, weil die unleugbar gemeinsam gesehene Wirklichkeit der Kirche hüben und drüben so verschieden gesehen wird oder sichtbar ist, daß wir uns über ihren Begriff, und das heißt dann sofort: über unsere Haltung zu ihr, über unsere Stellung in ihr auch bei beiderseitig bestem Willen jedenfalls nicht einigen, daß wir uns als eine Herde unter dem einen Hirten [vgl. Joh. 10,16] nicht erkennen können, sondern es in Gottes Hand stellen müssen, ob wir es etwa und inwiefern wir es etwa doch sein sollten. Wo gehen die Wege auseinander? Darüber ist nun zu reden.|

Man könnte von jedem der bezeichneten Punkte aus den ganzen Gegensatz aufrollen. Den besten Anknüpfungspunkt bilden doch gerade die zuletzt zitierten Sätze aus dem Catechismus Romanus. «Fide solum intelligimus» hieß es da in Bezug auf die göttliche Wirklichkeit der Kir-

---

[30] Vgl. G. Seebaß, Art. «Antichrist», IV,1: «Die Antichristvorstellung in der Reformation», in: TRE 3,28–32.

[31] Vgl. DS 1511–1515.1551–1583.1601–1630.1651–1661.1701–1719.1731–1734.1751–1759.1771–1778.1801–1812.

che. Man kann ruhig sagen: wenn wir über den Sinn dieser drei Worte einig wären, dann gäbe es keine Kirchenspaltung, dann bräuchte es des cognomen «catholicus» oder «evangelicus» zu dem nomen «christianus» nicht; denn über alles – ich sage mit Bedacht über *alles* Andere, über Papsttum und Sakrament, über Dogma und Ritus würde sich von da aus reden lassen. Wenn ein Protestant diese drei Worte katholisch (also in diesem Fall textgemäß) denkt, dann ist er im Grunde katholisch, und wenn er protestantischer Theologieprofessor wäre; und wenn ein Katholik dieselben drei Worte protestantisch versteht, dann ist er in seinem Herzen, wie es auch äußerlich mit ihm stehe, Protestant geworden. Ein aufrechter Katholik aber und ein aufrechter Protestant können sich über diese drei Worte nicht einigen, und darum läßt sich |295| zwischen ihnen dann auch über das Andere im letzten Grund nicht reden – oder eben nur darüber, warum sich nicht darüber reden läßt.

Ich werde nun einfach kurz zu entwickeln versuchen, wie wir Protestanten jene drei Worte «fide solum intelligimus» verstehen bzw. wie wir im Lichte dieser drei Worte die Kirche verstehen würden, wenn wir nicht wüßten, wo und von wem sie geschrieben worden sind.

Wir Protestanten verstehen unter *Glauben* das selber schon durch die Gnade bewirkte menschliche Empfangen und Ergreifen der Gnade Gottes, bei welchem diese, die Gnade, gerade insofern *Gnade*, Gottes unaussprechliche *Wohltat* ist, als sie in beiderlei Hinsicht, also hinsichtlich des Empfangenen wie des Empfangens und Begreifens *Gottes* Gnade ist und *bleibt*, die Wirklichkeit des Logos und des Geistes Gottes, die über den Menschen Verfügung bekommt, so daß er sie sinnlich (in Wort und Sakrament) wahrnimmt, vernünftig erkennt, im Herzen erfährt, ohne daß doch dadurch – und das ist das Entscheidende – der Mensch auch nur im Geringsten Verfügung über die Gnade bekommt, wie er über andere Wirklichkeiten, die er wahrnimmt, erkennt und erfährt, Verfügung bekommt. Er bekommt sie darum nicht, weil er es in der Gnade mit dem heiligen *Gott* zu tun hat, der auch, indem er uns gnädig ist, in einem Lichte wohnt, da niemand zu[kommen] kann [1. Tim. 6,16], und weil er, der Mensch, ein *Sünder* ist, dessen Gemeinschaft mit Gott in keinem Augenblick und in keiner Beziehung anders möglich und wirklich ist als von Gott aus, ohne Reziprozität, ohne daß der Mensch in die Lage käme, auf Gott seine Hand zu legen, wie Gott seine Hand auf *ihn* legt, also so, daß er in jedem Augenblick und in jeder Beziehung von Gott und nur von Gott gehalten ist und gar nicht von sich selber. Weder kann er sich halten mittelst seiner Wahrnehmung, noch mittelst seiner Erkenntnis, noch mittelst seiner Erfahrung, obwohl sein Glaube ein Wahrnehmen, ein Erkennen, ein Erfahren ist. Denn Gott ist Gott[32], er aber ist ein Geschöpf, und zwar ein sündiges Geschöpf. Wie sollte er sich mit seinem Wahrnehmen, |296| Erkennen und Erfahren in der Gemeinschaft mit Gott halten können? Durch sich selbst gehalten sein, das wäre gleichbedeutend mit Sünde ohne Gnade, mit Sterben ohne Hoffnung. Daß er von *Gott* gehalten ist, daß darin die Errettung und das Heil beschlossen ist, daß er von Gott selbst, von Gott allein gehalten ist, das glaubt der Glaube.

Eben das ist nun der Sinn auch des «credo ecclesiam». Die Kirche ist der Ort und das Mittel der Gnade Gottes. Daselbst, in der Kirche und durch die Kirche wird geglaubt. Denn daselbst redet und wird gehört die Wirklichkeit des fleischgewordenen Logos und des heiligen Geistes Gottes. Aber als Ort und Mittel der Gnade nimmt die Kirche teil an der Bestimmung, daß sie wohl über uns Verfügung hat, aber nicht umgekehrt, daß wir sie nicht haben, wie wir irgend etwas Anderes haben, sondern so, wie wir Gott haben, wenn und sofern er uns hat. Mit dem entscheidenden Unterschied freilich, daß wir es in ihr mit einer sichtbaren, geschichtlichen, in Menschen und menschlichen Gedanken, Institutionen und Unternehmungen greifbaren Größe zu tun haben, die als solche, als der irdische Leib des himmlischen Herrn der Ort und das Mittel der Gnade ist. Wie sollte sie sonst der *Ort* und das *Mittel*, der *zugängliche* Ort und das *brauchbare* Mittel der Gnade sein? Aber das ändert nun nichts daran, daß wir sie nur so haben, wie wir Gott haben, also so, daß in ihr und durch sie der Zuspruch Gottes an uns ergeht, aber ohne daß uns daraus ein Anspruch an Gott und auf das, was ihm selbst, ihm allein vorbehalten ist, erwüchse. Aus jedem anderen Zuspruch mag uns ein entsprechender Anspruch erwachsen, ein Anspruch, das uns Zugesprochene nunmehr als unser Eigenes zu behaupten und geltend zu machen. Aus dem Zuspruch Gottes erwächst uns *kein* solcher Anspruch. Das Gottesverhältnis ist im Unterschied zu allen anderen Verhältnissen ein *unumkehrbares* Verhältnis. Also kann die

---

[32] Zum Gebrauch und zur Genese der bei Barth sehr häufigen Formel «Gott ist Gott» vgl. Römerbrief 1, S. 71f., Anm. 5, und Chr. Dogm., S. 290, Anm. 2.

Kirche haben, die evocatio, den göttlichen Gnadenzuspruch haben nicht bedeuten, daß uns ein Anspruch in die Hand gegeben wäre, daß uns Menschen in jenem sichtbaren, geschichtlichen, menschlichen Ort |297| und Mittel der Gnade nun etwa das Instrument geliefert wäre, durch das wir über die Gnade verfügen, uns selbst in Beziehung auf die Gnade *sichern* könnten. Wie wäre die Gnade noch Gnade, wenn es etwa in der Kirche noch eine andere Sicherung gäbe als die in Gott selbst gegründete? Wir sollen also die Kirche, so lieb uns die Gnade ist, nicht anders haben wollen als so, wie wir Gott haben, d. h. aber: nicht als reiche, geborgene, mächtige Leute, sondern als Bettler, die von der Hand in den Mund leben. Die Kirche ist die Mitte zwischen Jesus Christus und dem begnadigten Sünder. Das Gemeinsame zwischen Jesus Christus und dem begnadigten Sünder besteht darin, daß in beiden ein Eingehen Gottes in die Zeit, in das Zwielicht, in die Relativität und Fragwürdigkeit der Geschichte und des Menschenlebens stattfindet, in jene Verborgenheit, in der er nie selbstverständlich, nie direkt, sondern immer nur durch den gegenwärtigen Willen, die gegenwärtige Tat seiner Liebe erkennbar ist. *So* ist auch die Kirche göttliche Stiftung, *so* Gemeinschaft der Heiligen. Es ist der Gnade wesentlich, objektiv wirklich zu sein in dem fleischgewordenen Logos. Und damit, daß Christus sein Kreuz auf sich nahm und gehorsam ward bis zum Tode (und darum, darum hat ihn Gott erhöht!) [Phil. 2,8f.], ist auch der Kirche ihre Stellung und ihr Charakter gewiesen. Und es ist der Gnade wesentlich, subjektiv wirklich zu sein in und an begnadigten Sündern. Und damit, daß der begnadigte Sünder nicht anderswo leben kann als unter dem Gericht und unter der Verheißung Gottes, vor dem er Staub ist und der es allein gut mit ihm machen kann, damit ist auch der Kirche gesagt, wo sie hingehört und wie sie vor Gott dastehen soll. Es kann die Kirche, die zwischen Jesus Christus und dem begnadigten Sünder die Mitte bildet, unter keinem anderen Gesetz stehen als diese beiden. In der *Verborgenheit* Gottes, in der Niedrigkeit des Menschlichen ist die Kirche der Ort und das Mittel der Gnade, oder sie ist es gar nicht. Eben mit dieser Verborgenheit ist dafür gesorgt, daß wir sie so haben müssen, wie wir Gott haben, und nicht anders. Wir nehmen sie wahr, wir erkennen sie, wir erfahren |298| sie, aber nicht damit haben wir sie, daß wir sie wahrnehmen, erkennen, erfahren, sondern damit, daß Gott in dem, was wir da wahrnehmen, erkennen und erfahren, *uns* hat, als der Herr an uns handelt, daß er in dieser uns angemessenen Weise *uns* erwählt hat und nicht, auch nicht in der feinsten Weise, wir *ihn* [vgl. Joh. 15,16]. Wollten wir das Verhältnis umkehren, was bliebe uns dann von der Kirche übrig als die bestenfalls etwas zu idealisierende und zu kostümierende, aber damit nicht aufzuhebende Niedrigkeit alles Menschlichen, die arme Magd, die dann auch im schönsten Aufputz nicht mehr die Magd Christi wäre, sondern eine Magd unter allen anderen Mägden. Gerade daß wir in ihr die eine Magd und Braut Christi[33] haben, hängt nun aber daran, daß wir sie nicht zur Herrin und damit – denn wir selbst sind doch die Kirche – uns selbst zu Herren, wohlgemerkt: zu Herren in unserem Verhältnis zu Gott machen. Jenes Verhältnis darf nicht umgekehrt werden dadurch, daß wir eine Kirche ohne Niedrigkeit oder mit einem ihre Niedrigkeit bedeckenden Königsmantel haben wollen. Ihre Herrlichkeit kann gerade nur darin bestehen, daß sie in ihrer ehrlich eingestandenen Armut das Wort des ewig reichen Gottes[34] hört und zu Gehör bringt. Nicht indem sie sich seiner bemächtigt, wie man sich irdischer Dinge bemächtigen kann. Nicht indem sie es besitzt, wie man materielle oder geistige Güter zu besitzen pflegt. Nicht indem sie damit rechnet, als hätte sie etwas, was sie nicht empfangen hätte [vgl. 1. Kor. 4,7]. Ihre Herrlichkeit kann und darf nicht anderswo leuchten als da, wo die Herrlichkeit ihres Herrn und wo die Herrlichkeit des begnadigten Sünders leuchtet. Der Ort, wo das geschieht, ist aber auf Erden das *Kreuz*.

[33] Vgl. z. B. *Catechismus Romanus*, I.10,4, ed. cit., p. 195: «(Quibus modis Christianorum universitas in sacris litteris descripta invenitur?) ... Vocatur et sponsa Christi. ‹Despondi vos uni viro virginem castam exhibere Christo›, inquit Apostolus ad Corinthios [2. Kor. 11,2]. Idem ad Ephesios: ‹Viri diligite uxores vestras, sicut et Christus dilexit ecclesiam.› Ac de matrimonio: ‹Sacramentum hoc›, inquit, ‹magnum est; ego autem dico in Christo, et in Ecclesia› [Eph. 5,25.32].» Vgl. ebenso *Apologia Confessionis Augustanae*, Art. VII/VIII De ecclesia, BSLK 236, Z. 3ff.: «... daß wir auch gar nicht zweifeln, daß eine christliche Kirche auf Erden lebe und sei, welche Christi Braut sei ...» H. U. von Balthasar hat den II. Band seiner *Skizzen zur Theologie*, Einsiedeln 1961.1971³, unter die Überschrift gestellt: *Sponsa Verbi*. Er verfolgt den Gedanken der Kirche als Braut Christi und bringt dazu u. a. Belege von Origenes (S. 226), Hieronymus (S. 169), Augustinus (S. 198), Benedikt von Nursia (S. 172) und Gregor dem Großen (S. 181). Daß die Kirche auch die Magd Christi ist, hat seinen biblischen Anhalt an dem «Ecce ancilla Domini» der Maria [Lk. 1,38 Vulg.] und kommt bei von Balthasar auch zur Sprache (S. 23f.139), allerdings ohne Belege aus der Patristik.
[34] Vgl. das Lied «Nun danket alle Gott» von M. Rinckart, EKG 228, GERS 44, Strophe 2: «Der ewig reiche Gott ...»

Was anderswo leuchtet, das ist auch eine andere Herrlichkeit, nämlich die Herrlichkeit dieser Welt, die vergeht und der sich die Kirche nicht gleichstellen soll.[35]

So ist sie die *eine* Kirche. Jawohl, die eine, neben der es keine andere gibt. Aber sie verfügt nicht über ihre Einheit, sondern der eine Gott verfügt über sie, und das ist zweierlei. Sie ist die Eine, nicht insofern sie sich selbst unvermeidlicher-, aber auch sehr relativerweise von anderen Gebilden, die sich auch |299| Kirche heißen, abzugrenzen weiß, sondern sofern sie von Gott selbst von aller falschen Kirche abgegrenzt ist und wird. Sie ist die Eine, nicht sofern sie ihre unsichtbare Wirklichkeit selbst sichtbar macht, sondern sofern es Gott gefällt[36], in ihr und durch sie sichtbar zu machen, was eben nur er als der Herr der Kirche sichtbar machen kann. Sie ist die Eine, nicht sofern sie etwa in der Lage wäre, ihre Heilsnotwendigkeit in Worten und Werken zu beweisen, sondern sofern Gott selbst in ihr und durch sie den Beweis des Geistes und der Kraft [vgl. 1. Kor. 2,4] führt, der nicht ihrer, sondern seiner Ehre dient.

So ist sie die *heilige* Kirche. Sie verfügt nicht über ihre Heiligkeit, sondern der heilige Gott verfügt über sie. Nicht damit ist sie heilig, daß sie sich der Welt gegenüber konstituiert als eine zweite, christliche Welt. Sie muß sich freilich in der Welt konstituieren, aber indem sie *das* tut, ist sie noch nicht mehr als Welt. Sie ist mehr als Welt, indem sie, nicht durch Kirchenrecht jetzt, sondern durch Gottesrecht in der Welt konstituiert *ist* und *wird*, denn gerade damit, daß sie von Gott konstituiert ist, ist auch gegeben, daß sie ihre Konstituierung nie hinter sich hat. Sie ist heilig, sofern sie gehorcht, nicht sofern sie befiehlt. Sie irrt nicht, nicht sofern ihren notwendigen und notwendig menschlich bedingten Satzungen als solchen Unfehlbarkeit und Unverbesserlichkeit eignete, sondern sofern sie mit ihren Satzungen bezeugt und bestätigt, daß sie das unfehlbare Wort Gottes gehört hat, sofern sie[m] «abdicata omni sua sapientia a spiritu doceri se per verbum Dei patitur». Sofern sie das nicht tut, ist sie überhaupt nicht Kirche. Sofern sie es aber tut, wird sie Infal-

---

[m] nach Calvin, Instit. IV 8,13.[37]

[35] Vgl. Mt. 4,8; 1. Joh. 2,17; Röm. 12,2.
[36] Vgl. *Confessio Augustana* V, BSLK 57,7–58,1: «... ubi et quando visum est Deo ...»
[37] Siehe oben S. 148, Anm. 23.

libilität immer in dem suchen, was *zu ihr gesagt* ist, dem gegenüber das, was sie selbst sagen kann und soll, nicht vom Himmel, sondern auf der Erde geredet, nicht *das* Dogma, sondern *ein* Dogma[38] ist, nicht göttliche, sondern eben die spezifisch kirchliche und *als solche* ernste und achtungsgebietende Autorität hat, die Autorität, die ge-|300|rade darum echte Autorität ist, weil sie keinen Augenblick nicht bereit ist, sich vor der höheren Autorität, die ihr wahrlich gesetzt ist, zu beugen. Die Kirche soll *rein* sein wollen, rein in ihrer Lehre vor allem anderen. Darum hat sie zu kämpfen. Dafür hat sie, wenn es not tut, zu leiden. Sie kann aber nicht heilig sein wollen. Sie kann nur unter dem Gericht und unter der Verheißung Gottes *glauben*, daß sie heilig ist.

So ist sie die *katholische* Kirche. Wieder ist zu sagen: sie verfügt nicht über ihre Katholizität, sondern der ewige, allgegenwärtige Gott verfügt über sie. Sie wird also nicht auf ihre Jahrhunderte und Jahrtausende pochen – das hätte die Götzenkirche etwa des antiken Ägyptens mit noch ganz anderem Recht tun können! – und auch nicht auf das, was sie mit dem römischen oder britischen Imperium an räumlicher Ausdehnung etwa gemein haben mag. Was hätte das zu tun mit ihrer wirklichen, ihrer spiritual-qualitativen Katholizität?[39] Wo zwei oder drei unter euch versammelt sind in *meinem* Namen, da bin ich mitten unter ihnen [Mt. 18,20]. Ich! Das begründet und erhält und erwahrt die Katholizität der Kirche. Ohne das *ist* sie überhaupt nicht Kirche. Das ist aber der Inhalt

---

[38] Zum Problem des Dogmas vgl. den Abschnitt «Das Dogma, die Dogmen und die Dogmatik» in: Chr. Dogm., S. 159–164.

[39] Vgl. *Catechismus Romanus* I,10,13, ed. cit., p. 203s.: «(Qua ratione Ecclesia Christi est Catholica?) ... quoniam, ut testatur sanctus Augustinus: ‹A solis ortu usque ad occasum unius fidei splendore diffunditur.› ... Praeterea omnes fideles, qui ab Adam in hunc usque diem fuerunt, quive futuri sunt, quamdiu mundus exstabit, veram fidem profitentes, ad eandem Ecclesiam pertinent, quae super fundamento apostolorum fundata est ac prophetarum, qui omnes in illo lapide angulari Christo ... constituti sunt, et fundati. Universalis etiam ob eam causam dicitur, quod omnes, qui salutem aeternam consequi cupiunt, eam tenere, et amplecti debeant, non secus ac qui arcam, ne diluvio perirent, ingressi sunt.» Zum räumlichen Aspekt der Katholizität vgl. M. Scheeben, *Handbuch der katholischen Dogmatik*, Bd. IV, Freiburg i. Br. 1903 (unveränderter Neudruck 1925), S. 351 (dort großenteils gesperrt): «Im engern und gewöhnlichen, schon bei den Vätern sich findenden Redesinne ... versteht man unter Allgemeinheit oder Katholizität der Kirche ihre räumliche Ausdehnung über die ganze Welt in der Weise, daß sie unter allen Völkern eine in die Augen fallende Menge von Gliedern zählt.» – Zu dem Ausdruck «spiritual-qualitativ» s. oben Anm. 26.

einer Verheißung, die nur wahr *werden*, die niemand auf Erden mit keinen Mitteln und Garantien wahr *machen*, um die man nur beten kann. Glauben, Glauben fordert auch die große Wahrheit der Katholizität der Kirche.

So ist die Kirche auch *apostolisch*. Sie ist es, indem sie dem Logos und dem Geiste Gottes gemäß dem Zeugnis und gemäß dem Vorbild der Apostel *dient*. Dazu wurden die Apostel, dazu wurde unter den Aposteln Petrus ausgesondert, dazu alle seine echten Nachfolger. Wie sollte die Kirche die Apostolizität ihres Ursprungs, ihrer Lehre, ihrer Sukzession denn etwa anders beweisen und betätigen als durch das ministerium verbi divini, in dem uns jene vorangegangen sind? Gewiß: mit diesem ministerium übt sie eine Gewalt aus, die «potestas ecclesiastica»[40], die Gewalt, zu binden und zu lösen, neben der alle anderen Gewalten Kümmerlichkeiten sind. Aber wenn sie als apostolische Kirche |301| solche Gewalt ausübt, dann ist das doch die Gewalt, von der sie eben kraft der Apostolizität ihres Ursprungs, ihrer Lehre und ihrer Sukzession weiß, daß sie nicht in *ihrer* Hand liegt, sondern, indem sie auf Erden bindet und löst, ganz und gar in der Hand dessen, der allein Sünde vergeben und Sünde zurechnen kann.

Das heißt «credo unam sanctam catholicam et apostolicam ecclesiam». Ich glaube die Kirche als den Ort, wo Gott die Ehre gegeben und darum auf göttliche Ehre verzichtet wird, und darum und so als das Mittel der Gnade. Ich glaube die Kirche als die göttliche Stiftung, kraft welcher nicht sowohl ein Palast als vielmehr eine Hütte Gottes unter den Menschen [vgl. Apk. 21,3] sein soll bis an der Welt Ende [vgl. Mt. 28,20]. Ich glaube die Kirche als die Gemeinschaft der Heiligen, d. h. der von Gott ausgesonderten und berufenen Sünder, die auch als *Gemeinschaft* der Heiligen, auch als Verkündiger und Hörer des göttlichen Wortes, auch als das Volk Gottes auf Erden – gerade als das! – von Gottes Erbarmen leben wollen (und das nicht für zu wenig halten!) bis zum

---

[40] Im 4. Buch der *Institutio* handelt Calvin zunächst «De potestate ecclesiae quoad fidei dogmata» (Cap. 8), dann «De potestate in legibus ferendis» (Cap. 10), weiter «De ecclesiae iurisdictione» (Cap. 11) und schließlich «De ecclesiae disciplina» (Cap. 12). – Nach der Darstellung von Heppe (HpB 531f.) ist für die reformierte Dogmatik die «potestas ecclesiastica» eine dreifache: «potestas ministerii», «potestas ordinis» und «potestas disciplinae». Erstere wird auch «potestas clavium» genannt, obwohl streng genommen nur die «solutio» hierher gehört, die «retentio» aber zur «potestas disciplinae».

Anbruch des Reiches der Glorie, wo dieses Vergängliche, auch das Vergängliche dieser Gemeinschaft, des irdischen Leibes des himmlischen Herrn, anziehen wird die Unvergänglichkeit [vgl. 1. Kor. 15,53], wo, auch in dieser Beziehung, was gesät ist in Schwachheit, auferstehen wird in Kraft [vgl. 1. Kor. 15,43].

So also verstehen *wir* das «fide solum intelligimus» in Beziehung auf die Kirche. Daß und inwiefern das alles eine schroffe Antithese zu der römisch-katholischen Lehre ist, möchte ich nicht besonders entwikkeln.[41] Sie werden der Grenze, von der ich am Anfang sprach, auch so ohne weiteres ansichtig geworden sein, den Protest des Protestantismus gehört haben. Die Verfasser des Catechismus Romanus werden jene drei Worte also wohl ein wenig anders verstanden haben. Wie? Das ans Licht zu stellen, möge nun unserer Aussprache überlassen sein.[42]

---

[41] A. von Harnack schrieb hierzu auf seiner in der Einleitung des Hrsg. zu diesem Vortrag erwähnten Karte: «Unter allen Kundgebungen der röm. Kirche habe ich stets für den Catech. Roman. besonders viel übrig gehabt und habe es noch. Nur ‹absolut schroff› würde er sich m. E. zu Ihrem Verständniß des ‹fide solum intelligimus› nicht stellen, aber umgekehrt ist allerdings Schroffheit am Platze.»

[42] Dem ersten Abdruck des Vortrags in «Zwischen den Zeiten» fügte Barth folgende Anmerkung hinzu: «Es ist verständlich, daß die diesem Vortrag folgende Diskussion keine Antwort brachte auf die gestellte Frage nach der authentischen, d. h. katholischen Interpretation jenes ‹fide solum intelligimus›. Es wäre aber lehrreich, wenn der Versuch nun von anderer Seite aufgenommen würde, das Problem der katholischen Dogmatik von diesem Punkt aus aufzurollen.» – Eine katholische Antwort auf Barths Vortrag gab «auf Einladung der evang.-theol. Fachschaft» E. Przywara 5. 2. 1929 in der Universität Münster mit seinem Vortrag *Das katholische Kirchenprinzip*, veröffentlicht in: ZZ, Jg. 7 (1929), S. 277–302; Zitat: S. 277. Vgl. dazu Bw.Th. II, S. 638.651–654.

DIE THEOLOGIE UND DER MODERNE MENSCH
1927

Vom 7. bis 13. Oktober 1927 fand auf der Burg Lauenstein im Thürin-
ger Wald[1] die sog. Burschenwoche des Roten Verbandes der Burschen-
schaften[2] statt. Im Karl Barth-Archiv befindet sich das Rundschreiben
vom 12. 6. 1927, durch das die «Verbandsbrüder» über Termin und
Thematik der Burschenwoche informiert wurden. Es kam in Barths
Hände als Beilage zu dem Brief, in dem Studiendirektor Fr. Leimkühler
aus Soest, namens der Burschenschaft Jena für die Organisation der Wo-
che verantwortlich, Barth um Übernahme eines Referates bat. Leim-
kühler hatte Barth 1922 beherbergt, als dieser in Wiesbaden sein Referat
über «Das Problem der Ethik in der Gegenwart» hielt.[3]

Die Absicht der Burschenwoche, zu der sich jährlich 100–150 junge
Männer zusammenfanden, war in Leimkühlers Brief folgendermaßen
bezeichnet: «Wir, junge und ältere Akademiker, beide nicht fertig, son-
dern beide ringend um einen neuen Lebensinhalt, wollen, über unsere
fachliche Ausbildung bzw. Betätigung hinaus, uns durch einleitende
Vorträge zu einer gründlichen Aussprache über das Thema: ‹Unsere ge-
genwärtige Lage und ich?› anregen lassen und versuchen, 1. durch diese
eine klarere Einsicht in unsere gegenwärtige Not zu bekommen und 2.
der Verantwortung bewußt zu werden, die unsere Wirklichkeit von je-
dem einzelnen von uns fordert.» Es wurden dann acht Fragen genannt,

---

[1] Die Burg Lauenstein hat eine tausendjährige Geschichte. Sie liegt über dem
Loquitztal und gehört seit 1803 zu Bayern. Die Restauration der Burg ist
Dr. Meßmer zu verdanken, der sie 1906 erworben hat.

[2] «Roter Verband» ist der inoffizielle Name der 1890 erfolgten «Vereinigung
alter Burschenschaften». 1927 gehörten dem Roten Verband an: Alemannia
Bonn, Alemannia Halle, Alemannia Münster, Arminia Jena, Brunsviga Göttingen und Bubenruthia Erlangen. Die Unterschiede innerhalb der Burschenschaften (weißer Kreis, blauer Kreis, grün-weiß-rotes Kartell usw.) waren gering. Die
Burschenschaften des Roten Verbandes legten den Akzent weniger auf das Waf-
fenstudententum als vielmehr auf die vaterländische Erziehung. Vgl. G. Heer, *Ge-*
schichte der Deutschen Burschenschaft, Bd. IV: *Die Burschenschaften in der Zeit*
der Vorbereitung des zweiten Reiches, im zweiten Reich und im Weltkrieg: von
1859 bis 1919, Heidelberg (1939¹) 1977², S. 75f.

[3] Brief von Fr. Leimkühler an Barth. Der Brief trägt das Datum 29. 7. 26, doch
muß dies eine Fehlschreibung für 29. 6. 27 sein.

wobei zuerst die Antwort der Theologie und dann die der Philosophie erfragt werden sollte.

Barth reiste am Freitag, 7. 10., mit der Bahn von Münster nach Lauenstein und hat vermutlich den Begrüßungsabend mit den Ansprachen Leimkühlers und des Burgherrn Dr. Meßmer miterlebt. Nach Frühsport, Morgenandacht und Frühstück hörten am Samstag, 8.10., 9.30 Uhr die Teilnehmer der Burschenwoche Barths Referat.[4]

Ein doppeltes Echo sei hier festgehalten. Barth selbst schrieb am 24. 10. 27 an seinen Freund Thurneysen: «Die Burschenschafter gefielen mir ausnehmend gut, wirklich besser als die Wingolfiten und C.S.V.er, die ich nun nachgerade kenne. Ich zeigte ihnen zunächst, daß ich wenn es sein müsse, auch noch Bier trinken könne, und hielt ihnen dann einen langen Vortrag (in einem richtigen Rittersaal, Eduard!), den sie recht aufmerksam und ohne nachher alberne Einwände zu machen anhörten.»[5] Es ist zu bedenken, daß Barth sich in diesen Tagen mit der Frage quälte, ob es seine Pflicht sei, der Berufung nach Bern zu folgen und in die engen Grenzen seiner schweizerischen Heimat zurückzukehren. An jenem 8. Oktober begab er sich von der Burg Lauenstein in den oberfränkischen «Gottesgarten» und wanderte «zum heiligen Veit von Staffelstein». «Es war dazu ein unvergleichlich schöner Herbstsonntag ... Es wurde mir schmerzlich bewußt, wie sehr ich mich in Deutschland einfach zu Hause fühle, zu den Deutschen gehöre ...»[6] Ob diese Stimmungslage Barth daran gehindert hat, die nationalistischen und antisemitischen Töne wahrzunehmen, die andeutungsweise in der Einladung, deutlicher dann im Bericht sich meldeten?[7]

Fr. Leimkühler schrieb am 26. 10. 27 an Barth: «Nach Rückkehr vom Lauenstein beehre ich mich, Ihnen im Namen meiner Burschenschaft

---

[4] Fr. Leimkühler, *Bericht über die R. V.-Woche auf dem Lauenstein*, in: *Burgkellerzeitung*, Jg. 7, Jena 1927, Nr. 2, S. 19–34.

[5] Bw. Th. II, S. 536.

[6] Ebd.

[7] In dem Einladungsschreiben waren auch folgende Themen angegeben: «Wie beantworten wir das Problem: ‹Kultur und Rasse›? Welche Forderungen stellen an mich in meiner volklichen Bedingtheit: a) Heimatbewegung?, b) Auslandsdeutschtum?» Aus Leimkühlers Rückblick ist ersichtlich, daß die Rassenfrage thematisch nicht behandelt wurde. Antisemitische Stimmen wurden allerdings laut zu den Themen «Die bildende Kunst der Gegenwart» (S. 30) und «Heimatschutz» (S. 32).

noch einmal herzlichst zu danken, daß Sie den jungen Leuten durch Ihre Worte soviel gegeben haben. ... Ich bedaure nur, daß Sie nicht länger bei uns bleiben konnten; denn ich bin von meinen Verbandsbrüdern die folgenden Tage immer wieder angegangen worden, diesem oder jenem diese oder jene Frage noch einmal zu klären. Ein Beweis dafür, daß die Seelen durch Sie aufgerüttelt worden sind.»[8]

Leimkühler gab dann auch selbst in der Zeitschrift der Arminia Jena einen 15 Seiten langen Bericht über die von ihm geleitete Rote-Verbands-Woche. Darin referiert er die Grundgedanken von Barths Vortrag und fährt fort: «Dieser nicht ganz leichte, aber scharfsinnige und aus tiefster Überzeugung quillende Vortrag verfehlte seine Wirkung nicht. Jedenfalls hat Barth uns wohl allen die Überzeugung abgenötigt, daß die Theologie eine schwere Wissenschaft ist, mit der man nicht so leicht fertig wird, die man jedenfalls aber nicht leichterhand abtun kann. An diesen Vortrag knüpfte sich eine sehr rege Aussprache.»[9]

Barth hatte Vorbehalte gegenüber seinem Vortrag: «Ich werde ihn aber nicht drucken lassen, da die Materie zu heikel ist (das Gesicht der Theologie hauptsächlich nach außen!), als daß ich mich darüber in der etwas futuristischen Weise, wie es dort am Platze war, vor der weitern Leserwelt auslassen möchte. Vielleicht kann ich später einmal durch Umarbeitung etwas Vernünftiges daraus machen.»[10]

Diese Absicht hat Barth 1930 in die Tat umgesetzt und in Frankfurt/M. und Bremen einen Vortrag gehalten mit dem Titel «Die Theologie und der heutige Mensch», den er in ZZ, Jg. 8 (1930), S. 374–396 veröffentlichte.

Der Lauensteiner Vortrag liegt vor im Manuskript, geschrieben auf Blättern im Querformat 20,6 × 16,4 cm, wobei am rechten Rand des Blattes ein freier Raum gelassen ist. S. 1–20 sind mit Schreibmaschine, S. 21–27 in lateinischer, gut leserlicher Handschrift mit Bleistift geschrieben.

Theologie ist die kritische Besinnung der *Kirche* auf ihren Ursprung in Gottes Wort. Indem die Kirche diese Besinnung als einen nicht nur ge-

---

[8] Brief von Fr. Leimkühler an Barth vom 26.10.27.
[9] A.a.O., S.25.
[10] Bw.Th.II, S.536.

legentlich, sondern fort und fort zu vollziehenden Akt für notwendig und möglich hält und als notwendig und möglich tatsächlich will, bringt sie die Theologie, die «scientia de Deo»[11] hervor. Theologie ist also eine Funktion der Kirche, die Lebensäußerung der Kirche in der Sphäre der Wissenschaft. Eine Hilfsfunktion: denn die eigentliche, primäre Funktion der Kirche ist nicht die Theologie, sondern die *Predigt*, die Verkündigung des Wortes Gottes. Ihr ist die Theologie als kritisches Organ, als Kontrolle, als Wegweisung und auch wohl als notwendige Hemmung zugeordnet. Die Kirche weiß um ihre Menschlichkeit und menschliche Unvollkommenheit. Sie weiß, daß es sich nicht von selbst versteht, daß sie wirklich das Wort Gottes verkündigt, und daß sie die Beantwortung dieser Frage nicht dem Zufall und auch nicht nur dem höheren Willen, der hier in Betracht kommt, überlassen darf. Darum will sie solche Kontrolle. Darum übt sie Besinnung. Darum bringt sie die theologische Wissenschaft hervor. Nicht als ob sie mittelst der Theologie es erzwingen wollte und könnte, daß sie wirklich das Wort Gottes verkündigt, aber damit Alles getan sei, was sie zu tun schuldig ist [vgl. Lk. 17,10], um dem Worte Gottes zu dienen.|

Aber nicht nur der Kirche und ihrer Predigt, sondern auch dem *Glauben* gegenüber ist die Stellung der Theologie eine unter- oder zugeordnete. Der Glaube lebt, auch und gerade mit seinem Anspruch, Glaube an die Wahrheit zu sein, vom Worte Gottes und nicht von der Theologie. Erst dann wird er ihrer bedürftig, wenn er im Namen der Kirche auftragsgemäß, verantwortlich, glaubwürdig die Wahrheit *reden* will, und auch dann kann sie ihm gegenüber nur Übung, Vorbereitung, Korrektiv sein in der Sphäre des menschlichen Denkens, in die er sich damit begibt, daß er reden will.|

Und erst recht ist die Stellung der Theologie eine untergeordnete gegenüber dem Ursprung der Kirche, der Predigt und des Glaubens in der *Offenbarung* des Wortes Gottes. Die Offenbarung ist in sich selber wahr. Sie bedarf dazu, um die Wahrheit zu sein, der theologischen Forschung und Darstellung nicht im Geringsten. Nur insofern bedarf sie ihrer, fordert die Offenbarung eine theologische Wissenschaft, als sich

---

[11] Vgl. SchmP. 28: «Theologia ἔκτυπος [im Unterschied zur theologia ἀρχέτυπος] dicitur scientia de Deo et rebus divinis cum creaturis intelligentibus a Deo ad imitationem theologiae suae, velut causae exemplaris, communicata» (D. Hollaz). Vgl. auch Chr. Dogm., S. 118, Anm. 31a, und KD I/1, S. 200.

der beständig irrtumsfähige Mensch unterwindet, das offenbarte Wort Gottes auf seine Lippen zu nehmen. Kurzum: Theologie ist eine Wissenschaft, die, nach ihrem Gegenstand und nach ihrem Zweck gefragt, Kirche, Predigt, Glauben, Offenbarung schlechterdings voraussetzt. Kirche, Predigt, Glauben, Offenbarung sind die größeren Kreise, innerhalb derer die Theologie an bestimmter Stelle ihren bestimmten Dienst zu versehen hat. Von der universitas literarum aus gesehen ist die Theologie die Stelle, an der, eben weil die Kirche hier eine besondere Wissenschaft hervorbringt, die Kirche und damit auch ihre Predigt und ihr Glaube und damit auch die Offenbarung, die sie begründet, dem menschlichen Denken zum Problem wird, wobei wir uns im Vorbeigehen der Tatsache erinnern, daß historisch eben diese merkwürdige Berührungsstelle auch den Punkt bezeichnet, an dem die universitas literarum ihren eigenen Ursprung genommen hat.[12]

Mit dem allem ist nun gesagt, wie der Begriff des «modernen Menschen», den wir nach unserem Thema mit der Theologie zu konfrontieren haben, näher zu bestimmen ist, wenn diese Konfrontierung Sinn haben soll. Hieße unser Thema etwa: «Der Glaube und der moderne Mensch», dann hätten wir allen Anlaß, z. B. des modernen Arbeiters, des modernen Großkaufmanns, des modernen Künstlers zu gedenken. Der engere Kreis der Theologie aber kann den Arbeiter, den Kaufmann, den Künstler offenbar nur insofern angehen, dieser kann mit ihr nur insofern sinnvoll konfrontiert werden, als er etwa neben dem, daß er Arbeiter, Kaufmann, Künstler ist, in irgendeinem Grade auch noch *Wissenschaftler*, in der Sphäre des Denkens ernstlich Beschäftigter, als er, im weitesten Sinn verstanden, auch Akademiker ist. Der moderne

---

[12] Vgl. *Der große Brockhaus*, Bd. 11[16], Wiesbaden 1957, Art. Universität, S. 768: «Gelehrt wurde [scil. in den ersten Universitäten] die Gesamtheit der (kirchlich anerkannten) Wissenschaften (*universitas literarum*). Neben den ursprünglichen theologischen entwickelten sich juristische und medizinische Fakultäten.» Vgl. ferner A. von Harnack, *Grundriß der Dogmengeschichte*, Tübingen 1922[6], S. 355: «Scholastik ist die Wissenschaft des Mittelalters. In ihr zeigt sich eine Kraftprobe des Denktriebes und eine Energie, alles Wirkliche und Wertvolle dem Gedanken unterzuordnen, wie vielleicht kein anderes Zeitalter eine solche bietet. Aber Scholastik ist allerdings Denken ‹aus der Mitte heraus› ... Ihre Grundvoraussetzung hat sie – wenigstens bis zur Zeit ihrer Auflösung – an der These, daß alle Dinge aus der *Theologie* zu verstehen, alle Dinge deshalb auch auf die *Theologie* zurückzuführen sind.»

Mensch, mit dem wir es hier zu tun haben, ist der moderne Akademiker. *Ihm* begegnet in irgend einer Nähe oder Ferne die Sphinx der Theologie, neben Physik und Biologie, Psychologie und Logik die Wissenschaft mit der seltsamen Aufgabe der Besinnung der Kirche auf ihren Ursprung in Gottes Offenbarung. Für *ihn* entsteht und besteht hier ein Problem. Wir haben es also nicht nötig, uns erst auf eine Erörterung der Lage und Struktur des modernen Menschen überhaupt einzulassen. *Wir sind der «moderne Mensch»*, der hier in Betracht kommt, wir, die Älteren und Jüngeren, ob Theologen oder Nicht-Theologen, denen die Wissenschaft Lebensaufgabe, Gebot und Anliegen ist. Wir setzen uns selbst als bekannt voraus! Wie und mit welcher Frage die Theologie uns gegenübertritt und wie man sich etwa mit ihr auseinandersetzen kann, davon haben wir zu reden.

I

Ich habe die Theologie soeben eine Sphinx genannt. Was ist das? fragt der naive Betrachter der Sphinx, aufs Tiefste befremdet, und das wirklich nicht mit Unrecht. Und wird doch in seinem Befremden die Gegenfrage nicht überhören können, die die Sphinx ihm zurückzugeben scheint: wer denn etwa er, das betrachtende Menschlein, sein möchte? Was ist das? hat nicht nur der naive Betrachter und überhaupt nicht nur der Betrachter der Theologie zu fragen immer wieder allen Anlaß und wird dann doch gleichfalls nicht umhin können, gewahr zu werden, daß ihm, je ernsthafter und dringlicher er etwa fragt, eine Rückfrage entgegenkommt, auf die sich einzulassen vielleicht leichter ist, als mit ihr fertig zu werden.

Nichts ist vielleicht bezeichnender für die Theologie als die Tatsache, daß sie selber, von der Neugierde der nicht direkt Beteiligten noch ganz abgesehen, immer wieder zurückkommen muß auf die Frage: Was ist Theologie? Daß sie da ist, daß sie trotz aller kräftigen Sprüche, die je und je gegen ihre Existenzmöglichkeit getan wurden, und vor Allem trotz allen Unglimpfs, den ihr ihre eigenen Jünger immer wieder zuzufügen pflegen, eine Wirklichkeit ist, daß sie an bestimmter Stelle in ihrer Weise in das Räderwerk der menschlichen Gesellschaft und Geschichte eingreift, das läßt sich nicht in Abrede stellen. Aber was geschieht da? Es ist schnell gesagt, aber wenig gesagt, wenn ich erinnere: Theologie fragt als *historische* Theologie nach den in der Geschichte sichtbaren Auswirkungen und Nicht-Auswirkungen der Bezogenheit der Kirche auf ihren Ursprung. Sie fragt als *exegetische* Theologie nach dem genuinen Verständnis seiner als Zeugnis für alle Folgezeit maßgebenden ersten Dokumente. Sie fragt im Blick auf ihn als *systematische* Theologie nach der Rechtmäßigkeit und als *praktische* Theologie nach der Zweckmäßigkeit der heutigen kirchlichen Verkündigung.[13] Damit wäre offenbar doch nicht mehr gesagt als mit einer Beschreibung der Sphinx, besagend, sie sei ein im Sande Ägyptens befindliches, nach Osten orientiertes steinernes Gebilde, halb Weib, halb Löwin darstellend. Was ist Theologie? Es sind drei charakteristische Merkmale des theologischen *Wahrheitsbegriffs*, die alle wirklich theologische Arbeit als solche kennzeichnen und durch die sie vor Allem dem Theologen selbst, aber unweigerlich auch dem Nicht-Theologen, sofern er einigermaßen von ihr Kenntnis nimmt, zum Problem werden muß.

1. Die Theologie mißt die Verkündigung der Kirche am Maßstab des *Wortes Gottes*. Sie macht damit ein Kriterium geltend, das, was auch von ihm zu halten sei, offenbar seinem Begriff nach seine Gültigkeit nicht nur in sich selber haben, sondern auch nur durch sich selber geltend machen kann, m. a. W. ein Kriterium, das keinem anderen Kriterium unterliegt. Wie sollte Gottes Wort, halte man von dieser Größe, was man wolle, anders Wahrheit sein als durch sich selber? Und wie sollte es sich als Wahrheit anders zu erkennen geben als wiederum durch sich selber? Gottesgewißheit kann, wenn sie anders Gottesgewißheit ist, nicht gemessen sein an irgend einer anderen Gewißheit – auch nicht an der Selbstgewißheit des denkenden Subjekts. Gottesgewißheit geht *vor* Selbstgewißheit, oder sie ist nicht Gottesgewißheit. Die Geltendmachung dieses Kriteriums durch die Theologie kann also nicht so gemeint sein, als hätte der Theologe von irgend einer überlegenen Warte aus die Wahrheit des Wortes Gottes erkannt, um sie nun von derselben überlegenen Warte aus geziemend zur Anwendung zu bringen und um, immer von derselben überlegenen Warte aus, in der Lage

---

[13] Vgl. Barths Ausführungen über die theologischen Disziplinen in: *Menschenwort und Gotteswort in der christlichen Predigt* (1924), Vortr. u. kl. A. 1922–1925, S. 452–455.

zu sein, sich über sein Tun zu rechtfertigen. Die Theologie macht mit vollem Bewußtsein ein Kriterium geltend, dessen Gültigkeit sie nicht einsieht und über dessen Geltung sie nicht verfügen kann, mit dessen Geltendmachung sie also nur sagen kann, daß sie seine Gültigkeit *anerkannt* hat, mit dessen Geltendmachung sie seine Gültigkeit nur *bezeugen*, aber in keiner Weise aufrichten oder auch nur rechtfertigen kann. Theologie kommt her von einem nicht durch sie, sondern über sie gefällten Urteil, kraft dessen Gottes Wort Gottes Wort ist. Sie hat sich die Wahrheit nicht gesagt, sondern sie hat sie sich von ihr selbst sagen *lassen*.

Der Gegenstand der Theologie ist so schlicht wie der jeder anderen Wissenschaft ein konkretes «Gebiet», eben das der Kirche. Sofern sie nun als Wissenschaft von der Kirche immer auch ein Wissen um sprachliche und geschichtliche, psychologische, soziologische und logische Sachverhalte ist, hat sie Anlaß, gleich den anderen Wissenschaften auch andere Kriterien als jenes Kriterium geltend zu machen. Aber insofern ist sie dann immer noch nicht oder nicht mehr Theologie. Als Theologie konstituiert sie sich, indem sie ihr Wissen um dieses besondere Gebiet kritisch in Beziehung setzt zu der Wahrheit des Wortes Gottes. Indem sie Theologie wird und sofern sie Theologie ist, macht sie also das Kriterium geltend, das seinem Begriff nach keinem Kriterium unterliegen kann.

Das bedeutet nun aber – und das ist der erste Anstoß, den die Theologie Theologen und Nicht-Theologen zu geben geeignet ist –, nichts Anderes, als daß die Gültigkeit aller anderen Wahrheitskriterien stillschweigend in Frage gestellt, herabgedrückt wird zu einer bloß relativen Gültigkeit. Alle anderen Wahrheitskriterien, die Axiome der Mathematik nicht ausgenommen, sind ja solche, die von der Wissenschaft selbst als solche festgestellt und eingesehen sind. Indem die Theologie neben und über diesen relativen Kriterien, deren sie selbst freilich auch nicht entraten kann, ein Kriterium geltend macht, dessen Gültigkeit ihr als Wissenschaft so überlegen ist, daß sie sie eben nur bezeugen kann dadurch, daß sie sie geltend macht, stellt sie stillschweigend die Frage auch an alle anderen Wissenschaften, ob sie sich der bloß relativen Gültigkeit ihrer Kriterien eigentlich bewußt seien. Welche Bewandtnis es auch mit dem für die Theologie maßgebenden Kriterium haben, wie sich auch die Theologie selbst in concreto mit ihm auseinandersetzen möge, die Wissenschaft als solche ist durch das Vorhandensein der *Theologie* als Wissenschaft gemessen an einem Kriterium, das kein Kriterium über sich hat, das als Inbegriff aller Kriterien aller Wissenschaft vorangeht, alle Wissenschaft erst möglich, aber eben damit auch relativ macht. Sagt man, daß alle echte Wissenschaft sich ihrer Relativität ohnehin bewußt sei, so ist zu antworten, daß dem wohl so sein mag, daß aber in der Theologie dieses Bewußtsein unmittelbar mit der theologischen Aufgabe selbst gegeben ist, so daß ihr Vorhandensein zur Frage nach jener Echtheit wird, ob sie es will oder nicht. Verweist man aber auf die Philosophie als auf die berufene Hüterin dieser Einsicht, so darf wohl daran erinnert werden, daß die antike wie die moderne Philosophie, sofern sie Hüterin *dieser* Einsicht war, eben aus der Theologie hervorgegangen ist, ohne die Theologie gerade mit dieser Einsicht gar nicht denkbar ist. Ob die Philosophie in concreto kritische Philosophie ist und also ihrerseits in ihrer Weise jenes Kriterium geltend macht, das fragt sich. Die Theologie maßt sich nicht an, mit der Philosophie zu konkurrieren. Sie ist, nochmals: stillschweigend, auch in ihren jämmerlichsten Gestalten, durch ihr bloßes Dasein, die beunruhigende Frage nach dem Kriterium aller Kriterien.[14]

2. Die Theologie versteht unter dem Worte Gottes, das sie gegenüber der kirchlichen Verkündigung geltend macht, so gewiß sie nicht darüber verfügen zu können meint, nicht eine letzte, sondern die erste Wahrheit, nicht etwa eine erst zu suchende, sondern die sich selbst schon aufgedeckt habende, die gegebene, und zwar *konkret gegebene* Wahrheit. Das Wort, mit dem sie rechnet, ist das ewige, aber darum nicht ein zeitloses, sondern gerade darum das zeitgewordene, einmal für allemal gesprochene Wort Gottes. Der Ursprung der Kirche ist Gottes Offenbarung in der Zeit, in der Faktizität der Erscheinung des Christus Jesus. Sofern Theologie Philosophie treibt, mag sie um ein zeitloses Wort Gottes wissen, und sofern sie Religionswissenschaft treibt, um andere zeitliche Worte Gottes. Sie ist dann noch nicht oder sie ist dann nicht mehr Theologie. Sofern sie Theologie ist, kennt sie nur die zeitli-

---

[14] Über die Theologie als Glied der universitas literarum vgl. Barths Vortrag *Das Wort Gottes als Aufgabe der Theologie* (1922) in: Vortr. u. kl. A. 1922–1925, S. 155–157.

che, und zwar nur diese zeitliche Offenbarung, das Wort Gottes, das in Jesus Christus zur Kirche gesagt *ist*, das sie sich also nicht mehr selber gesagt hat und neben dem ihr auch kein anderes gesagt ist. Das heißt aber: Die Theologie beugt sich vor der *Kontingenz* der Wahrheit. Die Wahrheit begegnet ihr als konkrete *Autorität*. Theologie ist Gehorsam. Ihre Forschung ist nicht freie Spekulation, sondern ein Nachdenken an Hand eines *gegebenen* Wortes, das sie wiederum nicht etwa mittelst freier Deutung der Geschichte irgendwo erst auffindig zu machen hätte, sondern das ihr als ein bestimmtes, als *dieses bestimmte* Wort gegeben ist. Es ist Ernst mit der Konkretheit dieser Autorität. Ist von Christus die Rede, so ist nicht gemeint eine Größe, die wir im Nebel einer fernen Vergangenheit erst «quellenmäßig» zu eruieren und zu definieren hätten, sondern – die Bibel als «Quelle» geht die Theologie nichts an – der von den Propheten und Aposteln *bezeugte* Christus. Wobei der Umfang dieses Zeugnisses und die Richtung, in der sein Verständnis zu suchen ist, wiederum durchaus nicht freigegeben, sondern mit dem Ernst kirchlicher Entscheidung durch den Kanon und durch das Dogma *bestimmt* sind, Entscheidungen, die als relative Autorität ebenso Beachtung fordern wie die absolute Autorität des Wortes Gottes selbst als solche.

Es ist eine harte Sache, daß es eine Wissenschaft geben soll, die solche Voraussetzungen nicht nur gelten läßt, sondern fordert. Aber die Theologie ist diese Wissenschaft. Sofern sie *ihr* Kriterium geltend macht, kann sie sich der selbstverständlichen Tendenz aller Wissenschaft, durch Aufdeckung des Allgemeinen im Besonderen, der Gesetze, der Generalnenner, auf denen die konkreten Dinge stehen, die Kontingenz, den Gegenstand tunlichst aufzuheben, *nicht* anschließen. Sie tritt, indem sie das Wort Gottes als konkrete Autorität versteht, innerhalb der Wissenschaft aufs Unzweideutigste ein für die Unaufhebbarkeit der *Gegenständlichkeit* des Gegenstandes und gegen die Befugnis des wissenschaftlichen, d. h. generalisierenden Denkens, ihn bloß als noch nicht aufgelösten Restbestand eines erst durch die subjektive Erkenntnis wirklich werdenden μὴ ὄν zu behandeln. Merkwürdig genug: dieselbe Theologie, die, wie wir vorhin sahen, mit ihrer Erinnerung an die Wahrheit, die keine Wahrheit über sich hat, stillschweigend alle Wissenschaft relativiert, alle Wissenschaft zur Frage nach Wissenschaft macht – dieselbe Theologie muß nun durch die Erinnerung an die Kontingenz eben dieser Wahrheit, durch ihr Rechnen mit Autorität und Autoritäten offenkundig auch den Relativismus der Wissenschaft relativieren, ihr Fragen, ihre Befugnis, nach dem Allgemeinen als nach der Wahrheit zu fragen, in Frage stellen. Wendet sie sich dort gegen einen Realismus, der seine Erkenntnis von den Dingen mit den Dingen selbst verwechseln möchte, so wendet sie sich hier gegen einen Idealismus, der nur von der Erkenntnis, aber von keinen Dingen wissen will. Der Hybris des Subjekts der Wissenschaft gilt ihre Warnung offenbar auch von dieser Seite. Ist Theologie eine Wissenschaft, dann ist damit offenbar der Wissenschaft überhaupt auch dieser Anstoß gesetzt, daß irgendwo in der universitas literarum ein nicht in Frage zu stellender, vom Subjekt zu unterscheidender und unterschieden bleibender Gegenstand nicht nur anerkannt, sondern geradezu als Kriterium der Wahrheit anerkannt ist, [daß] Autorität kein Popanz, sondern eine selbstverständliche Denkregel und Respekt nicht das Ende, sondern der Anfang der wissenschaftlichen Sachlichkeit [ist]. Wiederum mag und wird es wohl so sein, daß in den Hintergründen auch der anderen Wissenschaften derselbe Anstoß auch stattfindet und seine Rolle spielt, daß mit dem Problem der Theologie auch in dieser Hinsicht nur ihr eigenes Problem aufgerollt wird, wie denn auch eine besonnene Philosophie sich dem Idealismus ebensowenig verkaufen wird wie dem Realismus. Die Theologie aber, wie unbesonnen sie sich in concreto gebärden mag, hat auch hier das Anstößige von Haus aus in sich und wird, indem sie überhaupt da ist, auch diesen Anstoß zu geben gar nicht vermeiden *können*. Sie ist wiederum stillschweigend, ipso facto *der* Protest gegen die Mißachtung des Kontingenzproblems.

3. Die Theologie macht eine dritte Voraussetzung speziell in Bezug auf das Verhältnis der Wahrheit zum *Subjekt* der Wissenschaft. Wie kommt denn der Mensch dazu, mit jener nicht zu erkennenden, sondern nur zu anerkennenden konkret gegebenen Wahrheit zu rechnen? Die Theologie kann darauf nur antworten: allein durch den *Glauben*. Das bedeutet aber: er kommt überhaupt nicht dazu, sondern sie ist, wenn er überhaupt mit ihr rechnet, zu ihm gekommen. Der Theologe ist also, indem er mit dem Worte Gottes rechnet, nicht etwa in der Lage, den Historiker zu überbieten durch eine besondere theologische Kunst, in der Geschichte Tatsachen nachzuweisen, die jenem verborgen

wären: die Wahrheit in der Geschichte ist ihm gegenüber nicht stummer, aber auch nicht beredter als jenem gegenüber. Er verfügt auch nicht über eine besondere Psychologie, die ihn im Unterschied zum nicht-theologischen Psychologen befähigen würde, auf Tatbestände des menschlichen Bewußtseins hinzuweisen, die jene Wahrheit offenbaren würden. Er kann auch den Philosophen durch keine Abstraktionen überraschen, die dieser mutatis mutandis nicht auch zu vollziehen vermöchte. Er steht mit seiner Wissenschaft den Vertretern der anderen Wissenschaften gegenüber wie Mose den Zauberern des Pharao, die seine Wunder nicht nur scheinbar, sondern wirklich auch zu tun vermochten [Ex. 7,10–12.22; 8,3], womit sie denn aufhörten, Wunder, Beglaubigungen seiner besonderen Sendung zu sein. Ohne Bild: Wo der Theologe hinkommt, da kommen die Anderen mit ihren Fragestellungen auch hin. Und kommen sie nicht zu Gottes Wort, so kommt er auch nicht dazu. Er hat, indem er z. B. als Exeget oder als Dogmatiker mit Gottes Wort rechnet, «keine bleibende Stätte» [Hebr. 13,14] im Land der Wissenschaft; kein Nachweis steht ihm zu Gebot, mittelst dessen er es sich selbst oder Anderen vorrechnen könnte, daß er wirklich mit *Gottes* Wort rechnet. Er kann dessen nur gewiß sein, notabene – den Katholiken ein Ärgernis und den Cartesianern eine Torheit [vgl. 1. Kor. 1,23] – gewisser als seiner selbst. Er kann schlechterdings nur danach *tun*. Er kann weder sich selbst noch andere mit einer Legitimation beruhigen, die ihm und ihnen bestätigte, daß er auf *Befehl* handle. Er kann nur nach Befehl *handeln* und damit das Vorhandensein des Befehls *bezeugen* – bezeugen, daß er nicht zu dem Befehl, sondern der Befehl zu ihm gekommen ist, daß er sich nicht der Offenbarung, sondern daß sich die Offenbarung seiner bemächtigt hat. Wobei er sich doch nicht wundern darf, wenn dieses Zeugnis etwa nicht angenommen wird [vgl. Joh. 3,11], weil er wissen muß, daß er über die Zeugnis*kraft* seines Tuns nicht verfügen kann, daß sein Handeln als solches durch kein unzweideutiges Kennzeichen von dem Anderer unterschieden ist, daß also nicht etwa sein Handeln für sich selbst, sondern nur in seinem Handeln der an ihn ergangene Befehl für sich selbst sprechen kann, daß er also auf Zeugniskraft seines Handelns keinerlei Anspruch hat. Dieses Wagnis eines gänzlich ungesicherten, nach allen Seiten ungeschützten Gehorsams ist die Zumutung, die die Theologie an das Subjekt der Wissenschaft stellt. Dieses Wagnis ist aber das Wagnis des *Glaubens*. Glauben

171

heißt in der Sphäre des Denkens: Auf das vernommene Wort Gottes bedacht sein, ohne eine andere Gewähr für seine Wahrheit zu haben als das Wort Gottes selber und ohne mit diesem Bedachtsein einen Anspruch auf Bestätigung zu verbinden. Denn die Zumutung dieses Wagnisses wäre sinnlos, wenn sie so gemeint wäre, daß das Wagnis für den Wagenden irgend einen Anspruch in sich schlösse, wenn sie anders gemeint wäre als so, daß, indem sie ergeht, auch er hinzugerechnet wird zur Kirche, in der die Offenbarung, in der der Befehl *gehört* ist. Gehorsam heißt ja das zugemutete Wagnis, nicht freie Leistung, mit der sich dann wohl ein Anspruch verbinden könnte. Die Theologie setzt als Subjekt der Wissenschaft nicht den Menschen voraus, der sich zum Glauben entschlossen, für den Glauben entschieden hat, sondern den Menschen, über dessen Glauben durch das an ihn ergangene Wort entschieden *ist*. Sie fragt ihn m. a. W., indem sie nach seinem Glauben fragt, indem sie ihm das Wagnis des Glaubensgehorsams zumutet, nicht nach dem, was er erwählen könnte, sondern ob *er* ein Erwählter *sei*, nicht nach seinem Urteil über das Wort Gottes, sondern nach dem Urteil des Wortes Gottes über *ihn*. Worauf er Antwort geben und das über ihn gefällte Urteil selber verkündigen muß, nicht mit Beteuerungen seiner Glaubensgewißheit, sondern indem er zeigt, daß er gewiß *ist*, indem er nämlich zeigt, durch Gehorsam zeigt, daß er den Befehl gehört hat – oder eben das andere Urteil verkündigen muß, indem er durch Ungehorsam zeigt, daß er den Befehl nicht gehört hat. Mit dieser Frage belastet die Theologie den Theologen, aber offenbar wiederum doch nicht nur den Theologen. Es dürfte doch auch für den Nicht-Theologen eine nachdenkliche Sache sein, in der Theologie das Ereignis einer Wissenschaft vor sich zu haben, in der letztlich, was das Subjekt betrifft, Alles auf den Glauben und, weil der Glaube nicht des Menschen Werk sein kann, auf die göttliche Erwählung abgestellt ist, den Theologen neben sich zu haben, der, welche Naivität oder welche Unverschämtheit sein geistiger Habitus immer verraten möge, ob er's weiß oder nicht, unter dieser Krisis steht.|

Wiederum ist die Frage aufgerollt – ist sie auch in anderen Fakultäten schon erwacht und ist eine Philosophie zur Stelle, die den Finger darauf legt, um so besser –, wiederum ist durch das Vorhandensein der Theologie die Frage aufgerollt, ob es wohl irgend eine Wissenschaft geben möchte, in der der Mensch vor dieser Krisis geborgen wäre, ob es etwa

Sinn hat, wenn ein Theologe umsattelt, um dieser Krisis zu entgehen, oder ob nicht vielleicht die Möglichkeit aller Wissenschaft auf Erwählung beruht, darauf, daß der Mensch durch die Wahrheit von der Wahrheit überführt, ohne Sicherung und Anspruch der Wahrheit *glauben*, dem Befehl der Wahrheit als Denker gehorchen muß. Diese Frage, die die Theologie als solche nur an den Theologen zu richten die Befugnis hat, richtet sich offenbar, wiederum stillschweigend, gehört oder nicht gehört, auch und gerade an den, der vielleicht geneigt ist, dem Himmel zu danken, daß er nicht Theologe ist.

II

Fragen wir uns nun nach den Möglichkeiten, die uns, dem «modernen Menschen», dem Akademiker von heute, der Theologie gegenüber allenfalls offen stehen. Ich meine wiederum ihrer drei zu sehen. Eine vierte, die auch in Betracht kommen könnte, dürfte wesentlich darin bestehen, daß man von den ersten drei keinen Gebrauch macht.

1. Ich nenne die primitivste zuerst: man kann sich über die Theologie ärgern oder entsetzen, man kann sie ignorieren oder bekämpfen, kurz: man kann sie in globo als eine Unmöglichkeit *ablehnen*. Wir werden nach der vorangegangenen Schilderung ihrer grundsätzlichsten Eigentümlichkeiten diese Haltung kaum ganz unbegreiflich finden können. Wüßten die meisten Nicht-Theologen – *und* die meisten Theologen nicht so wenig um das, um was es eigentlich geht in der Theologie, läge nicht für die meisten – ich sage ausdrücklich: auch für die meisten Theologen ein gewisser wohltätiger Schleier über ihren vorhin beschriebenen Eigentümlichkeiten, von denen sie nur gelegentlich mit Schrecken etwas zu spüren bekommen, gäbe es nicht die freundlichere zweite und die glänzendere dritte Möglichkeit, sich mit ihren Anstößen auseinanderzusetzen, von denen nachher zu reden ist, so wäre diese Haltung sicher noch viel verbreiteter, als sie es jetzt ist. Man studiert sie am Besten am Typus des «ehemaligen Theologen», aus dem sich verständlicherweise die energischsten Anti-Theologen zu rekrutieren pflegen. Ich nenne D. Fr. Strauß[15] als in dieser Hinsicht geradezu klassische Gestalt.

[15] Wenige Tage später, in dem Vortrag *Das Wort in der Theologie von Schleiermacher bis Ritschl*, sollte Barth wiederum auf D. Fr. Strauß hinweisen; s. unten

173

Man findet sie aber durchaus auch unter den Theologen selber, und zwar auf den Universitäten wie in den Pfarrhäusern, wo sie sich als still-fanatische Flucht vor aller eigentlich theologischen Arbeit – dort gewöhnlich in die Historie, hier in die Praxis – zu äußern pflegt. Und dann die bekannte Panik nicht nur vor den Theologen, sondern doch auch vor der Theologie selber, wie man ihr bei Nicht-Theologen doch nicht selten begegnet. Sie kann als vornehme Gleichgültigkeit auftreten oder als boshaft interessierte Skepsis oder als polternde Stimmungs- und Gelegenheitspolemik oder, was am Seltensten vorkommen dürfte, als prinzipiell durchgeführte Verneinung der Möglichkeit der Theologie *und* der hinter der Theologie stehenden Kirche *und* dessen, worauf die Kirche sich zu gründen meint.

Aber wo setzt nun diese Art, sich mit der Theologie auseinanderzu-setzen, eigentlich ein? Was lehnt man ab, wenn man die Theologie als solche meint ablehnen zu können? Die Renitenz kann natürlich, wenn wir von allen Zufälligkeiten und sekundären Punkten absehen und uns nur an die herausgestellten grundsätzlichen Eigentümlichkeiten der Theologie halten wollen, allen drei genannten Anstößen, dem Offenba-rungsbegriff als solchem, der Kontingenz im Offenbarungsbegriff und der Glaubensforderung zugleich gelten. Aber es dürfte doch bei genaue-rem Zusehen so sein, daß der moderne Mensch auf Punkt 2 und 3 an-ders reagiert als mit einfacher Ablehnung, nämlich so, wie wir es nach-her als zweite und dritte Möglichkeit beschreiben werden. Der Zorn ge-gen die Theologie, die mehr oder weniger temperamentvolle und be-gründete Unmöglichkeitserklärung gilt – wir können ja die Richtigkeit dieser Behauptung alle an uns selber kontrollieren – dem *Offenba-rungsbegriff* als solchem: der Aufrichtung jenes schlechthin unbegrün-deten und unbegründbaren Kriteriums samt der dadurch bedingten Re-lativierung aller anderen Kriterien, dem Rechnen der Theologie mit ei-nem alle anderen Worte in Schatten stellenden Wort Gottes, dessen Er-kenntnis ausdrücklich nur als Anerkenntnis verstanden und vollzogen werden will. Wer sich diesen Begriff einmal auch nur phänomenolo-gisch klar gemacht hat, der muß ja verstehen, daß hier nur Ja oder Nein gesagt werden kann und daß die allein einleuchtend zu machende Mög-lichkeit darin besteht, Nein zu sagen. Stellen wir darum fest: einmal,

S. 209f.; aber bereits 1924/25 in der Göttinger Dogmatik-Vorlesung hatte Strauß eine erhebliche Rolle gespielt; vgl. Unterricht II, S. 452f. (Register).

daß dieses Nein uns allen unendlich viel näher liegt. Sodann: daß die Kraft dieses Nein nicht abnimmt, sondern zunimmt in dem Maß, als uns die Tragweite des Ja etwa mit der Zeit einsichtig werden sollte. Sodann: daß dieses Ja, wenn es gewichtig ausgesprochen sein, wenn es wirklich dieses Ja sein sollte, eine Kampfhandlung sein müßte, die Kampfhandlung des Glaubens nicht gegenüber einem schwachen, sondern gegenüber einem starken, zornigen, aus der Einsicht in seinen unendlichen Vorsprung gesprochenen Nein. Wer sich den Begriff der Offenbarung so einfach gefallen zu lassen in der Lage wäre, wer hier nicht wüßte, was es heißt, wider den Stachel löcken [vgl. Act. 26,14], welchen Ernst könnte dessen Ja etwa haben? Und endlich: Es kann hier ein Nein geben, das gerade durch seine prinzipielle Schärfe verrät, daß der messerscharfe Grat der Entscheidung, der es vom Ja trennt, jedenfalls nicht ferne ist, daß da wenn auch noch nicht gehorcht, so doch auffallend aufmerksam gehört wird. Diese letzte Möglichkeit darf bei dem Ereignis der Ablehnung der Theologie nie außer Acht gelassen werden. Um dieser Möglichkeit willen ist von der grundsätzlichen Ablehnung der Theologie zu sagen, daß sie unter den drei möglichen Haltungen die beste, oder sagen wir: die fruchtbarste, die hoffnungsvollste ist, der zweiten und dritten mit aller Entschiedenheit vorzuziehen. Es war einer der ausgesprochensten Anti-Theologen der Neuzeit, Fr. Overbeck[16], selber seiner Lebtage Theologieprofessor wider Willen, der in und mit seinem Ressentiment gegen alle Theologie jedenfalls ein deutlicheres Wissen um die Theologie gehabt und in einigen Anderen erweckt hat als dutzende und hunderte von Anderen, die sich eines so bösartigen Nein nie schuldig gemacht haben. Es kann einen prophetischen Protest gegen die Theologie geben. Es kann gegenüber einer die Offenbarung allzu leicht und billig bejahenden Theologie nötig und gut sein, wenn ihr im Verborgenen und in der Öffentlichkeit das Leben schwer gemacht wird durch eine beharrliche Renitenz, die das Ärgernis jener ersten Eigentümlichkeit der Theologie und damit diese selbst wieder herausarbeitet, den Theologen selbst und Allen, die es angeht, wieder ins Bewußtsein ruft und damit ein ernstes, gewichtiges Ja möglich machen hilft.

---

[16] Seit 1920 hat Barth häufig auf Fr. Overbeck hingewiesen: *Unerledigte Anfragen an die heutige Theologie* (1920), in: Th. u. K., S. 1–25; Römerbrief 2, S. VI (spätere Auflagen: S. VII; Zürich 1989[15], S. XIII) u. ö.; *Immer noch unerledigte Anfragen* (1922), in: Vortr. u. kl. A. 1922–1925, S. 58–64.

Aber eine Warnung vor dem Beharren in dieser Negation dürfte schließlich doch am Platze sein. Wir sind natürlich nicht in der Lage, ihr gegenüber auch nur ein Wort zu sagen zum Schutz dessen, was man ablehnt, wenn man die Theologie ablehnt, oder zur Begründung des Ja, mit dem man auf diese Ablehnung verzichtet. Es darf aber ebenso ruhig gesagt werden, daß diese Ablehnung beruhen kann auf einer gefährlichen Verschlossenheit gegenüber einer Frage, die man eigentlich nicht hören können sollte, ohne der in und mit ihr gegebenen Antwort auch gehorsam zu werden. D. Fr. Strauß ist jedenfalls durchaus keine prophetische Gestalt, sondern mit seiner Anti-Theologie die verkörperte Unfruchtbarkeit gewesen. Ressentiment höherer oder niederer Art und Rebellion gegen die letzte Instanz, auf die sich die Theologie beruft, oder Leugnung dieser Instanz könnte hier schließlich doch keine Haltung sein, die man sich auf die Länge leisten darf. Es könnte ja sein, daß das Ärgernis, das die Theologie dem modernen Denken gibt, ein höchst notwendiges und heilsames Ärgernis wäre und daß es nicht erlaubt wäre, mit vornehmem oder grobem Ärger darauf zu reagieren. Wenn dem so wäre, dann dürfte es ratsam sein, den Weg der «ehemaligen Theologen» jedenfalls nicht zu Ende zu gehen.

2. Man kann sich mit der Theologie auch so auseinandersetzen, daß man sie *verharmlost*, aus der Fanfare eine Chamade macht[17], dem durch sie gestellten Problem mit mehr oder weniger Kunst und Gründlichkeit die Spitze abbricht, damit man ein Theologe und doch ein moderner Mensch sein, ein moderner Mensch sein und doch Verständnis für Theologie haben könne.[18] Es ist das Trauerspiel der Geschichte der protestantischen Theologie seit mehr als 200 Jahren, dessen Inhalt damit in Kürze bezeichnet ist. Wenn es um dieses Verharmlosen der Theologie geht, dann handelt es sich in der Regel um das, was wir als die Kon-

[17] Anspielung auf die Bemerkung H. von Moltkes zu Bismarck, nachdem dieser die Emser Depesche vom 13. 7. 1870 redigiert hatte: «So hat das einen andern Klang, vorher klang es wie Chamade, jetzt wie eine Fanfare als Antwort auf eine Herausforderung» (O. Fürst von Bismarck, *Gedanken und Erinnerungen*, Bd. II, Stuttgart 1898, S. 91). Barth setzte wohl die Kenntnis jener Bemerkung bei seinen deutschpatriotischen Zuhörern voraus. Fanfare ist das Signal zum Angriff, Chamade das zur Ergebung; vgl. Büchmann, S. 739f.

[18] Vgl. Th. Schl., S. 247: «Schleiermacher möchte wie so Viele nach ihm ein Christ und doch ein moderner Mensch, ein moderner Mensch und doch ein Christ sein.»

tingenz des Offenbarungsbegriffs bezeichnet haben. Die Verharmlosung besteht in der tunlichsten Vertuschung der konkreten Gegebenheit und Bestimmtheit der Wahrheit. Diese Gegebenheit und Bestimmtheit gilt es umzudeuten in ein Symbol oder in einen Ausdruck oder in ein geschichtliches Vehikel einer allgemeinen Wahrheit, die man sich nicht braucht sagen und wohl gar mit Autorität sagen zu lassen, sondern die jeder sich selbst sagen kann, der man nicht sowohl Respekt als vielmehr Begeisterung entgegenbringt, weil man in ihr sich selber wiedererkennt. Statt in das Leben der Kirche sich hineinzustellen, setzt sich nun die Theologie vor Allem als verständnisvolle Zuschauerin an den Strom der sog. Geschichte.[19] Ist doch die Kirche nichts Anderes als die Gemeinschaft, eine Gemeinschaft von Frommen, auch sie ein Exponent geschichtlichen Lebens im Allgemeinen, dem sich nun das Interesse zugewendet hat. Nun ist Offenbarung ein Höhepunkt der Religionsgeschichte, «die nirgends schöner und würdger brennt als in dem neuen Testament»[20]. Nun ist Christus der erste Vertreter der christlichen Frömmigkeit, mit dem etwa Luther, wenn auch in einigem Abstand, in einem Atem zu nennen durchaus keine Schwierigkeit macht. Nun interessieren die Propheten und Apostel nicht mehr als Zeugen, sondern als religiöse Persönlichkeiten. Nun hat man im religiösen Selbstbewußtsein das entdeckt, was eigentlich Wort Gottes heißen sollte, und lehrt darum folgerichtig nicht mehr Dogmatik, sondern Glaubenslehre oder gar Religionsphilosophie.[21] Und so wird die Theologie

[19] Vgl. Barths Polemik gegen die Formel «Gott in der Geschichte» unten S. 275, Anm. 60, und z. B. auch seine Charakterisierung eines Aspekts von Schleiermachers Religionsbegriff nach dessen «Reden über die Religion», Th. Schl., S. 450: Religion sei «Beobachtung des Fortschritts in der *Geschichte* der Menschheit und ihres *Werdens*. Auch sie ist eine Veranstaltung des Universums, das Kommen und Gehen der Völkerindividuen, das lächelnde Hinwegschreiten des Weltgeistes über Alles, was sich ihm lärmend widersetzt, und die Nemesis, die seinen Schritten folgt. Die Weltgeschichte – auch sie ein offenkundiger Sieg des Lebens über den Tod, das große, immer fortgehende Erlösungswerk der ewigen Liebe!!»
[20] J. W. von Goethe, *Faust I*, V. 1217–1219 (Studierzimmer):
Wir sehnen uns nach Offenbarung,
Die nirgends würd'ger und schöner brennt
Als in dem neuen Testament.
[21] In der Chr. Dogm. behandelt Barth die Verwandlung der Dogmatik in Glaubenslehre auf S. 110–117, in Religionsphilosophie auf S. 74–80.

auf der ganzen Linie domestiziert, indem die freilich nicht ganz zu be-
seitigende Gegenständlichkeit der Wahrheit, die sie eigentlich geltend
zu machen hätte, sorgfältig verhüllt, möglichst steril gemacht wird
durch ein System von Umdeutungen, dessen A und O darin besteht,
die Voraussetzung, daß der Mensch nicht allein sei, sondern in Gott
sein reales Gegenüber zu erkennen habe, in ihr Gegenteil zu übersetzen.

Man hat Mühe, von dieser zweiten Möglichkeit, sich der Theologie
gegenüber zu behelfen, anders als mit einer gewissen Verachtung zu reden. Sie könnte freilich wahrlich nicht den Männern gelten, die sie, der
große Schleiermacher voran, vertreten haben und noch vertreten. Das
18. und das 19. Jahrhundert der christlichen Theologie sind an Geist,
Scharfsinn, Gelehrsamkeit, reinem Ethos und tiefer Frömmigkeit den
früheren Jahrhunderten mindestens gewachsen. Aber so etwas wie Verachtung kann man wohl empfinden angesichts des Vorgangs, der sich in
diesem Rahmen abspielt, gegenüber der Verleugnung, die sich die Theologie da gefallen lassen mußte, gegenüber der unaufhaltsamen Zerstörung dieser Wissenschaft, die sich da vollzogen hat, so unaufhaltsam,
daß in breiten Kreisen von Theologen und Nicht-Theologen heute
kaum mehr ein Bewußtsein davon vorhanden ist, daß es eine andere als
eine solche verharmloste und damit entkräftete Theologie überhaupt
geben könnte. Man kann mildernd nur das hinzufügen, daß an dieser
ganzen, den Protestantismus aufs Schwerste kompromittierenden Katastrophe die Theologen nicht allein schuld sind. Indem sie schoben,
wurden sie geschoben[22], nicht nur von einer geistigen Umwelt, die mit
Macht in diese Richtung drängte, sondern vor Allem von einer Kirche,
die das Selbstbewußtsein verlor zur selben Zeit, da es der Theologie ab-
handen kam, und die darum in *dieser* Theologie Alles in Allem die
Theologie bekam, die ihr entsprach und die sie verdiente.[23] Eine positive
Bedeutung dieser Möglichkeit, mit der Theologie fertig zu werden, wüßte ich im Unterschied zu jener ersten nicht geltend zu machen. Das Beste an ihr dürfte darin bestehen, daß sie den Stempel der Undurchführ-
barkeit auf der Stirn trägt. Den Anstoß der Kontingenz der Wahrheit

---

[22] Vgl. J. W. von Goethe, *Faust I*, V. 4116f. (Walpurgisnacht):
Der ganze Strudel strebt nach oben:
Du glaubst zu schieben, und du wirst geschoben.
[23] Abwandlung des bekannten Wortes von Graf Joseph de Maistre: «Toute nation a le gouvernement qu'elle mérite» (Büchmann, S. 416).

aus der Theologie wirklich zu entfernen ist ein so aussichtsvolles Unternehmen wie das, eine Brunnenröhre mit der Hand zuzuhalten. Man kann dem Problem wohl die Spitze abbrechen; es bleibt darum doch *dieses* Problem. Es wartet auf seine Stunde im Hintergrund auch der modernen Glaubenslehren und Religionsphilosophien. Es redet als Rätsel, wenn auch als vertuschtes Rätsel auch aus den Bibelkommentaren, deren ganzes Absehen darauf gerichtet zu sein scheint, nachzuweisen, wie wenig originell die Bibel im Grunde doch sei. Es lebt protestierend auch in den glänzendsten Umdeutungen des Gegenständlichen ins Subjektive. Es kann, menschlich geredet, nicht mehr lange weitergehen mit dieser Möglichkeit. Aber auch wenn es noch lange ginge: der Tag wird kommen, da die Theologie die Klausur, unter der sie heute unter diesem Zeichen, dem Zeichen der neuprotestantischen Verharmlosung, gehalten wird, durchbrechen wird, und der liliputanische Versuch, den Theologen und Nicht-Theologen die durch die Theologie gestellte Frage zu verheimlichen, wird dann selber ein Stück, aber kein schönes Stück Religionsgeschichte sein.[24]

3. Die dritte Möglichkeit, von der zu reden ist, ist keine verächtliche, sondern eine *gefährliche* Möglichkeit. Ich könnte sie auch die *katholische* Möglichkeit nennen.[25] Die Zeiten der grundsätzlichen Anti-Theologie, die Zeiten eines D. Fr. Strauß, die Zeiten, da ernsthafte Theologen sich mit einem Haeckel herumschlagen mußten[26], liegen, wenn nicht

[24] Der letzte Satz dieses Abschnitts dürfte eine bewußte Abwandlung des Schlußsatzes von W. Herrmanns «Christlich-protestantischer Dogmatik» sein, jenes Satzes, den Barth als Student einst in seinem Exemplar von P. Hinnenberg (Hrsg.), *Die Kultur der Gegenwart*, Teil I, Abt. IV, Berlin/Leipzig 1906, S. 630, zeichnerisch illustriert hatte. Herrmanns Schlußsatz lautet: «Auch aus dieser Dämmerung wird einmal ein Tag, und dann wird die positive mit der liberalen Dogmatik in dasselbe Grab geworfen.» Barth zeichnete darunter auf die freie halbe Seite ein Grabmal mit den Inschriften: «Requiescant in pace» und «Beati mortui». Hinter dem Grabmal geht die Sonne auf, und die Umschrift lautet: «Post tenebras lux» und «Mortuos plango.»
[25] Vgl. zum folgenden Barths Auseinandersetzung mit der römisch-katholischen Lehre über Bibel und Kirche in: Chr. Dogm., S. 451–461.
[26] Vgl. E. Haeckel, *Die Welträtsel. Gemeinverständliche Studien über monistische Philosophie*, Leipzig 1899[1].1908[10], Taschenausgabe 1908; dagegen z. B. E. Pfennigsdorf, *Christus im deutschen Geistesleben. Eine Einführung in die Geisteswelt der Gegenwart*, Schwerin 1915[2]; dort S. 52ff. Hinweise auf weitere Kontroversliteratur über Haeckel.

Alles täuscht, im Ganzen für einmal hinter uns. Und die Füße derer scheinen vor der Türe zu sein, die auch den Schleiermacherianismus in allen seinen Spielarten hinaus-, endgültig hinaustragen werden [vgl. Act. 5,9]. Aber der moderne Mensch, ja, was sage ich? der Mensch aller Zeiten ist unverwüstlich, nicht umzubringen! Könnte es ihm der Theologie gegenüber, statt sie abzulehnen, statt sie zu verharmlosen, nicht auch beifallen, sich ihrer zu *bemächtigen*? Man kann ja einem wild und bedrohlich einhergaloppierenden Pferd, statt ihm ängstlich auszuweichen oder statt es mit freundlichen Worten zu besänftigen, wenn man das nötige Selbstvertrauen hat, auch – auf den Rücken springen und sein Reiter werden! Das große Beispiel für diese Möglichkeit ist die römisch-katholische Theologie. Sie zeichnet sich dadurch rühmlich vor der neuprotestantischen Theologie aus, daß sie den Offenbarungsbegriff in seiner ganzen Herbheit als Begriff der *konkreten* Offenbarung stehen und gelten läßt, daß sie sich jenes absurde Verallgemeinern und Einebnen nicht erlaubt. Sie weiß um das, was man dort etwas primitiv die «Übernatur» nennt[27], und sie weiß, was *Autorität* ist. Sie weiß aber nicht, sie will nicht wissen, was Glaube und Erwählung ist. Sie weiß nicht und will nicht wissen, daß theologische Arbeit, gerade indem sie gebundene, an Autorität, aber eben an *diese* Autorität gebundene Forschung ist, Gehorsam ohne Garantien, ohne Sicherungen und ohne Anspruch bedeutet, daß der Theologe, gerade indem er glaubt, *kein* beatus possidens ist, keinen Griff auf das Wort Gottes hat, keine Möglichkeit, damit umzugehen wie mit einem Datum, das man weiß. Sie will es nicht wahr haben, daß das Wort Gottes dem Menschen immer nur ein Dandum sein kann, das sich zu wissen gibt, ohne doch den Menschen aus einem Glaubenden zu einem Wissenden zu machen. Sie will es nicht wahr haben, daß die Gültigkeit des Wortes Gottes dem Worte Gottes *verbleibt*, sondern sie verfügt darüber als über eine Gültigkeit, die auch menschlichen Worten als solchen eignen könne. Die Frage der Begründung des Glaubens und seiner Erkenntnis in der göttlichen Erwählung ist ein für allemal geregelt. Die Einheit der lehrenden Kirche mit Chri-

---

[27] Vgl. z.B. B.Bartmann, *Lehrbuch der Dogmatik*, Bd.I, Freiburg 1928[7], S. 277: «Die *Schule* definiert das Übernatürliche als *jede Gabe Gottes, welche der menschlichen Natur an sich nicht schon geschuldet ist, sondern ihr in freier Güte als etwas Neues hinzugefügt wird* (donum Dei naturae indebitum et superadditum).»

stus ist nicht ein Ereignis, sondern ein Zustand und darum auch ihre Lehrgewalt ein Habitus und nicht ein Wagnis, dessen Bestätigung jeden Augenblick Gott vorbehalten ist.[28] Das ist der Sprung auf den Rücken des Pferdes, der die katholische Theologie zu einer so *sicheren*, aber eben unheimlich sicheren Wissenschaft macht, zu einer Wissenschaft, die nur aus Antworten besteht, ohne daß an irgend einem Punkt, geschweige denn an allen Punkten ernsthaft *gefragt* werden müßte. Nicht Gott entscheidet, sondern der Mensch hat sich entschieden. Das ist das Geheimnis dieser Sicherheit. Diese Möglichkeit könnte auch bei uns wieder Schule machen. Es gibt auch bei uns Theologen genug, die wohl die Lust und den Mut hätten, sich in dieser Weise aufs hohe Roß zu setzen, und es gibt vor Allem auch bei uns Nicht-Theologen genug, die nur darauf warten, sich von einer solchen theologia gloriae mit Freuden imponieren zu lassen. Der moderne Mensch ist vielleicht gerade heute mehr, als er selbst weiß, im Begriff, sein im Grunde – eben katholisches Herz wiederzuentdecken, und so fehlt es denn auf lutherischem *und* auf reformiertem Boden durchaus nicht an Tendenzen, bei denen es mit Händen zu greifen ist, wie dieser moderne Mensch, der atheistischen Rebellion und der neuprotestantischen Kläglichkeit mit Recht müde, sich anschickt, zu dieser dritten Möglichkeit hinüberzuwechseln. Ich nenne diese Möglichkeit darum *gefährlich*, weil sie so einladend und zugleich nicht minder verheerend ist als die erste und zweite. Es dürfte ja nicht zu verkennen sein, daß der Sinn dieses Vorgangs nicht minder als der jenes ersten und zweiten der ist, daß der Mensch an der Freiheit und Majestät des Wortes Gottes Ärgernis nimmt, nur daß er es hier unternimmt, aus diesem Ärgernis einen Triumph für sich selbst zu bereiten. Das ist großzügiger, klüger, kühner – aber darum nicht besser. Wer die große Voraussetzung der Theologie meint in *seine* Hand, in seinen Betrieb nehmen zu können, der hebt sie eben damit auf. Der Glaube

[28] Vgl. B. Bartmann, a.a.O., Bd. I, S. 40: «Die *Unfehlbarkeit* der Kirche ist nichts anderes als die sachliche Konsequenz ihres Wahrheitsbesitzes. ... Wenn sich Gott offenbart, muß er dafür Sorge tragen, daß seine Wahrheit Wahrheit bleibe. Deshalb sprach Christus, daß Himmel und Erde vergehen, seine Worte aber nicht vergehen würden. Die gleiche Unvergänglichkeit verheißt er seiner Kirche. Wort und Kirche, Offenbarung und kirchliche Dolmetschung sind unvergänglich, unveränderlich, unverirrlich. Die Unfehlbarkeit ist der strahlende Leuchtturm, der die Blicke aller wirklichen Wahrheitssucher an sich zieht.»

läßt nicht mit sich umgehen – das gilt auch gegen eine protestantische Glaubenstheologie, wie wir sie jetzt vielleicht wieder bekommen. Der Glaube will mit uns umgehen. Sein Wissen ist das Wissen von Nicht-Wissenden, oder es ist nicht *sein* Wissen. Es ist vielleicht die unserer Generation in dieser Hinsicht gestellte Schicksalsfrage, ob wir irgendwoher den Ernst und die Kraft haben werden, der nach Erledigung der ersten und zweiten als satanische Möglichkeit drohenden dritten Möglichkeit, der Möglichkeit des Großinquisitors[29], auszuweichen. Wer sich dieses Ausweichen als leicht vorstellt, der hat vielleicht noch nicht gesehen, wie glänzend diese Möglichkeit, wie stark ihre Versuchung ist.

Ich sagte schon, daß die vierte Möglichkeit darin besteht, von den genannten dreien *keinen* Gebrauch zu machen. Es liegt in der Natur der Sache, daß sich das *Positive*, was damit gesagt ist, nicht beschreiben, sondern nur tun läßt: Der moderne Mensch soll so freundlich sein, die durch die Theologie gestellte Frage stehen zu lassen, wie sie gestellt ist.

[29] Vgl. F.M.Dostojewski, *Die Brüder Karamasoff* (1879–1880), 5.Buch, Kap.5.

DAS WORT IN DER THEOLOGIE VON SCHLEIERMACHER BIS RITSCHL[a]
1927

Am 3. 6. 1925 hatte Barth bei der 20. Hauptversammlung des Reformierten Bundes in Duisburg-Meiderich über die «Wünschbarkeit und Möglichkeit eines allgemeinen reformierten Glaubensbekenntnisses» referiert.[2] Auf dieser Tagung wurde die Einrichtung einer regelmäßig abzuhaltenden Theologischen Woche beschlossen.[3] Es kann niemanden überraschen, daß Barths Beiträge zu diesen Veranstaltungen sehr begehrt waren. Auf der 1. Theologischen Woche sprach er zum Thema «Kirche und Theologie» (23. 10. 1925)[4], auf der 3. Theologischen Woche lautete sein Thema «Der heilige Geist und das christliche Leben» (9. 10. 1929)[5].

Die 2. Theologische Woche des Reformierten Bundes in Elberfeld vom 18.–21. 10. 1927 stand unter dem Gesamtthema «Das Problem des Wortes». Vorgesehen waren nicht weniger als zehn Vorträge, wobei es zunächst um die Theologiegeschichte von der Reformation bis zur Gegenwart ging, des weiteren um die Schrift als Wort Gottes, um die Frage der Exegese und um das Wort als Aufgabe der Kirche. Die Leitung der Theologischen Woche lag bei Hermann Albert Hesse[6], der am

---

[a] Das Thema dieser theologischen Woche: Das Problem des Wortes in der Theologie von der Reformation bis zur Gegenwart (mit einigen systematisch-praktischen Schlußvorträgen) war auf eine ganze Anzahl von Referenten verteilt. Es ist vielleicht nicht unnötig, vorauszuschicken, daß Alles, was hier über einzelne Theologen des mir zugewiesenen Zeitraums gesagt wird, auch nicht annähernd eine Würdigung ihres Werkes und ihrer Persönlichkeit im Ganzen sein will, sondern eben nur eine knappe Befragung auf ihre Stellung zu diesem besonderen, allerdings entscheidenden Problem.[1]

[1] Im Erstabdruck in ZZ steht hier noch folgender in Th. u. K. weggelassener Satz: «Eine gewisse Freiheit der Sprache, die ich mir gestattet habe, möchte man mir doch ja nicht übel nehmen.»

[2] Vortr. u. kl. A. 1922–1925, S. 604–643.

[3] A. a. O., S. 647.

[4] A. a. O., S. 644–682.

[5] Siehe unten S. 458–520.

[6] H. A. Hesse (1877–1957) war Direktor des Predigerseminars in Elberfeld und Dozent an der dortigen Theologischen Schule, über deren Einrichtung während der Theologischen Woche beraten wurde.

14. 7. 1927 Barth die Themenreihe mitteilte und ihn bat, das Referat
über «Das Wort in der Theologie seit Schleiermacher, a) Schleiermacher,
Ritschl, religionsgeschichtliche Schule» zu übernehmen, während Pastor
Lic. K. A. Dick/Barmen über «b) heilsgeschichtliche Auffassung, Bibli-
zismus» sprechen sollte. Barth hat offenbar umgehend zugesagt. Im
Sommersemester 1926 hatte er über die Geschichte der protestantischen
Theologie seit Schleiermacher gelesen. Mit der Materie war er also be-
stens vertraut. Die Biblizisten des 19. Jahrhunderts wollte er allerdings
nicht seinem Korreferenten überlassen; so schlug er eine andere Themen-
abgrenzung vor, die von Hesse im Brief vom 25. 7. 27 akzeptiert wurde:
von Schleiermacher zu Ritschl; von Ritschl zur Gegenwart.[7]

Über den Verlauf der Elberfelder Veranstaltung am 19. Oktober
1927 berichtet Barth selbst in seinem Brief vom 24. 10. 1927 an den
Freund E. Thurneysen: «... mußte ich mich gleich wieder an den
Schreibtisch setzen, um den Reformierten in Elberfeld bei ihrer theolo-
gischen Woche ‹dienen›, wie der terminus technicus dafür lautet. Ich
habe ihnen denn auch gedient! Das Thema der Woche lautete ‹Das Pro-
blem des Wortes›, wobei man mir zur Vorsicht eine historische Aufgabe
gestellt hatte, und zwar ‹Das Wort in der Theologie von Schleiermacher
bis Ritschl› – natürlich mit der Aufgabe, den bösen Schl. totzumachen,
damit nachher umso ungenierter mit Cremer, Kaehler, Schlatter,
Schaeder renommiert werden und alles mit ‹Heilsgewißheit› und ‹Ge-
schichte› endigen könne. Ich beschäftigte mich aber nur kurz mit Schl.,
umso mehr und liebevoller aber mit dem Nachweis, daß die Erwek-
kungstheologen und die Biblizisten Hofmann, Beck und Menken mit
eben jenem Schl. ebenso unter einer Decke gesteckt hätten wie Weg-
scheider, De Wette und die Hegelianer, und daß die erfreulichsten Er-
eignisse jener Periode seien: Feuerbach, Strauß und – Kohlbrügge.
Eduard, wie schade, daß du da nicht dabei warst! Denk dir einen jener
bekannten christlichen Konferenzräume mit Harmonium und allem

[7] Wie sehr Barths Vortrag ein Resümee seiner Vorlesung unter einem bestimmten Blickwinkel war, läßt sich auch daran erkennen, daß von den 17 im
Hörsaal vorgestellten Theologen nur einer (Joh. Chr. Blumhardt) in Elberfeld
nicht erwähnt wird. A. Ritschl, den Barth in der Vorlesung von 1926 noch nicht
behandelt hatte, kommt in Barths Vortrag zwar im Titel, aber mit keinem Wort
im Text vor. «Von Schleiermacher zu Ritschl» war aber der Titel der 1.–3. Auflage der Theologiegeschichte von F. Kattenbusch (Gießen 1892.1903³).

Zubehör, bis zum Sinken überladen mit Pfarrern, aber auch mit scharf geladenen Laien ... alle Tribünen und Stehplätze besetzt, und nun eine lange Schlauchleitung von Mitteilung aus meinen Akten durch dieses Ganze hindurch, unermüdlich einer nach dem andern: Tholuck, Rothe usw., jeder mit seiner besondern Eigenbeleuchtung. Nachher gabs natürlich ein großes Wehgeschrei aller Geschädigten, das aber von Anfang an machtlos war, weil der gute Goeters[8], als Fachmann angerufen, nicht anders konnte als gestehen, daß sich jedenfalls historisch alles so verhielte, wie ‹mein Herr Kollege gesagt hat›. Die Diskussion am folgenden Tag nahm dann rücksichtslos dieses Thema aufs neue auf ..., und so mußte ich mich noch einmal den ganzen Morgen entlang schlagen mit unablässig andringenden Querulanten, die eben um jeden Preis auch von mir hören wollten, was Schlatter so schön gesagt habe. Die Sache wurde ziemlich wild, Zwischenrufe ertönten, die Kohlbrüggianer lachten laut und vernehmlich und mußten sich zur Ordnung rufen lassen, auch ich wurde ziemlich hemdärmlig, im Hintergrund standen die Leute schon auf den Stühlen, das ‹Liebe Brüder!› des schwachen Herrn Hesse, der die Sache leitete ... tönte nur noch ohnmächtig – bis einer der wackeren Laien, die dort in jeder Beziehung meinen Hintergrund bildeten, mit der Meldung ankam, daß sein Auto bereit stehe, mich und Nelly, die die ganze Sache miterlebt hat, wieder nach Münster zu bringen ...»[9]

Die Schriftleitung der Reformierten Kirchenzeitung lag von 1918 bis 1928 in den Händen von H. A. Hesse, dem Organisator der Theologischen Woche und Diskussionsleiter nach Barths Vortrag. Zweimal war er selbst ans Rednerpult getreten, und nun ließ er es sich auch nicht nehmen, den Zeitungsbericht zu schreiben: «Was war der Sinn unserer Theologischen Woche?»[10] Der Bericht ist sehr kurz und allgemein gehalten, weder die Namen der Referenten noch die Zahl der Teilnehmer werden erwähnt. Instruktiv aber ist der Schlußabschnitt, in dem Hesse versucht, aus der Kontroverse eine Synthese zu machen: «‹Ein Gespräch zwischen Karl Barth und Adolf Schlatter›, so wurde wohl nicht mit Unrecht von einem theologischen Beurteiler der Ausgang der Theologischen Woche in Elberfeld bezeichnet. Die Aufgabe Karl Barths war es

<hr />

[8] Wilhelm Goeters (1878–1953), Professor für Kirchengeschichte in Bonn, war ebenfalls als Referent an der Theologischen Woche beteiligt.

[9] Bw. Th. II, S. 537f.

[10] RKZ, Jg. 77 (1927), S. 345f. (Nr. 44 vom 30. 10.).

von Anfang an, der einseitig betonten Zeitkomponente des Wortes mit
der ihm von Gott geschenkten prophetischen Kraft und Deutlichkeit
entgegenzutreten. Dabei will er aber nicht einem Radikalismus zu-
stimmen, der das, was uns in der Bibel über die Fülle der Zeit gesagt ist,
einfach beiseite schiebt. – Adolf Schlatter, der auch von Karl Barth
hochgeschätzte greise Theologe ‹unter der Schrift›, mahnt uns, das Ohr
an das zeitlich bedingte Schriftwort zu legen, wenn wir Gottes Wort hö-
ren wollen, damit unsere Gedanken nicht aus der Welt herausflattern.
Wir sind der Überzeugung, daß uns beide Männer heute von Gott ge-
schenkt sind, und daß ihr Doppeldienst uns weiter helfen kann, dem
Problem des Wortes so zu begegnen, wie wir es nötig haben. In dieser
Richtung Klärung zu geben, das war der Sinn der Theologischen Woche
in Elberfeld.»

Die Reformierte Kirchenzeitung hat dann im Dezember 1927 und im
Januar 1928 die ersten beiden Elberfelder Referate abgedruckt[11]; über
das Korreferat zu Barths Vortrag «Das Wort in der Theologie von
Ritschl bis zur Gegenwart» von Lic. Dick/Barmen erfahren wir leider
kein Sterbenswörtchen.

Die zwischen senkrechten Strichen in den Text eingefügte Original-
paginierung ist die des Wiederabdrucks in Th. u. K.

Unter dem Problem des *Wortes*, d.h. doch wohl des Wortes *Gottes*, in
der Theologie verstehe ich die Frage, ob und inwiefern sich die Theologie ihrer Aufgabe bewußt ist, die christliche Predigt dazu anzuleiten, in
menschlichen Worten wiederzugeben, was dem Menschen durch Gott
selbst über Gott gesagt ist, im Gegensatz zu Allem, was sich der
Mensch etwa selbst über Gott sagen kann. Ob und inwiefern dies Bewußtsein in der deutschen protestantischen Theologie der ersten Hälfte
des 19. Jahrhunderts vorhanden oder nicht vorhanden gewesen ist, darüber in gedrängter Kürze zu berichten ist meine heutige Aufgabe.

An zwei Punkten entscheidet es sich, ob der Begriff des Wortes eine
Theologie beherrscht oder nicht beherrscht, d.h. ob sie darum weiß

---

[11] K. Bauer, *Das Wort bei den Reformatoren in seinem Verhältnis zum Hu-*
manismus, in: RKZ, Jg. 77 (1927), S. 385–387.393–395.401–404.409–412; A. Lang,
Das Wort bei den Reformatoren in seinem Verhältnis zu dem Schwärmertum, in:
RKZ, Jg. 78 (1928), S. 25–27.33–35.41–42.

oder nicht weiß, daß die christliche Predigt menschliche Wiedergabe dessen ist, was sich der Mensch von Gott hat sagen lassen. – Einmal an ihrer Auffassung vom christlichen Menschen der Gegenwart: Steht er gerade als christlicher Mensch der Wahrheit Gottes *gegenüber*, immer wieder gegenüber als einer Wahrheit, die wirklich zu ihm kommen |191| muß, also jeden Morgen neu als Nicht-Wissender und darum als Hörender, als ihrer nicht Mächtiger und darum als Gehorsamer? Ist ihre Erkenntnis also Anerkenntnis? Oder steht er ihr nicht gegenüber, braucht sie nicht erst zu ihm zu kommen, weil er sie schon weiß und hat, weil sie irgendwie sein eigen ist oder geworden ist, dessen er sich bloß zu erinnern braucht, über die er verfügt, wie er über sich selbst verfügt oder doch verfügen zu können meint? Im ersten Fall läßt er sich das Nötige von Gott sagen. Im zweiten Fall sagt er sich selber das Nötige. Die Theologie muß wählen. Das ist die *psychologische* Seite der Frage.[12] – Die Entscheidung fällt aber gleichzeitig noch an einem zweiten Punkte: an ihrer Auffassung von dem Verhältnis zwischen der Wahrheit Gottes und der Geschichte. Steht die Wahrheit Gottes dem Menschen auch in der Geschichte *gegenüber* als eine von ihm selbst unterschiedene, schlechterdings an ihn herantretende Wirklichkeit, deren Erkenntnis er sich auf keine Weise selbst beschaffen und sichern kann, deren Gegebensein jeden Augenblick dadurch bedingt ist, daß sie sich ihm gibt, nicht durch sein Erkennen, obwohl und indem sie seinem Erkennen gegeben ist, sondern durch sein von ihr und in ihr Erkanntwerden? Ist die Offenbarung Geschichte, weil und indem es Gott gefällt, sich in der Geschichte zu offenbaren, und ist dieses göttliche Wohlgefallen eine Frage, deren Beantwortung der Mensch keinen Augenblick als schon erledigt zu behandeln in der Lage wäre? Oder ist die Geschichte Offenbarung, weil und indem es dem Menschen gefällt, die Geschichte zu betrachten, Gott in der Geschichte festzustellen, da und dort festgestellt zu haben? Hat der Mensch zu der Wahrheit Gottes in der Geschichte Zugang, so wie er zu der Geschichte überhaupt Zugang hat

12 Vgl. den Abschnitt «Die Wirklichkeit des Wortes Gottes» in: Chr. Dogm., S. 132–142, bes. S. 136: «Erkenntnis heißt hier prinzipiell *An*-Erkenntnis. Denken heißt *Nach*-Denken, ‹cogitare› kommt von dem ‹cogere› der göttlichen Offenbarung. Der Geist Jesu Christi, der in seiner Kirche ist, hat und ist das christliche Wissen. Und nun handelt es sich darum, daß der menschliche Geist dem sich als Subjekt zeigenden göttlichen Geist gehorche und gelassen sei.»

oder zu haben meint, so nämlich, daß er die Geschichte deutet im Lichte dessen, was in ihm selbst Wahrheit ist oder geworden ist? Im ersten Fall läßt er sich sagen, im zweiten Fall sagt er sich selber, nun auch noch auf dem Umweg über die Geschichte, was Wahrheit ist. Die Theologie hat sich auch hier zu entscheiden. Und das ist die *historische* Seite der Frage.[13] – Es handelt sich selbstver-|192|ständlich nur um zwei Seiten, die subjektive und die objektive Seite derselben Frage und Entscheidung. Es geht hier wie dort darum, ob zwischen Gott und Mensch ein *Gegenüber* stattfindet, das keinen Augenblick anders als von Gott her als aufgehoben gedacht werden darf, oder ob man den Menschen so denken will, daß er, gleichviel ob aus Anlage oder durch Aneignung, die Macht hat, dieses Gegenüber selbst aufzuheben.

Die Theologie der ersten Hälfte des 19. Jahrhunderts, über die ich zu berichten habe, ist, um das Ergebnis gleich vorwegzunehmen, in der charakteristischen Linie ihrer Arbeit Theologie des zweiten Falles. Ein scheinbarer und ein wirklicher Protest dagegen hat stattgefunden. Wir werden auf beides zu reden kommen. Die Entscheidung im Ganzen, die für das geschichtliche Bild dieser Zeit bezeichnend ist, ist (die scheinbaren und die wirklichen Ausnahmen bestätigen die Regel) dahin ausgefallen, daß dem Menschen Mächtigkeit über Gott oder sagen wir: über *einen* Gott mehr oder weniger getrost zugeschrieben wurde: über einen «Gott im Menschen»[14] selbst, der sich dann als identisch erwies mit einem «Gott in der Geschichte»[15]. Dahin hat die Theologie dieser Zeit den christlichen Prediger unterwiesen, daß der Mensch in der Lage sei, die Wahrheit Gottes in seinem eigenen christlichen Bewußtsein oder in der Geschichte zu suchen, vorzufinden und zu besitzen, daß er, der Prediger, auf der Kanzel also zu sagen habe nicht was zu ihm gesagt sei, sondern was er sich selber sagen könne, dürfe und solle. Das ist's, was in dieser Zeit das Wort Gottes genannt wurde.

[13] Das Verhältnis von Offenbarung und Geschichte behandelt Barth in dem Abschnitt «Geschichte und Urgeschichte» der Chr. Dogm., S. 309–321.

[14] Vgl. Barths *Polemisches Nachwort* zu W. Bruhns Schrift *Vom Gott im Menschen*, oben S. 44–56.

[15] Vgl. Chr. Dogm., S. 449f. Material zur Herkunft der Formel dort Anm. 31 und : Unterricht II, S. 267, Anm. 65.

I.

Wir vergegenwärtigen uns den Weg dieser Theologie zunächst an einigen ihrer reinsten und unzweideutigsten Erscheinungen.

Dienst am göttlichen Wort ist nach *Schleiermacher*, mit dem wir billig den Anfang machen, klipp und klar «Selbstmitteilung» des Predigers.[b] Die Wahrheit, von der die |193| Predigt zu zeugen hat, ist die empirisch gegebene Wirklichkeit des jenseits von Wissen und Tun im Gefühl der zur christlichen Gemeinde vereinigten Menschen vorhandenen Lebens. Daß dieses unaussprechliche Leben in Form von Rede (unzulänglich genug! Musizieren wäre besser![17]) sich selbst darstelle, mit dem Zweck, sich selbst, seine eigene Erregung fortzupflanzen, um sich dann in die notwendige Kulturarbeit[18] umzusetzen, dazu wird gepredigt, und zwar von denen, die durch Natur, Ausbildung und Übung Virtuosen[19] dieser Kunst sind oder sein sollen. Dieses Leben, die Spitze unseres Bewußtseins, durchströmt als «Gesamtleben»[20] die christliche Kirche aller Zeiten und Orte, selber doch nur eine, wenn auch die höchste Individuation des höheren Menschheitslebens überhaupt, welche Individuation vollzogen ist in der christlichen Offenbarung, in Jesus von Nazareth, der als Urtatsache und Impuls, und als solcher als dauernder Bringer, Erreger, Vermittler und Bewirker dieses höchsten Lebens, das doch potentiell in allen Menschen vorhanden ist, der «Erlöser» heißt.[21] Er hatte

[b] Gl. L. § 133.[16]

[16] Der Leitsatz zu § 133 der Glaubenslehre lautet: «Diejenigen Mitglieder der christlichen Gemeinschaft, welche sich überwiegend selbstthätig verhalten, verrichten durch Selbstmittheilung den Dienst am göttlichen Wort bei denen die sich überwiegend empfänglich verhalten ...»

[17] Vgl. *Fr. Schleiermachers Weihnachtsfeier. Kritische Ausgabe*, hrsg. von H. Mulert (PhB 117), Leipzig 1908, bes. S. 55f.; vgl. dazu Th. Schl., S. 130–132, und V. u. kl. A. 1922–1925, S. 486f.

[18] Vgl. dazu Th. Schl., S. 68–73.

[19] Als «Virtuose der Religion» redet Schleiermacher in seiner Schrift: *Über die Religion. Reden an die Gebildeten unter ihren Verächtern* (1799), hrsg. von H.-J. Rothert (PhB 255), Hamburg 1958/1970 (s. dort das Register); vgl. dazu Th. Schl., S. 439.

[20] Der Leitsatz zu § 121 der Glaubenslehre lautet: «Alle im Stande der Heiligung lebenden sind sich eines innern Antriebes im gemeinsamen Mit- und gegenseitigen Aufeinanderwirken immer mehr Eines zu werden als des Gemeingeistes des von Christo gestifteten neuen Gesammtlebens bewußt.»

[21] Das Christentum wird von Schleiermacher definiert als eine Glaubenswei-

in erstaunlichstem Ausmaß, was wir auch haben. Daß er es in uns erwecke, bestätige und vollende, uns aufnehme in die Kräftigkeit seines Gottesbewußtseins und in seine ungetrübte Seligkeit, das ist sein erlösendes Werk an uns, und sofern er zu diesem Werk fähig war, war Gott in ihm wie in keinem anderen Menschen.[22] Gegeben ist das Göttliche im Bewußtsein, gegeben in der Geschichte, ein anderes Gegenüber als dieses relative zwischen dem subjektiven und dem objektiven Moment desselben Lebens, dessen der Mensch sich mächtig weiß, kann bei Schleiermacher nicht in Betracht kommen, unterliegt doch auch das Zeugnis von dem Erlöser, die heilige Schrift, in Bezug auf die Frage, ob und inwiefern sie heilige Schrift sei, dem Urteil des «Gemeingeistes», ist doch auch sie als solche nicht etwa Grund, sondern Folge des Glaubens[c] und kann doch auch die Dogmatik nichts Anderes sein sollen als eben «Glaubenslehre», d.h. derjenige Zweig der kirchlichen Gegenwartskunde, in dem die zu einer gegebenen Zeit gangbare christ-|194|liche Selbstdarstellung in wissenschaftlichen Zusammenhang zu bringen ist.[24] Der Schleiermacherische Mensch braucht nicht zu hören, er *hat*

[c] Gl. L. § 128–129.[23]

se, in der alles «bezogen wird auf die durch Jesum von Nazareth vollbrachte Erlösung» (Glaubenslehre, § 11). «Es giebt keine andere Art an der christlichen Gemeinschaft Antheil zu erhalten, als durch den Glauben an Jesum als den Erlöser» (§ 14).

[22] A.a.O. (Leitsätze zu § 100 und 101): «Der Erlöser nimmt die Gläubigen in die Kräftigkeit seines Gottesbewußtseins auf, und dies ist seine erlösende Thätigkeit.» – «Der Erlöser nimmt die Gläubigen auf in die Gemeinschaft seiner ungetrübten Seligkeit, und dies ist seine versöhnende Thätigkeit.» Vgl. ferner § 94 mit dem Leitsatz: «Der Erlöser ist sonach allen Menschen gleich vermöge der Selbigkeit der menschlichen Natur, von Allen aber unterschieden durch die stetige Kräftigkeit seines Gottesbewußtseins, welche ein eigentliches Sein Gottes in ihm war.»

[23] A.a.O. (Leitsätze zu § 128 und 129): «Das Ansehn der heiligen Schrift kann nicht den Glauben an Christum begründen, vielmehr muß dieser schon vorausgesezt werden um der heiligen Schrift ein besonderes Ansehen einzuräumen.» – «Die heiligen Schriften des neuen Bundes sind auf der einen Seite das erste Glied in der seitdem fortlaufenden Reihe aller Darstellungen des christlichen Glaubens; auf der andern Seite sind sie die Norm für alle folgenden Darstellungen.»

[24] Vgl. *Schleiermachers kurze Darstellung des Theologischen Studiums. Erste Auflage 1811, Zweite Auflage 1830*, kritische Ausgabe, hrsg. von H. Scholz (Quellenschriften zur Geschichte des Protestantismus, Heft 10), Leipzig 1910, S. 41 (= § 97 der 2. Auflage): «Die zusammenhängende Darstellung der Lehre, wie sie zu einer gegebenen Zeit sei es nun in der Kirche im allgemeinen ... oder

auch nicht gehört. Er steht unter einer Wirkung, er befindet sich in einer Erregung, über die hinaus es nichts Neues zu hören gibt. Und so hat er auch als Prediger nichts zu sagen, als was er aus sich selber sich selber zu sagen hat.

Es ist lehrreich, unmittelbar nach der Stimme Schleiermachers die seines jüngeren und damals sehr viel mehr gelesenen und einflußreicheren Zeitgenossen, des Rationalisten *Jul. Aug. Ludw. Wegscheider* zu vernehmen. Was für Schleiermacher das geheimnisvolle Datum des Lebens im Gefühl war, das ist für Wegscheider das sonnenklare Datum der «recta» oder «sana ratio», nach Gottes Vorsehung aus der Kirchen ehrwürdiger Nacht heraufgeführt durch das die Reformation vollendende «aevum cultior» der Neuzeit.[25] Sie, die theoretische und praktische Vernunft in ihrer Einheit, ist Quelle, Autorität und «lapis Lydius» der christlichen Wahrheit.[26] Sie *kann* in den positiven Religionen ausgeprägt sein. Sie *ist* es im Christentum, sofern es in der Bibel neben allerlei aus göttlicher Akkomodation oder menschlichem Mißverständnis oder auch einfach als Mythenbildung zu Verstehendem jedenfalls auch einen «typus purioris religionis» gibt, solche Teile, «quae intellectu faciles ad edocendos et tranquillandos animos optime conveniunt»[d], und sofern Christus, aus dem erst die Torheit seiner Anhänger mehr als einen Menschen machen wollte, sich als «legatus divinus» und «prototypus hominum vera religione atque virtute imbuendorum»[e] legitimiert hat durch

[d] Instit. dogm. 2. Aufl. S. [VI und] 105.
[e] S. 278.

aber in einer einzelnen Kirchenpartei, geltend ist, bezeichnen wir durch den Ausdruck Dogmatik oder dogmatische Theologie.»
[25] J. A. L. Wegscheider, *Institutiones theologiae christianae dogmaticae*, Halae 1817², S. VIIIf.: «... nec ullam religionis doctrinam homini cultiori probari posse, quae sanae rationis decretis ab ipso bene perspectis repugnet, nec pleno perfectoque assensu ab eo comprehendi et complecti possit. Itaque theologia dogmatica, quum ceterarum disciplinarum lumen nec subterfugere nec opprimere possit, et ipsa nova forma indui debet, quae desideriis aevi cultioris bene respondeat, neque tamen a vero scripturae s., quippe quae religionis Christianae fons est primarius, argumento recedat.» – «... aus der Kirchen ...»: J. W. von Goethe, *Faust I*, V. 927 (Vor dem Tor).
[26] A. a. O., S. 33 (§ 15: Theologiae nexus cum philosophia): «... nulla religionis alicuius positivae doctrina homini cultiori possit probari, nisi ad sanae rationis, sensu veri atque honesti recte imbutae, praecepta et theoretica et practica, ceu ad lapidem Lydium prius exacta fuerit.»

sein «ingenium eximium ab omni fanatismo remotum», durch seine Sittenreinheit und durch die Güte seiner Absicht, sich um das ganze Menschengeschlecht wohlverdient zu machen.[f] Schleiermacher hatte wohl recht, wenn er sich gegen die Entfernung der «ehrwürdigen Männer, die man Rationalisten nennt», aus der Kirche verwahrt hat.[27] Er hätte dann wirklich selber auch gehen |195| müssen. Denn wenn auch dieser Wegscheider und seinesgleichen Spießbürger waren, wo sie die Haut anrührte, was man von Schleiermacher wirklich nicht sagen kann, so ist doch kaum zu verkennen, daß die prinzipielle Konstruktion dieselbe ist, daß hier wie dort mit derselben Selbstverständlichkeit der Mensch zum Maß aller Dinge gemacht wird[28], nur daß der Wegscheidersche Mensch es noch offener heraussagt, daß er sich nichts sagen zu lassen gedenkt, weil er Alles schon vorher und besser weiß.

Ich wähle als zweite selbständige Gestalt neben Schleiermacher einen von den vielen Vergessenen dieser Zeit: *Wilh. Mart. Leberecht De Wette*, zu Unrecht vergessen, weil er, um von seinen Verdiensten als Historiker nicht zu reden, als Systematiker Wesentliches vorweggenommen hat, was dann in der zweiten Hälfte des Jahrhunderts durch Lipsius, Aug. Sabatier, Herrmann, Troeltsch erst so recht zu Ehren gekommen ist. «Kritische Anthropologie»[29] nannte er sein an Jacobi und Fries anknüpfendes theologisches Unternehmen, «Theologie des Glaubens» könnte man auch sagen, denn um den Begriff des Glaubens, dessen Gedanken, Bilder und Symbole De Wette als solche mit Herderscher Einfühlungskunst zu bejahen wußte, dreht sich bei ihm Alles. Deutlicher als Schleiermacher und Wegscheider sah der an Kant geschulte De Wette die Problematik der theologischen Aufgabe, die Fensterlosigkeit der theoretischen und praktischen Vernunft Gott gegenüber, die Grenze, die auf alle Fälle damit überschritten wird, wenn der Mensch sich un-

[f] S. 122.

[27] *Schleiermachers Sendschreiben über seine Glaubenslehre an Lücke*, neu hrsg. von H. Mulert (Studien zur Geschichte des neueren Protestantismus, 2. Quellenheft), Gießen 1908, S. 44; vgl. Th. Schl., S. 363.

[28] Vgl. Protagoras (nach Sextus Empiricus, *Adversus mathematicos* VII, 60): πάντων χρημάτων μέτρον ἐστιν ἄνθρωπος (zitiert nach H. Diels, *Die Fragmente der Vorsokratiker*, Bd. II, o. O. 1972[16], S. 263).

[29] W. M. L. de Wette, *Lehrbuch der christlichen Dogmatik in ihrer historischen Entwicklung dargestellt*, 2 Bde., Bd. I, Berlin 1831[3]. Die Dogmatik beginnt mit einer «anthropologischen» (S. 2–28) und einer «kritischen» Vorbereitung (S. 28–41).

terwindet von Gott zu reden, – um dann doch ein wenn auch etwas bescheidenes Fenster nach dieser Seite schließlich zu entdecken in einem besonderen menschlichen Vernunftvermögen, das er mit Fries das Vermögen der «Ahnung» nannte[30], auf Grund dessen der Mensch glauben, d. h. nach De Wette: sich in das ewige Leben des Geistes verlieren, den dem Verstand und dem Willen unerreichbaren Gott unmittelbar, nämlich in Begeisterung, Selbstverleugnung und Andacht berühren kann.[31] So, und d. h. nach De Wette «in Christus», kommt es zu der ohne Glauben unmöglichen Verwirklichung bzw. Vollendung der menschlichen Ver-|196|nunftideen, zu reiner Menschlichkeit. In dieser Unterscheidung und Verbindung zwischen einem religiösen a priori und seiner konkret christlichen Aktualisierung meinte De Wette die Philosophie und die Theologie nicht nur, sondern auch den Rationalismus und Supranaturalismus[32], ja sogar den Pelagianismus und den Augustinismus in der Theologie[33] selber, jedem sein Recht gebend, untereinander

[30] A.a.O., S. 8 (§ 13): «So ordnen sich der gemeinen Überzeugungsweise des *Wissens* durch Anschauung und Verstand, wodurch wir die Erscheinungswelt kennen lernen, zwei höhere Überzeugungsweisen über: 1) der *reine Vernunftglaube*, die aus der Vernunft selbst geschöpfte, von der Anschauung unabhängige, übersinnliche, ideale Überzeugung von einem Seyn der Dinge an sich, zu welcher der Verstand, seine eigene Beschränkung verwerfend, aufsteigt; 2) die *Ahnung* des ewigen Seyns der Dinge in der Erscheinungswelt, welche Überzeugung dem *Gefühle* angehört. Alle diese drei Überzeugungsarten, auf die Gesetze der menschlichen Vernunft gegründet, haben dieselbe Zuverläßigkeit; ist Glaube und Ahnung Täuschung, so ist es auch das Wissen.» De Wette war Freund, Schüler, zeitweilig in Heidelberg auch Kollege des Philosophen J. Fr. Fries, dessen Begrifflichkeit – insbesondere aus dem Buch *Wissen, Glaube, Ahndung* (1805) – er sich weitgehend zu eigen machte.
[31] Die *«religiöse Weltansicht»* nimmt «das ganze Leben der Natur und Geschichte zu seinem Gegenstande»; «und das dem Verstande undurchdringliche Geheimniß der ewigen Weltordnung enthüllt sich dem Gefühle des frommen Beschauers». Diese Weltansicht «ist dreifach nach drei verschiedenen Gefühlsstimmungen oder *ästhetischen Ideen*». Es sind die Gefühle 1) «der *Begeisterung* oder der *frommen Heiterkeit*», 2) «der *Demuth* und *Ergebung* oder der *heiligen Traurigkeit*» und 3) «der *Andacht* und *Anbetung*» (a.a.O., § 29–30, S. 18f.).
[32] A.a.O., § 46, S. 27: «Ein nicht irregeleiteter Verstand, der die Natur des menschlichen Geistes kennt, wird sonach die Nothwendigkeit sowohl des *Supranaturalismus* oder der idealen Ansicht des gläubigen Gefühls, als des *Naturalismus* oder der natürlichen Verstandesansicht in der Betrachtung der Religion, als innerer und äusserer Erscheinung, anerkennen, und beide im *Rationalismus* vereinigen.»
[33] A.a.O., Bd. II, Berlin 1840³, § 56, S. 98–101: «Gebrauchen wir die Schriftleh-

versöhnen und zugleich das Bollwerk der Apologetik errichten zu können. Die Theologie weist nach: die Möglichkeit der Erlösung in einer
menschlichen Anlage, ihre Notwendigkeit in einem menschlichen Bedürfnis, endlich ihre Wirklichkeit in einer menschlichen Erfahrung.[34]
De Wette hat damit die Fragen zweifellos deutlicher gestellt als Schleiermacher und als gemeinsame Einsicht noch deutlicher herausgestellt,
daß «Theologie des Glaubens» nichts Anderes bedeuten kann als Theologie des Menschen, der nicht anderswo als bei sich selber ist.

Gedenken wir in diesem Zusammenhang noch des bedeutendsten unter den direkten Schülern Schleiermachers, des Zürchers *Alex. Schweizer*. Seine Bedeutung für unser Problem liegt darin, daß er als Quelle
der Wahrheit bestimmter als sein Meister «die christliche Erfahrung der
gegenwärtigen *Kirche*» geltend gemacht hat. Schweizer weiß, daß der
Glaube aus dem Hören und Sehen kommt, nämlich nach ihm: aus dem
Hören und Sehen der Lebenserfahrungen anderer.[g] Er vertraut darauf,

[g] Gl. L. I § 12.[35]

re und die Idee eines ursprünglichen Hanges zum Bösen als Massstab: so erscheint die Augustinisch-protestantische Lehre von der Erbsünde und dem dadurch begründeten geistlichen Unvermögen des Menschen, wornach er gänzlich
unfähig seyn soll, eine sittliche Regung in sich zu beginnen, übertrieben. – Diese
Lehre hat darin Unrecht, dass sie die schwache Kraft des Willens als gar keine
ansieht ... Indess wird das zu strenge der Kirchenlehre entschuldigt und einiger-
massen gerechtfertigt durch den Gegensatz gegen die katholische Werkheiligkeit
und das durch sie ausgedrückte Gefühl der Erlösungsbedürftigkeit; und sie ist
immer richtiger als die Pelagianische und selbst als die Semipelagianisch-katholi-
sche Ansicht, zumal in ihrer Anwendung auf die Lehre von der Rechtfertigung.»
[34] Vgl. W. M. L. de Wette, *Das Wesen des christlichen Glaubens vom Stand-
punkte des Glaubens dargestellt*, Basel 1846, S. 37: «Die Wahrheit dieser Heils-
Verwirklichung oder dieses realistischen Theiles des geschichtlichen Glaubens
fand in dem frommen Bedürfnisse der Hörer einen empfänglichen Boden, denn
ein solcher Heiland und Führer der Seligkeit war ihnen nothwendig. Es diente
aber auch diesem Theile der evangelischen Heilskunde der Glaube an die *Möglichkeit* einer solchen Verwirklichung, welcher in den begeisterten Gemüthern
lebte, zu einer starken Gewährleistung ...» – Von einer «unmittelbare[n] Anlage
zur Religion» spricht de Wette in seinem *Lehrbuch* ..., a. a. O., Bd. I, S. 21.
[35] A. Schweizer, *Die christliche Glaubenslehre nach protestantischen Grundsätzen dargestellt*, 2 Bde, Leipzig 1877², Bd. I, S. 39: «Die Glaubenslehre schöpft
ihren Stoff aus dem von christlicher Erfahrung durchgebildeten frommen
Selbstbewußtsein; denn zugegeben auch, daß die innerste Wurzel des Glaubens
eine Bestimmtheit des unmittelbaren Selbstbewußtseins sei, kann doch jeder nur
sein eigenes unmittelbar kennen, dasjenige aller Andern aber welche mit ihm die

daß im gegenwärtigen Glaubensbewußtsein der Kirche, das nach ihm wie nach Wegscheider aus der Hand der Vorsehung so, wie es nun einmal ist, entgegenzunehmen ist, nicht nur die Wahrheit der Bibel, der kirchlichen Symbole, der theologischen Tradition, sondern auch die Wahrheitselemente der Aufklärung, Bildung und Philosophie mitenthalten sind, ein Korpus von objektiver Darbietung, dessen subjektive Aneignung dann die Sache des Glaubens des Einzelnen ist.[h] Indem wir gute, von allem Judaismus und Paganismus immer mehr uns reinigende Protestanten sind, sind wir implicite auch gute |197| Christen und als solche wiederum implicite gute religiosi überhaupt.[i] Man wird nicht finden können, und es war auch Schweizers eigene Meinung durchaus nicht, daß die Linie Schleiermachers durch diese Bereicherung seiner Gesichtspunkte, durch die Einführung *dieses* objektiven Momentes etwa verlassen sei. Sicherer seiner Sache (nach der psychologischen wie nach der historischen Seite) ist kaum einer seines Weges, dieses Weges gegangen als Alex. Schweizer.

[h] I § 17.[36]
[i] I § 34f.[37]

Kirche bilden, nur mittelst der Aeußerungen des Glaubens. Das ganze Gebiet der evangelisch christlichen Erfahrung in der Kirche muß daher angefragt und benutzt werden, soweit immer es die fromme Bestimmtheit des Selbstbewußtseins erregt und ihm als Ausdruck dient.» S. 42: «Der Glaube aber kommt aus dem Hören und Sehen, kurz aus der Erfahrung sowol äußerer als innerer. ... Der Glaube ist ein Zustimmen zu den Lebenserfahrungen Anderer.»

[36] A.a.O., S. 60: «Im Glaubensbewußtsein der evangelischen Kirche als subjektivem Angeeignetsein eines objektiv sich Darbietenden ist der Einfluß der hl. Schrift sowie der kirchlichen Tradition mit enthalten, jedoch immer nur so, wie dieselben in den Glauben selbst eingegangen sind und im Glauben fortdauern.» S. 62: «Nicht anders verhält es sich mit den Elementen der Aufklärung, Bildung und Philosophie, deren eine Menge mitwirkend geworden sind zur Läuterung und Umgestaltung unseres kirchlichen Glaubens ...»

[37] Als Grundlagen des Glaubensbewußtseins bezeichnet Schweizer a.a.O., 1. die Religion (§ 28–31), 2. die christliche (§ 32–36) und 3. die evangelisch-protestantische Bestimmtheit der Religion (§ 37–55). Bereits in der Einleitung seiner Glaubenslehre hatte er die «evangelische Protestation» als eine antijudaistische und antipaganistische charakterisiert (§ 3). Bei den Lutheranern liege die Betonung auf dem ersten, bei den Reformierten auf dem zweiten Element.

II.

Wir betrachten in einem 2. Abschnitt das Auftauchen eines scheinbaren, aber doch nur scheinbaren Protestes gegen diesen Weg. Drei Gruppen kommen hier in Betracht: die Erweckungstheologen, die theologischen Rechtshegelianer und die sog. Biblizisten. Das Bemerkenswerte, was hier zu sehen ist, besteht darin, daß nicht etwa nur die Hegelianer, sondern auch die Erweckungstheologen und die Biblizisten mit Schleiermacher und den Seinen im Grunde, in unserer Frage jedenfalls, ein Herz und eine Seele waren.

Die *Erweckungstheologie* hat sich selbst mit nicht wenig Pathos als eine Erneuerung der Reformationstheologie ausgegeben. Ich möchte am Beispiel von Tholuck und von Rich. Rothe zeigen, daß dies jedenfalls in Bezug auf das Problem des Wortes nicht wahr ist.

Tholuck unterscheidet sich von Schleiermacher wie eine wirkliche von einer gemalten Blume. Die «Erregung», von der Schleiermacher so viel zu reden wußte, ist, in dem jungen Tholuck jedenfalls, Person geworden. *Aus* dem Gefühl, *aus* der Erfahrung, *aus* dem Erlebnis wird nun geredet statt darüber. Aus dem «Herzen» aus der «Gesinnung» sagte Tholuck selber, oder dann im höheren Chor, Plato zitierend: aus der μανία, aus dem θεῖος ἐνθουσιασμός.[38] Wie? fragen wir erstaunt. Gibt es

---

[38] Fr. A. G. Tholuck, *Die Lehre von der Sünde und vom Versöhner oder: Die wahre Weihe des Zweiflers* (1823), Gotha 1862⁸, S. 160: «Kann aber den *Menschen* verstehen, wer ihn nur durch Section von Leichnamen kennt? Und auch der wird ihn nicht verstehen, wer nur in *Andern* das Herz schlagen sah, aber nicht fühlte in der eigenen Brust.» S. 152: «Wollen wir ... das Geistesleben in seiner Tiefe auffassen, so müssen wir den Blick auf jenes innerste Seyn und Leben des Geistes richten, wo das Erkennen noch nicht zum Denken und das Handeln noch nicht zum Entschluß geworden ist, wo jenes noch Bewußtseyn, d. h. Wissen durch das Seyn ist und daher auch Neigung. Hier ist der Heerd des geistigen Lebens, von hier kommt der Anstoß für alles Denken und allen Entschluß. In *dem* Sinne mag man sich mit dem Lockischen ‹nihil est in intellectu quod non fuerit prius in sensu› befreunden. Möchte doch, was Plato in der Kraft ächter Begeisterung von der Begeisterung redet, so manchem unserer Theologen weniger fremd geworden oder geblieben seyn, so würde es um die Betrachtungsweise des religiösen Lebens und auch der religiösen Thätigkeit des Geistes besser stehen! Vortrefflich nämlich hat Plato das Verhältniß des Unmittelbaren im Geiste, namentlich der unmittelbaren Einsicht des Vernunftinstincts, wenn wir so sagen wollen, zu der im Begriff reflectirten Erkenntniß dargelegt in jener herrlichen Lobrede, welche er im Phädrus, Timäus u.s.w. der μανία und dem θεῖος ἐνθουσιασμός hält.»

im Christentum, kennt der Verfasser des erschütternden Buches über die Sünde und den Versöhner etwas Derartiges? Ja, ant-|198|wortet er selbst uns gerade in diesem Buche. «Der Geist als Geist hat zum Grunde aller seiner Erscheinungen ein unmittelbares, von innen heraus gegebenes Sein, das Leben in Gott»ʲ, die «Lebendigkeit der ursprünglichen ἀλήθεια im Menschen»ᵏ. Der Mensch ist in der Lage, in den Geist Gottes als in ein ihm Verwandtes «je länger desto mehr einzudringen, sich seiner zu bemächtigen, es zu verstehen zu suchen; dieses Verständnis aber wird nichts Anderes sein als ein Aneignen des geliebten Gegenstandes, ein Übergehen in denselben. Es geschieht ja hier eigentlich nichts Anderes, als was überhaupt bei jedem Akt lebendigen Verstehens eintritt».ˡ Sind wir hier wirklich, auf die Sache gesehen, anderswo als bei De Wette z. B.? Was hilft alles erschütternde Reden über die Sünde, für die Theologie jedenfalls, wenn in ihr nun doch, wie es bei Tholuck der Fall ist, gerade auch in seinen Predigten, Alles, Alles kreisen darf um das Erfahren-können, die Erlebnisfähigkeit des Menschen, wenn das Wunder und die Dialektik dieser Theologie schlechterdings das Wunder und die Dialektik des menschlichen Herzens, des erregten, des enthusiastischen, des erweckten, des christlichen, aber – Fleisch ist Fleisch – des menschlichen Herzens ist? Was hilft die Wiederentdeckung der anselmischen Versöhnungs-[39] und der lutherischen Rechtfertigungslehre[40], wenn ihr Ergebnis die Anleitung ist, sich mehr als je mit sich selbst, mit dem Menschen, zu beschäftigen? Es war wahrlich wohlgetan, daß Tholuck die großen Objektivitäten der alten Dogmatik wieder auf den Plan führte, sie haben aber seltsamer Weise nicht verhindert, daß der Gegenstand, der ihn durch sein ganzes Leben hindurch auch als Theologe am meisten beschäftigte, und zugleich das Eindrucksvollste, was er unzähligen Anderen zweifellos geboten hat, durchaus er selbst: das fromme Subjekt August Tholuck gewesen ist und der «Sieg des Glaubens», den man bei seinem 50jährigen Promotionsjubiläum in |199| Halle gewaltig feierte[41], *sein* Sieg *seines* Glaubens, um von der weltlichen Seite dieser

ʲ 8. Aufl., S. 151.
ᵏ S. 165.
ˡ S. 159 [mit geringfügigen Abweichungen].

[39] A. a. O., S. 58–66.
[40] A. a. O., S. 84–89.
[41] L. Witte, *Das Leben D. Friedrich August Gotttreu Tholuck's*, 2 Bde., Biele-

Sache gar nicht zu reden. Dem Vielbewunderten ist doch einmal aus den Kreisen seiner eigenen Freunde geschrieben worden: «Teurer, lieber Herr Professor, ... Du solltest eine scharfe Linie gezogen haben zwischen dem Glauben und der [bloß] vernünftigen Beistimmung ... Solltest gesagt haben, daß der Glaube an Christus unsern Heiland pur und blank eine Gabe Gottes ist ... Wenn ich es gerade heraussagen soll: Du bist im Dogma vom heiligen Geist nicht ganz richtig ...»[m] Dieses «nicht ganz richtig» war ein milder Ausdruck dafür, daß Tholuck jene «scharfe Linie», obwohl hier Gen. 3 und Röm. 7 wieder zu Ehren kommen sollten[42], so wenig gezogen und offenbar so wenig gesehen hat wie seine unerweckten theologischen Zeitgenossen.

Wohin die Erweckungstheologie u. U. *auch* führen konnte, das zeigt Tholucks Weggenosse zur Linken, der als vorbildlich geläuterte christliche Persönlichkeit noch beachtlichere, weil viel feiner gegliederte *Rich. Rothe*, auch er (wie übrigens auffallend viele von den Theologen dieses Jahrhunderts) kaum um seiner Lehre, aber um so mehr um seiner selbst, eben um seiner Persönlichkeit willen geliebt und verehrt von Vielen und Verschiedensten. Rothe ist in unserem Zusammenhang darum interessant, weil in seinem christlichen Selbst- und Gottesbewußtsein, das auch für ihn der fons veritatis ist, die pietistische Wiedergeburtsgewißheit auf einmal, und zwar sehr radikal, ihre Identität entdeckt mit dem wahren modernen Kulturbewußtsein. Ohne daß er mit seiner pietistischen Jugend hätte brechen müssen, kann er das Programm Schleiermachers wieder aufnehmen und die Bibelexegese und Dogmatik als bloß historische Disziplinen unterordnen der theologischen Zentralwissenschaft der Ethik[43], die über Gott, Welt und Mensch

---

[m] Witte, Das Leben Tholucks I 328f.

feld/Leipzig 1884/1886, Bd. II, S. 494: «Dies war das rührende und ergreifende Bild, welches die Jubelfeier darbot; ein Bild zu dem alle Schattierungen der gläubigen Theologie ihre bunten Farben, alle Stände der heutigen Gesellschaft ihre repräsentierenden Gestalten gegeben hatten, und unter welche man mit Recht und mit Freude den Namen setzen kann: der Sieg des Glaubens.»

[42] Fr. A. G. Tholuck, a.a.O., S. 22: «So darf ich denn sagen: das dritte Kapitel der Genesis und das siebente des Römerbriefes, das sind die zween Pfeiler, auf denen des lebendigen Christenthums Gebäude ruht, das sind die zwei engen Pforten, durch die der Mensch zum Leben eingeht.»

[43] Vgl. R. Rothe, *Theologische Ethik*, 5 Bde., Wittenberg 1867², Bd. I, S. 61f.: «Hiernach stellt sich nun auch ein klares Verhältniß der theologischen Ethik *als*

direkten Bescheid zu geben weiß, kann er das «unbewußte Christentum» des modernen Bildungsmenschen freundlich verstehend heilig sprechen[44] und der |200| Kirche ihr baldiges sanftes Verlöschen in dem selber immer mehr zur Kirche werdenden Staat ankündigen[45] – keine Selbstwidersprüche des Erweckungstheologen, sondern ehrlich gezogene Konsequenzen. Gibt es kein prinzipielles Gegenüber von Gott und Mensch, und ein solches hat die Erweckungstheologie so wenig herausgearbeitet wie Schleiermacher, dann ist nicht abzusehen, warum

spekulativer zur *Dogmatik* heraus. *Diese* Ethik ist weit entfernt davon, der Dogmatik koordinirt parallel zu laufen; vielmehr gehören beide ganz verschiedenen Hauptformen der Theologie an. Denn die Dogmatik ist eine Disciplin der *historischen* Theologie. ... Und zwar gehört sie derjenigen Unterabtheilung der *historischen* Theologie an, welche am *passendsten* als die *thetische* oder die *positive* zu bezeichnen sein dürfte, und die in ihr nach der *biblischen* (gewöhnlich die *exegetische* genannt) und der *kirchenhistorischen* (im weiteren Sinne des Worts) die dritte und letzte Stelle einzunehmen hat.»

[44] Vgl. A. Hausrath, *Richard Rothe und seine Freunde*, 2 Bde., Bd. II, Berlin 1906, S. 486, wo Hausrath über Rothes Beiträge zur Debatte über den Protestantenverein berichtet: «‹Woher›, fragt Rothe, ‹kommt die moderne Moralität? ... Sie kommt immer noch von dem einzigartigen neuen Impulse her, den vor achtzehnhundert Jahren in Palästina ein nur in engem Kreise gekannter Mann der Entwicklung unseres Geschlechts gegeben hat. ... Weil Christus fortwährend geschichtliche Wirkungen auf die Welt ausübt, wird das Christenthum nothwendig fortwährend anders.› Die große Umwandlung, in der wir begriffen sind, ist mithin nur der Beweis, daß die unermeßliche Geschichtswirkung, die von Christus ausging, heute in noch stärkeren Proportionen vorhanden ist als vordem. Daß dieselbe von der gegenwärtigen Generation nicht auf Christus zurückgeführt wird, daß diese sich über ihr *unbewußtes Christenthum* so wenig klar ist, ‹das stammt aus der alteingewurzelten Gewöhnung, die geschichtlichen Wirkungen des Erlösers immer nur *in der Kirche* zu suchen und zu sehen.›»

[45] Vgl. z. B. R. Rothe, *Theologische Ethik*, Bd. II, Wittenberg 1867², S. 248 f.: «Dem Begriff der Kirche zufolge ist das Handeln, dessen Gemeinschaft sie vollzieht, das *rein* und *ausschließend* religiöse. Das *kirchliche* Handeln ist seinem Begriff gemäß *nicht* ein religiös-*sittliches*, sondern ein *religiöses* moralisches Handeln *mit völliger Abstraktion von dem Sittlichen*. ... ein Gott Ahnen, das *nicht* zugleich ein *sittliches* Ahnen, ein *die Welt* Ahnen ist, ... ein *ausschließend* religiöses Bilden, mithin ein Beten, das *nicht* zugleich ein *sittliches* Aneignen, ein *die Welt* Aneignen ist, ... ein Seligsein, das *nicht* zugleich ein *sittliches* Genießen, ein *die Welt* Genießen ist. ... In diesem Begriff der Kirche liegt es aber auch schon mit, daß sie mit der *Vollendung* der moralischen Entwicklung der Menschheit – da mit ihr die religiös-*sittliche* Gemeinschaft sich faktisch zu *absoluter* Allgemeinheit vollzogen, also sich zu einer *schlechthin Alle ganz* umfassenden Verbindung ausgedehnt hat, – vollständig hinwegfällt ...»

der relative Gegensatz zwischen Glaubenden und Nicht-Glaubenden, zwischen Kirche und Staat nicht auch fallen, warum der Pietist nicht, wie es Rothe widerfahren ist, eines Morgens im Protestantenverein erwachen sollte.[46]

Die Erweckungstheologie scheint insofern eine Abweichung von der in Schleiermacher klassisch repräsentierten Theologie des Jahrhunderts zu sein, als die Bewegung des christlichen Subjekts in ihr unverhältnismäßig lebhafter in die Erscheinung tritt, als dies Schleiermacher und den Seinen zu zeigen vergönnt war, so lebhaft, daß in Form von Repristinationen augustinischer und reformatorischer Gedankengänge auch der Griff nach dem christlichen Objekt, ohne den ja auch Schleiermacher nicht auskommen wollte und konnte, viel kräftiger und drastischer in die Erscheinung trat als bei ihm. Die Erweckungstheologie *scheint* aber nur eine Abweichung von seiner Linie zu sein. Sie erst hat vielmehr, noch viel krasser als er, den frommen Menschen mit der Wucht eines nicht nur gemalten, sondern wirklichen Enthusiasmus in die Mitte der Theologie gerückt, um, wenn sie, wie dies in Rothe der Fall war, ganz ehrlich wurde, die Entdeckung zu machen, daß er dem modernen Menschen überhaupt zum Verzweifeln ähnlich sehe.

Die zweite Gruppe einer solchen scheinbaren Renitenz bilden die theologischen *Rechtshegelianer*. Ich exemplifiziere auf *Phil. Konr. Marheineke*, den wenig friedlichen Berliner Kollegen Schleiermachers. Wir haben es auch bei ihm im Gegensatz zu Schleiermacher mit einer intensiveren Bewegung des Subjekts und infolgedessen mit einem kühneren Griff nach dem Objekt zu tun, nur daß beides sich hier statt in der emotionalen ausgesprochen in der intellektuellen Sphäre vollzog. Wie |201| hier die Dinge zusammenhingen, mag dadurch angedeutet sein, daß Tholuck, der als Berliner Student weder zu Schleiermachers Vorlesungen noch zu seinen Predigten ein Verhältnis gewinnen konnte, in Marheinekes Kolleg 1818 «aufs äußerste bewegt», in «seliger Gewißheit» den Vorsatz faßt: «Sei ganz in Jesu!» und «mit unendlichem Hochgefühl ... endlich, endlich das einzige Ufer» gezeigt bekommt, «wo ich mich ret-

[46] Vgl. A. Hausrath, a.a.O., Bd. II, S. 459–486: «Der Protestantenverein», sowie H. Hohlwein, Art. «Protestantenverein, Deutscher», in: RGG³ V, Sp. 646: «Rothes Aufsatz ‹Zur Orientierung über die gegenwärtige Aufgabe der deutschen ev. Kirche› (1862) hatte recht eigentlich den Anstoß zur Gründung des D[eutschen] P[rotestantenverein]s gegeben.»

ten konnte».[n] In der Tat: wie man nachher bei Tholuck selbst etwas vernehmen konnte von augustinisch-lutherischer religiöser Erfahrung, so war bei Marheineke, wenn man sich durch die schwere hegelianische Sprache nicht abschrecken ließ, zu vernehmen, was man bei Schleiermacher so nie vernehmen konnte: was etwa der Begriff der Offenbarung sein möchte. Marheineke weiß, daß wirklicher Glaube Autoritätsglaube ist[o], daß der Mensch die Religion nicht erfinden, nicht erdenken, sondern ihr nur nachdenken kann[p] und auch das nur «tanquam in speculo» kraft der durch Offenbarung gesetzten «Position Gottes in der Vernunft»[q]. «In dem menschlichen Geist ist Gott sich nicht durch diesen, sondern durch sich selbst und so auch dem Menschen offenbar. Dieser ist als Vernunft in ihm aufgehoben. Dies ist das Schwerste, was die Wissenschaft jedem zumutet, der sich auf sie einläßt, daß die reine

[n] Witte I 103f.
[o] Dogm. als Wissenschaft 30f.[47]
[p] § 32.[48]
[q] § 24f.[49]

[47] Ph. K. Marheineke, *Die Grundlehren der christlichen Dogmatik als Wissenschaft*, Berlin 1827², § 30 (S. 17): «Die Vernunft, die an Gott ihren Ursprung und Urheber (auctorem) hat, macht alle Religion zu einem Glauben an diese Auctorität, zu einem Auctoritätsglauben.»
[48] A.a.O., § 32 (S. 18): «Ist die Religion in ihrem Ansichseyn, wie allgemein zugegeben wird, eine Wahrheit, so kann auch nur von denen, welche überhaupt an keine Wahrheit, und somit auch nicht an Gott, der die Wahrheit selber ist, glauben, geläugnet werden, daß der Mensch sie nicht machen oder erfinden, sie durch sein Denken nicht erst zum Seyn an sich, bringen, sondern ihr, der ewigseyenden nur nachdenken und denkend sich auf sie einlassen kann. Erst in diesem Anerkenntniß kann und soll denn aber auch die Erkenntniß für sich entstehen und die an sich seyende Wahrheit auch für ihn, den menschlichen Geist seyn und er derselben theilhaftig werden.»
[49] A.a.O., § 24 (S. 14): «Alles Erkennen Gottes in der Vernunft beruhet von dieser Seite zunächst auf Mittheilung. ... das ... Werden des Geistes durchs Denken beruhet auf seinem ursprünglichen Seyn oder Geschaffenseyn, nämlich zum Bilde Gottes, welches auch in seinem jetzigen Leben noch die Bedürftigkeit und Empfänglichkeit, und damit zugleich auch die Fähigkeit für die Wahrheit ist. In diesem Bilde (tanquam in speculo) denkend, ist das Denken in der Religion ein speculatives.» – § 25 (S. 14f.): «Dieses Seyn des Geistes ist das Gleiche in allem Ungleichen, ist das Positive in der Vernunft, welcher Begriff des Positiven gänzlich verfälscht erscheint in der gemeinen Vorstellung, nach welcher es das Willkührliche und Subjective ist, da es vielmehr das Objective, sich selber gleiche ist. Der wahre Begriff des Positiven ist der von einem Sichselbstsetzen oder einer Position Gottes in der Vernunft ...»

Substanz selbst als Subjekt sich zeige, er mit seinem Geist sich dem göttlichen subjiziere und gelassen sei.»[r] Auf das cogere der Offenbarung hin
kommt es zu dem cogitare des Dogmatikers.[s] Das sind gewichtige und
bedeutsame Sätze. Nur daß die Zusammenhänge, in denen sie stehen,
leider keinen Zweifel daran lassen, daß das Gegenüber von Gott und
Mensch, das Sich-sagen-Lassen, das da auf einen Moment sichtbar zu
werden scheint, nur eine Phase des dialektischen Prozesses ist, die |202|
alsbald von einer anderen überhöht wird, auf der wir vernehmen, daß
das beschriebene Verhältnis von Gott und Mensch ein durchaus um-
kehrbares Verhältnis ist, daß im reinen Begriff der Mensch Gott ebenso
in sich selbst begreift, wie er sich als von ihm begriffen weiß, daß kraft
der Menschwerdung Gottes in Christus nach lutherischem Verständnis
unser Denken Gottes durchaus das Denken Gottes selber sei. Kein Zufall darum, daß es auch bei Marheineke nur nachträgliche, bestätigende
Bedeutung haben kann, wenn die Theologie sich auf Bibel und Kirchenlehre «einläßt».[51] Um Wieder-Holung nur, um Analysis des Glaubensinhalts kann es sich dabei handeln.[t] Klarstes begriffliches Wissen um
das, was Offenbarung ist, *dient* hier geradezu (aber es verhält sich bei
dem pietistischen Griff nach dem Objekt sachlich nicht anders!), statt
dem Triumph des menschlichen Herzens wie bei Tholuck, nun zur Ab-
wechslung dem Triumph des menschlichen Kopfes, der auf die Spitze

[r] § 115 [mit geringfügigen Abweichungen].
[s] § 26.[50]
[t] § 116.[52]

[50] A.a.O., § 26 (S. 15): «Gott *will* erkannt seyn, d. h. er hat sich geoffenbaret ...
eben darum ... muß der menschliche Geist ihn denken. Das diesem Offenbarseyn
und offenbaren Seyn entsprechende Denken führet eine innere Nöthigung und
Nothwendigkeit, einen innern Zwang mit sich, wodurch sich das wahre Seyn im
Denken verräth, und dieses zum Wahrseyn, zur Wahrheit wird (cogitare von
cogere).»
[51] A.a.O., § 97 (S. 55): «Sofern die Theologie sich auf den Bibel- und Kirchen-
glauben einläßt, ist sie auf gleiche Weise historisch.»
[52] A.a.O., § 116 (S. 67f.): «... indem sie [scil. die Wissenschaft] so nicht in dem
Buchstaben, sondern in dem Geiste der Bibel, nicht in der Auctorität der Kirche,
sondern in dem Geiste derselben ihren Standpunct nimmt, und diese Reflexion
keine bloß äußerliche, und so nur Wiederhohlung des Glaubensinhalts ist, hat sie an
dem göttlichen Geiste, aus welchem Bibel und Kirche selber, und welcher der Geist
beider ist, ihr Prinzip, nimmt in ihm ihren Anfang und vollendet sich darin, ist nicht
nur somit in ihrem Resultat mit der Offenbarung identisch, sondern wesentlich selber Analysis des in ihr uns auf jenen beiden Wegen überlieferten.»

getriebenen Möglichkeit, den klugen Theologen auf einen Stuhl weit oberhalb Gottes und seiner selbst zu setzen, auf dem er sich, nachdem er auch noch den richtigen Begriff der Offenbarung verdaut hat wie eine Riesenschlange ein Kaninchen, wahrlich nichts mehr sagen lassen kann.

Wenden wir uns endlich zu der dritten hier zu nennenden Gruppe, den sog. *Biblizisten*. Nun wird also, gewiß ein verheißungsvolles Beginnen, auch noch die Bibel aufgeschlagen, nun soll die Bibel und nur die Bibel – wer dächte nicht an das, was 300 Jahre früher die Reformatoren taten – der Theologie den rechten Inhalt geben. Wird nun die große Umkehr kommen zum Sich-sagen-Lassen, wird nun etwa Gott an seinen und der Mensch an seinen Ort zu stehen kommen ohne Möglichkeit, das Verhältnis auch umzukehren, wie es uns eben von Marheineke als das Geheimnis der sonstigen Theologie dieser Zeit ausgeplaudert worden ist? Daß das Subjekt jetzt einen ganz großen, ganz kühnen und noch einmal: ganz verheißungsvollen Griff nach |203| dem Objekt tat, wer wollte das verkennen? Es fragt sich nur, ob bei diesem Anlaß nun im Unterschied zu Schleiermacher und den Seinen, zu den Erweckungstheologen und Hegelianern, die ja alle in ihrer Weise die Bibel auch zu Ehren zu bringen meinten, etwas Anderes geschah, als daß man sich nachträglich auch auf die Bibel «einließ», nachdem man sich bei sich selbst darüber verständigt, von woher etwa ein solches Sich-Einlassen stattfinden und wie weit es als tunlich erscheinen möchte? Es fragt sich, ob das vermeintliche Objekt nun sichtbar wird als Subjekt, wie Marheineke ganz richtig formuliert hatte, dem gegenüber der Mensch nun aber keinen solchen Meisterstandpunkt einnehmen, das er als wirkliches Subjekt respektieren und also in keiner Weise wieder in ein ihm zur Verfügung stehendes Objekt zurückverwandeln wird. Das alles fragt sich und ist damit allein, daß man nun auch wieder systematisch auf die Bibel sich zu beziehen anhob, noch nicht beantwortet. Es erweckt zunächst Aufmerksamkeit, daß die drei großen Vertreter dieser Richtung: *G. Menken, J. T. Beck und J. Chr. K. v. Hofmann* alle drei ausgesprochen genialische Naturen, Originale waren, die sich jedenfalls von anderen *Menschen* wenig oder nichts sagen ließen, und daß die Leidenschaft, mit der sie sich nun eben auf die Bibel stürzten, mit der Leidenschaft, mit der sich Andere in jenen geistig so bewegten Jahrzehnten auf allerlei Anderes stürzten, in der Struktur doch gewiß einige Ähnlichkeit hat. Er «entêtire sich, sein Christentum *nur* aus der Bibel schöpfen zu wollen», so ist von dem jungen Menken in bezeichnendem Ausdruck gesagt worden.ᵘ Ja – wenn das nur kein Unglück gibt! Es erweckt ebenfalls Aufmerksamkeit, daß die Kategorie, unter der die Biblizisten die Bibel betrachtet haben, die Geschichte ist. Wer Geschichte sagt, der sagt jedenfalls damit noch nicht Offenbarung, noch nicht Wort Gottes, wie die Reformatoren die Bibel genannt haben, noch nicht Subjekt, dem man sich zu fügen hat, ohne darüber verfügen zu können. Auch dann nicht, wenn |204| er, wie die Biblizisten taten, *Heils*geschichte sagt. Der Appell an das Objektive in der Geschichte kann bedeuten, daß das menschliche Subjekt im Begriff steht, einen Ausflug zu unternehmen, von dem es neu bestärkt und bestätigt zu sich selber zurückkehren wird, ohne daß es sich das Geringste hätte sagen lassen. Geschichte kann man betrachten, disponieren, deuten (das alles gilt auch von der sog. Heilsgeschichte), als ob man darüber Macht hätte. Das Wort Gottes ist der Bund Gottes mit dem Menschen in seinem aktuellen Vollzug. Nennt man es Heilsgeschichte, dann beschaut man diesen Bund als einen schon vollzogenen, als ein wie andere Ereignisse abgeschlossenes Ereignis. Warum interessieren sich die Biblizisten für die Bibel gerade als für die Heilsgeschichte? Warum setzen sie den Weg des Coccejus[53] fort und nicht den Calvins, der in der Bibel «doctrina» und immer wieder «doctrina» zu finden meinte[54]? Gerade an diesem Punkt wird unsere Aufmerksamkeit unvermeidlich zum Verdacht. Wie kommt es, daß

ᵘ [C. H.] Gildemeister, Leben und Wirken des Dr. Gottfried Menken [Bremen 1861, 2 Theile] II S. 7.

[53] Bei seiner ersten Teilnahme an einer Hauptversammlung des Reformierten Bundes, im September 1923 in Emden, hörte Barth, nachdem er im Januar 1923 das Buch von G. Schrenk, *Gottesreich und Bund im älteren Protestantismus vornehmlich bei Johannes Coccejus. Zugleich ein Beitrag zur Geschichte des Pietismus und der heilsgeschichtlichen Theologie*, Gütersloh 1923, gelesen hatte, einen Vortrag des Münsteraner Kirchengeschichtlers Karl Bauer über Coccejus, von dem – so schreibt er an E. Thurneysen – «ich nun endgültig überzeugt bin, daß er ein großer Mann, aber auch ein großer Leimsieder gewesen ist, der an der modernen Deroute des Christentums wesentlich mitschuld ist» (Bw. Th. II, S. 123.129.186, dort das Zitat). Eine ausführliche Auseinandersetzung mit der Föderaltheologie des Coccejus findet sich in KD IV/1 (1953), S. 57–70.
[54] Vgl. z. B. J. Calvin, Inst. I 9,1: «Non ergo promissi nobis spiritus officium est, novas et inauditas revelationes confingere, aut novum doctrinae genus procudere, quo a recepta evangelii doctrina abducamur; sed illam ipsam, quae per evangelium commendatur, doctrinam mentibus nostris obsignare.»

die Biblizisten mit Schleiermacher und den Seinen um die Wette alle im Kampf eben gegen den Begriff «Lehre» begriffen sind?[55] Warum verbindet sich ihre Wertschätzung der Bibel, besonders ausgesprochen bei Menken und Beck, mit einem gern betonten Anti-Konfessionalismus, mit einer Abschätzung der sog. Orthodoxie als solcher[56], die sich mit der der nicht-biblizistischen Zeitgenossen in oft merkwürdig ähnlichen Tönen findet? Der reformatorische Biblizismus jedenfalls dachte nicht daran, sich mit seinem Appell an die Bibel so souverän über die relative,

[55] Christliche Glaubenssätze sind für Schleiermacher nichts anderes als «Auffassungen der christlich frommen Gemüthszustände in der Rede dargestellt» (Der christliche Glaube ..., § 15).

[56] Vgl. z. B. C. H. Gildemeister, a. a. O., Bd. I, S. 41, aus einem Brief des Studenten Menken an seinen Bruder: «Einer ist hier ..., ein Holländer ..., ein Pietist, ein strenger, orthodoxer Reformirter, der an Erwählung und Verwerfung, an Ewigkeit der Höllenstrafen und an jedes Wort des Heidelberg'schen Katechismus und an die Schlüsse der Dortrechter Synode glaubt, als an Gottes Wort, sich lieber peinigen und quälen ließe, als daß er nicht alle Sonntage zwei mal in die Kirche ginge. Seine Religion, siehst du leicht ein, ist himmelweit von der meinigen verschieden, aber es ist doch ein Mensch, der Religion hat, und alle Religion, die das Herz füllt, die den Menschen *bestimmt* ..., ist respectabel, ehrwürdig, inviolabel, wenn's auch purer Irrthum wäre. Aber bei diesem Menschen fühle ich's recht, welch ein Fluch unsere Systeme, unsere Kirchensätze und Kirchenlehren sind – wie sie Fesseln werden, die den Menschen binden, daß er nicht Hand noch Fuß rühren kann.» Zu weiteren Äußerungen Menkens vgl. K. Barth, *Die Protestantische Theologie im 19. Jahrhundert. Ihre Vorgeschichte und ihre Geschichte*, Zollikon 1947, S. 475f. Dieselben stehen auch schon im unveröffentlichten Manuskript der Vorlesung vom Sommer 1926. Vgl. ferner J. T. Beck, *Gedanken aus und nach der Schrift für christliches Leben und geistliches Amt*, Heilbronn 1876³, S. 138: «Ihr sagt, die Schrift, damit sie nicht der subjectiven Willkühr preisgegeben sei, bedürfe einer *kirchlich autorisirten Auslegung*. Was unterscheidet euch noch von dem Pabst? auf welche autorisirte Auslegung stützte sich Luther auf dem Reichstag zu Worms, wo er aus der Schrift, nicht aus Vätern und Concilien klar widerlegt sein wollte, war das subjective Willkühr? Und wenn der Herr sagt: ‹Wer aus der Wahrheit ist, höret Gottes Wort – so ihr bleibet in meiner Rede, werdet ihr die Wahrheit erkennen› u. dgl. – an welche autorisirte Auslegung bindet Er? macht Er die Schrift zu einer Leuchte, in deren Licht gerade der Einfältige richtig wandelt, oder zu einem dunklen Irrgang, in welchen man einen autorisirten Führer mitnehmen muß? Und von den mancherlei, theils einst, theils jetzt noch in den verschiedenen Kirchen autorisirten Auslegungen – welche ist die richtige, oder was entscheidet über die Richtigkeit? ... In die Schrift hineinführen und aus der Schrift lehren, das können und sollen die Schriftgelehrten; aber den Schriftsinn unter Schloß und Riegel zu legen, Lehrformen zu decretieren und mit Acht und Aberacht verpönen – diese Macht hat der Herr der Schrift keinem Gläubigen und keinem Lehrer zugetheilt.»

aber darum nicht minder ernst zu nehmende Autorität der Kirche hinwegzusetzen, wie dies für Menken und Beck offenbar beinahe prinzipiell zu dem, was sie Gehorsam gegen die Bibel nannten, gehörte. Weist diese Haltung etwa darauf hin, daß hier das menschliche Subjekt wirklich willig ist, sich Alles sagen zu lassen, statt Alles selber zu sagen? Was soll das eigentlich, an seinem Schreibtisch vor der offenen Bibel die Kirchen- und Dogmengeschichte auf eigene Faust von vorn anfangen zu wollen? Und es weckt schließlich mehr als Verdacht, es wirkt aber auch klärend für die ganze Sachlage, |205| wenn man bei allen diesen Männern feststellen muß, daß sie trotz und mit ihrer Bibeltheologie, wieviel treffliche Einsichten wir ihnen auch in vielem Anderen zu verdanken haben, an der reformatorischen Lehre von der Rechtfertigung allein durch den Glauben jedenfalls weit vorübergeführt worden sind. Steht es um den Menschen im Verhältnis zu Gott so, wie es besonders von Menken und Beck angeblich in der Bibel entdeckt wurde, so nämlich, daß seine Rechtfertigung eine Mitteilung eigener Gerechtigkeit ist, dann wundert man sich nicht über die Sicherheit, mit der diese Männer an Hand derselben Bibel die Wahrheit Gottes in ein System von Erkenntnis meinten bringen zu können, ein Gegebenes in derselben Weise reproduzierend, wie dies die Naturwissenschaft tut, wie Beck ausdrücklich erklärt hat[57], oder eine Himmel und Erde umfassende Gottes- und Menschheitsgeschichte entwickelnd, wie dies Hofmann, der Schüler Rankes, in seinem Schriftbeweis meinte unternehmen zu können[58]. Dieses Wissen ist, obwohl es sich aus Tausenden von Bibelstellen herleitet, nicht aus dem Worte Gottes geschöpft, sondern genau so wie das der Nicht-Biblizisten das Wissen des nun auch noch der Bibel sich bemächtigenden

[57] Vgl. J. T. Beck, *Einleitung in das System der Christlichen Lehre oder Propädeutische Entwicklung der Christlichen Lehr-Wissenschaft. Ein Versuch*, Stuttgart 1838, S. 3f.: «Die Natur ist ein selbstständiges Lebensreich, *in* dem wir nur leben und schaffen, das wir nicht selbst aus unsrem eigenen Leib, obgleich Mikromosmos, ins Leben rufen und erschaffen; so ist auch die Wahrheit, die geistige Welt, ein selbstständiges Reich, das wir nicht aus unsrem eigenen Geist erst hervorspinnen und produciren, sondern das selbstständig sich uns offenbaren muss, aus dem wir dann erst Lebensstoff und Lebens-Elemente mit ihren Gesetzen in uns müssen aufnehmen, um wahre geistige Gebilde hervorzubringen. ... Ein wahres Seyn muss urkräftig sich uns darstellen, und mit seiner Bildungskraft in uns eingehen, ehe wir von innen heraus Etwas schaffen können.»

[58] J. Chr. K. von Hofmann, *Der Schriftbeweis. Ein theologischer Versuch*, 2 Hälften, Nördlingen 1852 bzw. 1853/55.

christlichen Subjektes. Das ist nicht etwa ein Vorwurf, den *ich* erhebe, sondern genau das ist die Meinung *Hofmanns* selber gewesen. Er sagt mit aller Klarheit: «... die wesentliche Erkenntnis einer Sache kommt nicht auf historischem Weg zustande. Es fragt sich nur, ob das Resultat der historischen Untersuchung im Einklang steht mit dem auf systematischem Wege gewonnenen».[v] Dieser nachträglichen Erhärtung gilt der Schriftbeweis. Er beweist, was der Christ auch sonst weiß. «Freie Wissenschaft ist die Theologie nur dann, wenn eben das, was den Christen zum Christen macht, sein in ihm selbständiges Verhältnis zu Gott, in wissenschaftlicher Selbsterkenntnis und Selbstaussage den Theologen zum Theologen macht, wenn ich der Christ mir dem Theologen eigenster Stoff meiner Wissenschaft bin. [...] Freilich bin ich, was ich als |206| Christ bin, nur in der Gemeinde, nur infolge kirchlicher Tätigkeit ... Aber nicht nur ist es doch immer der gegenwärtige Christus, dessen Selbstbetätigung sich hiezu der Gemeinde und ihrer Tätigkeit bediente, sondern es hat auch jenes Verhältnis zu Gott, nachdem ich seiner teilhaftig geworden, ein selbständiges Dasein in mir begonnen, welches nicht von der Kirche abhängt, noch von der Schrift, auf die sich die Kirche beruft, auch nicht von jener[60] oder dieser die eigentliche und nächste Verbürgung seiner Wahrheit hat, sondern in sich selbst ruht und unmittelbare Wahrheit[61] ist, von dem ihm selbst einwohnenden Geiste Gottes getragen und verbürgt.»[w]

Schärfer hat auch Schleiermacher den Gedanken nicht ausgesprochen, daß das Christentum dem Theologen schlechterdings in seiner eigenen gläubigen Person zur Verfügung gestellt ist, daß, um auch noch *Beck* zu Worte kommen zu lassen, der Glaube ist: «die in den Menschen als geistiges Eigentum eingegangene, dynamisch ihm immanent gewordene Christliche Lehr-Substanz».[x] Ist dem so, dann ist jedenfalls auch der Biblizismus alles Andere als ein Sich-sagen-Lassen. Andere,

[v] Enzyklopädie[59] S. 26.
[w] Schriftbeweis I S. 10f.
[x] Einleitung [a.a.O.] § 8.

[59] J. Chr. K. von Hofmann, *Encyclopädie der Theologie*, hrsg. von H. J. Bestmann, Nördlingen 1879.
[60] Bei Hofmann: «an jener».
[61] Bei Hofmann: «unmittelbar gewisse Wahrheit».

sehr andere Voraussetzungen müßten dazu in Bezug auf den christlichen Menschen in Kraft stehen.

III.

Wir beschäftigen uns in einem letzten Abschnitt noch mit einigen Theologen, von denen man sagen muß, daß sie die Problematik der herrschenden Theologie wirklich gesehen und den Protest gegen ihren Weg wirklich erhoben haben, wenn es auch keinem von ihnen gegeben war, den unaufhaltsam rollenden Wagen – denn er ist auch in der zweiten Hälfte des Jahrhunderts unaufhaltsam weitergerollt – zum Stehen zu bringen.

Die beiden ersten, an die ich denke, sind zwei Zöllner und Sünder, und zwar zwei unbußfertige Zöllner und Sünder, die in den üblichen Darstellungen der Theologie nur unter Kopfschütteln und Abscheu genannt zu werden pflegen: Ludw. Feuerbach und |207| D. Fr. Strauß. Beider Beiträge zu unserem Problem stammen in der Tat nicht aus der Liebe, sondern aus dem Haß gegen Kirche und Theologie. Aber der liebe Gott braucht manchmal solche Assyrer und Babylonier, um Jerusalem zur Ordnung zu rufen, und wenn man für solche Möglichkeiten offen ist und rein auf die Sache sieht, wird man nicht leugnen können, daß die Beiträge dieser beiden, mag ihr Unrecht im Übrigen gewesen sein, welches es wolle, wichtige und wertvolle Beiträge gewesen sind.

Es hat *Feuerbach*[62] die Theologie von der *psychologischen* Seite aus angegriffen, indem er sie bei dem von De Wette ausdrücklich ausgegebenen Stichwort Anthropologie behaftete, die Religion nun wirklich und eindeutig vom Menschen aus zu erklären unternahm, ihren Gegenstand, ihren Gott, von dem die Theologen ja ohnehin nur noch piano und in sekundären Zusammenhängen redeten, aus aller scheinbaren Transzendenz eben dorthin verlegte, wo ihn auch die Theologen zuerst und zuletzt zu suchen und zu finden pflegten, nämlich in das menschliche Herz als an den Ort, wo er ursprünglich und wo er auch allein

---

[62] Den Paragraphen über Ludwig Feuerbach (wie auch den über Schleiermacher) aus der Vorlesung im Sommer 1926 hatte Barth in ZZ, Jg. 5 (1927) veröffentlicht. In den Gesammelten Vorträgen Th. u. K. 1928 erhielt dieser Elberfelder Vortrag seinen Platz zwischen den Abhandlungen über Schleiermacher und Feuerbach. Vgl. auch Barths erstes Referat über Feuerbach aus dem Jahre 1922 in: Vortr. u. kl. A. 1922–1925, S. 6–13.

Wahrheit sei und habe, alles über die Wirklichkeit der Religion Hinausgehende aber als Illusion, als Produkt der Sehnsüchte und Befürchtungen, des Idealismus und des Abscheus eben des menschlichen Herzens erklärte. Kein Gegenüber! Nichts, was zu uns kommt! Keine Frage, die wir uns nicht selbst stellen, und keine Antwort, die wir uns nicht selbst geben! Nichts, gar nichts, was wir uns erst brauchen sagen zu lassen! Alles, alles in uns selber! Hatten das die Theologen nicht soeben selber gesagt mit ihrem ganzen Gebaren der göttlichen Wahrheit gegenüber? Gewiß, so hatten sie es nicht gemeint. Es war und ist aber von dem Ansatz Schleiermachers *und* Wegscheiders *und* De Wettes *und* der Erweckungstheologen *und* der Hegelianer *und* der Biblizisten aus nicht möglich, aufzuzeigen, inwiefern es anders gemeint war, als der fatale Feuerbach es meinte. Feuerbach glaubte nicht an Gott, wie man sagt. Er hatte aber jedenfalls dafür Verständnis, daß der in die Gewalt des frommen Menschen geratene Gott seiner theologischen Zeitgenossen all der über-|208|menschlichen Prädikate, mit denen ihn jene immer noch verstehen wollten, um der Ehrlichkeit willen besser auch noch gleich entkleidet werde, der Mensch gleich ganz zu sich selbst komme und bei sich selbst bleibe. Die Frage war gestellt von einem Gottlosen, aber sie war gestellt, und eine einsichtige christliche Betrachtung des 19. Jahrhunderts sollte, statt sich entsetzt davor zu bekreuzigen, eines der wenigen ganz erfreulichen Ereignisse dieser Zeit darin sehen, daß gerade diese Frage so scharf gestellt worden ist.

Der Angriff von *D. Strauß* richtete sich gegen die *historische* Seite der Theologie und stellte die Frage ebenso scharf. Ebenso leicht wie zum «Gott in uns» meinten ja die Theologen den Weg zu dem «Gott in der Geschichte» suchen und finden zu können. Auch Strauß hat sie schließlich nur beim Wort genommen, eben bei ihrer Meinung, daß der Mensch mächtig genug sei, in der Geschichte Gott zu erkennen. Erkennt der Mensch mit dem Denken, das ihm als Mensch gegeben ist, das in der Geschichte Gegebene, so hat er ihnen entgegengehalten, dann erkennt er keineswegs Gott in der Geschichte. Er wird dann z. B. – es ging ja nur um das eine große Beispiel – die Evangelien mit ihren Wundern auf jeder Seite als eine zur Feststellung einer historischen Größe untaugliche Quelle erklären müssen, einen geschichtlichen Kern ihrer Berichte als mindestens fragwürdig erklären, den geschichtlichen Menschen Jesus als eine im Nebel dessen, was Geschichtswissenschaft nur Mythus nennen kann, jedenfalls unzugängliche Größe[63], die ganze Vorstellung endlich eines geschichtlichen Individuums, das zugleich eine absolute Größe sein soll, als eine geschichtswissenschaftlich unvollziehbare Vorstellung[64]. Das tönt schrecklich, aber Strauß hat doch nur ernst gemacht mit dem, was die Theologen vor ihm und nach ihm fortwährend auch zu tun vorgaben: er hat die Bibel als Geschichte behandelt statt als Wort Gottes und hat gezeigt, daß man dann Gottes, wirklich Gottes auch in der Bibel *nicht* habhaft werden könne. Die Frage war gestellt, und es war wiederum etwas vom Hoffnungsvollsten, daß auch diese Frage gestellt wurde, ob die Theologen nicht einsehen wollten, daß das, wor-|209|über sie verfügen zu können meinten, auch auf der objektiven Seite gerade nicht Gott, sondern ein Menschliches, allzu Menschliches[65] sei.

Kehren wir nun von den Assyrern und Babyloniern zurück zu denen von Jerusalem selber, so sollen zwei Namen wenigstens genannt sein, deren Träger, ohne sich im Ganzen allzuweit von der großen Straße zu entfernen, in einzelnen Punkten Wichtiges und Richtiges dem theologischen Zeitgeist entgegengehalten haben. Ich denke an den Marburger *Vilmar* mit seiner Erinnerung daran, daß die Kirche nicht nur und nicht in erster Linie eine Gemeinde der Gläubigen sei, sondern auch und in erster Linie ein Institut, dessen Träger nicht auf Grund ihrer frommen Subjektivität, sondern bevollmächtigt durch die Offenbarung, etwas zu

[63] D. Fr. Strauß, *Das Leben Jesu, kritisch bearbeitet*, Bd. I, Tübingen 1835 (reprografischer Nachdruck Darmstadt 1969), S. III–V: «Dem Verfasser des Werkes ... schien es Zeit zu sein, an die Stelle der veralteten supranaturalen und natürlichen Betrachtungsweise der Geschichte Jesu eine neue zu setzen. ... Der neue Standpunkt ... ist der mythische. ... keineswegs, dass die ganze Geschichte Jesu für mythisch ausgegeben werden soll, sondern nur Alles in ihr kritisch darauf angesehen, ob es nicht Mythisches an sich habe. ... es muss ... erst untersucht werden, ob und wie weit wir überhaupt in den Evangelien auf historischem Grund und Boden stehen.»

[64] A. a. O., Bd. II, Tübingen 1836, S. 734: «Wenn der Idee der Einheit von göttlicher und menschlicher Natur Realität zugeschrieben wird, heißt dieß soviel, daß sie einmal in einem Individuum, wie vorher und hernach nicht mehr, wirklich geworden sein müsse? Das ist ja gar nicht die Art, wie die Idee sich realisirt, in Ein Exemplar ihre ganze Fülle auszuschütten, und gegen alle andern zu geizen, sondern in einer Manchfaltigkeit von Exemplaren ... liebt sie ihren Reichthum auszubreiten.»

[65] Anspielung auf den Titel der Schrift von Fr. Nietzsche, *Menschliches, Allzumenschliches*, 1878.

sagen haben und daß man Christus nicht ohne diese seine lehrende Kirche haben kann.[66] Es interessiert vielleicht, daß das vorhin gegen die Biblizisten Eingewendete in der Hauptsache auch schon von Vilmar gegen sie vorgebracht worden ist.[67] Und ich denke an den Hallenser *Julius Müller*, der mit seiner berühmten Monographie über die Sünde[68] nachdrücklich auf den Punkt hingewiesen hat, wo der distanzlose Monismus der herrschenden Theologie undurchführbar wird oder aber sich kennzeichnet als der Versuch, auf seine eigenen Schultern zu steigen, um über sich hinauszuschauen. Wenn das aufhört, wenn der Mensch sich selbst als Sünder und Gott nicht mehr zusammenzudenken vermag – und daß dies nicht möglich sei, das war die Pointe von Müllers Nachweis –, dann, dann mag die Voraussetzung oder doch eine weitere Voraussetzung gegeben sein dazu, daß der Mensch sich von Gott etwas sagen lassen kann. Nicht umsonst ist der «Sündenmüller» einer der wenigen deutschen Theologen gewesen, von denen – Kierkegaard mit Respekt zu reden pflegte.[69]

Einer, der den Schaden Israels in umfassender Weise gesehen und wichtige Hinweise zu seiner Heilung gegeben hat, war endlich der

[66] A. Fr. Chr. Vilmar, *Die Theologie der Tatsachen wider die Theologie der Rhetorik* (1857³), neu gedruckt Berlin 1947, S. 85: «... man fängt an, zu den zwei notwendigen Seligkeitsmitteln, reine Lehre und Sakrament, ein drittes, diese beiden umschließendes ...: Die *Erhaltung* der reinen Lehre und des rechten Sakramentes, hinzuzufügen, mithin *Ordnungen*, eine *Anstalt*, anzuerkennen, durch welche jene Erhaltung in vollster Zuverlässigkeit gesichert wird.» Vgl. auch ders., *Dogmatik*, 2 Bde., hrsg. von K. W. Piderit, Gütersloh 1874, besonders die Kapitel IV A «Von der Kirche» (Bd. II, S. 181–214) und IV D «Vom geistlichen Amt» (Bd. II, S. 271–282).

[67] Vgl. A. Fr. Chr. Vilmar, *Die Theologie der Tatsachen* ..., S. 120f.: «Die ... Stellung der rhetorischen Theologie zum kirchlichen Bekenntnis gehört überhaupt zu den schlimmsten Schäden derselben. Das Bekenntnis gehört der Gemeinde, nicht der Theologie ... an, ist ein abschließendes Resultat des von der Kirche im ganzen Erlebten und Erfahrenen und hat seine erhaltende und stärkende Zeugniskraft in der Gemeinde nur durch seine Ganzheit und Ungebrochenheit ... Nun aber kann es die rhetorische Theologie nicht lassen, unaufhörlich an dem Bekenntnis zu bröckeln und zu balancieren, dasselbe somit in den Augen der noch Unerfahrenen zu einem Stückwerk und zu einem der freien Dispositionsbefugnis des theologischen Individuums anheimgestellten Komplex von beliebigen Lehrsätzen zu machen.»

[68] J. Müller, *Die christliche Lehre von der Sünde*, 2 Bde., Breslau 1838/1844.

[69] Vgl. S. Kierkegaard, *Die Tagebücher*, ausgewählt, neugeordnet und übersetzt von H. Gerdes, Bd. IV, Düsseldorf/Köln 1970, S. 95.101.122.124–126.

merkwürdig wenig beachtete *Isaak Aug. Dorner*. Ich übergehe Alles, worin auch er der Zeit seinen Tribut bezahlt |210| hat, wer tut das nicht? Ich glaube mich aber nicht zu irren, wenn ich sage, daß Dorner gerade in Sachen unseres Problems mit vollem Bewußtsein über seine Zeit hinausgesehen hat. Er wußte, daß der Glaube, dieser Lieblingsbegriff des Jahrhunderts, ein bloßer Vermittlungspunkt ist[y], nicht das Fundament, nicht die Begründung der Wahrheit, ein principium cognoscendi subjectivum, dem ein principium cognoscendi objectivum, nämlich die Bibel, aber nun nicht als Geschichte, sondern als authentisches Zeugnis von Christus, als Kanon wirklich gegenübersteht.[z] Er wußte um die Unabhängigkeit der christlichen Wahrheit von der Erfahrung, um ihre Begründung in sich selber, klassisch formuliert in der im Gegensatz nicht nur zu der ganzen Neuzeit, sondern auch zu gewissen Aussprüchen der Reformatoren keineswegs preiszugebenden Trinitätslehre. Er wußte um Gott in Christus und im heiligen Geist als dem einzigen principium essendi des Christentums.[72] Er hat gewarnt vor dem auf Luther sich berufenden Theologumen eines Glaubens, der allenfalls auch ein gegenstandsloser Glaube sein könnte, vor der «Apotheose der kirchlichen Menschheit», wie wir sie etwa bei Alex. Schweizer auf den Gipfel getrieben fanden, und vor der Verwechslung zwischen dem Fortwirken des erhöhten Herrn und einer bloßen (geschichtlichen!) Nachwirkung.[73] Und er wußte, auch an diesem Punkt über die Reformation zu-

[y] Ges. Schr. S. 32.[70]
[z] Gl. L.[71] I 157, 162.

[70] I. A. Dorner, *Die deutsche Theologie und ihre dogmatischen und ethischen Aufgaben in der Gegenwart* (1856), in: ders., *Gesammelte Schriften aus dem Gebiete der systematischen Theologie, Exegese und Geschichte*, Berlin 1883, S. 32: «Der sich selbst erkennende Glaube, dieses göttlich gewisse christliche Grundwissen, muß, sich selbst analysirend, sich als bloßen Vermittlungspunkt erkennen, durch welchen das Wissen und Lieben Gottes, worin er sich selbst offenbart, zum menschlichen Wissen wie von der eigenen Erlösung so von Gott und seiner Liebe wird.»
[71] I. A. Dorner, *System der Christlichen Glaubenslehre*, 2 Bde., Berlin 1879/1881.
[72] A. a. O., Bd. I, S. 157: «... der Glaube ist nur das subjective principium cognoscendi des Christenthums, während Gott in Christus und dem H. Geist das principium essendi des Christenthums bleibt.»
[73] I. A. Dorner, *Die deutsche Theologie ...*, a. a. O., S. 30 f.: «Das reformatorische Dringen auf das erlöste Selbstbewußtsein und die Gewißheit vom Heil kann

rückgreifend, daß die Theologie wieder ganz anders eschatologische Orientierung sich gefallen lassen müsse, wenn nicht alles vermeintliche Umkehren vom Subjekt zum Objekt schließlich doch ein Gehen an Ort sein wolle.[74] Die Zeit kommt vielleicht noch einmal, wo man sich wundern oder vielleicht auch nicht wundern wird, daß man Dorner über Ritschl so hat vergessen können.

Und nun sei ein Name noch genannt, der auf den Universitäten bis auf diesen Tag keinen, gar keinen Klang hat, nicht als Huldigung an den Genius loci von Elberfeld, sondern weil er |211| hieher gehört, weil er in dem Stück Theologiegeschichte, über das ich hier zu berichten hatte, letztlich doch den stärksten und besten Hoffnungsstrahl bedeutet: *Herm. Fr. Kohlbrügge.* Warum gehört er hieher? Darum, weil er, wie schlechthin keiner seiner berühmteren Zeitgenossen, etwas ganz Einfaches wußte und sagte, immer wieder und in aller Unerbittlichkeit sagte: daß Gottes Gnade, die den Christen zum Christen macht, freie, und zwar, und darauf kommt Alles an: frei *bleibende* Gnade ist, Gnade, aus der sich für den Christen kein, aber auch gar kein Anspruch, keine Sicherheit und kein Besitz ergibt, Gnade, die, wie man sich auch drehe und wende, in jeder Beziehung, als Rechtfertigung und als Heiligung,

einseitig gepflegt dahin ausschlagen, daß das religiöse Object aus dem Auge gelassen, als unerkennbar bezeichnet, damit aber auch in seiner selbstständigen Objectivität und Wirksamkeit ignorirt oder verkannt wird. ... so gründet sich aber wieder Vertrauen und Heilsgewißheit nicht auf die allmächtige Kraft Christi, der stark ist in unserer Schwachheit und reich in unserer Armuth, sondern auf die Gegenwart des durch die Gemeinde uns vermittelten Princips der Heiligkeit und Seligkeit in uns, was nur auf einem Umweg wieder den Selbsterlösungstheorien nahe kommt, die von der Reformation so ernstlich bekämpft sind, und principiell nur zu viele Verwandtschaft mit Apotheosen der kirchlichen Menschheit hat, welche (wenn auch vermittelt durch einen angeblichen Übertragungsakt der Majestätsrechte Christi an die Kirche) gleichfalls das *Fortwirken* des lebendigen erhöhten Herrn in eine bloße *Nachwirkung* desselben (nämlich in der seine Stelle vertretenden Kirche) verwandeln ...»

[74] A.a.O., S.16: «Eine einseitige Richtung auf die Diesseitigkeit oder Gegenwart zeigte sich schon in der Reformationszeit selbst, in der Art, wie die biblische *Eschatologie* verkümmert ward ...» S.19f.: «*Bengel* und seine Schule hat gleichsam ein neues Blatt des Schriftverständnisses aufgeschlagen und jener Diesseitigkeit des Glaubensprincips ... das prophetische Wort Gottes gegenüber gestellt. ... Wie wichtig war solches erstmalige durchgreifendere Eintreten der Eschatologie in die Entwicklung der deutschen Theologie!»

objektiv und subjektiv Gnade ist, Gnade *bleibt*.[75] Wo das begriffen ist, da ist die Lösung des Problems des Wortes, die von der herrschenden Theologie unserer Berichtsperiode versucht worden ist, in der Wurzel erledigt. Diese Lösung beruht auf der Voraussetzung, daß die Gnade, von der die Theologen jener Zeit schön zu reden wußten wie immer, allenfalls frei sei, aber jedenfalls nicht frei bleibe, sondern einen Anspruch, eine Sicherheit, einen Besitz des Christen, des sog. gläubigen Christen, begründe. Wenn sie darin recht hatten, wenn der Semipelagianismus recht hat, der im 18. Jahrhundert durch die doppelte geöffnete Pforte des Rationalismus und des Pietismus wieder in die protestantische Theologie eingezogen ist, um in Schleiermacher einen Triumph zu erleben, wie er ihn im Mittelalter kaum erlebt hat, dann war auch ihre Lösung des Problems des Wortes: daß der Christ ein Mensch sei, der Gott schon gehört habe und jederzeit wieder hören könne, einwandfrei. Das Problem des Wortes entscheidet sich am Problem der Gnade. Sollte Kohlbrügge recht gehabt haben mit seiner Voraussetzung, daß es keine Christlichkeit gibt als die Christlichkeit des verlorenen Sünders, der darum nie anders dastehen kann vor Gott denn als einer, der noch gar nichts gehört hat und auch gar nichts hören kann, dann könnte eine andere Lösungsmöglichkeit wenigstens sichtbar werden, die Möglichkeit, daß Gott sein Wort exklusiv selber und allein redet.

[75] H. Fr. Kohlbrügge, *Erläuternde und befestigende Fragen und Antworten zu dem Heidelberger Katechismus*, Elberfeld 1851.1922[8], S. 151: «Welches ist das dankbarste Geschöpf Gottes? Der Hund. Worin wird also deine Dankbarkeit bestehen? Darin, daß ich bei der Gnade bleibe, wie der Hund bei seinem Herrn, und mich immerdar zu dieser Gnade wende um Gnade, und also bei der Erlösung, mit welcher ich umsonst erlöset bin, bleibe und beharre.» S. 48: «Wozu dient die Lehre der ewigen freien Gnadenwahl? Sie belehrt uns, in welcher Stellung zu Gott wir uns befinden, auf daß wir: Erstlich uns auf Gnade und Ungnade in die Hände unseres souverainen Gottes werfen, mit der Bitte Bekehre Du mich, so werde ich bekehrt; Zweitens, auf daß wir alle Anmaßung der Eigengerechtigkeit ablegen; Drittens, auf daß wir einen gewissen und ewigen Trost haben in allem Kreuz, Trübsal, Verfolgung und Anfechtung.» S. 49f.: «Worauf hast du bei den tausenden von Einwürfen wider Gottes Vorherbestimmung unverrückt zu achten? Auf meine eigene Verdammungswürdigkeit, Unwürdigkeit und völlige Ohnmacht; auf die Souveränität und Freiheit des Gottes, der die Person nicht ansieht; und auf das Lammes Blut, welches die Sünde wegträgt eines Jeglichen ohne Unterschied, der Sünde hat und auf dieses Lamm nach dem Willen Gottes seine Sünde legt.»

GOTTES OFFENBARUNG NACH DER LEHRE DER CHRISTLICHEN KIRCHE
1927

Am 27. Mai 1927 schrieb Wilhelm Meier-Richartz namens der Akademischen Kurse der Stadt Düsseldorf[1] an K. Barth einen Brief. Darin heißt es: «Die gebildeten evangelischen Kreise der Stadt haben ... den dringenden Wunsch ausgesprochen, zu versuchen, Sie für eine Vorlesungsreihe im kommenden Wintersemester zu gewinnen.» Für den Fall einer Zusage wird Barth gebeten, «mehrere Themen freundlichst anzugeben, damit wir das für unsere Hörer am besten geeignete aussuchen können». Am 25. Juni war Barths Zusage in den Händen von Meier-Richartz, der seiner «außerordentlichen» Freude Ausdruck verleiht, das Thema der Vorlesung – offenbar unter mehreren von Barth vorgeschlagenen Themen – auswählt und sich ausnahmsweise mit dem Samstag als Vorlesungstag einverstanden erklärt. Für das Vorlesungsverzeichnis wird Barth um nähere Angaben zur Person und zum Thema gebeten. Am 9. November erinnert Meier-Richartz an den nahen Termin der ersten Vorlesung. Er teilt mit, daß sich etwa 80 Damen und Herren für die Vorlesung eingeschrieben haben – «es ist aber gewiß zu erwarten, daß es über 100 sein werden» –, und beschreibt den Boten, der Barth am Hauptbahnhof abholen wird.

Die Vorlesungen begannen am 12. November 1927 und endeten am 17. Dezember 1927. Die drei mittleren Vorlesungen fielen auf drei der vier Samstage zwischen jenen beiden freien Terminen.[2] Barth fuhr mit

[1] W. Meier-Richartz war Professor für Geschichte und stellvertretender Direktor der Akademischen Kurse. Laut Statuten von 1911/12 waren die «Akademischen Kurse» eine gemeinsame Veranstaltung der Stadt Düsseldorf und der Handelskammer. Die Verwaltung oblag einem Kuratorium, die Leitung einem Studiendirektor. Um 1922 sind diese Kurse mit der 1919 gegründeten Volkshochschule zusammengelegt worden, aber der Titel «Akademische Kurse» wurde beibehalten. Im Vorlesungsverzeichnis für das Wintersemester 1927/28 wird dazu erklärt, daß jeder, der 18 Jahre alt ist, an den Kursen teilnehmen kann. «Die Bezeichnung ‹akademisch› bedeutet nur, daß ohne Nebenabsichten die reine wissenschaftliche Erkenntnis vorgetragen und der Weg zum Erkennen der Wahrheit und zur eigenen Mitarbeit gezeigt werden soll». Von den 52 allgemeinbildenden Vorlesungen jenes Semesters waren 3 der Religionswissenschaft zugeordnet; neben Barth las ein katholischer Kirchenrechtler und ein Rabbiner.

[2] Die Differenz zwischen den im Vorlesungsverzeichnis angezeigten 6 und

*dem Zug von Münster nach Düsseldorf (127 Bahnkilometer) und spät
abends wieder zurück. Am 4. Vorlesungsabend muß Barth seine Hörer
aufgefordert haben, Fragen und Einwände schriftlich einzureichen. Im
Karl Barth-Archiv befinden sich drei Blätter mit solchen Fragen, alle
auf den 14.12. datiert. In Barths letzter Vorlesung ist jedoch nicht zu
entdecken, daß er jene Fragen vor Augen gehabt hat. Vielleicht hat er
sich erst in jener letzten Woche entschlossen, die Vorlesungsreihe mit einer Auslegung von 1. Kor. 13 zu beschließen. Ob er jenen Briefschrei-
bern schriftlich geantwortet hat? Wir wissen es nicht. Was vorliegt, ist
der Dankesbrief von Meier-Richartz vom 15.12.: «Da drängt es uns,
Ihnen unseren herzlichsten Dank auszusprechen für die große Anregung, die Sie unseren zahlreichen Hörern gegeben haben.» Zugleich
wird Barth eingeladen, vor oder nach der letzten Vorlesung vom 17.12.
mit einigen Herren zu Abend zu essen. Barth hat an den Rand des Briefes geschrieben: «Nein, nein!» Im Briefwechsel mit Thurneysen wird die
ganze Vortragsreihe nur einmal erwähnt mit der Bemerkung, daß
Barth die Vorträge nicht habe absagen können.[3] Die Thematik deckt
sich mit dem Stoff, den Barth im Wintersemester 1926/27 als ersten Teil
(Prolegomena) seiner dreisemestrigen Dogmatikvorlesung in Münster
vorgetragen hatte. Während der Zeit der Düsseldorfer Vorträge war der
Text jener Wintervorlesung gerade im Druck: als erster Band des auf
drei Bände angelegten Werkes «Die christliche Dogmatik im Entwurf».
(Die beiden anderen Vorlesungen wurden dann bekanntlich nicht veröffentlicht.) Der Düsseldorfer Vortragszyklus schließt sich – bei völlig
anderem Aufbau und ohne wörtliche Übernahmen – eng an die in diesem Buch entfalteten Gedanken an. Auf solche Berührungen weisen wir
häufig in Anmerkungen hin. Der Stil läßt die sonst bei Barth gewohnte
kunstvolle Ausgefeiltheit deutlich vermissen. Das deutet auf große Eile
hin, in der die Vorträge entstanden sein müssen.*

Das Manuskript besteht aus 74 Blättern im Format 28,3 × 21,9 cm.

---

den tatsächlich gehaltenen 5 Vorlesungen läßt sich aus der erhaltenen Korrespondenz nicht aufklären. Die Zeit war samstags 7 bis 8.30 abends, der Ort der
Studienraum III im Hause Friedrichsplatz 3/7, in welchem verschiedene der Er-
wachsenenbildung dienende Einrichtungen untergebracht waren. Die Informationen verdanken wir der freundlichen Auskunft von Frau Dr. E. Scheeben vom
Stadtarchiv Düsseldorf.
[3] Bw. Th. II, S. 523.

Die Vorträge I–III sind auf der Schreibmaschine⁴ getippt, wobei II (3 Seiten) und III (2 Seiten) in lateinische Handschrift übergehen. Die Seiten sind von S. 1 bis S. 48 durchlaufend paginiert. Der Vortrag IV umfaßt 13 handgeschriebene Seiten, und zwar sind 11 ¹/₂ Seiten in schwer lesbarer deutscher Schrift geschrieben. Hier kam dem Herausgeber eine nicht ganz vollständige, von Frau Nelly Barth 1971 angefertigte und von der Tochter, Frau Franziska Zellweger, weiter verbesserte Transkription zu Hilfe. Dank weiterer Unterstützung von H. Stoevesandt ist die Übertragung als sicher anzusehen. Vortrag V umfaßt 14 Seiten in lateinischer Handschrift, die kaum Leseschwierigkeiten bereiten. Auffällig ist, daß alles Handschriftliche mit Bleistift geschrieben ist. Barth pflegte damals zu Hause mit Tinte zu schreiben. Sind jene Teile der Vortragsreihe außer Hauses entstanden?⁵

Sehr ungleichmäßig sind die Manuskriptblätter mit Unterstreichungen ausgestattet. Ein Strich mit dem Bleistift ist rascher vollzogen als eine Unterstreichung auf der Schreibmaschine. Während auf den handgeschriebenen Blättern im Durchschnitt 13 Wörter pro Seite unterstrichen sind, sind es auf den getippten nur 2,5. (Der Bibeltext im Vortrag V ist bei dieser Zählung nicht berücksichtigt.) Hinzu kommen Unterstreichungen mit der Hand im Typoskript, die sich fast ganz auf S. 1 von I auf S. 1–6 von II beschränken. Sie mögen der letzten Vorbereitung auf die Vorlesung entstammen. Im Druck sind alle unterstrichenen Wörter kursiv gesetzt.

I.

Gottes Offenbarung – ist das ein Thema? Kann man davon reden, maßgebend reden, mit derselben Sachlichkeit, mit der andere Wissenschaften von ihren Gegenständen reden? Ist Theologie möglich als Wissenschaft von Gottes Offenbarung?⁶

⁴ Barth war erst seit Weihnachten 1926 Besitzer einer Schreibmaschine! (Bw. Th. II, S. 450).
⁵ Vielleicht gar, wie H. Stoevesandt vermutet, in der Eisenbahn jeweils auf der Fahrt nach Düsseldorf?
⁶ Der folgende Gedankengang berührt sich mit den Ausführungen Barths in § 5 der Christlichen Dogmatik. Dessen These lautet: «Der christliche Prediger wagt es, von Gott und vom Menschen in seiner Beziehung zu Gott zu reden. Dieses Wagnis ist unmöglich, es sei denn, der Prediger habe den Auftrag, davon

Es könnte zwei Gründe geben, diese Frage zu verneinen. Ich mache sofort darauf aufmerksam, daß der zweite ernsthafter ist als der erste.

Es könnte nämlich erstens so sein, daß Gottes Offenbarung in Wirklichkeit nichts Anderes wäre als die Selbstoffenbarung des *Menschen*, das Innewerden oder das Sich-Erschließen der tiefsten Wirklichkeit seines eigenen Lebens, des absoluten Gehaltes seiner Existenz, etwa dessen, was die alten Mystiker den Seelengrund nannten.[7] Es gibt ein solches Innewerden oder Sich-Erschließen. Lassen wir vorläufig dahingestellt, was es bedeuten möchte. Aber das ist sicher, daß sich *davon* als von *Gottes* Offenbarung nur in dichterischer Verklärung frommen Überschwangs, aber gerade nicht *maßgeblich*, nicht *sachlich* reden läßt. Der Begriff Gottes Offenbarung, angewendet auf *diesen* Vorgang, würde doch bedeuten, daß in solcher Selbstoffenbarung zugleich *mehr* offenbar werde als das Selbst des Menschen. Dieses Mehr aber läßt sich, wenn Gottes Offenbarung nichts Anderes wäre als die Selbstoffenbarung des Menschen, nur *behaupten* und *beteuern* mit der Autorität, die *derjenige* beansprucht und genießt, der solcher Selbstoffenbarung *teilhaftig* wird. Die Theologie als Wissenschaft von Gottes Offenbarung, ihre Maßgeblichkeit steht und fällt dann mit der Maßgeblichkeit der religiösen Persönlichkeit des einzelnen *Theologen*, der uns, solcher Selbstoffenbarung teilhaftig und vielleicht in der Lage, auch uns anderen wenigstens die Möglichkeit solcher Selbstoffenbarung aufzuzeigen, *versichern* würde, daß wir eben in ihr auch *Gottes* Offenbarung zu erkennen hätten. Ich würde meinen, daß damit gesagt ist, daß Gottes Offenbarung *kein* Thema, *kein* sachlicher Erörterung fähiger Gegenstand, daß Theologie als Wissenschaft von Gottes Offenbarung unmöglich ist.

Und es könnte zweitens so sein – und das ist die viel ernsthaftere Möglichkeit, die hier in Betracht zu ziehen ist –, daß Gottes Offenbarung, wie immer sie sich vollziehe, wie immer sie an uns Menschen her-

---

zu reden, daß Gott selber von sich selber gesprochen hat und noch spricht.» Chr. Dogm., S. 69.

[7] Vgl. den von Papst Johannes XXII. 1329 verurteilten Satz Eckharts: «Aliquid est in anima, quod est increatum et increabile; si tota anima esset talis, esset increata et increabilis, et hoc est intellectus» (DS 977) und folgenden Satz aus einer Predigt Eckharts: «Ware swer komen wil in gotes grunt, in sîn groestez, der mouz ê komen in sînen eigen grunt, in sîn minnestez, wan nieman mac got erkennen, er müeze ê sich selber erkennen» (Fr. Pfeiffer, *Deutsche Mystiker des vierzehnten Jahrhunderts*, Bd. II, Leipzig 1857, S. 155).

ankomme, so sehr *Gottes* Selbstoffenbarung wäre, daß wir Menschen, die wir nicht Gott sind, mit jedem Gedanken, mit dem wir sie zu denken versuchten, notwendig etwas Anderes dächten, mit jedem Wort, mit dem wir sie bezeichnen und beschreiben wollten, notwendig etwas Anderes bezeichneten und beschrieben. Es könnte doch so sein, daß Gott uns in seiner Offenbarung in keiner Weise gegenständlich würde und daß er damit alles maßgebliche Reden von ihr ausschließlich sich selber vorbehalten hätte. Es könnte so sein, daß Gott, indem er uns offenbar würde, so sehr der einzige Theologe wäre, daß alles Reden von ihm, alle menschliche Theologie belangloses Geschwätz, wenn nicht gar die Aufrichtung falscher Götter bedeutete. Gottes Offenbarung wäre dann darum kein Thema menschlicher Rede, weil sie von Haus aus nur ein Thema göttlicher Rede ist, und Theologie als Wissenschaft von Gottes Offenbarung wäre dann nicht wie vorhin vom Subjekt, sondern vom Objekt aus unmöglich.

Sollte nun von Gottes Offenbarung maßgeblich zu reden, sollte Theologie als Wissenschaft von Gottes Offenbarung möglich sein, dann müßte es sich mit Gottes Offenbarung anders verhalten, als bei diesen beiden Gründen, die gegen diese Möglichkeit sprechen könnten, vorausgesetzt ist. Weder dürfte es so sein, daß sie bloß die Selbstoffenbarung des Menschen wäre, als Gottes Offenbarung also bloß eine Hyperbel, eine bloße Versicherung des von ihr redenden Menschen. Noch dürfte es so sein, daß sie so sehr Gottes Selbstoffenbarung wäre, daß sie dem Bereich menschlichen Denkens und Redens entzogen, weil sie nur wirklich, aber nicht gegenständlich wirklich wäre. Es versteht sich nun aber gar nicht von selbst, daß die Voraussetzungen dieser beiden Gründe, die man gegen alle Möglichkeit eines sachlichen Redens von Gottes Offenbarung geltend machen könnte, hinfällig sind. Es fragt sich vielmehr sehr ernstlich, ob nicht die eine oder die andere (und wer weiß, ob dann nicht in irgend einer tieferen Verbindung sogar beide!) der genannten Voraussetzungen zu Recht bestehen, die daraus abzuleitenden Gründe gegen die Möglichkeit aller Theologie also Kraft haben.

Die erste dieser beiden Voraussetzungen ist das Geheimnis sozusagen der ganzen neueren protestantischen, aber weithin doch auch das der neueren katholischen Theologie.[8] Philosophisch auf den Cartesianismus

---

[8] In den Dogmatik-Prolegomena hat Barth dieses Urteil hinsichtlich der pro-

mit seinem Dogma, daß die Selbstgewißheit jeder anderen Gewißheit an
Würde vorangehe, religiös auf den Spiritualismus der Reformationszeit
mit seiner Lehre vom inneren Licht und auf diesem Umweg auf die mystische Theologie des Mittelalters zurückgehend[9], besteht jedenfalls das
Wesen der neueren protestantischen Theologie, wenn man dabei an ihre
in Schleiermacher zusammentreffenden und wieder von ihm ausgehenden Hauptrichtungen denkt, in der mehr oder weniger resolut vollzogenen Ineinssetzung der Offenbarung Gottes mit der Selbstoffenbarung
des Menschen oder in der Inanspruchnahme der Selbstoffenbarung des
Menschen als Offenbarung Gottes. Der eigentliche Gegenstand dieser
Theologie wird die Religion. Gott und seine Offenbarung kann nur
noch in sekundärem Sinn ihr Gegenstand sein. Daß Religion auf Offenbarung beruhe, das wird zu einer nicht mehr in sich selbst, sondern
eben nur noch mit der Gewißheit der Religion, d. h. des Menschen
selbst gewissen Wahrheit. Die Beteuerung, daß es um Gott gehe, kann
gut und gern auch unterbleiben, ohne daß die Substanz des Gegenstandes dieser Theologie die geringste Einbuße erlitte. Hat sie den Vorschlag
L. Feuerbachs, sie möchte sich statt Theologie doch lieber gleich ehrlich

testantischen Theologie illustriert mit Thesen von G. Wobbermin, L. Ihmels,
E. Troeltsch, R. Seeberg, H. Scholz, K. Heim, E. Schaeder, H. Lüdemann, W. Bruhn
und Fr. Brunstäd. Er resumiert: «Man kann offenbar alle diese Formeln, methodisch betrachtet, reduzieren auf den Gottesbeweis des Cartesius» (Chr. Dogm.,
S. 74–79, Zitat S. 78f.).

[9] Vgl. z. B. E. Troeltsch, *Protestantisches Christentum und Kirche in der Neuzeit*, in: *Die christliche Religion mit Einschluß der israelitisch-jüdischen Religion*,
I. Hälfte: *Geschichte der christlichen Religion* (*Die Kultur der Gegenwart*, hrsg.
von P. Hinneberg, Teil I, Abt. IV), Berlin/Leipzig 1906, S. 304f.: «Andererseits
aber ziehen sie [scil. die Täufer des 16. Jahrhunderts] auch wieder aus der Persön-
lichkeitsreligion Folgerungen, die über die Reformation hinaus auf die moderne
Welt weisen und, in der englischen Revolution neu auflodernd, in der Tat die
Grundzüge der modernen Welt haben schaffen helfen. Ihre Lehre vom inneren
Licht enthält die Keime des modernen religiösen Subjektivismus, einer psychologischen Erfahrungstheologie, die in den religiösen Überlieferungen nur Anre-
ger und Symbole und in allen Dogmen nur Erzeugnisse des eigentlich grundle-
genden Elements, des religiösen Gefühls, erkennt und daher Religion zunächst
nur an die Innerlichkeit persönlicher Überzeugung bindet unter Freigebung sehr
verschiedener Ausdrucksformen ... Wo man für das innere Licht den Schutz gegen schwärmerischen Enthusiasmus in der Zurückführung dieses Lichtes auf die
Wesensanlage des Menschen in Gewissen und Vernunft suchte, da war der
Übergang von selbst gegeben. Der rein innerlich und psychologisch gefaßte göttliche Geist geht leise über in die Vernunftanlage des menschlichen.»

Anthropologie nennen[10], überhören zu dürfen gemeint, so hat sie sich um so williger von sich aus umgetauft in «Religionswissenschaft»[11], zu deren Objekten dann wohl auch das Phänomen gehören mag, daß Einer meint, von Gottes Offenbarung reden zu sollen und zu können, ein Wagnis, das sie dann ihm, seiner persönlichen religiösen Autorität überlassen muß, für das sie als Wissenschaft die Verantwortung nimmermehr übernehmen kann. Sie ist Geschichtsschreibung und Psychologie der Selbstoffenbarung des Menschen. Sie kann in Fällen von glücklicher Personalunion von Gelehrsamkeit und Frömmigkeit, wie etwa im Falle Schleiermachers, ihre Darlegungen krönen mit der Versicherung, daß diese Selbstoffenbarung des Menschen gewiß, gewiß die Offenbarung *Gottes* sei. Sie kann aber etwas Maßgebliches in dieser Hinsicht von ihrem Ansatz aus unmöglich sagen. Wir müssen uns bewußt sein, daß wir uns gegen die höchst stattliche Tradition von mindestens zwei Jahrhunderten auflehnen, wenn wir die hier gemachte Voraussetzung als falsch und den aus ihr gezogenen Schluß als nichtig erklären.

Sehr viel gefährlicher ist nun aber der Einwand, der uns von der gerade entgegengesetzten Seite, nämlich nicht von einer mißlichen, aber schließlich nicht unüberwindlich mißlichen geistesgeschichtlichen Situation, sondern von der Sache selbst her bedroht. Ist es nicht durch Gottes Offenbarung selbst ausgeschlossen, daß man von ihr reden kann, ohne sofort mit dem ersten und dann auch mit jedem folgenden Wort zu irren? Das Wort Gottes – wenn es ein solches gibt – ist *Gottes* und keines Menschen Wort. Mag es, auf welchem Wege immer zu uns gekommen, zu uns gesprochen, von uns vernommen sein, ein ganz Anderes ist es doch, von dem Gehörten nun selber reden, das Gehörte wohl gar selber wiederholen zu wollen. Gottes Offenbarung muß doch wohl heißen: *Gott* redet. Theologie aber, wenn darunter das verstanden sein soll, was nun eben wir tun, heißt: *Menschen* reden davon, daß Gott redet. Woher sollen sie etwa das Wissen, den Mut und das Recht nehmen,

---

[10] L. Feuerbach, *Das Wesen der Religion* (1851), Leipzig o. J. [1908], S. 10: «Die Theologie ist Anthropologie, d. h. in dem Gegenstande der Religion, den wir griechisch Theos, deutsch Gott nennen, spricht sich nichts aus als das Wesen des Menschen.» Vgl. K. Barth, *Ludwig Feuerbach*, in: ZZ, Jg. 5 (1927), S. 11–33; Chr. Dogm., S. 123.
[11] Vgl. Barths Gegenüberstellung von Religionswissenschaft und Dogmatik: Chr. Dogm., S. 109–117, bes. S. 116. Vgl. auch unten S. 277–281.

ihr Subjekt an die Stelle dessen zu schieben, der hier selbst und allein reden will?[12] Gottes Offenbarung – Wort und Tat kann in Gott nicht geschieden sein – muß heißen: göttliches *Handeln*, Handeln des Schöpfers, des Richters, des Vaters. Wie soll Theologie von Menschen, bei denen Worte und Taten bekanntlich noch lange nicht dasselbe sind, hier vikarieren können? Wie sollten sie, selbst wenn sie des göttlichen Wortes mächtig wären, der göttlichen Tat fähig sein? Und sind sie ihrer nicht fähig, ist's dann nicht am Tage, daß sie auch des göttlichen Wortes nicht mächtig sind? Offenbarung muß heißen: Gott selbst und Gott allein den Menschen sich mitteilend. Wäre die Offenbarung nicht Gott selbst, was wäre sie dann Anderes als eine neue Verborgenheit Gottes in einem Zweiten, dem gegenüber wir neuer wirklicher Offenbarung so bedürftig wären wie zuvor? Und wäre sie nicht Gott allein, wäre sie dann nicht gerade insofern *nicht* Offenbarung, als sie eben nicht Gott allein, sondern daneben noch irgend etwas Anderes wäre. Theologie aber – was soll Theologie mehr sein als ein Tun gerade des Menschen selbst, des Menschen allein, des Menschen, der den Anspruch erhebt und der von der Erwartung umgeben ist, er stehe da (ein unmöglicher Anspruch, eine unmögliche Erwartung!), wo nur Einer stehen kann, aber gerade *kein* Mensch. Wie kommt ein Mensch dazu, von Gott zu reden als von einem Objekt, von ihm, der gerade in seiner Offenbarung sich ganz und gar als Subjekt bezeugt? Sollte nicht alle Theologie gerade als Wissenschaft von Gottes Offenbarung eine enorme, eine geradezu verwerfliche Vordringlichkeit sein, verwerflich darum, weil sie mit ihrem unmöglichen Unternehmen nur ein *Hindernis* der Offenbarung Gottes sein kann, eine Zerstreuung und Ablenkung der Aufmerksamkeit gegenüber der Wirklichkeit, an der gemessen ihre eifrigsten und bestgemeinten Bemühungen doch nur Unwirklichkeiten zu Tage fördern können? Ich appelliere zunächst an die Nicht-Theologen, aber dann wahrhaftig auch an die Theologen selbst, wenn ich frage, ob Theologie, das Unternehmen, von Gottes Offenbarung maßgeblich reden zu wollen, nicht manchmal vor uns allen dasteht wie eine einzige Ungeheuerlichkeit, um die man am liebsten nicht wüßte, deren man unsagbar

---

[12] So gliedert Barth in der Chr. Dogm. seine Ausführungen: Woher nehmen wir 1. das Wissen (S. 74), 2. den Mut (S. 80) und 3. das Recht (S. 83), von Gott zu reden?

müde ist? Diese Müdigkeit könnte aber die Stimme der *Wahrheit* sein, der Wahrheit, daß Gott seine *Offenbarung* nicht nur, sondern auch alles maßgebliche *Reden* von ihr sich selbst vorbehalten hat und daß darum alle Mühe, die wir uns geben können, zum vornherein verlorene Mühe ist. Und wäre es so, dann könnte ja am Ende jene vorhin angedeutete Entwicklung der neueren protestantischen Theologie, ihr katastrophaler Rückzug auf die Selbstoffenbarung des Menschen, ihre Auflösung in «Religionswissenschaft», ihre eingestandene Unfähigkeit, in Sachen der Offenbarung Gottes verantwortlich zeichnen zu können, *gerechtfertigt* sein. Sie würde, wenn sie ihre Haltung etwa so begründen wollte, freilich gut tun, das Reden von Gottes Offenbarung gleich noch ganz fallen zu lassen, den einzelnen Theologen auch nicht mit dem Verweis auf die Autorität seiner religiösen Persönlichkeit zu trösten, sondern ihm den Rat zu geben, der einst Schleiermachers letztes Wort gewesen ist, er möchte seine Selbstoffenbarung oder seine Religion statt in ohnmächtig und erst noch schädlich objektivierenden Worten doch lieber musizierend den Anderen kundgeben, wenn das denn durchaus sein muß.[13] Aber mit oder ohne Einsicht in diese Konsequenz: es könnte auch jener Rückzug der protestantischen Theologie in die Tiefen des menschlichen Innseits[14] Gehorsam sein gegen die Wahrheit, daß Gott selbst gar keine menschliche Theologie *will*. Wir nehmen viel auf uns, wenn wir auch dies als Wahrheit *nicht* anerkennen und menschliche Theologie als maßgebliches Reden von Gottes Offenbarung für geboten und damit für möglich erklären.

Zum Verständnis dieser Erklärung dürfte nun freilich Alles darauf ankommen, einzusehen, daß es sich in Wirklichkeit keineswegs darum

[13] Die entsprechenden Äußerungen Schleiermachers finden sich in den Reden *Über die Religion* (1799) und in dem Büchlein *Die Weihnachtsfeier* (1806), die Barth in seiner Göttinger Vorlesung besprochen hat (Th. Schl., S. 108–134, bes. S. 130–133, sowie S. 439 und 441; dort auch die Stellennachweise). Daß der Verweis auf die Musik Schleiermachers *letztes* Wort gewesen sei, bezieht sich nicht auf dessen Lebensalter, sondern auf den Gedankengang der Schrift *Die Weihnachtsfeier:* Die theologisierenden Reden der Männer müssen dem Singen und Musizieren der Frauen als dem sachgemäßeren weihnachtlichen Tun weichen. Vgl. auch K. Barth, *Die protestantische Theologie in 19. Jahrhundert. Ihre Vorgeschichte und ihre Geschichte*, Zollikon 1947, S. 406f.

[14] Vgl. P. Jaeger, *Innseits. Zur Verständigung über die Jenseitsfrage*, Tübingen 1917, und die Kontroverse zwischen Jaeger und Barth in: Vortr. u. kl. A. 1922–1925, S. 381–394.

handelt, etwas auf uns zu nehmen, sondern vielmehr darum, zu tragen, was tatsächlich schon auf uns liegt, nicht darum, zu überlegen und zu zeigen, wie es nun etwa doch und trotz Allem dazu kommen möchte, daß wir maßgeblich von Gott reden können und dürfen, sondern vielmehr darum, uns klar zu machen, daß wir unter der Notwendigkeit stehen, dies tatsächlich zu tun. Es liegt ja in der Natur der beiden besprochenen Gründe gegen die Möglichkeit wirklicher Theologie, und es liegt in dem Begriff wirklicher Theologie, d. h. einer Wissenschaft von Gottes Offenbarung selber: Ist sie möglich, dann kann sie das nur beweisen, dann kann sie den Beweis für die Unmöglichkeit jener Gegengründe nur erbringen durch ihre *Wirklichkeit*.[15]

Wie sollte es etwa zu beweisen sein, daß Gottes Offenbarung, von der ein Mensch redet, wirklich mehr sei als seine Selbstoffenbarung, wirklich Gottes Offenbarung? Wollten wir zweifeln an der Maßgeblichkeit seiner Rede – und wir haben zum vornherein und wer er auch sei, allen Anlaß, dies zu tun –, wer könnte uns diesen Zweifel etwa ausreden? Und wie sollte es etwa zu widerlegen sein, daß Gott es exklusiv sich selbst vorbehalten habe, maßgeblich von sich selbst zu reden? Wollten wir verzweifeln daran, daß dem Menschen in dieser Hinsicht irgend eine Möglichkeit gegeben sei, wer wollte uns aus dieser Verzweiflung irgendwie herausbeweisen? Beide Gründe sind darum unangreifbare Gründe, weil bei jedem Angriff dagegen, wie man ihn wohl versuchen könnte, bei jedem Versuch, ihre Unhaltbarkeit aufzuzeigen, dasjenige schon als bewiesen vorausgesetzt werden muß, was doch eben in Frage gestellt ist: die Möglichkeit, von Gottes Offenbarung zu reden. Ohne von ihr zu reden, ohne mindestens ihren Begriff als gegeben vorauszusetzen, könnte ja auch nicht bewiesen werden, daß es möglich sei, von ihr zu reden. Aller Scharfsinn, den wir etwa zum Erweis der Möglichkeit der Theologie aufbringen könnten, ist offenbar nutzlos, wenn wir es mit einem Gesprächspartner zu tun haben, der aus irgend einem Grund ihren Begriff als solchen in Frage stellt. Er müßte Theologie als Wirklichkeit kennen, dann erst könnte mit ihm über ihre Möglichkeit zu reden sein, und dann würde es darüber wohl nicht viel zu reden geben. Indem er uns von der Möglichkeit der Theologie reden hört, hört

---

[15] Vgl. Chr. Dogm., S. 109: «Die Wirklichkeit des Wortes Gottes beruht aber schlechterdings in sich selber» (aus dem Leitsatz zu § 6).

er uns ihre Wirklichkeit voraussetzen – anders kämen wir selbst nämlich auch nicht in die Lage, ihre Möglichkeit erweisen zu wollen –, ihre Wirklichkeit, die er eben nicht voraussetzt, mit der ihm aber auch der Begriff fehlt, und was soll ihm dann all unser Scharfsinn helfen? Er wäre offenbar nur damit zu widerlegen, daß seine Zweifel am Subjekt oder seine Verzweiflung am Objekt oder beide miteinander niedergeschlagen – ich sage absichtlich nicht behoben, sondern niedergeschlagen wären damit, daß wirkliche Theologie auf den Plan träte, so daß auch er sie sähe – daß wirklich von Gottes Offenbarung geredet würde, wirklich nicht von der Selbstoffenbarung [des Menschen] und wirklich nicht (was ja die viel gefährlichere Möglichkeit bedeutet!) im Widerspruch zu Gottes eigenem Willen, so daß auch er einfach hören müßte. Er stünde dann vor der Sache, müßte sich dazu bequemen, einen Begriff dafür zu finden, und dürfte über die von ihm bestrittene Möglichkeit verhältnismäßig leicht zu beruhigen sein. Seine Voraussetzung oder seine Voraussetzungen wären dann eben tatsächlich dadurch aufgehoben, daß tatsächlich durchaus nicht alles Reden der Menschen von Gottes Offenbarung bloß ein Reden von der Selbstoffenbarung des Menschen wäre und Gott durchaus nicht alles Reden von seiner Offenbarung exklusiv sich selbst vorbehalten hätte. Aber diese Tatsächlichkeit müßte eben gegeben sein. Die gegen die Möglichkeit der Theologie sprechenden Gründe sind nur dadurch zu widerlegen, daß sie durch das Vorhandensein wirklicher Theologie widerlegt *sind*, daß das Maßgebliche über Gottes Offenbarung, was auch gegen die Möglichkeit solchen Sagens einzuwenden ist, tatsächlich *gesagt* wird.

Man kann grundsätzlich dieselbe Erwägung auch positiv anstellen und durchführen. Wie soll es anders bewiesen werden, daß man von Gottes Offenbarung reden kann und darf, als indem das eben einfach *geschieht*? Wer von Gottes Offenbarung redet, der muß, wenn er weiß, was er tut, wissen, daß er einen solchen Anspruch erhebt und daß er von einer solchen Erwartung umgeben ist, daß ihre Berechtigung schlechterdings nur dadurch zu erweisen ist, daß sie eben *erfüllt* werden, daß sie berechtigt *sind*. Er muß es wagen oder er muß es sich gebieten lassen, es darauf ankommen zu lassen. Er muß wissen, daß er keine Wahl hat, über die er sich etwa rechtfertigen, die er etwa vor sich selbst oder vor Anderen begründen könnte. Würde er meinen, er sei auf irgend einem Weg dazu gekommen, von Gottes Offenbarung zu reden, meinen, er könne sein Tun nun rechtfertigen durch Beschreibung des Weges, den er gefunden habe und gegangen sei, dann wäre es wohl schon damit erwiesen, daß er nicht von Gottes Offenbarung redete oder mindestens daß er nicht wüßte, was er täte. Wer von Gottes Offenbarung redet, der sagt damit – er soll es aber ja nicht sagen, oder er soll es nur damit sagen, daß er zeigt, daß es so ist, wie er dann nicht erst zu sagen braucht – also, der sagt damit, ohne es zu sagen: Nicht ich bin zu Gott gekommen (und darum habe ich auch keine Legitimation vorzuweisen für das, was ich tue, darum muß ich es darauf ankommen lassen, daß es sich selber legitimiere), nicht *ich* bin zu *Gott* gekommen, sondern *Gott* ist zu *mir* gekommen, ohne daß ich zu ihm gekommen bin (also auch ohne daß ich nun etwa nachträglich doch so etwas wie eine Legitimation vorweisen könnte). Gott ist zu *mir* gekommen. Damit ist der Wahn vorbei (es ist nun wirklich nur noch ein Wahn), als ob ich von ihm etwa ebensogut schweigen könnte. *Gott* ist zu mir gekommen. Damit ist der Wahn vorbei (auch das ist nun wirklich nur noch ein Wahn), als habe ich davon zu reden, wie ich zu mir selbst gekommen bin. Gott ist zu mir *gekommen*. Und damit ist auch der Wahn vorbei und nur noch ein Wahn, als ob von Gottes Offenbarung nur Gott selbst reden wolle. Indem *Gott* zu *mir gekommen* ist – und das sage ich, wenn ich von seiner Offenbarung rede, und weiß hoffentlich, daß ich damit das sage –, indem Gott zu mir gekommen ist, kann und darf ich von seiner Offenbarung darum reden, weil ich es *muß*, *ohne* Widerlegung der Gründe vom Subjekt und vom Objekt aus, die gegen diese Möglichkeit als solche zu erheben sind, vielmehr so, daß sie sich, ohne widerlegt zu sein, indem sie unwiderlegt vor mir stehen, als Wahn erwiesen haben, rein tatsächlich, also so, daß ich mein Können, Dürfen, Müssen durchaus nicht erweisen kann gegenüber dem Mißtrauen, ich rede doch nur von mir selbst, und gegenüber der Furcht, Gott wolle doch nur selber von sich selber reden, in rein tatsächlicher Niederschlagung dieses Mißtrauens und dieser Furcht, *ohne* eine andere Gewähr dafür, daß diese Gegengründe erledigt seien, als die eine: daß Gott zu mir gekommen ist und daß darum, weil und sofern Gott zu mir gekommen ist (also ja nicht, weil und sofern ich zu Gott gekommen bin), mein Reden von seiner Offenbarung nicht leer und nichtig sein wird. Theologie kann also ihre Möglichkeit auch positiv nur dadurch erweisen, daß sie als wirkliche Theologie, d. h. als Wissenschaft von Gottes

Offenbarung, als Gehorsam des Menschen, der darum, weil, und der davon redet, daß Gott zu ihm gekommen ist, daß sie als solche Wissenschaft tatsächlich *da* ist, *da* ist, was auch an unangreifbaren Gründen gegen ihre Möglichkeit zu bemerken sein mag. Sie kann für ihre Möglichkeit nur ihre Wirklichkeit sprechen lassen, nicht umgekehrt. Sooft und wo und wie immer sie es umgekehrt versucht, hört sie eben damit auf, wirkliche Theologie zu sein.

Das also ist gemeint, wenn wir dem ernsten und dem weniger ernsten Gegengrund gegenüber Theologie für geboten und damit für möglich erklären. Wir haben schlechterdings keinen anderen Grund für diese Erklärung anzugeben als den Verweis darauf, daß Theologie eine Wirklichkeit ist.[16]

Aber mit dieser Feststellung stehen wir nun offenbar erst am Fuß des Berges, der eigentlichen Schwierigkeit gegenüber, der Schwierigkeit, die nicht durch Worte, sondern ihrem Wesen nach nur durch *Ereignisse* überwunden, und zwar nicht ein für allemal, sondern nur durch immer neue Ereignisse immer aufs neue überwunden werden kann. Über die Wirklichkeit der Theologie, die wir vorhin als den alleinigen Grund ihrer Möglichkeit bezeichnet haben, können wir offenbar nicht verfügen, wir können sie nicht beschaffen, wir können nicht mit dem Finger zeigen: da und da ist sie, bitte überzeugt euch davon. Wirklichkeit kann sich nur selber als solche zeigen. Es steht nicht so, daß die Theologie in dieser Hinsicht etwa anders dran wäre als andere Wissenschaften. Auch die letzte Wirklichkeit etwa der Medizin als der Wissenschaft vom gesunden und kranken Menschen muß für sich selber reden in *Ereignissen*, über die die medizinische Wissenschaft keine Macht hat, sondern auf die sie sich nur in Ehrfurcht und Dienstbereitschaft, die vielleicht von der Haltung wirklicher theologischer Wissenschaft nicht so weit entfernt ist, wie es den Anschein haben möchte, *beziehen* kann. Also: Wird tatsächlich von Gottes Offenbarung geredet, so geredet, daß alle Einwände dagegen als Wahn verstummen müssen bei dem, der redet, und bei dem, der hört, ist es eben einfach wahr, daß *Gott* zu dem, der redet, und damit auch zu dem, der hört, *gekommen* ist, – ja, dann *ist* es

[16] Vgl. den in der Chr. Dogm., S. 27, Anm. a zitierten Grundsatz: «Ab esse ad posse valet consequentia».

eben so! Alle Versuche aber, diese Tatsächlichkeit selber meistern, er-
zwingen, auf den Plan führen, zeigen zu wollen, müßten und würden
die Einwände dagegen zu neuem Leben erwecken, könnten und würden letztlich nur das zeigen, daß der, der solches versuchte, solches zu
können meinte, weit davon entfernt ist, mit dieser Tatsächlichkeit etwas
zu tun zu haben. Wer Wirklichkeit meint vorführen zu können durch
seine große oder kleine Kunst, der ist als Theologe oder als Mediziner,
der ist auf jedem Gebiet ein Dilettant, und zwar wahrscheinlich ein
blutiger Dilettant, der kennt die Wirklichkeit nicht. Wer sie kennt in ihrer Majestät, der weiß dann auch, daß er ihr im besten Fall nur dienen
kann, daß sie ihm gegenüber frei, eben majestätisch frei ist, da zu sein
oder nicht da zu sein, gleich ehrwürdig, ob wir durch sie ins Recht oder
ins Unrecht gesetzt werden.

Es bleibt uns nur zweierlei übrig: *Einmal,* es einfach *darauf ankommen zu lassen,* von Gottes Offenbarung zu reden mit dem ausdrückli-
chen Bekenntnis, daß man auf keinem Weg dazu gekommen ist, das zu
tun, also ohne alle Sicherung und Gewähr dafür, daß man das könne,
dürfe und müsse, und natürlich auch ohne alle Garantie dafür, daß dem
Anspruch, den man damit erhebt, und der Erwartung, von der man
damit umgeben ist, Erfüllung beschieden sei, ohne die Meinung, die
Wirklichkeit der Theologie, das Ereignis, auf das sie sich bezieht wie jede Wissenschaft, meistern zu sollen und zu können, im Vertrauen nicht
auf die eigene Rede von Gottes Offenbarung, sondern schlechterdings
nur auf Gottes Offenbarung selber. *Sodann,* Auskunft darüber zu geben, nicht warum, aber in welchem *Sinn,* in welchem *Zusammenhang,*
an welchem *Ort* es geschieht, wenn man es in dieser Weise darauf ankommen läßt, wohin man sich redend, aber auch hörend stellt, indem
man das tut, welches die konkrete Frage ist, auf die man damit, wie es
bei jedem überlegten menschlichen Tun der Fall sein muß, konkret zu
antworten meint.

Das *Erste,* das Daraufankommenlassen selber geschieht meinerseits
z. B. dadurch, daß ich diese Vorlesungen über Gottes Offenbarung nun
eben halte, als ob ich es könnte, dürfte, müßte, ohne es in der Hand zu
haben, daß ich nicht mit einer Vaihingerschen Fiktion[17] arbeite, ohne

---

[17] Vgl. H. Vaihinger, *Die Philosophie das Als Ob. System der theoretischen,
praktischen und religiösen Fiktionen der Menschheit auf Grund eines idealistischen Positivismus,* Berlin 1911.1927[10]. Vgl. Chr. Dogm., S. 124, Anm. 49.

durch meine Kunst dafür sorgen zu können, daß das Programm zur Ausführung kommt, daß also wirklich von Gottes Offenbarung und nicht von etwas ganz anderem gesprochen wird, vielmehr wissend, daß dieses Programm sich nur selbst ausführen kann. Wobei wir uns ja darüber klar sein werden, daß wir schon heute, wo alles Gesagte und noch zu Sagende scheinbar nur Einleitung ist, in der Sache schon mitten drin stehen, also in vollem Begriff stehen, es darauf ankommen zu lassen. Zum *Zweiten*, zur Verständigung über die konkrete Frage, auf die z. B. mit dem, was wir hier tun, konkret geantwortet werden soll, über den Ort, an den wir uns damit begeben haben, soll nun noch Einiges gesagt werden.

Ich sagte, daß Theologie damit möglich werde, daß sie eben geboten ist, daß der Mensch, indem er es wagt, von Gottes Offenbarung zu reden, schließlich doch nur gehorsam ist, daß er nicht sowohl etwas Besonderes erst auf sich nimmt, als vielmehr etwas, was ihm schon auferlegt ist, nun eben trägt. Ich erläuterte das, was ich die Wirklichkeit der Theologie nannte, durch die Formel «Gott ist zu mir gekommen». Es ist offenbar nötig, daß wir uns darüber verständigen, was das alles konkret bedeuten möchte.

Was heißt insbesondere dieses entscheidende «Gott ist zu mir gekommen», in dem ich den Anlaß gegeben sehe, es darauf ankommen zu lassen und von Gottes Offenbarung zu reden, als ob ich das könnte, dürfte, müßte, als ob sich von selbst verstünde, was sich doch wirklich nicht von selbst versteht? Und nun entsetzen Sie sich nicht über die scheinbare Banalität dessen, was ich sage, wenn ich antworte: «Gott ist zu mir gekommen», das heißt z. B. für mich persönlich: Nachdem ich mich – ich weiß nicht, ob Gottes Vorsehung oder mein eigener Unverstand mehr Anteil daran hatten – als junger Mensch zum Studium der Theologie entschlossen, erwachte ich mit der Zwangsläufigkeit irdischen Geschehens eines Tages als reformierter Pfarrer und – etwas weniger zwangsläufig, aber ebenso rein tatsächlich eines anderen Morgens als preußischer Professor der Theologie. Damit und darin ist Gott z. B. zu mir gekommen mit dem Gebot, von seiner Offenbarung zu reden, mit der Aufforderung, es darauf ankommen zu lassen. So ist mir die konkrete Frage gestellt worden, auf die ich nun als Theologe ein Leben lang konkret zu antworten habe.[18] Und wenn es mir oft genug schwer

[18] Zu seinem eigenen Weg hat sich Barth geäußert in dem Vortrag *Not und*

fällt, das immer wieder zu tun, so gibt mir *das* Anlaß zu dem nötigen Vertrauen zu der Wirklichkeit der Theologie, daß ich mich daran erinnern kann, daß es mir an dem Ort im Leben, wo ich nun einmal zu meinem Vergnügen oder Mißvergnügen stehe, geboten ist zu tun, was ich tue. Und nun bin ich durchaus nicht der Meinung, daß dies nur mein etwas wunderlicher Spezialfall sei, dem gegenüber Andere, die an irgend einer Stelle in Kirche, Schule oder Haus auch in der Lage sind, von Gottes Offenbarung zu reden, sich auf eine schönere, tiefsinnigere Begründung ihres Tuns berufen könnten. Sondern ich bin durchaus der Meinung, daß mein Spezialfall in seiner ganzen Banalität vielmehr der Regel entspricht, daß man sich über den Ort und Zusammenhang, in dem man von Gottes Offenbarung redet, nicht anders ausweisen kann vor seinem eigenen Gewissen und vor dem Anderer, als indem man ihn versteht als einen Ort, der unter einem Gebot steht, wie das für den Pfarrer oder Religionslehrer oder Professor oder auch einfach für eine Mutter, die ihre Kinder lehrt, in banalster Tatsächlichkeit vorhanden ist.[19] An die Stelle der Vexierfrage: Ja, wie kommt man denn dazu, so Großes zu sagen? hat die andere Frage zu treten: Ist mir das Wagnis geboten oder nicht geboten?, an die Stelle der Frage: Wie mache ich's nur? die andere Frage: Will ich gehorchen oder nicht gehorchen? Dann habe ich Anlaß, zu der Wirklichkeit der Theologie das allerdings unentbehrliche Vertrauen zu haben. Sonst wahrlich nicht.

«Gott ist zu mir gekommen» kann für uns schlechterdings nicht heißen: Ich habe eine Inspiration empfangen, ich habe ein Erlebnis gemacht, ich habe Gott entdeckt in meinem inneren Leben. Damit würde ich ja doch wieder das Heillose tun, die Gewißheit Gottes zu begründen auf meine Selbstgewißheit. An diesen Ort mich stellend würde ich mir zwar einen außerordentlichen Nimbus geben und eine gewisse Autorität verschaffen, um so sicherer aber die Maßgeblichkeit meines Redens von Gottes Offenbarung selber in Frage stellen. Es würde Gott freilich nicht unmöglich sein, sich auch an diesem fatalen Ort zu mir zu bekennen. Es wäre also auch so nicht ausgeschlossen, daß ich tatsächlich von seiner Offenbarung redete. Es könnte ja sein, daß ich ein Pro-

Verheißung der christlichen Verkündigung (1922), in V.u.kl.A. 1922–1925, S. 70–73, und im Vorwort zur Chr. Dogm., S. 7–9.

[19] Vgl. Chr. Dogm., S. 34.

phet wäre. Ich würde aber – von dieser Möglichkeit abgesehen –, indem ich mich an diesen fatalen Ort stellte, meinerseits ungefähr Alles tun, um es unwahrscheinlich zu machen, daß ich tatsächlich von Gottes Offenbarung rede, ungefähr Alles tun, um Gottes Zorn herauszufordern. Als konkreten Lebensgehorsam würde ich es jedenfalls nicht ausgeben können, wenn ich mich an diesen Ort stelle, d. h. wenn ich mich auf das stütze und berufe, was ich mir, und wäre es in der noch so tiefen Tiefe meiner Seele, selbst gesagt habe. Wie soll ich dann von Gottes Offenbarung reden als einer, der wirklich einem Gebot gehorcht, der also, was er tut, nicht darum tut, weil er es gewählt hat, sondern weil es ihm auferlegt ist? Und wie soll ich dann das Vertrauen haben, daß die Wirklichkeit der Theologie für sich selber reden werde? Ist dann mein Vertrauen nicht letztlich schlechthin *Selbst*vertrauen, und sollte es geraten sein, in einer so großen Sache sich auf sich selber verlassen zu wollen? Kann und will ich mich wirklich auf Grund meines Selbstvertrauens auseinandersetzen mit der Möglichkeit, daß ich, von Offenbarung redend, in Wahrheit doch nur mich selbst produziere? Leiste ich diesem Verdacht nicht stärksten Vorschub, muß ich mich nicht selbst immer wieder mit diesem Verdacht verdächtigen, wenn ich meine Nötigung so begründe, das «Gott ist zu mir gekommen» so verstehe? Und wie mag ich mich erst auseinandersetzen mit der zweiten, gefährlicheren Möglichkeit, daß es gar nicht Gottes Wille sein könnte, seine Offenbarung mir und meinem Wort anzuvertrauen? Sollte ich etwa auch das aus mir selber zu wissen meinen? In meinem frommen Selbstvertrauen diesen Einwand niederzuschlagen und so Gottes mächtig zu sein meinen? Was wäre das für ein Gott, der so zu mir gekommen wäre, daß sein Wille nun siegreich aufgenommen wäre in meinen Willen? Nein, dieser Ort, der Ort, wo ich letztlich mit mir allein bin, ist aller Wahrscheinlichkeit nach (mehr kann man ja nicht sagen) *kein* Ort, wo man als Theologe stehen und mit Vertrauen von Gottes Offenbarung reden kann. Er ist es darum nicht, weil man an diesem Ort gerade das jedenfalls nicht tut, was die Voraussetzung dieses Vertrauens ist: man gehorcht ja gar nicht, indem man das große Wagnis wagt, oder man gehorcht doch nur sich selber. Man trägt nicht, was einem aufgetragen ist, sondern was man sich selber aufgeladen. Bei Gott ist kein Ding unmöglich [Lk. 1,37]. Es gibt Inspirationen, es gibt Erlebnisse, die dann vielleicht auch einen Auftrag bedeuten können. Es gibt ja eben Propheten. Aber es ist eine

Verlotterung sondergleichen, und es hat die Theologie um alle Glaubwürdigkeit gebracht, es beruht auf einer respektlosen Verkennung der besonderen Kategorie des Propheten und des besonderen Gesetzes, unter dem er steht, ebensowohl wie auf einer etwas lächerlichen Selbstverkennung, daß man den prophetischen Weg zur Theologie (die vocatio extraordinaria[20], deren Möglichkeit hier also durchaus nicht in Abrede gestellt werden soll) zur Heerstraße für Hinz und Kunz gemacht, jedem Theologiestudenten im 3. Semester und jedem Jüngferlein, das vor seiner Schulklasse steht, erlaubt hat, sich auf sein Erlebnis zu berufen. Wo wir vielmehr froh sein sollten, daß es für uns, die wir uns doch ruhig zu Hinz und Kunz bekennen wollen (vor Gott sind wir es ja ohnehin, auch wenn wir die größten religiösen Persönlichkeiten wären), die vocatio ordinaria gibt, eine regelmäßige Möglichkeit, zum Reden von Gottes Offenbarung berufen zu sein: als Pfarrer, als Religionslehrer, als Professoren, *nicht* die Inspiration, *nicht* das Erlebnis, sondern banal, aber glaubwürdig die *Kirche* als den Ort, wo man sich nicht hingestellt *hat*, sondern wo man unzweideutig hingestellt *ist*, wo Gott so zu uns kommt, daß es kein Selbstvertrauen dazu braucht, um sich zu seiner Offenbarung zu bekennen, sondern eben nur Gehorsam.

Sie verstehen nun wohl den Zusatz in dem Titel meiner Vorlesung: Gottes Offenbarung *nach der Lehre der christlichen Kirche*, von dem ich annehme, daß er gewiß manche von Ihnen auf den ersten Blick befremdet hat. Er bedeutet keinen überflüssigen Schnörkel, sondern er gehört durchaus zur Sache. Von Gottes Offenbarung kann man, wenn man kein Prophet ist, nicht unmittelbar reden, sondern, wenn man eben nur ein Professor ist, nur mittelbar, nur nach der Lehre der christlichen Kirche, nur weil es, da es eine christliche Kirche gibt, schlichter Lebensgehorsam sein kann, nun eben das zu tun. Nach der Lehre der christlichen Kirche heißt: wir stellen uns, indem wir von Gottes Offenbarung reden, dahin, wo wir, die wir keine Propheten sind, tatsächlich

---

[20] Vgl. SchmP 285f. (J. A. Quenstedt): «*Ordinaria* est vocatio, quae peragitur mediis a Deo constitutis, h. e. per externum et visibile verbi ministerium. *Extraordinaria* est, quando quis non per ordinarium verbi ministerium, sed per miracula, ecstases, aliaque media insolita ad evangelii lucem vocatur. ... Illa extraordinaria vocatio particularis et rarissima est, olim quidem in V[etere] T[estamento] et in principio Novi quandoque adhibita, hodie autem post evangelium in toto orbe praedicatum et ecclesiam per apostolos plantatam plane sublata est.»

stehen, unter ein Gebot, das, wie es auch mit uns selbst, mit unserer Eignung und Lust zu diesem Tun stehen möge, als Gebot vorhanden ist, uns vor die Entscheidung stellt, ob wir ihm gehorchen oder nicht gehorchen wollen. In diese durch das vorhandene Gebot veranlaßte Entscheidung gestellt, kann es sein, daß wir einfach anerkennen müssen, nicht mit Worten, sondern mit der Tat, daß die Last der Theologie auf uns liegt und daß wir es nun eben in dem besprochenen Sinn darauf ankommen lassen müssen. Es kann sein, sage ich.

Es kann darum sein, weil ja niemand bestreiten wird, daß die christliche Kirche, in deren Bereich wir alle leben, eine Tatsache ist, die in mannigfacher und auch in mannigfach abgestufter Weise an uns alle, die wir in ihrem Bereich leben, die Aufforderung richtet, von Gottes Offenbarung zu reden. Die Voraussetzung, daß die beiden Gründe, die dagegen zu sprechen scheinen, nichtig seien, tritt in der Tatsache der christlichen Kirche vollzogen an uns heran. Vorausgesetzt ist hier, daß davon keine Rede sein könne, daß Gottesoffenbarung dasselbe sei wie Selbstoffenbarung des Menschen. Vorausgesetzt ist hier vielmehr, daß Gott als der vom Menschen gar sehr unterschiedene Herr des Menschen zum Menschen gesprochen habe. Vorausgesetzt ist hier das ergangene und noch ergehende *Wort* Gottes, das kein religiöser Übermut zu einem Wort des Menschen, und wäre es noch so tiefsinnig, machen kann, das wir nicht finden, sondern von dem wir nur gefunden sein können. Und vorausgesetzt ist hier auch das Andere, daß dieses Wort Gottes Fleisch geworden [vgl. Joh. 1,14], also gerade nicht so bloß Gottes Wort geblieben ist, daß es unserem Denken und Reden entzogen wäre, daß es als Gegenstand menschlicher Rede doch nicht in Betracht kommen könnte. Vorausgesetzt ist hier, daß Gott, bevor er zu mir gekommen, *zu uns* gekommen ist, zu uns Menschen, wirklich er, aber wirklich gekommen, und daß nun unter uns von ihm geredet werden muß als von dem, wovon gar nicht genug geredet werden kann, weil vielleicht Alles, wovon wir sonst reden, ein Fragen ist, dessen Antwort in dem, was hier zu sagen ist, wenn wir von Gottes Offenbarung reden, beschlossen ist, ohne das aber als Frage ohne Antwort, in der Sinnlosigkeit, in der wir es ja gut genug kennen, stehen bleiben müßte. Alle diese Voraussetzungen bringt die christliche Kirche, wie wir uns auch dazu stellen mögen, jedenfalls an uns heran.|

Die Kirche kennt einen sogenannten *Kanon* heiliger Schrift, von dem sie Allen, die es hören wollen, sagt, daß, wie es auch mit allen übrigen Büchern der Welt stehen möge, hier in diesen Büchern jenes Wort Gottes als authentisch bezeugt, als in diesen Büchern für sich selber sprechend zu vernehmen sei. Will jemand Offenbarung Gottes auch außerhalb der Bibel finden, so ist das seine Sache. Die Kirche sagt, indem sie ihre Predigt auf die Bibel begründet, einfach positiv: hier auf alle Fälle ist Offenbarung Ereignis, nicht Selbstoffenbarung des Menschen, nicht unzugängliche Offenbarung, sondern Gottes Offenbarung, die als solche von Menschen verkündigt werden soll und kann. Die Kirche hat ein *Dogma*. Es ist unter uns Protestanten im Zusammenhang mit den besprochenen Verdunkelungen in der neueren Theologie problematisch geworden, was darunter begrifflich und sachlich zu verstehen sein möchte. Was z.B. die preußische evangelische Landeskirche unter Dogma versteht und was sie als solches in Anspruch nimmt, darüber kann man sich wohl den Kopf zerbrechen.[21] Aber auch sie läßt nicht ganz daran zweifeln, daß sie so etwas wie eine Richtschnur zu einem gemeinsamen kirchlichen Verständnis der Bibel als gegeben voraussetzt. Der Sinn des Vorhandenseins eines kirchlichen Bekenntnisses muß irgendwie der sein, daß man die Möglichkeit für gegeben hält, nicht nur überhaupt, sondern auch mehr oder weniger richtig, sachgemäß von der Offenbarung Gottes zu reden. Und die Kirche *predigt*. Es ist fraglich, ob sie weiß, was sie damit tut, und es ist mehr als fraglich, ob sie da[s] recht tut. Aber sie tut es, tut damit etwas ganz Bestimmtes, wie gut oder schlecht sie sich selbst damit verstehe und wie gut oder

[21] Die Präambel zur *Verfassung der evangelischen Kirche der altpreußischen Union* (1922) lautet: «Getreu dem Erbe der Väter steht die evangelische Landeskirche der älteren Provinzen Preußens auf dem in der Heiligen Schrift gegebenen Evangelium von Jesus Christus, dem Sohn des lebendigen Gottes, dem für uns Gekreuzigten und Auferstandenen, dem Herrn der Kirche, und erkennt die fortdauernde Geltung ihrer Bekenntnisse an: des Apostolischen und der anderen altkirchlichen, ferner der Augsburgischen Konfession, der Apologie, der Schmalkaldischen Artikel und des Kleinen und Großen Katechismus Luthers in den lutherischen Gemeinden, des Heidelberger Katechismus in den reformierten, sowie der sonstigen Bekenntnisse, wo solche in Kraft stehen. – Das in diesen Bekenntnissen bezeugte Evangelium ist die unantastbare Grundlage für die Lehre, Arbeit und Gemeinschaft der Kirche.» Zitiert nach K. Kupisch, *Quellen zur Geschichte des deutschen Protestantismus 1871–1945* (Quellensammlungen zur Kulturgeschichte, Bd. XI), Göttingen/Berlin/Frankfurt 1961, S. 146f. Vgl. Chr. Dogm., S. 496.

schlecht sie ihre Sache dabei mache. Sie nimmt damit nämlich das Wort der göttlichen Offenbarung, wie sie es in der heiligen Schrift bezeugt findet, auf, sie stellt sich selbst in seinen Dienst, sie begleitet mit ihrem Sprechen seinen Schritt aus der Vergangenheit in die Gegenwart, sie bezeugt damit, daß es an keine Zeit gebunden, daß es das ewige Wort, das Wort Gottes ist. Nur in Menschenworten kann sie das tun, auf die sehr aktuelle Gefahr hin, daß ihr Dienst ein Hindernis mehr als ein Dienst sei. Aber sie tut diesen Dienst. Sie bezeugt, indem sie ihn tut, daß er getan werden müsse, was auch der Erfolg, wie groß auch die Verantwortlichkeit sei, die damit den Menschen und der Sache selbst gegenüber übernommen wird.|

Mit dem allem bedeutet die Kirche fraglos das Gegebensein eines Anspruchs, der sich zunächst an alle in ihrem Bereich Lebenden richtet, konzentriert an die, die sich an irgend einer Stelle – und diese Stelle kann, wie schon angedeutet, auch die Kinderstube sein – direkt in ihrem Dienst befinden, für die das, was die Kirche als Ganzes in der Welt tut, in irgend einer Beziehung direkte persönliche Lebensaufgabe ist. Auf die Frage: inwiefern kann es für mich – immer vorausgesetzt, daß ich kein Prophet bin – die Notwendigkeit geben, von Gottes Offenbarung zu reden, gibt es keine andere Antwort als die: sofern ich ein Glied der christlichen Kirche bin. Hier begegnet mir das Gebot, das mich in dieser Hinsicht in Anspruch nimmt. Hier ist der Ort, wo es für mich etwas Anderes als Betätigung einer sogenannten inneren Notwendigkeit, wo es konkret Gehorsam sein kann, wenn ich das tue. Hier habe ich dann auch Anlaß zu einem Vertrauen, das jedenfalls nicht Selbstvertrauen ist, sondern Vertrauen auf die Wirklichkeit, deren Ernst ich damit, daß ich es im Gehorsam darauf ankommen lasse, schon anerkannt habe. Die Frage, ob ich es denn wagen darf zu tun, was die Kirche tut, ob ich denn zur Kirche in dem Sinn gehöre, daß ich ihren Zuruf, der mich reden heißt, als wirklich auch an mich gerichtet auffasse, diese Frage, die sich gewiß immer wieder erheben wird, auch wenn wir uns unserer Stelle in der Kirche und ihres an uns ergehenden Anspruchs bewußt sind, sie findet, um noch einen Augenblick auf der bisherigen Linie weiter zu denken, ihre Antwort im *Sakrament* der Kirche, speziell in der Taufe, deren Geschehensein uns sagen mag, daß es wahr ist: wir *sind* Glieder der Kirche, in der dieser Anspruch an die, die zu ihr gehören, ergeht, in der Offenbarung Gottes als Wirklichkeit vorausgesetzt ist und Rede von ihr als eine Möglichkeit, von der fort und fort Gebrauch gemacht wird und werden muß. Ich brauche bloß nicht dessen zu gedenken, wer ich bin, sondern auf wen ich von der Kirche getauft bin, ich brauche bloß diese meine Taufe wichtiger zu nehmen als meine Geburt, dann habe ich – meine konkrete Lebenslage muß darüber entscheiden, was das im einzelnen bedeuten mag – mit dem Befehl auch die Erlaubnis, es in jenem Vertrauen darauf ankommen zu lassen.[22]

Es kann sein, sagte ich, daß uns einfach damit, daß wir in der Kirche sind, die Theologie aufgelegt ist und von uns getragen sein will. Es ist nicht ohne weiteres so, müssen wir nun noch hinzufügen. Es kann sein, daß wir uns dem Anspruch, der durch die Tatsache der Kirche zweifellos gestellt ist, nicht entziehen können und es dann im Gehorsam darauf ankommen lassen. Im Gehorsam – dem als Gegenmöglichkeit jederzeit auch der Ungehorsam gegenübersteht. Im Gehorsam, der ja in dieser Sache so gar nicht selbstverständlich ist. Im Gehorsam, der in dieser Sache nie und nirgends ganze und endgültige Bereitschaft bedeuten kann – das Tun der Kirche im ganzen zeigt es gleichsam in Frakturschrift, wie wenig weit her es mit diesem Gehorsam fast zu allen Zeiten gewesen ist, wie leicht und schnell er immer wieder zum Ungehorsam wurde. Also im Gehorsam, der für den Einzelnen wie für die Kirche im ganzen in immer sich erneuernder Entscheidung geleistet werden muß. Man ist nicht in der Kirche, wie man in einem Verein ist, und man kann nicht tun, was die Kirche tut, wie man die Statuten eines Vereins befolgt. Sondern man ist so in der Kirche, wie man eben vor Gott ist, und man tut, was die Kirche tut, so wie man tut oder nicht tut, was vor Gott recht ist [vgl. Jak. 1, 20]. Der Anspruch, der uns durch die Kirche gestellt ist, kann überhört werden. Und wir können ihm, indem wir ihn hören, den Gehorsam verweigern. Ich brauche wohl die Gründe dazu nicht im einzelnen zu entwickeln. Es versteht sich wahrlich nicht von selbst, daß man entschlossen ist, seine Taufe wichtiger zu nehmen als seine Geburt, und das heißt dann, sich dem, was die Kirche tut, wirklich zur Verfügung zu stellen. Wer ist etwa dazu entschlossen? Wären wir es, das Vertrauen zu der Wirklichkeit der Theologie würde in einem anderen, ganz

---

[22] Vgl. dazu Chr. Dogm., S. 392–396 («Die Taufe als Erkenntnisgrund der Gnade»), sowie auch den Vortrag von 1923 Die Kirche und die Offenbarung (Vortr. u. kl. A. 1922–1925, S. 338–341.346–348).

anderen Reden von Gottes Offenbarung zum Vorschein kommen. In der Mattigkeit, in der tatsächlich von uns allen von dieser Sache geredet wird, zeigt sich die Schwäche unseres Vertrauens und in der Schwäche unseres Vertrauens die böse Lückenhaftigkeit unseres Gehorsams.

So wird die Frage nach der Möglichkeit der Theologie zu einer Frage, die sich letztlich an uns selber richtet. Wir sahen: es gibt keine Möglichkeit der Theologie als ihre Wirklichkeit, den Beweis des Geistes und der Kraft, wie der Apostel Paulus sagte [1. Kor. 2,4]. Diesen Beweis aber führen wir nicht selber, sondern er wird geführt, uns bleibt nur der Gehorsam, der die Theologie auf sich nimmt, der Gehorsam gegen den Anspruch, der damit, daß wir in der Kirche sind, einwandfrei an uns gestellt ist. Es hat keinen Wert, darüber zu seufzen, daß von der Wirklichkeit der Theologie, von jenem Beweis des Geistes und der Kraft so wenig unter uns wahrzunehmen sei. Wir sind die Kirche, die sich selber ernst oder eben weithin nicht ernst nimmt, sich selber treu oder eben untreu ist. Und zwar immer so, daß die sogenannten Laien im Großen und Ganzen die Theologen haben, die sie verdienen[23], so daß ein Abschieben der Schuld, wenn etwa von einer Schuld die Rede sein sollte, nicht in Frage kommen kann[24].

Es sollte über die Frage der Möglichkeit der Theologie heute das gesagt werden: Wir können sie nicht bejahen. Wir können sie nur als bejaht anerkennen. Daß dies geschehe, dafür sind wir verantwortlich. Denn sie *ist* bejaht, und zwar «nicht ferne einem jeglichen unter uns» [Act. 17,27].

II.

In der Frage, ob es möglich ist, von Gottes Offenbarung zu reden, entscheidet so oder so die *Wirklichkeit*. Möglich ist es dann, von Gottes Offenbarung zu reden, wenn es *geschieht*. Über diese Wirklichkeit gibt es freilich keine Verfügung. Sie verfügt *selber* über sich selber. Wir sind aber aufgefordert, es darauf *ankommen* zu lassen, und zwar sind wir *dadurch* aufgefordert, daß wir uns nicht im leeren Raum, sondern in

---

[23] Abwandlung des bekannten Wortes von Graf Joseph de Maistre: «Toute nation a le gouvernement qu'elle mérite» (Büchmann, S. 416).
[24] Mskr.: «... so daß von einem Abschieben der Schuld ...»; Korrektur vom Hrsg.

der christlichen *Kirche* befinden. Ob wir diesen unseren Ort in der christlichen Kirche wirklich *einnehmen* und damit in der Lage sind, jener Aufforderung Gehör und Gehorsam zu schenken, das ist die nunmehr an uns selbst gerichtete Frage, der gegenüber wir jeden Augenblick verantwortlich sind.

Steht es um die Theologie, um die Möglichkeit oder Unmöglichkeit des Redens von Gottes Offenbarung so, dann ist aber damit schon Entscheidendes über den Begriff der Offenbarung Gottes selbst gesagt.

Gehen wir zunächst davon aus, daß das Reden von Gottes Offenbarung, wenn es sich nicht selbst Lügen strafen will, zur Voraussetzung hat, daß wir konkret dazu *aufgefordert* sind, zur Voraussetzung hat eine vocatio ordinaria durch die *Kirche*, in der wir uns irgendwo in ganz bestimmter Weise befinden. Das ist die einzige Legitimation, auf die man sich als Theologe bei dem Wagnis der Theologie sich selbst und Anderen gegenüber schließlich berufen kann. Ist dem so, dann ist damit über Gottes Offenbarung selber jedenfalls das gesagt, daß sie eine *konkrete* Wahrheit ist. Geht mich die Offenbarung Gottes nur insofern an, so daß ich von ihr reden muß, als ich mich in einer solchen schlechthin faktischen Lage befinde – meine Taufe ist ja nicht weniger reines Faktum als meine Geburt –, dann muß das seinen Grund darin haben, daß Gottes Offenbarung selber diesen Charakter hat, daß sie die Wahrheit eines bestimmten *Ereignisses* ist, das ebenso zufällig gerade *dieses* Ereignis ist, wie ich mich zufällig nicht anderswo, sondern eben da und da in der christlichen Kirche befinde. Weil dieses Ereignis die Offenbarung Gottes ist, darum tritt es aus der Reihe der zufälligen Ereignisse freilich sofort heraus, darum eignet ihm höchste Notwendigkeit, ebenso wie auch alle Zufälligkeit des Ortes, wo die Offenbarung gerade mich angeht, sofort Notwendigkeit wird, sofern das wahr ist, daß es die Offenbarung Gottes ist, die mir daselbst begegnet. Aber die sich herausstellende Notwendigkeit ist und bleibt auf beiden Seiten insofern eine *zufällige* Notwendigkeit, als sie eben die eines schlechthin einmaligen und einzigartigen *Ereignisses* ist.[25] Wer Gottes Offenbarung in irgend einer Abstraktion zu finden meint, z.B. in der unerschöpflichen Vollkom-

---

[25] Zum Geschehenscharakter der Offenbarung Gottes vgl. Chr. Dogm., S. 390–392.

menheit oder auch in der ebenso unerschöpflichen Rätselhaftigkeit der Natur, in dem sittlichen *Gehalt* oder auch in der gänzlichen *Fragwürdigkeit* des sittlichen Gehaltes der menschlichen Geschichte, in der allgemeinen Tatsache des Gewissens, durch das ein verbindliches Gebot zu uns reden kann, oder in der dabei vorausgesetzten Tatsache, daß es ein solches verbindliches Gebot überhaupt gibt und daß es zu uns reden kann – wer Gottes Offenbarung in der Richtung solcher *Allgemeinwahrheiten* finden zu können meint, der müßte sich jedenfalls die Frage vorlegen, ob er damit nicht seinen konkreten Ort in der christlichen Kirche heimlich schon wieder verlassen habe, um auf eigene Faust nach Offenbarung zu schweifen. Das kann man ja tun. Aber man soll sich dann jedenfalls gestehen, daß man dann nicht mehr im Gehorsam von der Offenbarung redet, sondern nach eigenem, wenn auch vielleicht sehr kühnem, frommem und tiefsinnigem Gutdünken, und wird sich fragen müssen, wie man sich dann mit den Einwänden gegen die Möglichkeit aller Theologie auseinandersetzen will. *Unterläßt* man jenes freie Schweifen, redet man wirklich von dem konkreten Ort aus, wo man zum Reden aufgefordert ist, dann kommen alle jene Abstraktionen als Offenbarung Gottes jedenfalls nicht in Betracht. Einfach schon darum nicht, weil sie eben Abstraktionen sind, die wir selber geschaffen haben. Wir müssen sie schaffen; sie bezeichnen gewiß in ihrer Weise ebenfalls Wirklichkeiten, aber offenbar doch die Wirklichkeit von gewissen großen *Fragen*, die wir uns, als Menschen existierend, nun einmal stellen müssen und von denen aus uns dann unter Umständen die Bedeutung der Offenbarung als der uns gegebenen Antwort darauf einleuchten kann. Aber Frage und Antwort ist eben *zweierlei*. Gottes Offenbarung wird man diese Fragen dann nicht nennen, wenn man etwa neben ihnen und im Unterschied zu ihnen eine wirkliche *Antwort* kennt, wenn man den konkreten Ort, wo in Gottes Offenbarung wirkliche Antwort gegeben ist, nicht verlassen hat. Aus der Fläche von all dem, was der Mensch überhaupt und im Allgemeinen wissen kann, was immer und überall einzusehen ist als gültig und wertvoll oder auch problematisch – und das ist eben die Fläche, auf der sich jene Abstraktionen befinden –, aus dieser Fläche tritt hier plastisch (mit jener Plastik, die dem einzelnen, bestimmten Ereignis als solchem eigen ist) eine *besondere* Wahrheit hervor, eine Wahrheit, die freilich auch und sogar noch ganz anders auf Allgemeingültigkeit Anspruch erhebt, aber eben

Anspruch erhebt, also als allgemeingültig sich uns gegenüber *behaupten* und *durchsetzen* will, nicht von uns aus als solche aufgerichtet ist, und die gerade als diese *besondere* Wahrheit in ihrer ganzen *Konkretheit* allgemein gelten, also nicht zuvor sich etwa doch wieder auf eine Allgemeinwahrheit reduzieren lassen will – mit demselben Ernst, mit dem wir Menschen, denen sie so begegnet, bekanntlich durchaus nicht im Allgemeinen, sondern jeder als dieses und dieses ganz bestimmte einzelne und einzigartige Geschöpf existieren. Daß wir in unserem konkreten geschöpflichen Existieren ein ebenso konkretes, nun freilich gar nicht geschöpfliches Gegenüber bekommen, das ist das Ereignis der Offenbarung Gottes. Es geht also, das ist schon hier einzusehen, gerade nicht an, das Ereignishafte in der Offenbarung, das ja niemand, auch wenn er sich zu jenem Gehorsam noch nicht bequemt hat, ganz in Abrede stellen wird, etwa nur als *Ausdruck* oder *Symbol* einer allgemeinen Wahrheit zu verstehen, die gleichsam *hinter* diesem Ereignis stünde, die in diesem Ereignis bloß zur Erscheinung käme. Das würde ja heißen, daß wir an dem Ereignis als Ereignis doch wieder *vorbei* oder darüber *hinaus* schielen wollten in die Wolke der Abstraktionen, wo gewiß allerlei Großes und Ernsthaftes, aber sicher nicht Gottes Offenbarung zu finden ist. Das würde bedeuten, daß wir doch meinten, *hinter* dieses Ereignis als solches kommen, es von einem überlegenen Ort, d. h. aber von unserer Einsicht in jene allgemeine Wahrheit aus deuten zu können. Damit würden wir aber flagrant zeigen, daß wir das Ereignis selbst jedenfalls nicht als Gottes Offenbarung verstanden haben. Gottes Offenbarung wäre uns dann vielmehr das, was wir hinter und über dem Ereignis als Wahrheit zu erkennen meinten. Fänden wir sie in dem Ereignis selber, dann würden wir es wohl bleiben lassen, es als Symbol auffassen und deuten zu wollen. Als dieses und dieses ganz bestimmte Ereignis, nicht als das, was dies Ereignis – als wäre es bloß ein Transparent – von hinten durchleuchtet, nicht als das, was durch das Ereignis bloß bedeutet wird, sondern als dieses konkrete Ereignis selbst begegnet uns – immer vorausgesetzt, daß wir unseren eigenen konkreten Ort nicht verlassen – Gottes Offenbarung.

Aber damit ist nun nur ein Erstes, Grundsätzlichstes gesagt. Die konkrete Wirklichkeit, die uns, wenn wir unseren Ort in der Kirche nicht verlassen, sondern innehalten, begegnet, mit der Plastik eines Ereignisses begegnet, ist die Wirklichkeit einer *Berufung*. Alles, was das letzte Mal zur Näherbestimmung des Begriffs Kirche angeführt wurde: der Kanon heiliger Schrift, das Dogma, die Predigt, das Sakrament, das alles hat eine *Stimme* und *ruft*, ruft *uns;* es ist, wenn wir uns dort finden lassen, wo wir wirklich sind, unsere *vocatio*. Und wir können nun sofort noch etwas weitergehen. Ich sagte am Ende unseres letzten Abends: Wir sind dadurch, daß wir uns an unserer bestimmten Stelle in der christlichen Kirche befinden, verantwortlich gemacht, d. h. aber zu solchen gemacht, die Antwort geben sollen. Wir könnten auch sagen: wir sind zur Rede gestellt. Es handelt sich bei dem durch die Kirche an uns ergehenden Ruf nicht nur darum, zu hören, sondern sofort auch darum, Bescheid zu geben. Das Reden auf Grund – oder besser gesagt: das Reden in Verantwortung – des Gehörten, im grundsätzlichsten Sinn verstanden die Theologie, ist also durchaus nicht nur die Sache eines bestimmten Standes in der Kirche, sondern die Sache der ganzen Kirche, für die alle ihre Glieder irgendwie verantwortlich sind. Mit dem allem ist nun aber jedenfalls gesagt, daß das Ereignis, mit dem wir es in der Kirche zu tun haben, nicht ein Naturereignis ist, nicht ein stummer oder nur dumpf brausender Lebensstrom[26] und auch kein irrationales mysterium tremendum[27]. Sind wir weder zu schweigendem Dienst berufen[28], noch zum Musizieren oder Tanzen[29], sofern wir zur Kirche berufen sind (nur wenn man die Offenbarung Gottes verwechselt mit der Selbstoffenbarung des Menschen und wenn infolgedessen das Heidentum wieder Raum gewinnt in der Kirche, können solche Möglichkeiten in Betracht kommen!) – sind wir in der Kirche wirklich zur Rede gestellt, dann ist das, was uns da zur Rede stellt, eben die Offenbarung

---

[26] Vgl. Chr. Dogm., S. 389: «Gott in der metaphysischen Verlängerung unseres eigenen Lebensdranges, Gott als der Urgrund unseres eigenen élan vital ist auf keinen Fall Gott.» «Elan vital» ist ein zentraler Begriff bei H. Bergson, *L'évolution créatrice* (1907), Paris 1948[77].

[27] Vgl. R. Otto, *Das Heilige. Über das Irrationale in der Idee des Göttlichen und sein Verhältnis zum Rationalen*, Breslau 1917; München 1963[31–35], 4. Kap.: «Mysterium tremendum» (S. 13–37 in der 31.–35. Aufl.).

[28] Vgl. R. Otto, *Schweigender Dienst*, in: Die Christliche Welt, Jg. 34 (1920), Sp. 561–565; weitere Belege s. V. u. kl. A. 1922–1925, S. 31, Anm. 41, und S. 81, Anm. 35.

[29] Gottesdienstliche Tanzabende praktizierte J. Müller auf Schloß Elmau; s. darüber V. u. kl. A. 1922–1925, S. 82, Anm. 37.

Gottes, selbst Rede, *Wort*, Anspruch, Sprache von Vernunft zu Vernunft (wenngleich die göttliche Vernunft hier redet, die menschliche hier hört). Gehorsam kommt von *Hören*. Hören aber, jedenfalls das Hören, das zum Gehorsam führt, bezieht sich auf etwas, was zu uns *gesagt* ist. Die Offenbarung ist die Offenbarung des *Wortes* Gottes, des Wortes, das wir, indem wir es das Wort *Gottes* nennen, freilich als ein ganz anderes Wort bezeichnen als alle unsere Worte, des Wortes, von dem alle Menschenworte weiter entfernt sind als das Lallen eines Kindes von der Rede eines Erwachsenen, das aber nichtsdestoweniger Wort ist, nicht Pathos, nicht Eros, nicht Mythos, sondern Logos, d. h. mitgeteilte und vernommene Wahrheit. «Ich kann das Wort so hoch unmöglich schätzen, ich muß es anders übersetzen»[30]? Nun, Goethe in allen Ehren, aber hier kommt eine andere Übersetzung wirklich nicht in Betracht. Darin besteht das konkrete Ereignis, mit dem wir es in der Kirche zu tun haben, daß uns die *Wahrheit* gesagt wird und daß wir uns gegenüber der Wahrheit als Hörer der Wahrheit *verantworten* müssen. Gewiß, die *heilsame*, die tröstliche, die rettende Wahrheit, auch die *richtende* und strafende Wahrheit – die Wahrheit wird euch frei machen [Joh. 8,32] –, aber vor Allem eben die *Wahrheit*. Es ist gesorgt dafür, daß gerade die wirklich mitgeteilte und vernommene Wahrheit die von Goethe gewünschte *Tat* ist. Aber nur die *Wahrheit* ist die wirkliche Tat. Es ist wichtig, dies stark zu unterstreichen, weil die Kirche selbst, und zwar nicht etwa nur und gar nicht besonders die katholische Kirche, die fatale Tendenz hat, von der Einsicht, daß sie die Gemeinschaft des *Wortes*, und zwar des Wortes der Wahrheit ist, abzuleiten zu der Meinung, sie sei *irgend* eine Gemeinschaft, die ihren Zweck in sich selber habe, in der man, wenn man nur recht eifrig sei, nicht allzu genau zu fragen brauche, um was und für was denn da geeifert werde, in der es auf das, was man Liebe und Frieden nennt, mehr ankomme als auf die Wahrheit. Das ist der Weg, auf dem sich die Kirche in aller Stille verächtlich gemacht hat und nur verächtlich machen kann. Kirche ist nicht Gemeinschaft um jeden Preis, nicht Gemeinschaft irgend eines erbaulichen oder moralischen Betriebs, nach dessen Gehalt man dann nachher fragen könnte oder auch gar nicht zu fragen brauchte, sondern die Kirche ist die Kirche des Wortes, oder sie ist das sinnloseste und überflüs-

---

[30] J. W. von Goethe, *Faust I*, V. 1226f. (Studierzimmer) zu Joh. 1,1.

sigste Gebilde, das man sich denken kann. Sie zerstört ihr eigenes Fundament, wenn sie meint, die Wahrheitsfrage so nebenbei erledigen zu können, oder wenn sie sich wohl gar davor fürchtet, die Wahrheitsfrage überhaupt aufzurollen, weil das der Gemeinschaft gefährlich werden könnte. Diese Zerstörung muß aber darum eintreten, weil es in der Kirche *nicht* mehr um Gottes Offenbarung geht, wenn es nicht mehr um die Wahrheit geht, wenn es aufhört, daß das Ereignis, mit dem der Mensch es in der Kirche zu tun bekommt, darin besteht, daß er verantwortlich gemacht wird.

Aber nun steht es keineswegs so, daß dieses Wort der Wahrheit einfach für uns da wäre, indem wir in der *Kirche* sind. Die heilige Schrift, das Dogma, die Predigt, das Sakrament sind wohl da und in und mit ihnen das Wort Gottes. Aber das Wort Gottes ist lebendig [Hebr. 4,12], und wo es nicht lebendig wäre, da wäre es gar nicht das Wort Gottes. Wie viele sind in der Kirche, und wie oft und in wie mancher Hinsicht sind wir alle in der Kirche, ohne es zu sein, berufen und doch nicht berufen, drinnen und doch draußen. Das Wort Gottes steht eben nicht irgendwo, auch nicht in der Bibel, sondern es *geht.* Auch die Bibel ist nur so heilige Schrift, Gottes Wort, daß das Wort Gottes aus ihr *hervor*geht auf uns zu, auf uns *los*geht wie ein gewappneter Mann. Es gibt auch in dieser Beziehung keine Möglichkeit zu abstrahieren. Auch die Bibel ist nicht im Allgemeinen, sondern immer nur im höchst *Besonderen* Gottes Offenbarung, indem Gottes Offenbarung in ihr *geschieht*, nicht bloß geschehen ist, sondern, indem die Bibel die *einst* geschehene bezeugt, *heute* geschieht.[31] Eben darum haben wir die konkrete Wahrheit, mit der wir es in der Kirche zu tun bekommen, vorsorglich ein *Ereignis* genannt. Nur im Ereignis ist sie Gottes Offenbarung, nur indem sie geschieht. Sie ist es im Augenblick dieses Ereignisses, dieses Geschehens, nicht vorher und nicht nachher. Alles Reden von Gottes Offenbarung ist zum vornherein tot und unfruchtbar, wenn es sich nicht auf diesen *Augenblick* bezieht, wenn es etwas Anderes ist als Verantwortung des in diesem Augenblick zu uns Gesprochenen und Vernommenen. Insofern gibt es gerade keine sog. *objektive* Offenbarung, keine Offenba-

---

[31] Vgl. hierzu Chr. Dogm., Kap. 3: «Die heilige Schrift», S. 435–530, bes. S. 448f.

rung an sich, keine Offenbarung, die ein Ding wäre, von dem man reden könnte, wie man eben von Dingen reden könnte, und wenn dies noch so fromm und geistreich geschähe. Sachgemäß kann man von der Offenbarung nur reden, wie man eben von Einem redet oder dann wohl vielmehr zu Einem redet, der eben jetzt auf mich zu-, auf mich losgeht. Nur in diesem Gehen, also freilich in höchster Objektivität, aber eben in der Objektivität, die auf das Subjekt zukommt, nicht in einer ruhenden, sondern in einer handelnden Objektivität ist sie wirklich die Offenbarung Gottes. Das Wort ist selbst die Tat; wo es das nicht ist, da ist es jedenfalls nicht das Wort Gottes, sondern bestenfalls eine triste Erinnerung daran oder die leere Vorstellung, daß es etwas derartiges wie ein Wort Gottes geben möchte. Ist nun aber das Wort die Tat, nicht ein Wort, das irgendwo steht, sondern ein Wort, das kommt, um etwas auszurichten, dann folgt, daß es das Wort eines unserem Ich gegenübertretenden Du ist.|

Wir müssen jetzt das bisher Gesagte zusammenfassen: Ist das Wort Ereignis, gesprochenes und vernommenes Wort, und ist umgekehrt das Ereignis, von dem wir sprachen, Wort, Rede, Anspruch, können und wollen wir uns aus diesem geschlossenen Kreis nicht wieder hinausbegeben, so folgt, daß das Subjekt dieses Ereignisses, der Ursprung dieses Wortes, das zu uns gesagt ist, Person ist, wie wir selber Person sind. Nicht eine namenlose Urenergie – das wäre unverträglich mit dem Wortcharakter dieses Ereignisses. Aber ebensowenig die namenlose Wahrheit einer höchsten Idee – das wäre unverträglich mit dem Ereignischarakter dieses Wortes.[32] Sondern ein Du, eine Person. Erst wenn wir zu dieser Einsicht vorstoßen, nähern wir uns der unzweideutig gezogenen Grenze zwischen Gottes Offenbarung und der Selbstoffenbarung des Menschen. Alles, was uns ein noch so konkretes Ereignis, und Alles, was uns auch die tiefste oder höchste Wahrheit sagen könnte, könnte offenbar noch immer ein Reflex dessen sein, was wir uns im Grunde selber sagen. Könnte nicht das Ereignis allenfalls auch als Erlebnis gedeutet werden, und könnte nicht der Logos, die zur Vernunft redende Vernunft, vielleicht auch ein durchaus einsames Selbstgespräch unserer

---

[32] Vgl. die Kurzfassung der Gottesbegriffe bei Aristoteles αὐτό ἀκίνητον ὄν, ἐνεργείᾳ ὄν und bei Platon ἰδέα τοῦ ἀγαθοῦ, s. H. Kleinknecht, Art. θεός, in: ThWNT III, S. 73f.

eigenen Vernunft sein? Diese Möglichkeiten fallen dahin, wenn eingesehen ist: das Ereignis ist Wort und das Wort ist Ereignis, denn damit
ist gesagt – und damit ist die Grenze gegen alle Selbstoffenbarung gezogen –: wir haben es mit einem von unserem Ich verschiedenen Ich, wir
haben es mit einem Du zu tun. Eine Urenergie kann wirken, aber nicht
reden. Eine höchste Idee kann wahr sein, aber wiederum nicht reden. In
Gottes Offenbarung aber wird geredet. Und so, redend, begegnet sie
uns in der christlichen Kirche. Gottes Offenbarung ist das Werk des
persönlichen Gottes, des Gottes, der nicht Etwas ist, weder ein natürli-
ches noch ein geistiges Etwas, sondern Einer. Wiederum ist hier dringend zu warnen vor einer nur zu naheliegenden und gangbaren modernen Denk- und Redeweise: als ob etwa das nur eine menschliche Vorstellung, eine symbolische Einkleidung der Wahrheit, aber nicht die
Wahrheit selbst sei, daß Gott in seiner Offenbarung rede und vernommen werde als Du, so gewiß wir selber Ich sind. Die Wahrheit sei vielmehr doch hinter dieser Vorstellung, also doch in jener namenlosen
Urenergie oder in jener namenlosen höchsten Idee zu suchen, die von
uns Menschen begreiflicher-, aber irrtümlicherweise personifiziert werde. Dem ist nicht so. Oder daß dem so sei, kann eben wiederum nur behauptet werden, indem man die Bindung, in der wir faktisch stehen,
meint abschütteln, den Ort, wo allein glaubwürdig von Gottes Offenbarung geredet werden kann, meint verlassen zu können. Will man
nicht hören, nicht konkret hören, nicht hören, daß zu uns geredet ist,
dann wird man allerdings auch nicht hören, daß nicht Etwas, sondern
Einer zu uns redet, daß es mit dem Verantwortlichgemachtwerden und
mit dem Zurredegestelltsein genau in demselben Sinn ernst ist, wie
wenn uns dasselbe von einem anderen Menschen widerfahren würde.
Geschieht es mir, daß wirklich ein Wort wirklich auf mich losgeht,
dann ist nicht das eine bloße Vorstellung, daß ich es mit einer Persönlichkeit zu tun habe, sondern es wäre eine bloße Vorstellung, wenn ich
mir einbildete, es mit einer namenlosen Energie oder mit einer namen-
losen Idee zu tun zu haben.|

Zu personifizieren gibt es da allerdings gar nichts, aber noch viel weniger zu neutralisieren, sondern gerade dieses Neutralisieren wäre in
diesem Fall der große menschliche Irrtum, der mir da unterlaufen würde. Wir wissen allerdings sehr genau, warum wir uns der Erkenntnis der
Persönlichkeit Gottes so gerne entziehen würden. Mit dem Ernst des

Anspruchs der Offenbarung Gottes, mit dem Gehorsam gegen sie brauchte es dann nicht weit her zu sein. Über die Urenergie oder über die Urwahrheit ist der Mensch bei aller Ehrfurcht, mit der er vielleicht von ihr denken und reden mag, letztlich Meister, wie er einem Du gegenüber nicht einmal dann Meister ist, wenn es sich um ein zweijähriges Kind handeln sollte, geschweige denn, daß diesen anonymen Größen gegenüber Verantwortlichkeit und Gehorsam in Betracht kämen auch nur in dem Maß, wie wir sie etwa dem ersten besten menschlichen Vorgesetzten schuldig zu sein glauben. Daß wir einen Meister haben, dem gegenüber Gehorsam und Verantwortlichkeit am Platze sind, das hängt daran, daß wir nicht nur ein großes anonymes X, sondern ein Du über uns, nein, nicht über uns, sondern uns gegenüber haben. Es gibt keine wirkliche Grenze, die dem Menschen gezogen ist, es gibt nichts, mit dem er nicht fertig werden, das er sich nicht assimilieren, in ein Prädikat seines Ich verwandeln könnte, wie er Speise und Trank zu sich nimmt und aus einem Fremdkörper in sein eigenes Fleisch und Blut verwandelt – außer eben das Du, das andere Ich, mit dem wir bekanntlich in Liebe, Haß oder Gleichgültigkeit nie und nimmer fertig werden, sondern das uns immer wieder in seiner unaufhebbaren Fremdheit und Andersheit gegenübersteht. Gäbe es kein Du, wir würden nie daran glauben, daß es einen wirklichen Gegenstand gibt, d. h. ein Entgegenstehendes, das sich nicht umkehren und als Entgegenstehendes aufheben läßt. Aber wenn das unser höchst praktisches Lebensproblem ist, daß wir es einsehen sollten und doch nicht einsehen wollen, daß uns durch unseren Nächsten ein nicht aufzuhebender Gegenstand gesetzt ist, wenn wir uns heimlich und offen immer wieder damit beschäftigen, unseren Nächsten womöglich doch nur als ein Prädikat unseres Ich gelten zu lassen, d. h. ihn womöglich doch zu verschlucken, so ist eben das das Wesen der Offenbarung Gottes, daß uns hier ein Du entgegentritt als der Inbegriff aller Duheit, das aller Versuche, es aufzuheben, mit ihm fertig zu werden, zum vornherein und endgültig spottet. Diesem unerbittlich Gegenstand bleibenden Gegenstand in der Offenbarung möchten wir ausweichen, der unangenehmen Erinnerung, daß wir auch mit der Lösung unseres Lebensproblems auf dem Holzwege sind, und darum möchten wir lieber einen unpersönlichen als einen persönlichen Gott haben. Aber es wird uns nicht gelingen. Wir müßten uns dann schon klarmachen, daß wir im Grunde lieber überhaupt keinen Gott haben, sondern mit uns selbst und unserem Unternehmen, selber das große unaufhebbare Ich zu sein, allein gelassen sein möchten. Wir müßten schon wieder dahin fliehen, wo es nie und nimmer Offenbarung Gottes gibt, wenn wir uns der Einsicht erwehren wollten, daß wir es in der Offenbarung wahrhaft und wirklich nicht mit Etwas, sondern mit Einem zu tun haben.

Aber nun haben wir ja das Reden von Gottes Offenbarung als eine Möglichkeit bezeichnet, die schlechterdings nur damit gegeben sein kann, daß sie eben wirklich ist, daß solches Reden eben geschieht, ohne daß wir um eine Möglichkeit wüßten, eine Möglichkeit schaffen oder doch herbeischaffen könnten, um diese Wirklichkeit etwa zu erzwingen. Sie verfügt selber über sich selber. Mit anderen Worten: Unser Reden von Gottes Offenbarung ist ganz und gar abhängig von Gottes Offenbarung selber, von der wir ja nun schon wissen, daß sie eine göttliche Tat ist. In ihr selber ist es begründet, ob unser Reden von ihr Wahrheit ist oder Leeres-Stroh-Dreschen oder gar noch Schlimmeres. Es braucht schlechterdings das Geschehen dieser Tat selber, damit wirklich von Gottes Offenbarung geredet werde, und diese Tat ist nicht unsere Tat, sondern bei dem, was wir tun, können wir es nur darauf ankommen lassen, daß sie – nicht von uns – getan werde. Die christliche Kirche, in der wir leben, ist der Aufruf, es zu wagen, es darauf ankommen zu lassen. Aber Gott ist nicht an die Kirche, sondern die Kirche ist an Gott gebunden. Es hängt auch in der Kirche – und gerade in der Kirche weiß man, daß dem so und nicht anders ist – es hängt an Gottes Offenbarung selber, ob sie sich, indem sie nicht nur geschehen ist, sondern heute und hier geschieht, zu unserem Reden von ihr bekennen will oder ob unser schönstes und klügstes Reden von ihr gegenstandslos sein soll. Wir sind es ihr schuldig, von ihr zu reden. Aber sie ist es uns nicht schuldig, durch ihre Wirklichkeit unser Tun zu einem möglichen zu machen. Wir können ihr nur dienen. Daß sie uns diene, kommt nicht in Betracht. Und wir können uns, so wie die Dinge liegen, keinen Augenblick darüber verwundern, wenn es uns nicht gelingt, wenn unser Dienst als schlechterdings ungenügend nicht angenommen wird. Verwunderlich wäre und ist immer das Gegenteil. Wir werden ja nie in die Lage kommen, unseren Dienst etwa anders denn als schlechterdings ungenügend zu beurteilen [vgl. Lk. 17,10]. Sind wir nicht Lügner in allen unseren Worten, wenn wir uns an diesem Gegenstand versuchen [vgl. Röm. 3,4]? Wann wären wir etwa außerhalb des Verdachtes, daß wir im Grunde doch nur aus uns selbst und von uns selbst reden, daß wir uns etwas anmaßen, was Gott allein zustehen kann? Ist es nicht selbstverständlich, daß die Wirklichkeit, deren es hier bedürfte, nicht zur Stelle ist? Ist es nicht ein Wunder, wenn dies doch der Fall ist? Diese Sachlage entbindet uns nicht von der an uns ergehenden Aufforderung: Wir sind ja in der Kirche, und in der Kirche ergeht diese Aufforderung. Wir können nur gehorchen, wir können es nur darauf ankommen lassen. Und zugleich jedem Anspruch zum vornherein entsagen.|

Eben [diese Aufforderung] sagt uns nun aber, weit über alles bisher Gesagte hinausführend, das Entscheidende darüber, mit was, nein mit wem wir es zu tun haben, wenn wir von Gottes Offenbarung reden. Mit einem konkreten Ereignis, mit dem Wort der Wahrheit, mit einem Du – haben wir bis jetzt gesehen. Aber das alles genügt offenbar noch nicht. Warum und inwiefern *Gottes* Offenbarung? Wer ist Gott? Der ist Gott, sagen wir jetzt, der, mit dem wir so dran sind, wie wir es eben gehört haben: der, der uns in Anspruch nimmt, ohne daß wir dadurch einen Anspruch an ihn bekämen, der, dem wir offenbar gehören – denn so tritt er uns in seinem Anspruch entgegen, ohne daß es doch weniger als ein Wunder wäre, wenn wir nun auch sagen könnten, daß er uns gehöre, daß wir, indem wir ihm dienen – nicht *weil* wir ihm dienen, wahrlich nicht, und noch weniger, weil wir ihm etwa so trefflich dienten – aber indem wir ihm dienen –, einen gnädigen Gott haben. Der, der einfach frei ist, – keine Möglichkeit, um die man wissen, die man schaffen oder herbeischaffen könnte, sondern die Wirklichkeit, die zur Stelle ist nach ihrem eigenen Wohlgefallen – der, dieser ist Gott, d. h. aber: Gott ist der Herr. Mit diesem Einen ist Alles gesagt, was über Gott zu sagen ist.[33]|

Wir werden bei Allem, was wir von Gott weiter zu sagen haben werden, nur immer darauf zurückkommen können: der sich in der Offenbarung offenbart, ist der Herr. Darum und darin ist sie Gottes Offenbarung, weil und sofern uns in ihr der Herr offenbart wird. Wir denken

---

[33] Das Herr-Sein Gottes wird in der Chr. Dogm. in den verschiedensten Zusammenhängen immer wieder entfaltet; vgl. im Register S. 619 s. v. Gott, der Herr/Herrschaft; bes. aber S. 196–204.208.222–225.

daran, daß nicht nur das alte Testament für den Gott Israels, sondern auch das neue für Jesus Christus zuletzt und zuhöchst keinen besseren Namen zu finden wußte als eben diesen: Kyrios. Wem dieser Name zu leer sein, wer dies und das darin vermissen sollte, der frage sich doch, bevor er daran vorübergeht, ob nicht Alles, was zu sagen ist, vielmehr gerade in diesem Namen enthalten ist, der zugleich eben darum so naheliegend ist, weil wir nur den Mund zu öffnen brauchen zu dem Versuch, von Gott zu reden, um eben dessen gedenken zu müssen, daß er der Herr ist über diesem unserem Tun, daß es in seiner Hand liegt, ob gerade dieses unser Tun nichtig oder wichtig und richtig ist. Weil Gott der Herr ist, darum ist die Wahrheit seiner Offenbarung so ganz und gar konkrete Wahrheit, Wahrheit, die wir nicht als Symbol auffassen und als Symbol erst deuten können, sondern der gegenüber wir uns zu verantworten haben. Weil Gott der Herr ist, darum ist seine Offenbarung Logos, Wort, das nur im Gehorsam wirklich gehört werden kann. Weil Gott der Herr ist, darum ist er das uns entgegentretende Du, das keiner Aufhebung fähig ist, hinter das wir nicht kommen, das dem Expansionsdrang unseres Ich ein endgültiges Halt gebietet und das eben so der Inbegriff aller Duheit und damit die Antwort auf unser Lebensproblem ist. Weil Gott der Herr ist, darum ist er nicht nur ganz in sich selber begründet, sondern auch allein durch sich selber erkennbar. Daß *er* uns begegnet, ist das Ereignis, daß *er* mit uns redet, ist das Wort der Offenbarung. Es bleibt uns, indem wir die Möglichkeit der Theologie erwägen und auf diese Wirklichkeit stoßen, die da allein antworten kann, nur übrig, uns zu gestehen, daß wir auf Gnade und Ungnade in seiner Hand sind. Im Gedränge zwischen der Aufgabe, sein Wort zu reden, und [der] Unmöglichkeit, diese Aufgabe zu erfüllen, auf die Waage gelegt, auf der über das rechte Wollen und das rechte Vollbringen des Menschen allein entschieden wird, haben ihn schon die Propheten des alten Israel als *diesen* Gott erkannt. Wieder müßten wir dahin entlaufen wollen, wo die Theologie sich selber letztlich nur Lügen strafen kann, wenn wir es anders haben wollten. Wer Ohren hat zu hören, der hört – hört nicht nur etwas, nicht nur eine Stimme, nicht nur eine redende Stimme, sondern diese redende Stimme, die dann schließlich Alles in Allem auch nichts Anderes sagt als eben: Ich bin der Herr! [Ex. 20,2]. Wir werden noch auseinanderzulegen haben, was damit gesagt ist. Es ist doch wahrlich wohlgetan, zunächst einfach einmal dabei stehenzubleiben, daß er von sich selber, daß er also von seiner Herrschaft redet, daß er uns also sagt, daß wir zum vornherein und endgültig in seiner Hand sind.

Und nun sei für heute geschlossen mit einer letzten Erwägung über das Ereignis der Offenbarung als solches. Wenn dieses Ereignis keine Einbildung ist, sondern die Wirklichkeit, auf die wir stoßen, wenn wir unsere eigene Wirklichkeit in der christlichen Kirche ernst nehmen[34] und wenn dieses Ereignis darin besteht, daß Gott uns begegnet, mit uns redet, uns für sich in Anspruch nimmt, dann verhält es sich nicht so, daß wir zwischen diesem Ereignis und Gott noch unterscheiden, das Ereignis als bloßen Vordergrund von Gott und Gott als bloßen Hintergrund von dem Ereignis abstrahieren könnten. Sondern dann müssen wir dieses Ereignis selbst als Gott und Gott selbst als dieses Ereignis verstehen. Es muß dann zu sagen sein, daß die Offenbarung Gottes nicht weniger ist als Gott selber. Die christliche Kirche hat darauf von Anfang [an] mit Recht größtes Gewicht gelegt, die Offenbarung, in der sie sich begründet wußte, so und nicht anders zu verstehen. Also nicht als ein Ereignis, in welchem ein höchstes menschliches oder ein beinahe göttliches Wesen gleichsam an Stelle Gottes, Gott bloß bezeugend oder auf Gott bloß hinweisend, vor uns träte, sondern als das Ereignis, in dem schlechterdings Gott selber und Gott allein vor uns hintritt. Sie sagt, indem sie die Offenbarung so versteht, daß jenes Ereignis ultimativen Charakter hat, daß wir es nicht nötig haben, daß wir es uns aber auch nicht leisten können, über die Offenbarung selbst hinauszuschauen, als ob Gott selber erst jenseits der Offenbarung irgendwo thronte und von uns zu suchen wäre. Mit diesem Verständnis der Offenbarung als der vollen Gegenwart Gottes selber hat sich die christliche Kirche auch begrifflich abgegrenzt gegenüber allem Heidentum, das ja von Offenbarung, von Inspirationen und Manifestationen, sogar von Inkarnationen des Göttlichen genug weiß, für das es aber auf seinen höchsten wie auf seinen niedersten Stufen charakteristisch ist, nichts zu wissen von der wesentlichen Identität zwischen Gott und seiner Offenbarung. Und wo immer in der Kirche selbst diese Identität sich auflöst, Gott in

---

[34] Hier endet der auf der Schreibmaschine geschriebene Teil der Vorlesung. Der Schluß ist mit Bleistift geschrieben.

die Ferne rückt, die Offenbarung aber in einem Geschehen gesucht wird, das weniger ist als das Gottsein Gottes, da haben wir es wiederum mit dem Einströmen des dazu allezeit und überall nur zu bereiten Heidentums zu tun. Was sich dann immer darin zeigt, daß die Notwendigkeit der Verantwortung und des Gehorsams gegenüber der Offenbarung sich verdunkelt, das Verhältnis zwischen Gott und Mensch zu einem zweiseitigen wird, in dem der Mensch *auch* Ansprüche erheben kann, in dem also Gott nicht mehr unbedingter Herr, d. h. aber überhaupt nicht mehr wirklicher Herr und damit letztlich auch nicht mehr Gott, sondern ein Götze des Menschen ist.

Wir dürfen aber keinen Augenblick vergessen, daß wir Unerhörtestes sagen, wenn wir sagen, daß Gott ein Ereignis unseres Lebens ist und ein Ereignis unseres Lebens nicht weniger als Gott selber. Wir sagen damit, daß das Du des Herrn, das ewige Du, nicht nur der Inbegriff aller Duheit ist, sondern nun als solches auch ein Du neben anderen ist, ein Du, das ein Ereignis unseres Lebens werden kann wie irgend ein menschliches Du. Als der bloße Inbegriff aller Duheit – möchten wir ihn noch so tief verstehen als den Felsen der Gegenständlichkeit, an dem aller menschlichen Ichheit der Meister gezeigt wird –, als der bloße Inbegriff aller Duheit könnte Gott uns nicht begegnen. *Begegnet* er uns, dann begegnet er uns als *ein* Du, das in der *Reihe* all der anderen steht, denen sich unser Ich auf gleichem Fuße gegenübergestellt sieht, das dann aber aus der Reihe dieser anderen hervortritt, von jedem anderen Du sich unterscheidet als das ewige Du. Daß dem so ist, daß das kein Postulat und keine Konstruktion ist, sondern die Voraussetzung, ohne die wir weder von Offenbarung noch von Gott auch nur ein Wörtlein wüßten, das bekennt die christliche Kirche, wenn sie ihren Glauben bekennt an Jesus Christus, Gottes Sohn, unseren Herrn, an die Fleischwerdung des Wortes Gottes. Alles hängt hier daran, daß beachtet wird: unseren *Herrn*. Das ist auch und das ist gerade der Sohn, das Wort, der Christus Gottes. Nicht weniger als der Herr, nicht weniger als Gott also. Aber nun Gott in der Gestalt, daß er nicht nur Gott *ist*, sondern uns als Gott *begegnen* kann, Gott nicht nur in der ewigen Duheit, sondern in einem zeitlichen Du, das als solches sein an uns gerichtetes und uns treffendes *Wort* sein kann. Das ist die objektive Seite in dem Ereignis der Offenbarung: daß dem so ist, daß der Herr uns so nahe ist, wie uns eben ein *Mensch* nahe ist, daß zwischen ihm und uns etwas *geschehen* kann, obwohl er und gerade indem er der Herr ist. So sehr ist er der Herr, daß gerade dies die Wirklichkeit seiner Offenbarung ist.

Aber wenn wir wirklich sagen, daß ein Ereignis unseres Lebens Gott selber und Gott selber ein Ereignis unseres Lebens ist, dann sagen wir damit auch nach *der* Seite Unerhörtestes, wo wir selbst stehen. Wie soll und kann uns das geschehen, daß wir in Jesus Christus, in dem zeitlichen Du, das uns in der Reihe aller anderen gegenübersteht, als wäre es eines von ihnen, das ewige Du, den Herrn als solchen nun auch erkennen, so daß unsere Begegnung mit ihm nun wirklich die Begegnung mit *ihm* ist und nicht *irgend eine* Begegnung? Wie und inwiefern sind wir denn etwa offen und fähig für diese Begegnung? Muß nicht das Auge sonnenhaft sein, um die Sonne zu erblicken[35], und wäre nun nicht doch zu sagen, daß die Offenbarung wenigstens nach dieser subjektiven Seite nicht sowohl Gottes Tat als unsere eigene Tat sei? Noch einmal und auch hier: Nein – dann wäre es offenbar vorbei damit, daß die Offenbarung Gott der Herr selber ist. Denn wenn er es nicht *ganz* ist, dann ist er es *gar nicht*. Hier greift darum das Zeugnis der Bibel und das Dogma der Kirche ein mit der Lehre vom heiligen Geiste, der gleichen Wesens, gleich herrlich und anbetungswürdig wie der Vater und der Sohn[36], der allein mögliche Paraklet, d. h. Ermahner und Tröster ist, der uns – nicht wir uns selbst – in alle Wahrheit leitet [vgl. Joh. 16,13]. Unser Auge ist nicht und wird nicht sonnenhaft, aber daß Gott uns als die Blinden sehend macht, das ist das Wunder des heiligen Geistes, durch das uns die Offenbarung des Wortes offenbar wird, so daß es nun wirklich nicht nur zu uns gesprochen, sondern auch von uns vernommen ist als das lebendige Wort.

Daß die Offenbarung die Wirklichkeit ist, die selber über sich selber

---

[35] Vgl. J. W. von Goethe, *Zahme Xenien*, 3. Buch:
> Wär nicht das Auge sonnenhaft,
> Die Sonne könnt' es nie erblicken;
> Läg' nicht in uns des Gottes eigne Kraft,
> Wie könnt' uns Göttliches entzücken?
Zur Geschichte dieses Gedankens vgl. Büchmann, S. 221f.
[36] Freie Wiedergabe des *Symbolum Nicaeno-Constantinopolitanum*. Dort heißt es (BSLK 26) vom Sohn, er sei «mit dem Vater in einerlei Wesen» (consubstantialem patri), vom Geist (BSLK 27), daß er «mit dem Vater und Sohn zugleich angebetet und zugleich geehret wird» (qui cum patre et filio simul adoratur et glorificatur).

verfügt, daß sie *Gnade* ist, das gründet also darin und das bekennen wir damit: Sie ist die Offenbarung des dreimal Einen Gottes, des Vaters, des Sohnes und des heiligen Geistes.

III.

Wir haben Gottes Offenbarung nach der Lehre der christlichen Kirche verstanden als ein konkretes Ereignis, als ein zu uns gesprochenes Wort, als das Wort eines uns gegenübertretenden Du, als das Wort des Herrn, endlich und zuletzt als diesen Herrn, als Gott selber, der mit seinem Wort und mit dem Geist des Glaubens und Gehorsams, der das Wort vernimmt, einer und derselbe ist.

Aber was bedeutet das alles für uns, für den Menschen, der die Offenbarung vernimmt? In was besteht jenes Ereignis? Was sagt uns jenes Wort? Was heißt das: jenen Herrn haben? Wie sind wir nun dran, wenn es wirklich an dem ist, daß wir es in der Offenbarung mit Gott selbst zu tun bekommen? Man könnte die Frage auch so stellen: Was heißt das: an seinem Ort in der christlichen Kirche, als Glied der christlichen Kirche durch Gottes Offenbarung zur Rede gestellt sein? Wie sieht ein Mensch aus, zu dem die Bibel nicht als irgend ein Buch, sondern als heilige Schrift geredet hat?, ein Mensch, der der Verkündigung der christlichen Kirche nicht bloß zuhört, sondern der sie hört? Wie steht es dort, wo das Zeichen der Taufe bei uns allen hinzeigt? Unsere Taufe zeigt nämlich bei uns allen darauf hin, daß Gottes Offenbarung uns angeht. Inwiefern geht sie uns an? Darauf soll heute Antwort zu geben versucht werden.

Das Wort Offenbarung besagt doch wohl: Mitteilung einer Neuigkeit. Apokalypsis heißt Enthüllung eines bislang Verborgenen.[37] Was kann nun dieses uns bislang Verborgene sein, um dessen Enthüllung es sich dann in der Offenbarung handeln würde?

Es wird sicher, um an unseren vorangehenden Gedankengang nochmals anzuknüpfen, auch darin bestehen, daß wir, von der Offenbarung abgesehen, nicht wissen, was ein *konkretes Ereignis* ist, ein solches konkretes Ereignis nämlich, das wir nun wirklich als solches müßten geschehen sein und gelten lassen, ohne einen Allgemeinbegriff dafür zu

---

[37] Vgl. Chr. Dogm., S. 106f.

haben, also ohne etwas damit anfangen und ohne damit fertig werden, ohne dahinterkommen[38] und ohne es deuten zu können, ohne in der Lage zu sein, an ihm vorüber- und weitereilen zu können, und ohne in der Lage zu sein, ihm gegenüber unsere innere Sicherheit wirklich behaupten oder die schon verlorene wirklich wiederfinden zu können. Ehrlich gesagt, was ein solches konkretes Ereignis ist, das wissen wir alle nicht. Wir wissen alle nur von solchen Ereignissen, die wir gar nicht geschehen sein und gelten lassen, sondern über die wir alsbald Herr zu werden verstehen, die wir in irgend eine Ordnung bringen, mit denen wir – worauf es uns doch vor Allem ankommt – etwas anzufangen und mit denen wir fertig zu werden verstehen, an denen wir denn auch früher oder später vorbeikommen wie ein Eisenbahnzug an einer Station und denen gegenüber wir unsere innerste Ruhe – unsere Lebensruhe, könnte man sagen – wohl keinen Augenblick wirklich verloren haben. Der Mensch ist von Natur ein wahrer Meister in der Kunst, sich mit Allem «auseinanderzusetzen», d. h. doch wohl – wenn dies beliebte Wort einen Sinn hat –, sich davon loszumachen, wie man sich von einer anhängenden Klette befreit. Es müßte wohl schon Offenbarung sein – und das wäre eben Offenbarung, Enthüllung großer Neuigkeit –, wenn wir in einem konkreten Ereignis in unserem Leben ein Gegenüber bekämen, mit dem uns auseinanderzusetzen uns einmal alle Möglichkeit genommen wäre, weil es einfach da wäre und uns anschaute und dabliebe. Denken wir doch jetzt nicht zu schnell, dergleichen kennten wir wohl. Wir kennen vielleicht sehr Vieles, was dem sehr ähnlich sehen mag und was sich denn doch nach einiger Zeit als eines von jenen anderen Ereignissen, mit denen es so gefährlich nicht bestellt ist, also als falscher Alarm herausstellen dürfte. Aber wie dem auch sei: Sollten wir ein solches konkretes Ereignis kennen, das wäre zweifellos, gemessen an dem, was wir sonst kennen, etwas ganz Neues, das Offenbarung zu heißen wohl verdienen würde. Als etwas Derartiges wird aber Gottes Offenbarung beschrieben von denen, die etwas davon zu wissen meinten.

Das Verborgene, erst zu Enthüllende wird sodann sicher auch darin bestehen, daß wir – von der Offenbarung abgesehen – nicht wissen, was es um ein zu uns *gesprochenes Wort* ist, um ein Wort, das man sich ohne Widerrede gesagt sein lassen muß. Worte kennen wir freilich alle genug

---

[38] Mskr.: «ohne dahinter zu kommen»; Korrektur vom Hrsg.

und übergenug. Aber wer kennt denn ein Wort, von dem er nun einmal ganz sicher wüßte, daß es nicht ebensogut ein schöner, das Ohr ergreifender und das Herz erfreuender Ton sein könnte, nein, das er vernehmen müßte, wie man eben die mit keinem anderen Geräusch der Welt zu verwechselnde Stimme der Wahrheit vernimmt? Wer kennt denn ein Wort, auf das er nicht nach kurzem oder langem Besinnen eine kluge oder törichte Antwort wüßte, dem gegenüber er nicht jedenfalls vor Allem das Bedürfnis hätte zu antworten, zu antworten um jeden Preis, nur ja nichts schuldig zu bleiben, nur ja nicht als der dazustehen, der dazu nicht auch noch etwas zu bemerken hätte – nein, ein Wort, mit dem nun einmal wirklich alle Diskussion abgeschnitten, alle unsere Einwändlein und Argumentlein erwürgt wären wie junge Katzen, das als letztes Wort zu uns gekommen wäre, noch einmal als die Stimme der Wahrheit, und uns den gesprächigen Mund für einmal geschlossen hätte? Ein solches Wort kennen wir doch wohl kaum. Oder doch? Aber wir sollten auch da nicht zu rasch meinen, dergleichen sehr wohl zu kennen. Es müßte schon Offenbarung sein, und das wäre eben Offenbarung, das wäre Enthüllung großer Neuigkeit, wenn uns wirklich etwas gesagt sein sollte, mit dem es sich so verhielte. Verborgenes, uns allen sehr Verborgenes träte damit plötzlich auf den Plan. Und die von Gottes Offenbarung zu wissen meinten, sagten allerdings, daß es sich darum, um ein Wort ohne Widerwort[39] bei dieser Sache handle.

Weiter dürfte es nicht allzu schwer sein einzusehen, daß, was das eigentlich ist: *ein Du*, das uns gegenübertritt, anders als durch Offenbarung uns nimmermehr bekannt wird. Es wurde schon das letzte Mal gesagt zu diesem Punkt: wir alle triumphieren immer wieder und auf der ganzen Linie in der Kunst, das Du unseres Nächsten mit dem Rätsel, das er uns bietet, und mit dem Anspruch, den er an uns stellt, gleichsam aufzuarbeiten, ihn innerlich solange zurechtzumachen für unseren eigenen Gebrauch, bis wir faktisch doch wieder allein und ohne Nächsten sind. Man nennt das dann einander verstehen, miteinander auskommen, einander gelten lassen oder auch einander zu nehmen wissen. Wer kennt denn etwa die harte Gegenständlichkeit des uns begegnenden Du, so daß er davor Respekt haben müßte? Das sei doch auch bloß ein menschlicher Begriff, der doch unmöglich auf Gott angewendet werden könne,

---

[39] Zu der Wendung «Wort ohne Widerwort» vgl. oben S. 98.

hat mir jemand nach dem letzten Vortrag geschrieben. Genau das, was jetzt gemeint ist! Wir kennen die Wirklichkeit eines menschlichen Du gar nicht, wir kennen bestenfalls einen «menschlichen Begriff» davon, den auf Gott zu übertragen man dann in der Tat berechtigte Bedenken hat. Aber wenn es sich nun in der Offenbarung eben um die Offenbarung dieser uns so unbekannten oder eben nur als «menschlicher Begriff», d. h. als Gedankennebel bekannten Wirklichkeit handeln sollte, wenn uns da ein Nächster, Allernächster begegnen würde, der unseren Wunsch, allein gelassen zu werden, so gar nicht erfüllte, daß wir nicht einmal mehr Ich sein könnten außer in der Beziehung zu seinem gewaltig anwesenden Du? Wenn uns nun die Offenbarung das offenbarte, daß unser ganzer Umgang mit Menschen ein Selbstbetrug sondergleichen ist, weil Alles darauf hinausläuft, den Anderen hinwegzulügen, den Anderen, der sich nun einmal nicht hinweglügen läßt, weil er da ist, und zwar nicht nur, als wär's ein Stück von mir[40], sondern wirklich als er, der Andere, und so, daß ich selbst ohne ihn gar nicht sein könnte? Das wäre wohl unerhörte Neuigkeit, für deren Eröffnung das Wort Offenbarung nicht zu stark wäre. Und die der Offenbarung Gottes Kundigen sagen uns, um diese, gerade um diese Neuigkeit handle es sich jedenfalls auch in Gottes Offenbarung.

Und wie verborgen ist uns abgesehen von Gottes Offenbarung erst das Letzte: daß wir *einen Herrn haben!* Es fällt uns ja gewiß nicht schwer, zu anerkennen, daß allerhand Gewalten über uns sind, geistige Ideen oder natürliche Kräfte. Es möchte wohl auch leicht sein, im Allgemeinen zu anerkennen, daß es einen Gott gibt. Man kann sich ja so Verschiedenes darunter vorstellen, daß es immer nur verhältnismäßig Wenige sein werden, die sich gänzlich gegen diese Vorstellung sträuben. Aber daß es einen Herrn gibt, nein, daß wir einen Herrn haben?[41] Ei-

---

[40] Aus der 2. Strophe von L. Uhlands Lied «Ich hatt' einen Kameraden», Werke, Bd. I, hrsg. von H. Fröschle und W. Scheffler, München 1980, S. 148 f.:
Eine Kugel kam geflogen,
Gilt's mir oder gilt es dir?
Ihn hat es weggerissen,
Er liegt mir vor den Füßen,
Als wär's ein Stück von mir.
[41] Vgl. Chr. Dogm., S. 269: «An Übermenschen und Halbgötter, an Führer, Heroen und Persönlichkeiten, an Potenzen, Hypostasen und Ideen, an enorme Vergöttlichungen der Kreatur und Verendlichungen Gottes ‹glauben› – das hat der

nen solchen Gewaltigen über uns, mit dem wir nicht auf gleichem Fuß verkehren können? Der über uns verfügt und der uns in Anspruch nimmt, ohne daß wir in der Lage wären, das umzukehren: dem gegenüber nichts Anderes in Betracht käme, als wieder und immer wieder einzusehen, daß nichts uns gut ist, als uns auf Gedeih und Verderb in seine Hand zu legen, dünke sie uns hart oder lind, weil er der ist, der diese Macht über uns hat und dem dieser Anspruch auf unseren Gehorsam zusteht? Was wissen wir denn etwa davon? Wissen wir doch immer nur von solchen Gewalten, mit denen wir konkurrieren können, wie die Stoiker des Altertums mit dem scheinbar allgewaltigen Fatum schließlich und endlich eben doch trotzig konkurriert haben[42], Gewalten, denen wir uns mindestens entziehen wollen, weil wir mindestens zu solchem Wollen ihnen gegenüber noch Raum haben, Gewalten, denen wir mindestens in unseren Gedanken, die bekanntlich frei sind[43], einen Damm entgegensetzen können. Was wissen wir von einem Herrn, den wir mit unserem Herzen als solchen anerkennen müßten, dessen majestätische Herrenfreiheit wir geradezu denken und wollen müßten, der in Allem, wirklich in Allem zuerst da wäre, nämlich vor uns und unseren Anliegen, Interessen, Sentiments und Ressentiments? Wenn irgend etwas für uns alle, für den Menschen als solchen charakteristisch ist, so ist es die große Meisterlosigkeit, in der wir im Grunde leben. Leben wir aber im Grunde meisterlos, ohne Herrn, dann leben wir überhaupt so, dann haben wir überhaupt keinen Herrn, und wenn wir uns im Übrigen als unter noch so vielen Mächten und Gewalten stehend er-

Mensch freilich immer und überall gekonnt, finitum capax infiniti, die ganze Religionsgeschichte ist des Zeuge! Aber an Gott glauben? und in diesem Sinn, also ernsthaft Jesus den Herrn nennen?»

[42] Vgl. Chr. Dogm., S. 507: «Bloßer Naturgewalt gegenüber, und wäre sie die höchste, könnte er [scil. der Mensch] sich noch immer auf das trotzige ‹Si fractus illabatur orbis, impavidum ferient ruinae› des Stoizismus und Idealismus zurückziehen.» Den bekannten Vers des Horaz (Oden III,3,7) zitiert Barth in ähnlichem Zusammenhang auch in: Ethik I, S. 157. Es liegt nahe, daß Barth auch an unserer Stelle an diesen Vers gedacht hat. Von Horaz, der freilich nicht im eigentlichen Sinn der Stoa angehört, bemerkt Fr. Ueberweg (*Grundriß der Geschichte der Philosophie*, hrsg. von K. Praechter, Bd. I: *Die Philosophie des Altertums*, Berlin 1926[12], S. 588): «Aber auch dem kraftvolleren Lebensideal des *Stoizismus* steht er mit Verständnis und Sympathie gegenüber ...»

[43] Vgl. das Volkslied «Die Gedanken sind frei» (zuerst um 1800 in Süddeutschland, in der Schweiz und im Elsaß bekannt).

kennen würden und wenn wir nach den neuesten Entdeckungen oder Wiederentdeckungen unseren irdischen Lauf durch den Lauf der Planeten bestimmt wüßten.[44] Daß wir einen Herrn haben, das ist geradezu das Verborgenste des Verborgenen; Alles, was uns sonst verborgen zu sein scheint, dürfte sich wohl darauf zurückführen lassen, und Neuigkeit, große Neuigkeit wäre es, wenn uns etwa das bekannt werden sollte. Man dürfte dann wahrlich von Apokalypsis, von Enthüllung, von Offenbarung reden. Und noch einmal sagen uns die Zeugen der Offenbarung, oder sagen wir also: diejenigen, in denen die christliche Kirche treue Zeugen der Offenbarung zu erkennen meint, die Propheten und Apostel der Bibel: dies eben sei die große Neuigkeit der Offenbarung: sie decke uns auf, daß wir in jenem wirklichen, strengen, eigentlichen Sinn nicht nur Gewalten über uns, sondern einen Herrn haben.

Ist dem nun aber so, daß Offenbarung für uns wirklich Mitteilung einer Neuigkeit bedeutet, dann heißt das vor Allem: sie bedeutet die Feststellung, daß uns ihr Inhalt bisher *verborgen* war, fremd und unbekannt. Diese Feststellung ist nicht etwa selbstverständlich. Es braucht schon die Offenbarung dazu, nicht nur um uns jenen Inhalt mitzuteilen, sondern auch um uns klarzumachen, daß er uns bislang verborgen war. Wer würde denn das von sich aus zugeben, er wisse nicht, was ein konkretes Ereignis, was ein Wort ist, er sei noch nie einem Du begegnet, er kenne und habe keinen Meister? Und wenn wir das alles nun zusammenfassen in dem einen Worte «Gott», wer würde denn etwa zugeben, daß er theoretisch und praktisch nichts von Gott wisse, keinen Gott habe, ein Gottloser sei? Wer würde sich so etwas selber sagen oder von Anderen sagen lassen? Wir meinen doch alle, davon ausgehen zu können, daß uns Gott bekannt sei. Darin sind sich Fromme und Gottesleugner einig. Auch wer Gott meint leugnen zu können, scheint dabei

<hr />

[44] Vgl. Fr. Strunz, Art. «Astrologie» in: RGG², Bd. I, 1927, Sp. 597: In «dieser Welt der Sterne» leben auch «viele der Führenden unseres neuesten Schrifttums. Daß heute Sternenglaube und Sterndeutung auch als Weltanschauung in dilettantischen Kreisen der Theosophie, des Okkultismus und der Anthroposophie, in sog. ‹astrologischen Gesellschaften› gepflegt werden, sind Beweise dafür, daß dieser uralte Irrtum und Aberglaube immer noch als eine Art Erlösung der Natur durch den Einfluß der Sterne gilt, und daß immer noch tief im modernen Menschen eine leise Verzückung und der stille Wahn lebt, daß der Weise irgendwie an den Kräften des Himmels teil hat.»

vorauszusetzen, er kenne das, was, oder den, den er da leugnet. Gottesleugnung ist schließlich nur eine besondere Art von der Verfügung, die
der Mensch über Gott zu haben meint, vielleicht im Grunde nicht so
verschieden von der Art, in der Andere, die Gott nicht leugnen, indem
sie ihn so getrost behaupten, in positivem Sinn meinen, über ihn verfügen zu können. Aber wenn es nun so steht, wie wir vorhin gesehen haben, dann haben vielleicht die Gottesleugner und die Frommen miteinander Unrecht. Es ist doch keineswegs an dem, daß ich weiß, wen ich
als Gottesleugner leugne und als Frommer behaupte. Es ist vielmehr so,
daß ich auf die eine wie auf die andere Weise mit Steinen nach dem
Mond werfe. Wir haben ja gesehen, wie weit wir davon entfernt sind,
zu wissen, was ein konkretes Ereignis, was ein Wort, was ein Du, was
der Herr ist. Von der Offenbarung Gottes abgesehen ist all unser ver-
meintliches Wissen um Gott ein Wissen um Gespenster. Es mag ja auch
wohl Gespenster geben, und es mag ja wohl sein, daß wir solche schon
gesehen und gehört haben. Nur daß wir darum nicht meinen sollten,
Gott gesehen und gehört zu haben. Ist nun die Offenbarung die große
Neuigkeit der Wirklichkeit Gottes, dann besteht sie offenbar vor Allem
darin, daß sie uns von unserem Nicht-Wissen dieser Wirklichkeit überführt, daß sie uns, einerlei, ob wir uns zu den Gottesleugnern oder zu
den Frommen rechnen, an den Ort stellt, wohin wir faktisch gehören:
zu den Gottlosen. «Wir haben droben bewiesen, daß beide, Juden und
Griechen, alle unter der Sünde sind, wie denn geschrieben steht: ‹Da ist
nicht einer, der gerecht sei, auch nicht einer. Da ist nicht, der verständig
sei; da ist nicht, der nach Gott frage. Sie sind alle abgewichen und allesamt untüchtig geworden. Da ist nicht, der Gutes tue, auch nicht einer›» (Röm. 3,9–12). «Alle Welt ist vor Gott schuldig» (Röm. 3,19).
«Gott hat Alle beschlossen unter den Unglauben» (Röm. 11,32). So
schreibt der Apostel Paulus in dieser Hinsicht ganz eindeutig. Aber
eben: Kein Zufall, daß ich, um diese Feststellung zu machen, schon den
Apostel Paulus reden lassen muß, also selber einen Offenbarungszeu-
gen. Deduzieren läßt sich das nämlich nicht, daß wir an den Ort gehören, an den uns die Offenbarung Gottes stellt, nämlich zu den Gottlosen. Sondern das kann man sich nur durch einen Zeugen der Offenbarung bezeugen und also durch die Offenbarung selber sagen lassen, wid-
rigenfalls man darin nur ein merkwürdig pessimistisches und mensche-
nunfreundliches Urteil ohne weitere Verbindlichkeit sehen wird. Alles,

was sich, wenn man von der Offenbarung selber [absieht], dagegen einwenden läßt, ist so einleuchtend und selbstverständlich, daß ich es wohl gar nicht erst zu entwickeln brauche. Nur daß uns eben die Offenbarung selbst allen noch so einleuchtenden und selbstverständlichen Einwendungen zum Trotz wirklich an jenen Ort, nämlich zu den Gottlosen stellt. Sie wäre ja nicht Offenbarung, wenn sie nicht Neuigkeit wäre, und sie wäre nicht Neuigkeit, wenn sie uns nicht vor Allem die Einsicht beibrächte, daß ihr ein Altes gegenübersteht in unserer Unwissenheit, Fremdheit und Unbekanntschaft ihr gegenüber, also wir selbst in unserer Entblößtheit von der Wirklichkeit Gottes, wir selbst – um nun den vorhin von Paulus gehörten Ausdruck aufzunehmen – als *Sünder:* Vielleicht als fromme, vielleicht als atheistische Sünder, vielleicht als törichte, vielleicht als sehr geistreiche, vielleicht als hochmütige, vielleicht als demütige Sünder, aber als Sünder. Und als Sünder sind wir Gottlose.

Man erschrecke nicht zu sehr bei diesem Wort Sünder. Oder vielmehr: man erschrecke viel mehr dabei, als wir das zu tun gewohnt sind, man erschrecke nämlich am rechten Ort, nicht da, wo dies Wort uns unter großem Mißverständnis gewöhnlich zu treffen pflegt. Unsere moralische, gesellschaftliche, kirchliche, ja sogar religiöse Haltung kommt dabei nicht in Frage. Nichts Anderes ist gemeint als: Wir sind Leute, denen die Neuigkeit, die uns die Offenbarung Gottes enthüllt, eben eine Neuigkeit ist, Leute, die sich, gemessen an dieser Neuigkeit (also nicht gemessen an irgend einem Maßstab von Rechtlichkeit, Tugend oder Christlichkeit, sondern gemessen an dem Maßstab dieser Neuigkeit) in einem alten Wesen [vgl. Röm. 7,6] befinden. In diesem Sinn hat sich jedenfalls der vorhin angeführte Apostel Paulus als Sünder erkannt: nicht, weil er sich sittlich verfehlt oder weil er nicht die rechte Religion gehabt hätte – er pflegte sich vielmehr bis an sein Ende dessen zu rühmen, daß er sich auf den denkbar besten Wegen befunden habe –, sondern als mit seiner ganzen Gerechtigkeit und Frömmigkeit ins Unrecht gesetzt eben durch die große Neuigkeit, nämlich durch die Offenbarung Gottes in Jesus Christus.[45] Es geht nicht um eine höhere Moral und nicht um eine tiefere Frömmigkeit in Gottes Offenbarung (dazu bedürfte es keiner Offenbarung, das kennen und können wir auch sel-

---

[45] Vgl. 2. Kor. 11,16–22; Phil. 3,4–7; aber auch 2. Tim. 4,6f.

ber). Es geht also auch nicht darum, unsere bisherige Moral und Frömmigkeit schlecht zu machen. Wer nur darum vor der Offenbarung erschrickt und wer sich bloß darum über die Offenbarung ärgert, weil er denkt, daß ihm da wohl wieder einmal zugesetzt werden solle, was er sich doch sicher verbitten dürfe, der erschrickt und der ärgert sich noch nicht über die Offenbarung, sondern über irgend etwas Anderes, was er damit verwechselt, z.B. über die Kirche, die ungeschickt und unsachlich genug ihre Aufgabe, die Offenbarung zu verkündigen, immer wieder liegen läßt, um der ganz anderen Aufgabe nachzugehen, Frömmigkeit und Moral zu pflegen, wobei es dann ohne gröbere oder feinere Kapuzinerpredigten nicht abzugehen pflegt, die man sich u.U. in der Tat sehr wohl verbitten darf. Die Offenbarung aber hat nichts damit zu tun. Sie stellt uns in dem vorhin beschriebenen Sinn vor die Wirklichkeit Gottes als vor eine Neuigkeit; und wenn sie uns damit an unseren Ort stellt, nämlich zu den Gottlosen, zu den Sündern, so ist damit nichts Anderes geschehen als die Feststellung, die allerdings unerhörte Feststellung, wir seien solche, denen die Wirklichkeit Gottes fremd ist.

Das ist schon richtig: Diese Feststellung bedeutet eine *Anklage*, ja mehr als das: ein Urteil. Es handelt sich doch bei der Verborgenheit, in der sich die Wirklichkeit Gottes uns gegenüber befindet, oder bei unserer Gottlosigkeit nicht um ein Schicksal, unter dem wir stünden, oder um eine metaphysische Ordnung, kraft deren es so sein müßte, und nicht um eine Vernachlässigung, die sich vielleicht Gott uns gegenüber hätte zu Schulden kommen lassen, und nicht um irgend ein Ungenügen unserer seelisch-leiblichen Struktur und nicht um irgendwelche zufälligen Behinderungen endlich. Sondern wir *wollen* nicht. Darum bedeutet es eine Anklage, daß wir der großen Neuigkeit der Offenbarung so in einem alten Wesen gegenüberstehen.[46] Denken wir nochmals an alles heute eingangs über das Faktum dieses unseres Nicht-Wissens Gesagte. Wir *wollen* doch nicht um ein konkretes Ereignis wissen, durch das wir etwa wirklich aus dem Sattel gehoben und endgültig unsicher gemacht würden. Wir *wollen* doch kein solches Wort hören, dem wir nicht mehr widersprechen könnten und dürften. Wir *wollen* doch kein Du, mit dem wir nicht fertig werden könnten. Wir *wollen* vor Allem keinen

[46] Mskr.: «... daß wir der großen Neuigkeit der Offenbarung gegenüber so in einem alten Wesen gegenüberstehen»; Korr. vom Hrsg.

Herrn haben. Wenn es schon wahr ist, daß wir von dem allem tatsächlich nichts wissen, so ist doch sofort hinzuzufügen, daß wir davon auch nichts wissen *wollen*, daß eigentlich schon die Vorstellung, es könnte etwas derartiges geben, etwas Empörendes für uns hat. Und nun ist dieses Nicht-Wollen, das hinter unserem Nicht-Wissen steht, nicht das, was man, wenn man moralisch redet, schlechten Willen zu nennen pflegt, sondern etwas viel Anständigeres. Wir sind dabei vielleicht moralisch geradezu besten Willens. Aber *das*, das wollen wir nicht. Es ist freilich gerade der Grundwille unserer Existenz, der sich *da*gegen aufbäumt. Wir müßten schon uns selbst aufgeben, um das wissen zu wollen, was wir hier nun eben nicht wissen wollen. Wir wollen nicht, daß dies Gott sei, der, der uns so begegnet, und wenn wir uns der Einsicht vielleicht nicht entziehen können, daß dies in der Tat Gott ist – was sollte Gott denn Anderes sein? –, dann wollen wir wohl lieber, daß kein Gott sei. Und wenn wir uns umgekehrt dem nicht ganz entziehen können, daß Gott ist, dann möchten wir, daß Gott nicht gerade dieser sei, und machen uns selbst einen Gott nach unserem Bild, einen Gott, mit dem wir uns vertragen können. Darum kann Frömmigkeit so leicht in Gottesleugnung umschlagen und Gottesleugnung so leicht in Frömmigkeit, ohne daß sich so oder so mehr geändert hätte, als wenn wir in einem Haus von einem Zimmer in das andere gehen: darum, weil beide sehr wohl vereinbar sind mit dem Grundwillen unserer Existenz, der die Wirklichkeit Gottes nicht will. Also unser moralisches und religiöses Selbstbewußtsein wird durch die Feststellung, wohin wir gehören: nämlich unter die Gottlosen, nicht weiter angerührt. Wir mögen es ruhig behalten. Der Apostel Paulus hat es, wie gesagt, auch behalten. Es handelt sich nicht darum. Die Anklage richtet sich, ohne unsere Frömmigkeit und Moral anzutasten, gegen unseren Grundwillen.

Aber ist sie denn überhaupt eine Anklage?, könnte man ja fragen. Angenommen, es sei so: Wir *wollen* nicht. Ja, müssen wir denn wollen, also wissen wollen um die Wirklichkeit Gottes? Angenommen, wir seien Gottlose. Ja, was gibt es denn deshalb zu klagen und gar zu urteilen über uns? Könnte diese Feststellung nicht schließlich eine ganz neutrale Feststellung über uns sein, wie es etwa die über einen Menschen wäre, dahin lautend, daß er noch nie in Amerika gewesen sei und auch allen Ernstes nicht die Absicht habe, sich je dorthin zu begeben? Warum deshalb von Anklage und Urteil reden? Antwort: Ja, dem könnte wohl so sein, daß es eine ganz neutrale Feststellung wäre, wenn wir als Gottlose uns erkennen müssen. Und wiederum läßt es sich nicht deduzieren, daß es anders ist. Man kann nur sagen: es ist eben rein tatsächlich anders, wenn durch Gottes Offenbarung diese Feststellung über uns gemacht wird. Es *ist* dann so, daß wir damit tatsächlich unter Anklage und Urteil gestellt sind. Es läßt sich aber immerhin zeigen, *inwiefern* dem so ist. Die Wirklichkeit Gottes, die uns in der Offenbarung als solche Neuigkeit entgegentritt, sie ist eben insofern gar keine Neuigkeit, als sie uns nur erinnert an den Ort, wo wir *eigentlich* (so wie die Dinge stehen, freilich gar nicht) hingehörten, an den Maßstab, an dem gerade der Grundwille unserer Existenz gemessen ist, an das Gesetz unseres [Ursprungs], dem wir mit der beschriebenen Richtung dieses unseres Grundwillens untreu sind. Offenbarung erinnert uns, indem sie uns an Gott erinnert, an unseren Schöpfer und Ursprung, von dem wir abgefallen sind. Sie sagt uns also, daß es durchaus nicht natürlich ist, wenn wir von der Wirklichkeit Gottes nichts wissen wollen, sondern daß wir uns damit, wie das griechische Wort für Sünde[47] eigentlich sagt: verfehlen, daß wir damit Übertreter sind, d. h. solche, die neben den Ort, an den sie eigentlich gehörten, hinaustreten und, wie es auch mit ihrer Frömmigkeit und Moral stehen möge, nunmehr ganz und gar da draußen sind. Denn wenn es wirklich nicht bloß ein zufälliger Willensakt ist, der auch anders ausfallen könnte, je nachdem wir gerade eine bessere Stunde haben, sondern der Grundwille unserer Existenz, kraft dessen wir nicht dort sein wollen, wo wir hingehören, dann ist damit gesagt, daß wir nicht nur sündigen, sondern eben Sünder *sind* und daß das eine Anklage, ein Urteil über uns bedeutet, ja ein Gericht, das damit über uns ergeht. Aber nochmals: es braucht die Offenbarung selber nicht nur zu der Feststellung, daß wir nicht wissen, daß wir nicht wissen wollen, daß wir mit unserem Grundwillen nicht wissen wollen, sondern auch und erst recht dazu, einzusehen, daß wir mit dieser Feststellung angeklagt, ja schon verurteilt sind. Wie sollten wir denn anders als durch Offenbarung wissen, daß wir ursprünglich zu Gott gehören und daß also unsere Rebellion gegen ihn keine neutrale Tatsache, sondern ein Unrecht ist, das durch keine noch so große Rechtmäßigkeit unserer

---

[47] Vgl. W. Grundmann/G. Stählin, Art. ἁμαρτάνω in: ThWNT I, S. 267–320, bes. S. 295.299.

Frömmigkeit und Moral gutgemacht werden kann? Wollten wir uns etwa darauf versteifen, daß wir von dem allem gar nichts wissen, so würden wir damit nur unseren ersten Satz bestätigen, daß Offenbarung Mitteilung einer Neuigkeit ist, um die man ohne Offenbarung wirklich nicht weiß. Wie sollte man dann wissen, daß man ein Unwissender ist und daß diese Unwissenheit Schuld bedeutet?

Aber nun sagt uns die Offenbarung doch nicht nur das, daß wir uns, indem sie uns [eine] so große Neuigkeit ist, in einem alten, verwerflichen Wesen befinden, daß wir Sünder sind. Sie sagt uns das im Grunde genommen doch nur beiläufig. Wohlverstanden: Unüberhörbar, unbestreitbar, unvergeßlich sagt sie uns das, oder sie sagt uns überhaupt nichts. Sie sagt es uns so, daß wir weder daran vorbeikommen noch von da aus weiterkommen können. Alles, was sie uns zu sagen hat, sagt sie uns, indem sie uns an diesen Ort stellt, und sie kann uns gar nichts sagen, wenn wir uns nicht von ihr an diesem Ort festhalten lassen. Immer antwortet uns die Offenbarung Gottes auf die Frage, wie wir selbst denn etwa dran seien, mit der Feststellung, daß wir Sünder sind. Immer stehen wir ihr gegenüber als die, die nicht wissen und auch gar nicht wissen wollen. Aber das sagt uns Gottes Offenbarung eigentlich doch nur beiläufig, nur so, wie ein Licht eben unvermeidlich Schatten wirft. Offenbarung heißt ja *Enthüllung* des Verborgenen. Indem es uns *enthüllt* wird, erfolgt die Feststellung, daß wir solche sind, denen es verborgen ist. Indem Gott zu uns kommt, wird es klar, wie weit wir uns von ihm entfernt haben. Indem Gottes große Neuigkeit sich uns offenbart, werden wir dessen angeklagt, daß wir davon, gerade davon nichts wissen wollen. Von der Offenbarung abgesehen haben wir vor der Erkenntnis, daß wir Sünder sind, gute Ruhe. Diese erschreckende Erkenntnis ist den erwählten und geliebten Kindern Gottes vorbehalten. Sie und nur sie wissen, was Tod und Hölle bedeuten. Ist diese Erkenntnis Gericht über uns – und sie ist es –, so ist zu sagen, daß auch dieses Gericht nicht stattfände, wenn nicht zuvor und gleichzeitig etwas ganz Anderes stattfände, was gerade das Gegenteil von Gericht ist. Denn das ist offenbar nicht Gericht, wie streng auch das Gericht sei, das sich damit über uns vollzieht, wenn Gottes Wirklichkeit, von der wir nichts wissen, ja nichts wissen wollen, sich uns *zuwendet*, wenn all das uns so Verborgene, so Unbekannte, so Fremde, wenn gerade das, wogegen sich der

Grundwille unserer Existenz aufbäumt, nun einfach und trotzdem *geschieht:* das konkrete Ereignis also eintritt, das Wort ohne Widerwort zu uns gesagt wird, das Du auf den Plan tritt, der Herr als unser Herr handelt. Ist es an dem, daß wir uns eben durch dieses Handeln aufgedeckt sehen als solche, die im Fehler sind damit, daß sie nichts davon wissen wollen, so ist dieses Handeln selbst offenbar der Beweis einer souveränen Nicht-Anrechnung oder Bedeckung, wir sagen vielleicht am besten gleich ganz deutlich: einer souveränen Vergebung dieser unserer Sünde. Nicht, als ob sie auf einmal nicht mehr da wäre. Jeder Augenblick klagt uns an, daß wir in ihr stehen, daß wir sie begehen. Und nicht, als ob sie auf einmal nicht mehr ernst genommen wäre. Sie ist so ernst genommen, als sie eben ist: als unser Ort, an dem wir stehen, als unsere Schuld, für die wir verantwortlich sind, als unser Gericht, das über uns ergeht, m.e.W. als das, was über uns zu sagen ist und immer wieder zu sagen sein wird. Aber die Tatsache, daß dieses Ernstnehmen unserer Sünde nur stattfindet, indem Gott keineswegs so handelt, wie es unserer Sünde entspräche, daß er nicht in der Verborgenheit bleibt, die unser Widerwille verdient hätte, daß er uns keineswegs – das wäre der Tod, der nach Paulus der Sünde Sold ist [Röm. 6,23] – uns selber überläßt, sondern eben mit einem unerhörten Trotzdem und Dennoch zu uns kommt in seiner ganzen Wirklichkeit, daß er auch unsere Sünde nur ernst nimmt, indem er trotzdem zu uns kommt – diese Tatsache, ohne die wir um unsere Sünde gar nicht wüßten, beweist, daß es etwas gibt, das er ernster nimmt als unsere Sünde.|

Was? Sagen wir es einfach: Sich selber. Sich selber als den, der durch unsere ganze Rebellion nicht widerlegt, nicht überboten ist in seiner Wirklichkeit. Indem Gott sich selber noch ernster nimmt als uns, ja, was sagen wir, indem Gott allein sich selber ernst nimmt, offenbart er sich uns, den Sündern, und das heißt: er vergibt uns unsere Sünde. Indem er sie richtet – aber er vergibt sie. Weit entfernt, daß unsere Gottlosigkeit Gott widerlegte und überböte, ist sie es vielmehr, die durch Gott widerlegt und überboten wird. An ihm sündigen wir ja. Von ihm wollen wir ja nichts wissen. Müßte es nicht so sein, daß unsere Gottlosigkeit gleichsam metaphysische Konsequenzen hätte, daß sie Gott dazu bestimmte, uns Gleiches mit Gleichem zu vergelten, seinerseits nun auch von uns nichts wissen zu wollen und uns in unserer gewollten Unwissenheit und damit in dem tragischen Abfall von unserem eigenen Ursprung zu belassen? So müßte es wohl sein, wenn Gott eben nicht Gott wäre, wenn es in unserer Hand wäre, ihn zu bestimmen, sich selber weniger ernst zu nehmen als uns. Gottes Offenbarung aber offenbart uns, daß Gott Gott ist und bleibt trotz unserer Gottlosigkeit. Eben damit offenbart sie uns auch Gottes *Liebe* gegen uns. Gott kann uns nicht höher lieben als damit, daß er uns nicht so ernst nimmt, wie wir wohl meinen, es beanspruchen zu können, daß er unserem Sündenfall metaphysische Konsequenzen gerade *versagt* als der, der allein metaphysische Konsequenzen zu ziehen hat, daß er sich selbst treu bleibt und sich durch unsere Gottlosigkeit nicht bestimmen läßt aufzuhören, unser Gott zu sein, *daß* er[48] ist und *wer* er ist und also daß er nicht ohne uns, sondern mit uns sein will: Immanuel, Gott mit uns [vgl. Jes. 7,14]. Das, diese unbedingte Zusage Gottes an den Menschen, war das Wort, das die Zeugen der Offenbarung gesprochen hörten durch Jesus Christus. Und das würde heißen: den heiligen Geist empfangen, daß wir dieses Wort auch als zu uns gesprochen hören würden.

Das, diese unbedingte, alle von uns aus aufgetürmten Hindernisse von oben herunter durchschlagende, unbedingte Zusage Gottes, kraft deren gerade das wahr ist, was wir nicht wahr haben wollen, das ist Gottes Offenbarung. Sie ist die Wiederaufrichtung des *Gesetzes* unseres Lebens. Erinnert sie uns doch, wie wir sahen, an unseren eigenen Ursprung, an den Ort, von dem wir gefallen sind, hält sie uns doch die Wahrheit vor, an der nichts zu rütteln ist, wie oft und wie heftig wir auch gegen sie anlaufen mögen, die Wahrheit, in der uns gesagt ist, daß und inwiefern unser Leben lebensmöglich sein könnte, nun aber, indem wir ihr widerstehen, lebensunmöglich ist. Indem wir sie verstehen, müssen wir uns als Übertreter verstehen. Man denke nicht, daß sie je aufhören werde, dieses Werk an uns zu treiben, daß es ein Entrinnen vor dem Gesetz gebe. Es will erfüllt sein, und indem wir es nicht erfüllen, sind wir seinem Gericht verfallen. Uns von ihm richten zu *lassen*, das ist die Notwendigkeit, die heilsame Notwendigkeit, unter die wir durch Gottes Offenbarung gestellt sind. Aber bevor sie Gesetz ist, ist Gottes Offenbarung *Evangelium*, frohe Botschaft. Darum und darin ist sie *frohe* Botschaft, weil sie *Gottes* Botschaft ist, weil damit, daß sie er-

---

[48] Hier endet das Typoskript. Der restliche Teil der III. Vorlesung ist mit Bleistift von Hand geschrieben.

folgt, Sünden*vergebung* schon an uns vollzogen, *Befreiung* von der Sünde aber uns *verheißen* wird. Steht es so, daß Gott mit seiner Wahrheit zu uns kommt auch an den dunklen Ort, wo wir uns befinden, an den wir uns begeben haben und immer wieder begeben, dann ist er selber Zeuge und Bürge dafür, daß der Widerwille, in dem wir uns selbst vorfinden, so weit das Auge reicht, nicht das letzte Wort ist, das von uns zu sagen sein wird. *Wir* haben kein anderes Wort zu sagen, wohl aber sagt *er* ein anderes Wort, indem er, trotzdem und dennoch zu uns kommend, sich selber treu bleibt und eben damit seine Liebe gegen uns beweist. Damit, daß Gott uns liebt, ist uns gesagt, daß wir in unserer Verlorenheit *nicht* verloren sind. Und das ist das Evangelium.

Aber verstehen wir recht: bevor sie uns Gesetz und bevor sie uns Evangelium wird und indem sie uns Beides ist, ist Gottes Offenbarung *das* hohe Wunder im Leben des Menschen.[49] Wie sollten wir ihre Wirklichkeit erklären und wie sollten wir auch nur ihre Erkenntnis etwa ableiten können? Wie sie keine höhere Wirklichkeit über sich hat, so stammt auch ihre Erkenntnis nicht ab von einer höheren Erkenntnis. Offenbarung Gottes fängt mit sich selber an. Wir könnten es nur dann anders haben, wir könnten nur dann eine begreifliche Offenbarung haben wollen, wenn wir sie nicht kennten. Kennen wir sie, dann ist uns ja eben durch sie selber gesagt, daß wir sie nicht begreifen, nicht begreifen wollen, daß wir für sie blind sind, gesagt auch das Andere, daß sie Barmherzigkeit ist, die uns als den Blinden widerfährt. Kennen wir sie, dann wissen wir, daß wir sie nicht geschaffen, nicht verdient, nicht gefunden haben, daß sie durch sich selber da war und da ist, die Wirklichkeit Gottes bei uns, den Feinden und Verleugnern Gottes. Indem wir sie als solche begreifen, begreifen als das unbegreifliche Wunder Gottes in unserem Leben, *glauben* wir sie. Wie sollte das, daß wir glauben, nun vielleicht doch das Wunder weniger wunderbar machen, uns selbst einen Anteil daran geben? Im Glauben sagen wir zu Beidem Ja: zu Gottes Barmherzigkeit und dazu, daß wir Sünder sind. Gerade glauben heißt Gott allein die Ehre geben und also sich selber alle, aber auch alle Ehre *nehmen*. Nicht unsere Kraft ist ja auch die Kraft des Glaubens, sondern –

---

[49] Vgl. Chr. Dogm., S. 425: «Der Inhalt der Offenbarung ist doch, von allem, was er für uns bedeutet, abgesehen, vor allem und primär Gott selbst: seine Persönlichkeit, sein Name, seine Herrschaft, seine Herrlichkeit, sein Bund mit dem Menschen …»

wir stehen nun wieder dort, wo wir das letzte Mal schlossen – die Kraft des Wortes, die Kraft des Geistes. Das Wort und der Geist aber sind Gott selber, der immer der Gott ist, der die *Sünder* annimmt, der Gott, der Wunder tut. Es kann und wird uns, wenn wir um Gottes Offenbarung wissen, nicht zu wenig sein, dafür dankbar zu sein, daß wir als Sünder angenommen sind, – wissend als die Unwissenden.

IV.

Gottes Offenbarung nach der Lehre der christlichen Kirche offenbart uns Gott selber als unseren Herrn und damit uns selber, uns Menschen als Sünder, als Feinde Gottes und Rebellen gegen ihn, die er so, wie sie sind (sonst würde er sich ihnen nicht offenbaren), lieb hat. Das heißt denn auch ein Christ sein, ein lebendiges Glied der christlichen Kirche sein: ein Rebell gegen Gott (wann fänden wir uns selbst etwa als etwas Besseres?), aber ein Rebell, den Gott lieb hat. Das ist die Bedeutung des hohen Wunders der Offenbarung Gottes für *uns*. Insofern geht sie uns *an*. Auf diesen Punkt zeigt das Sakrament der Taufe hin bei uns allen. Hier werden wir dann das nächste Mal einsetzen, um abschließend vom Glauben, von der Liebe, von der Hoffnung zu reden.

Weil ich aber die Offenbarung Gottes früher einmal ein hohes *Wunder* genannt habe[50] und weil mir in diesen Vorträgen nicht weniger als Alles darauf ankommt, Gottes Offenbarung als *Wunder* zu kennzeichnen, darum möchte ich heute, bevor wir uns jenem Abschluß zuwenden, zwei große kritische Gänge unternehmen, um eben diese Gleichung: Offenbarung ist Wunder noch einmal auf den zwei Seiten, auf die es dabei vor Allem ankommt, nach Kräften zu sichern und zu befestigen. Ich habe zwei Begriffe im Auge, die im christlichen Denken der Theologen und gebildeten Nichttheologen heute eine große Rolle spielen, nämlich die Begriffe *Religion* und *Geschichte*.

Es handelt sich, um gleich das Allgemeinste zu sagen, um einen Begriff, der eine *subjektive*, und um einen anderen, der eine *objektive* Wirklichkeit bezeichnet. Ich nehme an, es sei uns allen aus dem bisher in diesen Vorträgen Gesagten eindrücklich geworden, daß es sich auch in Gottes Offenbarung nach der Lehre der christlichen Kirche um subjektive und objektive Wirklichkeit handelt. Die Frage erhebt sich, ob

[50] Siehe oben S. 267.

nicht die subjektive Wirklichkeit der Offenbarung *Religion* sein möchte, ihre objektive Wirklichkeit aber eben *Geschichte*. Zwei Jahrhunderte protestantischer Theologie haben auf diese Frage mit wachsender Bestimmtheit und z. T. geradezu mit Begeisterung mit *Ja* geantwortet.[51] Man hat beide Begriffe sehr verschieden aufgefaßt. Es hat sich aber ein ernstlicher Widerspruch gegen ihre Einführung in die Theologie, ein ernstlicher Widerspruch gegen die Behauptungen, Offenbarung sei Religion und Offenbarung sei Geschichte, bis in die Gegenwart hinein kaum erhoben. Die sog. positiven Theologen haben dabei so freudig mitgetan wie die liberalen. Löckte einmal jemand in Bezug auf den Begriff der Religion vor Eifer wider den Stachel, so tat er gewiß in Bezug auf den Begriff der Geschichte nur um so fröhlicher mit, und umgekehrt. Wir haben es bei jenen Gleichsetzungen mit einer opinio communis, zu deutsch mit Gemeinplätzen zu tun, gegen die anzulaufen u. U. lebensgefährlich sein kann. Das ist darum eine auffallende Tatsache, weil es wirklich noch nicht allzu lange her ist, seit sich diese beiden Begriffe des Geruchs der Heiligkeit erfreuen, in dem sie heute unzweifelhaft stehen. *Religion* war zur Zeit des Thomas von Aquino ganz eindeutig die Bezeichnung einer moralischen Tugend, daneben und vor Allem der Inbegriff der «vita religiosa», d. h. aber des Lebens unter gewissen außerordentlicherweise übernommenen Pflichten: des Mönchs-und Nonnenlebens.[52] Aber noch die Reformatoren gebrauchten das Wort weder fleißig noch ernsthaft und gewichtig, sondern mehr nebenbei.

---

[51] Vgl. Chr. Dogm., S. 397: «Es ist nicht zu vermeiden, daß wir im Zusammenhang unserer Überlegung der subjektiven Möglichkeit der Offenbarung auch *dem* Begriff gerecht zu werden versuchen, der in der protestantischen (aber weithin auch in der katholischen) Theologie der letzten 200 Jahre die Rolle des Einen Notwendigen hat spielen dürfen, dem Begriff der *Religion*.»

[52] A. Sleumer, *Kirchenlateinisches Wörterbuch*, Limburg 1926, S. 666, gibt als spezielle Bedeutung von «religio» an: «religiöse Verpflichtung, Genossenschaft, Orden». L. Schütz, *Thomas-Lexikon*, Paderborn 1895², S. 704f. unterscheidet: «a) Religion im Sinne der Gottesverehrung», «b) Stand der christlichen Vollkommenheit, Ordensstand, kirchlicher Orden», «c) Religion im Sinne einer gottgeoffenbarten Lehre». Vgl. z. B.: S. th. II^a II^ae q.81 a.5 i.c.: «Et ideo religio non est virtus theologica, cuius obiectum est ultimus finis; – sed est virtus moralis, cuius est esse circa ea quae sunt ad finem.» Ferner S. th. II^a II^ae q.186 a.1 i.c.: «Religio ... est quaedam virtus, per quam aliquis ad Dei servitium et cultum aliquid exhibet. Et ideo antonomastice religiosi dicuntur illi qui se totaliter mancipant divino servitio, quasi holocaustum Deo offerentes.»

Man sprach von «religio christiana», wenn man eben nach einem phänomenologischen Allgemeinbegriff suchte, wo wir heute Christentum sagen würden.[53] Von einer Identifikation oder auch nur von einer Korrelation zwischen Religion und Offenbarung war keine Rede und konnte keine Rede sein. Und noch schlimmer steht es mit dem heute verhältnismäßig noch angeseheneren Begriff *Geschichte*. Hätte man Luther oder Calvin von «geschichtlichen Heilstatsachen» oder gar von der «Heilsbedeutung der Geschichte» geredet, sie würden uns wohl gefragt haben, ob wir nicht klug seien. Die Kanonisierung dieser beiden Begriffe liegt weit *hinter* der Reformation. Wo wir Religion sagen, da sagte die Reformationstheologie ehrlich und deutsch *Glaube*, und wo wir Geschichte sagen, da sagte sie *Jesus Christus*. Man *sagte* aber nicht nur etwas Anderes, sondern man *meinte* auch etwas ganz Anderes mit diesen anderen Worten. Es gehört auch zu der späten Kanonisierung dieser beiden neu aufgebrachten Begriffe, daß man sich ihre Neuheit nicht eingestehen wollte, sondern nachträglich entdeckte: Glaube sei eben Religion und Jesus Christus sei eben Geschichte, und also sei Religion und sei Geschichte Gottes Offenbarung. Womit man dann das, was die Reformation Glaube, und das, was sie Jesus Christus nannte und mit beidem zusammen Gottes Offenbarung, in ein Prokrustesbett zwängte, in dem man sie bald genug nicht mehr wiedererkannte. Es soll heute abend der Versuch gemacht werden, diesen schlechten und modernen Verwechslungen gegenüber die Begriffe Glaube und Jesus Christus und damit die Wirklichkeit der Offenbarung wieder an ihren Ort zu stellen.

Warum ist das nötig? Darum, weil diese Verwechslungen extra zu dem Zweck erfunden worden sind, den Charakter der Offenbarung Gottes als *Wunder* zu vertuschen und zu leugnen. Der Begriff der Religion bezeichnet ein Subjektives und der Begriff der Geschichte bezeichnet ein Objektives, das der Mensch *haben*, über das er praktisch und theoretisch *verfügen* kann, dessen er *mächtig* ist. Die neuere Theologie unterscheidet sich darin von der älteren, daß sie, einer allgemeinen und an sich wertvollen und bedeutsamen Tendenz des neuzeitlichen Denkens überhaupt in einer im Fall der Theologie sehr unangebrachten Weise Gefolgschaft leistend, auch Gottes Offenbarung vor Allem ver-

---

[53] Vgl. die Titel der systematischen Hauptwerke Zwinglis *De vera et falsa religione commentarius* (1525) und Calvins *Christianae religionis institutio* (1536¹).

stehen wollte als ein Ding, das der Mensch – der Mensch als das Maß aller Dinge[54] – *haben*, über das er *verfügen*, dessen er *mächtig* sein kann. Es war an sich gewiß *kein gottloser Vorgang*, als seit dem 16. Jahrhundert in demselben Maße, als unsere kleine Erde ihre Rolle als Mittelpunkt des Weltalls verlieren mußte an stattlichere Konkurrenten, der Mensch zur Einsicht kam, daß all sein Verstehen der Dinge begrenzt sei durch ihn selber, eben durch die Grenze seines Verstehens. Immanuel Kant, in dem dieser Vorgang seinen Höhepunkt erreichte, war kein titanischer, sondern ein demütiger Geist. Die moderne Naturwissenschaft ist nicht gottlos, aber die *neuere Theologie* war gottlos genug, zu vergessen, daß ihre Sache nicht sein könne, selber eine Art Naturwissenschaft zu werden, zu vergessen, daß *ihr* Gegenstand nicht zu den Gegenständen gehöre, deren Maß der Mensch ist, zu vergessen, daß es nun nicht weniger, sondern mehr als vorher, nun *erst recht* ihre Aufgabe war, Gottes Offenbarung kenntlich zu machen als die Wirklichkeit, die *einzige* Wirklichkeit, die jetzt erst, in der Neuzeit, von aller anderen unzweideutig sich unterscheidende Wirklichkeit, die der Mensch *nicht* haben, über die er *nicht* verfügen, deren er *nicht* mächtig werden kann, sondern von der ausschließlich gerade das Gegenteil zu sagen ist. Das alles *vergaß* die neuere Theologie. Darum spielte und darum spielt sie gegenüber der modernen Philosophie und Naturwissenschaft eine so klägliche Rolle, die verdiente klägliche Rolle eines Menschen auf dem Bahnhof, der machtlos einem soeben abgefahrenen Zug nachläuft, der ihn nichts angeht, und darüber seinen eigenen verpaßt. In dieser traurigen Zeit sind die Begriffe *Religion* und *Geschichte* kanonisch geworden. Warum gerade diese? Der Zusammenhang ist dieser: man erinnerte sich einerseits dunkel, aber bestimmt, daß es sich in Gottes Offenbarung um ein Subjektives und um ein Objektives handle: irgendwie um den Menschen und irgendwie um ein Höheres, das dem Menschen begegne. Man war aber andererseits fest entschlossen, nur noch solche Wirklichkeit als solche zu anerkennen, die der Mensch haben, die irgendwie seine eigene Wirklichkeit sein kann. In dieser Hinsicht waren nun aber die Begriffe «Glaube» und «Jesus Christus» unheilbar belastet.

Glaube bezeichnete ja nach der Lehre der alten Kirche freilich ein Subjektives, aber ein solches Subjektives, in dem von der eigenen Wirk-

---

[54] Siehe oben S. 192, Anm. 28.

lichkeit des Menschen, von den Zuständen seines Kopfes, Herzens und Gewissens gerade ganz abgesehen, der Mensch steil und streng und exklusiv auf ein Objektives hin gerichtet war, das Geschenk des heiligen Geistes an den Menschen, durch den Gott ihn hat, ohne daß er, der Sünder, der Gottlose damit in die Lage versetzt wäre, Gott zu haben. Glaube ist Wunder. Davor fürchtete man sich und fand im Begriff der *Religion* den geeigneten Ersatz, ein Subjektives, bei dem nun gerade die eigene Wirklichkeit des Menschen, sein Herz und Gewissen statt zu Unehren zu Ehren kam. Religion ist eine Sache, die man «haben» kann, die zu verstehen man die Grenzen der Menschheit nicht zu überschreiten braucht, die man in sich selbst, «in Geschichte und Gegenwart»[55] so schön anschauen kann, eine «Galerie» (Schleiermacher)[56], in deren Besichtigung man durch die moderne Naturwissenschaft etc. so wenig gestört ist, daß man sich unberufen als «Religionsforscher»[57] («Geisteswissenschaft») ruhig mit ihr in eine Reihe stellen kann. So sagte man statt Glaube fortan Religion und fand nachträglich, daß wohl auch die alte Kirche, wenn sie etwas supranaturalistisch von Glaube redete, eben dies Menschliche und menschlich Faßbare, die Religion, die Frömmigkeit gemeint habe.

Unheilvoll belastet war aber auch der andere Begriff: *Jesus Christus*. Wohl war damit sachlich das Objektive bezeichnet, das man ja auch nicht ganz missen wollte. Aber was für ein Objektives! Das fleischgewordene Wort Gottes [vgl. Joh. 1,14]. Also freilich eine uns Menschen zugängliche Wirklichkeit, aber nun wie der Glaube eine solche, die eben nur durch Gottes Tat, durch das Wunder der Weihnacht – empfangen vom heiligen Geist, geboren aus Maria, der Jungfrau[58] – Wirk-

[55] Anspielung auf den Titel des Lexikons *Die Religion in Geschichte und Gegenwart*, dessen erste Auflage Barth in seinem Römerbrief 1919 kritisch erwähnt hatte (Römerbrief 1, S. 400). Die zweite Auflage (1927–1932) beginnt zur Zeit dieser Vorträge gerade zu erscheinen.

[56] Fr. Schleiermacher, *Über die Religion. Reden an die Gebildeten unter ihren Verächtern* (1799), hrsg. von H.-J. Rothert (PhB 255), Hamburg 1958, S. 78 (Originalausgabe S. 141): «... die Kunstwerke der Religion sind immer und überall ausgestellt; die ganze Welt ist eine Galerie religiöser Ansichten ...»

[57] Die «Neukonstituierung der Theologie als ‹Religionswissenschaft›» wird kritisch kommentiert in: Chr. Dogm., S. 397f. Dort auch entsprechende Belege. Vgl. auch oben S. 220f.

[58] *Symbolum Apostolicum*, BSLK 21, 10ff.

lichkeit, dem Menschen zugängliche Wirklichkeit ist. Also womöglich noch weniger als der Glaube unsere eigene Wirklichkeit. Davor fürchtete man sich und fand im Begriff der *Geschichte* das, was man suchte, ein Objektives, das doch nicht so objektiv ist, daß wir nicht uns selbst darin wiederzufinden vermöchten. Geschichte heißt eben die Menschheit, mit der wir in der Zeit zusammen sind, durch uns bedingt und bestimmt wie wir durch sie, das zeitliche Analogon zu dem, was im *Raum* – oder das Analogon in Bezug auf unser Zusammensein mit den *Menschen* zu dem, was in Bezug auf unser Zusammensein mit den *Dingen* die *Natur* ist. Die Objektivität der Natur und der Geschichte ist aber eine charakteristisch verschiedene von der Objektivität *Gottes*. Sie ist nämlich unlösbar gebunden an unsere eigene Subjektivität. Sie mag gewaltig, erhebend, erschütternd sein, es ist aber nicht auszumachen, ob diese ihre Größe etwas Anderes ist als ein Spiegelbild unserer eigenen Größe. Auch mit dem Begriff der Geschichte werden die Grenzen der Menschheit nicht überschritten. Auch von der Geschichte gilt, daß der Mensch sie haben, sie meistern kann. Und das eben wollte man, indem man statt «Jesus Christus» anfing Geschichte zu sagen. Und indem man die Sache nachher umkehrte und die Meinung der alten Kirche dahin deutete, sie habe in Jesus Christus jenes Gewaltige, Erhebende, Erschütternde der Geschichte gefunden. Damit war auch Jesus Christus grundsätzlich zu einer menschlich faßbaren Größe geworden, zu einem Teil der eigenen Wirklichkeit des Menschen.

Also: diese doppelte Verwechslung ist *gemeint,* und sie *wirkt* in der Tat als Verdunkelung, ja *Leugnung* des *Wunder*charakters der Offenbarung Gottes. Wenn Gottes Offenbarung nicht mehr ist als Religion und Geschichte, wenn es angeht, den Begriff Glauben umzudeuten in Religion und den Begriff Jesus Christus in Geschichte, dann mag Gottes Offenbarung zwar immer noch als etwas innerhalb der Grenzen der Menschheit sehr Hohes, Bedeutendes und Verehrungswürdiges vor uns stehen, sie steht uns aber nicht mehr *gegenüber* in der schlechthin *in sich selbst* begründeten Wahrheit und Wirklichkeit, die uns berechtigt, sie eben *Gottes* Offenbarung zu nennen. Es gibt ja wahrlich auch allerlei andere Offenbarungen. Natur und Geschichte sind *voller* Offenbarungen. Aber wer berechtigt uns, sie *Gottes*-Offenbarungen zu nennen? Und umgekehrt: wer berechtigt uns, Gottes Offenbarung zurückzuschrauben auf das Maß solcher anderweitigen Offenbarungen? Gottes

Offenbarung ist schlechthin in sich selbst begründete Wahrheit und Wirklichkeit, sie ist Wunder. Das sagen die Begriffe «Glaube» und «Jesus Christus». Das sagen die Begriffe Religion und Geschichte *nicht*, sondern das *Gegenteil*. Darum sind sie in einer Theologie, die weiß, was sie will, des Heiligenscheins, der ihnen nicht zukommt, wieder zu entkleiden und [ist] ihnen gegenüber die Wirklichkeit der Offenbarung Gottes wieder an ihren Ort zu stellen. Wir tun das wohl am besten, indem wir positiv zu zeigen versuchen, welches denn das *wirkliche* Verhältnis der Offenbarung Gottes zu diesen beiden Begriffen ist bzw. zu dem, was durch sie bezeichnet ist.

Beginnen wir mit dem Begriff der *Geschichte*.[59] Geschichte ist unsere eigene Existenz in der Zeit, im Zusammensein mit den anderen Menschen. In der Zeit existieren heißt Handeln, unser Handeln ist aber immer ein Handeln in Zusammensein mit den anderen Menschen, die uns durch die Einheit der Zeit in größerer und kleinerer Entfernung, die uns als Zeitgenossen (nun im weitesten Sinn verstanden!) gegenübergestellt sind. Immer ist ihr Handeln die Frage, auf die unser Handeln irgendwie antwortet, um dann selber irgendwie zur Frage für andere Menschen zu werden. So stehen wir in jedem Augenblick – ob bewußt oder unbewußt, kommt hier nicht in Frage – in der Geschichte, d.h. in dem großen, als Ganzes freilich völlig unanschaulichen Komplex des Geschehens menschlicher Taten. Indem das, was Andere taten und tun, an uns getan ist, tun wir selber etwas an Anderen. Geschichte geschieht an uns und durch uns.

Ist es nun wahr, daß Gottes Offenbarung eine Wirklichkeit in unserem Leben ist, daß wir in unserer eigenen Existenz vor Gottes Offenbarung gestellt sind, dann läßt es sich freilich nicht umgehen, zu sagen, daß sie jedenfalls *auch* ein *geschichtliches Ereignis* ist. Wäre sie nur überzeitlich, nur übergeschichtlich, dann hieße das, daß sie sich gar nicht in unserem eigenen Leben ereignete. Sie möchte dann wohl das Wunder Gottes sein, aber das Wunder Gottes, das uns gar nicht erreichte, das uns gar nicht anginge. Wir leben nicht dort, wo Gott Gott

---

[59] Das im folgenden behandelte Problem des Verhältnisses von Offenbarung und Geschichte hat Barth in § 15 der Chr. Dogm. («Weissagung und Erfüllung») in Abschnitt 1 («Geschichte und Urgeschichte», S. 309–320) besprochen.

ist bei sich selber, sondern wir leben in der Geschichte. So heißt: daß das Wort Fleisch annahm, in der Tat auch das, daß es Geschichte wurde und ist. So ist Jesus Christus auch eine geschichtliche Größe.

Aber damit ist nun noch sehr wenig, ja genau genommen noch gar nichts gesagt. Damit ist durchaus nicht gesagt, daß die Geschichte im Allgemeinen oder im Besonderen, also in Jesus Christus die Offenbarung ist. Die Geschichte ist nicht göttlich geworden, auch in Jesus Christus nicht, sondern Gott ist geschichtlich geworden, und das ist zweierlei. Die Offenbarung ist nicht ein Prädikat der Geschichte, sondern die Geschichte ist ein Prädikat der Offenbarung geworden. Damit, daß *Gott redet* in der Geschichte, wird die Offenbarung geschichtliches Ereignis. Es hängt aber Alles an dieser seiner *Tat*, und die Tat hängt an seiner *Person*. Damit ist aber die Geschichte gewordene Offenbarung mit schärfstem Rand von Allem, was sonst Geschichte heißt, *unterschieden*. Gott in der Geschichte[60] ist keine Größe, auf die die Wissenschaft von der Geschichte, gleichviel ob sie nun ungläubig oder gläubig sei, einen Griff hätte. Menschliche Geschichtswissenschaft kann wohl auch nach der Geschichte greifen, die das Prädikat der Offenbarung ist, das Subjekt, Gott selbst entgeht ihr und *muß* ihr entgehen, und damit entgeht ihr die Offenbarung überhaupt. In der Geschichte, in jenem Komplex des Geschehens *menschlicher* Taten die *göttliche* Tat zu erkennen, das bedeutet nicht *Geschichte* erkennen, sondern eben *Gott* erkennen, und dann steht es nicht so, daß wir Geschichte und in der Geschichte Gott erkannt haben, sondern dann steht es so, daß *durch* die Geschichte Gott sich selbst zu erkennen gegeben hat, und das ist wiederum zweierlei. Wahrheit und Irrtum liegen hier nahe beieinander. Der Satz: wir erkennen Gott in der Geschichte, ist falsch. Es muß heißen: Gott gibt sich in der Geschichte zu erkennen. Erkenntnis Gottes in der Geschichte kann nicht mit Erkenntnis der *Geschichte* anfangen, sonst endigt sie nämlich anderswo, ganz sicher irgendwo bei dem Geist, den wir begreifen, weil wir ihm gleichen[61], d. h. bei dem Fleisch, das nicht

---

[60] Gegen die Formel «Gott in der Geschichte» polemisiert Barth auch bereits in: Unterricht II (1924/25), S. 267; in dem Vortrag *Das Schriftprinzip der reformierten Kirche* (1925), in: Vortr. u. kl. A. 1922–25, S. 518; und in Chr. Dogm., S. 449. An allen Stellen geben die Hrsg. Hinweise zur Herkunft der Formel.

[61] Vgl. J. W. von Goethe, *Faust I*, V. 512f. (Nacht):
Du gleichst dem Geist, den du begreifst,
Nicht mir!

das Wort ist. Erkenntnis Gottes in der *Geschichte* kann nur mit Erkenntnis *Gottes* anfangen. Das Wort muß im Anfang sein [vgl. Joh. 1,1], oder wir hören es überhaupt nicht. Praktischer Beweis: der Verlauf der modernen Bibelkritik. Zweifellos wollen uns die biblischen Schriftsteller von geschichtlichen Ereignissen berichten, aber nun eben auf der ganzen Linie von *solchen* geschichtlichen Ereignissen, deren Subjekt nicht Menschen sind, sondern Gott selbst. Abstrahiert man von dieser entscheidenden Qualifikation dieser Ereignisse, versteht man sie also als geschichtliche Ereignisse schlechthin und in der Reihe aller anderen, dann ist es verlorene Mühe, Gott in ihnen *entdecken* zu wollen. Geschichtliches Verständnis *dieser* geschichtlichen Ereignisse kann dann nie und nimmer auf etwas Anderes hinauslaufen als darauf, sie dem, was wir sonst als Geschichte kennen, entweder durch eine verharmlosende Umdeutung oder aber durch Kritik *anzugleichen*, eine Kritik, die dann angesichts der Unerhörtheit *dieser* Ereignisse nicht leicht radikal genug ausfallen kann. Geschichtliches Verständnis als solches kann an Jesus Christus nur vorbeiführen. Wer Jesus Christus *finden* will in diesen Ereignissen, der muß *ihn* darin gesucht haben, nicht im Prädikat als solchem, sondern als *Subjekt* dieses Prädikats, nicht in der Geschichte als solcher, sondern als den *Herrn* der Geschichte. Denn das geschichtliche Ereignis als solches ist zweideutig. Es könnte auch eine Banalität oder ein Mythus sein. Ist es *keine* Banalität und *kein* Mythus, dann nicht durch seine eigene Wichtigkeit, Kraft und Größe – gegen die werden sich immer Einwände machen lassen, und die könnte immer auch die Wichtigkeit, Kraft und Größe eines falschen Gottes sein –, sondern durch die *Tat Gottes in Person*, des freien, majestätischen *Herrn*, der sich der Geschichte bedienen *kann*, bedient *hat* und bedienen *wird*, ohne daß wir darum das Recht hätten, von «Gott in der Geschichte» zu faseln, als ob Gott eine Eigenschaft der Geschichte geworden sei, auf die wir nun getrost die Hand legen könnten. *Ist* Gott in der Geschichte, sind jene geschichtlichen Ereignisse, von denen uns die Bibel erzählt, seine Offenbarung, dann ist das Gnade und Barmherzigkeit und ohne Aufhören *nur* das – das kann man von *ihnen* nicht abstrahieren, um *ihn* in ihnen zu erkennen –, dann sind also bei der Erkenntnis seiner in diesen Ereignissen – und darauf kommt es uns an – die Grenzen der Menschheit überschritten, dann ist das *Wunder* der Offenbarung Ereignis. Das Wunder der *geschichtlichen* Offenbarung – es gibt keine andere –, aber das Wunder der geschichtlichen Offenbarung *Gottes*, durch das er nicht in unsere Hände fällt, sondern wir in die *seinigen*, und das ist, nochmals und nochmals: zweierlei. Daß es so sein muß, das hängt freilich an der Elementarerkenntnis, mit der wir uns das letzte Mal beschäftigten, nämlich an der Elementarerkenntnis, daß wir Menschen uns gerade im Lichte der Offenbarung Gottes als Rebellen gegen ihn, als *Sünder* erkennen. Ist dem so, dann ist klar, daß einerseits alle Geschichte als solche (weil sie *menschliche* Geschichte ist), andererseits alle menschliche *Geschichtserkenntnis* unter dem Zeichen des Widerspruchs steht, in dem wir uns Gott gegenüber befinden. Indem das göttliche Wort Fleisch ward, einging in unsere Geschichte, ist es auch eingegangen in die durch diesen Widerspruch bedingte Verborgenheit und Unkenntlichkeit. Gottes Offenbarung geschieht im Inkognito.[62] Es braucht Gott selbst, es braucht die Tat der Person Gottes, dieses Inkognito aufzuheben. Die Geschichte als solche ist aber das unaufgehobene Inkognito. Indem sich Gott ihrer *bedient*, wird es aufgehoben, nicht sonst, auch in Jesus Christus nicht, in ihm am allerwenigsten. Nur das kann von der Geschichte als solcher positiv gesagt werden: sie ist dessen *nicht unfähig*, daß Gott sich ihrer bediene, wie der Mensch überhaupt als Sünder nicht unfähig geworden ist, Gegenstand der Liebe Gottes zu sein, wie die ganze Schöpfung all dem, was sie jetzt verdunkelt, zum Trotz nicht unfähig ist, Stätte der göttlichen Offenbarung zu sein. *Daß* aber Offenbarung *geschieht*, *daß* Gott den Sünder liebt, daß Gott sich der menschlichen *Geschichte* bedient, das ist *nicht* von der Schöpfung, *nicht* vom Menschen, *nicht* von der Geschichte aus zu begreifen. Das ist nur wahr und wirklich durch Gottes Güte, die jeden Morgen neu ist [vgl. Klagel. 3,23]. Soviel über die *objektive* Wirklichkeit der Offenbarung, über das Verhältnis von Offenbarung und Geschichte.

Wenden wir uns nun zu dem *zweiten* Begriff, dem Begriff der *Religion*. Auch Religion ist eine Wirklichkeit, ein menschheitliches Phänomen wie Politik, Wissenschaft und Kunst, aber auch wie andere weniger vornehme Menschheitsphänomene. Es ist zu anerkennen, daß Reli-

---

[62] Zu dem Begriff «Inkognito», den Barth auch in Unterricht I, S. 177, aufnimmt, vgl. S. Kierkegaard, *Einübung im Christentum* (Ges. Werke, hrsg. von H. Gottsched und Chr. Schrempf, Bd. IX), Jena 1912, S. 114–119.

gion eine Strukturnotwendigkeit des menschlichen Bewußtseins bildet, ohne deren Erfüllung dem Menschen die erheblichsten individuellen und sozialen Werte versagt bleiben.[63]

> In unsers Busens Reine wogt ein Streben,
> Sich einem Höhern, Reinern, Unbekannten
> Aus Dankbarkeit freiwillig hinzugeben,
> Enträtselnd sich den ewig Ungenannten;
> Wir heißen's: fromm sein![64]

In der Tat: Ehrfurcht vor einem unbekannt-bekannten Höheren ist eine Möglichkeit der menschlichen Seele, ist eine Wirklichkeit, die vielleicht in gar keinem Menschen nicht irgendwie auch stattfinden dürfte, als ein Tiefstes und Letztes seines Menschseins. Humanität ohne Religion ist eben *keine* Humanität.

Und wenn es nun wahr ist, daß Gottes Offenbarung eine Wirklichkeit in unserem Leben ist, daß wir in unserer eigenen Existenz vor Gottes Offenbarung gestellt sind, dann wird weiter zu sagen sein, daß sie jedenfalls *auch* Religion ist. Indem sie uns angeht, werden wir, mit Schleiermacher zu reden, «religiös affiziert»[65], d. h. in unserem Bewußtsein stellt sich dann in irgend einer Form jenes Phänomen der Ehrfurcht, der Dankbarkeit, der Hingabe, das Phänomen jenes Strebens ein. Man kann den Glauben als Religion, als Frömmigkeit beschreiben. Er wäre gar nicht *unser* Glaube, wenn er nicht unsere Frömmigkeit, unser religiöses Fühlen, Erfahren, Erleben und Besitzen wäre. «Der Geist gibt Zeugnis unserem Geist, daß wir Gottes Kinder sind» (Röm. 8,16). Sofern unser Geist das Zeugnis des Geistes Gottes empfängt, sind wir fromm, haben wir Religion.

Aber gerade mit der Erinnerung an dieses Bibelwort ist nun auch un-

---

[63] Von der Religion als einem «Menschheitsphänomen», das «auf einer Strukturnotwendigkeit, auf einem Apriori des menschlichem Bewußtseins» beruhe, ist (mit Anspielung auf E. Troeltsch) in Chr. Dogm., S. 399f., die Rede.

[64] J. W. von Goethe, aus der 14. Strophe der «Elegie» (1823) in dem Gedichtzyklus «Trilogie der Leidenschaft», ebenfalls zitiert in Chr. Dogm., S. 401.

[65] Nach KD I/1, S. 207, läßt sich vermuten, daß Barth die Wendung gebildet hat im Anschluß an Schleiermachers Brief vom 9.4.1825 an K. H. Sack, in: *Aus Schleiermacher's Leben. In Briefen*, Bd. IV, hrsg. von W. Dilthey, Berlin 1863, S. 334f. Dort heißt es z. B.: «... die Affection ist ja eben die Wirkung des Göttlichen in Christo ... Die wirksame d. h. auf eine bestimmte Art afficirende Erscheinung Christi ist die wahre Offenbarung und das Objective.»

zweideutig gesagt: es kann keine Rede davon sein, daß unsere Religion Gottes Offenbarung wäre. Zeugnis geben und Zeugnis empfangen ist eben zweierlei. Jenes tut Gott in seiner Offenbarung, und von diesem Tun Gottes lebt der Glaube. Dieses tun wir selbst. Und nun setzen wir sofort dort ein, wo wir vorhin endigten: Was wir selbst tun, das tun wir als Sünder, darin sündigen wir. Wir sündigen auch mit unserer Frömmigkeit. Und wenn es wahr ist, daß unsere Frömmigkeit unsere höchste und beste Betätigung ist, dann ist sogar zu sagen, daß wir eben mit unserer Frömmigkeit auch am höchsten und besten sündigen. Was mag da wohl passieren, wenn *wir* – wir, so wie wir uns selbst im Lichte von Gottes Offenbarung kennen – uns nach und neben Allem, was wir sonst tun, auch noch aufmachten, dem Streben nachzugehen, das in *unseres* Busens Reine wogt? Wie mag das herauskommen, wenn wir es unternehmen, uns den ewig Ungenannten zu «enträtseln»? Der Gott, den der Gottlose selber ausfindig machte – *kann* der etwas Anderes sein als ein Abgott, nachdem es am Tage ist, daß unser tiefster, innerster Wille darauf gerichtet ist, jedenfalls keinen Herrn zu haben? Wie soll es anders sein, als daß unsere Frömmigkeit, an sich betrachtet, immer *heidnische* Frömmigkeit ist? Mag sie tief, aufrichtig, ernst, edel – mag sie also wirkliche Frömmigkeit sein – aber *heidnische* Frömmigkeit, sofern wir uns, immer was eben *uns* angeht, dem lebendigen Gott immer zu entziehen, immer falsche Götter an seine Stelle zu setzen im Begriff stehen. Und ist es dann eine Ungeheuerlichkeit oder ist es nicht einfach wahr: daß wir uns gerade in unserer Religion auch auf dem Gipfel unseres Widerspruchs zu Gott befinden – auf dem Gipfel, sofern wir uns da *scheinbar* Gott zuwenden, in Wirklichkeit gerade da ihn verleugnen?

Ist es an dem, daß, wie wir vorher sagten, Offenbarung *auch* Religion ist und so Wirklichkeit in unserem Leben, dann offenbar nicht um ihrer selbst willen, nicht um unserer menschlichen Empfänglichkeit, sondern ganz und gar und ausschließlich um des uns gegenübertretenden göttlichen Gebers willen. Ist es wahr, daß wir als Rebellen und verlorene Sünder von Gott angenommen sind in seiner Offenbarung, dann offenbar mit Einschluß auch unserer Frömmigkeit, also wohlverstanden: nicht *wegen* und nicht *in* unserer Frömmigkeit, sondern *trotz* unserer Frömmigkeit, *mitsamt* unserer Frömmigkeit. Gibt es eine Vergebung unserer Sünde, so gibt es auch eine Vergebung unserer frommen Sünde. Und nimmt Gott uns als die Sünder, die wir sind, für seinen

Dienst in Anspruch als seine *sehr sehr* wunderlichen Heiligen, dann will er gewiß auch unsere Religion, unsere Ehrfurcht haben. Und dann und damit, daß er sie *haben will*, daß er sie *annimmt*, daß er uns unsere Sünde auch in diesem gewichtigsten Punkt *nicht* anrechnet – dann und damit, daß er sich dazu stellt wie zu den Opfern im alten Volk Israel, die ja auch nur dadurch Gott wohlgefällig waren, daß er ihnen sein Wohlgefallen *schenkte*, dann und damit mag es geschehen, daß unsere Religion nicht Götzendienst, nicht falsa, sondern vera religio[66] ist. Und das ist nun eben der entscheidende Unterschied zwischen *Glaube* und Religion: daß der Mensch im *Glauben* sich selbst auch als *frommen* Sünder und darin *ganz* auf Gottes Barmherzigkeit geworfen weiß, daß er im *Glauben* Gott nicht in seinem Herzen, aber in seinem Herzen nicht seine Frömmigkeit, sondern Gott anschaut, *seiner* sich getröstet als dessen, der es *immer* recht macht, wo wir es *nie* recht machen.|

Die *Parallele* zu unseren Feststellungen über den Begriff der Geschichte ist höchst genau und vollständig. Es kann keine Rede davon sein, daß wir in der Religion gewissermaßen vergottet würden – das verneint[67] der Glaube gerade. Es kann nur davon die Rede sein – und das bejaht der Glaube allerdings –, daß es Gott gefallen kann, sich unserer Religion anzunehmen. Es braucht Gottes Tat und Gottes Person dazu, sein Geist muß unseren Geist vertreten, damit unsere Anbetung nicht einfach gegenstandslos sei [vgl. Röm. 8,26]. Und auch hier bedeutet das, wenn es geschieht, daß unsere von Gott angenommene Anbetung sich aufs schärfste abhebt von Allem, was sonst Religion, Frömmigkeit, Anbetung heißen mag, so scharf, wie sich eben die göttliche Offenbarung von der Finsternis des menschlichen Heidentums abhebt. Und indem sie sich abhebt als vera religio, wird uns doch gar nichts in die Hand gegeben, dessen wir uns nun etwa nachträglich rühmen könnten. Wahre Religion ist wie die geschichtliche Offenbarung Gnade und Barmherzigkeit, ein für allemal. Die Offenbarung Gottes geht auch nach dieser Seite im Inkognito, in der Unscheinbarkeit einer Wirklichkeit, die wir nur als falsche Religion begreifen können. Alles spricht da-

---

[66] Vgl. den Titel von H. Zwinglis Hauptwerk: *De vera et falsa religione commentarius* (1525). Zur zunehmenden Verbreitung des Terminus «vera religio» in der reformierten und lutherischen Orthodoxie des 17. Jahrhunderts vgl. KD I/2, S. 310–313.

[67] Hier geht das Mskr. von deutscher in lateinische Schrift über.

gegen, daß wir auf dem rechten Wege sind, nicht nur in unseren Taten, sondern gerade in unserem Innersten, in unseren Gesinnungen und Gefühlen, nicht nur äußerlich, sondern gerade in unserem Herzen. Gott allein spricht dafür. Daß er das tut, daran klammert sich, davon lebt der Glaube. So steht die wahre Religion für uns allein im Glauben. Ganz scharf ausgedrückt: es muß selbst schon *geglaubt* werden, daß wir an Gott und nicht an einen Abgott glauben. Das Unterpfand dafür, das uns nach einem Ausdruck des Paulus *gegeben* ist, ist der Geist [2. Kor. 1,22; 5,5]. Der Geist aber ist Gott selber, so daß wir auch von dieser Seite nicht darum herumkommen, daß wir mit Gott schon angefangen haben müssen, um mit Gott zu endigen. Es bleibt von der Verherrlichung auch der Religion nur das übrig, daß sie dessen nicht unfähig ist, daß Gott sich ihrer bediene, daß Gott auch über dieses Nein des Menschen sein bedeckendes und vergebendes, sein rechtfertigendes und heiligendes Ja spreche. Der Mensch *ist* ja Gottes Geschöpf. Das rettet ihn nicht. Aber das bedeutet, daß Gott ihn retten kann. Geschieht das, dann ist das geschehen, was aller Religionsforschung so unzugänglich ist, wie die Erscheinung des Erretters, des Heilands, der Geschichtsforschung unzugänglich ist. Religionsforschung kann auch angesichts der wahrsten Frömmigkeit mit dem Resultate Feuerbachs endigen. *So* tief ist das Inkognito der göttlichen Offenbarung. So sehr ist sie Wunder, wo immer sie Ereignis ist.

Das ist's, was heute gegenüber der Entstellung des Sachverhaltes durch die neuere protestantische Theologie zu sagen war. Es wäre interessant und nicht allzu schwer nachzuweisen, daß ihre Lehre von der Religion und von der Geschichte in ihrer Absicht und in ihrem Ertrag nichts Anderes ist als eine etwas kurzatmige Erneuerung der römisch-katholischen Lehre von der Gnade und der römisch-katholischen Lehre von der Kirche.[68] Ich schließe mit der einfachen Gegenthese: Göttliche Offenbarung heißt göttliche *Erwählung*.

---

[68] Zur Kritik an der römisch-katholischen Lehre von der Kirche vgl. den Abschnitt «Die Bibel und die Kirche» in Chr. Dogm., S. 451–461.

V

Unser letzter Vortrag bedeutete im Zusammenhang des Ganzen die *Katharsis*, zu deutsch: die Reinigung. Motto: 1. Kor. 5,7: «Feget den alten Sauerteig aus.» Es ging darum, aufzuzeigen, daß und inwiefern die modernen Begriffe *Religion* und *Geschichte* nicht darauf Anspruch erheben können, mit dem, was Offenbarung ist nach der Lehre der christlichen Kirche, ineinsgesetzt zu werden. Christus ist entscheidend *mehr* als Geschichte, und der Glaube ist entscheidend *mehr* als Religion. Ohne ein wenig *Polemik*, ja ohne eine kleine Götterdämmerung konnte es bei diesem Nachweis nicht abgehen. Die Propheten und Apostel der Bibel, die Kirchenväter und Reformatoren konnten nicht *Ja* sagen, ohne vernehmlich und bestimmt *Nein* zu sagen. Ich meinte den Punkt deutlich bezeichnen zu müssen, wo man heute das göttliche *Ja* weder sprechen noch hören kann, ohne zugleich ein bestimmtes *Nein* zu sprechen und zu hören.

Wir kehren nun, um zum Schluß zu kommen, noch einmal dahin zurück, wohin wir in unserem vorletzten Vortrag geführt wurden, zu der Einsicht: *Gottes Offenbarung nach der Lehre der christlichen Kirche* heißt Offenbarung des *Herrn*, der uns als seine *Feinde lieb* hat. Das sagt uns die Offenbarung: daß wir einen Herrn haben, daß wir seine Feinde sind, daß er uns lieb hat. Wir können es auch so sagen: Das ist die Wahrheit über uns, die uns in Jesus Christus durch den heiligen Geist *eröffnet* wird. Und das ist die Wahrheit, die wir in Jesus Christus durch den heiligen Geist *glauben*. Es braucht zu Beidem, dazu, daß es uns *eröffnet* wird, und dazu, daß wir selbst dafür im Glauben *eröffnet werden*, Jesus Christus und den heiligen Geist, also Gott selber. Geschichte und Religion können das nicht schaffen. *Gottes Offenbarung nach der Lehre der christlichen Kirche* ist ein in sich geschlossener Kreis göttlicher Tat *für* uns und *an* uns. Keine Objektivität und keine Subjektivität, die da in Betracht käme und etwas Anderes wäre als die göttliche – nicht menschliche, sondern die *göttliche* Tat. Das ist der Punkt, sagte ich, auf den uns das Sakrament der Taufe hinweist: daß die göttliche Tat für uns und an uns geschehen ist, geschieht und geschehen wird.

Und nun hoffe ich, daß Sie es nicht als stilwidrig empfinden, wenn ich Ihnen das, was ich heute abend abschließend sagen möchte, vortrage in Form eines schlichten Stücks *Bibelerklärung*. Vielleicht sagt Ihnen nämlich schon diese *Form* über das, was ich heute sagen möchte und in diesen ganzen Vorträgen sagen wollte, Deutlicheres als der Inhalt meiner Darlegungen selbst. Ich möchte ja nun davon reden, daß und inwiefern Gottes Offenbarung nach der Lehre der christlichen Kirche uns alle *angeht*, daß der Punkt, auf den das Sakrament der Taufe hinweist, also die göttliche Tat in Jesus Christus, durch den heiligen Geist ein Punkt in unser aller *Leben* ist. Hätten Sie *das* nicht verstanden, dann hätten Sie mich schließlich doch wieder von etwas ganz Anderem reden hören als von Gottes Offenbarung, und wenn Sie im Übrigen Alles noch so gut verstanden hätten. Gottes Offenbarung, die uns nicht *anginge*, die nicht ein Punkt in unserem *Leben* wäre, so konkret wie z.B. der Punkt, daß uns gesetzt ist, einmal zu sterben [Hebr. 9,27], wäre nicht Gottes Offenbarung. Aber wie soll ich nun darüber reden, wie Gott selbst zu einem jeden von uns redet? Gewiß, ich könnte es versuchen, auch darüber zu reden, aber ich würde es dann noch einmal tun auf das Risiko und die Verantwortung hin, daß Sie mich von etwas Anderem reden hören würden als von Gottes Offenbarung. Ich möchte nun aufs deutlichste bekunden, daß ich diese Verantwortung für meine Person nicht übernehmen kann, daß ich diese Verantwortung nur übernehmen kann als Glied der christlichen Kirche, das beauftragt ist zum *Dienste am Wort*, das daraufhin – ich habe dies schon in meinem ersten Vortrag erklärt[69] – das Wort ergreift, daß es ein *Wort Gottes* gibt, das seinen Dienst haben will und das dann, wenn ihm wirklich gedient wird, die letzte und eigentliche Verantwortung für das, was gesagt wird, *selber* übernimmt und trägt. Wenden Sie das getrost auf *Alles* an, was ich hier gesagt habe. Es war Alles nur daraufhin gesagt, daß es ein Wort Gottes gibt. Nur in diesem Dienstverhältnis möchte ich verantwortlich geredet haben. Eben für diesen Sachverhalt möchte ich nun heute abend gleichsam *demonstrieren*, indem ich darauf verzichte, Ihnen in einem eigenen Gedankengang zu sagen, daß und inwiefern Gottes Offenbarung uns *angeht*, sondern nun einfach die *Bibel* aufschlage und reden lasse, in der die christliche Kirche Gottes Wort hört, Gottes Wort, ohne das alle Theologie Schwindel wäre. Ich möchte Ihnen durch diese *Form* meines letzten Vortrags sagen, daß Gottes Offenbarung uns alle insofern angeht, als wir sie eben *hören*, ganz konkret *hören*, so wie

[69] Siehe oben S. 235.

sie uns eben in der christlichen Kirche *gegeben* ist. – Ich wähle dazu das Ihnen allen bekannte 13. Kapitel des 1. Korintherbriefes.[70]

Und ich zeige euch noch einen unbegreiflichen, einen seiner Art nach unvergleichlichen (Luther: einen «köstlicheren») *Weg,* so hebt dieses Kapitel an [1. Kor. 12,31b]. Paulus hatte schon vorher von allerlei «Wegen» gesprochen, auf denen er die Christen von Korinth gehen sah, von großen geistigen Möglichkeiten, die in ihrer Gemeinschaft verwirklicht waren. Er hatte sie alle ernst genommen, er hatte aber auch daran erinnert: *ein* Geist, *ein* Herr, *ein* Gott [12,4–6]. Und wenn er ihnen ermunternd zugerufen: Strebet nur, strebet vom Besseren zum Besten [12,31a], so hält er es jetzt doch für wichtig, plötzlich abzubrechen: Der *eigentliche* Weg, der den Christen, den Genossen von Gottes Offenbarung zum Christen macht, ist jenseits des Besseren und des Besten. «Ich zeige euch noch einen unbegreiflichen Weg.» Immerhin einen *Weg,* er wird zum Schluß sogar sagen: *Jaget* danach! [14,1], also *auch* eine menschliche Möglichkeit, einen Punkt in unserem *Leben,* der nur gesehen werden, der sich nur zu sehen geben müßte. Aber eben: einen *unbegreiflichen,* unvergleichlichen Weg, einen Weg, auf den man nicht so leicht kommt, wie es durch Anlage, Erziehung und Schicksal mit den anderen Wegen der Fall sein mag, einen Weg, der wohl gerade dort anfängt, wo die anderen Wege aufhören, einen Weg, ohne den vielleicht alle anderen Wege Holzwege sein könnten. So steht's damit, daß Gottes Offenbarung uns angeht. Es handelt sich um einen *Weg,* verlassen wir uns darauf (um einen Weg, den man sogar *zeigen* kann, Paulus *tut* es), aber um einen *unbegreiflichen* Weg, unvergleichlich mit den besten Wegen, die wir sonst gehen mögen. Was ist es damit?

Wenn ich mit Menschen- und mit Engelzungen rede, die Liebe aber nicht habe, so bin ich ein tönendes Erz und eine klingende Schelle. Und wenn ich die Gabe der Prophetie habe und weiß alle Geheimnisse und alle Erkenntnis, und wenn ich allen Glauben habe bis zum Berge-Versetzen, die Liebe aber nicht habe, so bin ich nichts. Und wenn ich meinen ganzen Besitz zu Almosen mache und wenn ich meinen Leib ausliefere, verbrannt zu werden, die Liebe aber nicht habe, so nützt es mir

---

[70] Vgl. K. Barth, *Die Auferstehung der Toten. Eine akademische Vorlesung über 1. Kor. 15*, München 1924; Zürich 1953⁴. Die Auslegung von Kap. 13 findet sich dort S. 43–48 bzw. 44–49.

nichts [1. Kor. 13,1–3]. Paulus hat also den «unbegreiflichen Weg» als die *Liebe* bezeichnet. Er würde zweifellos auf die Frage, vor der wir stehen, ob und inwiefern Gottes Offenbarung uns angehe, mit diesem Wort geantwortet, er würde uns gefragt haben, ob wir wüßten, was die *Liebe* sei, ob damit ein Punkt auch in unserem Leben bezeichnet sei? Das sei nämlich der Punkt, wo Gottes Offenbarung uns angehe. Aber was heißt Liebe? Ich möchte die Erklärung dieses Wortes noch nicht geben. Ich würde sogar raten, Alles, was wir etwa darüber schon zu wissen meinen, vorläufig zurückzustellen, als wüßten wir es noch nicht. Setzen wir es gleichsam als die Unbekannte x ein in die Rechnung und hören wir, was sich zu seiner Bestimmung ergibt aus dem, was Paulus darüber gesagt hat.

Wir hören zunächst, daß er es darin in scharfen Gegensatz stellt zu all den guten, besseren und besten geistigen Möglichkeiten, die in der christlichen Gemeinde schon verwirklicht waren, daß er sagt: ich könnte das alles haben, sofern ich aber das Eine, dieses x, eben die Liebe nicht habe, so *hilft mir das alles gar nichts*. Ich bin dann doch nur wie ein Musikinstrument, das wohl tönt, weil und sofern es von der menschlichen Hand angeschlagen (wir könnten ja auch sagen: gestrichen oder geblasen) wird, das aber nicht aus sich selber tönt. Damit ist erklärt, was Paulus meint, wenn er sagt: es hilft mir Alles nichts, ich bin trotz Allem nichts, wenn ich die Liebe nicht habe. Das «Nichts» besteht eben darin, daß ich nur so dabei bin, wie ein tönendes Erz und eine klingende Schelle unter der Hand des Musikanten. Wir werden einwenden: das ist doch nicht nichts, das ist immerhin etwas: ein gutes Instrument zu sein unter der Hand des Künstlers. Und wir werden noch viel mehr einzuwenden haben gegen dieses Nichts, wenn wir darauf achten, *was* alles Paulus da für den Fall, daß wir um die Liebe nicht wissen, die Liebe nicht haben sollten, als Nichts bezeichnet. Es sind keine äußerlichen, sondern es sind höchst geistige, moralische, ja religiöse Dinge, die er unter diesen Gegensatz stellt. Es sind aber auch durchaus nicht etwa solche Dinge, die vielleicht den Juden oder Heiden wertvoll erschienen und denen er nun die christlichen Dinge gegenüberstellte. Sondern es sind gerade die besonderen *christlichen* Dinge: was die Christen als solche sind und haben – und wir befinden uns hier sogar in der so oft und mit vollem Recht nicht ohne Wehmut bewunderten Gemeinde des *Ur*christentums –, also Zungenrede, Prophetie, Erkenntnis, Glaube,

Gütergemeinschaft, Märtyrertod. Was wissen, was haben *wir* von diesen christlichen Dingen? Wir kennen sie allenfalls aus Büchern, in der Wirklichkeit vielleicht in ganz, ganz bescheidenen Ansätzen oder Nachklängen. Wir hätten allen Anlaß, uns vor dieser ältesten Kirche tief zu schämen mit unserer christlichen Armut. Auch das, was eine Zeit wie etwa die Reformationszeit teilweise wiedergebracht hat von diesen Dingen, reicht ja an Fülle und Tiefe an das, was das Urchristentum war und hatte, nicht von ferne heran. Aber sogar und gerade von dem, was das Urchristentum war und hatte, sagt Paulus mit dürren Worten: Ich bin im Besitz, in Gegenwart, in Betätigung von dem allem *nichts*, wenn ich die Liebe nicht habe. Es passiert da wohl etwas Großes und Entscheidendes, aber mich geht es nicht mehr an, als es die Glocke angeht, wenn sie geläutet wird: sie ist aus sich selber doch keines Tones fähig, sie ist totes, stummes Metall. Alle jene Wege können noch immer Holzwege, Irrwege, Abwege sein, wenn wir nicht zugleich und vor Allem auf *diesem* Weg, dem Weg der Liebe sind. Also: so ist's nicht, wenn Gottes Offenbarung uns angeht, will Paulus sagen, *so* nicht, daß wir bloß eine solche Glocke wären, deren Klang im Ohr vergehet, wie mächtig tönend er ihr auch entschalle[71], so nicht, daß wir schließlich und im Grunde gar nicht dabei wären, nichts wären, uns selbst gar nicht geholfen wäre damit, daß uns gesagt ist, daß wir einen Herrn haben, daß wir seine Feinde sind, daß er uns als solche liebhat. Es gilt wohl aufzumerken: wenn uns das wirklich *angeht*, dann steht es nicht so. Eben darum gilt es aber auch, sich vor Verwechslungen zu hüten. Freilich geschieht etwas Großes und Entscheidendes an uns damit, daß uns das gesagt wird, gerade wie dort in der Urchristenheit Großes und Entscheidendes geschah, indem ihr das gesagt wurde: in den dürftigeren Ausmaßen *unserer* Christlichkeit mag es dann auch wohl dazu kommen, daß wir erkennen, daß wir glauben, daß uns das Herz und vielleicht sogar der Beutel aufgeht für den Nächsten, daß wir zu Opfern, vielleicht zu letzten Opfern bereit und willig werden. Aber das alles, sagt uns jetzt Paulus, kann geschehen, *ohne* daß uns Gottes Offenba-

---

[71] Vgl. Fr. von Schillers «Lied von der Glocke», V. 414–417:
    Und wie der Klang im Ohr vergehet,
    Der mächtig tönend ihr entschallt,
    So lehre sie, daß nichts bestehet,
    Daß alles Irdische verhallt.

rung wirklich anginge, ohne daß Gott uns selbst offenbar würde und also ohne daß wir mehr wären als ein tönendes Instrument, eine klingende Glocke, also ohne daß wir *dabei* wären. Ob Gottes Offenbarung uns angeht, das *fragt* sich, und wenn die höchsten christlichen Dinge uns noch so aufrichtig und gründlich zu eigen wären. Es fragt sich, ob wir die *Liebe* haben. Dann erst ginge uns Gottes Offenbarung an. Dann erst stünde ein Plus statt ein Minus vor der Klammer. So unbegreiflich ist der Weg, der kein Holzweg ist. Aber hören wir weiter:

Die Liebe ist geduldig. Die Liebe ist gütig. Sie eifert nicht. Die Liebe prahlt nicht. Sie bläht sich nicht auf. Sie verletzt das Schickliche nicht. Sie sucht nicht das Ihre. Sie läßt sich nicht verbittern. Sie rechnet nicht mit dem Bösen. Sie freut sich nicht an der Ungerechtigkeit. Sie freut sich aber mit der Wahrheit. Sie ist ganzes Tragen, ganzes Glauben, ganzes Hoffen, ganzes Ausharren [1. Kor. 13,4–7]. Es dürfte angesichts dieser Stelle deutlich sein, daß der Punkt, wo Gottes Offenbarung uns angeht, ein Punkt mitten in unserem Leben ist. Gewiß ewig, gewiß göttlich. Aber ewig mitten in unsere Zeit hinein-, göttlich mitten in unsere Menschlichkeit hineingesetzt. Es ist klar, nun werden wir auf einmal in die Praxis geführt, von allen Abstraktionen weg auf das Feld unseres tatsächlichen Handelns, wo es zur Besinnung immer gerade einen Augenblick zu spät ist, weil jeden Augenblick auch schon eine Entscheidung fällt, und zwar so fällt, wie wir eben *sind*, wo wir unser tatsächliches Sein betätigen und offenbaren. *Da, da* offenbart es sich denn auch, daß uns die Offenbarung angeht, daß wir die Liebe haben. Das ist die Waage, auf die wir gelegt sind. Beachten wir: Paulus hat zuerst gesagt: nicht das ist die Waage, daß wir Anteil haben an allen jenen großen christlichen Dingen. Es *könnte* sein, daß wir an ihnen Anteil haben, ohne daß uns Gottes Offenbarung auch nur im Geringsten anginge. Es *könnte* sein, daß wir an ihnen nur als tönendes Erz und klingende Schelle Anteil haben. Es kann aber *nicht* sein, daß uns Gottes Offenbarung angeht, daß wir die Liebe haben, ohne daß unsere Entscheidungen auf jenem Feld unseres tatsächlichen Handelns in einer ganz bestimmten Weise fallen. Lassen Sie mich zu dieser Stelle auf Folgendes besonders aufmerksam machen:|

1. Das Schlachtfeld der Entscheidung, auf das wir da verwiesen werden, ist offenbar schlechterdings das Gebiet, wo wir es mit unserem *Nächsten*, mit dem Mitmenschen zu tun haben. Also in unserem Ver-

hältnis zu ihm fällt die Entscheidung darüber, ob uns Gottes Offenbarung angeht. Die Bedeutung des Du für den Begriff der Offenbarung hat uns in diesen Vorträgen an mehr als einer Stelle beschäftigt.[72] Daß wir in Gott *das* große Du zum Herrn bekommen, das ist der Sinn der Offenbarung. Ist das wahr, geht uns das an, dann erst wissen wir, dann wissen wir aber ernsthaft um die Wirklichkeit des Du. Dann kann es nicht anders sein, als daß uns jedes menschliche Du als das Du eines Bruders, einer Schwester an den Herrn erinnert. Dann ist die Oberherrschaft des Ich in unserem Leben – wahrlich nicht beseitigt – jeder Augenblick sagt uns, daß dem nicht so ist –, aber *gebrochen*. In dieser Gebrochenheit offenbart es sich, daß uns die Offenbarung angeht, daß wir die Liebe haben. *Darum:* sie ist geduldig, gütig, eifert nicht, prahlt nicht usw. In dieser Gebrochenheit offenbart sich das, was man das christliche Leben nennen könnte. Es besteht sehr schlicht darin, daß der Nächste nun eben *auch* da ist als Wirklichkeit.|

2. Es fällt uns auf, welche Rolle in dieser Beschreibung der Liebe das Wörtlein «*nicht*» spielt. Das weist uns darauf hin, daß es sich nicht um die Entfaltung von sog. christlichen Tugenden handelt oder daß die christlichen Tugenden wesentlich darin zu bestehen scheinen, daß allerhand, was an sich geschehen könnte, *nicht* geschieht, weil, da Gottes Offenbarung uns angeht, das Ich nicht mehr allein, sondern der Nächste auch da ist. Dieses *Nicht* bezeichnet eben den eingetretenen Bruch. Positive christliche Tugenden können u. U. – davon hat ja Paulus vorher geredet – mit der Oberherrschaft des Ich sehr wohl zusammen bestehen. Das *Nicht*, das gerade hier so laut wird, bezeichnet den nicht mehr überhörten Anspruch des Nächsten[73].|

3. Es fällt nun aber weiter auf, daß Paulus nicht etwa sagt: der christliche und also der liebende Mensch tut dies und läßt jenes, sondern

---

[72] Siehe oben S. 244–246.251f.255f.

[73] Die Wendung «Anspruch des Nächsten» oder (häufiger) «... des Anderen» bzw. «... des Du» ist charakteristisch für das Schrifttum Fr. Gogartens in jenen Jahren; s. z. B. dessen Buch *Ich glaube an den dreieinigen Gott. Eine Untersuchung über Glauben und Geschichte*, Jena 1926, S. 80.111.115.138.146.149f.153.163f. 174.178.182.185f.194.197.202.205f.208–210.212, und den Aufsatzband *Glaube und Wirklichkeit*, Jena 1928, S. 59f.118f.127f.135.170.174. Auf «die Gogarten'sche Entdeckung des Nächsten» nimmt Barth im Herbst 1927 auch in seinem Briefwechsel mit E. Thurneysen Bezug: Bw. Th. II, S. 521f., vgl. S. 530. Vgl. auch Barths ironische Distanz zu dieser Formel Gogartens unten S. 308 bei Anm. 25.

merkwürdig unpersönlich: die *Liebe* ist es, die dies tut und jenes läßt, als ob hier jemand ganz Anderes an Stelle des Menschen handelte, als ob der Mensch vielleicht doch nur dabei wäre wie eine tönende Glocke. Die Vermutung ist oft geäußert worden, was Paulus in diesen schönen Versen beschreibe, das sei nichts Anderes als das Bild, das er sich von dem Charakter und Wesen des Menschen Jesus gemacht habe.[74] Ich würde das auf keinen Fall so sagen. Aber das ist schon richtig: es ist das Kreuz Christi, das Paulus da mitten in unserem Leben aufgerichtet sieht, und *von daher* wird jetzt gehandelt in unserem Leben. Er ist der, der uns so bricht in unserer Begegnung mit dem Nächsten, er *selbst*, wir haben kein Verdienst daran, und es ist nicht unsere Tugend, sondern es muß so sein, weil er unser Herr ist, er macht es so mit uns. Darum: nicht der christliche Mensch, sondern die *Liebe* tut dies und läßt jenes.|

4. Nun wird es aber auch klar, warum und in welchem Sinn Paulus so *unbedingt* reden kann. Von der Gebrochenheit, in der wir unserem Nächsten begegnen, könnte man wahrlich so unbedingt nicht reden: Wir sind geduldig, gütig, eifern nicht, prahlen nicht, blähen uns nicht auf ... Von uns dürfte vielmehr, genau betrachtet, auf der ganzen Linie immer das Gegenteil zu sagen sein. Wirklich gebrochen wären wir, wirklich lieben würden wir eben doch erst dann, wenn die Oberherrschaft des Ich *beseitigt* wäre. Sie ist aber *nicht* beseitigt, und darum sind wir auch nicht gebrochen, darum können wir das, was da von der Liebe gesagt wird, nur mit *größter* Bedenklichkeit anhören. Vor Allem das,

---

[74] Zur Verifizierung dieses Satzes wurden mit freundlicher Unterstützung von Prof. Dr. G. Barth / Wuppertal zahlreiche Kommentare und Auslegungen zum 1. Kor. konsultiert, von den Kirchenvätern über die Reformatoren zum 19. und beginnenden 20. Jahrhundert. Nur bei einem einzigen fand sich eine entsprechende Aussage, bei dem Schweizer Fr. Godet, *Kommentar zu dem ersten Briefe an die Korinther*, deutsch bearbeitet von P. u. K. Wunderlich, Teil 2, Hannover 1888, S. 139: «Bei dieser Schilderung hat der Apostel immer zweierlei vor Augen: einmal die Gestalt dessen, der auf Erden das Ideal eines Lebens der Liebe verwirklicht hat, sodann die zahllosen Verfehlungen gegen die Liebe, welche die Korinther ... sich haben zu schulden kommen lassen ...» In charakteristischer Abwandlung dieser 1927 von ihm abgelehnten Auffassung spricht Barth selber später in KD I/2, S. 362, von dem Kapitel 1. Kor. 13, «wo man den Begriff der ‹Liebe› sicher am besten versteht, wenn man schlicht den Namen Jesus Christus dafür einsetzt!» In der Folge mehrt sich dann die Zahl der Autoren, die diesem Ratschlag folgen.

was zum Schluß gesagt wird: sie ist *ganzes* Tragen, *ganzes* Glauben, *ganzes* Hoffen, *ganzes* Ausharren. Wenn an dieser vierfachen Ganzheit nichts abzumarkten ist, ja dann haben wir doch wohl keine Wahl, als zu anerkennen: das sind wir *nicht,* und wenn nun das, was Paulus die Liebe nennt, bloß wir selbst sind, dann sind wir bei dem allem gar nicht dabei, dann geht uns Gottes Offenbarung gar nichts an.|

5. Paulus hat aber von einem *Weg* geredet, auf dem *wir* uns befinden können und sollen. Er hat zweifellos damit gerechnet, daß uns Gottes Offenbarung angehe. Und das ist gerade das Unerhörte dieser Stelle und das Unerhörte des Weges, auf den er da hinweist, daß Paulus zweifellos vom *Menschen,* von *uns* redet und es wagt, dem Subjekt Mensch Prädikate zu geben, an denen uns nur klar werden kann: da ist ganz jemand Anderes gemeint als ich – obwohl und indem ich gemeint bin. Da hat eine Vertauschung stattgefunden, da ist ein ganz Anderer an meine Stelle getreten, und nun gilt die *Ganzheit seiner* Liebe für die Halbheit, d. h. aber Lieb*losigkeit,* die ich bei mir selbst finde. Nun sorgt dieser Andere dafür, daß ich gerechtfertigt bin, daß Gottes Offenbarung mich angeht, daß ich also gerade nicht bloß eine tönende Glocke bin, obwohl ich in meinen eigenen Augen nichts Besseres sein kann. Ich liebe, ich lebe, ja, aber nun nicht ich, sondern die *Liebe* oder, wie Paulus an anderer Stelle in der Tat sagt [Gal. 2,20]: *Jesus Christus* lebt in mir, lebt und liebt *für* mich; und wenn ich in *meinen* Entscheidungen – darauf angesehen, daß sie die meinen sind – unaufhörlich versage, wenn ich die Liebe nicht habe, so hat sie mich, und das ist mehr, und darin, immer darin: daß sie *mich* hat, habe ich auch *sie* und geht mich Gottes Offenbarung *an,* ist sie Wirklichkeit in meinem eigenen Leben, diesem Leben voll ununterbrochener Fehlentscheidungen. So also steht es mit der Aufhebung des Minus vor der Klammer.

Aber nun haben wir offenbar erst recht das Bedürfnis, weiteres zu hören.

Die Liebe höret nimmer auf. Prophetengaben aber werden aufgehoben. Zungenreden hört auf. Erkenntnis wird aufgehoben. Denn unsere Erkenntnis ist Bruchstück, und unsere Prophetie ist Bruchstück. Wenn aber das Vollkommene kommt, wird das Bruchstückwesen aufgehoben. Als ich ein Kind war, sprach ich wie ein Kind, dachte ich wie ein Kind, rechnete ich wie ein Kind. Als ich ein Mann ward, tat ich ab, was kindisch ist. Wir sehen jetzt im Spiegel, im Rätselwort, dann aber von An-

gesicht zu Angesicht. Jetzt erkenne ich in Bruchstücken. Dann werde ich erkennen, wie ich erkannt bin [1. Kor. 13,8–12].

Wir hören hier vor Allem, daß wir wirklich nichts in das Vorangehende hineingelesen haben, wenn wir das dort beschriebene Leben [und] Walten der Liebe[75] nicht verstanden haben als ein Tun, das die christlichen Menschen nun etwa fertig brächten, so daß sie selber dafür sorgten, daß Gottes Offenbarung sie angehe. Dann wäre die Liebe ja doch wieder so etwas Ähnliches wie die christlichen Dinge, die am Anfang genannt waren: Zungenreden, Prophetie, Erkenntnis, Glaube, Gütergemeinschaft, Martyrium. Von dem allem wird die Liebe jetzt noch einmal abgegrenzt damit, daß von ihr gesagt wird: sie hört nimmer auf, d. h. sie hat keine Grenze in der Zeit. Sie wird nicht kraftlos, indem der Mensch kraftlos wird. Sie stirbt nicht, indem der Mensch stirbt. Sie ist durch die Schranken, innerhalb deren der Mensch läuft, nicht beschränkt. Dieser Satz müßte uns endgültig davor warnen, die Liebe von 1. Kor. 13 zu verwechseln mit dem bißchen Liebe, das *wir* aufbringen. Sogar wenn es mehr als ein bißchen wäre, sogar wenn es bis zur Gütergemeinschaft und bis zum Opfertod ginge wie in der Urchristenheit: Was *wir* aufbringen, das wird «*aufgehoben*». Das hat seine bestimmt gezogene Grenze in uns selbst, in unserer Unzulänglichkeit, in unserem Sterben, in unserem Vergessenwerden. Wir mögen so groß, auch so christlich groß werden, als wir wollen, wir können doch nicht über unseren eigenen Schatten springen. *Unsere* Liebe hört freilich auf, und wenn damit *unsere* Liebe gemeint sein sollte, dann wäre es wenig angebracht, dieses Wort auf Grabsteine zu setzen. Es wäre dann eine Lüge. Es muß schon so sein, daß [, wenn] wir es tun, wenn wir die Liebe wirklich *haben*, wenn wir wirklich solche *sein sollten*, die Gottes Offenbarung *angeht*, jene große Vertauschung geschehen sein müßte, daß die Liebe *uns* hätte, daß wir geliebt *wären*, auch *abgesehen* von unserem Lieben. Von *dieser* Liebe wäre dann wohl zu sagen: sie höret nimmer auf.

Aber nun sagt uns Paulus über diese Bestätigung des Vorangehenden hinaus und im Anschluß daran noch etwas ganz entscheidendes *Neues*.

---

[75] Anspielung auf den Titel der Schrift von S. Kierkegaard, *Leben und Walten der Liebe. Einige christliche Erwägungen in Form von Reden* (1847), übersetzt von A. Dorner und Chr. Schrempf (Erbauliche Reden, Bd. III), Jena 1924.

Er kommt nämlich im Zusammenhang des Gedankens, daß alles Ding, auch alles christliche Ding seine Zeit hat[76], speziell auf die Frage der *Erkenntnis*, natürlich der Erkenntnis Gottes in seiner Offenbarung, zu sprechen, also auf die Frage, von der wir in diesen Vorträgen ausgegangen sind. Er sagt auch von der *Erkenntnis* und von der *Prophetie*, der göttlichen Erleuchtung, die es dazu bedarf, also von der Theologie unzweideutig: sie wird aufgehoben, sie hat ihre Grenze, sie steht und fällt mit dem sterblichen Menschen. Stärker ist die Relativität aller Theologie wohl nie ausgesprochen worden als hier in der Bibel, in der sie begründet ist. Man beachte zunächst, daß Paulus als Grund für das Ende, die Grenze aller Erkenntnis und gerade der christlichen Erkenntnis nicht etwa die Schwachheit des Menschen, nicht etwa die natürliche und notwendige Beschränktheit der Kraft und Tragweite des menschlichen Erkennens angibt, sondern: Wenn und weil das *Vollkommene kommt*, dann und darum wird das Bruchstückwesen aufgehoben. Am Gegenstand, nicht in sich selber, hat unser Erkennen seine Grenze, und das ist zweierlei. Und zwar darum, weil Paulus diesen Gegenstand *kommen*, auf sich zukommen sieht. Das Bruchstückwesen hat sein Recht und seine Möglichkeit nur, weil und sofern der Gegenstand noch nicht da, sondern noch ferne ist. Diese Ferne ist aber nur vorläufig. Gottes Offenbarung geht einem Ziel entgegen. Dieses Ziel sind wir selber. Sie kommt zu uns, um bei uns zu sein, damit uns Gott nicht nur offenbar *werde*, sondern offenbar *sei*, so wie wir ihm offenbar sind, von Angesicht zu Angesicht. Weil und sofern dies *noch nicht* der Fall ist, darum und insofern erkennen wir bruchstückweise. Weil und sofern dies *nicht ewig* ausbleiben wird, darum und insofern ist dieses Erkennen beschränkt, bestimmt dazu, aufgehoben zu werden. Der Grund der *Beschränktheit* unseres Erkennens ist also gerade auch der Grund seiner *Hoffnung*. In drei Gleichnissen hat Paulus dieses Verhältnis beschrieben. Unser Erkennen gleicht dem Reden, Denken und Rechnen des *Kindes*. Es gleicht dem Bild im *Spiegel*. Es gleicht der Wahrheit, die in einem unaufgelösten *Rätsel* steckt. Aber im Kinde steckt schon der künftige Mann und im Spiegelbild die Sache selbst und im Rätsel die

[76] Vgl. den Refrain in P. Gerhardts Lied «Sollt ich meinem Gott nicht singen?» (1653), EKG 232; GERS 48.
Alles Ding währt seine Zeit,
Gottes Lieb in Ewigkeit.

Wahrheit. So ist das Beschränkende zugleich das Tröstliche und Verheißungsvolle.

Aber was hat Paulus für einen Grund, dies alles gerade hier, wo er
von der *Liebe* redet, zu sagen? Ich wüßte keinen anderen Grund anzugeben als den, daß man eben gerade die Liebe nicht anders erkennen
kann als in dieser Beschränktheit und in dieser Hoffnung. Gerade weil
sie die Offenbarung Gottes ist, die uns angeht, die uns *hat*, die Liebe, in
der wir geliebt sind, ehe denn wir liebten, gerade darum ist sie der «unbegreifliche Weg», ist sie *der* Punkt in unserem Leben, wo wir ernsthaft
anerkennen müssen, daß unser Erkennen seine Grenze hat. Denn wenn
wir bei der Beschreibung der Liebe damit endigen müssen, daß wir mit
Paulus sagen: Ich lebe, doch nun nicht ich, sondern Christus lebt in mir
[Gal. 2,20] – dann ist das eben typisches *Bruchstückwesen*. Nicht umsonst hat Paulus an unserer Stelle ausdrücklichst von seinem eigenen
Erkennen, von seiner eigenen Theologie geredet. Ich und doch nicht
Ich! Nicht Ich und doch Ich. Eine Liebe, die darin besteht, daß wir geliebt sind, das ist entweder schlechthin unerträglich, *oder* es ist eben das
kommende *Vollkommene*. Es ist nach dem Zeugnis des Paulus nicht
unerträglich, sondern es ist tatsächlich das kommende Vollkommene.
Weil es das *Vollkommene* ist, darum wird es nicht aufgehoben, hört es
nicht auf, im Gegensatz zu Allem, was wir sind, haben, tun und besitzen. Weil es das *zu uns* erst *kommende* Vollkommene ist, weil Gott uns
wohl offenbar *wird*, aber noch nicht offenbar *ist*, weil wir ihn noch
nicht erkennen von Angesicht zu Angesicht, noch nicht so, wie *er uns*
erkennt, darum ist – *nicht* es selber, wohl aber seine *Erkenntnis*, die
Theologie der Offenbarung «Bruchstückwesen». Sie ist Erkenntnis in
Gegensätzen, die man nicht miteinander vereinigen kann, die man miteinander denken muß, um die Wahrheit zu denken, weil die Wahrheit
weder in dem einen noch in dem anderen Satz, noch auch in beiden zusammen enthalten, sondern eben die *kommende* Wahrheit des Vollkommenen ist. Wirkliche Theologie, Theologie, die es mit dem kommenden Vollkommenen zu tun hat, kann gar nicht mehr sein wollen als
eben Theologie im Bruchstückwesen oder, wie man heute sagt: dialektische Theologie[77]. Man hat mit diesem Schlagwort also nicht eine beson-

[77] Zum notwendig dialektischen Charakter der Theologie nach Barth s. z. B.
den Vortrag *Kirche und Theologie* (1925) in: Vortr. u. kl. A. 1922–1925, S. 669–676;

dere Art von Theologie bezeichnet, so wenig wie ein weißer Schimmel ein besonderer Schimmel ist, sondern man hat damit bloß bezeichnet, was wirkliche Theologie *notwendig* ist, nämlich eben solche Erkenntnis, wie sie von Paulus in diesen Versen beschrieben wird. Eben darum bleibt sie denn auch nicht, wie die Liebe, sondern sie muß ganz vergehen und neu werden damit, daß das Vollkommene kommt. Gottes Erkennen ist nicht Bruchstückwesen, und wenn wir ihn erkennen werden von Angesicht zu Angesicht, dann ist es mit dem Bruchstückwesen auch für uns *vorbei*. Aber das können wir nicht an uns reißen und vorwegnehmen, so gewiß wir uns selbst und die Zeit nicht aufheben können. Uns *wird* Gott offenbar, ohne uns offenbar zu *sein*. Für uns gibt es nur dialektische Theologie, Theologie, die *nicht* bleibt. Das ist's, was Paulus, gerade indem er von der Liebe redet, sich selbst und uns zu sagen nicht unterlassen kann.

Die Liebe aber höret nimmer auf. Die Liebe *bleibt*. Gerade weil sie das kommende Vollkommene selber ist. Darum kann es an einer anderen Stelle des Neuen Testaments heißen: Wer in der *Liebe* bleibt, der *bleibt* in Gott und Gott in ihm [1. Joh. 4,16]. Das heißt: Soviel Liebe in uns ist, soviel geht uns die Offenbarung Gottes an, ist es wahr, daß wir, seine Feinde, seine Kinder sind, im Tod, der der Sünde Sold ist [Röm. 6,23], geborgen unter seinen ewigen Armen [vgl. Dtn. 33,27]. Soviel Liebe in uns ist – wir sind nun wohl gesichert vor dem Mißverständnis, als ob unser großes oder kleines Lieben uns das verschaffen könne. Soviel Liebe heißt: soviel Geliebt*sein*. Wem viel *vergeben* ist, *der* liebt viel [vgl. Lk. 7,47]. Und darum sagt Paulus nun gerade nicht bloß: Die *Liebe* bleibt, sondern:

Nun aber bleiben: Glaube, Hoffnung, Liebe, diese drei, aber die Liebe ist die größte unter ihnen [1. Kor. 13,13]. Der *Glaube* ist ja eben die feste Zuversicht auf das Vollkommene, das man nicht sieht [vgl. Hebr. 11,1], auf die Liebe Gottes, auf Jesus Christus. Weil er glaubt, daß wir

ferner Chr. Dogm., S. 579–585. Zu dem leicht distanzierten Ton, in dem Barth hier von «dialektischer Theologie» als gängig gewordener Bezeichnung für die u. a. von ihm selbst vertretene Richtung spricht, vgl. den Artikel *Abschied* in ZZ, Jg. 11 (1933), S. 536–544, in dem Barth den Bruch der theologischen Gemeinschaft besonders mit Fr. Gogarten und die Auflösung der gemeinsamen Zeitschrift begründet. Dort S. 536: «Der Name ‹dialektische Theologie› ist uns noch im selben Jahr [1922] von irgend einem Zuschauer angehängt worden.»

geliebt *sind*, darum rechtfertigt er, darum *bleibt* er, mit der Liebe selber. Darum hängt der Mensch im Glauben an Gott selber und wird leben, ob er gleich stürbe [vgl. Joh. 11,25]. Und die *Hoffnung* ist dieselbe feste Zuversicht auf das Vollkommene, eben sofern man es nicht sieht – niemand hat es gesehen [vgl. Joh. 1,18] –, sofern es immer erst kommt und unser Erkennen von ihm Bruchstückwesen ist, an dem wir wohl verzweifeln möchten und könnten. Weil sie hofft, daß wir jetzt schon in unserer ganzen Lieblosigkeit geliebt *sind*, darum läßt sie nicht zu Schanden werden [vgl. Röm. 5,5], darum *bleibt* sie mit der Liebe selber. Darum hängt der Mensch in der Hoffnung an Gott selber und wird leben, ob er gleich stürbe. Aber die Liebe ist die größte unter ihnen. Man kann vom Glauben und von der Hoffnung nicht sagen, daß sie Gott selber sind. Man kann und muß aber sagen, daß Gott die *Liebe* ist [vgl. 1. Joh. 4,8.16]. Daß wir von Gott geliebt sind, das ist jetzt und hier schon unsere Gemeinschaft nicht nur, sondern unsere *Einheit* mit Gott.[78]

[78] Notizen Barths am Fuß des Mskr.:
= Wirkl[ichkeit] d[er] Off[enbarung],
Dienst: Hinweis, διώκετε τ[ὴν] ἀγ[άπην] [1. Kor. 14,1]
Wer hört? ..

DAS WAGNIS DES GLAUBENS
1928

Am 19. 1. 1928 schrieb Dr. H. Wechlin von der Redaktion des «Berner Tagblatts» an Barth: «Leider beherrscht heute in der Tagespresse vor allem die wirtschaftliche Idee, das materielle Sonderinteresse das Feld. Wir waren daher direkt froh, als bei Anlaß der Frage Ihrer Berufung wieder einmal ein grundsätzliches Problem zur öffentlichen Diskussion stand, und wir haben mit großer Genugtuung unser Blatt für Ihre Sache zur Verfügung gestellt. Umso größer war unsere Enttäuschung, daß die bernische Regierung den Weg nicht fand, Ihnen das Kommen nach Bern zu erleichtern.[1] Wir stehen vor der bernischen Reformationsfeier[2] und erlauben uns bei diesem Anlaß Ihnen unsern innigen Wunsch zu übermitteln, uns für diesen Anlaß, resp. für unsere Festnummer einen Beitrag zu spenden. Es wäre uns besonders daran gelegen, wenn weniger das historische als das religiöse Moment der Reformation eindringlich der Leserschaft vor Augen geführt würde.»

Barth hat sich offenbar[3] am Sonntag, 22. 1. 1928, an die Schreibmaschine gesetzt, um den erbetenen Artikel zu schreiben. Im Karl Barth-Archiv befindet sich die Beilage zu Nummer 29 des «Berner Tagblatts» vom Samstag, 4. Februar 1928 mit der Überschrift «Bernische Reformationsfeier», ein Zeitungsblatt im Format 50 × 35 cm. In der Mitte des Blattes ist ein Stich des Berner Reformators Berchthold Haller aus dem Jahre seines Todes 1536 abgedruckt. Der Direktor des Kirchenwesens, Regierungsrat Dr. Dürrenmatt, schreibt «Zum Reformationsjubiläum». Hinter Barths Artikel, auf der übernächsten Zeitungsseite, folgen noch Ausführungen von Prof. Dr. M. Haller über «Reformation und Bibel» sowie von Prof. Dr. W. Hadorn[4] über «Die Reformation in Bern».

---

[1] Barths Berufung auf den Lehrstuhl für Systematische Theologie erfolgte im August 1927. Über die mühsamen, endlich gescheiterten Verhandlungen s. Bw. Th. II, S. 512–552; vgl. auch Busch, S. 188f.

[2] Vierhundertjahrfeier des Berner Reformationsedikts vom 7. 2. 1528.

[3] Laut eines handschriftlichen Vermerks auf dem im Karl Barth-Archiv erhaltenen Typoskript.

[4] Wilhelm Hadorn (1869–1929), Professor für Neues Testament in Bern, zugleich Pfarrer am dortigen Münster, hatte sich bemüht, Barth für Bern zu gewinnen.

Barth hat dieses Zeitungsblatt u. a. an seine Freunde in Bremen ge-
sandt, wo es von Dr. K. Stoevesandt «außerordentlich gern gelesen»
wurde «als Fortsetzung Ihrer Zentrumsstudentenrede und als Vorspiel
Ihres hiesigen Vortrages»[5]*. Neuser nimmt an, daß der Artikel auch im*
Münsteraner evangelisch-katholischen Gesprächskreis diskutiert wur-
de.[6]

Es ist jeden Tag und jede Stunde ein Wagnis, den Christennamen für sich in Anspruch zu nehmen. Wir tun es, weil wir getauft sind, und wir tun wohl daran. Aber wenn unsere Taufe Befehl und Erlaubnis ist zu diesem Wagnis, so bleibt es darum doch ein Wagnis, ein Sprung ins Dunkle, was wir damit tun. Und wenn wir dabei – und das sollen und dürfen wir allerdings – unserer Sache sicher sind, so ist diese Sicherheit doch allein die, die Gott uns gibt: Gott der Herr, der nicht an uns ge-bunden ist, sondern wir sind an ihn gebunden. Wer sich Gottes des Herrn tröstet, für den kann aller andere Trost nur noch ein bedingter Trost sein. Wollte er von Gott absehen, so würde ihn alles andere nicht trösten. Er müßte dann wohl von sich sagen: Ich hab mein Sach auf nichts gestellt![7] Und in den Augen aller, die seinen einen Trost nicht kennen, wird er tatsächlich mit seinem ganzen Sein, Denken und Tun dastehen als einer, der keinen Boden unter den Füßen hat: nicht ge-rechtfertigt, nicht geborgen, nicht teilhaftig jener höchsten Hoffnung für Leben und Sterben, die eben der Christenname in sich schließt. Es braucht schon Gott selbst dazu, daß einer diesen Christennamen mit Recht und ohne Illusionen für sich in Anspruch nehmen kann. Wir sind nur durch Gott selbst Christen und haben keine Macht darüber, es zu sein, keine Mittel, es zu werden und zu bleiben. Daß wir es durch Gott selbst («in Christus», wie Paulus das ausdrückt) werden, sind und blei-ben, das ist unser christlicher Glaube. Glaube heißt: Bedingtheit aller anderen Stützen unseres Christenstandes durch diese eine, Unbedingt-heit dieser einen. Glaube heißt im Notfall, das heißt, wenn die Unbe-dingtheit dieser einen in Frage stehen sollte: Preisgabe aller anderen

[5] Brief von Dr. K. Stoevesandt an Barth vom 20. 2. 1928.
[6] Neuser, S. 39.
[7] Anfangszeile von J. W. von Goethes Gedicht «Vanitas! Vanitatum vanitas!» nach einem Spruch aus dem 16. Jahrhundert (vgl. Büchmann, S. 207).

Stützen. Glaube ist ein Wagnis, das große Lebenswagnis, werden wir wohl sagen müssen. Allein im Glauben sind wir Christen. Und allein im Glauben wissen wir, daß wir Christen sind. Beides ist nicht zu trennen. Was heißt Glauben? «Ich glaube, daß ich nicht aus eigener Vernunft noch Kraft an Jesum Christum, meinen Herrn, glauben oder zu ihm kommen kann, sondern der heilige Geist hat mich durchs Evangelium berufen, mit seinen Gaben erleuchtet, im rechten Glauben geheiliget und erhalten, gleichwie er die ganze Christenheit auf Erden beruft, sammelt, erleuchtet, heiliget und bei Jesu Christo erhält im rechten einigen Glauben». So Luther im kleinen Katechismus.[8]

Es war und ist ein Wagnis, den Christennamen für sich in Anspruch zu nehmen, wenn man zu denen gehört, die der römische Papst in seiner neuesten Enzyklika zwar nicht ohne Milde seine Söhne, aber auch schmerzlich und vorwurfsvoll solche Söhne genannt hat, die das väterliche Haus verlassen haben.[9] Es ist keine kleine Sache, was uns damit vorgehalten wird. Wem es etwa selbstverständlich sein sollte, sich nicht in jenem väterlichen Hause zu befinden, wer etwa mit der römisch-katholischen Möglichkeit fertig sein sollte, wie man so zu sagen pflegt, der könnte an dem Gedächtnis dessen, was vor 400 Jahren geschehen ist, unmöglich sachlichen Anteil haben. Die Reformation war für ihre verantwortlichen Träger nicht mehr und nicht weniger als das Wagnis des Glaubens, und der Glaube, aus dem heraus sie auf jene Sohnschaft schließlich verzichtet haben, war ihnen alles andere als eine Selbstverständlichkeit. Luther hat wohl gewußt, was er tat, wenn er so gerne von

[8] BSLK 511f.
[9] Pius XI., *Encyclica de vera religionis unitate fovenda «Mortalium animos»* vom 6.1.1928 (Acta Apostolicae Sedis, Jg. 20 [1928], S. 13f.), autorisierte Ausgabe, lateinisch und deutsch, Freiburg 1928, S. 8f.: Die Unionsbemühungen der «panchristiani» verführen viele Menschen und sogar Katholiken zu der Hoffnung, es lasse sich wirklich eine Einigung zustande bringen, «quae cum Sanctae Matris Ecclesiae votis congruere videatur, cui profecto nihil antiquius quam ut devios ad gremium suum filios revocet ac reducat.» S. 26: «Itaque, Venerabiles Fratres, planum est cur haec Apostolica Sedes numquam siverit suos acatholicorum interesse conventibus: christianorum enim coniunctionem haud aliter foveri licet, quam fovendo dissidentium ad unam veram Christi Ecclesiam reditu, quandoquidem olim ab ea infeliciter descivere.» S. 28: «Recesserunt heu filii a paterna domo, quae non idcirco concidit ac periit, perpetuo ut erat Dei fulta praesidio; ad communem igitur Patrem reveantur, qui, iniurias Apostolicae Sedi ante inustas oblitus, eos amantissime accepturus est.»

der «Finsternis» des Glaubens redete.[10] Er meinte damit die Finsternis, in der nur ein Licht in Betracht kommt, in der der Mensch nur einen Vater hat, in der er mit diesem einen ganz allein sein muß. Es ist nicht selbstverständlich, da hineinzugehen. Und das ist's, was die Reformatoren getan haben, als sie das auch ihnen teure väterliche Haus verlassen haben. Auch die römisch-katholische Kirche lehrt und bekennt, daß der Mensch nur durch Gnade, also nur durch Gott ein Christ wird, ist und bleibt. Aber gerade dies ist das Schöne jenes väterlichen Hauses, das Einleuchtende seiner Einrichtung, daß dort diese eine, an sich laut genug gepriesene Stütze – umgekehrt als wir es vorhin gesagt haben – bedingt und gestützt ist durch ein ganzes Gefüge von anderen Stützen, dessen Mittelpunkt nicht, aber dessen bezeichnender Exponent eben die Autorität des «apostolischen Stuhles» ist. Glauben heißt auch in der katholischen Kirche an Gott glauben, aber nun eben vernünftiger- und einleuchtenderweise an einen garantierten, eben durch jenes Gefüge anderweitiger Stützen garantierten Gott glauben. Wie sollte es je selbstverständlich werden, dem gegenüber mit den Reformatoren zu begreifen, daß Glaube nur sein kann Glaube an den sich selbst garantierenden, also anderweitig ungarantierten Gott? Darum ging es in der Reformation. Also nicht um den Kampf gegen das Gefüge solcher anderen Stützen überhaupt und an sich. Die Reformatoren wußten, daß der auf Erden lebende Mensch solcher Stützen bedarf. Sie haben Gott gedankt für die Wirklichkeit einer Gott *dienenden* Kirche. Es ging aber um die Möglichkeit einer an Stelle Gottes *herrschenden* Kirche. Es ging um die Rangordnung: ob die eine Stütze alle anderen bedinge, ohne selber durch sie bedingt zu sein, oder ob hier eine Gegenseitigkeit stattfinde. Luther hat mehr als einmal erklärt, daß es ihm nichts ausmachen würde, dem Papste die Füße zu küssen, wenn die «Gerechtigkeit aus dem Glauben», das heißt eben der Glaube an den anderweitig ungarantierten

---

[10] Im Erstdruck war hier sinnstörend eine Zeile ausgefallen. Nach «von der ‹Finsternis› des Glaubens» folgte «nur ein Licht in Betracht kommt». In dem Belegexemplar, das man Barth aus Bern übersandte, war von Hand ergänzt: «ˣ redete, in der». Die obige Textform folgt dem Manuskript Barths. – Vgl. z.B. M. Luther, *Dictata super Psalterium*, WA 4,334,10.513,8–13 («caligo fidei»); *Operationes in Psalmos*, WA 5,45,32.503,31f.507.7–11 («caligo, tenebrae»); *Predigt über Mt. 8,1ff.*, WA 9,557,1–6; *Predigt über Lk. 1,26ff.*, WA 9,625,30–33; *Predigt über Ex. 12,8*, WA 16,230,22–24.

Gott, dadurch ungefährdet bleibe.[11] Weil er ihn für gefährdet, weil er also jenen Notfall für gegeben hielt, darum entschloß er sich zum Ungehorsam gegen den apostolischen Stuhl. Also: Darf man, kann man, muß man an einen anderweitig als durch sich selbst nicht garantierten Gott glauben? Die Reformation hat – und das war der Sinn ihrer Berufung auf die alleinige Autorität der heiligen Schrift – auf diese Frage mit Ja geantwortet. Es sollte, wenn wir der Reformation gedenken, die ganze unerhörte Tragweite dieses Ja bedacht werden. Wer hier Ja sagt, der nimmt vor der Welt und, was noch viel schwerer ist, vor seinem Gewissen, auf sich den furchtbaren Schatten des Verdachtes, als sei er einer, der seine Sache auf nichts gestellt habe, der arm, elend, nackt und bloß dastehe als Rebell, Sündendiener und Hoffnungsloser. Es ist bitterer Ernst mit der Finsternis des Glaubens. Wer das tiefe Erschrecken nicht kennte vor der Preisgegebenheit, die in dieser Finsternis des Menschen wartet, der meint und tut mit seinem Ungehorsam gegen den apostolischen Stuhl etwas ganz anderes als die Reformatoren. Gerade der befindet sich nicht in ihrer Spur, dem etwa die Frage keine Frage mehr wäre, ob jene mit ihrem Ungehorsam gegen die römische Kirche nun wirklich Gott und damit der wahren Kirche gehorchten. Konnte und kann doch das, was jene getan haben, nur *gewagt*, und zwar im *Glauben* gewagt werden. Ist es doch Gott, bei dem die Antwort auf jene Frage allein gesucht und gefunden werden kann. Streng nur insofern geht uns die Reformation etwas an, als wir an dem Wagnis, jenes wahrlich wohnliche und einladende Haus zu verlassen, als an einem wirklichen, lebens- und seelengefährlichen Wagnis beteiligt sind. Wem der Katholizismus etwa gar keine Versuchung mehr sein sollte, für den könnte auch die Reformation kein Ereignis sein.

Die Geschichte des Protestantismus seit der Reformation dürfte Anlaß geben, die Besinnung auf das, was wir tun, wenn wir uns auf ihren Boden stellen, sehr ernst zu nehmen. Die Bewährung dessen, was die Reformatoren mit ihrem Verlassen des väterlichen Hauses taten, hätte in einer Fortsetzung des Wagnisses ihres Glaubens bestehen müssen. Wir würden sie schlecht feiern, wenn wir uns nicht eingestehen würden, daß diese Bewährung weithin ausgeblieben ist. Hier ist einmal zu sagen: Es hat freilich an weiteren *Wagnissen*, an kühnen und weniger

[11] Vgl. z. B. WA 40/I, 181,11–13; s. unten S. 327, Anm. aa.

kühnen Befreiungen und Neuerungen nicht gefehlt. Wir können uns aber heute nicht länger verhehlen, daß aus dem Wagnis, das Gewissen allein an Gott zu binden, weithin das ganz andere Wagnis geworden ist, Gott allein an unser menschliches Gewissen zu binden, aus dem Wagnis des Vertrauens auf den freien Gott das ganz andere Wagnis des Vertrauens auf den freien Menschen, aus dem Wagnis mit dem heiligen Geist das ganz andere Wagnis mit der eigenen Vernunft und Kraft, von dem Luther gerade nichts hat wissen wollen. Es war nicht das Wagnis des Glaubens, was in dieser Richtung gewagt wurde, und wir tragen kein Bedenken, zu sagen: wenn der Protestantismus sich heute etwa wirklich in *dieser* Bindung, in *diesem* Vertrauen erschöpft haben sollte, so wäre es uns allen besser, statt Reformation zu feiern, der einladenden Stimme von jenseits der Berge schleunigst zu folgen, weil dort die Einsicht, daß es im Christentum um Gottes und nicht um des Menschen Herrlichkeit geht, bei aller unheimlichen Entstellung wenigstens grundsätzlich nicht geleugnet und in ihr Gegenteil verkehrt wird. Und es ist zweitens zu sagen: Es hat im Protestantismus auch seit der Reformation an *Glauben*, oder sagen wir: an ernster, tiefer, eifriger Frömmigkeit nicht gefehlt. Aber daran fehlte und fehlt es auch in der alten und in der neueren katholischen Kirche wahrlich nicht. Darin kann die Bewährung dessen, was die Reformatoren taten, nicht gesucht und gefunden werden, daß es nun eben neben der katholischen auch eine reich bewegte protestantische Religiosität gegeben hat. Es fragt sich, ob das Wagnis des Glaubens, ob der reformatorische Glaube an den anderweitig als durch sich selbst nicht garantierten Gott eine Fortsetzung fand, und wir werden uns nicht verhehlen können, daß dies weithin nicht der Fall war, daß die Geschichte des Protestantismus vielmehr weithin die Geschichte der Entstehung neuer und nicht eben besserer Garantien für Gott gewesen ist. Es dürfte ja letztlich keinen so großen Unterschied ausmachen, ob man die Bedingung für das eine, was not tut, statt in diesem selber in einem unfehlbaren Nachfolger Petri oder mit dem Vulgärprotestantismus der letzten zwei Jahrhunderte im Gefühl, im Erlebnis, in der Gewissenserfahrung des einzelnen Gläubigen suchte. Daß die Gnade nicht mehr Gnade ist, wenn ihre Unbedingtheit nicht feststeht, wenn sie zu einer Gegebenheit wird, wenn ihr Eingreifen den Charakter des Wagnisses verliert, das ist hier wie dort vergessen, und wenn das letzte Wort in der Geschichte des Protestantismus eben dieser freilich von seinen gefeiertsten Lehrern vertretene Vulgärprotestantismus sein, wenn ihm eine Umkehr zu den Anfängen versagt bleiben sollte, dann wäre auch von dieser Seite die Rückkehr in das väterliche Haus ratsamer als das festliche Begehen unseres Draußenbleibens. *Dazu* hätten wir nämlich jenes väterliche Haus nicht zu verlassen brauchen! *Das* könnte uns Rom in klassischerer Form auch bieten! – Die Bewährung dessen, was vor 400 Jahren geschehen ist, seine Fortsetzung in einem Wagen, das wirklich ein Wagen des *Glaubens*, und in einem Glauben, der wirkliches *Wagen* ist, diese Bewährung ist die Frage und Aufgabe, vor die sich die Kirche gestellt sieht, wenn ihr Gedächtnis großer Zeit sinnvolles Gedächtnis ist. Es wäre nicht gut, wenn sie ihr nicht zur ernstesten Sorge würden. Wie sollte sie aber nicht vor allem dankbar sein dafür, daß vor 400 Jahren etwas geschehen ist, dessen Gedächtnis sie vor diese hohe, fruchtbare und verheißungsvolle Frage und Aufgabe stellt?

DER RÖMISCHE KATHOLIZISMUS ALS FRAGE
AN DIE PROTESTANTISCHE KIRCHE
1928

1. Bremen, 9. März 1928

Bremen war 1928 für Barth ein Ort geworden, der «auf unserer Land-
karte eine so wichtige Rolle spielt»[1]. *Es hatte damit begonnen, daß Barth*
im Dezember 1922 auf Einladung von Pastor A. Mallow in einem Kreis
von Bremer Pfarrern, aber auch von «religiös interessierten Granden» 7
Diskussionsthesen über die Hauptpunkte der christlichen Lehre «in fast
3stündiger Rede» verfochten hatte.[2] *Damals entstand «auf Anhieb» die*
lebenslange Freundschaft mit dem Bremer Arzt Dr. Karl Stoevesandt.[3]
Stoevesandt gehörte zu den Initiatoren eines Kreises, der in den Jahren
der Weimarer Republik regelmäßig zu einem «theologischen Nachmit-
tag» oder zu einem «Lesekreis» zusammenkam.[4] *Barths Römerbrief*
und weitere Publikationen wurden hier sorgfältig gelesen.[5] *Im Januar*
1927 verlas Barth in diesem Kreis seinen Vortrag «Rechtfertigung und
Heiligung».[6] *Auch Fr. Gogarten und R. Bultmann wurden dorthin ein-*
geladen und fanden Gehör für ihre Thesen.[7]

Es war die Bremer «Neue Vortragsgesellschaft»[8], *die es Barth ermög-*

---

[1] Brief K. Barths an Frau D. Stoevesandt vom 18. 2. 1928.

[2] Vortr. u. kl. A. 1922–1925, S. 176–179, Zitate S. 177.

[3] Busch, S. 154.

[4] Th. Spitta, *Aus meinem Leben. Bürger und Bürgermeister in Bremen*, München 1969, S. 315f.

[5] Ebda.

[6] Vgl. oben S. 58.

[7] Th. Spitta, a. a. O., S. 316.

[8] Die «Neue Vortragsgesellschaft» – so teilte uns freundlicherweise Frau Dr. K. Hackel-Stehr vom Bremer Staatsarchiv mit – wurde im Oktober 1924 von Regierungsrat Dr. Wilhelm Tideman und Gustav Fraedrich, Pastor in Bremen-Horn, begründet. Zum Leitungskreis gehörte auch Th. Spitta, 2. Bürgermeister der Stadt und Mitglied des Lesekreises um Dr. Stoevesandt. Die Neue Vortragsgesellschaft ließ auswärtige Redner zu Worte kommen, die von den Mitgliedern der Gesellschaft beherbergt wurden. Zu den Referenten des Wintersemesters 1927/28 gehörten neben K. Barth u. a. M. Buber / Frankfurt / Main, R. Guardini / Berlin, H. Prinzhorn / Frankfurt / Main und Albert Schweitzer / Lambarene. Die Neue Vortragsgesellschaft löste sich wegen der 1933/34 einsetzenden politischen Gleichschaltung selbst auf.

lichte, zu einem größeren Bremer Auditorium zu reden. Über den ersten Anstoß gibt die im Karl Barth-Archiv erhaltene Korrespondenz keine Auskunft. Das Thema hat Barth selbst vorgeschlagen, es wurde am 27. 9. 1927 von Pastor G. Fraedrich im Namen des Vorstandes jener Gesellschaft bestätigt. W. Neuser vermutet einleuchtend, daß Wahl und Durchführung des Themas beeinflußt waren von den Gesprächen mit katholischen Theologen und Laien im Münsteraner Freundeskreis.[9] Bei der Wahl des Termins war man darauf bedacht, das Zusammentreffen mit möglicherweise konkurrierenden Veranstaltungen zu vermeiden.

So hielt Barth am Abend des 9. März, eines Freitags, in der Aula des Realgymnasiums seinen Vortrag. Die «Weserzeitung» und die «Bremer Nachrichten» berichteten darüber, beide ohne den Versuch einer Kritik, letztere besonders ausführlich: «Der Vortrag bestärkte den Eindruck, daß Karl Barth an der protestantischen Kirche eine Sendung zu erfüllen hat. Die sehr zahlreiche Zuhörerschaft folgte mit höchster Aufmerksamkeit den ernsten und tiefgründigen Ausführungen.» Die «Weserzeitung» resümierte: «Eine große Zuhörerschar folgte den unerbittlichen Deutungen Professor Barths, der Fragen aufgeworfen hatte, zu deren Beantwortung der deutsche Protestant immer wieder aufgerufen wird, um an der Tafel der reinen, göttlichen Erkenntnis als Letzter Platz zu nehmen ... Nach dem letzten Wort des Vortragenden verließen die Hörer still den Saal.»

Barth hatte seine Frau und den Münchner Freund G. Merz nach Bremen mitgebracht; die drei blieben noch bis Sonntag abend im Kreis um Dr. Stoevesandt. Die Gäste wurden durch ein Ständchen der Schülerinnen des Sozial-Pädagogischen Seminars mit Kanons erfreut. Die am Freitag fehlende Aussprache wurde in «unserem Leseabend am Sonnabend Nachmittag» nachgeholt; zu diesem Zweck hatte man den Kreis ein wenig erweitert. Gerne hätte man am Sonntag eine Predigt von Barth gehört, am liebsten – um die «Nur-Neugierigen» fernzuhalten – in einer kleinen Vorortkirche; aber Barth hatte abgelehnt, aus einer «gewissen Hemmung gegen das Gastpredigen vor einer ad hoc versammelten Gemeinde».[10] Das hat man in Bremen gut verstanden. So blieben

---

[9] Neuser, S. 40.
[10] Brief von Frau D. Stoevesandt an Barth vom 14. 2. 1928; Antwortbrief Barths vom 18. 2. 1928.

die Tage beiderseits in bester Erinnerung. Barth: «In Bremen ist es wieder einmal sehr gut gewesen.»[11] *Dr. Stoevesandt: «Es war herrlich, daß Sie beide hier waren!»*[12]

2. Osnabrück, 27. März 1928[13]

Am 15. 3. 1928 schrieb der Osnabrücker Pfarrer Richard Karwehl an Barth: «Könnten Sie nicht Ihren Bremer Vortrag hier bei uns halten? Es haben jetzt eine Reihe von Leuten vor 3–400 Gebildeten gesprochen, zuletzt Stange, der nicht recht befriedigte. Nun möchte man mit Ihnen den Abschluß machen. Und zwar, wenn es geht, am Dienstag, den 27. März. Ihr Thema wäre von größter Aktualität für unsere Leute, da unsere Stadt konfessionell ganz gemischt ist. Auch der evang. Akademikerbund soll auf die Beine gebracht werden. Mich würden Sie in meinem nicht leichten Kampf hier stärken können.»[14]

So kurz der Termin auch gesetzt war, Barth entsprach der Bitte und wiederholte seinen Vortrag in der Aula des Lyzeums zu Osnabrück. Was ihm die Zusage sicherlich erleichterte, war, daß er spät abends mit dem Zug noch nach Münster zurückfahren konnte.

Die Osnabrücker Zeitung druckte am 4. 4. ein ausführliches Referat aus Karwehls Feder über Barths Vortrag ab. Karwehl spricht von einem gewaltigen «Mahnruf an den Protestantismus zur Selbstbesinnung» und sieht in der von Karl Barth und seinen Freunden ausgehenden Bewegung «das bedeutsamste Symptom für das Neuerwachen des Protestantismus …, der im Begriff steht, sich wieder auf sich selbst zu besinnen und auf den Dienst, den er der Welt bisher schuldig geblieben ist».

[11] Bw. Th. II, S. 564; dort Weiteres über Bremen.

[12] Brief von Dr. K. Stoevesandt an Barth vom 21.3.1928.

[13] ZZ und Th. u. K. geben irrtümlich den 15.3. als Vortragstermin an. Dieser Tag war jedoch das Datum von Karwehls Anfrage.

[14] Richard Karwehl (1885–1979) war ein Schwager von Georg Merz und wurde ein enger Freund Barths, der ihn schon 1922 in Osnabrück besuchte (Bw. Th. II, S. 113). Karwehl kam des öfteren zu Lehrveranstaltungen Barths nach Münster, z. B. zu Barths Seminar über die Reformatorische Rechtfertigungslehre im WS 1929/30. Er und Wilhelm Vischer, der seit 1928 Dozent an der Kirchlichen Hochschule in Bethel war, versammelten sich nach dem Seminar noch in Barths Wohnung (Bw. Th. II, S. 704). Der freundschaftliche Kontakt mit Karwehl – später duzten sie sich – hielt an bis zum Tode Barths (vgl. K. Barth, *Briefe 1961–1968*, hrsg. von J. Fangmeier und H. Stoevesandt (Gesamtausgabe, Abt. V), Zürich 1979², S. 602, Register).

3. Düsseldorf, 10. April 1928

War der Vortragsabend in Osnabrück das Resultat einer kurzfristigen freundschaftlichen Verständigung, so hatte Barth das Thema von vornherein auch für Düsseldorf vorgesehen. Die Anfänge der Verabredung liegen im Dunkeln, aber aus dem Brief von Pastor H. Ibeling, Düsseldorf, vom 2. 1. 1928 an Barth geht hervor, daß dieser der niederrheinischen Prediger-Konferenz[15] für die Osterwoche einen Vortrag versprochen hatte, dessen Termin nun genauer zu klären war. In seinem Schreiben vom 20. 2. 28 bestätigte Ibeling Barths Thema, bat um Übersendung einiger Thesen oder Leitsätze und bereitete den Referenten auf eine Debatte nach dem Vortrag vor.

Der 10. April 1928 war der Dienstag nach Ostern. Die Konferenz begann um 9.30 Uhr im evangelischen Gemeindehaus, Steinstr. 17, mit einem Nachruf, einer Wahl des Vorsitzenden und einer Morgenandacht. Dann hielt Barth seinen «zweistündigen, aber von Anfang bis zu Ende die zahlreiche Zuhörerschaft überaus fesselnden Vortrag».[16] Er hatte

---

[15] Über die «Niederrheinische Prediger-Konferenz» – so teilte uns freundlicherweise Professor W. Neuser/Münster mit – «gibt es keine Literatur». Die «Kirchliche Rundschau für die evangelischen Gemeinden Rheinlands und Westfalens. Organ der bekenntnistreuen kirchlichen Organisationen der Westprovinzen», hrsg. von dem Verein der Freunde der Kirchlichen Rundschau (E. V.), informierte indessen über die Veranstaltungen der Prediger-Konferenz und druckte die Berichte ab, die ihr ab und an vom Vorstand der Prediger-Konferenz zur Verfügung gestellt wurden. In der Zeit der Weimarer Republik beschränkte sich die Tätigkeit der Niederrheinischen Prediger-Konferenz offenbar auf eine einzige Vortragsveranstaltung pro Jahr an einem Werktag nach Ostern. Die Tradition der Konferenz geht wohl – 1931 feierte man die 70. Tagung – weit ins 19. Jh. zurück. Der Vorstand der Konferenz bestand in der Weimarer Zeit aus 8 Theologen der Rheinischen Kirche; darunter waren mehrere Superintendenten. Die Namen der Vorstandsmitglieder und der Referenten von 1924–1932 legen die Vermutung nahe, daß die Niederrheinische Prediger-Konferenz landeskirchlich-uniert-positiv orientiert war. Dazu paßt die Tatsache, daß die Prediger-Konferenz 1933 angesichts des Zusammenbruchs der Landeskirche stillschweigend von der Bildfläche verschwand. Ibeling selbst, seit 1928 Vorsitzender der Niederrheinischen Prediger-Konferenz, hatte 1925 einen Vortrag gehalten «Der Kampf um Barth» (vgl. Neuser, S. 58). 1931 hörte man Ausführungen Th. Siegfrieds über die dialektische Theologie. Die verantwortlichen Theologen am Niederrhein hielten die Auseinandersetzung mit Barth für unausweichlich. Ihre Tendenz aber war eher abwehrend.

[16] H. Ibeling, *Niederrheinische Prediger-Konferenz* in: Kirchliche Rund-

nach der Rückkehr aus Bremen geschrieben, daß er den Vortrag in Düsseldorf «wahrscheinlich noch unter einigen Verschärfungen» halten werde.[17] Eine solche war die Parenthese über Bismarck, die einen «kleinen Sturm der Entrüstung» hervorrief.[18] Die Diskussion muß auch sonst heftig gewesen sein. Barth notiert, daß ihm «von verantwortlichster Stelle aus widersprochen wurde»[19]. In den Düsseldorfer Tageszeitungen findet sich kein Bericht von der Prediger-Konferenz. Nur das Vorstandsmitglied Pfarrer Staudte, Aachen, schrieb am 12. 4. 1928 einen langen Brief an Barth. Staudte, der zum Evangelischen Bund gehörte, warf Barth vor, er habe «vielleicht ... ein unrichtiges Bild von der Stellung rheinischer Pfarrer zum Katholizismus». Staudte beansprucht, «um das Erbe der Reformation» zu ringen, und bekennt zugleich, «doch auch etwas vom Neuprotestantismus wie jeder gegenwärtige Theologe» in sich zu tragen.[20]

Da Barth seit 1927 gemeinsam mit K. Heim und P. Althaus die «Forschungen zur Geschichte und Lehre des Protestantismus» im Chr. Kaiser-Verlag herausgab, war es etwas heikel, daß er in seinem Vortrag Heims Schrift «Das Wesen des evangelischen Christentums» kritisch unter die Lupe nahm. Unterdessen hatte Heim seinerseits «Ein Wort zur dialektischen Theologie» verfaßt und dem Vorwort zur 2. Auflage seines Aufsatzbandes[21] eingefügt. Er dedizierte Barth ein Exemplar dieses Buches. Am 12. 6. 1928 bedankte sich Barth für die «reiche und schöne Gabe» der Heimschen Vorträge und für die «freundlichen Zeilen», mit denen Heim erstmals öffentlich sein «Ja und Nein zu meinen Versuchen

schau ..., Jg. 43 (1928), Sp. 151. Ibeling unterrichtet sehr knapp über den ersten Teil von Barths Vortrag. Die anschließende Debatte erwähnt er nicht.

[17] Bw. Th. II, S. 564.
[18] Vgl. unten S. 341, Anm. bg.
[19] Unten S. 315, Anm. b.
[20] Staudte äußerte sich auch zu Barths Christlicher Dogmatik: «Daß Sie das Melanchthonwort aus den loci ‹beneficia cognoscere› usw. so leicht beiseiteschieben zugunsten der griechisch rationalistischen Logosspekulation [vgl. Chr. Dogm., S. 266 f.], ... hat mich sehr bedenklich gemacht.» Er prophezeit: «Es wird die Zeit kommen, in der evangel. Theologen und Christen, die unter die Herrschaft eines orthodoxen Dogmas geraten sind, Schleiermacher mit den Fingern aus dem Grabe herauswühlen werden.»
[21] K. Heim, Glaube und Leben. Gesammelte Aufsätze und Vorträge, Berlin 1928², S. 29–35.

ausführlich formuliert» habe. Barth entschuldigte sich dann für das «kleine Attentat», das Heim in Barths Vortrag über den römischen Katholizismus «nächstens ... zu gewärtigen» habe. Die Schrift über «Das Wesen des evangelischen Christentums» habe er erst zur Kenntnis genommen, «nachdem ich sie von Hirsch in der Literatur-Zeitung gerühmt fand als das Beste, was wir augenblicklich an Kontroversliteratur hätten»²². Im zweiten Teil seines Briefes versucht Barth, Heims Fragen zu beantworten. Der Privatbrief Barths an Heim ist dann nebst Heims «Wort zur dialektischen Theologie» durch Heims Freund und Barths Kollegen O. Schmitz in der Zeitschrift «Die Furche» abgedruckt worden²³ – gewiß mit Barths Einverständnis.

Im Unterschied zu Heim hat übrigens P. Althaus eine Anmerkung Barths in der Druckfassung des Vortrags als «Belastung» der Herausgeberkollegialität empfunden.²⁴

Die zwischen senkrechten Strichen in den Text eingefügte Originalpaginierung ist die des Wiederabdrucks in Th. u. K.

Es ist eine bekannte Erscheinung des menschlichen Lebens – und sie zeigt sich unter Gebildeten, wenn ich recht sehe, eher noch ausgeprägter als unter Ungebildeten –, daß es uns im Gespräch mit anders Eingestellten, Denkenden und Wollenden (selbst wenn der Gegenstand des Gesprächs zufällig der Anspruch des Nächsten²⁵ oder dergl. sein sollte!)

²² Siehe E. Hirsch, Rezension von K. Heim, *Das Wesen des evangelischen Christentums*, Leipzig 1925, in: Th. L. Z., Jg. 50 (1925), Sp. 520–522. Vgl. unten S. 324, Anm. t.

²³ Die Furche, Jg. 15 (1928), S. 17–25.

²⁴ Vgl. unten S. 318, Anm. 37.

²⁵ Anspielung auf eine charakteristische Formel Fr. Gogartens; s. oben S. 288, Anm. 73. Vgl. besonders Gogartens Aufsatz *Was ist Gottes Wort?*. in: ZZ, Jg. 5 (1927), S. 310 (= ders., *Glaube und Wirklichkeit*, Jena 1928, S. 118): «... daß jeder Gehorsam oder Ungehorsam gegen Gott sich im Gehorsam oder Ungehorsam gegen den Anspruch des Nächsten auf unsere Liebe beweist ... in dem Sinne, daß der Gehorsam oder Ungehorsam gegen Gott unmittelbar und direkt der Gehorsam oder Ungehorsam gegen den Anspruch des Nächsten auf unsere Liebe ist ...» A. a. O., S. 318 (= *Glaube und Wirklichkeit*, S. 127): «... die Liebe, die keinen andern Grund hat als den Anspruch des Nächsten an mich, den Anspruch, mit dem er will, daß ich für ihn da sein soll, mit dem er mich ruft, den er auf mich geltend macht, nicht nur auf etwas, was ich ihm geben oder tun soll, sondern auf mich selbst.»

unverhältnismäßig mehr am Herzen zu liegen pflegt, selber etwas zu sagen zu haben, das von uns selbst Gesagte zu behaupten, es durch die Zugeständnisse oder auch durch den offenkundigen Irrtum des Widerparts bestätigt zu finden, als uns selbst im Ernst etwas von ihm sagen zu lassen. Anders ausgedrückt: es pflegt uns sehr viel mehr daran zu liegen, dem Anderen gegenüber die Stellung des Fragenden zu beziehen und zu behaupten, die bekanntlich seit Sokrates als die des Wissenden und Geburtshelfers der Erkenntnis[26], also als die überlegene Stellung zu verstehen ist, als uns etwa wirklich von dem Anderen etwas fragen und gefragt sein zu lassen und uns also in die weniger vornehme Stellung des Schülers zu begeben. Wozu hört man einen Vortrag? Wozu greift man in eine Diskussion ein? Wozu liest man gewisse Bücher? Wozu schreibt man gewisse Rezensionen? Wozu setzt man sich mit jemandem auseinander? In der Wirkung jedenfalls weithin zur Stärkung des eigenen Selbstbewußtseins als kleiner Sokrates: man hat es wirklich wieder einmal besser gewußt, und es fragt sich, ob diese Wirkung nicht heimlich auch die eigentliche Absicht der Übung gewesen ist. Es scheint mit dem großen Gesetz des Kampfes ums |330| Dasein[27], dem mit den niederen bekanntlich auch wir höheren oder höchsten Lebewesen unterliegen, zusammenzuhängen, daß dem so ist. Es kann uns aber ein relatives Recht zu dieser Haltung auch unter höheren Gesichtspunkten darum nicht abgesprochen werden, weil, wo *Menschen* sich begegnen, in Wirklichkeit ausnahmslos beide Fragende *und* Gefragte, Wissende *und* Unwissende sind, weil von dem Anspruch eines menschlichen Du, uns mit *unserer* Frage kraft *seiner* Frage einfach fressen zu dürfen[28], keine Rede

---

[26] Vgl. Platon, *Theaitetos* 149a–151d.210b–d.

[27] Vgl. den Titel von Ch. Darwins Buch *On the Origin of Species by Means of Natural Selection, or the Preservation of Favoured Races in the Struggle for Life*, London 1859–1861; in der deutschen Übersetzung, hrsg. von G. Gärtner, Halle 1893: «... *im Kampf ums Dasein*».

[28] Daß Barth hier noch auf seine Differenz mit Fr. Gogarten anspielt, zeigt folgender Passus im Bericht über den Bremer Besuch vom 12.3.1928 an E. Thurneysen (Bw. Th. II, S. 564f.): «... Gogarten – denk, ich werde ihn wahrscheinlich ... in zunehmendem Maße dir überlassen. Meinst du, daß er dir auch nur ein einziges Mal wirklich einen Augenblick zugehört habe? [Thurneysen hatte von Gogartens Besuch in seinem Hause berichtet, a.a.O., S. 561.] Ich lasse mich von dieser Art Leute gerne von Zeit zu Zeit ‹fragen›, wie es auch in dem bewußten Vortrag am Anfang vorgesehen ist. Aber auf die Länge werden sie mir mit ihrer Nei-

sein kann, weil wir uns nicht einmal wirklich von einem Anderen fragen und gefragt sein lassen können, ohne selber auch zu fragen. Wer weiß, ob ich nicht im konkreten Fall rein tatsächlich in dieser Haltung sogar absolut gerechtfertigt bin, wirklich eingesetzt gegenüber dem Anderen als Wissender und Geburtshelfer? Aber eben: *Wer weiß* das? Wer verfügte etwa über diese Möglichkeit? Ist sie Wirklichkeit, dann ist sie es im Ereignis, so, daß wir selbst uns nur darüber wundern können und ohne daß wir uns selbst darum mehr als jenes relative Recht zusprechen könnten. Und gerade im Blick auf die Möglichkeit unserer absoluten Rechtfertigung durch das Ereignis unserer Überlegenheit werden wir auch mit jenem relativen Recht, unsererseits fragen zu dürfen und zu müssen, auf alle Fälle behutsam umgehen. Ohne es in das nicht in unserer Macht stehende Ereignis unserer Überlegenheit umzudeuten, dafür nicht ohne es dem Anderen auch zuzugestehen, nicht ohne uns als durch ihn mindestens auch gefragt zu bekennen, nicht ohne «Furcht und Zittern»[29], d.h. nicht ohne der Frage des Anderen sogar den Vortritt zu gönnen. Denn uns ist gesagt: «Unter euch soll es *nicht also* sein!» [Mk. 10,43], nämlich nicht so, wie es im Kampf ums Dasein selbstverständlich ist: daß vielmehr die eigene Frage gegenüber der des Anderen jenen Vortritt genießt. Es ist genug daran, daß dies auf allerlei Umwegen faktisch wohl doch immer wieder geschieht. Wir können es aber unmöglich so wollen und gutheißen. Und uns ist gesagt: «Ihr sollt euch nicht Rabbi, nicht Vater, nicht Meister heißen lassen!» [Mt. 23,8–10]. Es könnte ja sein, daß das Ereignis der Überlegenheit uns zu unserer Verwunderung und Beschämung in |331| solche Würde einsetzte. Es würde aber, wenn wir uns selbst in solche Würde setzten, das gegenteilige Ereignis die sicher zu erwartende Folge sein. Also: «Wenn du von jemand geladen wirst zur Hochzeit, so setze dich nicht obenan, daß nicht etwa ein Vornehmerer denn du von ihm geladen sei und dann komme, der dich und ihn geladen hat, und spreche zu dir: Weiche diesem! und du müssest dann mit Scham untenan sitzen. Sondern wenn du geladen wirst, so gehe hin und setze dich untenan, auf daß, wenn da kommt, der dich geladen hat, er spreche zu dir: Freund, rücke hinauf! Dann

gung, alles um sich her einfach fressen zu wollen, mit ihrer Unfähigkeit ein Gespräch zu führen, irgendwie langweilig.» Vgl. auch a.a.O., S. 716.
[29] Vgl. den Titel der Schrift von S. Kierkegaard, *Furcht und Zittern*, dänisch zuerst 1843 (nach 1. Kor. 2,3; 2. Kor. 7,15; Eph. 6,5; Phil. 2,12).

wirst du Ehre haben vor denen, die mit dir zu Tische sitzen» (Lk. 14,8ff.). Wer um die Möglichkeit seiner absoluten Rechtfertigung dem Anderen gegenüber wirklich weiß, der läßt sich willig und zuerst – ohne darum seiner eigenen Sache weniger gewiß zu sein – von ihm fragen und gefragt sein.

Das Wissen um diese Möglichkeit ist nun freilich durchaus keine Selbstverständlichkeit und darum auch nicht die Bereitschaft zu einem wirklichen Sich-Fragen- und Gefragt-sein-Lassen. Wir reden von dem Wissen und von der Bereitschaft der christlichen *Kirche*. Zu *ihrem* Grunde gehört jenes Gleichnis von der Hochzeit. *Ihr* ist jenes «Nicht also!» gesagt. In der christlichen Kirche hat man nämlich einen Meister, und jedes in ihr gepflogene Gespräch steht unter dem Zeichen, daß man hier einen Meister hat und also keinenfalls von Haus aus selber Meister ist und also von Haus aus vielmehr bereit sein muß, sich fragen zu lassen. – Vom römischen Katholizismus als Frage an die protestantische *Kirche* soll darum heute die Rede sein. Würden wir unter Protestantismus die Gemeinschaft einer Weltanschauung verstehen oder einen Kreis von Gleichgestimmten oder -gesinnten oder einen Zweckverband, dann wäre es keine Selbstverständlichkeit, den römischen Katholizismus als eine an uns gerichtete Frage zu verstehen. Es läge dann – ohne die Erinnerung daran, daß wir einen Meister haben – vielmehr unendlich viel näher, im Rahmen jenes uns so natürlichen Schemas des eigenen Besserwissens davon auszugehen und es wohl auch dabei bewenden zu lassen, daß wir unsererseits nicht wenige |332| Fragen an den Katholizismus auf dem Herzen haben. Und wenn es von protestantischer Seite im Gespräch mit dem katholischen Widerpart gemeinhin so gehalten wird, daß man nicht hören, sondern reden will, dann dürfte sich darin doch wohl verraten, daß man unter Protestantismus gemeinhin in der Tat so etwas wie eine Weltanschauungsgemeinschaft und also dem Katholizismus gegenüber so etwas wie eine Partei versteht. Sagen wir *protestantische Kirche*, so sagen wir damit, daß wir es so nicht halten können. Denn indem wir nicht einfach Kirche, sondern *protestantische* Kirche sagen, begreifen und bejahen wir freilich die eine christliche Kirche als die seit 400 Jahren gegen einen großen Teil ihrer Vergangenheit protestierende, wir anerkennen aber auch eben damit, daß wir uns, wie verborgen uns auch dieser Sachverhalt sein möge, mit der Kirche, die sich, ihrerseits unterscheidend und verbindend, römisch-katholische Kirche nennt, in *einem* Raum, eben im Raum der *Kirche* befinden, in dem Raum, in dem das Gleichnis von der Hochzeit und jenes «Nicht also!» nun einmal zu den Hausgesetzen gehören. Wir könnten nur aufhören, uns selbst als *Kirche* ernst zu nehmen, wir könnten uns dann nur noch, und das ist etwas Anderes, als evangelischen *«Bund»*[30] ernst nehmen, wenn wir es dem Katholizismus gegenüber so halten wollen, wie es eine Partei gegenüber einer anderen Partei zu halten pflegt. Wir müssen – in der Erinnerung, daß wir einen Meister haben – seiner Frage den Vortritt, uns selber also fragen und gefragt sein lassen. Seine Frage kommt, wie sauer es uns auch werden mag, das zuzugestehen, zu uns mit dem ganzen durch keine von uns selbst an ihn zu stellende Frage abgeschwächten spezifischen Gewicht der Frage des christlichen Bruders, voll Hinweis auf das Ereignis der Überlegenheit, über das wir keine Macht haben, voll Dringlichkeit, als Frage gehört und dann erst – nochmals in «Furcht und Zittern» – allenfalls beantwortet zu werden. Wir können unser Recht, die eine christliche Kirche in der seit 400 Jahren protestierenden Kirche zu suchen und zu finden, nur für sich *selber* sprechen lassen, um uns unterdessen, |333| als wären wir im Unrecht, durch den Widerpart fragen und gefragt sein zu lassen. Daß und inwiefern der römische Katholizismus eine Frage an die protestantische Kirche bedeutet, davon soll also heute gesprochen werden.

Man soll gegen dieses Unternehmen nicht einwenden, daß der Katholizismus für die allermeisten protestantischen Christen, sogar in konfessionell gemischten Gegenden und sogar für die Theologen, gar keine Aktualität als Frage besitze, viel zu fern und fremd und beziehungslos

---

[30] Der Evangelische Bund, 1886 in Erfurt gegründet, wollte nach dem Ende des Kulturkampfes den Protestantismus gegen den wachsenden Einfluß des politischen Katholizismus («Ultramontanismus») stärken. § 1 seines Gründungsstatuts lautet: «Der E. B. will gegenüber den äußeren und inneren Gefahren, welche den deutschen Protestantismus bedrohen, dazu mitwirken, daß dem deutschen Volke die Segnungen der Reformation erhalten und immer weiter erschlossen werden.» Seit der Mitgliederversammlung vom 15.10.1925 in Darmstadt galt eine revidierte Satzung, deren § 2 beginnt: «Maßgebend für seine gesamte Arbeit ist auf Grund der Erfurter Satzung vom Jahre 1886 das Wartburgprogramm vom Jahre 1921, insbesondere in folgenden Sätzen: Der E. B. sieht in dem Evangelium das höchste ewige Gut, die Kraftquelle und den Gesundbrunnen jedes Volkstums, und in dem deutschen Volkstum das höchste zeitliche Gut» (zitiert nach [C.] Mirbt, Art. «Evangelischer Bund», in RGG[2] II, Sp. 447f.).

im Verhältnis zu unserem tatsächlichen Denken und Empfinden sein seltsames Wesen treibe, als daß es lohnend und geboten erschiene, zu hören, was wir von dorther etwa gefragt sein möchten. Über das Tatsächliche an diesem Einwand ist mit niemandem zu rechten. Ich würde aber allen Ernstes fragen, ob der Protestantismus dem eine aktuelle Antwort sein kann, dem der Katholizismus wirklich keine aktuelle Frage sein sollte, ob wir mit der Kirche der Reformation noch irgend etwas zu tun haben sollten, wenn wir den Widerpart, mit dem sie gerungen hat, unterdessen etwa einfach losgelassen haben sollten. Und ich möchte warnen vor dem bösen Erwachen, das einer solchen Unbekümmertheit eines Tages folgen könnte. Wer den Katholizismus auch nur ein wenig kennt, der weiß, wie scheinbar bloß jene Ferne und Fremde, wie unheimlich nahe er uns allen in Wirklichkeit ist, wie dringlich und lebendig die Fragen, die uns durch ihn gestellt sind, und wie innerlich unmöglich die Möglichkeit, sie nicht ernsthaft zu hören, nachdem man sie nur einmal überhaupt gehört hat, wie notwendig *dieser* Einwand gegen unser Thema dem Vogel Strauß zu überlassen ist, dem es so sicher nicht gelingen wird!

Man soll zweitens auch das nicht einwenden, guter, ernster, überzeugter Protestantismus bestehe und zeige sich darin, daß man mit der Frage des Katholizismus fröhlich und entschieden und ein für allemal fertig geworden sei. Lassen wir beiseite, daß solches Fertiggewordensein seinen Grund weithin doch nur in jenem fatalen und gefährlichen Niewirklichgekannthaben finden mag, so bleibt zu sagen, daß es auch im besten Fall nur ein Fer-|334|tiggewordensein bedeuten kann, wie man eben auf Erden, d. h. aber immer wieder für einen Tag, mit ernsten Fragen fertig werden darf. Ob wohl Luther und Calvin bis an ihr Ende so schwer arbeitend mit dem Papsttum gerungen hätten, wenn sie die durch das Papsttum gestellte Frage nicht bis an ihr Ende bitter ernst genommen hätten? Und ob es uns, den Nachfahren, wirklich wohl ansteht, uns darin leichter zu tun als sie, uns darin für gute Protestanten zu halten, daß wir uns fröhlich und entschieden und ein für allemal – vom «Erbe der Reformation» pflegt man ja sehr zweideutig zu reden[31] –

---

[31] § 1 der Satzung des Evangelischen Bundes beginnt in der Fassung von 1925 (vgl. Anm. 30) mit dem Satz: «Der E. B. will das Erbe der Reformation gegenüber den Gefahren und Gegnern, die es von außen und innen bedrohen, dem deutschen Volke wahren und mehren.»

arbeitslos in den Besitz des *Ergebnisses* ihres Ringens setzen? Als ob die überzeugteste und eifrigste Negation der römischen Möglichkeit und positiv: der fleißigste Bau unseres eigenen Hauses sich als Tun der protestantischen Kirche nicht selbst in Frage stellte, wenn es etwa nicht wie das Tun der Reformatoren selbst ernste Antwort auf eine ernste Frage sein sollte. Allzu katholisch dürfte ein solches Fertigsein mit dem Katholizismus zu nennen sein, als daß wir den von daher kommenden Einwand ernst nehmen könnten.

Es gilt aber auch der dritte Einwand nicht: der Katholizismus seinerseits denke ja gar nicht daran, uns Gegenrecht zu halten, die Gemeinsamkeit des Raumes mit uns zu anerkennen und also seinerseits den Protestantismus als eine an die katholische Kirche gerichtete Frage ernst zu nehmen. Es könne also das, was wir hier beabsichtigen, nur auf eine taktisch wenig kluge Diskreditierung und Schwächung der eigenen Stellung im Angesicht eines zum vornherein triumphierenden Gegners hinauslaufen. In der Tat, ich rechne keinen Augenblick damit, daß Erich Przywara, Karl Adam, Hugo Lang oder auch Romano Guardini[32] (um von den älteren Wortführern des deutschen oder gar von denen des französischen, spanischen, italienischen Katholizismus nicht zu reden) mein heutiges Thema mit umgekehrtem Vorzeichen aufzunehmen die Neigung haben werden. Und ich rechne durchaus damit, daß Darlegungen wie die hier beabsichtigten wenigstens in den unteren Regionen der konfessionellen Polemik der Gegenseite u. U. einfach als willkommene Zuge-|335|ständnisse gebucht und weitergetragen werden können. Dennoch und gerade darum möchte ich diesen Einwand als den inferiorsten von allen bezeichnen. Was geht es uns an, wenn der Katholizismus uns gegenüber, pochend auf die Mehrzahl seiner Jahrhunderte, auf dem Standpunkt des Besserwissens[a] und auf dem Parteistandpunkt

---

[a] «Die katholische Kirche ist doch als die alte (!), als die Mutterkirche in possessione, im Besitzstand. ... Der Protestantismus ist es ihr schuldig, vor ihrem

[32] Zu E. Przywara und H. Lang s. die in Anm. a zitierten Äußerungen. Auf K. Adam geht Barth unten ab S. 319 näher ein. Mit Przywara, der schon 1923 verständnisvolle Rezensionen zu Aufsätzen von Barth und Gogarten geschrieben hatte, sollte Barth im Februar 1929 in seinem Seminar und in seiner Wohnung intensive Gespräche führen (vgl. Neuser, S. 40–46). Dagegen mangelt es an Belegen für eine Bekanntschaft Barths mit Schriften von R. Guardini (1885–1968), der damals einen Lehrstuhl für Religionsphilosophie und katholische Weltanschauung in Berlin innehatte.

durchaus verharren wollen sollte? Wohl, in dem Maß, als er das wirklich tut, verwechselt dann eben auch er die Kirche mit einem Weltanschauungsverein oder etwas Ähnlichem, ohne daß wir gerechtfertigt wären, wenn wir daraufhin dasselbe täten, ohne daß die Einsicht annulliert wäre, daß wir es nun eben anders halten müssen, nicht dem Katholizismus, sondern der Wahrheit zuliebe und weil es gefährlich ist, aus taktischen Gründen wider sein Gewissen etwas zu tun oder nicht zu tun.[34] Hier gibt es kein Warten auf Gegenrecht, und hier gibt es keinen Korpsgeist, keine Prestigerücksichten und keine Fraktionsinteressen.[b] Wenn es wahr ist, daß uns durch den römischen Katholizismus Fragen gestellt sind, dann *ist* es eben wahr. |336| Und wie immer er sich uns und unserer Gegenfrage gegenüber verhalten möge, er kann uns von der Verantwortlichkeit für das Hören seiner an *uns* gerichteten Frage nicht freisprechen. Ich möchte sogar in Anspruch nehmen, daß dies eben die kräftigste Bewährung des Protestantismus ist: daß wir dem Katholizismus, rücksichtslos gegenüber allen Geboten der höheren oder niederen Taktik, anders, ganz anders begegnen, als er uns begegnet.

Forum und Gerichtsstand, sagen wir lieber, vor ihrem mütterlich sorgenden, forschenden Auge sich selbst zu prüfen, sich selbst zu begründen» (*Hugo Lang*, Zum Problem der Wiedervereinigung in Deutschland, in «Der katholische Gedanke», Jahrg. 1, 1928, Heft 2, S. 182). Das Katholische ist «doch die letzte Heimat, nach der auch der wildeste ‹Zigeuner› sich eigentlich sehnt. Darum kann es warten, wie die Mutter wartet. Sie weiß, daß kein Kind so ganz vergessen kann, daß es einst ihres Schoßes war. Es wird schon heimfinden ...» (*Erich Przywara*, Die dialektische Theologie, in «Schweizerische Rundschau», 27. Jahrg., Heft 12, März 1928[33]). Diese Haltung bedeutet, wie vornehm und freundlich das gesagt sein mag, nach unserem Verständnis typisch das fatale «Sich-obenan-Setzen» [Lk. 14,8] und das Gegenteil von dem «flectamus genua» (*Lang*, a.a.O., S. 181), von dem wir für beide Seiten allein etwas erwarten können.

  [b] Die Art, wie mir gerade an diesem Punkt in Düsseldorf von verantwortlichster Stelle aus[35] widersprochen wurde, hat mich nur zu der Frage angeregt, ob es nicht nötig werden könnte, noch viel rücksichtsloser gegen die unselige *Unkirchlichkeit* der bei uns üblichen konfessionellen Abwehr vorzugehen.

  [33] S. 1089–1097; Zitat: S. 1097.
  [34] Vgl. auch M. Luthers Rede vom 18. 4. 1521 vor dem Wormser Reichstag, WA 7,838,7f.: «... revocare neque possum nec volo quicquam, cum contra conscientiam agere neque tutum neque integrum sit.»
  [35] D. h. doch wohl: von einem Mitglied der Kirchenleitung. Genaueres ließ sich nicht feststellen.

I.

Die protestantische Kirche ist durch den römischen Katholizismus erstens gefragt, ob und inwiefern sie *Kirche* ist.

Der Katholizismus ist die große, strenge Erinnerung daran, daß es sich in der Reformation des 16. Jahrhunderts, aus der die protestantische Kirche hervorgegangen ist, wie der Name sagt, um die Reform, d. h. um die *Wiederherstellung* der *Kirche* und also weder um ihre Zerstörung noch um ihre Verwandlung in ein ganz anderes Gebilde, nicht um das Proklamieren eines neuen, zweiten, sondern um das Aufdecken des alten, einen Ursprungs der Kirche gehandelt hat. Protestantismus protestiert nicht gegen, sondern für die Kirche. Reformation heißt nicht Revolution. Protestantische Kirche heißt nicht nur nicht weniger, sondern mehr, nicht nur nicht schwächer, sondern stärker als katholische Kirche eben *Kirche:* Kirche als das menschliche Mittel der Offenbarung in der Hand Gottes, Kirche als der menschliche Ort, wo Gottes Reden stattfindet und vernommen wird, Kirche als die menschliche Gemeinschaft, in der auf Grund göttlicher Berufung diesem Reden Gottes durch Menschen gedient wird, Kirche als die menschliche Gemeinschaft, in der wiederum auf Grund göttlicher Berufung dieses Reden Gottes an Menschen Ereignis wird. Es kann weder für die geschichtliche noch für eine sachliche Besinnung auf das Wesen der Reformation (in ihrer lutherischen wie in ihrer reformierten Gestalt!) ein Zweifel daran bestehen, daß Protestantismus im Sinn seines nie offiziell verleugneten Anfangs nicht eine Unter-|337|bietung, sondern eine Überbietung der Strenge bedeutet, in der der Katholizismus alle diese Bestimmungen für die Kirche in Anspruch nimmt. Wer es anders haben will, der setzt voraus, daß inzwischen, im 18. oder auf der Schwelle vom 18. zum 19. Jahrhundert, glücklich vorbereitet durch den Humanismus und das Schwärmertum schon des 16. selber, eine Art zweiter Reformation stattgefunden habe, ein neuer, zweiter Protestantismus als der wahre Protestantismus auf den Plan getreten sei, dessen Wesen nicht sowohl in einer *Wiederherstellung* als vielmehr in einer *Preisgabe* der Substanz der Kirche bestehen würde. Der Gang der christlichen Kirche durch die Geschichte ist von ihrem ersten Anfang her «hominum confusione et Dei providentia» in gleicher Weise bestimmt gewesen.[36] Hominum confusione ist die Re-

---

[36] Die Sentenz «Hominum confusione et Dei providentia Helvetia regitur»

formation nötig, Dei providentia ist sie wirklich geworden. Wirklich? Hier würden unsere Fragen an die katholische Kirche einsetzen, die wir heute nur beiläufig berühren können. Jedenfalls ist die Geschichte der Kirche auch nach der Reformation unter diesem doppelten Regiment weitergegangen. Hominum confusione konnte es geschehen, daß aus der Reformation weithin nun doch Revolution wurde. Das Auftauchen, die Ausbreitung und die Konsolidierung eines neuen, zweiten Protestantismus, der mit dem des 16. Jahrhunderts nur noch den Namen, d. h. das Protestieren gemeinsam hat, wurde Tatsache. Es ist so, daß wir, wenn heute von protestantischer Kirche die Rede ist, nie und nirgends (zwischen den sog. Richtungen bestehen hier keine allzu großen Unterschiede) sicher sind, ob wir es nicht mit jenem neuen, zweiten Protestantismus zu tun haben, der vergessen wollte und in der Tat vergessen hat, daß die Reformation Wiederherstellung war, der nicht mehr weiß und nicht mehr wissen will, was Kirche ist: nicht das Haus individueller oder gemeinsamer Erlebnisse oder Überzeugungen, sondern *Gottes* Haus. Eben angesichts dieser unklar gewordenen Sachlage auf unserer Seite wird der Katholizismus zur an uns gerichteten Frage, zur Frage nach der Substanz der Kirche – denn das ist die Substanz der Kirche, daß sie |338| *Gottes* Haus ist –, zur Frage, was aus dieser Substanz bei uns eigentlich geworden sei, zur Erinnerung daran, daß es, wenn wir diese Substanz wirklich preisgeben und verloren haben, wenn wir also eindeutige Neuprotestanten geworden sein sollten, sinnlos wäre, uns fernerhin mit dem Namen protestantische *Kirche* zu bezeichnen. Der Katholizismus wird uns zu dieser Frage dadurch, daß er diese Substanz der Kirche – wenn auch unter Widersetzlichkeit gegen ihre Wiederherstellung und darum von uns aus gesehen in höchster Fragwürdigkeit – wenigstens dem Anspruch und dem Wissen nach nicht weggeworfen, sondern in seiner Weise gehütet hat. Er wird uns zu dieser Frage, indem uns sein Dogma, sein Kultus, seine Haltung ein wenig auf der ganzen Linie bei allem, was wir einzuwenden haben mögen, vor Augen stellt, *was* denn in der Reformation reformiert, wiederhergestellt, ans Licht gestellt und verbessert, neu aufgerichtet und geltend gemacht worden

wird von Barth öfters variiert. Material zu ihrer Entstehungsgeschichte findet sich in: *Briefwechsel Philipp Anton von Segesser (1817–1888)*, Bd. IV: *1864 – 1868*, bearbeitet von C. Bossart-Pfluger, Zürich/Köln 1989, S. 178, Anm. 3.

ist, dasjenige, *ohne* das die ganze Reformation gegenstandslos gewesen wäre und *ohne* das wahrlich auch die auf die Reformation gegründete Kirche gegenstandslos wäre. Der Katholizismus wird uns zur Frage, indem er sich in seinen Voraussetzungen über die Kirche bei aller Gegensätzlichkeit in größerer Nähe zu den Reformatoren befindet als die Kirche der Reformation, sofern sie etwa wirklich und endgültig neuprotestantisch geworden sein sollte. Er wird uns zur Frage, indem wir, wenn etwa das Anliegen der Reformation dem Neuprotestantismus zum Trotz noch immer oder wieder das unsrige sein sollte, nicht leugnen können, daß wir uns in seiner Welt und unter seinen Gläubigen faktisch mehr zu Hause fühlen als in einer Welt und unter Gläubigen, in der *dasjenige, um was* es geht bei diesem reformatorischen Anliegen, eine unbekannte oder fast unbekannte Größe geworden ist.[c] |339|

Ich versuche, das an einigen Hauptpunkten deutlich zu machen.

1. Der Katholizismus bekundet und vertritt ein starkes Wissen darum, daß der eigentlich und primär Handelnde in der Kirche schlechter-

[c] Es dient vielleicht der Klarheit, wenn ich ausdrücklich hinzufüge, daß ich mit diesem Satz meine: Wenn ich heute zur Überzeugung käme, daß die Interpretation der Reformation auf der Linie Schleiermacher-Ritschl-Troeltsch (oder auch Seeberg oder Holl) *richtig* sei, daß Luther und Calvin es wirklich *so* gemeint haben sollten mit ihrem Unternehmen, so würde ich morgen zwar nicht katholisch werden, wohl aber auch von der vermeintlich evangelischen Kirche Abschied nehmen müssen, vor die *Wahl* zwischen beiden Übeln gestellt aber in der Tat lieber katholisch werden.[37]

[37] Diese Anmerkung und besonders die Klammer mit den Namen Seeberg und Holl hat man Barth übelgenommen. G. Merz sagte zu Barth, diese Fußnote habe ihn «für immer um die Aussicht auf Berlin gebracht» (Bw. Th. II, S. 597; R. Seeberg und K. Holl wirkten beide in Berlin). Von P. Althaus erhielt Barth «ein beschwörendes Brieflein» (Bw. Th. II, S. 598) vom 23. 7. 1928, in dem es heißt: «Seit 2 Tagen zerrt Ihre böse Anmerkung ... an mir. Ich muß Ihnen ... doch soviel schreiben, daß die Klammer mit dem ‹oder auch ...› die schwerste Belastung ist, die Sie mir seit der Gründung unserer Kaiser'schen Firma zugemutet haben. ... Also wenn Sie die Wahl haben zwischen Holls Lutherbuch und Thomas, dann lieber katholisch!?? O hätten Sie das nicht gesagt! Das ist nicht nur für Holl-Orthodoxe, sondern auch für mich, der seine Grenze sieht, aber weiß, was er der Theologie bedeutet hat und bedeutet, ein schreckliches Wort.» Durch einen Brief des nachmaligen Erlanger Philosophen Hermann Zeltner, der einst in Göttingen u. a. bei Barth gehört hatte, erfuhr dieser folgendes: «Großen éclat rief neulich Ihr ‹Katholizismus›-Aufsatz in Göttingen bei E. Hirsch hervor. ... ‹Man› sprach vom Abbruch der Schicksalsgemeinschaft mit der protestantischen Theologie» (Brief vom 12. 8. 1928; vgl. dazu Bw. Th. II, S. 607).

dings und primär Gott selber in Jesus Christus ist. Durchgehend wird es uns durch seine Liturgie, durch seine Dogmatik bedeutet: *Seine Gegenwart macht die Kirche zur Kirche, er predigt, er ist der Opfernde und das Opfer, er betet, er glaubt, er* ist «das eigentliche Ich der Kirche»[d]. Diese Einsicht führt sofort zu gefährlichen und mehr als gefährlichen Konsequenzen: dieses göttliche Ich der Kirche hat nämlich irdisch-menschliche Gegenbilder: im Amt seines Stellvertreters auf dem römischen Bischofsstuhl, im opfernden Priester und in der geopferten Hostie, schließlich in der gesamten Sichtbarkeit der Kirche als solcher, und zwischen ihm und diesen Gegenbildern bestehen logisch sehr schwer klar zu machende und jedenfalls weithin nicht als indirekt, sondern als höchst direkt zu verstehende Identitäten. Aber vielleicht müßte uns die vorliegende Einsicht selber zunächst doch wichtiger sein als die mit ihr verbundenen Unannehmbarkeiten. Hier ist kirchliche *Substanz*, hier ist ein Wissen: die Kirche ist *Gottes* Haus, entstellte, verdorbene Substanz vielleicht, aber doch nicht verlorene Substanz! Auch die katholische Messe bekennt ja in ihrem Gloria: «Qui sedes ad dexteram Patris, miserere nobis. Quoniam tu solus Sanctus, tu solus Dominus, tu solus altissimus, Jesu Christe!»[39] Auch der katholische Christ glaubt doch «genau gesehen nicht der Kirche, sondern dem lebendigen Gott, der sich ihm in der Kirche bezeugt»[e]. Auch der mittelalterliche Beter fleht[f] um die Gnade: |340| «in te super omnem creaturam requiescere, super omnem salutem et pulchritudinem, super omnem gloriam et honorem ... super omnem suavitatem et consolationem, super omnem spem et promissionem, super omne meritum et desiderium, super omnia dona et munera, quae potes dare et infundere, super omne gaudium et jubilationem quam potest mens humana capere ac sentire. Denique

[d] *Adam*, Das Wesen des Katholizismus, 4. Aufl.[38], S. 24.
[e] *Adam*, S. 69.[40]
[f] De imitatione Christi III 14, 6.[41]

[38] K. Adam, *Das Wesen des Katholizismus*, Düsseldorf 1927[4].
[39] Vgl. Schott[10], S. 460.
[40] K. Adam, a.a.O., S. 69: «Ich glaube also, genau gesehen, nicht der Kirche, sondern dem lebendigen Gott, der sich mir in der Kirche bezeugt.»
[41] Thomas a Kempis, *De imitatione Christi* (15. Jh.), Paris 1772. Das Gebet beginnt mit der Anrede: «Da mihi, dulcissime & amantissime Jesu, in te ...» (Hervorhebung von Barth). In der lat./dt. Ausgabe von Fr. Eichler, München 1966, findet sich die Stelle im III. Buch, Cap. 21, 2f., S. 254.

super omnes angelos et archangelos et super omnem exercitum coeli, super omnia visibilia et invisibilia et *super omne quod tu, Deus meus, non es,* quia tu Domine meus es super omnia optimus.» Und wenn nun die Reformation darin die Wiederherstellung der Kirche war, daß sie jenes «Tu solus!» aufnahm und unterstrich und vor allem konkret werden ließ, wie es in der katholischen Kirche nie konkret wurde noch wird, nämlich durch konsequenten Kampf gegen alle direkten Identifikationen, wenn sie das *«Tu solus!»* bezog auf Jesus Christus als den *Herrn* in unaufhebbarem Gegensatz zu allen seinen Knechten, als das *Wort* in unaufhebbarem Gegensatz zu allem, was wir uns selbst sagen, als den *Geist* in unaufhebbarem Gegensatz zu allen Dingen, wenn sie die Echtheit dieses *«Tu solus!»* erneuerte, indem sie es kontrapunktierte durch das «sola *fide*», in dem sie Gottes Gegenwart in seiner Kirche erkannt und bekannt wissen wollte – so hat sie damit dieses *«Tu»* nicht kleiner, sondern größer machen, nicht symbolisch verflüchtigen, sondern wirklicher in die Mitte stellen wollen. Sie wollte zum trinitarischen und christologischen Dogma der alten Kirche nicht schwächer, sondern kräftiger, sinnvoller, konsequenter *Ja* sagen: sie war verstärktes, verschärftes Bekenntnis zu der unaufhebbaren Subjektivität des in seiner Kirche gegenwärtigen Gottes, verschärftes Bekenntnis zur wesentlichen *Gottheit* Christi und des heiligen Geistes. So kann ihr Protest gegen das römische Papsttum, Priestertum und Sakrament nicht zu verstehen sein, als ob er jene eigentliche und primäre Gegenwart und Handlung Gottes in seiner Kirche in Abrede stellen und nicht vielmehr in reinerer, gewaltigerer Form behaupten wolle. Wenn die Sakraments-|341|hymne des *Thomas von Aquino*[g] anhebt mit den Worten:

Adoro te devote, latens Deitas,	In Demut bet ich dich, verborgne Gottheit, an,
Quae sub his figuris vere latitas ...	Die, wahrhaft hier, der Zeichen Schleier umgetan ...

was kann dann der Protestantismus anderes wollen, als unterstreichen: «latens», «latitas», damit eben dadurch das «Deitas» und das «vere»

[g] *Schott-Bihlmeyer*, Das vollständige röm. Meßbuch, 2. Aufl., Anhang S. 258f.[42]

[42] Schott²; vgl. Schott¹⁰, Anhang S. 204, mit einer anderen Übersetzung ins Deutsche.

ernsthaft, von allem Unverborgenen und darum Ungöttlichen unterschieden, zur Geltung komme? Oder sollte er wirklich etwas anderes wollen, etwas anderes als eine neue, bessere Besinnung auf die alte, eine Substanz der Kirche? Sollte er als Unterbietung des katholischen Präsenzgedankens zu verstehen sein? Sollte Protestantismus eine Vertauschung der Rollen bedeuten: Gott das Objekt, wir Christen das Subjekt der Kirche? Hat Gott seine Wahrheit am Ende von uns, von unserer Frömmigkeit zu Lehen? Wir haben Anlaß, uns durch die römische Kirche mit ihrem Christus praesens bei aller Bedenklichkeit seiner Gestalt danach *gefragt* und damit grundsätzlich *danach* gefragt zu wissen, ob wir Kirche, *reformierte* Kirche, aber *Kirche* noch oder wieder sind? ob wir uns auf dem Boden der Reformation oder auf dem einer zwischenhineingekommenen Revolution befinden?

2. Der Katholizismus wagt es, auf Grund dieser Voraussetzung, eine in der Kirche stattfindende irdisch-menschliche Vermittlung der göttlichen Offenbarung und Versöhnung, das Stattfinden eines wirklichen irdisch-menschlichen Gottesdienstes zu glauben. Eben weil hier Gott Subjekt ist, stehen hier Menschen und Dinge zu seiner Verfügung, können sie hier Prädikat werden. «Das Wort ward Fleisch» [Joh. 1,14], darum und darin: in der Wirklichkeit dieser göttlichen Herablassung ist die Kirche Gottes Haus. Von da aus versteht der Katholik das Sakrament als «sichtbare Gewähr, daß Jesus mitten unter uns wirkt»[h], von da |342| aus insbesondere das Meßopfer als «repraesentatio» des einen Kreuzesopfers[i], von da aus das Priestertum als «die sichtbare Kundmachung und Vermittlung der einen Gnade des einen Hohepriesters»[j], von da aus den Papst als Ausdruck der Einheit der Kirche[k]. Wir lassen uns gerne belehren, wie indirekt das alles gemeint sein könnte, wenn *Thomas von Aquino* in dem eben zitierten Hymnus fortfährt:

Visus, tactus, gustus in te fallitur,	Gesicht, Gefühl, Geschmack, sie täuschen sich in dir,
Sed auditu solo tuto creditur:	Gehör allein schafft sichern Glauben hier.

[h] *Adam*, S. 28.
[i] *Schott*, S. 4.[43]
[j] *Adam*, S. 138.
[k] *Adam*, S. 48.

[43] Schott²; Schott¹⁰, S. 3*.

Credo, quidquid dixit Dei filius,	Weil Gottes Sohn mirs sagt, glaub ichs allein,
Nil hoc verbo Veritatis verius.	Es ist der Wahrheit Wort, und was kann wahrer sein?

oder wenn es in einem anderen Sakramentshymnus[l] – ausdrücklich reformatorisch, möchte man sagen, heißen kann:

Et, si sensus deficit,	Sehn die Sinne es nicht ein;
Ad firmandum cor sincerum	Sicherheit dem reinen Herzen
Sola fides sufficit.	Ist der Glaube ganz allein.

Wir hören nun freilich auch ganz andere Töne, wonach die vermeintlichen Prädikate auf einmal doch den Charakter von Subjekten zu bekommen scheinen, wonach etwa das Meßopfer aus dem «memoriale mortis Domini»[m] auf einmal, unter ausdrücklicher Ausschaltung der im Glauben fallenden Entscheidung, als «opus operatum» ein Werk Christi selbst[n], ein Bewirken der |343| Versöhnung und ein Erwirken der Gnade[o], ein «erschütterndes Wirklichkeitserlebnis, das Erlebnis der

[l] «Pange lingua gloriosi», *Schott*, Anhang, S. 249[44]; vgl. auch in der Fronleichnamssequenz «Lauda Sion», *Schott*, S. 593f., die Strophe «Quod non capis, quod non vides, animosa firmat fides.»[45] – Der Gedanke findet sich beinahe wörtlich, schon bei *Cyrill von Jerusalem*, Mystagogische Katechese 4, 6.[46]

[m] *Thomas*, a.a.O.[47]

[n] *Adam*, S. 35.[48]

[o] *Schott*, S. 4: «sacrificium propitiatorium» und «sacrif. impetratorium», «ein und dasselbe Opfer wie das am Kreuze».[49]

[44] Der Hymnus ist ebenfalls von Thomas von Aquino; vgl. Schott[10], S. 371f., mit abweichender Übersetzung.

[45] Thomas von Aquino; a.a.O., 10. Aufl., S. 620f.

[46] S. Cyrilli Hierosolymitani Archiepiscopi *Catecheses Mystagogicae*, MPG 33, col. 1102: «Quamobrem ne tanquam nudis (et communibus elementis) pani et vino (Eucharisticis) attende: sunt enim corpus et sanguis Christi, secundum Domini asseverationem; nam etiamsi illud tibi suggerat sensus, fides tamen te certum et firmum efficiat. Ne judices rem ex gustu; sed ex fide citra ullam dubitationem certus esto, te corporis et sanguinis Christi dono dignatum fuisse.»

[47] Vgl. Schott[10], Anhang S. 204.

[48] K. Adam, a.a.O.: «In jedem Sakrament ist ein Objektives gegeben (opus operatum), nämlich eine eigentümliche, den Anordnungen Christi gemäße Verbindung von Ding (Materie) und Wort (Form). Indem diese Verbindung nach der Absicht der Kirche am Empfänger vollzogen wird, wird das Sakrament zum ‹Werk Christi› (opus Christi), das unabhängig vom subjektiven Anteil des Empfängers (opus operantis) kraft seines gültigen Vollzugs die sakramentale Gnade wirkt.»

[49] Vgl. Schott[10], S. 3*.

Wirklichkeit von Golgatha»[p] sein soll, wonach der zelebrierende Priester, Maria und alle Engel und Heiligen übertreffend, Christus gegenwärtig machen und als Opfer darbringen kann[q], wonach der Pontifex Romanus nicht mehr und nicht weniger als der «Christus in terris» ist[r]. Wieder war hier offenbar die Reformation Wiederherstellung: Wiederherstellung der Erkenntnis der schlechthinigen Einzigartigkeit der Person und der schlechthinigen Unwiederholbarkeit des Werkes des Herrn, Wiederherstellung der Unumkehrbarkeit des Verhältnisses von Wort und Fleisch, Subjekt und Prädikat, Wiederherstellung der Korrelation der göttlichen Wirklichkeit der Offenbarung zu der ebenfalls göttlichen Wirklichkeit des Glaubens. Aber eben damit: Bejahung, nicht Verneinung, Verstärkung und Verschärfung, nicht Abschwächung oder gar Aufhebung des Vermittlungsgedankens, des Dienstbegriffes, der Einsicht, daß die Kirche *Gottes* Haus ist. Die Reformatoren waren gerade *nicht* «konsequent» in dem Sinn, wie man es nachträglich so oft gewünscht und angeblich in ihrem Sinn und Geist nachgeholt hat. Sie haben mit der großen Wahrheit der Fleischwerdung des Wortes nicht weniger, sondern mehr ernst machen wollen, wenn sie die Wirklichkeit der Vermittlung wieder verstehen lehrten als *Akt*, nämlich als Akt Gottes selber anstelle einer den Menschen zur Verfügung stehenden Institution, Wort und Sakrament als Instrumente, die gebraucht

---

[p] *Adam*, S. 203.
[q] Erzbisch. *Katschthaler* bei *Mirbt*, Quellen, 4. Aufl., S. 497f.[50]
[r] *Arnald von Villanova* bei *Mirbt*, S. 211.[51]

[50] C. Mirbt, *Quellen zur Geschichte des Papsttums und des römischen Katholizismus* (1895), Tübingen 1924⁴, S. 497f., *Hirtenbrief des Fürsterzbischofs Johannes Katschthaler von Salzburg vom 2. 2. 1905:* «... der katholische Priester hat *die Gewalt die Sünden zu vergeben.* ... *Gott hat gleichsam seine Allmacht* für diesen Zweck, für diesen Augenblick *an seinen Stellvertreter auf Erden*, den bevollmächtigten Priester, *abgetreten*. ... *Wo* auf der ganzen Erde ist eine Gewalt, welche dieser Gewalt gleichkommt? ... *Wo* ... *ist selbst im Himmel eine solche Gewalt?* ... die Engel und Erzengel ..., können sie dich lossprechen von deinen Sünden? Nein. ... *Selbst Maria*, die Gottesmutter, die Königin des Himmels, sie *kann es nicht* ...»
[51] «Quis enim fidelium ignorat, cum Caldei et barbari non ignorent, Romanum pontificem esse *Christum in terris*, non solum particularis presidentie titulo vel figura, set [sic] insuper universali auctoritate plenarie potestatis, cum ipse solus inter pontifices datus sit in lucem gentium et in fedus populi, ut salus existat cunctis usque in fines terre» (Arnald von Villanova, 1300).

werden und wirken «ubi et quando visum est *Deo*»[s], weil sie in *seiner* Hand liegen und liegen *bleiben*, und also die Kirche als den Ort, wo Gott des Menschen, nicht aber der Mensch Gottes mächtig wird. Sie haben aber die Vermittlung, sie |344| haben Kirche, Wort und Sakrament in dieser Wiederherstellung *verstehen* und *ehren* gelehrt. Sie haben den Schritt zur sichtbaren Kirche ohne alle Zimperlichkeit *getan*, ja sie haben vor dieser Zimperlichkeit in aller Form als vor einer widergöttlichen Versuchung gewarnt. Sie haben im selben Atemzug, in dem sie die päpstliche Messe als «vermaledeiten Götzendienst»[53] verwarfen, nicht versäumt, die «himmlischen Propheten»[54] abzuwehren, die an Kirche, Wort und Sakrament vorbei schon damals ins Unmittelbare und Absolute, in eine reine Geistigkeit und Innerlichkeit fliegen wollten, als ob das nicht dasselbe Attentat gegen die Hoheit des Herrn bedeute, der seine Ehre keinem Anderen lassen will [vgl. Jes. 48,11]. Sollte heute der protestantischen Wahrheit letzter Schluß in diesem Kapitel etwa wirklich in der gewiß unbestreitbaren Wahrheit zu suchen sein, daß Gottes Gnadengegenwart «in kein Sakramentshäuschen eingeschlossen werden» kann, sondern: «an jedem Ort, in der Schusterwerkstatt, im Fabrikraum, im Bergwerk, im Laboratorium, überall mündet die Zeit in die Ewigkeit»[t]? Daß «ein Pfarrer keine religiöse Vollmacht hat, die

---

[s] Augustana Art. 5.[52]

[t] *Heim*, Das Wesen des evang. Christentums, 3. Aufl., S. 109. Ich exemplifiziere in diesem Vortrag gerade auf diese protestantische Kontroversschrift, weil sie von einem unserer maßgeblichsten Theologen stammt und weil von ihr von einem anderen unserer maßgeblichsten Theologen gesagt worden ist, es sei uns in ihr «eine geistige Waffe geschenkt, von der hoffentlich bei der dringenden Auseinandersetzung mit den Ansprüchen der Papstkirche Gebrauch gemacht» werde, und wir hätten innerhalb der Gattung, der sie zugehört, vorläufig nichts, was ihr an die Seite gestellt werden könnte (Theolog. Literaturzeit. 1925, Nr. 22, Sp. 522).[55] Ich tue es also unter dem Gesichtspunkt: «Wenn das am grünen Holz

[52] BSLK, 57f.

[53] *Heidelberger Katechismus*, Frage 80, BSRK 704,30–32: «Unnd ist also die Meß im grund nichts anderst, denn ein verleugnung des einigen Opffers und leidens Jesu Christi, und eine vermaledeyte Abgötterey.»

[54] Vgl. M. Luther, *Wider die himmlischen Propheten, von den Bildern und Sacrament* (1525), WA 18,62–214.

[55] K. Heim, *Das Wesen des evangelischen Christentums*. Leipzig 1925³. Der Autor der Rezension ist der Herausgeber der Theologischen Literaturzeitung, E. Hirsch (vgl. oben Anm. 22).

nicht jedes andere Gemeindeglied auch haben könnte»[u]? Daß, mit Luther zu reden, das Wasser in der Taufe «nichts besser» ist «denn das, so die Kuh trinkt»[v]? Sollte die Einsicht unter uns verloren gegangen sein, daß jenseits aller der-|345|art selbstverständlicher Feststellungen das Problem von Kirche, Wort und Sakrament als irdisch-menschlichem Dienst an Gottes Wort doch erst *anfängt*, daß solcher Feststellungen unbeschadet die Möglichkeit und Notwendigkeit einer *relativen* Vermittlung, eines *relativen* Dienstes als solche durchaus ernst zu nehmen ist, sollten wir unterdessen heimlich ein wenig alle Orlamünder[56] geworden sein – dann ist es gewiß an der Zeit, daß uns der Katholizismus, und wäre er mit seinem Vermittlungsbegriff noch viel unzweideutiger im Unrecht, zur Frage werde: zur Frage, ob und inwiefern wir denn etwas Ernsthaftes bejahen, wenn auch wir neben dem, was im Fabrikraum und im Laboratorium getan wird, auch das sichtbare Tun einer sichtbaren Kirche bejahen. Vertrauen wir, daß Gott damit etwas *Besonderes* will und tut, oder vertrauen wir nicht? Wenn wir nicht vertrauen, in welchem ernsthaftem Sinn bejahen wir es dann? Es geht auch darin um die *Substanz* der Kirche. Wir können dem Katholizismus nicht abstreiten, daß er sie in seiner Weise gehütet hat. Und verlassen wir uns darauf: es sind mit dem Katholizismus unsere eigenen Reformatoren, die uns, und zwar Luther und Calvin in größter Einhelligkeit, fragen, was wir eigentlich wollten, wenn wir wirklich Orlamünder geworden sein sollten?

3. Der Katholizismus wagt es, auf Grund derselben Voraussetzung: daß Jesus Christus das Subjekt der Kirche ist, *Autorität* für die Kirche in Anspruch zu nehmen. Indem die Kirche nur vikarierendes Subjekt, nur Leib an diesem Haupte sein will, wird dessen Vollmacht sichtbar an ihr selber, bekommt und hat sie das Selbstbewußtsein, einen Auftrag geltend zu machen, der sich keinem anderen unterordnen kann und den sie mit Ernst, mit dem Anspruch auf Gehör und Gehorsam geltend zu

geschieht ...» [Lk. 23,31], und gewiß nicht ohne der sonstigen Verdienste des Tübinger Meisters und meines anderweitigen Konsensus mit ihm eingedenk zu sein.

[u] *Heim*, S. 114.
[v] *Heim*, S. 115.

[56] Andreas Karlstadt, den Luther in der in Anm. 54 genannten Schrift bekämpft, wirkte 1522–1524 als Pfarrer in der zu seinem Wittenberger Archidiakonat gehörigen Gemeinde Orlamünde (Thüringen).

machen hat. Die Bindung des Menschen durch Gott wird konkret in seiner Bindung durch die Kirche. Wir Protestanten überhören dabei leicht, daß von einer Bindung des Gewissens des einzelnen Menschen durch die Autorität der Kirche nicht die Rede sein soll, daß vielmehr, nach katholischer Theorie wenigstens, dem Ge-|346|wissen auch dann Gehorsam zu leisten ist, wenn das Ungehorsam gegen die Kirche bedeuten würde.[w] Wir haben wohl Recht zu fragen, wie sich die Praxis zu dieser Theorie verhalte. Wir werden wohl feststellen dürfen, daß das Gesicht der katholischen Kirche zu keiner Zeit durch diesen seelsorgerlichen Vorbehalt, sondern immer fast hemmungslos durch die Geltendmachung der Autorität der Kirche bestimmt gewesen ist. Die Reformation bedeutete die Wiederherstellung der Autorität *Gottes* gegenüber der Autorität der Kirche und damit automatisch die Wiederherstellung der Freiheit des Gewissens als eines nicht nur seelsorgerlich geduldeten, sondern in aller Form als kirchenbegründend zu anerkennenden Faktors. Aber daran kann wiederum kein Zweifel sein, daß jenes auf den erhaltenen Auftrag sich gründende Selbstbewußtsein der römischen Kirche der Kirche im Sinn der Reformation, wenn sie sich nicht selber aufgeben will, nicht schwächer, sondern nur stärker zu eigen sein kann. Autorität ist keineswegs eines von den Requisiten des «Zaubers der katholischen Kirche»[x], sondern sie gehört zum Wesen der Kirche als des Hauses Gottes überhaupt. Der Anspruch auf Autorität ist das Wagnis, eingedenk der Oberhoheit Gottes und darum eingedenk der Freiheit des Gewissens im Namen Gottes in der Linie des prophetischen: «So spricht der Herr» zu den Menschen zu reden. Man sollte doch ja nicht übersehen, daß wiederum Luther und Calvin, und zwar wahrlich nicht für ihre Person, sondern – und anders ist es ja auch in der katholischen Kirche nicht gemeint – für ihren *Dienst*, dieses «So spricht der Herr» mit aller Macht in Anspruch genommen haben. Haben sie die schon in der Frühzeit der Kirche[y] aufgestellte Gleichung «ecclesia ipse est spiritus» umgestürzt zugunsten der Autorität Gottes und damit zu-

---

[w] *Adam*, S. 213–217.
[x] [Vgl.] *Heim*, S. 5f.
[y] *Tertullian*, De pudicitia 21.[57]

[57] Das Zitat steht in Qu. S. F. Tertullians Schrift *De pudicitia* 21, MPL II, col. 1026. (Barth hatte den Titel der Schrift irrtümlich mit «adv. Prax.» angegeben; in Anm. y vom Hrsg. verbessert.)

gunsten der Freiheit der Gewissen, so ist doch der protestantische Mensch in ihrem Sinn so wenig wie der katholische der der Führung seines subjektiven Gewissens überlassene, |347| sondern der in und mit der Freiheit seines Gewissens gebundene, und zwar konkret gebundene, und zwar durch die Autorität der Kirche gebundene Mensch. Er ist es mehr als jener, gerade weil hier *ernst* gemacht ist mit der Erkenntnis, daß die Bindung durch die Kirche nur vikarieren kann für die Bindung durch Gott, *konkret* ernst gemacht, indem die Bindung durch die Kirche gerade in die Freiheit des Gewissens verlegt wird. Und die protestantische Kirche weiß es so gut wie die katholische, daß sie einen überlegenen Auftrag auszurichten hat. Sie weiß es besser als jene, gerade sofern sie bei der Ausrichtung dieses Auftrags die *ihrer* Autorität eben in der Freiheit der Gewissen gesetzte Schranke, in dieser Schranke aber die überlegene Autorität *Gottes* respektiert. Wo Kirche ist, da ist auch kirchliche Gewalt. Heute wird oft vergessen (ich bediene mich der Worte von *Max Weber*[z]), «daß die Reformation ja nicht sowohl die *Beseitigung* der kirchlichen Herrschaft über das Leben überhaupt, als vielmehr die Ersetzung der bisherigen Form derselben durch eine *andere* bedeutete». Nicht das können wir besonnenerweise gegen das Papsttum haben, daß es Gewalt übt. Wäre sie nur kirchliche, geistliche, und darum Gott dienende, nicht aber Gott verdrängende und ersetzende Gewalt geblieben, wir wollten wohl mit Luther nichts dagegen haben, dem Papst die Füße zu küssen.[aa] Die autoritäts- und bindungslose Denkwei-

---

[z] Ges. Aufsätze zur Religionssoziologie I[58], S. 20.

[aa] «Si igitur papa nobis concesserit, quod solus Deus ex mera gratia per Christum justificet peccatores, non solum volumus eum in manibus portare, sed etiam ei osculari pedes» (Comm. in ep. ad Gal., E. A. I, S. 149).[59] Vgl. dazu das Separatvotum *Melanchthons* bei den Unterschriften zu den Schmalkaldischen Artikeln 1537: «Ego Philippus Melanchthon supra positos articulos approbo ut pios et christianos. De pontifice autem statuo, si evangelium admitteret, posse ei propter pacem et communem tranquillitatem christianorum, qui jam sub ipso

[58] M. Weber, *Die protestantische Ethik und der Geist des Kapitalismus* (1904/05), in: ders., *Gesammelte Aufsätze zur Religionssoziologie*, Bd. I, Tübingen 1922².

[59] Vgl. WA 40/I, 181,11–13: «Hoc impetrato, scilicet quod solus Deus ex mera gratia per Christum iustificet, non solum volumus Papam in manibus portare, imo etiam ei osculari pedes.»

se und Haltung des neuzeitlichen Menschen hat mit der protestanti-
schen Kirche nichts zu tun. Es ist nicht wahr, daß wir in |348| der seit der
Renaissance einsetzenden Entwicklung, die diesen Menschen hervorgebracht hat, auch nur im Geringsten Geist von unserem Geist wiedererkennen.[ab] Es ist nicht wahr, daß wir in der «Wut des enttäuschten deutschen Mannes» Luther und in unserem eigenen Ressentiment gegen die
«kalte Hand von jenseits der Berge»[ac] die Ursache der Kirchenspaltung
und also den Grund der protestantischen Kirche finden. Es ist nicht
wahr, daß wir, in die Enge getrieben durch die Alternative Inquisitions-
gericht oder Jakob Böhme, selbstverständlich für Jakob Böhme und
womöglich gleich auch noch für Friedrich den Großen optieren müßten.[ad] Es ist m.e.W. nicht wahr, daß unser Protest gegen den römischen
Autoritätsbegriff so ungefähr dasselbe sei wie der des modernen «Gebildeten»[ae], sondern wir bedanken uns für diese Nachbarschaft. Es ist
nicht wahr? Wirklich nicht? Es fehlt nicht an gewichtigsten Stimmen
auf unserer Seite – und es sind durchaus nicht nur liberale Stimmen –,
die sagen, daß gerade das *freilich* wahr sei! Die protestantische Kirche
ist durch den römischen Katholizismus, wie es auch[61] mit dessen Irrtü-
mern stehen möge, gefragt, wie sich das alles eigentlich verhalte. Sie ist
gefragt, *wem* sie eigentlich das Wort rede mit ihrem Kampf um die
«letzte Einsamkeit» des Geistes[af], gefragt, wo denn etwa, wenn der Kirche nur übrig bleibt, nach Richard Rothe «sich selbst gleichsam überflüssig zu machen»[ag], ihr Auftrag und mit ihrem Auftrag sie selber blei-

sunt et in posterum sub ipso erunt, superioritatem in episcopos, quam alioqui
habet, jure humano etiam a nobis permitti.»[60]

[ab] *Heim*, S.104–109.
[ac] *Heim*, S.21, 27.
[ad] *Heim*, S.108, 112.
[ae] *Heim*, S.105.
[af] *Heim*, S.89.
[ag] *Heim*, S.117.[62]

[60] BSLK 463f. Das Votum Melanchthons hat Barth erst für den Wiederabdruck des Vortrags in Th. u. K. hinzugefügt. In seinem Handexemplar von ZZ ist
dieser Zusatz vorbereitet durch die Notiz: «Vgl. *Melanchthon* Müller S. 326!»
«Müller» steht für die Vorgängerausgabe der BLSK: J. T. Müller, *Die symboli-
schen Bücher der evangelisch-lutherischen Kirche* (viele Auflagen seit 1848).

[61] Im Druck: «wie es sich auch»; Korrektur vom Hrsg.

[62] «So hielt die Kirche die göttlichen Heilquellen, die sieben Sakramente, in ihren Händen und machte dadurch die Menschen und die Völker von sich abhän-

ben möchte? Wir sind auch hier nach der *Substanz* der Kirche gefragt. Der Katholizismus fragt uns – und er hat ein Recht, uns zu fragen –, warum wir uns, nachdem alles gesagt ist, was gegen seinen Autoritätsbegriff zu sagen ist, in dem, worin er dem modernen Menschen am ärgerlichsten ist, nämlich darin, *daß* er |349| überhaupt Autorität für die Kirche in Anspruch nimmt, nicht ganz anders mit ihm solidarisch fühlen und erklären? Ob wir nicht merken, daß es hier um die Sache der Kirche überhaupt und damit um unsere eigene Sache geht?

II.

Die protestantische Kirche ist durch den römischen Katholizismus zweitens gefragt, ob und inwiefern sie *protestantische* Kirche ist.

Die protestantische Kirche ist die in einem ganz bestimmten Sinn wiederhergestellte, restituierte, regenerierte Kirche. Wie steht es mit der regenerierten *Substanz?*, haben wir uns fragen lassen. Es gibt aber auch die andere Frage: Wie steht es mit der *Regeneriertheit* dieser Substanz? Mit dem *Protestantismus* der protestantischen Kirche? Wir haben die Richtung bereits einigermaßen kenntlich machen müssen, in der die Reformation der Kirche verlaufen ist, in der eine reformierte Kirche (wenn sie das ist) also weiter zu gehen hätte. Es geht um die schlichte Einsicht, daß Gott in dem Hause, das *sein* Haus ist, auch der *Herr* des Hauses ist und bleibt. Die Reformatoren haben nicht bestritten, und wir können auch nicht bestreiten, daß diese Einsicht der katholischen Kirche auch nicht verborgen ist. Sie fragten aber, und wir fragen mit ihnen, ob diese Einsicht denn in der katholischen Kirche auch wirklich leuchte und gelte, wie sie leuchten und gelten muß, wo wahre Kirche ist, selbständig und unbedingt leuchte und gelte *gegenüber* der Kirche, deren Subjekt Gott, *gegenüber* ihrem Vermittlungsdienst, dessen Wahrheit wieder Gott, *gegenüber* ihrer Autorität, deren Wirklichkeit noch einmal Gott ist. Indem sie diese Einsicht heller und reiner leuchten und gelten lassen wollte – es gibt nur Komparative, wenn von menschlichem Wollen die

gig. Extra ecclesiam nulla salus. Die protestantische Kirche verzichtet mit vollem Bewußtsein auf jenes Monopol. Sie gibt grundsätzlich alle religiösen Heilquellen frei. Sie macht sich gleichsam selbst überflüssig. Sie gibt das letzte Mittel auf, durch das eine Kirche eine Herrschaft ausüben und den natürlichen Menschen bezaubern kann.» Zu R. Rothe vgl. oben S. 198–200.

Rede ist –, konstituierte sich die Kirche im Gegensatz zum römischen Katholizismus als *protestantische* Kirche. Weil sie als protestantische Kirche nichts anderes sein wollte und sein wollen kann als die erneuerte Substanz der Kirche überhaupt, |350| wurde und ist nun die römische Kirche von uns aus gesehen eine häretische Kirche. Wir haben Anlaß, uns von ihr fragen zu lassen, ob das alles nicht insofern bloße Konstruktion sein möchte, als uns über der Erneuerung der Kirche ihre *Substanz* abhanden gekommen sein könnte. Wir haben aber auch Anlaß, uns von ihr fragen zu lassen, wie es denn mit der *Erneuerung* als solcher unter uns stehen möchte, ob wir denn eigentlich Grund haben, unsere Verwerfung der Mutterkirche wegen ihrer Verweigerung der Reformation aufrecht zu erhalten, ob es eigentlich immer noch so gefährlich sei mit dem vor 400 Jahren aufgerissenen Gegensatz oder ob er sich nicht vielleicht durch ein längst erfolgtes sachliches Einlenken unsererseits so weit gemildert habe, daß wir, um ein gutes Gewissen zu behalten, auch an ein äußeres Einlenken allmählich denken müßten? Besonders, wenn uns gleichzeitig von der anderen Seite klar geworden sein sollte, daß die gemeinsame Substanz der Kirche alles in allem drüben sich in besseren Händen befinden möchte als hüben. Die protestantische Antwort auf diese zweite Frage ist so wenig selbstverständlich wie die auf die erste. «Hominum confusione et Dei providentia» ist die Kirchengeschichte weitergegangen, haben wir uns bereits erinnert. Und weil dem so ist, darum ist es möglich gewesen und wirklich geworden, daß ein solches inneres, sachliches Einlenken des Protestantismus auf die Wege der römisch-katholischen Kirche tatsächlich stattgefunden hat. Es ist derselbe neue, zweite Protestantismus, von dem wir vorhin zugestehen mußten, daß er die *Substanz* der Kirche verloren hat, von dem wir nun sagen müssen: er hat auch ihre *Erneuerung* preisgegeben. Er hat aufgehört kirchlich, *und* er hat aufgehört protestantisch zu sein: jenes mehr in seiner rationalistischen, dieses mehr in seiner pietistischen Gestalt. Aber die Grenzen zwischen diesen beiden Gestalten und ihren Auswirkungen sind fließend, und in dem größten und genialsten Neuprotestanten, in Fr. Schleiermacher, sind sie bis zur Unkenntlichkeit ineinander übergegangen. Wieder steht es so, daß man, wenn von protestantischer Kirche die Rede ist, durchaus nirgends weiß, ob man |351| es nicht mit diesem neuen, zweiten Protestantismus zu tun hat, der kraft seiner pietistischen Komponente längst unprotestantisch geworden ist, innerlich und sachlich längst wieder bei der römischen Kirche sich befindet und sich auch äußerlich längst wieder dort befinden müßte, wenn er nicht fatalerweise kraft seiner rationalistischen Komponente gleichzeitig auch unkirchlich geworden wäre und *dort* Ärgernis an der römischen Kirche nähme, wo man es besonnenerweise gerade *nicht* tun sollte! Wieder wird also der Katholizismus zur Frage an die protestantische Kirche, zur Frage nach ihrem Protestantismus nun und zur Erinnerung, daß, wenn er ihr wirklich abhanden gekommen sein sollte, ihre Renitenz gegen Rom ein einziges großes Mißverständnis wäre. Er wird uns zu dieser Frage, weil er seinerseits in diesen vier Jahrhunderten in geradezu erstaunlicher Weise sich selbst treu geblieben ist, ja immer treuer geworden ist. Gefestigter und ausgeprägter, aber auch verfeinerter und einladender steht er uns heute gegenüber, als dies im 16. Jahrhundert der Fall war. Er ist jesuitisch geworden[63] und sagt uns in dieser Gestalt viel deutlicher, was er im Gegensatz zur Reformation will und nicht will. Und er hat den Thomismus erneuert[64] und ist dadurch in der Lage, uns dieses Gegensätzliche viel gesicherter und unanfechtbarer zu sagen. Er redet kühner, und er redet besser. Er fragt uns dringlicher und zugleich verständnisvoller, was wir denn nur eigentlich gegen ihn einzuwenden hätten.

Versuchen wir es auch hier, an Hand einiger Hauptpunkte deutlich zu werden.

1. Warum genügte den Reformatoren das nicht und warum kann auch uns das nicht genügen, was wir von der Einsicht, daß Gott der Herr ist

---

[63] W. Göbell, Art. «Jesuiten, Societas Jesu (SJ)», in RGG³ III, Sp. 612–617 schildert die Krisen des Ordens im 18. und 19. Jahrhundert (Aufhebung durch Clemens XIV. 1773; Ausweisungen und Verbote in vielen Ländern) sowie seinen Wiederaufstieg nach dem 1. Weltkrieg (1921: Ober- und Niederdeutsche Provinz) und seine Gegenwartsbedeutung. K. Barth schrieb am 20.3.1928 an Th. Spoerri: «... ich stehe hier [scil. in Münster] dem Jesuitismus Angesicht in Angesicht gegenüber und erschrecke immer mehr darüber, wie ähnlich er unserm pietistisch-rationalistischen Neuprotestantismus ist! nur viel besser als dieser!»
[64] Vgl. W. Philipp, Art. «Neuthomismus», in RGG³ IV, Sp. 1439: «Der N. ist als mächtigste unter den kath. geistigen Bewegungen der Gegenwart eine sich selbst als überzeitliche ‹philosophia perennis› verstehende, seit 80 Jahren von den Päpsten approbierte Renaissance der Gedankenwelt des Thomas von Aquino.» Papst Pius XI. handelte in der Encyclica «Studiorum ducem» vom 29.6.1923 «De modo sequendi doctrinam S. Thomae Aquinatis» (DS 3665–3667). Weitere Belege s. DS, S. 952 (Index) zu Thomas Aquinas, O.P.: auctoritas.

im Hause, doch auch in der katholischen Kirche lebendig und wirksam sehen? Warum packt uns trotz aller Zusicherungen immer wieder der Zweifel, ob es sich dort wirklich um *Gott* als das Subjekt der Kirche, um Gnadenmittel in *seiner* Hand, um *seine* Autorität handele? Darum, antworteten die Reformatoren und müssen wir mit ihnen antworten, darum, |352| weil wir nicht zu sehen vermögen, daß diejenige Größe, die dort als Offenbarung und Selbstmitteilung Gottes angeschaut und verehrt wird – obwohl vielleicht kein Wort in der römischen Liturgie so häufig vorkommt wie das Wort «Dominus» –, wirklich den Charakter einer *Herr*schaft und nicht bloß einer Macht über den Menschen hat. Die Reformation hat die Kirche wiederhergestellt als die Kirche des *Wortes*. Wort ist die Offenbarung und Selbstmitteilung eines Anderen, einer uns begegnenden Person, und wenn diese Person die Person Gottes ist, Ausdruck seiner Herrschaft, – nicht seiner Macht, sondern seiner *Herr*schaft über uns. Begegnet mir Gott in seinem Wort, so heißt das, daß er mich regiert durch sein Gebot und durch seine Verheißung und daß ich ihm zu glauben und zu gehorchen habe. Das sind Kategorien, die sich von gewissen anderen Kategorien sehr bestimmt abheben, durch die die unaufhebbare Subjektivität Gottes, seine Freiheit allen Mitteln gegenüber, die Einzigartigkeit seiner Autorität, so gut das durch Kategorien menschlichen Denkens geschehen kann, bezeichnet und sichergestellt ist. Um diese Bezeichnung und Sicherstellung geht es im Protestantismus. Wir vermögen nicht zu sehen, daß in der katholischen Lehre wirklich dafür gesorgt ist. Der bezeichnende Begriff, den die modern-katholische Sprache dort verwendet, wo wir vom Worte Gottes reden, heißt *Übernatur*.[ah] Nicht, daß wir das Wort Gottes hören im Glauben und Gehorsam, sondern daß wir der Übernatur, der göttlichen Natur, teilhaftig werden, ist das Ziel, das dort dem Menschen gesteckt wird. Natur! Als «strömendes Leben» wird dort das Geheimnis Christi beschrieben[ai], als ein lebendiger Organismus seine Kirche[aj], als

[ah] *Adam*, S. 195.[65]
[ai] *Adam*, S. 69, 72.
[aj] *Adam*, S. 12, 47, [vgl.] 85.

[65] «Das kirchliche Erziehungswerk kann sich ... nicht mit der Herausformung des rein Menschlichen, des Edelmenschlichen bescheiden. Es ist nicht bloße Humanitätskultur. Das kirchliche Erziehungsideal heißt vielmehr: Übernatur, Vergöttlichung (θειοποίησις).»

«Ja-sagen zum ganzen vollen Leben des Menschen, zur Gesamtheit seiner Lebensbeziehungen und Lebenswurzeln» die Eigenart des katholischen Offenbarungsgedankens[ak], als «Vitalität» der große |353| Vorzug der lebendigen Tradition vor dem «toten (!) Wort» der Bibel[al], als «unmittelbar» im Gegensatz zu unserem protestantischen Biblizismus der katholische Weg zu Jesus[am], als «Lebensmacht», die den Menschen «mit einem neuen Eros durchglüht», die Gnade[an], Gott selber als «schaffende Urkraft alles Seins in uns», als «Urgrund, in dem unser Seinskern metaphysisch verwurzelt ist» und aus dem die Gnade, «die neue Lebenswelle», emporsteigt[ao], darum endlich «schrankenlose Freiheit des religiösen Sichauslebens» als das herrschende Gesetz des religiös-sittlichen Lebens des Katholiken[ap]. Wo befinden wir uns?[aq] Scheinbar doch anderswo als dort, wo wir vorhin[68] Thomas von Aquino vernahmen: «Sed *auditu solo* tuto creditur». Anderswo auch als bei dem schönen: «Per evangelica *dicta* deleantur nostra delicta», das der Priester in der Messe beim Küssen des Evangelienbuches unmittelbar vor dem Credo zu sprechen hat.[69] *Jedenfalls* sehr anderswo als da, wo der Begriff des Wortes das Bild beherrscht. Wo die Begriffe Leben, Eros, Sein, Natur (und wäre es *Über*natur, göttliche Natur!) herrschen, da herrscht das Neutrum. Wie kann da von Glauben und Gehorchen

[ak] *Adam*, S. 20.[66]
[al] *Adam*, S. 162, 166.
[am] *Adam*, S. 59.
[an] *Adam*, S. 197; vgl. 18.
[ao] *Adam*, S. 198.
[ap] *Adam*, S. 164.
[aq] *Adam* teilt S. 10 mit, daß es «die katholische Theologie seit den Tagen des hl. Cyprian als ihr gutes Recht beansprucht, das Gold der Ägypter mit ins Heilige Land zu nehmen [vgl. Ex. 3, 22; 11, 2; 12, 35]. Ja, schon *Irenäus* hat sich dieses biblischen Vorgangs gefreut, könnten wir bereichernd hinzufügen: «quaecunque illi cum labore comparant, his nos, in fide quum simus, sine labore utimur» (c. o. h. IV, 30, 1).[67] Aber was war es doch, was sich die Israeliten dann in der Wüste vermutlich aus diesem ägyptischen Golde und sicher nach ägyptischem Vorbild, verfertigt haben sollen [vgl. Ex. 32, 1–6]?

[66] Bei Adam: «Er [scil. der Katholizismus] ist das rücksichtslose, unbedingte, umfassende Ja zum ganzen ...»
[67] Irenäus, *Adversus haereses*, SC 100, Tom. II, S. 774, 30f. Das Zitat fehlt im Erstdruck in ZZ.
[68] Siehe oben S. 321.
[69] Schott[10], S. 462.

die Rede sein? Denn wie von einem wirklichen Gegenüber zwischen dem Menschen und jenem großen angeblich göttlichen Etwas? Und wie dann von *Herr*schaft? Und wie dann ernsthaft von Gott? Aber nicht unsere Frage an |354| den Katholizismus soll hier geltend gemacht werden, sondern die Frage des Katholizismus an uns. Wo befinden wir uns doch, wo *jene* Kategorien das Bild beherrschen? Wie wird uns doch? Haben wir sie nicht alle in größter Nähe auch schon gehört? Ist das nicht Schleiermacher, ist das nicht Troeltsch, ist das nicht Johannes Müller? Ist das nicht Rittelmeyer? Ist nicht Übernatur oder Leben genau das, was eine seit dem 18. Jahrhundert im Protestantismus immer wachsende Opposition an die Stelle des «toten Wortes» setzen wollte und weithin gesetzt hat? Müßte eine Verständigung zwischen ihr und dem Katholizismus nicht eine verhältnismäßig einfache Sache sein? «Das Wort, das Wort, das Wort, hörest du Lügengeist auch, das Wort tuts» hat einst Luther[ar] Einem zugerufen, der in der Sprache jener Zeit auch sehr hitzig vom «strömenden Leben» zu reden wußte.[71] Verstehen wir diesen Ingrimm noch, oder ist er für uns darum gegenstandslos geworden, weil wir unter Wort selbst längst so etwa Ähnliches wie «strömendes Leben» verstehen? Sind wir noch Protestanten? Oder liegt es nur an dem Gesetz der historischen Trägheit und an einem unsachlichen Ressentiment, wenn wir uns nicht aufmachen und dorthin gehen, wo der Kultus der Übernatur und des Lebens und des Urgrundes samt seinen aufsteigenden Lebenswellen seine Heimat und im Gegensatz zu unseren dürftigen, schwächlichen und kitschigen Nachahmungen seine wenigstens klassische Stätte hat?

2. Indem das *Wort* Gottes die Beziehung zwischen ihm und uns konstituiert, indem Gott eben im Wort als *Herr* und als solcher qualifiziert als *Gott* uns begegnet, erkennen wir uns selbst nach reformatorischer Lehre als *Sünder* vor Gott. *Wort* Gottes heißt *Gericht* Gottes. Ist Gott der Herr, so ist der Mensch sein *Knecht*, und zwar – denn in concreto koinzidiert das eben – sein fehlbarer, untreuer, ungehorsamer, *abtrün-*

[ar] E. A. 1. Aufl. 29, 294.[70]

[70] M. Luther, *Wider die himmlischen Propheten* ..., WA 18,202,37f.: «Das wort, das wort, das wort, hörestu du lügen geyst auch, das wort thuts ...»

[71] Vgl. M. Luther, a.a.O., S. 203, 17–19: «Eben solche treumerey ist die gantze lere D. Carlstads, Denn mit den prechtigen Worten ‹brünstig gedechtnis, hitzig erkentnis, empfindlicher schmack des leydens Christi› effet er uns ...»

niger, und zwar gerade im Kern seines Wesens abtrünniger Knecht. Das Wort Gottes sagt ihm – die aufsteigende |355| Lebenswelle würde ihm das allerdings nicht sagen! –, daß er seinem Herrn nicht nur dies und das, sondern alles, nämlich sich selber widerrechtlicher, unverantwortlicher Weise *schuldig* bleibt. Nie sagt es ihm über ihn etwas anderes, als daß es *so* mit ihm steht. Die Reformation ist die Wiederherstellung der Kirche als *Sünder*kirche. Daß der Mensch, gerade in der Kirche, gerade als begnadigter Mensch, als Sünder vor Gott steht, nicht nur anfänglich, sondern anfänglich und endgültig, nicht nur von Fall zu Fall, sondern grundsätzlich, daß Gott ihn als *solchen* liebt und daß er als *solcher* Gott zu glauben und zu gehorchen hat, das ist die Einsicht, die wir in der katholischen Kirche in unbegreiflicher Weise z. T. verdunkelt, z. T. direkt geleugnet sehen. Hier, in der Auffassung von der Tragweite des *Sündenfalls*, sind Thomas von Aquino und Calvin, die man vielleicht als die beiden größten Theologen der beiden Kirchen bezeichnen darf, schlechterdings unvereinbar.[72] Wir überhören nicht, wie unermüdlich auch dort von der Sünde geredet wird. Das «Miserere nobis» ertönt – würde es nur in der protestantischen Predigt so regelmäßig wenigstens ertönen! Wir überhören die geradezu erschütternden Klänge nicht, die die römische Liturgie, um nur zwei Stellen zu nennen, in den Heilandsklagen (Improperien) des Karfreitags[73] oder in der Sequenz des Allerseelentags und der Totenmesse, dem berühmten «Dies irae, dies illa»[74] in dieser Hinsicht findet. Wir respektieren die grimmige Konsequenz, mit der der Mensch etwa in den ignatianischen Exerzitien[75] in die Tiefe seiner Verlorenheit vor Gott hineingeführt wird, und das «Mea culpa, mea maxima culpa!»[76], das auch in der Papstmesse durchaus nicht fehlt. Aber wir fassen es nicht, inwiefern das alles *ernst* gemeint sein soll,

---

[72] Eine Gegenüberstellung der katholischen und der reformatorischen Lehre von der Erbsünde findet sich bei J. A. Möhler, *Symbolik oder Darstellung der dogmatischen Gegensätze der Katholiken und Protestanten*, Mainz/Wien 1832, 1838⁵, kritische Neuausgabe von J. R. Geiselmann, Bd. I, Darmstadt 1958, §§ 5–9.

[73] Vgl. A. Schott, a. a O., 10. Aufl., S. 394–397.

[74] Die Sequenz ist um 1150 n. Chr. entstanden und wird dem Thomas von Celano zugeschrieben; den Text s. z. B. bei A. Schott, a. a. O., 10. Aufl., Anhang S. 173f.

[75] Sancti Ignatii de Loyola *Exercitia spiritualia*, edd. I. Calveras / C. de Dalmoses (Monumenta historica Societatis Jesu, Tom. 100), Romae 1969.

[76] Schott¹⁰, S. 456.

wenn nach der Lehre des Tridentinums von einem Abfall des Menschen von Gott gerade im Kern seines Wesens, in seiner Existenz nicht, sondern nur in einer Schwächung und Beugung seines freien und ursprünglich guten Willens die Rede sein soll[77] und wenn ihm die Kirche alsbald mit dem Angebot entgegentritt, ihm auch diese Last in der Taufe grundsätzlich abzunehmen und ihn bei allen |356| etwa eintretenden Rückfällen durch sakramentale Erneuerung der Taufgnade wieder zu einem Sündlosen zu machen. Wir staunen über das Gleichgewicht des katholischen Menschen, das durch alles, was auch er sich über seine Sündigkeit sagen läßt, nur *gestört* wird, weil es kraft des Relativismus, in dem ihm das gesagt wird, gar nicht aufgehoben werden *kann*, – um alsbald wieder *hergestellt* zu werden, weil ihm ja gleichzeitig gesagt wird, daß die Kompensation für das eingetretene Übel durchaus und jederzeit, wenn er nur guten Willens sei, zu seiner Verfügung stehe. Wir staunen, fragend, wie das Wort Gnade denn anderswo Ernst und Kraft haben soll als in der Situation des wirklich und endgültig *aufgehobenen* Gleichgewichts. Aber nicht dieses unser Staunen über den Katholizismus interessiert uns jetzt. Es *fragt* sich ja, ob wir über das alles wirklich so sehr staunen. Es ist wahr, der Pietismus – in dieser Hinsicht das bemerkenswerteste Phänomen jenes neuen, zweiten Protestantismus – hat einen großen, manchmal ebenfalls erschütternden Sündenernst entwickelt. Aber ist er etwa in seinem Wesen etwas so ganz anderes als der ebenfalls nicht zu unterschätzende katholische Sündenernst? Ist der Pietismus etwa durchgedrungen zu der Erkenntnis, daß der gefallene Mensch in seiner *Existenz* ein Rebell ist und also nicht etwa in der Lage, sich auf Grund einer eingetretenen Bekehrung als etwas anderes denn als einen Rebellen beurteilt zu sehen? Nicht in der Lage, von Röm. 7 zu Röm. 8 hinüber zu gehen wie aus einem Haus ins andere, wie er es so gerne dargestellt hat?[78] Ist er durchgedrungen zu der Erkenntnis des wirklich

---

[77] Decretum de iustificatione, Cap. 1, DS 1521: «... declarat sancta Synodus ..., quod, cum omnes homines in praevaricatione Adae innocentiam perdidissent, ‹facti immundi› et ... ‹natura filii irae› ... usque adeo ‹servi erant peccati› et sub potestate diaboli ac mortis ..., tametsi in eis liberum arbitrium minime exstinctum esset, viribus licet attenuatum et inclinatum.»

[78] Entsprechende exegetische Äußerungen konnten nicht nachgewiesen werden; wahrscheinlich denkt Barth einfach an biographische Texte über Bekehrungserlebnisse, wobei «Röm. 7» und «Röm. 8» figürlich verstanden sind.

und endgültig aufgehobenen Gleichgewichts, auf das wirklich und endgültig nur die *Vergebung* der Sünde und der *Glaube* daran antworten
kann? Ist die pietistische Berufung auf die Notwendigkeit der Gnade
gewichtiger als die entsprechende Berufung, die der Katholizismus zu
machen wahrhaftig auch nicht versäumt? – gewichtiger gegenüber dem
Gesamtbild, aus dem sich durchaus das ergibt, daß hier vom Menschen
versucht wird, mit der Sünde *fertig* zu werden? Von Schleiermachers
und Ritschls Lehre von der |357| Sünde wollen wir lieber gar nicht re-
den.[79] Aber welche andere Führergestalt des neueren Protestantismus
außer dem einen Kohlbrügge[80] wäre an *diesem* Punkt etwa als unerbittlich und zuverlässig zu nennen? Wo hat man denn *nicht* zurückgeschielt
nach den Fleischtöpfen Ägyptens [vgl. Ex. 16,3]? Wo hat man es denn
ausgehalten bei der Einsicht, daß es keine andere Gnade als Schächer-
gnade [vgl. Lk. 23,43], Gnade im Gericht gibt? Ist es nicht beschämend,
daß wir uns das von dem Russen Dostojewski wieder ganz neu haben
sagen lassen müssen?[81] Sollten wir es uns etwa *nicht* sagen lassen wollen, auch nicht von unseren Reformatoren, die es wahrlich noch besser
wußten als Dostojewski, inwiefern sind wir dann noch Protestanten?
Sollte das Heimweh nach der Synthese, nach dem Gleichgewicht, nach
der Harmonie, das in der Lehre Schleiermachers seine theologische und
in der Lehre Hegels seine philosophische Erfüllung gefunden hat, das
Heimweh der heutigen protestantischen Kirche sein, warum kehrt sie
dann nicht um dorthin, wo wir, wie wir ja neulich wieder gehört haben,
mit offenen Armen erwartet werden.[82] Allzu schwere Buße brauchte sie
dabei nicht zu tun. Non possumus?[83] Es fragt sich wirklich, ob wir
nicht könnten!

[79] Schleiermachers Lehre von Sünde und Gnade bespricht Barth in: Th. Schl.,
S. 347–352. Zu Ritschls Sündenlehre s. A. Ritschl, *Die christliche Lehre von der
Rechtfertigung und Versöhnung*, Bonn 1895⁴, S. 310–363; in Kurzform: ders.,
Unterricht in der christlichen Religion, Bonn 1895⁵, §§ 26–40.

[80] Vgl. oben S. 213f.

[81] Vgl. E. Thurneysen, *Dostojewski*, München 1921.

[82] In der Encyclica «Mortalium animos»; s. oben S. 298, Anm. 9.

[83] Vgl. A. Franzen / R. Bäumer, *Papstgeschichte. Das Petrusamt in seiner Idee
und seiner geschichtlichen Verwirklichung in der Kirche*, Freiburg/Basel/Wien
1978², S. 356: «Aber die Kurie hielt an der Auffassung fest, daß das Papsttum auf
den Kirchenstaat nicht verzichten dürfe. Obschon der Kirchenstaat finanziell
kaum mehr lebensfähig war, lautete die Antwort des Papstes [Pius IX.] auf die
Vorschläge [des Grafen Cavour]: ‹Non possumus›.»

3. Das Wort Gottes, das die Beziehung zwischen ihm und uns konstituiert, ist inhaltlich, sachlich *Gnaden*wort. Nicht obwohl, sondern nach der Lehre der Reformatoren gerade *indem* es uns richtet, indem es uns als Sünder an unseren Ort stellt. Dieser Ort ist der Ort der Versöhnung. Jesus nimmt die Sünder an.[84] Er nennt uns die Seinigen, er sagt uns also, daß wir ihm recht sind. Das ist unsere Rechtfertigung. Und er nimmt uns in Anspruch, unseren Glauben und unseren Gehorsam. Das ist unsere Heiligung. Beides ohne unser Zutun, ohne ein vorangehendes oder nachfolgendes «Verdienst», wie das mittelalterliche Stichwort lautete. Immer finden wir uns als Sünder erkannt vom Schopf bis zur Sohle. Uns als solchen gilt das göttliche Versöhnen. Und von diesem göttlichen Versöhnen leben wir, im Glauben und nicht im Schauen [2. Kor. 5,7], Kinder Gottes, und es ist noch nicht erschienen, was wir sein werden [1. Joh. 3,2]. Das ist der Inhalt des Ereignisses, daß Gott sein Wort zu uns redet und daß |358| wir es hören, der Inhalt unseres Glaubens, unserer Liebe und unserer Hoffnung. Es gibt keinen anderen christlichen Inhalt als die Barmherzigkeit Gottes. Die Reformation war die Wiederherstellung der Kirche als der Kirche der *Barmherzigkeit* Gottes. Denn das ist das dritte Grundlegende, was wir an der römischen Kirche vermissen: die Einsicht, daß wir gerade in der Kirche von Gottes Barmherzigkeit und ganz und gar nicht und in keiner Weise von etwas anderem leben. Wir sind nicht taub dagegen, daß Gott auch in der römischen Messe[as] täglich angeredet wird als «non aestimator meriti, sed veniae largitor», nicht taub für die Versicherung, daß des Menschen Versöhnung «die Tat Gottes allein»[at] und jedes menschliche Verdienst dabei, jede Vorbereitung dazu selber schon in der zuvorkommenden Gnade Gottes begründet sei. Aber wiederum wird uns der Ernst dieser Gedanken im Munde der katholischen Kirche *nicht* eindrücklich. «In quo igitur sperare possumus aut in quo confidere debeo nisi in sola mi-

---

[as] in dem Gebet «Nobis quoque peccatoribus» nach der Wandlung, *Schott*, S. 483.[85]
[at] *Adam*, S. 195.

[84] Vgl. Lk. 15,2 und das Lied «Jesus nimmt die Sünder an» von E. Neumeister, EKG 268; GERS 301.
[85] Vgl. Schott[10], S. 478.

sericordia Dei et in sola spe gratiae colestis?», hören wir auch drüben[au]
fragen. Ja, die katholische |359| Kirche kann *auch* so fragen. Aber immer
nur *auch* so fragen, und wiederum ist jedenfalls ihr *Gesicht* nicht dadurch bestimmt, daß sie gelegentlich auch *so*, sondern dadurch, daß sie
in der Regel und im Tenor ihrer Lehre und Praxis ganz anders fragt.
Gilt das «*sola* misericordia, *sola* spe», was soll dann das Reden von
Verdienst und Vorbereitung? Und gilt das Letztere, wie soll dann das
«sola» ernst zu nehmen sein? Was sollen wir denken, wenn nun auf
einmal doch, in merkwürdigem Verhältnis zu Luk. 15 «der religiös und
sittlich Gleichgültige, der sittlich Minderwertige, der Egoist, der im
Sinnlichen befangene Mensch» von der Erkenntnis der Gottheit Christi
mit Emphase ausgeschlossen wird?[av] Ich dächte, zu diesen ruppigen
Geschöpfen gehörten wir vor Gott alle? Ich dächte, gerade *als solche*
seien wir, wenn es Gnade gibt, von Gott angenommen? Was sollen wir

---

[au] De imitatione Christi II 9,6[86]; vgl. III 36, 6[87]: «Melior est enim mihi tua co-
piosa misericordia ad consecutionem indulgentiae, quam mea opinata justitia pro
defensione latentis conscientiae. Etsi nihil mihi conscius sum, tamen in hoc justi-
ficare me non possum, quia remota misericordia tua non justificabitur in conspectu tuo omnis vivens.» Und dazu Conc. Trid. Sess. VI gerade die *letzten* Worte zur Rechtfertigungslehre (Cap. 16 Schluß): «Absit tamen, ut christianus homo
in se ipso vel confidat vel glorietur et non in Domino, cuius tanta est erga omnes
homines bonitas, ut eorum velit esse merita, quae sunt ipsius dona. Et quia in
multis offendimus omnes, unusquisque sicut misericordiam et bonitatem, ita se-
veritatem et iudicium ante oculos habere debet, neque se ipsum aliquis, etiam si
nihil sibi conscius fuerit, iudicare, quoniam omnis hominum vita non humano
iudicio examinanda et iudicanda est, sed Dei.» Und Can. 33: «Si quis dixerit, per
hanc doctrinam catholicam de iustificatione, a sancta Synodo hoc praesenti decreto expressam, aliqua ex parte gloriae Dei vel meritis Iesu Christi Domini nostri
derogari, et non potius veritatem fidei nostrae, Dei denique ac Christi [Iesu] gloriam illustrari: A. S.»[88]
[av] *Adam*, S. 60.[89]

[86] Thomas a Kempis, a.a.O.; die von Barth benutzte Ausgabe liest: «In quo
igitur sperare possum? aut in quo confidere debeo? nisi in sola misericordia Dei,
& in sola spe gratiae coelestis.» In der Ausgabe von Fr. Eichler (a.a.O.), steht die
Stelle im II. Buch, Cap. 9,31, S. 158.
[87] Ausgabe von Fr. Eichler (a.a.O.): Buch III, Cap. 46,30f., S. 338.
[88] DS 1548f. und 1583. Die Zitate aus den Beschlüssen des Tridentinums hat
Barth erst für den Wiederabdruck des Vortrags in Th. u. K. hinzugefügt. In seinem Handexemplar von ZZ ist dieser Zusatz vorbereitet durch die Notiz: «Trid.
Sess. 6,16!»
[89] Dort: «... der im Rohsinnlichen befangene ...»

uns denken, wenn andererseits Maria, die Mutter des Herrn, verherrlicht wird als Paradigma der Erkenntnis, daß wir Menschen berufen sind «zu einer Art schöpferischer Mitwirkung am Werk Gottes, zu heilbringender Initiative in der Aufrichtung des Gottesreichs»[aw]? In Maria «leuchtet die wunderbare Tatsache auf, daß nicht Gott allein, sondern daß auch geschöpfliche Kräfte – nach den Bedingtheiten ihrer Geschöpflichkeit – ursächlich am Erlösungswerk beteiligt sind»[ax]. «Als fürbittende Allmacht schreitet die Gottesmutter durch die katholische Menschheit, und schon klärt es sich uns zu deutlichem Bewußtsein, daß kein Pulsschlag der Liebe aus dem Herzen des Erlösers dringt, um den Seine Mutter nicht wüßte, daß sie, wie die Mutter des Erlösers, so auch die Mutter aller Seiner Gnaden ist.»[ay] Was soll das? Was heißt das? Das heißt zu deutsch, daß jene zuvorkommende Gnade – das Tridentinum[az] sagt es ausdrücklich – den Menschen in die Lage bringt, sich seiner Rechtfertigung, da-|360|mit sie an ihm wirksam werde, *zuzuwenden* («ad convertendum se ad suam ipsorum justificationem»)[91], daß die Menschheit «*auch* Subjekt der göttlichen Heilswirksamkeit» ist[ba], teilhaftig «einer neuen Art von Übermenschentum», einer Erhöhung ihres Daseins, «welche alle geschöpflichen Kräfte wesensmäßig überschreitet und in eine schlechthin neue Seins- und Lebenssphäre emporträgt, in die Lebensfülle Gottes»[bb], in «die in der Kirche wirksame plenitudo Christi», die dann in diesen und jenen Heiligengestalten geradezu zu «leuchtenden Strahlenbündeln», zu «Wundern der Selbstlosigkeit und Liebe, der Reinheit, Demut und Hingabe» «emporschießt»: «wie die Natur sich darin gefällt, zuweilen in einzelnen vollendeten Exemplaren sozusagen ihr Bestes zu geben und ihre überschüssige Kraft in ihnen auszuleben».[bc] Sola misericordia? Sola spe? fragen wir. Wir fragen aber nicht Karl Adam, sondern wir fragen Karl Heim, wir fragen nach dem

[aw] *Adam*, S. 121.
[ax] *Adam*, S. 126.
[ay] *Adam*, S. 132f.
[az] Sess. VI, Cap. 5.[90]
[ba] *Adam*, S. 122 [Hervorhebung von Barth].
[bb] *Adam*, S. 194f.
[bc] *Adam*, S. 27.

[90] DS 1525.
[91] Die Fortsetzung der Stelle DS 1525 lautet: «eidem gratiae libere assentiendo et cooperando …»

Stand dieser Dinge in der *protestantischen* Kirche. Ist es denn etwas so ganz Anderes als das eben Gehörte, wenn der protestantische Apologet als «empfänglich» und «reif» für Christus «eine bestimmte Art von Menschen» meint namhaft machen zu können, diejenigen nämlich, für die die Frage nach Macht, Glück und Behagen «völlig» (!) zurücktritt, die «den Schwerpunkt ihrer Seele in dem Innenland haben, in dem Jesus König ist»[bd], wenn er als Prinzip der evangelischen Sittlichkeit eine neue «Grundstimmung» zu kennen meint, nämlich den «ohne alle Anstrengung» (!) im Menschen durchbrechenden «Affekt der Hingabe an Gott» und des «selbstvergessenen Schaffens ohne einen Gedanken (!) an Lohn und Ruhm»[be], wenn auch er es nicht verschmäht, wenn auch unter der Überschrift «Von der Dankbarkeit», eine kleine Allerheiligenlitanei mit den Namen J. S. Bach, Zinzendorf, P. Gerhardt, Tersteegen, Bodel-|361|schwingh, Sundar Singh anzustimmen[bf] – wobei wir offenbar noch dankbar sein müssen, wenn uns wenigstens der Name Bismarck in diesem Zusammenhang erspart bleibt[bg] – und schließlich der Welt sogar zahlenmäßig vorzurechnen, daß die Barmherzigkeitsübung der evangelischen Kirche für den Staat «rein wirtschaftlich ein ausgezeichnetes Geschäft» bedeute.[bh] «In Amerika faßt der Christliche Verein junger Männer die Kerntruppe der Jungmännerwelt zusammen und verhilft ihr zu körperlicher und geistiger Ertüchtigung. Fast alle großen Firmen geben Riesensummen dafür, weil sie genau wissen, daß sie ohne diese christli-

---

[bd] *Heim*, S. 44f.

[be] *Heim*, S. 100f.

[bf] *Heim*, S. 101f.

[bg] Diese Parenthese hat in Düsseldorf einen kleinen Sturm der Entrüstung hervorgerufen, als ob ich hier, hier («Das sind deine Götter, Israel!» [Ex. 32,4]) *das* Heiligtum angegriffen hätte. Deshalb muß sie auch im Druck stehen bleiben, obwohl mir sachlich wenig an ihr liegt: ich wollte ja nur andeuten, in welcher Richtung Andere als Heim die protestantische Allerheiligenlitanei auch noch zu bereichern pflegen, und das, um zu zeigen, wie bedenklich das Unternehmen als solches ist.[92]

[bh] *Heim*, S. 120f.

[92] Die Anm. bg trägt in ZZ die Nummer 55a; sie stand also noch nicht im ursprünglichen Manuskript, sondern ist bei der Druckkorrektur hinzugefügt worden. Georg Merz, der verantwortliche Schriftleiter von ZZ, wollte die Parenthese über Bismarck gestrichen haben. Barth schrieb dazu am 26.5.1928 an E. Thurneysen: «– aber gelt, solche Stellen darf man sich gerade nicht entreißen lassen?» (Bw. Th. II, S. 580).

che Organisation und ihre Wohlfahrtspflege mit ihren Arbeitern nicht auskommen könnten. Die Liebe will für das alles keinen Dank. –»[bi] Offenbar doch, sonst würde sie sich schämen und schweigen! Der Katholizismus darf uns fragen, was wir denn etwa, solange und sofern wir uns Solches immer wieder leisten, an ihm auszusetzen haben, ob wir denn etwa meinten, *damit* die Linie *seiner* Gnadenlehre überschritten zu haben, ob wir nicht einsehen müßten, daß er, wenn denn wirklich *das* gelten solle, *das* wirklich großzügiger zu sagen in der Lage sei? Sind wir noch Protestanten, wenn es uns etwa selbstverständlich geworden sein sollte, daß heute *das* gilt: an Stelle des Gnadenwortes Gottes das Werk und die Erhebung des Menschen, jetzt im Innenland der Seele, jetzt in der kulturell-sozialen Tätigkeit? Der Ersatz der katholischen durch eine protestantische Heiligenverehrung und Heiligenkultur? Wir könnten das alles einfacher und schöner haben. Sollte uns das Christen-|263|tum aus einem *Gottesdienst* auf *Hoffnung* zu einer letzten und höchsten *Lebenskunst*, deren Früchte wir *sehen* und *ernten* möchten, geworden sein, dann dürften wir uns die wirklich sachliche und gründliche Anweisung *dazu* lieber gleich direkt in jenen berühmten vier Büchern von der Nachfolge Christi oder in den ignatianischen Exerzitien suchen, wo sie der Neuprotestantismus in seiner Jugendzeit, im 17. und 18. Jahrhundert, auch ganz unbefangen gesucht und gefunden hat. Sollten wir der Lehre Luthers und Calvins, wonach unsere Rechtfertigung und unsere Heiligung beschlossen ist und bleibt in Gottes Barmherzigkeit, wirklich müde geworden sein, sollten wir sie für verbesserungs- und ergänzungsbedürftig halten im Sinn einer religiös-sittlichen Virtuosität, einer Lebensgerechtigkeit, auf die der Mensch seinen Finger legen kann, dann dürfte der Gnadenlehre des Thomas von Aquino und des Tridentinums gegenüber den Dilettantismen, die uns übrig bleiben, wegen größerer Tiefe und Klarheit resolut der Vorzug zu geben sein. Wer sie auch nur ein wenig kennt, der weiß, daß sie alle die Sicherungen und Vorbehalte, mit denen sich der moderne Protestantismus in Bezug auf die Oberhoheit Gottes zu umgeben pflegt, auch und besser kennt, den Weg zum christlichen Übermenschen aber – wenn denn etwa er das Ziel unserer Wege sein sollte – zweifellos unverhältnismäßig viel besser zu zeigen in der Lage ist als jener. Es fragt sich nicht, ob wir uns nach wie

---

[bi] *Heim*, S. 122.

vor gegen gewisse krasse Entartungen, Unvorsichtigkeiten und Zwei-
deutigkeiten, sondern es fragt sich, ob wir uns heute erst recht, noch
schärfer und unerbittlicher als vor 400 Jahren, gegen den reinsten und
feinsten *Kern* dieser Lehre, gegen ihre im Munde aller ernsthaften katholischen Denker längst fast unangreifbar *demütig* gewordene Werk-
gerechtigkeit, gegen ihr bestechendes «Sowohl – Als auch» als solches
abzugrenzen wissen oder ob es nicht so mit uns steht, daß wir ihr, wenn
wir sie nur richtig verstünden, gar nichts mehr entgegenzuhalten hätten, weil wir es im Grunde längst selber nicht anders meinen, als es dort
gemeint ist. Die Reformation meinte mit ihrer Lehre von der freien und
freibleibenden |363| Gnade Gottes das Erstgeburtsrecht der christlichen
Kirche vor allen Religionstümern der Welt verteidigen zu müssen.
Nicht leichten, sondern schweren Herzens hat sie unter der damit gegebenen Nötigung die äußere Einheit mit der Kirche des Papstes fallen
lassen. Besteht diese Nötigung nicht mehr, ist das Linsengericht der
Würde und des Wohlseins des frommen und moralischen Menschen
auch uns teurer geworden als jene Erstgeburt [vgl. Gen. 25,29–34], dann
dürfte es an der Zeit sein, sehr ernstlich zu bedenken, ob die Wiederherstellung der äußeren Einheit die Preisgabe der kleinen, ungrundsätz-
lichen und für uns wenig vorteilhaften Unterschiede, die uns im übrigen
von Rom trennen mögen, nicht wert sein möchte.

Ich bin zu Ende. Ich habe nicht geantwortet, sondern nur festgestellt,
daß wir gefragt sind. Wir hatten ja verabredet, daß wir uns fragen und
gefragt sein lassen wollten. Wer wollte hier Antwort geben? Die künftige Geschichte der protestantischen Kirche wird die Antwort sein. Das
«Jahrhundert der Kirche» soll nach zuverlässigen Nachrichten ange-
brochen sein.[93] Ja, aber es wird sich zeigen: *welcher* Kirche! Ein jünge-
rer katholisch-theologischer Dozent unserer Münsterischen Universität[94] soll kürzlich, gewiß etwas übermütig, geäußert haben, er gebe dem
Protestantismus noch etwa 50 Jahre Lebensdauer. Er könnte sich irren.
«Hominum confusione *et Dei providentia*» wird ja auch in Zukunft gelten. Aber das ist allerdings sicher, daß der Protestantismus erledigt sein
wird, wenn er die richtige Antwort auf die beiden durch den römischen
Katholizismus an ihn gerichteten Fragen endgültig schuldig bleiben
sollte.

[93] Vgl. O. Dibelius, *Das Jahrhundert der Kirche*, Berlin 1926.1928[6].
[94] Der Name ließ sich nicht mehr feststellen.

SCHICKSAL UND IDEE IN DER THEOLOGIE
1929

«Wie uns Herr Professor Dr. Hoffmann mitteilte, haben Sie sich liebenswürdigerweise bereit erklärt, am hiesigen Hochschulinstitut zu lesen.» So schrieb Stadtrat Fluhme am 10. 1. 1929 im Auftrag des Hochschulinstituts zu Dortmund an Barth.

Der Zweck jenes im Frühjahr 1927 eröffneten Instituts war, *«eine lebendige Verbindung zwischen Wissenschaft und akademischem Beruf»* zu schaffen, indem *«denjenigen Männern und Frauen, die nach Abschluß des Hochschulstudiums in das praktische Leben eingetreten sind»*, die Gelegenheit gegeben wurde, *«ihre wissenschaftlichen Kenntnisse fortgesetzt zu verjüngen und zu vertiefen».*[1] Geleitet wurde das Institut von einem Verwaltungsrat, welchem Vertreter der preußischen Unterrichtsverwaltung, der Stadt Dortmund, der Philologenschaft sowie der Westfälischen Wilhelms-Universität zu Münster angehörten. Das Angebot bestand aus Lehrveranstaltungen von jeweils vier bis sechs Vorträgen. Im Winter 1928/1929 z. B. gab es vier Vortragsreihen im November/Dezember und deren fünf in den Monaten Januar bis März. Mit Rücksicht auf auswärtige Teilnehmer begannen die Vorträge um 17.15 Uhr. Der einstündigen Vorlesung sollte bis etwa 19.30 Uhr eine *«ergiebige Aussprache»* folgen.

Die spiritus rectores des Instituts während seiner kurzen Lebenszeit[2] waren Professor Dr. O. Hoffmann und Stadtrat Dr. W. Fluhme. Ersterer, Prorektor in Münster, sorgte dafür, daß eine hinreichende Zahl von Dozenten der Universität sich für die Vorlesungen zur Verfügung stellte. Letzterer war verantwortlich für die Organisation. Die Referenten wurden mit dem Auto an ihrer Wohnung abgeholt und wieder zurückgebracht.

---

[1] Diese und die folgenden Informationen verdanken wir den Akten-Auszügen, die uns die Stadt Dortmund durch Herrn Stadtarchivamtmann Bausch freundlicherweise zukommen ließ.

[2] Im Frühjahr 1931 wurden die Veranstaltungen des Hochschulinstituts wegen der schlechten Finanzlage der Stadt Dortmund eingestellt. Der Haushaltsplan des Jahres 1929 zeigt, daß die Stadt für das Institut RM 18.050.– aufbringen mußte, während das Land Preußen RM 6.000.– beisteuerte und die Kolleggelder mit RM 1.350.– (Eintritt pro Vortrag = 0.50 RM) veranschlagt wurden.

Barth las am 21. und 28. Februar, am 4. und 7. März 1929[3] im Saal
der Dortmunder Stadtbibliothek, Markt 16. Von den 81 Teilnehmern,
überwiegend Studienräten, Studienrätinnen und Pfarrern, kamen 54
aus Dortmund, die anderen aus 10 westfälischen Städten von Gevels-
berg bis Bielefeld.

Thematik und Gedankengang der Vortragsreihe korrespondieren ei-
nem Teil der Ethik-Vorlesung des eben zu Ende gehenden Wintersemes-
ters.[4] Im Seminar behandelte Barth in jenem Winter Ausschnitte aus
dem ersten Buch der Summa theologica des Thomas von Aquino. Da-
her erklärt sich die häufige Erwähnung dieses Werkes, und zwar immer
von Texten, die im Seminar behandelt worden waren.

Barths Text ist deutlich gegliedert in eine Einleitung und die Teile
I–III; so wird sich die Vorlesung auch auf die vier Abende verteilt ha-
ben. Da Barth sonst in 60 Minuten durchaus längere Texte vorgetragen
hat, kann es an Zeit für die Aussprache nicht gefehlt haben; doch gibt
die erhaltene Korrespondenz darüber keine Auskunft.[5]

Die beiden Abdrucke sind fast textidentisch; 1929 schrieb Barth den
heiligen Geist mit einem kleinen h, 1957 aber mit einem großen H. Die
zwischen senkrechten Strichen in den Text eingefügte Originalpaginie-
rung ist die des Sammelbandes von 1957.

Der angekündigte Titel dieser Vorträge dürfte Verwunderung erregt
haben. Ich beeile mich, eine kurze Erklärung dazu zu geben. Sie wird
uns sofort an die Sache selber heranführen.

«Schicksal und Idee» – was heißt das? Ich habe, als ich zu diesen Vorträgen eingeladen wurde und mein Thema anzugeben hatte, mit einer

---

[3] Dreimal war es ein Donnerstag, einmal ein Montag.

[4] Vgl. Ethik II, S. 68–129. Dort erörtert Barth die Frage, ob das Gesetz Gottes
a) im Zug des Herzens (S. 68–73), b) im Druck des Schicksals (S. 73–82) oder c) in
der zeitlosen Wahrheit der Ideen (S. 82–129) uns verpflichte.

[5] Am 19.8.1929 schickte A. von Harnack eine Postkarte an Barth: «Ihren mir
freundlich übersandten Vortrag ... habe ich gerne gelesen. Er behält auch dann
seinen sachlichen und originalen Wert, wenn man die Darlegung als hypothetische beurteilen muß, weil ihr ein nicht näher bestimmter u. geprüfter Kirchenbegriff zu Grunde liegt. Mit bestem Gruß Ihr ergebener v. Harnack. NB: Ritschl's
Theologie habe ich nicht so verstanden, wie Sie sie im Punkt ‹Natur und Geist›
(S. 335 [= S. 377]) verstehen. Auch ist mir nicht zweifelhaft, daß in summa Ritschl
Ihnen näher steht als Schleiermacher.»

gewissen Zufälligkeit gerade dieses Begriffspaar herausgegriffen aus einer ganzen Reihe anderer, mit denen ich das Gemeinte allenfalls auch hätte bezeichnen können. Ich hätte an sich ebensogut sagen können: «Wirklichkeit und Wahrheit» oder: «Natur und Geist» oder: «Das Besondere und das Allgemeine» oder «Das Gegebene und das Nichtgegebene» oder «Das Gegenständliche und das Nicht-Gegenständliche» oder: «Das Bedingte und das Unbedingte» oder: «Sein und Denken» oder: «Heteronomie und Autonomie» oder: «Erfahrung und Vernunft». Ich hätte auch sagen können: «Realismus und Nominalismus» oder: «Romantik und Idealismus».[6] Sie sehen, daß es sich um das in allerlei Zungen aussprechbare Grundproblem aller *Philosophie* handelt. Wo grundsätzliche Besinnung über die Existenz, in der wir Menschen uns vorfinden, auch nur einigermaßen in die Tiefe ging, da stieß sie irgendwie auf die beiden durch diese und ähnliche Begriffspaare bezeichneten *Endpunkte* menschlichen Denkens, auf das Problem ihrer Beziehung zueinander, auf das Problem der Überordnung, weil Ursprünglichkeit je des einen oder des anderen, auf das Problem ihrer höheren Einheit. Wir reden von «Schicksal und Idee» wegen der gewissen Lebensnähe, in der uns das scheinbar so theoretische Problem jener beiden Endpunkte gerade in dieser Fassung sichtbar wird. Indem wir diese Endpunkte als Schicksal und Idee bezeichnen, sagen wir ausdrücklich, daß wir es mit einer doppelten Bestimmung nicht nur unseres Denkaktes, sondern mit einer solchen unseres Lebensaktes, der auch Denkakt ist, zu tun haben. Wir bezeichnen damit jene beiden Endpunkte als Größen, als Mächte, die uns *angehen*, mit denen wir es eben «*zu tun*» haben. Wir *leben* ja unser *Schicksal*, und wir *leben* |55| doch unserer *Idee*; das ist der praktische Ausdruck des durch jene anderen Begriffspaare mehr theoretisch bezeichneten Sachverhaltes. Wir werden, indem wir nun gerade «Schicksal und Idee» sagen, die weiteren Horizonte, auf die uns jene anderen, teils engeren, teils weiteren Begriffspaare hinweisen, nicht aus den Augen verlieren. Wir werden aber bei der Erörterung der Bedeutung dieses Sachverhaltes für die Theologie froh sein, uns durch die Wahl gerade dieser Begriffe zu seiner Bezeichnung zum vornherein

[6] Zu dieser Auswechselbarkeit der Begriffe vgl. Ethik II, S. 128. In der Erstfassung von 1928 hatte Barth dem «Gott des Idealismus» die Trias «Gott der Romantik, ... des Erlebnisses und der Geschichte» gegenübergestellt. In der Bearbeitung von 1930 ersetzte er «Romantik» durch «Realismus».

daran erinnert zu haben, daß es hier keinesfalls um bloße Begriffe geht – wäre dem so, dann ginge es um keine echten Begriffe; echte Begriffe sind nun einmal nicht bloße Begriffe! –, sondern eben auch, sagen wir vorläufig: um Lebensmächte.

«Schicksal und Idee *in der Theologie*», darum soll es gehen. Das Thema ist nicht historisch, sondern grundsätzlich-systematisch gemeint. Ein Bericht über die Geschichte jenes Problems auf dem besonderen Boden der Theologie oder über seinen Stand im Umkreis der heutigen Theologie wäre eine Aufgabe für sich, die hier außer Betracht bleiben soll. Wir verstehen unter Theologie die der Kirche, und zwar der christlichen, und zwar der evangelischen Kirche, zugeordnete Wissenschaft von Gott als dem Gegenstand der Verkündigung dieser Kirche. Die Theologie bezieht sich also auf die Kirche als auf den theologischen Lebensbereich, wie die Medizin auf den physiologischen, wie die Philosophie auf den (im weitesten Sinne verstanden) psychologischen und wie die Jurisprudenz auf den soziologischen Lebensbereich sich bezieht. Sie ist Wissenschaft, das heißt, sie ist sachlich geordnete Erforschung der Wahrheit in Beziehung auf Gott als den Gegenstand der kirchlichen Verkündigung. Also nicht Erforschung und Lehre der Wahrheit Gottes an sich – Gott an sich ist für die Theologie wie für alle anderen Wissenschaften eine Hypothese, ein Grenzbegriff, der als solcher als Gegenstand menschlichen Wissens und menschlicher Wissenschaft nicht in Betracht kommen kann –, sondern Erforschung und Lehre der Wahrheit Gottes, wie er in der Kirche verkündigt wird und verkündigt werden soll. Dadurch und so, daß Gott verkündigt wird und werden soll, wird er ja zum Inhalt des besonderen Lebensbereichs der Kirche, auf den sich die Theologie als Wissenschaft bezieht, in dem sie ihren irdisch möglichen Ort hat, auf dessen Boden Menschen Theologen sein können. Dadurch und so wird er zum Gegenstand auch der Theologie. Damit hängt es zusammen, daß wir uns vorhin ebenso nachdrücklich wie selbstverständlich zur Theologie der christlichen, der |56| evangelischen Kirche bekannt haben. Um den *verkündigten* und also um den *uns* verkündigten Gott geht es in der Theologie. Wir können uns fragen, ob Gott uns denn wirklich verkündigt ist, ob wir also zur Beteiligung an theologischer Arbeit berufen sind. Halten wir uns für berufen zu dieser Mitarbeit, dann bejahen wir eben, daß Gott uns verkündigt ist, bejahen wir (mit unserem Stehen in der Kirche als dem Lebensbereich, in dem das geschehen ist), daß für uns eine andere als eben diese, die christliche, die evangelische Theologie keine Möglichkeit ist. Wir müßten es schon wieder leugnen, daß uns Gott verkündigt ist, wenn wir etwa gleichzeitig auch buddhistische oder katholische Theologie treiben wollten. Im leeren Raum oberhalb der Kirchen und Konfessionen gibt es keine Theologie. Es gäbe dort allenfalls das Problem des von uns in einem progressus in infinitum zu suchenden Gottes an sich. Von diesem Gott aber haben wir keine Wissenschaft. Theologie ist nur möglich als Theologie des verkündigten Gottes, des Gottes, den wir nicht erst zu suchen haben, sondern der sich uns zu finden gegeben hat und noch gibt, der sich offenbarte und noch offenbart, des Gottes, der sein Wort ergehen läßt. Theologie meint um Gott nur insofern zu wissen – insofern aber meint sie das in der Tat –, als Gott selbst sich uns zu wissen tut. Auf Gottes Wort gründet sich und Gottes Wort dient die Kirche mit ihrer Verkündigung. Gottes Wort, so wie es zu ihr, der christlichen, der evangelischen Kirche, gesagt ist. Und was es um die Wahrheit Gottes in diesem seinem Wort sein möchte, das erforscht und lehrt die Theologie, die für uns nur als christliche, nur als evangelische möglich ist. Theologie hat also Gott nicht nur zum Objekt, sondern zum Objekt nur, sofern sie ihn, wie schon Thomas von Aquino[a] tiefsinnig gesagt hat, zum – wenn auch höchst verborgenen – Subjekt hat, sofern ihr Erforschen und Lehren seiner Wahrheit schlechterdings keinen anderen Ursprung haben wollen kann als die Kunde, die er selber von sich selber gibt. Jeder, auch der kleinste Schritt kann in der Theologie nur daraufhin gewagt werden, daß Gott sich von uns finden ließ, bevor wir ihn suchten.[8] Wie ja auch die Kirche nur auf diese authentische Kunde hin ihre Verkündigung wagt, im Gehorsam, im Bewußtsein, letztlich nicht selber Subjekt dieser Verkündigung zu sein, sondern schlechterdings nur in ihrem Dienst zu stehen. Aber wie nun die Kirche dennoch und gerade so ein menschlicher Lebensbereich und ihre

[a] S. theol. I 1, 7.[7]

[7] S. th. I q.1 a.7 i.c.: «Respondeo dicendum quod Deus est subiectum huius scientiae. ... Omnia autem pertractantur in sacra doctrina sub ratione Dei, vel quia sunt ipse Deus, vel quia habent ordinem ad Deum ut ad principium, et finem. Unde sequitur quod Deus vere sit subiectum huius scientiae.»

[8] Zu dieser Anspielung auf einen Ausspruch von Bl. Pascal vgl. oben S. 17, Anm. 43.

348

Verkündigung ein menschliches Wagnis ist, so ist auch die Theologie dennoch und gerade so ein Unternehmen menschlicher Wissenschaft, ihr Instrument kein anderes |57| als eben das menschliche Denken und Reden mit seinen bestimmten Gesetzen, Möglichkeiten und Grenzen, auf seiner jeweiligen Entwicklungsstufe, dasselbe menschliche Denken, mit dem auch alle anderen Wissenschaften arbeiten. Wie die Kirche als Gemeinschaft, als *die* Gemeinschaft, als die sie sich selbst versteht, nicht ohne Konkurrenz mit dem Staate eben im Raum des Staates sich befindet, so die Theologie als *(die!)* grundsätzliche Besinnung über die Existenz, in der wir Menschen uns vorfinden, im Raum der Philosophie.[b] Sie kann diesen ihren Anspruch, mehr zu sagen, als Philosophie auch sagen kann, ihren Anspruch, solche menschliche Erkenntnis zu sein und zu bieten, die auf Anerkenntnis göttlicher Offenbarung beruht – sie kann diesen Anspruch nicht einmal direkt kenntlich, geschweige denn geltend machen, einfach darum, weil sie selber ja auch nur menschliche Erkenntnis sein und bieten kann. Sie verfügt trotz ihres göttlichen Ursprungs und Gegenstandes über keine als göttlich unzweideutig von anderen sich abhebenden Kategorien, mittels derer sie ihr Wissen, das Wissen um das Wort Gottes, vom Wissen des Philosophen als ein besonderes endgültig abzugrenzen vermöchte. Sie kann das Besondere, das sie als Theologie zu sagen hat, nie so sagen, daß der Philosoph es nicht zur Not, vielleicht etwas ganz anderes meinend, auch sagen könnte. Denn eben das, daß er wirklich etwas anderes meint, wird sie ihm mit letzter triumphierender Klarheit nicht dartun können. Es wird dem Theologen unter den Philosophen immer so gehen wie dem Aaron vor Pharao mit seinem Stab, der zur Schlange wurde. «Da forderte Pharao die Weisen und Zauberer; und die ägyptischen Zauberer taten auch also mit ihrem Beschwören, und ein jeglicher warf seinen Stab von sich, da

---

[b] Vgl. dazu die mustergültig vorsichtige Bestimmung des Verhältnisses von Theologie und Philosophie bei Thom. v. Aquino, S. contra Gent. II, 4.[9]

[9] *Thomae Aquinatis Summa Contra Gentiles*, ed. K. Albert/P. Engelhardt (lat.-deutsch), Bd. II, Darmstadt 1982, S. 10, wo es zu Anfang weiterer Ausführungen heißt: «Nam philosophia humana eas [scil. creaturas] considerat secundum quod huiusmodi sunt: unde et secundum diversa rerum genera diversae partes philosophiae inveniuntur. Fides autem Christiana eas considerat, non inquantum huiusmodi, utpote ignem inquantum ignis est, sed inquantum divinam altitudinem repraesentat, et in ipsum Deum quoquo modo ordinatur.»

wurden Schlangen daraus» (Ex. 7,10f.). Der Theologe kann wohl innerhalb der Grenzen der Humanität[10] bestimmte, relativ außerordentliche
Zeichen aufrichten, Zeichen, die in diesem Raum Aufmerksamkeit erregen sollen und eine gewisse, staunende oder auch peinliche Aufmerksamkeit daselbst auch sicher erregen. «Philosophia sacra» oder «christiana» hat sich darum die Theologie – war es Demut?, war es Selbstbewußtsein? – nicht selten genannt.[11] Mit der Aufrichtung dieser relativ
außerordentlichen Zeichen – ich meine die Entfaltung der auf die Bibel
sich gründenden Begriffswelt der christlichen Dogmatik – soll der
Theologe der Wahrheit des Wortes Gottes dienen, soll er die Wahrheit
des Wortes Gottes als Wissenschaft zur Geltung bringen. Wohl ihm,
wenn er das *tut*, wenn er wirklich *das* und nicht etwas anderes tut.
Wohl ihm, wenn er, im Raum der Philosophie, des in |58| der grund-
sätzlichen Besinnung auf die menschliche Existenz begriffenen Denkens
und selber nichts anderes als auch ein menschlicher Denker, ein philo-
sophus unter anderen, nun doch ein Zeuge des offenbarten göttlichen
Denkens ist, wenn in der Hülle des ganz und gar Ähnlichen, das auch
er allein denken und sagen kann, das ganz und gar Unähnliche, in der
Hülle des bloß relativ Außerordentlichen, das ihm zu sagen zusteht,
das absolut Außerordentliche, was Gott selber sagt, sichtbar wird,
wenn er, in der Welt redend, doch nicht von dieser Welt [vgl. Joh.
17,16], sondern in der ganzen Menschlichkeit auch seiner Worte nun
dennoch wirklich von Gott redet. Dann *heißt* er nicht nur, dann *ist* er
Theologe. Dann sagt er, was nur der Theologe sagen kann, was auch
der Philosoph nicht als Philosoph, sondern nur als Theologe sagen
könnte, dann geht auch das Andere in Erfüllung, was dort geschrieben
steht: «Aber Aarons Stab verschlang ihre Stäbe» [Ex. 7,11]. «Non enim

[10] Vgl. den Titel der Schrift von P. Natorp, *Religion innerhalb der Grenzen
der Humanität. Ein Kapitel zur Grundlegung der Sozialpädagogik*, Tübingen
1908.
[11] Vgl. z. B. die Enzyklika Leos XIII. «Aeterni Patris» (1879) mit dem Untertitel: «De philosophia christiana ad mentem sancti Thomae Aquinatis doctoris an-
gelici in scholis catholicis instauranda» (DS 3135). Der Gedanke, daß das Christentum die wahre Philosophie sei, geht auf die Apologeten des 2. Jahrhunderts
zurück, vgl. z. B. Justinus Martyr, *Dialogus cum Tryphone Judaeo* 8,1 (MPG
6,491f.D): διαλογιζόμενός τε πρὸς ἐμαυτὸν τοὺς λόγους αὐτοῦ [scil. Χριστοῦ],
ταύτην μόνην εὕρισκον φιλοσοφίαν ἀσφαλῆ τε καὶ σύμφορον. Vgl. auch Chr.
Dogm., S. 527.

possum docere, orare, gratias agere, scribere, nisi istis instrumentis carnis, quae requiruntur ad talia opera perficienda, et tamen ea non veniunt ex carne neque in ea nascuntur, sed donantur et revelantur e coelo divinitus.»^c Aber es ist das Wunder Gottes, wenn das geschieht, weder Natur noch Kunst des Theologen, sondern Gnade, mit der man nicht rechnen, die man sich nicht nehmen, die man nur empfangen kann. Und wenn wir von diesem großen Vorbehalt, unter dem das Tun des Theologen steht, oder von dieser großen Erfüllung, die es allein sinnvoll machen kann, jetzt absehen wollen, so ist zu sagen, daß dieses nur unter Voraussetzung des Wunders Gottes nicht zum Mißlingen verurteilte Unternehmen, auch in sich betrachtet, ein restlos versuchliches und gefährliches Unternehmen ist. Und zwar eben darum, weil Aaron dabei nicht umhin kann, mit seinem Kunststück brüderlich neben die ägyptischen Zauberer zu treten, weil er an sich nicht mehr kann, als sie auch können, weil auch philosophia sacra jedenfalls philosophia ist, theologia aber nur unter Voraussetzung des gnädigen Wunders Gottes allenfalls *werden* kann. Die Versuchung und die Gefahr besteht kurz gesagt darin, daß der Theologe statt dessen wird, was er *scheint*, ein Philosoph, der, ohne zu hören, was uns über die Wirklichkeit durch den Herrn der Wirklichkeit selber gesagt ist, oder unter Absehen von dem, was auch er da gehört hat, nun dennoch das Nötige sich und anderen selber zu sagen unternimmt – selber zu sagen nun nicht daraufhin, daß es ihm gesagt ist, sondern in der Zuversicht, daß er von Hause aus in der Lage sei, es sich selber zu sagen. Die Lage des Theologen gegenüber dem Philosophen ist doch diese: An-|59|genommen, er, der Theologe, habe mit seinen relativ außerordentlichen Zeichen kraft göttlicher Gnade etwas gesagt, was auch dem Philosophen ganz oder teilweise als Wahrheit vernehmbar wurde – was wird bei diesem daraus werden? Wird er es respektieren als aus Anerkenntnis des göttlichen Wortes gesagt, wie es gemeint ist? Wird er sich also dadurch zum Hören dieses Wortes aufrufen lassen? Er wird es vielleicht tun. Aber wer oder was kann ihn zwingen, das zu tun? Wer oder was kann ihn hindern, das in Anerkenntnis des göttlichen Wortes Gesagte, weil es doch auch nur in den Formen menschlicher Erkenntnis ausgesprochen war, als willkommene Bereicherung und Vertiefung eben dieser menschlichen

^c *Luther*, Galaterkommentar 1535, E. A. I, 250.¹²

¹² Vgl. WA 40/I, 289,24–27.

Wirklichkeitserkenntnis aufzunehmen, es, ohne damit dem Worte Gottes dienen zu wollen, nach wie vor in der Überzeugung, auch das könne man sich selber sagen, wahrscheinlich unter Beseitigung oder stillschweigender Umdeutung der etwas lästigen theologischen Zeichensprache, *auch* zu sagen? Muß dieser tausendmal geschehene Vorgang – alle Philosophie hat ja in der Theologie ihren Ursprung gehabt – den Theologen nicht vor die Frage stellen, ob er nicht besser täte, der Fähigkeit des Menschen, sich das Nötige selber zu sagen, hinfort auch etwas mehr Vertrauen entgegenzubringen? Besonders wenn er nun vor der Tatsache steht, daß der Philosoph alles das, was er, der Theologe, infolge seines leidigen Hörenmüssens auf Gottes Wort nur so gehemmt, so eingeengt, so paradox im Verhältnis zu dem, was der Mensch sonst sagt und zu hören bekommt, sagen kann – so viel besser, freier, universaler, so ganz im Namen jedes Menschen zu sagen in der Lage ist? Warum soll die Theologie nicht unter Preisgabe jenes besonderen Anspruchs einfach und ehrlich Philosophie werden? Ist sie es nicht schon? Wie will sie beweisen, daß sie es nicht ist? Ist das Beste, was sie sagen kann, etwas anderes als eben das Tiefste, was die Philosophie auch sagen kann, nur eben besser, zugänglicher, umfassender, im Namen jedes Menschen sagen kann? Wie will sie beweisen, daß dem anders ist, daß ihr Eigenstes gerade nicht als Philosophie gesagt werden kann? Wo sie doch zugestandenermaßen den Raum der Philosophie aus eigenen Kräften nicht verlassen, sondern nur innerhalb dieses Raumes jene besonderen Zeichen aufrichten, diese Zeichen aber wiederum nicht von sich aus als wirklich unterschiedliche Zeichen geltend machen kann? Wie sollte es anders sein: die Theologie ist keinen Augenblick *nicht* in Versuchung, *nicht* in Gefahr, unter dem unleidlichen Druck der Tatsache, daß sie auch nur menschlich reden kann und daß dies in der Philosophie so viel besser |60| geschieht, selber zur Philosophie, zu einer tiefsinnigen menschlichen Rede *ohne* Hören auf das Wort, *ohne* die lästige Bindung an Bibel und Kirche, ohne die jeden Augenblick alles in Frage stellende Rückfrage nach dem göttlichen Wunder als der Bestätigung des menschlichen Wortes zu werden. Wie ja auch die Kirche keinen Augenblick nicht in Versuchung und Gefahr steht, sei es, selber Staat zu werden, sei es, im Staate aufzugehen.[13] Dieser beständig

---

[13] Letzteres erwartete insbesondere R. Rothe: vgl. oben S. 199, Anm. 45.

mögliche Verrat der Theologie an die Philosophie kann offen und bewußt geschehen. Es hat Zeiten gegeben, wo die Theologen sich geradezu dazu drängten, *in* der Welt, wie sie es ohnehin waren, nun auch wirklich und anerkannterweise *von* der Welt zu sein, ähnlich jenen nordafrikanischen Christen, die sich nach dem Bericht Cyprians[14] während der Verfolgung in solchen Scharen zu dem befohlenen Weihrauchopfer an die Götter einfanden, daß sich der fungierende Prätor kaum mehr zu helfen wußte, um all den Abfallsbedürftigen rasch gerecht zu werden. Viel öfter aber wird es sich, wenn die Theologen sich in der bewußten Weise imponieren und überrumpeln lassen, um eine pénétration pacifique[15] seitens der Philosophie handeln: die Theologie denkt gar nicht daran, äußerlich abzudanken. Sie behauptet sich vielmehr mit großem Schall und wer weiß sogar unter dem Anspruch, orthodoxe, positive Theologie zu sein. Sie behauptet nach wie vor, das Wort Gottes und nichts als das Wort Gottes zum Ursprung und Gegenstand ihrer Bemühung haben zu wollen, sie hält nach wie vor Christus und die Bibel und wohl auch das Dogma in hohen Ehren. Die Kirche meint noch immer, sie habe eine Theologie als Wissenschaft von dem Gott, den sie verkündigt, zur Erziehung ihres Nachwuchses an Verkündigern. Die Kirche selbst ist es vielleicht wohl zufrieden, daß die Theologie sich auf der Universität in der Geisteswelt so heimisch zu fühlen scheint, ein hoffnungsvolles Vorbild für ihr eigenes, der Kirche Zurechtkommen in der, womöglich noch schwierigeren, Sachenwelt. Denn nur ein paar kleine Akzente hat ja die Theologie, indem sie heimlich Philosophie wurde, anders gesetzt, nur ein paar ganz kleine Anpassungen vollzogen, nur ein paar ganz harmlose von den Umdeutungen oder Streichungen, die die Philosophie der Dogmatik gegenüber für nützlich hält, akzeptiert. Aber wenn der Abgrund, der eine Theologie, die *Theologie* ist, von einer solchen, die *Philosophie* ist, trennt, nur die Breite einer Ritze hat, er ist dennoch ein Abgrund. Wenn die Gefahr und die Versuchung, von der der Theologe keinen Augenblick nicht umgeben ist, den bewußten Verrat menschlich und sachlich als noch so begreiflich |61| erscheinen läßt, wenn es [als] eine noch so ungebührliche Sache erscheint, daß Aaron, der doch gar nicht mehr kann, als die ägyp-

---

[14] C. Th. Cyprianus, *De Lapsis*, Cap. VIII, MPL IV, col. 463–494.
[15] Vgl. Ethik II, S. 96.

tischen Zauberer auch konnten, nun doch selber kein ägyptischer Zauberer werden, sondern Aaron bleiben sollte – eben diese Versuchung und Gefahr ist offenbar geradezu *die* Sorge und ihre Abwehr, oder sagen wir behutsamer: die Wachsamkeit dieser Versuchung und Gefahr gegenüber offenbar geradezu *das* Anliegen einer Theologie, die bei scharfer Erfassung ihrer Aufgabe ebenso scharf sieht, wie *ungeschützt* sie bei ihrem Werk dran ist, wie sehr aller Garantien entbehrend sie dieses Werk einfach im Gehorsam wagen muß: menschlich, auf der ganzen Linie menschlich, allzu menschlich denkend und redend, nun dennoch das Wort Gottes sich gesagt sein zu lassen und also, Gottes Gnade vorbehalten, in tunlichster Sachlichkeit an Gott und nicht an die Endpunkte menschlichen Denkens zu denken und von Gott und wiederum nicht von diesen Endpunkten menschlichen Denkens zu reden.|

Und nun sind wir unmittelbar bei unserem Thema: Weil Theologie zwar Wissenschaft von Gott, von dem verkündigten Gott seiner Kirche ist, aber nun eben menschliche Wissenschaft, grundsätzliche Besinnung über die Wirklichkeit mittels desselben Denkens, das auch das Instrument des Philosophen ist, darum kann es nicht anders sein, als daß auch in der Theologie jene Endpunkte menschlichen Denkens, jenes Grundproblem der Philosophie sich aufdrängen, eine entscheidende Rolle spielen muß. Auch in der Theologie werden wir nicht umhin können, uns mit diesem Doppelaspekt der Wirklichkeit auseinanderzusetzen. Er wird uns bei der Erforschung der Wahrheit des Wortes Gottes ganz von selber begegnen, so gewiß wir diese Erforschung nicht anders als eben mit den Mitteln menschlichen Denkens bewerkstelligen können. Und dann wird sich die kritische Frage, ob wir Theologie oder doch nur Philosophie treiben, daran entscheiden, ob wir der Gefahr und Versuchung widerstehen können, bei unserer Erforschung der Wahrheit Gottes in jenem auch dem nicht durch das Wort Gottes regierten menschlichen Denken offenbaren Doppelaspekt der Wirklichkeit stecken zu bleiben, konkret gesagt: Gott im Schicksal oder Gott in der Idee zu suchen und zu finden, ob wir vielmehr daraufhin, daß unser Denken durch Gottes Wort regiert wird, die Relativität jenes Doppelaspektes, seine Aufhebung nicht in einer letzten von uns zu vollziehenden Synthese, wohl aber in der sich uns offenbarenden Wirklichkeit Gottes selber als des Herrn aller Wirklichkeit erkennen sollten. Diese Auseinandersetzung der Theologie mit ihrer ebenso not-|62|wendigen wie verhängnisvollen

Nähe zur Philosophie, mit der Nähe des Wortes Gottes zu den letzten, tiefsten Menschenworten, soll das Thema dieser Vorträge bilden. Ihrem einführenden Charakter entsprechend denke ich mir als ihren Sinn eine Veranschaulichung der Gefahr und Versuchung der Theologie und eine Veranschaulichung der Wachsamkeit, die ihr gegenüber geboten sein dürfte.

I.

Wir beginnen mit einer Erörterung des theologischen Charakters des *Schicksalsbegriffes*. – Die ersten naiven Schritte der Reflexion des Menschen über seine Beziehung zu Gott führen zweifellos in *diese* Richtung. Das Verhältnis von Schicksal und Idee ist kein symmetrisches, wir stehen nicht gleichsam in der Mitte zwischen diesen beiden, sondern näher wird es uns immer liegen, Gott in unserem Schicksal oder im Schicksal unseren Gott zu suchen. Erkenntnis ist zuerst und grundlegend Erfahrungserkenntnis, Wirklichkeitserkenntnis. Wenn sie sich kritisch klärt und vertieft, wenn der Wirklichkeitserkenntnis Wahrheitserkenntnis überlegen und läuternd gegenübertritt, dann ist das auf alle Fälle ein zweiter Schritt, der jenen als ersten voraussetzt. Daß theologische Erkenntnis nicht in einem Raume für sich, sondern im selben Raum mit der philosophischen stattfindet, das bewährt sich sofort darin, daß auch hier der erste Vorstoß zweifellos in die Richtung des Gegenständlichen, des Gegebenen, der Realität führt. «Gott ist», was heißt das anderes als: Gott hat teil am Sein? Er ist, so lautet dann der freilich schon weiterführende Nachsatz, selber das Sein, der Ursprung und die Vollkommenheit alles Seienden. Und dieser Satz samt Nachsatz baut sich etwa in der klassischen Gestalt, in der er von Thomas von Aquino gedacht worden ist[16], auf auf dem anderen, der doch ebenso gut auch als seine Folge gedacht werden kann: daß alles Seiende als solches An-

---

[16] Vgl. E. Przywara S. J., *Religionsphilosophie katholischer Theologie* (Teilband von: Handbuch der Philosophie, hrsg. von A. Baeumler und M. Schröter), München/Berlin 1927, S. 73f.; wieder abgedruckt in: ders., *Religionsphilosophische Schriften*, Einsiedeln 1962, S. 468f. Diese Schrift wurde in Barths Seminar in den Sitzungen vom 25. 1. und 1. 2. 1929 behandelt, bevor die Seminarteilnehmer am 5. 2. Przywaras Gastvortrag «Das katholische Kirchenprinzip» hörten und am folgenden Morgen in einer Sondersitzung mit dem Referenten darüber diskutierten. Vgl. Barths Bericht über Przywaras Besuch in: Bw. Th. II, S. 651–655 und zu dem Verhältnis zwischen beiden Theologen ab 1923: Neuser, S. 40–46.

teil an Gott hat, in höchster Unähnlichkeit als bloßes Geschöpf dem Schöpfer doch darin höchst ähnlich, daß auch es Sein hat: analogia entis[17]. Der Zuversicht, mit der der Realist – es handelt sich hier um eine Art Ureinstellung, die sich nicht weiter begründen läßt, die er einfach einnimmt – dem Gegebenen als der similitudo Gottes gegenübersteht, mit der er Gott aus dem Gegebenen sozusagen ablesen zu *können* meint, entspricht die Bestimmtheit seiner Lehre, daß Gott aus dem Gegebenen (nicht anderswoher, und aus dem Gegebenen notwendig!) abgelesen werden *müsse*. Gott ist ontologisch und noetisch das Schicksal des |63| Menschen. Es *ist* nun einmal so, daß wir im Verhältnis zu Gott stehen kraft dessen, daß wir selbst und daß Dinge außer uns *sind*. Wir selbst und Dinge außer uns: der Realismus muß also doppelt verstanden werden. Es handelt sich um ein innerlich und zugleich um ein äußerlich Gegebenes, um eine subjektive und um eine objektive Gegenständlichkeit. Analogia entis muß ja ebenso ich selbst als *Erkennender* wie das Ding außer mir als *Erkanntes* Gott unähnlich-ähnlich sein, wenn jenes mir zur similitudo Dei werden, wenn *ich* in ihm *Gott erkennen* soll. Klassischer Realismus wie der des Thomas wird beides gleich stark sagen. Er wird die Waage zwischen äußerer und innerer Erfahrung, zwischen objektiver und subjektiver Gegebenheit Gottes sorgfältig in möglichst strengem Gleichgewicht halten. Es besteht aber auch die Möglichkeit, die eine Seite stärker als die andere, ja vielleicht weithin im Gegensatz zur anderen zu betonen, ohne daß damit der Boden des Realismus verlassen wäre, was sich darin zeigen wird, daß man nach einiger Zeit doch wieder in irgendeiner Form auf das vernachlässigte Komplement zurückkommen müssen wird. Die Erfahrungstheologie aller Spielarten bewegt sich denn auch in der Tat hin und her zwischen der

---

[17] E. Przywara schreibt im Vorwort seiner Schrift *Analogia entis. Metaphysik, I: Prinzip*, München 1932, S. VII: «Die *analogia entis* ist der Gedanke, der mein Schrifttum seit jeher trug, wenngleich die Formulierung erst aus der Auseinandersetzung mit Max Scheler stammt (Spätjahr 1922).» S. VI: «In der Auseinandersetzung mit ihm [scil. Karl Barth] baute sich das Theologische der *analogia entis* zu seiner eigentlichen Gestalt aus.» (In der 2. Auflage: E. Przywara, *Analogia entis. Metaphysik. Ur-Struktur und All-Rhythmus*, Einsiedeln 1962, beide Zitate auf S. 8.) In seiner *Religionsphilosophie ...*, a.a.O., S. 23 bzw. 402, beruft sich Przywara auf die klassische Formel des IV. Laterankonzils (1215): «... inter creatorem et creaturam non potest similitudo notari, quin inter eos maior sit dissimilitudo notanda» (DS 806). In *Analogia entis I* erarbeitet Przywara die Analogie-Problematik bei Platon, Aristoteles, Augustin und Thomas von Aquino.

356

Vorstellung einer inneren, subjektiven, und einer äußeren, objektiven Gegebenheit Gottes. Aber daß es nicht so schlimm ist mit diesen Gegensätzen, daß sie einander rufen, daß es sich hüben und drüben schließlich um dieselbe Konzeption handelt, das kann man sich an Hand von ein paar Beispielen leicht klar machen. Wird etwa dem in die Sterne guckenden Wallenstein etwas grundsätzlich Neues gesagt, wenn ihm das Berühmte: «In deiner Brust stehn deines Schicksals Sterne!»[18] zugerufen wird, und ist es umgekehrt etwas Neues, wenn der Pyschoanalyse als einer der «verkappten Religionen» unserer Tage die Astrologie aufs neue zur Seite getreten ist?[19] Dieser Kreis muß sich offenbar immer wieder schließen. Er ist ein nur zu echter und rechter Kreis. Hat Luther nicht recht gehabt, wenn er die Berufung der Schwärmer auf die Gegebenheit des Heiligen Geistes im Herzen des einzelnen Menschen mit der katholischen Berufung auf dieselbe Gegebenheit in der Autorität des römischen Papstes auf eine Stufe stellte und beides in einem Atemzuge als Enthusiasmus bezeichnete?[20] Gehören die beiden feindlichen Brüder Pietismus und Rationalismus etwa darum nicht zusammen, weil jener die subjektive Gotteserfahrung der Innenwelt, dieser[21] aber die objektive Erfahrung der Außenwelt zum theologischen Kriterium erhoben hat? Sollte es einen Bruch und Widerspruch in der Theologie Schleiermachers bedeu-|64|ten, wenn er in seiner Jugend das andächtig zu erlebende Universum Gott genannt wissen wollte, um ihn in seinem Alter im schlechthinigen Abhängigkeitsgefühl als solchem zu suchen[22]: bezeugt nicht der merkwürdige Bau seiner Christologie[23] und

---

[18] Fr. von Schiller, *Wallenstein; Die Piccolomini* II,6 (V. 962):
   In deiner Brust sind deines Schicksals Sterne.

[19] Vgl. C. Chr. Bry, *Verkappte Religionen*, Gotha/Stuttgart 1924. Der Autor behandelt die Psychoanalyse ausführlich (S. 171–204), erwähnt die Astrologie freilich nur beiläufig (S. 14). Barth nennt mehrfach Psychologie und Astrologie in einem Atem: Ethik II, S. 74–81. Dort schreibt er, daß die «kosmische Bestimmtheit» unserer Existenz durch die Astrologie «schon rein naturwissenschaftlich» kaum mehr in Abrede zu stellen sei (S. 74). Vgl. auch oben S. 258, Anm. 44.

[20] Vgl. *Schmalkaldische Artikel* III,8, BSLK 453,16–456,18; *Predigt am Pfingsttage, nachmittags* (1538), WA 46,413,1–4.20.

[21] Im Druck: «jener»; Korrektur vom Hrsg.

[22] Vgl. Fr. Schleiermacher, *Über die Religion. Reden an die Gebildeten unter ihren Verächtern* (Berlin 1799), hrsg. von H.-J. Rothert (PhB 255), Hamburg 1958, bes. S. 69–72 (Originalausgabe S. 124–130) bzw. §§ 32–35 der Glaubenslehre.

[23] Vgl. dazu Barths Ausführungen in: *Die protestantische Theologie im*

weist nicht die ganze, von Feuerbach auf der einen und von D. F. Strauß auf der anderen Seite belästigte²⁴ Entwicklung der neueren protestantischen Theologie darauf hin, daß der psychologistische Empirismus alsbald einem historistischen²⁵ rufen muß, ebenso wie dieser, wenn er vernachlässigt wird, jenem? Glaube und Geschichte, Geschichte und Glaube, wie oft haben wir seither dieses Verslein gehört! Was lehrt uns Wobbermins religionspsychologischer Zirkel²⁶, wenn nicht das, daß man hier auf beiden Seiten – das würdige Gleichmaß Thomas von Aquinos wird bald wieder erreicht sein – in gleicher Weise mit Gegebenheiten rechnet? Oder ist Martin Kählers Christliche Lehrwissenschaft²⁷ etwa weniger realistisch, wenn ihr Pendel nach der Christusseite, als wenn er nach der Glaubensseite ausschlägt? Ist es nicht dieselbe «positive» Theologie, die, in Hofmann²⁸ und Frank²⁹ mit unerhörten Subjektivismen anhebend, in der «theozentrischen» Theologie Erich Schaeders gewaltig sich vollenden muß, um dann doch durch den Mund desselben Schaeder auch das Andere wieder verkündigen zu müssen, daß der Gott der christlichen Theologie ein anderer nicht sein könnte, als eben «der Gott unseres Bewußtseins»³⁰? Es handelt sich wirklich

19. Jahrhundert. Ihre Vorgeschichte und ihre Geschichte, Zollikon 1947 (Zürich 1994⁶), S. 414–424.
²⁴ Druckfehler für «bestätigte» o.ä?
²⁵ Th. Fr. u. A.: «historischen»; Korrektur nach ZZ.
²⁶ G. Wobbermin, *Systematische Theologie nach religionspsychologischer Methode*, Bd. I: *Die religionspsychologische Methode in Religionswissenschaft und Theologie*, Leipzig 1913, insbesondere S. 405ff.437ff. Vgl. V. u. kl. A. 1922–1925, S. 581, Anm. 123.
²⁷ M. Kähler, *Die Wissenschaft der christlichen Lehre von dem evangelischen Grundartikel aus im Abrisse dargestellt*, Leipzig 1893².
²⁸ Vgl. J. Chr. K. von Hofmann, *Der Schriftbeweis. Ein theologischer Versuch*, 1. Hälfte, Nördlingen 1852, S. 10f.: «... ich, der Christ, [bin] mir, dem Theologen, eigenster Stoff meiner Wissenschaft»; vgl. oben S. 207.
²⁹ Vgl. Fr. H. R. Frank, *System der christlichen Wahrheit*, Erste Hälfte, Erlangen 1885², S. 1: «Die Gesammtheit der Realitäten, welche dem Christen auf dem ihm eigenthümlichen Wege sich vergewissert haben und damit seinem Verständniss zugänglich geworden sind, bildet den Inhalt der christlichen Wahrheit.» In der folgenden Ausführung (ebd.) nennt Frank jene Realitäten «die Objecte der specifisch christlichen Erfahrung als in den Menschen eingegangene, menschlicherseits begriffene und in menschlichen Ausdruck gefasste». Vgl. Chr. Dogm., S. 46.
³⁰ Vgl. E. Schaeder, *Theozentrische Theologie. Eine Untersuchung zur dogmatischen Prinzipienlehre*, 2 Bde., Leipzig 1909.1914; ferner ders., *Das Geistpro-*

nicht um mehr als um einen auf gewissen optischen Täuschungen beru-
henden Hausstreit, wenn die Objektivisten und die Subjektivisten, die
Erlebnistheologen und die Geschichtstheologen, die Anthropozentri-
ker und die Theozentriker sich gelegentlich schlecht verstehen. Sie sollten sich allesamt sehr gut verstehen, ihre innerrealistischen «Spannun-
gen» doch ja nicht zu tragisch nehmen, sondern in Thomas von Aquino
den Frieden erkennen, der wahrlich höher ist als ihre Vernunft [vgl.
Phil. 4,7]. Um Empirismus, um die Entdeckung Gottes oder die Begegnung mit Gott in einem dem Menschen innerlich-äußerlich, subjektiv-
objektiv zustoßenden, ihm zu mächtig werdenden und ihn gefangen
nehmenden, in schlechthinige Abhängigkeit versetzenden *Schicksal*
geht es doch offenbar auf der ganzen Linie.

Was sollen wir dazu sagen? Sicher das, daß der theologische Realismus in allen seinen Spielarten der Ausdruck eines echten und ernsthaften theologischen Problems ist. Die Theologie kann auf die Frage: Wo
ist Gott? und: Wer oder was ist Gott? nicht antworten, ohne sich mit
ihrer Antwort jedenfalls auch auf diesen Weg zu begeben. Wenn wir
Gott als den |65| *Gegenstand* der Theologie bezeichnen, so ist das be-
reits ein typisch realistischer Satz. Und wie sollten wir diesen Satz, mögen wir ihn noch so eifrig in Anführungszeichen setzen, etwa ganz umgehen können? Sollte Theologie sich etwa als eine gegenstandslose Wissenschaft bekennen wollen? Oder wäre es nicht eine klägliche Auskunft, wenn sie sich darauf zurückziehen wollte, nicht Gott, sondern
nur der Glaube sei ihr Gegenstand, als ob sie dann nicht aufs neue in
dasselbe Dilemma geriete, wie es sich denn mit Gott als Gegenstand des
Glaubens verhalten oder ob etwa der Glaube auch eine gegenstandslose
Sache sein möchte? Wir können es doch wohl nicht umgehen, Gott
mindestens auch *Sein* zuzuschreiben, Sein unter ganz bestimmten Be-
dingungen, aber Sein. Der Satz: «Gott ist» ist ein realistischer und doch
wohl ein nicht leicht zu entbehrender Satz, wenn die theologische Rede
sich nicht im Augenblick, wo sie den ersten Laut wagen soll, in mysti-
sches Schweigen verwandeln will. Und die Sachlage erleichtert sich
nicht, sondern verschärft sich, wenn wir uns nun erinnern, daß wir un-

blem der Theologie, Leipzig/Erlangen 1924, S. 2: «Der Gott, mit dem es die
Theologie zu tun hat, ist der Gott unseres Bewußtseins und kein anderer.» Vgl.
auch Chr. Dogm., S. 125.

ter der Vokabel Gott nicht irgendeinen «Gott an sich», sondern nach unserer Vereinbarung über das Wesen der Theologie den in seinem Wort offenbaren, den Gott der christlichen Kirche zu verstehen haben. Ist mit Offenbarung nicht gesagt: *Gegebenheit* Gottes? «Das Wort ward Fleisch und wohnte unter uns» [Joh. 1,14], das heißt doch wohl: Das Wort und also der Gott, mit dem wir es zu tun haben, ging ein in die Seinsweise der Natur und der Geschichte, in unsere eigene Seinsweise. Jesus Christus als das Wort Gottes an uns und also selber als Gott ist die Offenbarung. Und der Heilige Geist, der das Wort für uns und uns für das Wort erleuchtet und ebenso selber Gott ist, ist die Offenbarung. Wir denken aber auch an das Ur-, Grund- und Zentraldatum der christlichen Ethik: an das schlichte Gegebensein des *Du* für das *Ich*. «*Mein Nächster*», ist das nicht nach Matth. 25[,40] *die* «similitudo Dei»? Haben wir damit, daß wir Christus und der Heilige Geist oder also: Du und Ich sagen, nicht die beiden Pole des realistisch-theologischen Denkens: das Äußere und das Innere, das Objektive und das Subjektive bezeichnet? Heißt Offenbarsein Gottes nicht mindestens *auch:* Gegenstand unserer Erfahrung sein? Ist Offenbarung, gerade Offenbarung Gottes etwas anderes als sein Sichhineingeben in jene Erfahrbarkeit, in jene objektiv-subjektive similitudo seiner selbst, sein Sichfindenlassen da draußen und da drinnen, sein Gegebensein dort für *uns hier*, für uns hier *dort*? Heißt Offenbarung nicht eben das, daß Gott unser Schicksal wird? Und ebenso dürfte uns gerade |66| die Erinnerung an den Begriff der Offenbarung nahelegen, ein berechtigtes und unaufgebbares Anliegen aller echten Theologie im Realismus darin vertreten zu sehen, daß es ihm offenbar darum geht, Gott als *Wirklichkeit* zu verstehen. Das genau erläuternde Fremdwort zur Umschreibung des Begriffes Wirklichkeit ist offenbar nicht Realität (so gewiß auch das, also Dinglichkeit, Gegenständlichkeit hier in der Nähe ist), sondern Aktualität.[31] Unser Leben als Selbsterfassung wie als Welterfassung und in der unlösbaren Korrelation beider spielt sich ab als Erfahrung von Aktualität, als Erfahrung eines an und mit uns geschehenden Werkes. Das gibt uns auch

---

[31] Barth knüpft mit diesem Sprachgebrauch an Thomas von Aquino an. Vgl. z. B. S. th. I q.3 a.4 i.c.: «... esse est actualitas omnis formae, vel naturae ...» – S. th. I q.4 ad 3: «... ipsum esse est perfectissimum omnium; comparatur enim ad omnia ut actus; nihil enim habet actualitatem, nisi in quantum est; unde ipsum esse est actualis omnium rerum, et etiam ipsarum formarum ...»

das Recht, den Begriff der Wirklichkeit in Beziehung zu setzen zu dem des Schicksals. An dem Maß der Wirklichkeit oder an der Frage, ob und inwiefern sie für uns Schicksal sind, messen wir jedenfalls zunächst die Dinge, das heißt die an uns herantretenden Möglichkeiten. Erfahre ich sie? Nämlich in jener Ganzheit und Einheit äußerer und innerer Erfahrung? *Sind* sie mir wirklich? Sind sie *mir* wirklich? Was gehen sie mich an? Was mich gänzlich und endgültig nichts anginge, wie sollte das für mich etwas Anderes als eben ein Nichts sein? Akt heißt *Sein* und Sein kann nur *Akt* heißen. Und nun ist es verständlich und in der Ordnung, daß wir unwillkürlich, jedenfalls beim ersten Schritt unserer Reflexion über Gott, auch Gott an diesem Maß messen. Was wäre ein Gott – und gerade die Erinnerung an den Begriff der Offenbarung gibt mir das Recht, so zu fragen –, der nicht wirklich wäre, wirklich im mindestens gleichen Sinne, wie der ist, in dem ich mich selbst und wie ich die Welt als wirklich, als Akt, als Sein, als Schicksal erfahre? Wirklich im *eminenten* Sinn, werden wir ja sofort hinzufügen, wenn wir, unter Voraussetzung der Offenbarung denkend, bei der Vokabel Gott weder an eine zweite Wirklichkeit neben dieser unserer Selbst- und Weltwirklichkeit noch auch bloß an einen anderen Namen für diese unsere Selbst- und Weltwirklichkeit selber denken wollen. Also Gott ist die Wirklichkeit, durch die und in der unsere Selbst- und Weltwirklichkeit Wirklichkeit ist, causa prima[32], ens realissimum[33] und actus purus[34], die Wirklichkeit aller Wirklichkeit, aber eben so, in similitudine, Gegenstand unserer Erfahrung – Erfahrung immer in jenem doppelten Sinn von äußerer *und* innerer Erfahrung verstanden. Damit und so offenbar erweist sich der Gottesgedanke als ein ernsthafter Gedanke. Er muß, um ernsthaft zu sein, unser Schicksal, er muß Wirklichkeit, ja alle sonstige Wirklichkeit

[32] Zentraler Begriff in den Gottesbeweisen des Thomas von Aquino; vgl. S. th. I, q.2 a.3 i.c.: «Ergo est necesse ponere aliquam causam efficientem primam: quam omnes Deum nominant.»
[33] Der Begriff kommt in den Werken des Thomas von Aquino noch nicht vor, wohl aber in dem Buch des Thomas-Interpreten Fr. Hettinger, *Timotheus. Briefe an einen jungen Theologen*, Freiburg/Br. 1909³, welches Barth in seiner frühesten Arbeit über Thomas zu Rate gezogen hat; vgl. V. u. kl. A. 1905–1909, S. 388, Anm. 35.
[34] Vgl. Thomas von Aquino, S. th. I q.3 a.2 i.c.: «... Deus est purus actus, non habens aliquid de potentialitate ...» Vgl. auch V. u. kl. A. 1905–1909, S. 385–387; Unterricht II, S. 115–117.

überbietend und in sich schließend, *die* Wirklichkeit, die in aller sonstigen Wirklichkeit verborgen und doch nicht ganz ver-|67|borgen gegenwärtige *eine* Wirklichkeit aussagen. Er muß sich legitimieren als Erfahrungsgedanke. Wie sollte es Theologie, die im selben Raum mit der Philosophie, im Raum des einen menschlichen Denkens ihr Wesen treibt, etwa anders wahr haben wollen? Wie anders sollte Theologie auch den Bedürfnissen des Lebens, speziell dem Bedürfnis der jedenfalls an ein menschliches Denken sich richtenden christlichen Verkündigung gerecht werden, wie anders sollte sie gerade Theologie der christlichen Kirche sein denn eben als realistische Theologie? Wobei es der Diskussion und einem angemessenen Gebrauch von Wobbermins religionspsychologischem Zirkel überlassen bleiben mag, ob man sich lieber zu einer Theologie des schlechthinigen Abhängigkeitsgefühls oder zu einer Theologie des Glaubens und der Geschichte, zu einer römisch-katholischen Autoritätstheologie oder zu einer Theologie des Unmittelbaren[35] entschließen will. Und nochmals und nochmals: Können nicht alle diese Theologien, so verschieden sie unter sich sein mögen, sich gerade auf die schlechthinige Faktizität der Offenbarung, gerade und vor allem der christlich verstandenen Offenbarung berufen? Sollte realistisch nicht gleich christlich sein, sofern Christus und der Heilige Geist doch zweifellos gerade die *Wirklichkeit* Gottes in der Welt und für uns selbst bezeichnen?

Daß die Auseinandersetzung mit dieser theologischen Position gerade *keine* Götterdämmerung bedeuten kann, das dürfte mit diesen Bemerkungen zur Sache bereits gesagt sein. Zu echt und notwendig ist das Anliegen des theologischen Realismus, als daß es nicht ein Ausschütten des Kindes mit dem Bade bedeuten würde, wenn man hier einfach und allgemein Nein sagen wollte, als daß man sich hier nicht weithin, ja in der Absicht, um die es hier offenbar geht, sogar ganz und gar beteiligt

---

[35] Vgl. H. Kutter, *Das Unmittelbare. Eine Menschheitsfrage*, Berlin 1902. Im Anschluß an Kutter hatte Barth im Römerbrief 1 von der im Sündenfall verlorenen und im Christus wiedergewonnenen Unmittelbarkeit zu Gott gesprochen (S. 22.177.181.225.320.342 u. a.), im Römerbrief 2 diesen Gedanken aber verworfen; vgl. dort S. 223: «Warum nicht ... fortschreiten ... zur Aufweisung eines Weges aus der Mittelbarkeit zurück in das Land der zwar verlorenen, oder [richtig: aber] immerhin hier und jetzt wieder auffindbaren Unmittelbarkeit ...? Antwort: ‹Unmöglich!›»

wissen müßte. Wer hier in globo ablehnen wollte, der würde sich damit keineswegs als ein besonders guter, etwa als besonders guter protestantischer Theologe, sondern nur als ein Idealist, und zwar als ein unbelehrter, zur Mitarbeit am Problem der Theologie jedenfalls nicht geeigneter Idealist erweisen. Das wäre in der Tat keine christliche, auch keine protestantisch-christliche Theologie, die für das Anliegen des Realismus nicht offen wäre, die den vollen Gehalt dessen, was mit dem «Gott im Schicksal» gemeint ist, nicht auch zur Aussprache zu bringen wüßte. Theologie hat aber, eingedenk dessen, daß sie als Theologie auf Grund des Wortes Gottes von Gott zu denken und zu reden hat, *wachsam* zu sein, ob sie nicht, indem sie sich dabei notgedrungen der Führung auch des realistischen Denkens, also einer be-|68|stimmten Gestalt des *menschlichen* Logos anvertraut (wie sehr sich dieser Führer auch nachträglich auf die Offenbarung berufen möge!), unversehens etwas ganz anderes denke und sage, als was sie als Theologie des Wortes Gottes denken und sagen müßte. Es versteht sich doch nicht von selbst, daß jene Führung mit der ihr notwendigen letzten und eigentlichen Führung durch das Wort Gottes ohne weiteres identisch ist oder auch nur ganz übereinstimmt, so gewiß die Führung durch das Wort Gottes in keinem anderen Raume stattfinden kann als in dem, in dem sich auch jener andere menschliche Führer von selbst anbietet und in dem er auch keinesfalls einfach zurückgewiesen werden kann. Die Theologie hat also sich selbst und dem Realismus jedenfalls gewisse *Fragen* zu stellen, von deren Beantwortung es abhängen wird, nicht *ob*, wohl aber *inwiefern* sie selbst realistisch denken und reden darf.

Wir können alles, was hier zu fragen ist, schon zusammenfassen in der Frage nach der Möglichkeit dessen, was wir die realistische Ureinstellung genannt haben: jene naive Zuversicht, daß man Gott unter gewissen Näherbestimmungen in einer subjektiv-objektiven Gegebenheit finden *könne* und daß jene similitudo Dei im Erkennenden und Erkannten dann auch stattfinden *müsse*. Sind wir Gott gegenüber, und wir betonen nun wieder: sind wir dem Gott der Offenbarung gegenüber so dran, daß diese realistische Ureinstellung unbesehen als *die* theologische hingenommen werden könnte und dürfte? Gründet jene naive Zuversicht wirklich in Gottes Offenbarung? Sollte also Offenbarung wirklich bloß die übernatürliche Bestätigung und Bestärkung jenes naiv vorauszusetzenden, offenbar irgendwie mit unserer Existenz als solcher gesetzten Könnens und Müssens sein? So hat Thomas von Aquino die Sache in der Tat dargestellt. Ihm ist Erfahrung Gottes, weil sie auch auf ihren tiefsten Stufen teilnimmt an dem «lumen divinum» der höchsten, eine einzige, eben kraft der Offenbarung dem Menschen verfügbare Möglichkeit.[36] «Gratia non destruit, sed supponit et perficit naturam.»[37] Analogia *entis:* also das Seiende als solches und auch wir Menschen als Seiende nehmen teil an der similitudo Dei. Erfahrung Gottes ist uns in der Tat seinshafte Möglichkeit und Notwendigkeit. Die protestantischen Realisten haben diese von Thomas ungemein scharfsinnig und konsequent durchgeführte Konstruktion nicht oder nur bruchstückweise übernommen. Aber ist ihre Zuversicht in bezug auf die Möglichkeit einer Erfahrung Gottes darum geringer, die Zuversicht, in der dem Menschen zugetraut wird, daß er jedenfalls als christlicher Mensch solcher Erfahrung sehr wohl fähig ist? |69| Eben zu der Voraussetzung dieser Fähigkeit gehört nun – nicht eine Negation, wohl aber ein Frage- und Ausrufzeichen gesetzt, wenn die realistische Ureinstellung nicht doch etwas ganz Anderes bedeuten soll als die Einstellung des das Wort Gottes hörenden Menschen. Das Wort Gottes bedeutet nämlich für den Menschen nicht eben eine Bestätigung und Bestärkung jener naiven Zuversicht, daß Erfahrung Gottes möglich sei, sondern, indem es ihm allerdings Erfahrung Gottes vermittelt, einen Einbruch in jene Zuversicht, sofern es ihm – wozu brauchte es sonst Gottes Wort zu sein? – etwas seiner ganzen möglichen Erfahrung gegenüber *Neues* sagt und nicht bloß stärker und klarer, was er ohnehin weiß und auch sonst erfahren könnte. Und zwar *immer* steht es so zwischen dem Worte Gottes und dem Menschen, daß es ihm Neues kündet [vgl. Jes. 42,9], daß es als Licht in der Finsternis zu ihm kommt [vgl. Joh. 1,5]. Kommt es doch immer zu ihm als zu dem Sünder, als vergebende und also als richtende Gnade. Ihm gegenüber ist der Mensch nie und nimmer der schon Begnadete, also Einer, dem es nicht mehr oder nur noch teilweise Neues zu künden hätte. Hört er, was er im Grunde schon weiß, dann hört er sicher etwas Anderes als das Wort Gottes. «Gott widerstehet den Hoffärtigen, aber den Demütigen gibt er Gnade» [1. Petr. 5,5]. Der Mensch ist ein Begnadeter darin und immer darin, daß das Wort Gottes zu ihm

---

[36] Vgl. Thomas von Aquino, S. th. I q.13 a.12 ad 2.
[37] Siehe oben S. 22f., Anm. 56.

kommt, nicht sonst und nicht vorher und auch nicht nachher. Das himmlische Manna in der Wüste ließ sich bekanntlich nicht aufspeichern [Ex. 16,20]. «Was bist du, das du nicht empfangen hättest?» [vgl. 1. Kor. 4,7]. Also als «natürlich», das heißt als mit unserer Existenz als solcher gegeben oder mit unserer Existenz als solcher nachträglich verknüpft, dürfte jenes Können und Müssen, jene Erfahrbarkeit Gottes jedenfalls gerade nicht verstanden werden, auch nicht unter Berufung auf eine «gratia inhaerens»[38], kraft derer Erkennender und Erkanntes analogia entis nun einfach und an sich in jenem Verhältnis zu Gott *wären*.|

Das ist die erste und Grundfrage, die wir an die theologischen Realisten aller Observanzen zu richten haben: ob bei ihrer These von der Erfahrbarkeit Gottes mitbedacht ist, daß sie Gnade ist, die Sündern widerfährt. Im Blick darauf, daß sie Gnade ist, die Sündern widerfährt, kann die Gegebenheit Gottes in uns selbst und in der Welt, auch und gerade die Gegebenheit Gottes in seiner Offenbarung doch wohl nicht so gemeint sein, als bestünde sie unter diesen und diesen Näherbestimmungen irgendwie an sich, als gebe es einen göttlichen Akt oder gar Ergebnisse und Wirkungen göttlicher Akte abgesehen vom actor, Wirklichkeit Gottes abgesehen von Gott selbst als |70| Wirker seines Werkes, welches eben das zu uns kommende Wort ist. So, in jener Abstraktion von dem in Gottes alleinigem Verfügen stehenden, streng jeweiligen Ereignis der Gnade, in der Gegebenheit der Natur und der Geschichte und unseres eigenen Bewußtseins, so ist uns eben Gott in seinem Wort *nicht* gegeben. So würde sich ja Gott nicht unterscheiden von einem verborgenen Merkmal der Wirklichkeit überhaupt. So würde er sich vom Schicksal nicht unterscheiden. Gerade schicksalhaft dürfte die Möglichkeit von Erfahrung Gottes jedenfalls nicht verstanden werden. Gerade vom Schicksal unterscheidet sich Gott dadurch, daß er nicht sowohl da ist als vielmehr kommt. Das wäre also nicht die Zuversicht auf sein Gegebensein, die etwas Anderes wäre als die Zuversicht auf sein Sichselbergeben und die darum nicht auch die Kehrseite des Schreckens und Entsetzens hätte über dieses Gottes Nichtgegebensein, darüber, daß die Wirklichkeit, unsere eigene und die der Welt und

[38] Das Konzil von Trient lehrte, daß die rechtfertigende Gnade nicht allein in der sündenvergebenden Gunst Gottes bestehe, sondern daß sie durch den Heiligen Geist in die Herzen der Menschen ausgegossen werde und dort hafte: «gratia inhaerens» (DS 1561).

wahrlich auch die Wirklichkeit, die uns in der Kirche und in der Bibel gegeben ist, immer auch alles Andere sein kann als similitudo Dei, daß Gott sich nicht nur enthüllt, sondern auch verhüllt in seiner Offenbarung, weil sie Offenbarung und nicht eine Offenbartheit ist. Also nur unter diesem Vorbehalt können wir realistisch denken und reden in einer Theologie des Wortes Gottes – nur unter der Voraussetzung, daß eben mit dem Aktcharakter der Wirklichkeit Gottes, auf den Thomas ja so großes Gewicht gelegt hat, noch ganz anders ernst gemacht wird, als es nun doch auch bei Thomas der Fall zu sein scheint, daß also jenes Findenkönnen und Findenmüssen Gottes in der Erfahrung ein solches ist, das aufgehoben ist im freien Willen Gottes, nicht in unserem Willen, auch nicht nachträglich und «per infusionem» in unserem Willen.[39] Weil unser Wille nicht nur ein geschöpflich schwacher und durch die Sünde noch etwas mehr geschwächter, sondern ein verkehrter und zur Erkenntnis Gottes wie zum Gehorsam gegen ihn von Grund aus unfähiger Wille ist, weil die similitudo Dei uns in jedem Augenblick als ein himmlisch Neues geschenkt werden muß.

Von dieser Grundfrage aus wäre dann im einzelnen weiter zu fragen. Einmal hinsichtlich der Möglichkeit einer *inneren* Erfahrung Gottes. Wir werden uns hüten, sie in Abrede zu stellen. Wir müßten ja den Heiligen Geist leugnen, wenn wir die Möglichkeit seines Zeugnisses in den Herzen und also die Möglichkeit, Gott wirklich in uns selbst zu suchen und zu finden, bestreiten wollten. Wir müssen aber gerade die Realisten der inneren Erfahrung fragen, ob sie wirklich den Heiligen Geist meinen, wenn sie von |71| ihrem Gott im Menschen reden?[40] Ob sie wohl bedacht haben, daß der Heilige Geist nicht weniger Gott ist als der Vater und der Sohn, und ob sie also die Distanzen zu wahren gesonnen sind, die auch dem in uns selbst erfahrbaren Gott gegenüber angemessen sind? Es wird ja auch dann Gott in dem zu uns gesprochenen Wort, nicht aber in dem allenfalls mit diesem Wort gemachten Erlebnis zu suchen sein. Es wird der Friede Gottes auch dann von allem Frieden mit uns selbst wohl zu unterscheiden, nicht mit diesem zu verwechseln sein.

---

[39] Vgl. Thomas von Aquino, S. th. I q.13 a.12 i.c.: «... per gratiam perfectior cognitio de Deo habetur a nobis quam per rationem naturalem. ... Nam et lumen naturale intellectus confortatur per infusionem luminis gratuiti ...»

[40] Vgl. den Titel des von Barth rezensierten Buches von W. Bruhn, *Vom Gott im Menschen*; s. oben S. 44–56.

Es wird sich auch dann nicht darum handeln können, Gott aus uns, sondern uns[41] aus Gott zu verstehen. Wir werden auch dann nicht etwa unser Herz auf denThron Gottes erheben wollen. Wir fragen nur. Wir haben aber die theologischen Realisten[42] allen Ernstes zu fragen, ob sie wissen, daß auch der der inneren Erfahrung Gottes Teilhaftige, gerade er, nicht mehr und nichts anderes ist als ein begnadigter Schächer und daß gerade hier, bei der Beurteilung der Möglichkeiten des *christlichen* Menschen, die Probe vielleicht am schärfsten zu machen ist, ob wir wirklich theologisieren oder bloß realistisch philosophieren. Und das Letztere tut gerade hier in aller Anmut[43] so mancher, der gar keine Ahnung davon hat, daß er *das* tut.|

Etwas anders stellt sich die Frage nach der anderen Seite, nach der Seite der *äußeren* Erfahrung. Wiederum müßten wir ja Christus leugnen, wenn wir ihre Möglichkeit in Abrede stellen wollten. Wir fragen aber, ob denn wirklich Christus gemeint sei, wenn die Realisten Gott als Gegenstand der Erfahrung zu haben behaupten? Und ob dann etwa mit der Gottheit Christi ebenfalls Ernst gemacht sein sollte? Es tönt verdächtig, wenn in diesem Zusammenhang so laut, wie es gewöhnlich geschieht, von dem neutralen Begriff der Geschichte geredet zu werden pflegt.[44] Und es tönt mehr als verdächtig, wenn Christus nun in eine Reihe mit gewissen anderen Größen der Geschichte gestellt und mittels Vergleiches als der Offenbarer Gottes womöglich erst zu erweisen versucht wird. Das tönt darum verdächtig und mehr als verdächtig, weil ja dabei nicht nur vorausgesetzt scheint, als gebe es Geschichte im allgemeinen, innerhalb derer dann so etwas wie Offenbarung Gottes vorhanden sei, wie Wasser in einem Glase, sondern weil dabei dem Menschen ganz deutlich die Fähigkeit zugeschrieben wird, von sich aus festzustellen, was da etwa Offenbarung sein möchte, ein Kriterium, mit dem in der Hand er in der Lage ist, Christus als Christus zu erkennen und zu anerkennen. Wenn das das letzte Wort sein sollte, so wäre zu

---

[41] «uns» fehlt in Th. Fr. u. A.; ergänzt nach ZZ.

[42] Th. Fr. u. A.: «Realitäten»; korrigiert nach ZZ.

[43] Im Druck: «Armut»; Korrektur von Barth in seinem Handexemplar von ZZ.

[44] Zu dem Versuch der neuprotestantischen Theologie, die objektive Wirklichkeit der Offenbarung mit der Kategorie der Geschichte zu fassen, vgl. oben S. 274–277.

sagen, daß auch hier nicht sowohl theologisiert als vielmehr realistisch philosophiert wird. |72| Wenn dort, bei der inneren Erfahrung, nach den notwendigen Distanzen gefragt wurde, so wird hier nach der Unausweichlichkeit *der* Erfahrung gefragt werden müssen, die den Anspruch erheben dürfte, Erfahrung Gottes zu sein und als solche in der Theologie aufzutreten.|

Wir können das notwendige Bedenken gegen den theologischen Realismus – stärker als so möchte ich absichtlich nicht reden – dahin zusammenfassen: ob es nicht weithin mindestens gefährlich naheliegend sein sollte, auf dieser Linie denkend und redend, Gott auch in dem schicksalshaft zu denken, was er mit dem Schicksal gerade nicht gemein hat, nämlich eben in seinem Kommen? Droht hier nicht deutlich die Vorstellung eines daseienden statt eines kommenden Gottes? Und wäre dieser Gott nicht vielleicht besser *Natur* als Gott zu nennen? Wäre Theologie *dieses* Gottes dann nicht *Dämonologie* besser als *Theologie* zu nennen?[45] Wir haben nicht festzustellen, ob und inwieweit dies bei den theologischen Realisten tatsächlich zu sagen ist. Es dürfte sehr schwierig sein, festzustellen, ob wir uns mit dem Geltendmachen unseres Vorbehaltes von einem Thomas, von einem Schleiermacher in definitiver, hoffnungsloser Weise[46] geschieden haben, um von den theologischen Realisten der Gegenwart nicht zu reden. Wir hatten nur von der Grenze zu reden, die hier jedenfalls sichtbar wird, von der Gefahr, gegen die die Theologie nach dieser Seite jedenfalls auf der Hut sein muß. Der «Deus sive natura»[47] wäre jedenfalls nicht der in Gottes Wort offenbare Gott.

II.

Der *Begriff der Idee*, dem wir uns nun zuwenden, ist das Schibboleth des kritisch gebrochenen und erstarkten Denkens, bezeichnend für den zweiten, entfernteren Schritt der Erkenntnis unter dem Zeichen der Frage: Was ist Wahrheit? Die Frage: Was ist Wahrheit? ist die Frage nach einer der Wirklichkeit überlegenen, die Wirklichkeit als solche legitimierenden, ja letztlich die Wirklichkeit begründenden Instanz, inso-

---

[45] Vgl. Ethik II, S. 127.
[46] Im Druck: «Seite»; Korrektur vom Hrsg.
[47] Die Formel geht auf B. de Spinoza zurück; vgl. Ethik II, S. 106, Anm. 121.

fern also die Frage nach einem Nicht-Gegebenen, Nicht-Gegenständlichen, Unbedingten als der noetischen und ontologischen Voraussetzung des Gegebenen, Gegenständlichen, Bedingten, nach einem nicht zu Sehenden, sondern nur zu Schauenden als dem Inbegriff, als dem Ort der Aufhebung alles Sichtbaren, insofern also die Frage nach der Idee. Kritisch *gebrochen* ist das idealistische Denken, sofern sein Ausgangspunkt offenbar der Zweifel gegenüber der naiven realistischen Zuversicht ist, die grundsätzliche Frage |73| nach der Zuverlässigkeit des dem Realisten so selbstverständlichen Weges vom Objekt zum Subjekt, vom Subjekt zum Objekt, nach dem Woher? der Gegebenheit dieser Korrelation, nach den Grenzen der in dieser Korrelation stattfindenden Erkenntnis. Kritisch *erstarkt* ist dieses Denken, sofern es eben, indem es diese Frage aufwirft, ein dem gegebenen Objekt und Subjekt Gegenüberstehendes, Nicht-Gegebenes also, mindestens in Erwägung zieht, sich selbst als Kriterium gegenüber der Wirklichkeit, das heißt aber offen oder heimlich: sich selbst in seiner Ursprünglichkeit und Überlegenheit gegenüber dem bloßen Sein entdeckt. So, als zugleich gebrochenes und erstarktes, demütiges und hochgemutes Denken ist der Idealismus einst in Plato der ganzen vorsokratischen Philosophie, ist er als Nominalismus den mittelalterlichen Realisten, ist er in Cartesius und später in Kant und seinen Nachfolgern den neuzeitlichen Empiristen aller Schattierungen gegenübergetreten. Idealismus heißt Selbstbesinnung des Geistes gegenüber der Natur. Idealismus heißt Entdeckung der Korrelation von Denken und Wahrheit, Entdeckung des schöpferischen Logos als des Woher der Gegebenheit der Korrelation von Subjekt und Objekt. Idealismus heißt: der Mensch kommt zur Vernunft gegenüber dem objektiv-subjektiv noch so mächtigen Schicksal, um in der Beschränkung, die er sich ihm gegenüber auferlegt, mindestens sein Meister zu werden.[48]

Wie sollte es anders sein, als daß wir auch das Denken über Gott, auch die Theologie auf diesem Wege betreffen werden? Kann man doch allen Ernstes fragen, ob es einen philosophischen Idealismus ohne das Problem der Theologie überhaupt gäbe, ob es nicht gerade und allein

---

[48] Aus dem Sonett «Natur und Kunst» im 19. Auftritt von J. W. von Goethes «Was wir bringen. Vorspiel bei Eröffnung des neuen Schauspielhauses zu Lauchstädt» (1802):
In der Beschränkung zeigt sich erst der Meister.

der Gottesgedanke ist, der zum Vollzug jener zweiten, der idealistischen Reflexion den entscheidenden Anlaß bietet. Sicher gilt jedenfalls das Umgekehrte, daß es noch keine ernsthafte Theologie gegeben hat, die sich dem idealistischen Problem hätte entziehen können. Wir haben bereits angedeutet, daß auch die realistische Theologie selber ohne ein kräftiges Anleihen beim Idealismus gar nicht Theologie sein könnte. Von *analogia* entis, von *similitudo* Dei wagt ja auch sie bloß zu reden im Blick auf das Gegebene. Als Beweis einer notwendig zu denkenden *Voraussetzung* alles unserem Vorstellungs- und Begriffsvermögen gegebenen Seins führt Thomas seinen Gottesbeweis[49], und *via negativa*, in der Form der Abstraktion von allen Eigentümlichkeiten dieses gegebenen Seins als solchen, gewinnt er seinen Gottesbegriff als den Begriff des reinen Seins oder Aktes.[50] Wo der Gottesgedanke ernsthaft zu denken versucht wird, da muß ja zwischen der Ge-|74|gebenheit Gottes und der Gegebenheit alles anderen Seins unterschieden, und zwar so grundsätzlich unterschieden werden, daß dem Sein Gottes in seinem Verhältnis zu allem anderen Sein geradezu Nicht-Gegebenheit und insofern Nicht-Sein zugeschrieben wird. «Sic ei quasi ignoto conjungamur», schreibt Thomas[d] sogar von der durch die Gnade erleuchteten, auf der Offenbarung beruhenden Gotteserkenntnis. Ein entsprechendes kritisches Wissen um die Nicht-Gegebenheit Gottes kann man aber auch dem mehr am Subjekt orientierten und interessierten Realismus Schleiermachers nicht absprechen. Von der Seite aus kann man einen

---

[d] S. th. I 12. 13.[51]

[49] S. th. I q.2 a.3.

[50] Zur via negativa s. S. th. I q.3 prol.: «... quia de Deo scire non possumus quid sit, sed quid non sit, non possumus considerare de Deo, quomodo sit, sed potius quomodo non sit. Primo ergo considerandum est, quomodo non sit; secundo, quomodo a nobis cognoscatur; tertio, quomodo nominetur.» Zum Begriff des reinen Seins oder Aktes s. oben S. 361, Anm. 34.

[51] S. th. I q.13 a.13 opp. 1: «Videtur quod per gratiam non habeatur altior cognitio Dei quam ea quae habetur per naturalem rationem. Dicit enim Dionysius, lib. 1 de mystica Theologia, cap. 1, in fine, quod ille qui melius unitur Deo in hac vita, unitur ei sicut omnino ignoto. ...» – Ib. ad 1: «... dicendum quod licet per revelationem gratiae in hac vita non cognoscamus de Deo quid est, et sic ei quasi ignoto coniungamur; tamen plenius ipsum cognoscimus, in quantum plures et excellentiores effectus eius nobis demonstrantur, et in quantum ei aliqua attribuimus ex revelatione divina, ad quae ratio naturalis non pertingit, ut Deum esse trinum et unum.»

auch nur einigermaßen besonnenen Realismus nicht angreifen, als wüßte nicht auch er um die dem Objekt und dem Subjekt menschlichen Erkennens gegenüber geltend zu machende Verborgenheit und Andersartigkeit Gottes, als wüßte nicht auch er:

> Seele, willst du dieses finden,
> such's bei keiner Kreatur,
> Laß, was irdisch ist, dahinten,
> schwing dich über die Natur![52]

Wo dieses «Schwing dich über die Natur!», dieses wissende Fragen nach Gott in seiner Verborgenheit und Andersartigkeit gegenüber allem uns Gegebenen nicht nur wie beim Realismus ein zweites, erklärendes und korrigierendes, sondern das erste und grundlegende Wort, wo das Anliegen der Mystik, die unmittelbare Erkenntnis Gottes nicht nur die Krone, sondern die Wurzel des Baumes ist, da werden wir von idealistischer Theologie zu reden haben. Eben indem wir auf[53] die höchst wesensmäßige Beziehung zwischen idealistischem und mystischem Denken hinweisen, ist schon gesagt, daß die Genesis idealistischer Theologie keineswegs notwendig auf irgendein philosophisch-idealistisches System zurückzuweisen braucht. Haben wir es abgelehnt, den theologischen Realismus summarisch als verkappte Philosophie aufzufassen, so müssen wir nun dem Idealismus gegenüber Gegenrecht halten. Man kann theologischer Realist oder Idealist sein, ohne sich um die entsprechenden Philosophien auch nur beiläufig bekümmert zu haben, und es ist nichts als eine leidige Unart in der theologischen Diskussion aller Zeiten (die Gegenwart inbegriffen!), wenn man immer wieder meint, den Gegner schon durch den bloßen Hinweis auf seine realistischen oder idealistischen philosophischen Hintermänner schlagen und erledigen zu können. Also man kann fraglos in ehrlichster nicht nur, sondern auch in echtester Beziehung zu Gottes Offenbarung und ihrer biblisch-kirchlichen Bezeugung sehr wohl idea-|75| listischer Theologe sein, und wenn einem die Skrupulanten aus dem Einnehmen dieser Speise ein Gewissen machen wollen sollten, so könnte man wohl Lust bekommen, sie nach Anleitung von Paulus und Luther um der evangelischen Freiheit willen vor ihren Augen nun dennoch einzunehmen. Wird das

---

[52] Anfang der 2. Strophe des Liedes «Eins ist not! Ach Herr, dies Eine» von J. H. Schröder, EKG 259; nicht in GERS.
[53] Im Druck: «an»; Korrektur vom Hrsg.

idealistische Prinzip der Unterscheidung des Nicht-Gegebenen vom Gegebenen nicht eben damit notwendig, daß wir die Offenbarung doch eben als *Gottes* Offenbarung im Unterschied zu allem ohnehin und an sich Offenbaren zu verstehen haben? Und handelt es sich nicht in aller Theologie eben ums *Verstehen*, also darum, uns über Gott Rechenschaft abzulegen in Form von menschlichen Gedanken, das heißt aber doch wohl in Form von Geistesarbeit, also von Abstraktion vom Gegebenen, von Deutung des Gegebenen? Sollte nicht zu sagen sein, daß alle Theologie ebenso notwendig idealistisch sein muß, wie wir gesagt haben, daß sie notwendig auch realistisch sein muß? Notwendig: sofern eben der Akt der Besinnung auf die gegebene Wirklichkeit Gottes immer ein Transzendieren dieser Wirklichkeit in der Richtung auf ihre nichtgegebene Wahrheit bzw. ein Verstehen des Gegebenen im Lichte des ihm immanenten Nicht-Gegebenen bedeutet? Idealismus braucht ja wahrlich nicht Verständnislosigkeit gegenüber dem Immanenzproblem, also gegenüber dem Problem des Realismus zu bedeuten. Erhebt er seinen Blick *über* die Sterne des Himmels und *über* die Sterne in unserer eigenen Brust[54] hinaus hinauf zu den ewigen Sternen Gottes, so bedeutet das für den echten Idealismus keineswegs ein Hinwegblicken von jenen, sondern eben indem er in Gott primär den von allem Seienden unterschiedenen schöpferischen Logos erkennt, erkennt er freudig das Getragensein alles Seienden durch eben diesen Logos. Eben darum wird er ja auch auf den Offenbarungsbegriff keineswegs verzichten, wird er sich auf sein «Deum et animam cupio praeterquam nihil»[55] so wenig versteifen, wie dies Augustin, *der* große Idealist unter den Theologen, getan hat. Er wird nicht stehenbleiben bei dem «Name ist Schall und Rauch, umnebelnd Himmelsglut»[56], sondern er wird mit Goethe selbst den Humor haben und die Kondeszendenz beweisen, weiterzufahren:

> Strömt Lebenslust aus allen Dingen,
> Dem kleinsten wie dem größten Stern,
> Und alles Drängen, alles Ringen
> Ist ewige Ruh in Gott dem Herrn.[57] |76|

[54] Siehe oben S. 357, Anm. 18.
[55] Vgl. A. Augustinus, *Soliloquia* I 2,7 MPL 32,872: «Deum et animam scire cupio. Nihilne plus? Nihil omnino.»
[56] J. W. von Goethe, *Faust I*, V. 3457f. (Marthens Garten).
[57] J. W. von Goethe, «Zahme Xenien», V. 1770–1773 (VI).

Er wird das Absolute nicht zum Totschläger des Relativen machen. Er wird aus dem Unbedingten keinen Götzen machen, den er jedem ins Gesicht grinsen läßt, der in aller Bedingtheit nun eben ein Bedingtes ernst nimmt. Das alles wäre das Tun eines dilettantischen Idealismus, den zu bekämpfen ein müßiges Geschäft wäre. Echter Idealismus wird die Mystik, er wird aber auch die Kultur bejahen. Er wird nicht nur den in sich wesenden Gott als *die* Idee, als *die* Wahrheit, sondern er wird auch die Ideen, die Wahrheiten, die Prinzipien, die theoretischen und praktischen Begriffe aufsuchen und verkündigen in ihrer Bezogenheit zu Gott als ihrem Ursprung. Er wird endlich das Problem des Du und der Gemeinschaft mit ihm darum nicht notwendig weniger ernst nehmen, weil sein methodischer Ausgangspunkt allerdings das Ich in seiner Einsamkeit auch dem Du gegenüber ist. Echter Idealismus beschreibt eine Hyperbel, die allerdings von der Wirklichkeit weg in den Raum der mit jener nicht selbstverständlich zusammenfallenden Wahrheit, aber auch von da zurück in die nun als Raum der Wahrheiten verstandene Wirklichkeit führt. Eben darum, weil echter Idealismus das Gegebene nicht aus-, sondern in seiner Weise einschließt, ist christlich-theologischer Idealismus als kritisches Verständnis des Gegebenen, der Offenbarung möglich. Krisis heißt ja nicht Negation, sondern eben Brechung und gerade so Erstarkung der Erkenntnis des Gegebenen: Brechung durch Infragestellung ihrer realistischen Selbstverständlichkeit, Erstarkung durch Herstellung ihrer echten Beziehung. Möglich? Wir haben aber bereits gesagt: notwendig. Oder sollte es nicht notwendig sein, daß das Gegebene der Offenbarung, soll es denkend als das Gegebene der *Offenbarung* verstanden werden, dieser Krisis unterworfen wird? Wir sahen ja, welche Vorbehalte dem Realismus gegenüber am Platze sind: Gott ist nicht das Schicksal. Gott ist nicht die Natur. Gott ist auch nicht die Geschichte. Gott ist nicht da. Das Wort ward Fleisch [Joh. 1,14], aber das Fleisch ist darum nicht an sich das Wort, sondern unumkehrbar nur weil und sofern das *Wort* Fleisch ward. Man kann nicht sagen, daß diese Abgrenzung bei den Voraussetzungen des theologischen Realismus unzweideutig gesichert ist. Dies zu bedenken, die auf Enthüllung hinweisende Verhüllung Gottes auch in seiner Offenbarung, ist offenbar das Anliegen des Idealismus in der Theologie. Darum erinnert er an das «Gott ist Wahrheit!» gegenüber dem «Gott ist Wirklichkeit!» der Realisten. Darum leugnet er die Wirklichkeit nicht, er möchte sie aber als transparent verstanden wissen, damit die Wahrheit sie durchleuchte, |77| ohne welche sie nicht die Wirklichkeit Gottes wäre. Darum müht er sich um Kritik der objektiven sowohl wie der subjektiven Erfahrung. Darum redet er, zum Mißfallen der Realisten, vom Zeichen- oder Symbolcharakter der objektiven und der subjektiven Gegebenheit Gottes. Darum betont er: «similitudo Dei» und: «major dissimilitudo»[e]. Daß hier ein echtes und notwendiges Anliegen vorliegt, das dürfte wiederum nicht verkannt werden. «Tantos et tanti Dei cognitores viros» hat Augustin[f], von der Betrachtung der vorsokratischen, besonders der jonischen Philosophie herkommend, Plato und die Platoniker nicht mit Unrecht genannt. Wer hier einfach negieren und wahllos allem Idealismus in der Theologie mit der Gebärde des Exorzisten entgegentreten wollte, der würde sich damit keineswegs als besonders strammen christlichen Theologen, sondern bloß als einen naiven Realisten ausweisen, und es ist schon mehr läppisch, Zwingli und Calvin darum als Humanisten zu verschreien[60], weil sie in der Tat in relativem Gegensatz zu Luther und den Seinen dieses Anliegen wahrnehmen zu müssen meinten. Idealismus ist das notwendige Gegengift gegen alle als Theologie sich ausgebende Dämonologie. Idealismus hütet, gerade indem er an Gottes Nicht-Gegenständlichkeit und also an die Inadäquatheit alles menschlichen Denkens und Redens von Gott erinnert, den Gegenstand der Theologie vor der Verwechslung mit anderen Gegenständen. Idealismus gibt dem theologischen Denken und Reden die Richtung auf den Gott, der nur in seiner echten Jenseitigkeit wirklich Gott ist. Theologie braucht dieses Gegengift und diese Zucht. Eine vom Idealismus wirklich gereinigte Theologie könnte nichts anderes als ein paganistisches Monstrum sein. Nochmals: gerade der klassische Realismus selber ist der beste Zeuge dafür, daß spätestens das zweite Wort

[e] Conc. Lat. IV 1215, Denz. 432.[58]
[f] De civ. Dei VIII 5.[59]

[58] = DS 806; s. oben S. 356, Anm. 17.
[59] A. Augustinus, *De civitate Dei* VIII,5, CChrSL 47,222,42.
[60] Zu Zwingli vgl. z.B. Fr.Loofs, *Leitfaden zum Studium der Dogmengeschichte*, Halle 1906[4], S. 800f.; P.Tschackert, *Die Entstehung der lutherischen und der reformierten Kirchenlehre*, Göttingen 1910, S. 232; sowie K.Barth, *Die Theologie Calvins 1922*, in Verbindung mit A. Reinstädtler hrsg. von H. Scholl (Gesamtausgabe, Abt. II), Zürich 1993, S. 129–138. – Zu Calvin vgl. z.B. R. Seeberg, *Lehrbuch der Dogmengeschichte*, Bd. IV, Leipzig 1917[2.3], S. 629.

in der Theologie das idealistische Wort der kritischen Aufhebung sein muß.

Also: wir haben auch hier nicht summarisch abzulehnen, sondern wir haben auch hier zu verstehen. Aber freilich, das heißt auch hier: wir haben Fragen zu stellen. Die Christlichkeit auch der idealistischen Theologie ist ja nicht ungefährdet. Sie ist sogar in dem Maß gefährdeter, als der Idealismus eben den zweiten, kühneren Schritt, geistesgeschichtlich gesprochen: die jeweils «tiefere» Möglichkeit menschlicher Reflexion über Gott, vertritt. Allzu leicht kann ja die Zerstörung der *Dämonologie* in der Theologie bloß die Aufrichtung einer *Ideologie* bedeuten, und schwerer ist es, echte Theologie von Ideologie als von Dämonologie zu unterscheiden. Wie haben Anlaß, uns nach einigen Kriterien umzusehen, an denen das Haus-|78|recht des Idealismus in der Theologie etwa erkennbar sein möchte.

Wir hätten uns mit dem theologischen Idealisten vor allem darüber zu verständigen, daß seine Hyperbel, seine Rückfrage nach der Wahrheit in der Wirklichkeit doch nicht etwa als ein allgemein, jederzeit und jedermann offenstehender und gangbarer Weg zu Gott gemeint sein kann.[61] Das könnte ja unter Umständen der besondere Stolz des Idealisten sein, daß er mit seinem Verweis auf die zeitlose, jedermann ohne weiteres zugängliche Vernunftwahrheit im Vorsprung sei vor den zufälligen partikularen Geschichtswahrheiten des Realisten.[62] Dieser Stolz würde ihn nun allerdings in der Theologie sehr verdächtig machen. Er müßte sich gegenüber allem undisziplinierten Hunger nach allgemein zugänglicher Wahrheit darin schon mit dem Realisten zusammenfinden, daß hier unter «Zugänglichkeit» doch wohl die Möglichkeit eines Zugangs Gottes zu uns, nicht aber die Möglichkeit unseres Zugangs zu Gott verstanden werden dürfte, wenn wir die Begründung der Theologie in Gottes Offenbarung nicht verleugnen wollen. Er müßte sich mit dem Realisten auch darin als in einer Verdammnis [vgl. Lk. 23,40] erkennen, daß er diesen Zugang der Wahrheit Gottes zu uns durchaus in einem besonderen einzelnen Ereignis beschlossen fände. Er müßte ein-

---

[61] Zu diesem Abschnitt vgl. Ethik II, S. 98f.

[62] Vgl. G. E. Lessing, *Über den Beweis des Geistes und der Kraft* (1777), Lessings Werke, hrsg. von K. Wölfel, Bd. III, Frankfurt/M. 1967, S. 309: «Zufällige Geschichtswahrheiten können der Beweis von nothwendigen Vernunftswahrheiten nie werden.»

räumen, daß er nicht an sich und von Hause aus im Besitz eines Kriteriums sei, vermittels dessen er die Wahrheit in der Wirklichkeit zu eruieren vermöchte, sondern daß ihm dieses Kriterium in und mit der Offenbarung selber gegeben werden müsse, wenn seine Hyperbel nicht ein leeres Spiel sein sollte. Er müßte also Offenbarung nicht für eine allgemeine Möglichkeit des Menschen, sondern für eine besondere Möglichkeit Gottes, und zwar als christlicher Theologe für die in Christus bzw. in dem biblisch-kirchlichen Zeugnis von Christus gegebene Möglichkeit Gottes halten. Er dürfte also weder die menschliche Vernunft im allgemeinen und an sich noch die Erscheinungen der Natur und Geschichte im allgemeinen und an sich als Organe oder Zeugnisse oder Symbole der Offenbarung ausrufen, sondern er müßte wissen, daß sein kritisches Unterscheiden und Verbinden nur da Sinn hat, wo das Wort Gottes, das weder an unsere Vernunft noch an die Welterscheinungen gebunden ist, ihm diesen Sinn gibt, und er müßte als christlicher Theologe im klaren sein darüber, in welcher konkreten Beziehung er nach diesem Sinn zu fragen hat. So, in dieser Beugung und Bindung, nicht über, sondern unter das Wort sich stellend, sind Augustin und Calvin idealistische Theologen gewesen.

Eine zweite Verständigung hätte mit dem idealistischen Theologen darüber stattzufinden, |79| daß seine Hyperbel, seine Rückfrage, vorausgesetzt, daß sie sich auf Gottes Offenbarung bezieht, nicht mehr bedeuten kann als ein Nachzeichnen der göttlichen Wahrheitswirklichkeit oder Wirklichkeitswahrheit mit den Mitteln menschlicher Begrifflichkeit, also mittels eines dialektischen Inbeziehungsetzens des Gegebenseins und des Nicht-Gegebenseins Gottes in seiner Offenbarung.[63] Nicht aber eine direkte Darstellung und Darbietung und insofern ein Ersatz des Wortes Gottes selber. Ein idealistischer Theologe wie A. E. Biedermann[64], der die biblisch-kirchliche «Vorstellung» mittels eines konsequenten Abstraktionsverfahrens auf den «reinen Begriff» zurückführen, der also das Eigentliche, das Gemeinte, nämlich das von Gott Gemeinte, in menschlichen Worten meint nachsprechen und aussprechen zu können, muß sich jedenfalls fragen lassen, ob er nicht ganz

[63] Zu diesem Abschnitt vgl. Ethik II, S. 99–101.
[64] Vgl. A. E. Biedermann, *Christliche Dogmatik*, Zürich 1869, besonders S. 41–53 (vgl. 2. Auflage in 2 Bänden, Bd. I, Berlin 1884, S. 121–149); dazu K. Barth, *Der Glaube an den persönlichen Gott* (1913), in: V. u. kl. A. 1909–1914, S. 541f.

einfach – und letztlich den eigenen idealistischen Intentionen zuwider – den menschlichen mit dem göttlichen Logos verwechselt haben möchte. Und noch dringlicher stellt sich diese Frage gegenüber der ganz auf einen noch dazu sehr primitiv gefaßten Gegensatz von Geist und Natur eingestellten Theologie A. Ritschls, bei dem es nun völlig vergessen scheint, daß die Welt des Geistes doch so gut oder so schlecht wie die Welt der Natur *Welt* und also der Weg in die Geisteswelt durchaus nicht an sich der Weg zu Gott ist.[65] Daß Schleiermacher darum wußte, daß Gott oberhalb dieses innerweltlichen Gegensatzes zu suchen ist[66], das allein beweist schon seine turmhohe Überlegenheit gegenüber jenem zweiten theologischen Meister des vorigen Jahrhunderts, und das soll ihm nicht vergessen werden, so wenig man sagen kann, daß diese Einsicht in seiner Theologie fruchtbar geworden wäre. Wir haben also den idealistischen Theologen zu fragen, ob er darin mit uns einig ist, daß das Jenseits Gottes, auf das er uns verweist, nicht etwa das Jenseits unseres eigenen geschaffenen und gefallenen Geistes ist, nicht bloß die relative Unsichtbarkeit unseres eigenen Geisteslebens, sondern das Jenseits des Schöpfers Himmels und der Erde, der Natur und des Geistes, «visibilium omnium et invisibilium»[67], und daß wir es darum wohl werden bleiben lassen, sein Wort adäquat nachsprechen und wiedergeben zu wollen, daß unsere die Grenzen der Humanität[68] wahrende, gerade im Sinne des echten Idealismus wahrende Aufgabe nur die sein kann, dem Wort mittels der Dialektik menschlicher Begriffe zu dienen, darauf hinzuweisen, es zu bezeugen. Theologie ist wohl Geistesarbeit, aber sie ist Geisteswissenschaft ebensowenig, wie sie Naturwissenschaft ist. Sie ist Wissenschaft von dem Worte des Gottes, der in |80| einem Lichte wohnt, da niemand zu[kommen] kann [vgl. 1. Tim. 6,16]. Sie

[65] Vgl. A. Ritschl, *Die christliche Lehre von Rechtfertigung und Versöhnung*, Bd. III, Bonn 1895⁴, S. 208: «... wir üben religiöses Erkennen niemals blos in der Erklärung der Natur aus einer ersten Ursache, sondern immer nur in der Erklärung der Selbständigkeit des menschlichen Geistes gegen die Natur.» – A. a. O., S. 576: «Aber eben mit dem ganzen Naturzusammenhang vergleicht sich der Mensch, indem er sich in seinem geistigen Selbstgefühl zusammenfaßt als eine Größe, welche dem überweltlichen Gott nahe steht, und welche den Anspruch macht, ungeachtet der Todeserfahrung zu leben.»
[66] Vgl. Ethik II, S. 100 mit Anm. 115.
[67] *Symbolum Nicaeno-Constantinopolitanum*, BSLK 26,4f.
[68] Vgl. oben S. 350, Anm. 10.

weist es nicht auf, sie spricht es nicht nach, sie bezeugt es, nicht daraufhin, daß sie mittels irgendeines Tricks, den die Zauberer des Pharao dann auch anwenden könnten [vgl. Ex. 7,11; 8,3], dazu gekommen wäre, sondern daraufhin, daß es selber zu uns gekommen ist, daß es eine Kirche hat, daß sein eigenes ἐκκλάζειν[69] ergangen ist eben als jenes besondere einzelne Ereignis göttlichen Handelns. Auf diesen Ruf antwortet die Theologie. Sie wiederholt ihn nicht, sie ersetzt ihn nicht, sie meint nicht, das Wort Gottes selber sagen zu können. Sie zeichnet wirklich nur nach, ohne den Schatten des Anspruchs, ihr Zeichen sei ein Schaffen, ihre Dialektik sei selber das Gemeinte, auf das sie freilich hinzielt. Wenn der Idealist diesen Anspruch seinerseits fallen läßt, dann kann er als Idealist auch Theologe sein.

Die dritte Frage, die wir ihm zu stellen haben, lautet dahin, ob er mit uns einig ist darin, daß die in der Erkenntnis Gottes stattfindende Aufrichtung der Wahrheit Gottes Tat – wohlverstanden nicht Gottes *und* des Menschen, sondern Gottes alleinige Tat ist. Die Erkenntnis Gottes in seinem Wort ist die Erkenntnis des Glaubens.[70] Gerade der Glaube aber versteht sein Erkennen nicht als des Menschen eigene Tat und auch nicht als Gottes *und* des Menschen, sondern als Gottes *alleinige* Tat, als des Menschen Erkanntwerden durch das Wort Gottes. Das dürfte die schwerste Probe sein, die wir dem Idealisten aber auch nicht ersparen können: die Frage, ob er willens sei, von der Vorstellung einer «Spannung» zwischen göttlichem und menschlichem Tun[71] in der Frage der Erkenntnis Gottes gänzlich und endgültig zu lassen und also einzuräumen, daß Erkenntnis hier nur An-Erkenntnis bedeuten kann. Wie kommt man nämlich dazu, hier von einer «Spannung», also von einem «zugleich Gott und der Mensch», zu reden? Doch wohl dadurch, daß

[69] Die hier anscheinend vorausgesetzte (unrichtige) Ableitung des Wortes ἐκκλησία von ἐκκλάζειν (nach W. Pape, *Griechisch-deutsches Handwörterbuch*, 3. Aufl., bearbeitet von M. Sengebusch, 6. Abdruck, Bd. I, Braunschweig 1914, S. 763: «ertönen lassen»; nach H. G. Liddell / R. Scott, *Greek-English Lexicon*, Oxford, Ausgabe 1985, S. 509: «cry aloud») auch in Ethik II, S. 101, wo Barth das Verb mit «sein Rufen» wiedergibt.

[70] Zum folgenden Abschnitt vgl. Ethik II, S. 101–106.

[71] Zum Stichwort «Spannung zwischen göttlichem und menschlichem Tun» ist außer Barths Ausführungen in Ethik II (Anm. 70) und seiner Bezugnahme auf H. Stephan (Anm. 74) zu vergleichen, was er 1925 über die Notwendigkeit der Dialektik in der Theologie geschrieben hat (V. u. kl. A. 1922–1925, S. 670–674, mit Anm. 86 auf S. 671).

man die Erkenntnis Gottes mit irgendeiner anderen Erkenntnis verwechselt. Für alle andere Erkenntnis ist jenes «zugleich», jener Begriff der «Spannung» in der Tat bezeichnend. Es handelt sich dann um die bekannte Antithetik von Spontaneität und Rezeptivität. Wir können nun freilich, sofern uns ein anderes Denken als unser menschliches auch zum Denken des Gottesgedankens nicht zur Verfügung steht, nicht umhin, von dieser Antithetik, auch wenn es um Erkenntnis Gottes geht, regulativen Gebrauch zu machen. Regulativen, aber nicht konstitutiven Gebrauch![72] Im Raume menschlicher Wissenschaft und also in Form von diskursiver Erkenntnis soll Theologie ja *die* Erkenntnis vollziehen, in der jene Antithetik nicht stattfindet, die selbst nicht diskursive Erkenntnis ist. |81| Wenn die Reformatoren den Glauben beschrieben haben als «res mere passiva»[73], so haben sie damit nicht gemeint, daß in ihm zwar die spontane, nicht aber die rezeptive Vernunfttätigkeit ausgeschaltet sei. Wo Rezeptivität ist, da ist selbstverständlich auch Spontaneität, und auch um eine Art Trancezustand kann es sich im Glauben wahrlich nicht handeln. Nein, daß die durchaus nicht zu unterbrechende Vernunfttätigkeit Weisung, Leitung, Ordnung bekommt aus einem Oberhalb ihrer selbst, das an ihrer Antithetik keinen Anteil hat, daß sie als Ganzes, also spontan und rezeptiv, rezeptiv und spontan tätig als Ganzes sich mere passive zu jenem Oberhalb verhalte, so wie eben *Vernunft* sich passiv verhält, das heißt aber: sich *gehorsam* verhalte, das ist das Besondere der Erkenntnis Gottes neben anderer Erkenntnis. Dieses Oberhalb, dem wir gehorsam sind, selber wieder in die Antithetik von Spontaneität und Rezeptivität hineinzuziehen, wäre aber offenbar sinnlos.[g] Diese Antithetik hat ihren Ort da, wo wir es mit der Er-

[g] Diese Verwechslung ereignet sich z. B. bei *H. Stephan*, Glaubenslehre, 2. A. 1928, S. 44f.[74]

[72] Vgl. I. Kant, *Kritik der reinen Vernunft*, B 675, Kant's gesammelte Schriften, hrsg. von der Königlich Preußischen Akademie der Wissenschaften, Bd. III, Berlin 1904, S. 429: «Der hypothetische Gebrauch der Vernunft aus zum Grunde gelegten Ideen als problematischen Begriffen ist eigentlich nicht *constitutiv* ... Sondern er ist nur regulativ.» Vgl. auch B 536f., a.a.O., S. 348f.

[73] Vgl. z. B. J. Calvin, Inst. III 13,5: «Nam quoad iustificationem, res est mere passiva fides, nihil afferens nostrum ad conciliandam Dei gratiam, sed a Christo recipiens quod nobis deest.» Weitere Belege zu Luther, Calvin und Melanchthon vgl. Ethik II, S. 42–46.

[74] H. Stephan, *Glaubenslehre. Der evangelische Glaube und seine Weltan-*

kenntnis von *Dingen* zu tun haben. *Hier* ist das Reich der ewigen Span-
nungen, in welchem Buridans Esel[75] entscheiden mag, wer nun eigentlich König sein soll. Hier besteht Vertauschbarkeit der Rollen. Hier
kann oben auch unten, unten auch oben bedeuten, wie der Umschlag
vom Hegelschen Idealismus in den Materialismus der zweiten Hälfte
des vorigen Jahrhunderts bewiesen hat. Darum darf Gott nicht in der
Vernunft gesucht, nicht mit dem geschaffenen Geiste verwechselt werden, weil dieser sich selbst doch nicht anders kennt denn in jener Antithetik, das heißt aber in seinem eigenen Gegensatz zu einem Ding außer
ihm, zwischen dem und ihm wohl Spannung, nicht aber eine auch nur
einigermaßen eindeutige Überlegenheit stattfände. Darum ist die Gleichung «ratio sive Deus» für die Theologie genau so untragbar wie die
Gleichung «natura sive Deus». Der Glaube glaubt keines von diesen
beiden Entgegengesetzten und offenbar sich gegenseitig Beschränken-
den, keine solche Unbedingtheit, die nur im Verhältnis zu einem ge-
genüberstehenden Bedingten und also in einem umkehrbaren Verhältnis unbedingt ist. Der Glaube glaubt den Schöpfer aller Dinge und eben
damit keinen weiteren Gegenstand, sondern den Herrn über den «Gegenständen» natura und ratio, den Ursprung ihres Stehens und Sichent-
gegenstehens. Ist nun der Glaube Erkenntnis des Schöpfers und also
nicht eines Gegenstandes und also nicht Erkenntnis in jener Antithetik,
dann ist er auch nicht eine solche Erkenntnis, in der der Mensch sich
selbst als schöpferisch, dann ist er eine solche Erkenntnis, in der er sich
nur als gehorsam verstehen kann. Sie müßte |82| daraufhin und allein
daraufhin Wahrheitserkenntnis sein, daß uns die Wahrheit *gesagt* ist. Es
müßte alles Sichselbersagen eben nur Gehorsam, aber gar nicht Begründung des Gehorsams sein wollen. Es müßte reiner Gehorsam sein,

schauung, Gießen 1928², S. 44: «Eine solche Bestimmtheit des Glaubens, die über
das Bild des Vertrauens hinausführt, liegt vor allem auch in einer Spannung, die
aus der ... Grundspannung erwächst: in der Gegensätzlichkeit und doch gleichen
Notwendigkeit von *Empfangen* und *Wirken*, von Rezeptivität und Spontaneität.
Diese Spannungs-Einheit, die man nicht einfach in altprotestantisch-lutherischer
Weise in eine höhere Hemisphäre der reinen Rezeptivität und in eine niedere der
Spontaneität, in res spirituales und civiles, spalten kann, ist so wichtig für den
christlichen Glauben, daß ihre Behauptung im Vordergrund aller theologischen
Überlegungen stehen muß.»
[75] Zu Buridans Esel vgl. Ethik II, S. 105, Anm. 117; noch ausführlicher Büch-
mann, S. 401.

wie er eben nur unter der einen Bedingung denkbar und möglich ist, daß Gott *Gott* und gerade nicht unsere *Idee* von Gott wäre und daß dieser Gott zu uns gesprochen haben sollte. Und alles menschliche Sagen von diesem Gott, das sich in Form gegenständlicher Erkenntnis, im selben Raum mit dem philosophischen Sagen und zu derselben dialektischen Bewegung wie jenes genötigt, vollzieht, könnte nur Ausdruck dieses Gehorsams sein, könnte nur darauf beruhen wollen, daß Gott etwas gesagt, gar nicht aber darauf, daß wir uns selbst etwas gesagt haben, und gar nicht auf irgendeiner Reziprozität zwischen Gottes und unserem Tun in Sachen des Befehls, auf den wir unseren Gehorsam allein zu begründen wissen. Wir haben nicht bewiesen und wir werden uns wohl hüten, beweisen zu wollen, daß es einen solchen Befehl gibt. Wir können nur feststellen, daß Theologie bei ihrem Reden von Gott von diesem Befehl ausgeht. So ist hier die Wahrheit aufgerichtet. Wo man zugleich Gott und den Menschen für beteiligt an dieser Aufrichtung halten würde, da wäre doch wohl nicht im Glauben und darum nicht im Hören auf das Wort von dieser Sache geredet. Die Idealisten werden doch wohl nicht die Idee meinen, wenn sie von Gott reden? In diesem Falle müßten wir von ihnen sagen, was Irenäus von den Gnostikern sagte: «Similia enim loquentes fidelibus ... non solum dissimilia sapiunt, sed et contraria et per omnia plena blasphemiis.» Und: «In Dei lacte gypsum male miscetur.»[h]

III.

Die Theologie bewegt sich mit der Philosophie im gleichen Raume. Sie hat aber in diesem Raume ihr eigenes Anliegen wahrzunehmen. – Weil sie sich mit der Philosophie im *gleichen Raume* bewegt, darum kann sie sich dem Problem der Philosophie auch bei der Entwicklung ihres eigenen, des theologischen Problems nicht entziehen. Auch sie hat zu rechnen mit den beiden Endpolen menschlichen Denkens: Wahrheit und Wirklichkeit. Auch das Gesicht ihres Gottes scheint jedenfalls die Züge des Schicksals und der Idee zu tragen. Und sicher ist, daß sie auch auf seinen Anruf nicht anders zu antworten weiß als mit dem Versuch eines dialektischen Zusammendenkens seiner Gegebenheit und seiner Nicht-

[h] C. o. h. III, 17, 4.[76]
[76] MPG 7/I, 931f.

Gegebenheit. |83| Wir sahen, daß es eine überwiegend realistische und eine überwiegend idealistische Theologie gibt. Wir bemerkten gefährliche Annäherungen an einen reinen Realismus und an einen reinen Idealismus. Von einer Verwechslung der Theologie mit Naturwissenschaft hätten wir im ersten, von einer Verwechslung der Theologie mit Geisteswissenschaft im zweiten Falle zu reden. Dämonologie wäre sie im ersten, Ideologie im zweiten Falle geworden. Wir bemerkten freilich auch das Korrektiv einer auf beiden Seiten in ähnlicher Stärke auftretenden, offenbar in der Sache selbst beruhenden Notwendigkeit, das Anliegen je der anderen Seite in die eigene Bemühung mitaufzunehmen, irgendwie doch auch die widerstrebende These der Gegenseite auf den eigenen Nenner zu bringen.

Das alles geschieht nun freilich durchaus in Solidarität und Parallele zu entsprechenden Vorgängen auch in der philosophischen Arbeit. Daß die christliche Theologie in jenem gemeinsamen Raume ihr *eigenes Anliegen* vertritt, das ist also dadurch noch nicht gewährleistet, daß sie, ob realistisch oder idealistisch orientiert, jene dialektische Einbeziehung der jeweiligen Gegenseite nicht vermissen läßt. Das wird sie ja mit einer guten Philosophie der einen oder anderen Hauptrichtung gemeinsam haben. Aber damit hat sie sich noch nicht als gute Theologie ausgewiesen. Ob sie gute Theologie ist, das hängt an dem *Sinn*, in dem sie jene Einbeziehung vollzieht, nicht an dieser selbst. Jene Einbeziehung bedeutet nämlich in der Philosophie immer die Aufstellung und Behauptung oder doch das Anstreben einer *Synthese*, eines überlegenen dritten Satzes über den beiden Gegensätzen. Darum macht der Realist dem Idealisten, der Idealist dem Realisten je eine entscheidende Konzession, weil beide – welche Philosophie hätte nicht diesen Anspruch erhoben? – den Dualismus der beiden Endpole je von ihrem Standort aus zu überschauen und zu durchschauen, endlich und zuletzt aber auch, ein jeder von seinem Standort aus, überwinden zu können meint. Oder was wäre das für eine Philosophie, die nicht so oder so zum Ganzen strebte, mag sie auch bei dessen Zeichnung im Augenblick der entscheidenden Rundung noch so vorsichtig von der bloß punktierten Linie Gebrauch machen? Mit derselben Emphase und Zuversicht wird hier der Eine das Sein, der Andere den Logos als das übergreifende und damit auch versöhnende Prinzip in Anspruch nehmen, wird der Eine die Wahrheit als Prädikat der Wirklichkeit, der Andere die Wirklichkeit als Prädikat der

Wahrheit bezeichnen. Gehen sie in der Entscheidung für das Eine oder das Andere auseinander, so gehen sie doch in der Aufstellung |84| und Behauptung oder doch im Anstreben einer Synthese, eines übergreifenden und versöhnenden Prinzips um so mehr zusammen und charakterisieren sich eben damit als philosophische, als nicht-theologische Denker. Würde das schon den Theologen ausmachen, daß er, ob als Realist oder als Idealist, über diesen Gegensatz hinauszudenken, sein primum oder secundum zugleich als tertium geltend zu machen wüßte, welche Philosophie müßte dann nicht grundsätzlich als Theologie anzusprechen sein, deren Güte als solche dann bloß davon abhinge, daß es ihr gelänge, ihr primum oder secundum mit *der* Umsicht und Gerechtigkeit als übergreifendes und versöhnendes tertium aufzuweisen, wie sie auf der realistischen Seite einem Thomas und auf der idealistischen Seite einem Hegel weithin nachzurühmen ist? Aber so einfach stehen die Dinge nun doch nicht. Die Kunst der Synthese auszuüben ist das gute, an sich von der Theologie aus durchaus nicht anzufechtende Recht der Philosophie. Nochmals: welche Philosophie – auch wenn sie sich vielleicht weniger weit hinauswagte als Thomas und Hegel, auch wenn sie sich der Besonnenheit (man könnte vielleicht ebensogut sagen des gebändigten Enthusiasmus) eines Kant befleißen würde – müßte nicht in diesem Ziele ihr, wenn auch vielleicht unlösbares, Problem erkennen, ihr esoterisches Geheimnis mindestens? Philosophische Dialektik *möchte* mindestens ein letztes, abschließendes Wort sagen, sie zielt mindestens darauf, sie hält es mindestens potentialiter für sagbar. Wohl ihr, wenn sie sich dabei ihrer Grenzen als Philosophie, als Besinnung auf die Wirklichkeit und Wahrheit des *Menschen*, an deren Grenze der Gottesgedanke eben nur als Frage auftauchen kann, bewußt ist, wenn sie das theologische Problem eines positiven Redens von Gott mit dem ihrigen nicht verwechselt, sondern es in seiner Besonderheit, wenn sie die Notwendigkeit, ihm in besonderer Weise gerecht zu werden, wenigstens sieht, wenn sie also gerade nicht als verkappte Theologie, als Theologieersatz, als Theosophie auftritt, wenn sie ihre behauptete oder angedeutete oder jedenfalls tendierte Synthese mit Gott unverworren läßt. Wenn das der Fall ist, dann ist jedenfalls von der Theologie aus kein Einwand gegen diesen, den philosophischen Sinn des dialektischen Zusammendenkens des Widerspruchs zu erheben. Sie selbst aber, die Theologie, muß es, wenn auch sie von der Dialektik Gebrauch macht, *anders* meinen, wenn sie ihr besonderes Anliegen nicht preisgeben will. Theologie mag realistisch oder idealistisch orientiert sein, sie hat aber als Theologie weder das primum noch das secundum als übergreifendes |85| tertium, sondern sie hat überhaupt kein tertium: weder zu behaupten und aufzustellen, noch anzudeuten, noch auch zu tendieren. Theologische Kunst kann gerade nicht die Kunst der Synthese sein, und wenn auch sie an jener Kunst der dialektischen Einbeziehung der jeweiligen Gegenseite beteiligt ist, wenn insofern auch sie als Philosophie anzusprechen ist, so muß sie sich als philosophia sacra dadurch von aller und am allermeisten gerade von der klassischen Philosophie, wie sie etwa in Thomas und Hegel verkörpert ist, unterscheiden, daß sie jeden noch so scharfsinnigen, noch so frommen, noch so heimlichen Griff nach dem Einen über den Gegensätzen unterwegen läßt.

Warum das? Weil Theologie in keinem Sinn und unter keinem Vorwand Anthropologie, Besinnung auf die Wirklichkeit und Wahrheit des Menschen sein wollen darf, weil sie Besinnung ist auf die Wirklichkeit und Wahrheit des dem Menschen gesagten Wortes Gottes. Nicht darum müht sich auch die Theologie um das dialektische Zusammendenken der Gegensätze, weil der einen Widerspruch in der menschlichen Existenz anzeigende Widerspruch des menschlichen Denkens sie vor ein Rätsel gestellt hätte, auf das sie nun als Wissenschaft vom Menschen, etwa von dem auf seine Existenz sich besinnenden Menschen, mehr oder weniger deutlich und bestimmt Antwort zu geben wüßte, sondern darum, weil das Wort Gottes diesen Widerspruch als einen in *ihm*, aber auch *nur* in ihm aufgehobenen in die Welt des menschlichen Denkens und der menschlichen Existenz hineingestellt hat. Sie kommt also genau von dort her, wo die Philosophie hingehen zu können meint oder doch hingehen möchte. Und sie behauptet allerdings, daß man nur *von dorther* kommen, daß alle Besinnung auf Gott nur in Form eines Denkens von dort her verlaufen kann. Sie *muß* in Abrede stellen, daß man dort – wenn nämlich unter «dort» ein letztes, ein des Gottesnamens würdiges Wort verstanden sein soll – in Form einer Besinnung auf die Wirklichkeit und Wahrheit des Menschen ebensogut auch *hingehen* könne. Noch einmal: zwischen der Theologie und einer streng Philosophie bleibenden Philosophie kann und wird nicht nur eine wohlwollende Neutralität, nicht nur Friede, sondern eine jedenfalls für die Theologie, in deren Namen wir hier reden, lehrreichste Arbeitsgemeinschaft bestehen, Krieg aber, und zwar Krieg bis aufs Messer, zwischen der Theologie und jeder Philosophie, die, unter welchem Vorwand immer, Theosophie sein wollte. Und das darum, weil die Theologie *den* Menschen für ein Gebilde blanker Illusion erklären muß, der auf dem |86| Wege der Selbstbesinnung (und wäre sie noch so existentiell, und wäre sie die Selbstbesinnung des vom Du angesprochenen Ich[77]) nun wirklich das letzte Wort, nun wirklich Gott auf seinem Wege, in seinem Bereiche vorzufinden vermöchte. Es ist der Begriff der *Sünde*, des gefallenen Menschen, den wir schon dem Realismus und Idealismus gegenüber geltend machen mußten, dessen wir uns nun ein drittes Mal zu erinnern haben. Das tertium jenseits von Wirklichkeit und Wahrheit, das wir aufzustellen und zu behaupten, anzudeuten oder zu tendieren vermögen, ist auf alle Fälle *nicht* Gott; so lautet die negative These, die hier zu vertreten ist. Wir könnten zu ihrer Bewährung beiläufig darauf hinweisen, daß es bis jetzt noch keiner Philosophie gelungen ist, ein echtes tertium jenseits dieser Gegensätze auch nur begrifflich einleuchtend zu machen, sondern eben bestenfalls ein in schöner, aber auch verdächtiger Einseitigkeit prävalierendes primum oder secundum, ein gottähnlich triumphierendes esse oder nosse, nosse oder esse. Aber nicht mit dem darin doch vielleicht offenbaren letztlichen Mißerfolg der synthetischen Kunst der Philosophie, also nicht mit dem argumentum ex ignorantia werden wir unsere negative These begründen wollen, sondern allein mit der Frage: ob denn der glaubende Mensch, der Mensch, dem Gott durch sein Wort offenbar geworden ist, auch nur einen Augenblick daran denken wird, sich selber, abgesehen vom Wort und vom Glauben, Erkenntnis Gottes zuzuschreiben, ob er sich nicht vielmehr die Fähigkeit zu solcher Erkenntnis grundsätzlich absprechen, ob er nicht sagen wird, daß er, sofern er das Schicksal oder die Idee für seinen Gott hielte, Abgöttern, eigenmächtig vergötterten «Mächten, Fürstentümern und Gewalten» [vgl. Eph. 1,21] nachgehen würde, daß diese seine natürliche Erlösungsreligion sich zum Glauben durch das Wort und an das Wort nicht wie eine nützliche Vorstufe und Vorbereitung, sondern wie die Finsternis zum Licht, wie der Tod zum Leben verhalten würde? Wann und wo wäre es im Glauben zwischen dem Gott, den wir

---

[77] Anspielung auf die «reale Dialektik des Du und Ich» von E. Grisebach und Fr. Gogarten; vgl. Chr. Dogm., S. 524. Siehe auch oben S. 308, Anm. 25.

selbst uns zu denken vermögen als den ersehnten befriedigenden Abschluß unserer Selbstbesinnung, und dem Gott, der sich uns durch sein Wort zu denken gibt, um etwas Anderes als um Entscheidung, um ein Entweder-Oder gegangen? Konnte die synergistische Vorstellung einer harmonisch sich ergänzenden «natürlichen» und offenbarten Gotteserkenntnis anders entstehen, als indem die Theologie sich selbst, das heißt ihren Charakter als Theologie der Offenbarung und des Glaubens, preisgab?|

Wir sind jetzt vielleicht so weit, zu verstehen, was *Luther* meinte, wenn er so dringend warnte vor der «specu-|87|latio divinae majestatis». Er verstand darunter ein «apprehendere Deum in sua majestate judicio rationis» und stellte dieses Unternehmen ohne weiteres in eine Reihe mit der Werkgerechtigkeit der Mönche, in der der Mensch «operibus, jejuniis, cucullo et rasura» sich selbst zwischen sich und Gott hineinschiebt (interponere): «Quotquot ignorant articulum justificationis», *die* tun das, *die* treiben natürliche Theologie. Und das könne nicht getan werden «quin casum luciferi facias et in horribili desperatione Deum et omnia amittas. ... Scrutator majestatis opprimitur a gloria.» Denn «Deus in sua natura» sei der menschlichen Natur (sogar dem menschlichen Körper, schreibt Luther) schlechthin «intolerabilis»[i], und man denkt bei diesen Worten unwillkürlich an jenes Numinose, das *R. Otto* in seinem Buch über das Heilige nicht nur beschrieben, sondern dankenswerter Weise in seiner ganzen teuflischen Fratzenhaftigkeit auch in effigie sichtbar gemacht hat.[79] Das ist das Schicksal! Das ist die Idee! Wenn es uns schwer fällt, das Entsetzen mitzuempfinden, das Luther vor diesem Gott offenbar empfunden hat, wenn es uns nicht ohne weiteres einleuchtet, daß der Semipelagianismus eine so mörderische Gefahr sein sollte, wie sie da dargestellt ist, weil wir es mit dem articulus justificationis so genau nicht meinen nehmen zu müssen, dann spricht das alles nicht gegen Luther, sondern gegen uns. Es ist doch so: Wenn der

---

[i] Gal. I 46ff.[78]

[78] Vgl. WA 40/I,76,11; 79,15f.29; 76,23 (mit Anm.); 77,18f.; 76,22f.; 77,19f.; 78,18; 77,21; 76,12.

[79] R. Otto, *Das Heilige. Über das Irrationale in der Idee des Göttlichen und sein Verhältnis zum Rationalen*, Breslau 1917; München 1971[36-40]. In der 2. und 3. Auflage war zwischen S. 70 und 71 das Bildnis der Durja, einer bengalischen Göttin, eingefügt.

386

Mensch ein verlorener und verdammter Sünder ist und wenn nun dieser Mensch seine Wirklichkeit und Wahrheit zusammenfaßt in ein letztes Wort und dieses sein letztes Wort seinen Gott nennt, wie soll es dann eigentlich anders sein, als daß es um diesen Gott *so* steht, daß die erspekulierte majestas keine andere ist als die majestas Diaboli? *Dieses* «ganz Andere»[80], das ganz Andere, das nur des Menschen eigenes Spiegelbild, der Schlußstein im Gewölbe seiner Kunst und eben darum gerade kein ganz Anderes, sondern nur das letzte in der Reihe unserer eigenen Werke ist – dieses ganz Andere kann doch dem Menschen nur zum Gericht ohne Gnade werden, weil er, gerade wenn er in ihm seinen Gott zu haben, sein letztes Wort gesprochen zu haben meint, offenkundig mit sich selbst allein bleibt, eingeschlossen in das Gefängnis seiner Gottesferne, Gottesfremdheit und Gottesfeindschaft. Darum ist der dialektisch gewonnene Gott und sein Kultus eine Möncherei, und zwar eine lebensgefährliche Möncherei, so gut wie jede andere. Es *ist* eben lebensgefährlich, seipsum interponere, ein menschliches Wort dort sprechen zu wollen, wo alles darauf ankäme, das Wort Gottes gesprochen sein zu lassen. Also darum hat die Theo-|88|logie den Griff nach dem Einen über den Gegensätzen unterwegen zu lassen.

Indem die Theologie, wenn sie Gott sagt, etwas anderes meint als das von Menschen aufzustellende, zu behauptende, anzudeutende oder zu tendierende tertium jenseits von Wahrheit und Wirklichkeit, kann nun freilich auch sie nicht umhin, einen *Gottesbegriff* zu bilden.[81] Indem sie von dort herkommt, wo die zur Theosophie gewordene Philosophie meint hingehen zu können, muß ja auch die Theologie, wenn sie nicht in kritischen Vorbemerkungen zur Theologie steckenbleiben will, von Gott reden. Sie muß sich also in Gefahr begeben: in die Gefahr des Mißverständnisses, als treibe auch sie Theosophie, und in die schlimmere Gefahr, unversehens wirklich zur Theosophie zu werden. Luther hat, was bei jener und ähnlichen Stellen oft übersehen wird, mit seiner Warnung die Notwendigkeit einer theologischen Dialektik durchaus nicht in Abrede gestellt. «Extra justificationem», also sofern es dabei

---

[80] Den Begriff «das ganz Andere» hat Barth von R. Otto entlehnt; a.a.O., 36. Aufl., S. 28–36; Otto schreibt: «das ‹Ganz Andere›» oder: «das ‹Ganz andere›». Vgl. Ethik II, S. 84, Anm. 97.
[81] Der Gedankengang von hier bis zum Schluß des Vortrags läuft in etwa parallel zu den Ausführungen in Ethik II, S. 112–120.

nicht in Frage komme, sich eigenmächtig einen Gott zu machen, sofern es einfach darum gehe, «Judaeis, Turcis, haereticis» zu sagen, was man denn im Unterschied zu ihnen meine, wenn man die Vokabel Gott in den Mund nimmt, hat auch er einen Hinweis auf Gott «in sua natura» für sehr wohl angebracht gehalten, und er hat sehr wohl gewußt, daß dann auch die Theologie die soeben verpönte Kunst der «speculatio majestatis» in Anwendung zu bringen habe. «Utere tunc omni arte tua et quantum potes sis subtilis et argutus disputator!»[j] Theologie muß, indem sie von Gott zu reden anhebt, wenn auch in umgekehrter Richtung gehend, denselben Weg gehen, auf dem auch die Philosophie geht. Wir haben bei unserer Einzelerörterung der realistischen und der idealistischen Möglichkeit gesehen, inwiefern. Wird sie und *wie* wird sie diesen Weg unsträflich gehen [vgl. Ps. 119,9]? Die Notwendigkeit und Möglichkeit theologischer Dialektik kann offenbar jeden Augenblick das trojanische Pferd sein, in dessen Leib der alte böse Feind nun dennoch in Ilion einzieht. Gegen Erasmus kann, wie Luther selbst bewiesen hat, nur mit erasmianischen Waffen, das heißt eben mit theologischer Dialektik, gestritten werden. Aber wer bürgt dafür, daß der mutige Dialektiker, wenn er nicht gerade Luther heißt, über diesem Beginnen nicht selber ein kleiner Erasmus wird? Wer schützt uns davor, daß gerade unser bester Gottesbegriff nicht nur in den Augen Anderer, sondern in unseren eigenen Augen nun doch zu einem Begriffsgott, der articulus justificationis also doch wieder verletzt wird?

Diese beständig aktuelle Gefährdetheit der theologischen |89| Position wird den Theologen vor allem veranlassen, mit der *Anklage gegen Andere: sie* trieben Theosophie und nicht Theologie, höchst behutsam umzugehen. Wir können Anderen gegenüber, ob sie nun Thomas oder Schleiermacher oder Biedermann heißen, genau genommen nichts tun als Fragen stellen. Was wissen wir denn – was wissen wir auch den ausgesprochenen Philosophen gegenüber –, ob sie bei ihrem Tun wirklich bloß dem Gespenst jenes judicio rationis erreichbaren Deus nudus nachjagen, ob ihr Denken bloß ein dorthin Gehen und nicht so gut oder besser als unser eigenes ein von dorther Kommen ist? Sind wir uns im

[j] Gal. I 49.[82]

[82] Vgl. WA 40/I, 78, 27–29. Der Anfang der zitierten Stelle lautet in EA und WA: «... extra hunc locum justificationis».

klaren darüber, wie leicht wir selbst dabei zu ertappen sind, daß wir durchaus nicht von dorther kommen – man kann bekanntlich sogar im Falle Luther contra Erasmus im Zweifel sein, ob Luther bei der speculatio majestatis, die auch er da getrieben hat, ganz und gar nur von dorther gekommen ist[83] –, sondern, als «subtiles et arguti disputatores» ganz vulgär und saftig natürliche Theologie treibend, durchaus dorthin gehen möchten, in scheinbar höchst theologischer Geschäftigkeit ganz tapfer den Gott der menschlichen Synthese aufzurichten im Begriffe stehen – sind wir uns darüber im klaren, dann werden wir die Möglichkeit nicht in Abrede stellen, daß umgekehrt in der uns vielleicht mit Recht sehr ärgerlichen Spekulation gewisser Anderer (und warum sollten wir dabei nicht auch an die Philosophen denken?) bei aller Fragwürdigkeit ihres Gebarens etwas von der Erkenntnis Gottes durch sein Wort in seinem Wort mitlaufen möchte. Die theologische Wirklichkeit dürfte ja bei uns selbst und bei Anderen immer so gemischt und vieldeutig sein wie die Wirklichkeit überhaupt, und eben darin müßte es sich offenbar zeigen, daß wir um die Einheit von Wirklichkeit und Wahrheit im Worte Gottes und in ihm allein wissen: darin, daß wir unsere eigene theologische Wirklichkeit nicht mit der Wahrheit verwechseln und darum auch nicht die vielfach sehr fatale theologische Wirklichkeit Anderer mit der Unwahrheit. Fragen, sehr energisch fragen können und müssen wir einander, fragen: an cogitasti quanti ponderis sit peccatum??[84], ob wohl bedacht sein möchte, daß das tertium streng und exklusiv Gottes tertium und nicht das unsrige ist? Bedacht, daß wir dieses tertium wohl glauben, aber eben darum nicht wissen können? Daß alle unsere Dialektik dieses tertium wohl zu meinen und vorauszusetzen, aber nicht einmal zu visieren, geschweige denn zu setzen vermag? Ob wir wohl wissen, daß der Glaube, in dem man Gott allein erkennen und allein von ihm reden kann, nicht ein kühnes menschliches |90| Wagnis, sondern schlichter Gehorsam ist? Wir werden uns das alles aber gegenseitig um so energischer fragen, je energischer wir es uns zuvor selbst gefragt haben und je gründlicher wir dabei bleiben, uns selbst immer wieder da-

[83] Gegenüber Luthers Schrift *De servo arbitrio* hat Barth seine Zweifel später auch artikuliert: KD II/2, S. 70f.
[84] Vgl. Anselm von Canterbury, *Cur Deus homo?* I, cap. 21, in: *A. Anselmi Cantuariensis archiepiscopi opera omnia*, ed. Fr. S. Schmitt, Vol. II, Romae 1940, p. 88,18: «Nondum considerasti, quanti ponderis sit peccatum.»

nach gefragt sein zu lassen. Zu einem abschließenden Urteilen über Andere, zu einem theologischen Rechthaben im strengen Sinn, zu einer Geschichte der Theologie, in der die Schafe nun wirklich von den Bökken zu sondern wären [vgl. Mt. 25,32], langt es offenbar nicht und soll es nicht langen. Man könnte in der Frage, ob eine bestimmte Theologie einen bloßen Begriffsgott oder den lebendigen Gott zum Gegenstand habe, geradezu zu einem ersten Kriterium das machen, ob sie wohl auch das Wissen um ihre eigene Relativität und darum anderen Theologien gegenüber die nötige (mit der ebenfalls nötigen Energie der Fragestellung sehr wohl vereinbarliche) Geduld habe. Eine in der Polemik allzu ungeduldige Theologie *könnte* sich jedenfalls gerade damit als Theologie des Deus nudus verraten. Vom Worte Gottes herkommend müßte sie ja eigentlich ebenso scharf wie geduldig sein. Gott *ist* doch geduldig, und mit wem müßte er wohl mehr Geduld haben auf dieser dunklen Erde als eben mit uns Theologen aller Schattierungen?

Der theoretische Hintergrund dieses praktischen Kriteriums ist der Gedanke der freien *göttlichen Erwählung*.[85] Darum können wir auf unser Hören des Wortes Anderen gegenüber nicht pochen, sondern nur im Gehorsam gegen das gehörte Wort stehen oder auch nicht stehen, darum, weil das Gesprochensein des Wortes und unser Vernehmen des Wortes immer Sache der freien Gnade Gottes ist, eine Sache, aus der man sich offenbar als Mensch keinen gegenüber Anderen erhöhten sogenannten Standpunkt machen kann. Habe ich recht ihnen gegenüber, nun, dann habe ich es eben, aber mein Triumph über sie kann und wird das nicht sein, sondern Gottes Triumph, und was dabei mein Triumph sein könnte, das wird wohl schnell genug wieder in dem Schatten verschwinden, aus dem es aufgetaucht ist. Gottes Wort ist nicht gebunden [2. Tim. 2,9] und wird nie gebunden sein. Theologische Dialektik ist insofern echte theologische Dialektik, als sie für diesen Gedanken offen ist, ja als sie letztlich gerade diesem und nur diesem Gedanken, als sie der Freiheit des Wortes Gottes dienen will. Wort Gottes heißt Erwählung Gottes. Wirkliche Theologie des Wortes Gottes ist also keine Möglichkeit, zu der man sich entschließen kann. Theologie des Wortes, zu

---

[85] In seinem Vortrag «Das Schriftprinzip der reformierten Kirche» (1925) schloß Barth mit einem Hinweis auf die «andere, fernere, noch höhere, die Lehre von der ewigen doppelten *Prädestination*» als den letzten «Angelpunkt des reformierten Schriftprinzips» (V. u. kl. A. 1922–1925, S. 544).

der man sich entschließen kann, würde immer eine von den verschiedenen Möglichkeiten natürlicher, philosophischer Theologie sein. Zur Theologie des Wortes Gottes |91| kann man nur entschlossen *sein*. Wirkliche Theologie des Wortes Gottes ist auf dem Plan, wie Gott, nein indem Gott selbst auf dem Plan ist «mit seinem Geist und Gaben»[86]. Gottes Geist weht aber, wo er will [vgl. Joh. 3,8]. Bin ich berufen, solche Theologie zu treiben, dann bin ich es eben. Nicht weil ich einen Weg zu Gott gefunden hätte, sondern weil er einen Weg zu mir gefunden hat. Nicht weil Gott an mich gebunden wäre, sondern weil Gott mich an sich gebunden hat. Nicht weil meine Dialektik so vorzüglich wäre, sondern weil Gott sich meiner und dieses meines fragwürdigen Instrumentes bedienen will. Also nicht weil ich den Stein der Weisen, die Quadratur des Zirkels, den Schnittpunkt der beiden Ebenen Wirklichkeit und Wahrheit gefunden hätte, nicht weil mein Schicksal die Idee oder meine Idee das Schicksal und also mein Schicksal und meine Idee Gott wären, sondern weil es Gott gefallen hat, als der Eine über dem Widerspruch meiner Existenz und meines Denkens, als Offenbarer und Versöhner für mich zur Stelle zu sein, damit ich ihn bekenne, und also gefallen hat, sich zu mir zu bekennen. Wie sollte mein Gottesbegriff an sich und als solcher Zeugnis von Gott sein? Es kann aber Gott gefallen haben, ihn dazu zu machen, ihn dazu zu brauchen. Daraufhin, also im Gehorsam, darf und muß ich es nun wagen, mit diesem Gemächte meines Denkens bewaffnet, Theologe zu sein. Es wäre einfach unmöglich, gerade vom Glauben aus gesagt unmöglich, Theologe zu sein, wenn man es nicht *daraufhin* wagen dürfte und dann auch *müßte*.|

Und nun wird man doch wohl dies als zweites theoretisches Kriterium einer Theologie des Wortes Gottes aufstellen müssen, daß ihr Gottesbegriff in irgendeiner Weise den Begriff der *Prädestination* nicht nur in sich schließen, sondern zentral aussprechen muß. Wüßte eine Theologie davon nichts, daß auch der an sich beste Gottesbegriff als Gemächte unseres Denkens kein Zeugnis von Gott, sondern streng genommen vielmehr ein Zeugnis vom Teufel ist, meinte sie Gott theologisch fangen zu können durch irgendeine möglichst scharfsinnig und

---

[86] Aus der 4. Strophe von M. Luthers Lied «Ein feste Burg ist unser Gott», EKG 201; GERS 342:

> Er ist bei uns wohl auf dem Plan
> Mit seinem Geist und Gaben.

möglichst fromm ausgeführte dialektische Bewegung der Begriffe Schicksal und Idee, wollte sie ein System aufrichten, einen Kreis ziehen, gezogen zu haben meinen, wo sie nur von einem Mittelpunkt aus unablässig Radien ziehen kann, meinte sie den Geist begriffen zu haben mit ihrem Wort und das Wort mit ihrem Geist, machte sie also aus dem Prädestinationsdogma eine harmlose kleine Erläuterung zu der Frage der Heilsaneignung, statt es, eben weil es hier um *diese* Frage geht, mit der Energie der alten reformierten Dogmatiker an die Spitze aller ihrer Er-|92|wägungen zu stellen[87], dann könnte sie allerdings verdächtig sein, speculatio majestatis des Deus nudus zu treiben, «theologia gloriae» statt «theologia crucis», wie Luther an anderer Stelle gesagt hat.[88] Es gibt auch für die Theologie eine Rechtfertigung nur durch den Glauben. Wir sagen dasselbe, wenn wir sagen: nur durch den Gehorsam. Aber eben dann wird der Gehorsam Gehorsam sein, wenn er sich selbst als Glauben versteht, als menschliche Bejahung der freien, unverdienten, ungeschuldeten und ungebundenen Gnade Gottes. In der damit gebotenen Demut wird der Mensch auch in der Theologie sein Werk recht treiben. Und wir sagen noch einmal dasselbe, wenn wir uns zum Schluß daran erinnern, daß Luther den entscheidenden Gegensatz zu aller speculatio majestatis darin gesehen hat, daß die wahre Theologie immer dort anfange, «ubi Christus ipse incipit, nempe in utero virginis, in praesepe, in uberibus matris»[89], das heißt in der Konkretheit, in der das Wort Gottes zu uns gekommen ist und zu uns kommt, in Wahrheit, weil es Gottes Wort ist, in Wirklichkeit, weil es Fleisch geworden ist, wahrer Gott und wirklicher Mensch und eben so[90] das eine, das göttliche, das bindende, das rechtfertigende und heiligende Wort. Da wäre ja wohl die Theologie Theologie des Wortes, der Erwählung, des Glaubens, wo sie ganz und gar eben Christologie wäre.

---

[87] H. Heppe behandelt in seinem Kompendium – der vorwiegenden Tendenz der orthodox-reformierten Dogmatiken folgend – die Prädestinationslehre gleich nach der Gottes- und Trinitätslehre und noch vor der Lehre von der Schöpfung. Siehe HpB 107–120 (Locus VII: De decretis Dei), 120–150 (Locus VIII: De praedestinatione), 150–159 (Locus IX: De creatione): Vgl. auch Unterricht II, S. 172.

[88] Vgl. M. Luther, *Disputatio Heidelbergae habita* (1518), WA 1, 354, 21f.

[89] EA, Comm. Ep. Gal. I, 48; vgl. WA 40/I, 77, 28f.

[90] Im Druck: «ebenso»; Korrektur vom Hrsg.

DIE LEHRE VON DEN SAKRAMENTEN
1929

1. Emden, 2.–3. April 1929

*Als Barth 1921 in die von amerikanischen Presbyterianern finanzierte
Göttinger Honorarprofessur für Reformierte Theologie berufen wurde,
war die Kirchenleitung der Evangelisch-reformierten Landeskirche der
Provinz Hannover – mit Sitz in Aurich/Ostfriesland – zuständig für die
Verwaltung des Lehrstuhls. Folgerichtig mußte es zur Begegnung mit
den ostfriesischen Reformierten kommen. Es war der 1544 entstandene
«Coetus reformierter Prediger in Ostfriesland», auf dessen Einladung
hin Barth am 11. 10. 1922 in Emden über «Das Problem der Ethik in
der Gegenwart» und «Das Wort Gottes als Aufgabe der Theologie» referierte.[1] Den ersten Vortrag wiederholte Barth am 13. 10. 1922 in
Nordhorn vor der Bentheimischen Geistlichkeit. Beide Veranstaltungen
beglückten ihn sehr.[2]*

*Dies traf nicht zu für den Emdener Vortrag vom 17. 9. 1923 «Refor-
mierte Lehre, ihr Wesen und ihre Aufgabe».[3] Über den Reformierten
Bund, auf dessen Hauptversammlung er zu sprechen hatte, äußerte sich
Barth in seinem Rundbrief vom 24. 9. 1923 einigermaßen kritisch.[4]*

*Fünfeinhalb Jahre vergingen, bis Barth wieder als Referent nach Ost-
friesland kam. Diesmal war es die Landeskirche selbst, die durch ihren
Landessuperintendenten Lic. Dr. W. Hollweg Barth «herzlich … um ein
Referat über die Taufe» bat. In einem theologischen Ferienkursus für
die Pastoren und Studenten der reformierten Landeskirche sollte die
Sakramentsfrage behandelt werden. Anlaß waren «allerhand Unklar-
heiten in den Köpfen», das Auftreten des «Baptismus» in den Gemeinden sowie «aus den Tagen Labadies … Gedanken von der Kerngemein-
de … als Abendmahlsgemeinde».[5] Barth sagte zu mit der Bemerkung,*

---

[1] V. u. kl. A. 1922–1925, S. 100 bzw. 147.

[2] Bw. Th. II, S. 111: «Die Ostfriesen *und* die Bentheimer sind ausgezeichnete
Leute, mit denen ich mich sehr wohl vertragen konnte.» S. 113: «… es lebe die
Grafschaft Bentheim, … in der Geographie des Reiches Gottes vielleicht ein viel
beachtlicherer Ort als etwa – sagen wir Basel!»

[3] V. u. kl. A. 1922–1925, S. 202f.

[4] Bw. Th. II, S. 183–187.

[5] Brief von W. Hollweg an Barth vom 10. 10. 1928.

daß es «unvermeidlich sein wird, zunächst auch die Sakramentsfrage im Ganzen aufzuwerfen», und der Bitte, daß ihm «genügend Zeit zur Verfügung gestellt» werde.[6] Beidem stimmte Hollweg zu.[7] Der Prospekt des Ferienkursus kündigte neben zwei Vorträgen zu lokalen Themen an, daß Barth über «Die Lehre von den Sakramenten» und «Die Lehre von der heiligen Taufe» reden sollte, Prof. W. Goeters, Bonn, zum Thema «Die ostfriesische Abendmahlsscheu und ihr Ursprung», Prof. Th. L. Haitjema, Groningen, über «Die Lehre vom heiligen Abendmahl».[8]

Am Ostermontag, 1. 4. 1929, einen Tag vor Beginn des Kursus, schrieb Barth an Hollweg – auf die prompte Beförderung seines Briefes durch die deutsche Post konnte er sich offenbar verlassen –: «Es ist ein Unglück geschehen. ... Meine überaus schwerfällige und unbehilfliche Arbeitsweise, die ich nicht ändern kann, ist schuld daran. Ich ... habe mir die ganze Sache ab ovo durch den Kopf gehen lassen. Und dabei hat sich mein beabsichtigter erster Vortrag so auseinandergezogen ..., daß ich genötigt bin, auf eine besondere Behandlung des zweiten ... zu verzichten. ... Es bedrückt mich sehr und ich muß im Voraus um Verzeihung bitten, aber es ist nun so. Die Sache ist mir über den Kopf gewachsen.»

Der Ferienkursus erfreute sich einer starken Beteiligung, und die Reformierte Kirchenzeitung brachte einen drei Spalten langen Bericht darüber. Bedauert wurde nur, daß «aus allerlei technischen Gründen» für die Besprechung der Referate nicht genügend Zeit zur Verfügung stand.[9]

Am 9. April schrieb Hollweg an Barth: «... drängt es mich, Ihnen nochmals herzlich zu danken für Ihr Kommen nach Emden und Ihre beiden Vorträge. Ich weiß, daß es für Sie ein großes Opfer bedeutete, zu uns zu kommen.» Barth antwortete: «Gerne sage ich Ihnen bei dem Anlaß, daß auch ich die Tagung von Emden und nicht zuletzt die Stunden, die Sie mir persönlich gewidmet haben, in ausgezeichneter Erinnerung

    [6] Brief Barths an Hollweg vom 18. 10. 1928.
    [7] Brief Hollwegs an Barth vom 28. 10. 1928.
    [8] Prospekt des Ferienkursus im Karl Barth-Archiv.
    [9] U. Smidt, *Zum theologischen Ferienkursus in Emden*, in: RKZ, Jg. 79 (1929), S. 123–125.

*habe und daß ich hoffe, nicht zum letzten Mal in Ostfriesland gewesen
zu sein.*»[10]

2. Bern, 3. Juni 1929

*Barths Ablehnung des Rufes nach Bern hatte ihm für den Sommer 1929
ein hochwillkommenes Freisemester eingebracht. Von Mitte April bis
Ende September nahm er Quartier auf dem «Bergli», dem Sommerhaus
seiner treuen Freunde Pestalozzi.*[11] *Er betrieb nicht, wie ursprünglich
beabsichtigt, die Veröffentlichung der beiden Folgebände der «Christlichen Dogmatik», sondern trieb ausgedehnte Lektüre, in erster Linie
Augustins und Luthers.*[12]

Unbemerkt konnte freilich sein Aufenthalt in der Schweiz nicht bleiben.

*Zuerst war es sein Schwager Karl Lindt, der ihn zu einem Vortrag in
Bern verpflichtete.*[13] *Im Herbst 1928 hatte Barth Schwester und Schwager besucht und war mit ihnen «in ein ganz unerwartet freundliches und
offenes Verhältnis gekommen».*[14]

*Nicht ohne Bedenken ging Barth nach Bern. «Werden meine Emdener Darlegungen wirklich auch für Bern das Richtige sein? Oder werde
ich dort nicht erschlagen werden mit dem freilich richtigen Einwand,
daß noch wichtiger als alle Dogmatik eben doch das Problem der Ethik
sei?»*[15] *Gewichtiger waren Barths Bedenken gegenüber seinem Vortrag,
«der mir ... in jener ersten Fassung noch gar nicht gefiel und der nun für
Bern und für den Druck noch einmal gehörig durchgearbeitet und mit
einem Mückenschwarm von Anmerkungen versehen worden ist. Aber
daß ich Freude daran hätte, kann ich noch immer nicht sagen.»*[16] *Lindt
hatte alles, was Rang und Namen hatte, samt einem römisch-katholischen Pfarrer und seinen Vikaren eingeladen; und so hörte denn Bern
im Chor der französischen Kirche Barths Vortrag zur Lehre von den
Sakramenten. Über den Verlauf der Veranstaltung geben die im Karl
Barth-Archiv erhaltenen Unterlagen keine Auskunft.*

[10] Brief Barths an Hollweg vom 21.4.1929 aus Oberrieden, Kanton Zürich.
[11] Vgl. Busch, S. 197f.
[12] Vgl. G. Sauter/H. Stoevesandt, Vorwort zur Chr. Dogm., S. XIII–XV.
[13] Brief von K. Lindt an Barth vom 9.5.1929.
[14] Bw. Th. II, S. 618.
[15] Brief Barths an Lindt vom 9.5.1929.
[16] Bw. Th. II, S. 662.

3. Pratteln, Kanton Basel-Land, 1. Juli 1929

*Am 31. 5. 1929 schrieb Thurneysen an Barth: «Und nun noch eine drin-
gende Bitte: Lukas Christ wird sie noch persönlich vorbringen: nach
deiner Rückkehr aus Italien*[17] *mußt du uns auf unserer Pratteler Konferenz auch einmal ‹dienen› mit deinem Sakramentsvortrag. Es wird sich
lohnen. Du hilfst uns da unten damit. Die jüngeren Baselbieter und einige Basler Pfarrer würden erscheinen, du würdest nicht tauben Ohren
predigen.»*[18] *Wenig später erschien L. Christ auf dem «Bergli». Die Zusage wurde Barth dadurch erleichtert, daß er am 30. Juni zur Feier der
Verlobung seines Bruders Heinrich ohnehin in Basel sein wollte. Am
24. Juni schrieb ihm Christ: «Ich habe übrigens schon einige Danksa-
gungen eingesackt dafür, daß es mir gelungen ist, dich zu kapern.» Die
Konferenz fand am Montag, 1. Juli, 14 1/4 Uhr in der Gemeindestube zu
Pratteln statt. Der Verlauf der Tagung spiegelt sich in den übereinstim-
menden Briefen der Freunde Thurneysen und Christ an Barth wider.
Der letztere schreibt: «... dank ich dir noch einmal herzlich dafür, daß
du zu uns gekommen bist. Es hat sich mir aufs neue gezeigt, wie ganz
anders zeugniskräftig das gesprochene Wort ist als das gedruckte. Ich
verkenne die gewaltige wissenschaftliche Leistung, die in deinem Vortrage steckt, gewiß nicht; aber auf mich hat er doch stark wie eine Predigt,
und zwar eine rechte Predigt gewirkt. Die Aussprache hat dann gezeigt,
daß gründliche dogmatische Arbeit die beste Eristik ist. Die andere Aufgabe Emils*[19] *wird so am sichersten erfüllt. Unser theologisches Konfe-
renzlein hat durch dein Erscheinen einen unverdienten Glanz bekommen.»*[20]

[17] Vom 8. bis 26. Juni reiste Barth mit dem Ehepaar Pestalozzi und Charlotte
von Kirschbaum nach Italien, vor allem nach Rom; vgl. Busch, S. 200.

[18] Bw. Th. II, S. 667. L. Christ war Pfarrer in Pratteln und Mentor der «Pratteler Konferenz», einer regelmäßig zusammentretenden Versammlung von Pfarrern aus dem Baselbiet (dem Kanton Basel-Land) und der Stadt Basel.

[19] Vgl. E. Brunner, *Die andere Aufgabe der Theologie*, in: ZZ, Jg. 7 (1929),
S. 255–276. Brunner fordert, daß die Theologie neben der dogmatischen noch eine «andere Aufgabe» wahrzunehmen habe, die herkömmlich die «apologeti-
sche», von Brunner die «eristische» genannt wird. Barth setzt sich mit dieser
Forderung auseinander in: KD I/1, S. 25–28.

[20] Brief von L. Christ an Barth vom 5. 7. 1929. Thurneysens ebenfalls auf Brunners Forderung bezugnehmende Stellungnahme ist nachzulesen in: Bw. Th. II,
S. 668–670.

4. Horgen, Kanton Zürich, 26. August 1929

Vom Ferienhaus «Bergli» in Oberrieden am Zürichsee ist das Städtchen Horgen leicht zu Fuß erreichbar. Pfarrer A. Schreiber, Dekan des Kapitels Horgen, nutzte die Gelegenheit und verpflichtete Barth, seinen Vortrag vor der vereinigten Pfarrerschaft der Dekanate Horgen, Meilen und Affoltern zu wiederholen. Die «Kapitelssitzung» fand am 26. August, 2 ½ Uhr, im alkoholfreien Gemeindehaus «Windegg» zu Horgen statt. Über den Verlauf gibt die erhaltene Korrespondenz keine Auskunft. Als Kuriosum sei vermerkt, daß unentschuldigt ausbleibende Pfarrer der drei Dekanate eine Buße von 3 Franken zu gewärtigen hatten.[21]

Der Vortrag erschien im September 1929 in Heft 5 von ZZ. Unter dem Titel stand in Kleinschrift: «Vortrag, gehalten in Emden und Bern». Welche Veränderungen zwischen Emden und Bern vorgenommen wurden, ist nicht mehr festzustellen.

Am 27. 9. 1929 schrieb der katholische Pfarrer Dr. R. Grosche aus Köln an Barth, er habe dessen Vortrag «mit sehr großer Freude und sehr weitgehender Zustimmung» gelesen. Er meldete einige kritische Bedenken und zugleich seine Hoffnung auf nähere Kontakte mit Barth an.[22] *Barth antwortete umgehend erfreut.*[23]

Noch bewegender war für ihn sicherlich die Postkarte seines 78jährigen Lehrers Adolf von Harnack: «Hochgeehrter Herr College! Haben Sie herzlichen Dank für die freundliche Übersendung Ihrer Abhandlung über die Sakramente in genere. Als Fortsetzung der theologischen Spekulation habe ich sie mit lebhafter Teilnahme gelesen, denn mein Interesse an den Dogmen, wie sie die Begründer und Führer der großen Confessionen ausgeprägt haben, besteht noch; aber für das Verständniß des Evangeliums sagt mir diese Spekulation kaum etwas, weil sie mit der Einfalt des Evangeliums unvereinbar ist. Mit bestem Gruß stets Ihr ergebenster v. Harnack.»[24]

[21] Briefe von A. Schreiber an Barth vom 25. 7. und 12. 8. 1929; Einladung an die Pfarrer der drei Dekanate vom 12. 8. 1929.

[22] Postkarte vom 27. 9. 1929.

[23] Brief Barths an Grosche vom 28. 9. 1929; Barth hatte schon 1926 seinen Freund Thurneysen auf eine lesenswerte Veröffentlichung Grosches aufmerksam gemacht: Bw. Th. II, S. 407.

[24] Postkarte A. von Harnacks an Barth vom 5. 10. 1929.

Die alte christliche Dogmatik kannte ein Kapitel «De sacramentis in genere».[25] Eine Entwicklung des damit bezeichneten Problems ist die Absicht dieses Vortrages. Um Taufe und Abendmahl geht es. Aber nicht um Taufe und Abendmahl im besonderen und einzelnen, sondern um das, was Taufe und Abendmahl als Wesensmerkmale der christlichen Kirche gemeinsam haben. Unter den Begriff «Sakramente» sind sie ja von altersher zusammengefaßt worden, nachdem eine noch frühere Zeit mit diesem Begriff weithin die Glaubensgeheimnisse überhaupt bezeichnet hatte. Was heißt Sakrament in jenem engeren Sinn? Was geschieht damit, daß in der Kirche mit der mündlichen Predigt des Wortes Gottes auch die Sakramente gefeiert werden? Inwiefern sind auch die Sakramente Verkündigung dieses einen Wortes Gottes, neben dem es ja in der Kirche kein zweites geben kann? Inwiefern sind sie dies in besonderer Weise? Auf diese Frage soll dogmatische Antwort, d.h. die auf dem Boden der reformierten Kirche heute nötige und mögliche grundsätzliche Antwort zu geben versucht werden.

1. Das Wort Gottes als Ereignis

Noch in der Kirche des fünften Jahrhunderts ist es auffallenderweise so gehalten worden, daß die katechetische Belehrung über die Sakramente, die Mysterien, wie man damals gerne sagte, nicht etwa unmittelbar *vor*, sondern *nach* der Taufe[a], ja teilweise sogar erst nach dem ersten Empfang des Abendmahls[b] stattzufinden pflegte. Es wäre mehr ein Verrat als eine Mitteilung der «ratio sacramentorum» gewesen, so sagt Ambrosius zu seinen Täuflingen, wenn er es umgekehrt hätte halten wollen, und er sei gewiß, daß das Licht der Mysterien selbst, die «ipsa lux my-

---

[a] Ambrosius, De myst. 1,2.[26]
[b] Cyrill v. Jerus., Mystag. cat. 1,1.[27]

[25] Vgl. DS, Index systematicus rerum, J 2–3; SchmP 331–341; HpB 468–485.
[26] *De mysteriis liber unus* I,2, MPL 16, col. 389.
[27] Cyrill von Jerusalem, *Mystagogicae Catecheses*, griech./deutsch, übersetzt von G. Röwekamp (Fontes Christiani, Bd. 7), Freiburg/Basel/Wien 1992, S. 95: «Ihr wahren und ersehnten Kinder der Kirche! Schon lange wollte ich euch diese geistlichen, himmlischen Mysterien erläutern. Weil ich aber sehr genau wußte, daß Sehen viel überzeugender ist als Hören, habe ich den jetzigen Zeitpunkt abgewartet. Durch die Erfahrung des (Tauf)abends seid ihr sehr viel empfänglicher für das, was zu sagen ist.»

steriorum», sie als Ahnungslose besser erleuchtet habe, als wenn ihm eine Rede darüber vorangegangen wäre. Also gerade der erste, den Eintritt in |428| die Kirche, den Hinzutritt zum Leibe Christi äußerlich markierende Sakramentsempfang soll den Charakter eines unerwarteten, unerklärten, nur nachträglich, a posteriori erklärbaren *Ereignisses* haben. Die menschliche Rede hat zu schweigen, damit vorerst etwas geschehe. Daraufhin mag sie dann laut werden. Das ist bezeichnend für den Sinn des Sakramentes überhaupt. Die Taufe bleibt einmaliges, unwiederholbares Ereignis. Sie *hat* für sich selber gesprochen. Aber als solches für sich selbst sprechendes Ereignis sollte offenbar auch das zu wiederholende Abendmahl je und je gefeiert werden. Der heilvollen Entscheidung des Menschen, die er mit jenem Hinzutritt zum Leibe Christi vollzieht, ist eben ein Ereignis von grundsätzlich überlegener Würde und Bedeutung vorangegangen. In diesem Ereignis ist über ihn entschieden, bevor er sich entschieden hat, hat Gott ihn verstanden, bevor er Gott verstanden hat. Das soll ihm auch die christliche Rede sagen. Sie verkündigt ihm ja die Gnade Jesu Christi, das berufende und erleuchtende, das rechtfertigende, heiligende und bewahrende göttliche Selbstwort, den Anfang von oben[28], der mit ihm gemacht ist. Auf das Ereignis, auf das Hören dieses Wortes hin erkennt sich der Mensch als Glied der Kirche, gestorben und lebend in Christus, stehend und wandelnd im rechten Glauben und Gehorsam. Alles, was er sich in dieser Sache a priori, eigenmächtig sagen wollte, könnte als solches nur nichtig sein. Er kann sich nur durch Gnade begnadigt, nur durch Gott zu Gott gehörig wissen. Das soll ihm in der christlichen Kirche auch die menschliche Rede sagen. Sie soll ihm einschärfen, daß es nicht an jemandes Wollen oder Laufen liegt, sondern an Gottes Erbarmen, wenn er ein Christ ist [vgl. Röm. 9,16]. «Ut credamus, Deus dedit.»[c] «Christianus fit non operando sed audiendo.»[d] «Wo Christus nicht zur Rechten Gottes

[c] Augustin, De spir. et lit. 31,54.[29]
[d] Luther, Gal. Komm. 1535 E. A. I, 311.[30]

[28] «Der Anfang von oben» ist der Titel, unter dem Barth seine Predigt über Hebr. 4,14–16 vom Himmelfahrtstag 1928 zuerst hatte veröffentlichen lassen in: Biblische Zeugnisse. Monatsblatt der Freunde des Heidelberger Katechismus, Jg. 26 (1928), S. 161–168. Wiederabdruck ohne Titel in: K. Barth / E. Thurneysen, *Die große Barmherzigkeit*, München 1935, S. 228–236.
[29] A. Augustinus, *De spiritu et littera*, MPL 44, col. 235.
[30] Vgl. WA 40/I, 345,14.

säße, noch von seinem Geiste täglich ausgösse, so könnte der christliche Glaube nicht bestehen.»ᵉ Aber die menschliche Rede hat hier eine Schwäche, die sie immer wieder zweideutig und damit versuchlich macht. Um zu hören, was uns in menschlicher Rede gesagt ist, müssen wir es uns notwendig auch selber sagen. Und was wir uns selber sagen, ist als solches nicht mehr das göttliche Selbstwort. Glauben wir, so müssen wir selbst glauben, und nun ist die Entscheidung Gottes verhüllt durch unsere eigene Entscheidung. Ist es wahr, daß hier dennoch Gottes Entscheidung und |429| Werk stattfindet, daß wir hier nach Paulus Gott erkennend vielmehr von Gott erkannt *werden* [vgl. 1. Kor. 13,12]? Es ist ein hartes Paradoxon, wenn wir das sagen. Das Paradoxon bezeichnet die Grenze der menschlichen Rede. Wer würde hier nicht allzuleicht, Gottes Werk in unser Werk umdeutend, vorbeihören? Darum tritt dem Zeugnis der christlichen *Rede* im Sakrament das Zeugnis des *Ereignisses* an die Seite, das sich nicht wie das, was uns gesagt ist, umkehren läßt in etwas, was wir uns selbst gesagt haben, in dem sich das göttliche Selbstwort, obwohl es auch in ihm verhüllt ist, nun doch gerade als solches, als unaufhebbares *Selbst*wort Gottes behauptet. Das Sakrament behauptet und sichert innerhalb der Verkündigung der Kirche überhaupt den Gnadencharakter des Wortes, es unterscheidet es von unserem Werk, auch und gerade vom Werk unseres Glaubens und unserer Glaubenserkenntnis, es bezeichnet unserem Werk gegenüber das Apriori des göttlichen Werkes.|

Das ist das erste, was über seine Bedeutung zu sagen ist. Eben darum kann gerade vom Sakrament, wie jene altchristliche Sitte es andeutet, in der Tat grundsätzlich nur nachträglich geredet werden. Das gilt vom Sakrament, weil es vom Worte Gottes selbst gilt. Und dazu dient das Sakrament, deutlich zu machen, daß es sich mit dem Worte Gottes *so* verhält. Eben darum ist es der Kirche grundsätzlich unentbehrlich. Indem auch die christliche Rede gerade auf ihren Höhepunkten des Paradoxons nicht entbehren kann, indem alle Theologie notwendig dialektisch wird, anerkennt auch sie das Problem des Sakramentes. Indem sie auf das Wort Gottes als auf das grundlegende göttliche Ereignis hinweist, weist sie auch auf das Sakrament hin, bekennt sie, daß sie das

<hr>

ᵉ Luther, E. A. 4, 105.³¹

³¹ *Predigt über Act. 2,14–36* (1534), Text nach Rörer, nicht in WA.

Sakrament notwendig neben sich haben muß, hat sie selbst sakramentalen Charakter. Die alte Kirche konnte darum weithin viel unparadoxer reden, als wir es tun dürfen, weil sie in ganz anderer Weise als wir die Verkündigung im Sakrament neben der der christlichen Rede kannte, verstand und pflegte. Wenn die Theologie der Kirche ausgesprochen dialektisch werden muß, wie dies in den Kämpfen um die Christologie und um die Gnadenlehre im Altertum, wie dies in der Reformation des sechzehnten Jahrhunderts der Fall gewesen ist und wie dies heute wieder das Gebot der Stunde zu sein scheint, dann kann und muß das immer auch als ein Ringen um den Sinn des Sakramentes verstanden werden. Im Sakrament redet der erhöhte Christus, redet die freie Gnade und macht insofern die Paradoxie in der christlichen Rede überflüssig. Wenn wir heute Taufe und Abend-|430|mahl wieder reden hören würden, dann, aber auch erst dann könnten wir, wenn auch nicht alle, so doch viel «dialektische» Theologie getrost zum alten Eisen werfen und so «einfach» reden, wie man es rebus sic stantibus zu Unrecht von uns fordert. Es kommt aber in der Kirche alles darauf an, daß der christliche Mensch das, was ihn zu einem solchen macht, so versteht, wie es ihm gerade in der Gestalt des Sakramentes gegenübertritt: als ein Ereignis, über das er nicht verfügt, sondern durch das und in dem über ihn verfügt ist. «Amisso articulo justificationis amissa est simul tota doctrina christiana.»[f] Daß der Glaube Erkenntnis Gottes des *Herrn* ist, daß er herzliches *Vertrauen* sein, daß er *Gewißheit* haben kann und zugleich den Ernst des *Gehorsams*, das alles hängt daran, daß er Glaube an die freie und freibleibende Gnade ist. Verstehe ich mich aber als Begnadigten, so verstehe ich mich als so verstanden und beurteilt, wie weder ich selbst noch ein anderer Mensch mich verstehen und beurteilen kann, wie ich nur in dem allem menschlichen Verständnis und Urteil schlechthin überlegenen Verständnis und Urteil Gottes existiere. Nicht ohne daß mir gleichzeitig und gerade dadurch aufgedeckt ist, daß ich mich selbst nicht als Gerechten, sondern nur als Sünder verstehen und beurteilen kann. In diesem doppelten Selbstverständnis – «duplex vita est mea et aliena»[g] – bin ich Hörer des göttlichen Selbstwortes, das mir

---

[f] Luther, Gal. Komm. I, 20; vgl. 21, 43, 200, 258.[32]
[g] Luther, Gal. Komm. I, 249; vgl. 335, 338ff., II, 321, III,13.[33]

[32] Vgl. WA 40/I, 48,28f.; ferner a.a.O., 72,20f.; 238,28f.; 296,23–25.
[33] Vgl. WA 40/I, 288,13; ferner a.a.O., 371,26–373,17 und WA 40/II, 33,24–34; 85,26–86,19.

durch Predigt und Sakrament verkündigt wird. Und die Gemeinschaft in diesem doppelten Selbstverständnis, also die Gemeinschaft der begnadigten Sünder, ist die christliche Kirche. So, als die «peccatores justi», sind wir «in Christus». Auch das Sakrament verkündigt uns einfach die uns in unserer Blindheit für Gott erkennbar werdende Gnade. Es betont aber als Ereignis ihren *Gnadencharakter.*[h] Eben als irdisches Ereignis bezeugt es das göttliche Ereignis, kraft dessen die Gnade Gnade ist. Indem das Wort Gottes in der Kirche auch so zu uns geredet ist, daß wir die Taufe empfangen haben und das Abendmahl empfangen, bezeugt es sich unter uns als der unbegreifliche, aber auch unangreifliche Anfang von oben, der mit uns gemacht ist. |431| Indem das Wort Gottes auch als Sakrament zu uns kommt, setzt es den archimedischen Punkt, von dem aus Menschen es wagen mögen, damit zu rechnen, daß sie Christen, zu christlicher Erkenntnis und Tat aufgerufen, christlicher Hoffnung teilhaftig sein möchten.

2. Das Wort Gottes im Zeichen

Wenn das Wort Gottes den archimedischen Punkt setzt, den ich selbst nicht setzen, sondern nur als gesetzt anerkennen kann, der mir aber, einmal gesetzt, erlaubt und gebietet, mich selbst als von Gott angesprochen und in Anspruch genommen und insofern als zu den Seinen gerechnet zu verstehen und ernst zu nehmen, dann geschieht damit offenbar etwas im Blick auf mich selbst wie im Blick auf Gott gesagt höchst Außerordentliches und Unerwartetes. «Quid loquitur Deus? Impossibilia, mendacia, stulta, infirma, absurda, abominanda, haeretica et diabolica, si rationem consulas.»[i] Wie komme ich denn in solche Gemeinschaft mit Gott, wie sie da offenbar stattfindet? Woher habe ich Augen, ihn zu sehen, Ohren, ihn zu hören? Wie kommt die Welt meiner Sinne und Begriffe dazu, die Stätte seiner Gegenwart und Kundgebung zu

---

[h] Sollte es demgegenüber nicht doch eine originelle Sackgasse bedeuten, wenn Schlatter gerade entgegengesetzt schreibt: «Indem wir zum Empfang der Sakramente selbst zu handeln haben, machen sie uns deutlich, daß das Wort uns zur Entscheidung beruft und uns dadurch in die Gemeinschaft mit Gott führt, daß es uns zum Wollen und Handeln bringt»? (Das christl. Dogma 2. A.[34] S. 435).

[i] Luther, Gal. Komm. I, 328.[35]

[34] A. Schlatter, *Das christliche Dogma*, Stuttgart 1923².
[35] Vgl. WA 40/I, 361,15f.

sein? Oder wie kommt Gott in solche Gemeinschaft mit mir? Wie kommt er dazu, an dieser Stätte gegenwärtig und kund zu sein? Kurz: Wie soll ich mich selbst und wie soll ich Gott verstehen, wenn das wahr ist, daß ich Gottes Wort vernommen habe? Hat Gott aufgehört, Gott zu sein? Aber eben in diesem seinem unbegreiflichen Jetzt- und Hiersein hat er doch vielmehr durch sein Wort gerade angefangen, mein Gott zu sein. Oder habe ich aufgehört, ein Verlorener und also ein Blinder für Gottes Licht zu sein? Aber gerade als einen solchen, als finitus incapax infiniti[36] finde ich mich doch erst und gerade durch sein Wort entdeckt, angeklagt und verurteilt. Ist es aber so, daß Gottes Wort zu mir gesprochen ist, zu mir, dem Verlorenen, den doch Gott nicht verloren sein lassen will, zu mir in meiner Welt, die ihn nicht zu fassen vermag, so gewiß sie in ihm verfaßt ist[j], ist es so, wie soll es dann anders möglich geworden sein als so, daß er mir eben in dieser meiner Finsternis ein Licht gegeben hat? Ein Geschehen in dieser meiner Welt muß stattgefunden haben, das jene Gemeinschaft begründete, ohne daß Gott aufhörte, Gott, und auch ohne daß ich |432| aufhörte, ein Verlorener und Blinder zu sein, ein Geschehen, wie es eben die Gemeinschaft zwischen *diesen* Partnern begründen konnte. Calvin hat das Wesen des Sakraments einmal dahin erklärt, der barmherzige Gott habe sich in ihm unserer Fassungskraft angepaßt, er habe es nicht verschmäht, uns, die Animalischen, die immer auf der Erde Kriechenden und am Fleische Klebenden, uns, die wir Geistliches nicht denken, ja nicht einmal wahrnehmen können, «elementis etiam istis terrenis ad se deducere atque in ipsa carne proponere bonorum spiritualium speculum.»[k] Es ist bezeichnend, daß dies ebensowohl eine Beschreibung des Wesens der *Offenbarung* des Wortes Gottes überhaupt sein könnte. Offenbarung des Wor-

---

[j] «non opus habes, ut quoquam continearis qui contines omnia» (Augustin, Conf. I 3,3).[37]

[k] Instit. IV, 14,3.[38]

[36] Zur reformierten Parole «Finitum non capax infiniti» und zu Barths Umgang mit ihr vgl. Chr. Dogm., S. 251f., Anm. 12.

[37] A. Augustinus, *Confessiones*, CChrSL 27,2,3.

[38] Inst. IV, 14,3: «Atque ita quidem hic se captui nostro pro immensa sua indulgentia attemperat misericors Dominus, ut quando animales sumus, qui humi semper adrepentes et in carne haerentes, nihil spirituale cogitamus, ac ne concipimus quidem, elementis etiam istis terrenis nos ad se deducere non gravetur, atque in ipsa carne proponere bonorum spiritualium speculum.»

tes Gottes überhaupt ist göttliche *Zeichengebung*. Ist Gottes Wort zu mir gesprochen, dann war es so, daß Dinge dieser Welt, also geschaffene und vergängliche Dinge, nicht nur das waren und wirkten, was sie entsprechend ihrem Wesen als diese und diese Dinge wirken können[l], sondern in ihrem natürlichen Wesen und doch über ihr natürliches Wesen hinaus waren sie zugleich Buchstaben, geformt zu einem Wort, das Gott zu mir gesprochen hatte, so wie ich es vernehmen konnte[m], und dies mein menschliches Auge, mein nur für die Finsternis taugliches Eulenauge[n], hat nicht nur diese und diese Dinge in ihrem natürlichen Wesen gesehen, sondern fand sich begabt, sie als Buchstaben und Wort zu lesen, und so, in dem meiner Finsternis angemessenen Licht, im Gleichnis des Geschaffenen ist Gottes Wort kraft seiner Kondeszendenz zu mir gekommen und habe ich es mir sagen lassen. Darin besteht nach Tho-|433|mas v. Aquino[o] das allgemeinste Wesen des Sakraments, daß dem Menschen «sua sanctificatio innotescat per similitudinem sensibilium rerum».|

Wir betreten die Linie Augustins, den gemeinsamen Boden der Problemstellung jedenfalls alles abendländischen Nachdenkens über unse-

[l] «Aqua panis et vinum sua natura et extra institutionem divinam ac usum sanctum duntaxat id sunt, quod esse dicuntur et experimur» (Conf. Helv. post., cap. 19; Müller, Bekenntn. Schr. S. 207,22ff.). Aber: «Nec sic habendam esse illam speciem benedictione sanctificatam quemadmodum habetur in usu quolibet» (Augustin, De cat. rud. 26,50).[39]

[m] Vgl. dazu die merkwürdige Stelle Augustin, Conf. XIII, 20,27: «Quarum enim rerum notitiae sunt solidae et terminatae sine incrementis generationum, tanquam lumina sapientiae et scientiae, earumdem rerum sunt operationes corporales multae ac variae et aliud ex alio crescendo multiplicatur benedictione tua, Deus, qui consolatus es fastidia sensuum mortalium, ut in cognitione animi res una multis modis per corporis motiones figuretur atque dicatur. Aquae produxerunt haec, sed in verbo tuo. Necessitates alienatorum ab aeternitatis veritatis tuae populorum produxerunt haec, sed in Evangelio tuo, quoniam ipsae aquae ista ejecerunt, quarum amarus languor fuit causa ut in tuo verbo ista procederunt.»[40]

[n] Thomas v. Aquino, Summa theol. I, 1,5.[41]

[o] 4. sent. I, I, I, I, c zitiert nach Schütz, Thomas-Lexikon S. 714ff.[42]

[39] A. Augustinus, *De catechizandis rudibus* 26,50, CChrSL 46, 173,6–8.

[40] CChrSL 27, 257,17–27.

[41] «... propter debilitatem intellectus nostri, qui ‹se habet ad manifestissima rerum sicut oculos noctuae ad lumen solis›, sicut dicitur in 2. Metaph. [Aristotelis]».

[42] L. Schütz, *Thomas-Lexikon*, Paderborn 1895² (Faksimile-Nachdruck 1958), S. 714 zum Stichwort «sacramentum».

ren Gegenstand, wenn wir das Sakrament allgemein unter den Begriff der göttlichen Kundgebung oder Offenbarung, d. h. aber, weil zwischen Gott und Mensch keine direkte Kundgebung möglich ist, der göttlichen Zeichengebung stellen, wenn wir sagen «sacramenta signacula quidem rerum divinarum esse».[p] In diesem Ausgangspunkt finden wir auch im sechzehnten Jahrhundert etwa den Catechismus Romanus[q] und die Confessio Helv. post.[r] durchaus einig. Unter diesen allgemeinen Begriff des Sakraments als des Wortes Gottes im *Zeichen* fällt nun natürlich auch das im Dienst jener göttlichen Zeichengebung stehende gesprochene oder geschriebene *Menschenwort*. Augustin selbst hat das ausgesprochen: «Nihil aliud sunt verba quam signa.»[s] Man wird dieses «nihil aliud» nicht pressen dürfen. Das «signum audibile» des Wortes ist insofern doch ein sehr besonderes Zeichen, als es charakteristisch das Zeichen ist, das der Mensch dem Menschen, der Geist dem Geiste geben möchte. Aber eben: möchte! Denn «signum sensibile» ist schließlich das «signum audibile» ebenso wie das «signum visibile». «In ipsa carne», in der Welt des Geschaffenen, Vergänglichen und diesseits des

---

[p] Augustin, De Cat. rud. 26,50.[43]

[q] II, 1,4.[44]

[r] Kap. 19 Müller S. 207,9ff.[45]

[s] In Joann. tract. 45,9[46]; vgl. Synopsis purioris Theologiae, Leiden 1642 Disp. 43,18.[47]

[43] CChrSL 46, 173,4–6: «De sacramento sane quod accipit, cum ei bene commendatum fuerit; signacula quidem rerum diuinarum esse uisibilia, sed res ipsas inuisibiles in eis honorari ...»

[44] *Catechismus ex Decreto Concilii Tridentini ad parochos* II,1,4, in: *Libri symbolici ecclesiae catholicae*, edd. Fr. G. Streitwolf et R. E. Klener, Gottingae 1846, Vol. I, p. 239: «... sacramentum ad hoc rerum genus, quae significandi causa institutae sunt, referri perspicuum est: siquidem specie quadam, et similitudine id nobis declarat, quod Deus in animis nostris sua virtute, quae sensu percipi non potest, efficit.»

[45] *Confessio helvetica posterior* (1562), Art. 19, BSRK 207,9–13: «Sicut autem quondam sacramenta constabant verbo, signo et re significata, ita nunc quoque ijsdem veluti partibus absolvuntur. Nam verbo Dei fiunt, quae antea non fuerunt, sacramenta. Consecrantur enim verbo, et sanctificata esse ostenduntur ab eo qui instituit.»

[46] A. Augustinus, *In Ioannis Evangelium tractatus*, CChrSL 36, 392,33f.

[47] *Synopsis purioris theologiae, Disputationibus quinquaginta duabus comprehensa, Ac conscripta* per Johannem Poliandrum, Andream Rivetum, Antonium Thysium, S. S. Theologiae Doctores & Professores in Academia Leidensi, Ludguni Batavorum 1642[3], p. 591.

Sündenfalls Zweideutigen befinden wir uns auch mit dem gesprochenen oder geschriebenen Wort.[t] Auch der Mitmensch wird unwillkürlich noch zu anderen Zeichen greifen als zu diesem, wenn er mit uns reden will. Auch der geschaffene Geist kann und will nicht nur «geistig» reden. Und erst recht relativ erscheint der Unterschied zwischen hörbarem |434| und sichtbarem Zeichen, wenn ihre Eignung als Zeichen des göttlichen Wortes in Frage kommt. Als «instrumenta» finden wir darum «evangelium et sacramenta» auch Augsb. Konf. Art. 5 ausdrücklich nebeneinandergestellt.[50] Also: das Problem des Sakramentes ist schon auch das des gesprochenen oder geschriebenen Wortes. «Also soll man das Wort und die Sakramente nicht scheiden. Denn Christus hat die Sakramente auch in das Wort gefasset.»[u] Das gesprochene oder geschriebene Wort ist in der Tat auch Sakrament, wie denn umgekehrt das Sakrament nach Augustins berühmter Definition nichts anderes ist als «verbum visibile».[v]|

Aber nun ist es so wichtig zum Verständnis des Begriffs «Wort Gottes» überhaupt, daß sein Zeichen auch «verbum visibile» ist, daß es wohl Sinn hat, wenn wir hier im besonderen, prägnanten Sinn von Sakrament oder Zeichen im Unterschied zum «verbum audibile» reden. Zur Sinnlichkeit gehört freilich auch das Gehör, durch welches das menschliche Wort zu uns kommen muß. Aber bezeichnender für die Sinnlichkeit als solche ist doch das Gesicht. Und gerade um das geht es, wenn wir im besonderen, prägnanten Sinn vom Sakrament oder Zei-

---

[t] «... daß er uns am ersten stecket in die Taufe, da sehen die Augen nichts anderes denn schlecht Wasser wie ander Wasser. *Item, er hats in das Wort gefasset und in die Predigt, da sehen die Augen anders nichts denn eines Menschen Odem*» (Luther, E. A. 1,87).[48] «Wahr ists, daß die Sakramente schlechte, äußerliche Werke sind, wie die Augen urteilen, *so ist das Wort auch ein äußerlich Ding, das man mit den Ohren fassen und in der Schrift lesen kann*» (E. A. 2,153ff.).[49]

[u] Luther, E. A. 3,372.[51]

[v] c. Faust. 19,16[52], in Joann. Tract. 80,3.[53]

[48] Vgl. WA 52,12,34–36, *Predigt über Mt. 21,1–9*; Hervorhebung von Barth.

[49] Vgl. WA 52,185,16–18, *Predigt über Lk. 11,24–28*; Hervorhebung von Barth.

[50] BSLK 57,4–6: «Nam per verbum et sacramenta tamquam per instrumenta donatur spiritus sanctus.»

[51] Vgl. WA 52, 274,22f., *Predigt über Joh. 20,19–31*.

[52] A. Augustinus, *Contra Faustum Manichaeum*, MPL 42, col. 357.

[53] CChrSL 36, 529,5–7.

chen reden: nicht um die *Wahrheit*, die durch unsere Vernunft, sondern um die *Wirklichkeit*, die durch unsere Sinnlichkeit zu uns redet. Um *ihre* Qualifikation zum Gleichnis des Wortes Gottes, um das Geschriebensein, um die Lesbarkeit jener göttlichen Buchstaben in der sichtbaren, gegenständlichen Welt der geschaffenen Physis. Eben nicht nur so ist das Wort Fleisch geworden, daß es in der unsichtbaren, geistigen Welt des geschaffenen Logos zu uns redet, sondern so, daß es (wie der Mensch Seele *und* Leib) im Sakrament auch eine natürliche, eine «wirkliche» Seite seines Wesens hat. Eben in dieser Doppelseitigkeit bekundet es sich als Gottes Wort im Unterschied zu allem bloß «geistig» sein wollenden Menschenwort. Ist es doch das Wort des Herrn, des Schöpfers Himmels und der Erden, «visibilium omnium et invisibilium»[54]. Es kann sich nicht gefangen geben in die geistige, logische Sphäre der geschaffenen Welt, darum wählt es seine «similitudines» nicht nur in dieser, darum redet es, ernstlich und völlig Fleisch geworden, nicht nur durch das «signum audibile», darum formt es seine Buchstaben hier wie dort, unsere Ohren *und* unsere Augen heiligend und in Anspruch nehmend. Den ganzen Menschen, der nicht nur Seele, sondern in gleicher Totalität mit aller anderen irdischen Kreatur auch |435| Leib ist, der gerade kraft seiner Sinnlichkeit «wirklich» ist, diesen ganzen Menschen geht es doch an. Wahrlich auch im Zeichen des gesprochenen oder geschriebenen Wortes. Aber eben weil sich dies letztere nicht von selbst versteht, weil menschliches Reden von Hause aus wesentlich doch nur ein Geschehen in der geistig-logischen Sphäre der geschaffenen Welt bedeutet, eben darum ist ihm, damit es Licht in der Finsternis sei, das «signum», das «verbum visibile», das Sakrament im engeren Sinn zugeordnet. Also nicht darum ist das Sakrament neben dem menschlichen Wort notwendig in der Kirche, weil die Religion nicht bloß Sache des Verstandes, sondern auch des Gefühls sein soll, zu dem man am wirksamsten in der Sprache des Symbols spricht[w], und

[w] Bretschneider, Dogmatik 4. A. 1838 II, S. 609.[55]

[54] *Symbolum Nicaeno-Constantinopolitanum*, BSLK 26,5.
[55] K. G. Bretschneider, *Handbuch der Dogmatik der evangelisch-lutherischen Kirche*, Bd. II, Leipzig 1838⁴, S. 609: «Die beiden Ceremonien aber, welche Jesus in seiner Kirche anordnete, sind nicht für überflüssig oder entbehrlich zu halten ... Denn die Religion soll nicht blos Sache des Verstandes, sondern auch des Gefühls seyn, und zu letzterm kann man am wirksamsten sprechen durch Symbole,

noch weniger darum, weil man sich in dieser Sprache an gewisse angeblich tiefere Schichten unseres Bewußtseins wenden könne, etwa weil das Sakrament «von der Intellektualität, die so leicht dem Worte anhaftet, zum Erleben führt»[x], sondern darum, weil das Sakrament das freilich auch durch die mündliche oder schriftliche Wortverkündigung gestellte Problem der Schöpfung, Versöhnung und Erlösung des *ganzen* Menschen nun eben besonders von der Wirklichkeitsseite her aufwirft und eben damit allem Spiritualismus entgegen unterstreicht: Es geht um den ganzen, also auch um den natürlichen Menschen. Werden wir uns auch hüten, allzu robust und antispiritualistisch mit Oetinger zu sagen, daß Leiblichkeit *das* Ende der Wege Gottes sei[57], so werden wir doch einräumen, daß Ignatius von Antiochien mit seinem vielgetadelten «physischen» Verständnis des Abendmahls als φάρμακον ἀθανασίας[y] und Irenäus mit seiner großen Linie von der Erschaffung unserer Natur über den Empfang des Abendmahls zur Auferstehung des Fleisches[z]

---

[x] Stephan, Glaubenslehre 2. A. 1928 S. 222.[56]
[y] ad Eph. 20,2.[58]
[z] c. o. haer. IV 18,5.33,2. V 2,2.3,2.[59]

in welchen die religiösen Ideen für die Sinnlichkeit gleichsam anschaulich werden.»

[56] H. Stephan, *Glaubenslehre. Der evangelische Glaube und seine Weltanschauung*, Gießen 1928², S. 222: «Die Besonderheit der Sakramente ist statt dogmatisch vielmehr psychologisch zu begründen. Das Sakrament verstärkt die Wirkung des Wortes, sofern es als kultische Handlung durch die sinnenfällige Spendung und ausdrückliche Verheißung die Objektivität, durch die Symbolik der Zeichen den Übergang von der Erlösung zur Neuschöpfung, durch die individuelle Zuwendung die persönliche Teilnahme besonders eindrücklich darstellt, von der Intellektualität, die so leicht dem ‹Worte› anhaftet, zum Erleben führt, durch den gemeindlichen Vollzug die brüderliche Gemeinschaft im Verhältnis zu Gott verwirklicht ...»

[57] Fr. Chr. Oetinger, *Biblisches und Emblematisches Wörterbuch, dem Tellerischen Wörterbuch und Anderen falschen Schrifterklärungen entgegen gesezt*, o. O. 1776, S. 407: «Leiblichkeit ist das Ende des Werkes GOttes, wie aus der Stadt GOttes klar erhellet Offenb. 20.»

[58] Ignatius von Antiochien, Ad Ephesios XX,3, zitiert nach K. Bihlmeyer, *Die apostolischen Väter*, Neubearbeitung der Funkschen Ausgabe, Tübingen 1956², S. 88: ἕνα ἄρτον κλῶντες, ὅς ἐστιν φάρμακον ἀθανασίας, ἀντίδοτος τοῦ μὴ ἀποθανεῖν, ἀλλὰ ζῆν ἐν Ἰησοῦ Χριστῷ.

[59] Irenäus von Lyon, C. o. h. IV,18,5, SC 100,610–612: «Quomodo autem rursus dicunt carnem in corruptionem devenire et non percipere vitam, quae a corpore Domini et sanguine alitur? ... sic et corpora nostra percipientia Eucharistiam

auch auf einem richtigen Weg gewesen und als Korrektiv gegenüber mancher allzu dünner Auffassung der Sache noch heute zu hören sind. Denn warum sollte Leiblichkeit nicht *auch* das Ende der Wege Gottes und wie sollte dann das Sakrament nicht auch in dieser Richtung bedeutsam sein?

Das Sakrament ist dem gesprochenen Worte zugeordnet, sagen wir, durchaus in der Meinung: *untergeordnet,* so gewiß der geschaffene Himmel oben und die Erde unten, so gewiß der Mensch zuerst Seele und dann Leib ist, so gewiß das «Lehret alle Völker!» |436| vorangeht, das «Taufet sie!» aber nachfolgt [Mt. 28,19]. Es ist darum keine bloße protestantische Willkür, wenn wir die Kirche a parte potiori als Predigt- und nicht als Sakramentskirche auffassen.[aa] Wir können aber diese

---

[aa] Ich hatte diesen Vortrag eben zum zweiten Male gehalten, als mir in einer Rezension meiner zweiten Vortragssammlung «Die Theologie und die Kirche» von *Erich Przywara* S.J. folgende Sätze zu Gesicht kamen: «Die entscheidende Art endlich, wie die sakramentale Einwohnung nicht eine Kanonisierung des Geistes gegen die Natur ist, sondern eine Erteilung[60] übernatürlicher Gnade in Natur-Zeichen, [die nicht nur diese Gnade anzeigen, sondern sie auch «enthalten»,] also eine Art, die [gleichzeitig] die Freiheit Gottes über alle Geschöpflichkeit sozusagen zugespitzt ausdrückt, da Gottes Offenbarung an kein Geschöpfgebiet vor dem andern gebunden ist [und gleichzeitig die ganze Größe der Einwohnung[61] Gottes besagt, der bis in die Wassertiefen steigt und Brot und Wein in Sein Fleisch und Blut wandelt] – diese entscheidendste und am meisten den Glauben fordernde Einwohnung richtet an Barth die Frage, warum alle seine Darlegung des Kalvinischen so merkwürdig auf zwei Worte zielt, Geist und Wort. Wird hier nicht, wie wir immer wieder fragen mußten, die Transzendenz der göttlichen Majestät zu einem Zeichen eines verhüllten Spiritualismus und damit doch einer letzten Innerweltlichkeit?» (Stimmen der Zeit, Juni 1929 [Freiburg, Bd. 117], S. 231f.) Die von mir eingeklammerten Satzteile betreffen ein Problem, von dem in diesem Vortrag weiter unten (Abschnitt 5) die Rede sein wird. Auf die übrigbleibende Frage dürfte zu antworten sein, daß das merkwürdige «Zielen» gerade auf die zwei Worte «Wort» und «Geist» schon angesichts der gemeinchristlichen Trinitätslehre als eine calvinistische Wunderlichkeit schwerlich zu verdächtigen und nach den im Text soeben (und nicht zum ersten Mal)

jam non sunt corruptibilia, spem resurrectionis habentia.» C. o. h. IV,33,2, SC 100,804–806, handelt, polemisch gegen Marcion, von der Erschaffung des Menschen. C. o. h. V,2,2, SC 153,32: «... eum calicem qui est a creatura suum sanguinem confessus est, ex quo auget nostrum sanguinem, et eum panem qui est a creatura, suum corpus confirmavit, ex quo nostra auget corpora.» C. o. h. V,3,2, SC 153,44–48, handelt von der Auferstehung des Fleisches.

[60] Przywara: «... sondern gerade eine Erteilung ...»
[61] Przywara: «der wirklichen Einwohnung ...»

Unterordnung doch bloß als eine relative verstehen. Nur so ist das Sakrament dem gesprochenen Wort untergeordnet, wie es eben in der geschaffenen Welt und also zwischen den verschiedenen von Gott erwählten Zeichen in dieser Welt Unterordnung geben kann. Absolut übergeordnet ist beiden das Wort Gottes selber, dessen Zeichen beide sind. Und ebenso wichtig wie die Unterordnung ist es, die unveräußerliche *Zuordnung* des Sakraments zum gesprochenen Wort zu verstehen. Unveräußerlich? Ja, für die Kirche, sofern sie zu *gehorchen* hat. Für uns, sofern wir den Dienst am göttlichen Wort wahrzunehmen haben. Aber nicht für Gott, der durch diese Zeichen zu den Menschen redet nach seinem |437| Wohlgefallen.[ab] Und darum auch nicht für den *Glauben* der Kirche, der am Wort selbst hängt und nicht an seinen Zeichen, nicht also für das Heil und die Heilsgewißheit des einzelnen Christen. Augustin hat es deutlicher und mutiger ausgesprochen als die späteren katholischen Lehrer, daß es eine «sanctificatio invisibilis sine visibilibus sacramentis» gebe, die doch zu einer Geringschätzung dieser letzteren weder Anlaß noch Erlaubnis gebe[ac], und wenn Calvin und die Seinen ihm darin folgten[ad], so taten sie daran besser, als wenn die Augsburger Konfes-

gemachten Ausführungen auch als «Zeichen» eines «verhüllten Spiritualismus» doch wohl nicht zu buchen ist. Wir bestreiten eine Überordnung des natürlichen «Geschöpfgebietes» über das geistige hinsichtlich der Offenbarung Gottes. Wir bestreiten auch eine Gleichordnung, eine Parallelstellung der beiden. Wir behaupten vielmehr Überordnung, Prävalenz der Logosphäre über die Sphäre der Physis (sie prävaliert doch wohl auch in dem ersten, höchsten Namen, dem Namen «Vater») und eben in diesem abgestuften Verhältnis (mit Przywara) «die Freiheit Gottes über *alle* Geschöpflichkeit».

[ab] Calvin, Instit. IV 14,3.[62]

[ac] In Heptat. 3,84.[63]

[ad] «... non pendere ex sacramenti participatione salutis fiduciam ac si iustificatio illic sita foret» (Instit. IV 14,14.15,20,22[64]); vgl. Syn. pur. Theol. Leiden Disp. 43 Coroll. IIf.[65]

[62] Siehe oben Anm. 38.

[63] A. Augustinus, *Quaestionum in Heptateuchum libri septem* III,84, CChrSL 33, 228,1908–1915: «Proinde colligitur inuisibilem sanctificationem quibusdam adfuisse atque profuisse sine uisibilis sacramentis ... Nec tamen ideo sacramentum uisibile contemnendum est; nam contemptor eius inuisibiliter sanctificari nullo modo potest.»

[64] Calvin zitiert in Inst. IV,14 «De sacramentis» Augustinus mehr als zwanzigmal, darunter (14,14) den in Anm. 63 angezogenen Abschnitt.

[65] *Synopsis* ..., ed. cit., p. 599s.: «II. Nulla Sacramenta sunt absolute ad salutem

sion wenigstens die Taufe als «necessarius ad salutem» bezeichnete.[ae] Konnte doch auch das Tridentinum[af] nicht umhin, anzudeuten, daß für den Sakramentsempfang selbst allenfalls auch das entsprechende «votum» des Menschen eintreten könne. Die grundsätzliche Entbehrlichkeit des Sakraments darf nun freilich nicht mit Kaehler[ag] mit der «Persönlichkeit des Verhältnisses zwischen Gott und dem sich Bekehrenden» begründet werden, als ob dieses Verhältnis in seiner durch das Sakrament bezeichneten Gestalt ein zweites, unpersönliches wäre, als ob seine Persönlichkeit erst mit seiner Bezeichnung durch das gesprochene Wort anfinge. Aber eben weil es sich hier wie dort doch nur um die *Bezeichnung* des Wortes Gottes handelt, weil das Wort Gottes in dieser *doppelten* Weise unter uns bezeichnet und doch hier wie dort dasselbe eine Wort Gottes ist, weil das Wort auch Sakrament und das Sakrament auch Wort ist, kann eine dieser Bezeichnungen allenfalls auch fehlen, ohne daß der Mensch darum weniger in jener Gemeinschaft mit Gott stünde. Unentbehrlich werden wir ja auch das gespro-

[ae] Art. 9.[66] Die spätere lutherische Dogmatik (vgl. J. W. Baier, Compend. Theol. posit. Jena 1686 III 10,8) machte die merkwürdige Unterscheidung, daß eine «actio Dei extraordinaria» zwar zugunsten ungetaufter Christenkinder, nicht aber zugunsten ungetaufter Juden- und Heidenkinder anzunehmen sei.[67] Die Stellung Luthers selbst entsprach, jedenfalls anfänglich, derjenigen Augustins und der Reformierten.[68]

[af] Sess. VII 1547, can. de sacr. in gen. 4.[69]

[ag] Wissenschaft der christl. Lehre 2. A. 1893 S. 380.[70]

necessaria. III. Nulla etiam sunt ex hypothesi praecepti divini, ita necessaria, necessitate medii, ut si contemptus abfuerit, & impossibilitas privationis causa fuerit, possit aut debeat a participatione salutis arceri, qui visibili elemento non potuit uti.»

[66] BSLK 61,13–62,1: «De baptismo docent, quod sit necessarius ad salutem, quodque per baptismum offeratur gratia Dei ...»

[67] J. W. Baier, *Compendium theologiae positivae* (Jena 1686[1]), Pars III, Cap. 10 § 8, Lipsiae 1750, p.649: «Interim infantes parentum fidelium, baptismo forte privatos, extraordinaria Dei gratia regenerari & salvari credimus: Infidelium autem infantes non baptizatos divino judicio committimus: imo neque invitis parentibus per vim abripere & sic baptizare audemus.»

[68] Vgl. z. B. M. Luther, *Predigt über Mk. 16,14–20* (1522), WA 10/III,142, 17–30.

[69] DS 1604.

[70] M. Kähler, *Die Wissenschaft der christlichen Lehre von dem evangelischen Grundartikel aus im Abrisse dargestellt*, Leipzig 1883[1], 1893[2], 1905[3] (unveränderter Neudruck der 3. Auflage, Neukirchen 1966); das Zitat dort S. 468.

chene Wort nicht nennen. Wer die Kindertaufe bejaht, wird jedenfalls das Gegenteil nicht behaupten können. Es gibt hier wie dort eine «Konkomitanz», ein vollgültiges Eintreten je des einen |438| für das andere, das dann auch die katholische Theorie vom «votum sacramentorum» überflüssig macht.[71] Hängt unsere Gemeinschaft mit Gott nicht an der Art, sondern an der Tatsache seiner Zeichengebung, dann kann sie offenbar noch weniger an unserem Wunsch nach ihr hängen. Wir haben uns, die Kirche hat sich an die ihr anbefohlenen Zeichen zu halten. Sie kann aber mit ihrem Gehorsam der souveränen Verfügungsgewalt Gottes keine Grenzen ziehen wollen. Gott hat in der Kirche wohl uns an sich, nicht aber sich an uns gebunden. Wissen wir wohl, was Predigt und Sakrament sind, sofern sie uns anbefohlen sind, so wissen wir doch durchaus nicht, was Gott über den uns gewordenen Auftrag hinaus als «Predigt» und «Sakrament» seines Selbstwortes allenfalls brauchen und wirksam machen kann. Wir *gehorchen*, indem wir uns an das halten, was uns anbefohlen ist. Wir *glauben* aber an die Wirksamkeit Gottes in dem uns Anbefohlenen, nicht an dessen Eigenwirksamkeit und darum auch nicht an seine absolute Notwendigkeit. Das alles folgt aus der Relativität der beiden Zeichen als solcher ebenso wie aus der Absolutheit des in beiden Zeichen gesprochenen Gotteswortes.

Aber eben darin, daß der Inhalt des Gotteswortes, das in diesen beiden Zeichen Ausgesprochene, das Wort der Gnade an den *ganzen* Menschen ist, eben darin ist auch die *relative* Notwendigkeit des Sakraments begründet. Das Zeichen wäre nicht das göttliche Zeichen, es wäre nicht Verkündigung des fleischgewordenen Wortes des Schöpfers, Versöhners und Erlösers an den ganzen Menschen, wenn es nicht, uns einsichtig oder nicht einsichtig, auch «Sakrament» wäre. (Gerade wie es als göttliches Zeichen sicher auch «Wort» sein muß!) Der archimedische Punkt, wo Gott mir offenbar wird und von wo aus ich es im Gehorsam

[71] Der Begriff «Konkomitanz» bezeichnet die Lehre, daß unter jeder der beiden Gestalten des Abendmahls der ganze Christus gegenwärtig sei. Die alte Kirche lehrte, daß das Verlangen, getauft zu werden, einen Menschen rette, der ohne eigenes Verschulden verstarb, bevor er die Wassertaufe empfangen konnte («baptismus flaminis», DS 741). Das Tridentinum fügte, wenn es die Notwendigkeit des Empfangs der Sakramente betonte, mehrfach hinzu: «aut eorum votum» (DS 1524, 1543, 1604; vgl. auch DS 3869–3872).

wagen muß, mich selbst als begnadigt zu verstehen, muß grundsätzlich Zeichen auch in diesem zweiten, besonderen, prägnanten Sinne sein.

3. Das Geheimnis des Zeichens

Wir haben uns bereits daran erinnert, daß die altkirchliche Sprache das Sakrament gerne als *Mysterium* bezeichnete. Mysterium ist der paradoxe Begriff der verborgenen und gerade so offenbaren Wahrheit, der Inbegriff der Gnadenwahrheit, der schlechterdings nur für sich selbst redenden Wahrheit. Es gehört zu ihrem Wesen, daß sie der Verkennung, dem Ärgernis, der Entweihung ausgesetzt |439| ist, daß sie unter denen, die sie kennen und lieben, und besonders von denen, die sie zu verkündigen haben, gehütet werden muß. Nur ihre Offenbarung in der Verborgenheit, in indirekter Mitteilung[72], in der Verhüllung, ihre Offenbarung für den Glauben, ist *ihre* Offenbarung. Das Wort Gottes im Zeichen kann keine andere Enthüllung Gottes bedeuten als eine solche, die auch und gerade seine Verhüllung ist. Gott hört nicht auf, auch und gerade indem er uns sein Zeichen gibt, Gott zu sein, und wir hören nicht auf, verlorene Sünder zu sein. Es bleibt freie Gnade, daß sein Wort im Zeichen zu uns gesprochen, im Zeichen von uns vernommen wird. *Das* große christliche Mysterium oder Sakrament ist die Fleischwerdung des Wortes in Jesus Christus. Wer hier am Gekreuzigten vorbeisehen wollte, wie sollte der hier den Auferstandenen sehen? Und wer hier einen Anderen als den Gekreuzigten verkündigte [vgl. 1. Kor. 2,2], wie sollte der den Auferstandenen verkündigen? Das ist das Geheimnis, das hier gehütet werden muß. Die Versuchung aller christlichen Verkündigung ist die Versuchung des *Verrats* am Geheimnis, die Versuchung, zur direkten Mitteilung, d. h. zur mehr oder weniger gewaltigen Predigt eines unverborgenen Gottes überzugehen. Wer wollte nicht lieber theologus gloriae als theologus crucis sein? Schon aus Menschenfreundlichkeit, um von der Bequemlichkeit nicht zu reden. 99 Prozent von dem, was heute von den Kanzeln auch der Reformationskirchen als «Evangelium» sich vernehmen läßt, ist unter irgend einem Vorwand und in irgend einer Wendung theologia gloriae. Aber die Aufgabe der Verkündi-

[72] Der Begriff «indirekte Mitteilung» geht zurück auf S. Kierkegaard, *Einübung im Christentum*, Gesammelte Werke, hrsg. von H. Gottsched und Chr. Schrempf, Bd. IX, Jena 1912, S. 110–131.

gung des in seiner Verborgenheit offenbaren Gottes bleibt und wird irgend einmal wieder begriffen werden müssen. Im Zeichen ist uns Gott enthüllt. Eben das Zeichen ist aber auch seine Verhüllung. – Zweierlei ist hier in Bezug auf das Sakrament zu bedenken.

Einmal ergibt sich von hier aus ein dritter Gesichtspunkt zur Beleuchtung der relativen Notwendigkeit des Sakraments. Geheimnis ist das Wort Gottes auch in der mündlichen oder schriftlichen Verkündigung. Verhüllung ist ja auch das menschliche Wort, das des göttlichen Wortes Zeichen ist. Aber wenn das menschliche Wort sein einziges Zeichen wäre, dann bestünde keine Sicherung gegen die Gefahr, daß die Unendlichkeit der Welt des geschaffenen Logos, dessen Sphäre jenes angehört, verwechselt wird mit der Ewigkeit des Wortes Gottes. Der geschaffene Himmel ist so hoch und schön, daß er wohl mit dem Himmelreich, die Unsterblichkeit der Seele ist eine so tiefe Wahrheit[73], daß sie wohl mit der Auferstehung der |440| Toten verwechselt werden kann. Dem Wort des menschlichen Geistes eignet eine Gewalt, die es immer in Versuchung bringt, sich selbst verabsolutierend, direkt mitteilen statt bezeugen wollend, am Kreuz vorüberzueilen. Erliegt es dieser Versuchung, dann ist es zum Verräter des Wortes Gottes geworden. Das Sakrament ist die Schranke, die hier das Geheimnis und damit die göttliche, die heilvolle Wahrheit hütet. Und es ist merkwürdigerweise gerade seine Naturseite, seine Eigenschaft als sinnliches Zeichen, in der es uns an das Kreuz Christi erinnert. Indem im Sakrament dem menschlichen Geist die herbe Wirklichkeit gegenübertritt, indem wir in der Taufe gegenüber allem, was wir über Gott, Welt und Mensch zu wissen und sagen zu können meinen, einfach ins Wasser gestoßen und wieder herausgezogen sind, im Abendmahl Brot zu essen und Wein zu trinken bekommen, wie sie nicht ohne Opferung der Kreatur einfach für uns da sind, – indem hier stumm und gerade so beredt die Natur aufsteht gegen alles Zerdenken und Zerreden der Wahrheit und uns auf den Anfang zurückwirft, von allem Erkennen auf jenes große Erkanntwerden [vgl. 1. Kor. 13,12], hütet und ist offenbar das Sakrament das Geheimnis Gottes, das eigentliche erste und letzte Wort, das nur er sagen will und kann. Wo bleibt alle direkte Mitteilung durch unser Belehren, Beteuern,

---

[73] Vgl. Barths Erwägungen über die Unsterblichkeit der Seele in: Unterricht II, S. 356–358.

Überzeugen oder auch Begeistern, wenn dieses primitive Geschehen im Vollsinn *auch* Wort Gottes ist? Dieses Geschehen wirft offenbar auch unser Reden auf ein demütiges Bezeugen zurück. Die Natur im Sakrament, die wirklich auch Zeichen, Wort Gottes im Zeichen sein will neben dem, das wir uns gegenseitig zurufen können und sollen, ein Wort Gottes, das wir ihr nicht nachsprechen, das wir nur hören, sehend hören können, ist Erinnerung an das noch ganz anders Unaussprechliche, nur durch und für sich selber Sprechende, das über allen Zeichen ist und durch alle Zeichen sprechen will. Das ist das Eine, was über das Geheimnis im Zeichen zu sagen ist.

Das Andere bedeutet eine Schranke nun auch des Sakramentes. Der Verrat könnte auch gerade von der entgegengesetzten Seite kommen. Ein «gläubiger Realismus»[74] könnte nun das Heft in die Hand nehmen wollen. Die Verwechslung könnte nun darin bestehen, daß eine allzu wirklichkeits- und objektivitätsfrohe Theologie die unendliche Welt der geschaffenen *Physis* für die Ewigkeit des fleischgewordenen Wortes hielte und uns jenen Einbruch der *Natur* im Sakrament als direkte Mitteilung, als Gegenwart und Wirkung eines unverborgenen Gottes verständlich und einleuchtend |441| machen wollte. Der angebliche «Vorreformator» Wiclif ist nicht der Erste und nicht der Letzte gewesen, der der Christenheit jauchzend verkündigen wollte, daß alles Sichtbare, das uns umgibt, recht verstanden, nichts anderes als eben Sakrament, sichtbares Zeichen des unsichtbaren Gottes sei.[ah] Was bedeutet solcher Pan-Sakramentalismus anderes als die Profanation des Geheimnisses nach der physischen Seite? Wenn jede Kreatur realiter Sakrament ist, dann ist das Sakrament jedenfalls nicht mehr Mysterium, dann ist es auch Gott selbst nicht mehr, dann ist er enthüllt als der tiefere Sinn, den

---

[ah] «Non enim video quin quaelibet creatura sensibilis sit realiter sacramentum quia signum a Deo datum, institutum, ut rem sacram invisibilem significet.» Zitiert aus Hagenbach, Dogmengesch. 6. A. S. 410.[75]

[74] «Gläubiger Realismus» ist der Titel eines Vortrags, den P. Tillich am 9.7.1927 in Hannoversch-Münden hielt. 1928 folgte an mehreren Universitäten ein weiterer Vortrag «Über gläubigen Realismus». Beide Vorträge sind abgedruckt in: P. Tillich, *Main Works / Hauptwerke*, hrsg. von C. H. Ratschow, Vol. IV, Berlin / New York 1987, S. 183–192 und S. 193–211.

[75] K. R. Hagenbach, *Lehrbuch der Dogmengeschichte*, Leipzig 1888⁶. Dort fehlt das Wort «datum», und statt «invisibilem» heißt es «insensibilem».

wir jederzeit und überall in der Wirklichkeit und in dem wir selbst die Wirklichkeit zu schauen vermögen. Dann warten wir nicht seiner Offenbarung, dann wartet er unserer Erkenntnis. Das wahre Sakrament aber ist beschränkt, und gerade so hütet es und ist es das Geheimnis Gottes. Gerade nicht die geschaffene Physis als solche ist wahres Sakrament, sie so wenig wie der geschaffene Logos als solcher, sondern hier hat, der Souveränität Gottes unbeschadet, Aussonderung stattgefunden. Und nun wird hier der menschliche *Geist* zur Erinnerung an das Kreuz, an die Verborgenheit Gottes auch und gerade in seiner Offenbarung. Menschliche Gedanken, menschliche Worte müssen nun im Dienste des Wortes Gottes diese und diese Zeichen als solche bezeichnen und auszeichnen: das Untergetauchtwerden im Wasser der Taufe als Zeichen unseres Sterbens und Auferstehens mit Christus, das Essen und Trinken von Brot und Wein des Abendmahls als Zeichen unserer Erhaltung durch seine Hingabe, durch seinen Gang zum Vater. Das ist Gottes Wort in der Natur, das und nichts sonst. Das inmitten einer profanen, ja dämonischen Wirklichkeit, die zu heiligen keineswegs in unser Gutdünken und Vermögen gelegt, unserer Tiefenschau[76] und Deutungskunst anvertraut ist. Inmitten aller sonstigen Wirklichkeit entspricht der Einzigkeit Gottes, entspricht der Einzigkeit der Fleischwerdung seines Wortes und der Ausgießung seines Geistes die Einzigkeit des Sakramentes. Erinnerung an unsere Schranken findet also statt und will bedacht sein auch nach dieser Seite. Es ist ein wohlgemeinter Unfug, wenn man meint, das Sakrament damit begründen und empfehlen zu können, daß es ja so schön und einleuchtend in einer Reihe mit allen möglichen anderen in der Natur vorfindlichen oder |442| durch die Kultur aufgerichteten Symbolen stehe. Das Sakrament ist freilich Symbol, aber wie kann man es mit anderen Symbolen in einem Atemzug nennen oder von ihnen aus erklären wollen, wenn man auch nur einen Augenblick bedenkt, wessen Symbol es ist? Mit aller Schärfe muß hier gesagt werden: das mit anderen Symbolen, und wären es die tiefsinnigsten und ehrwürdigsten, in eine Reihe gestellt, das als *eine* «sinnhaltige» Angelegenheit neben anderen behandelte Sakrament ist nicht mehr Sakrament[ai], wie Jesus Christus, in die Reihe der religiösen Persönlichkeiten

---

[ai] Seltsamerweise muß das alles nicht etwa nur gegen die Theologen des Ber-

[76] Die Herkunft des Ausdrucks konnte nicht nachgewiesen werden.

416

gestellt und als eine Epoche der Religions- und Weltgeschichte beurteilt und gewertet, nicht mehr Jesus Christus ist. Was hat unsere Erkenntnis von allerlei Sinngehalten mit einem uns von Gott gegebenen Zeichen zu tun? Die Schranke, die das Geheimnis hütet und die man nicht umlegen soll, besteht darin, daß das uns von Gott gegebene Zeichen ein ausgesondertes Zeichen ist, und dazu sind Taufe und Abendmahl in ihrer selbstherrlichen Einzigkeit und Einsamkeit dem Zeichen des Wortes zugeordnet, damit auch es sich verstehe als sakramentales Wort, das nicht Alles und Jedes, sondern etwas ganz Bestimmtes zu sagen hat.

Zusammengefaßt: in der Härte der Wirklichkeit, aber in der Härte der als Wahrheit bestimmten Wirklichkeit kommt das Wort Gottes zu uns. In dieser Härte ist es Mysterium. Und darum auch seine Zeichen: das Sakrament *und* die Predigt, die das wahre Sakrament neben sich hat.

---

neuchener Buches[77], nicht etwa nur gegen Zwingli[78], sondern auch gegen die Ausführungen des Cat. Rom. II 1,4[79] bemerkt werden.

[77] *Das Berneuchener Buch. Vom Anspruch des Evangeliums auf die Kirchen der Reformation*, hrsg. von der Berneuchener Konferenz, Hamburg 1926. Die Not der evangelischen Kirche wird hier u. a. zurückgeführt auf die frühe und gründliche Verkümmerung der in der Reformation gewonnenen neuen «Symbolkraft der Verkündigung und des Gottesdienstes» (S. 50). In den reformierten Kirchen sei es «zu einer Verständnislosigkeit für die Symbolkraft der Form überhaupt» gekommen (S. 51). Es gelte, den Gleichnischarakter alles Irdischen wieder zu entdecken. «Der menschliche Leib ... wird zum Gleichnis, zu dem Hinweis auf den in der irdischen Wirklichkeit wirkenden Gottesgeist ... In gleicher Weise kann jedes menschliche Werk und jeder natürliche Rahmen unseres Daseins, Geschlecht, Stand, Volk, Staat und alle Verbundenheitskreise, in denen wir stehen oder stehen können, zum durchscheinenden Gleichnis für eine höhere Ordnung des Lebens werden» (S. 102). Die «Symbolkraft der Kreatur» sei dem Glauben «anschaulich» (S. 103).

[78] Möglicherweise denkt Barth hier an eine Stelle wie die in H. Zwinglis *De vera et falsa religione commentarius* (1525), CR 90 (= Huldreich Zwinglis sämtliche Werke, Bd. III), Leipzig 1914, S. 758, Z. 15ff., wo Zwingli, zunächst anknüpfend an eine Begriffsbestimmung von M. Terentius Varro, vorchristliche und außertheologische Bedeutungen von «Sakrament» erörtert: «Sacramentum› *Varroni* pignus est, quod litigantes nescio ad quam aram deponabant; et qui vicisset, pignus aut pecuniam suam repetebat. Rursus ‹sacramentum› iusiurandum est, qui usus vocabuli etiamnum apud vulgum *Galliarum* et *Italiae* durat. Postremo dicitur et ‹sacramentum militare›, quo milites duci adstringuntur ad imperium eius, iuxta belli ius aut leges.» (Hinweis von Prof. Dr. J. F. G. Goeters.)

[79] Ed. cit., p. 238s. Dort wird der Begriff des sakramentalen Zeichens in einen allgemeinen Zeichenbegriff eingeordnet.

417

4. Die Kraft des Zeichens

Der Catechismus Romanus definiert[aj] das Sakrament als «res sensibus subjecta, quae ex Dei institutione sanctitatis et justitiae tum significandae *tum efficiendae* vim habet». So wie diese Formel lautet, haben wir keinen Anlaß, ihr zu widersprechen. Der Berner Synodus von 1532 sagt an sich dasselbe, wenn er[ak] erklärt, «dieser kilchen Sacrament sind nit bloße zeychen, sunder zeychen *und heymlich krafft* Gottes miteinander». Ebenso Calvin: «*Et* verum de Christi communicatione testimonium afferunt, *et* hoc |443| ipsum quoque exhibent ... quod promittunt.»[al] Ebenso die reformierte Dogmatik des siebzehnten Jahrhunderts: Die Sakramente sind «organa, per quae Deus operatur».[am] Mit dem allem ist nun freilich notorisch etwas anderes gemeint als in der scheinbar gleichlautenden Formel des Catechismus Romanus. Aber bevor wir darauf eintreten, lohnt es sich, den Sinn jener Übereinstimmung festzustellen. Darüber kann der Streit nicht gehen, ob dem Sakrament darüber hinaus, daß es als Zeichen beschrieben wird, auch eine Kraft, ein «efficere» zuzuschreiben sei. Die «signa nuda, vacua et inefficacia», die man der reformierten Sakramentslehre so oft zugedichtet hat[83], haben, streng

[aj] II 1,6.
[ak] cap. 20 Müller S. 45,25ff.[80]
[al] Instit. IV 14,7, vgl. 17.[81]
[am] Syn. pur. Theol. Leiden Disp. 43,30.[82]

[80] Die Hervorhebungen sind, wie auch beim vorigen Zitat, von Barth.
[81] Inst. IV, 14,7: «Quum vero de praepostero sacramentorum usu loquitur, nihilo plus illis tribuit quam frigidis et inanibus figuris, quo significat, utcunque impii ac hypocritae sua perversitate divinae gratiae in sacramentis effectum vel opprimant, vel obscurent, vel impediant, id tamen minime obstare, quominus ubi et quoties Deo placet, et verum de Christi communicatione testimonium afferant, et hoc ipsum quoque exhibeat praestetque spiritus ipsius Dei quod promittunt.»
[82] *Synopsis* ..., a.a.O.: «Finis Sacramentorum proprius est, ut obsignent fidelibus promissionem Euangelii, & fidem confirment, quoniam, ut verbum, ita Sacramenta sunt organa, per quae Deus operatur & movet corda credentium. Accidentalis autem finis et minus proprius est, ut sint testificatio pietatis in Deum, charitatis in proximum, & publicae professionis tesserae, Ecclesiam ab infidelibus discernentes.»
[83] Vgl. *Synopsis purioris theologiae*, Disp.43,29 (ed.cit., p.595): «Ab utrisque» – gemeint sind die Katholiken und die Lutheraner – «calumniam patimur, quasi signa nuda, vacua, & prorsus inefficacia statueremus ...» So formuliert z.B. J.A. Quenstedt, *Theologia didactico-polemica, sive systema theologicum*, P.IV,

genommen, nie anderswo existiert als in der aufgeregten theologischen Phantasie der katholischen und lutherischen Polemiker, nicht einmal in den Schriften Zwinglis und nicht einmal in der hyperzwinglianischen Kundgebung der Ostfriesen von 1528.[an] Und auch darüber herrscht Einverständnis, daß diese Kraft der Sakramente irgendwie als Gotteskraft zu verstehen sei. Erst wenn wir nun weiterfragen: inwiefern Gotteskraft?, stoßen wir noch heute unvermeidlich auf das unerledigte und vielleicht nie zu erledigende Dilemma oder vielmehr Trilemma der Väter. Ist diese Kraft Gottes zu verstehen als die Kraft des *Glaubens* des das Sakrament empfangenden Menschen? Oder als die Kraft des gespendeten *Sakraments* an sich und als solchen? Oder aber jenseits dieses Gegensatzes als die Kraft *Gottes* schlechthin, aus der der Glaube des Menschen nur entspringen und sich nähren kann durch das Sakrament, wie umgekehrt auch das Sakrament ihr nur dienen, d. h. aber ihr den Glauben weckendes und stärkendes Zeichen sein kann? Man kann es auch so ausdrücken: es fragt sich, ob sich das «efficere» erschöpfen soll in dem «significare»?, oder ob das «significare» aufgehen soll in dem «efficere»?, oder ob das die Aufgabe einer christlichen Sakramentslehre an dieser Stelle ist, das «significare» und das «efficere»[ao] ohne Verwirrung und Vermischung beider Begriffe dialektisch aufeinander bezogen zusammenzudenken. Wir haben von der zwinglischen, der katholisch-lutherischen und der calvinischen Lösung des Problems gesprochen.

Aber bevor wir auf diese Streitfrage eintreten können, haben wir zu überlegen, inwiefern denn überhaupt von einer Kraft, einem «efficere» des Sakraments gesprochen werden kann. – |444|

Jedenfalls kann es sich dabei nicht um eine dem Zeichen sozusagen von Hause aus, kraft seines natürlichen Wesens, eigene Gottesmächtigkeit handeln. Die Zeichen, durch die Gott redet und als Redender

[an] Müller S. 930ff.[84]
[ao] Wozu doch auch die Formel des Cat. Rom. eigentlich einzuladen scheint!

cap. 3, sect. 2, Vol. IV, Wittebergae 1701[4], p. 81, die «'Αντίθεσις Calvinianorum, statuentium, Sacramenta esse nuda signa significantia gratiae divinae, vel jam ante collatae, vel postmodum conferendae ...»

[84] *Bekenntnis der ostfriesischen Prädikanten* von 1528, BSRK, 930–935. S. 931, 28–32: «Dat 11. Artikel. – Dat avontmael des heren dient tot gedenckenisse des heren, verkündige syns doets, so lange dat he lijflijken wederkompt. Item te betugen den gelove, welcke gelove is dat rechte enige eten unde drincken des vleys ende des bloets Christi. Het dient mede totter broderliker liefden.»

wirkt, haben freilich auch eine immanente Mächtigkeit, zu der ihre Gotteskraft in bestimmter Beziehung steht. Nicht zufällig und willkürlich ist gerade das Wasserbad der Taufe und die Speisung und Tränkung mit Brot und Wein im Abendmahl das Sakrament. «Si enim sacramenta quamdam similitudinem earum rerum quorum sacramenta sunt, non haberent, omnino sacramenta non essent.»[ap] Diese «similitudo» besteht in der Bedeutsamkeit, in der die Taufe als Wasserbad vom Sterben und Auferstehen des Menschen mit Christus, das Abendmahl als leibliches Essen und Trinken vom Empfang seiner Gerechtigkeit und Heiligkeit reden kann. Weil Wasserbad, Essen und Trinken das sagen können, darum sind sie im Sakrament gebraucht als «tabula picta», als «carnale spectaculum», als «speculum», darum können sie sich zur Predigt verhalten wie das Siegel zu einer Urkunde.[aq] Das ist ihre «Symbolkräftigkeit».[87] Aber nicht diese ihre Symbolkräftigkeit als solche ist ihre Gottesmächtigkeit. Nicht kraft des immanenten Sinngehaltes von Wasserbad, Essen und Trinken, «non quia tales inditae sunt dotes naturis rerum»[ar], sind sie Sakrament. Jene elementaren Geschehnisse haben freilich «analogiam cum re coelesti .... neque tamen per analogiam illam sunt sacramenta».[as] Wer also etwa die Mächtigkeit, die die alte Kirche speziell in der Taufe erkannt hat, suchen wollte in der Mächtigkeit des phy-

[ap] Augustin, Ep. 98,9.[85]
[aq] Calvin, Instit. IV 14,5,6.[86]
[ar] Calvin, Instit. IV 14,3[88]; vgl. Syn. pur. Theol. Leiden Disp. 43,23.
[as] Coccejus, Summa Theol. Amsterdam 1669 S. 532.[89]

[85] A. Augustinus, *Epistolae* 98,9; MPL 33, col. 364.
[86] Inst. IV, 14,5: «Sacramenta vero et promissiones afferunt clarissimas, et hoc habent prae verbo peculiare, quod eas veluti in tabula depictas nobis ad vivum repraesentant. ... Siquidem vir fidelis, dum oculis sacramenta obversantur, non in illo carnali spectaculo haeret; sed illis quos indicavi analogiae gradibus ad sublimia mysteria quae in sacramentis latent pia consideratione assurgit.» IV, 14,6: «Aut si dicamus specula in quibus gratiae Dei divitias, quas nobis elargitur, contemplari liceat ...»
[87] Vgl. oben Anm. 77.
[88] Inst. IV, 14,3: «Non quia tales inditae sunt dotes naturis rerum quae in sacramentis nobis proferuntur: sed quia in hanc significationem a Deo signatae sunt.»
[89] J. Coccejus, *Summa theologiae ex scripturis repetita*, Amsterdam (1662) 1669, S. 359: «Sacramenta quid? ... Ex se sunt terrestres, στοιχεῖα τοῦ κόσμου, habentes analogiam cum re aliqua coelesti, a qua pendent benedictiones Dei ... Neque tamen per analogiam illam sunt sacramenta: nisi accedat verbum.»

sisch-psychischen Erlebnisses jenes dem Menschen plötzlich widerfahrenden dreimaligen gänzlichen Untergetauchtwerdens in das kühle, flüssige Element, in der besonderen Erdenhaftigkeit und Todesnähe dieses Vorgangs, dem wäre zu sagen, daß Luther sicher auch dem antik-christlichen Denken viel näher war, wenn er vom Taufwasser an sich ohne alle Rücksicht auf seine Symbolkräftigkeit gesagt hat, es sei «nicht ander Wasser, denn damit die Magd kochet und mag wohl eine Badertaufe heißen»[at]. Ein Blick in Feuerbachs «Wesen des Christentums»[91] mit seiner Verherrlichung eben des Wassers als der wahren Kraft des vermeintlichen Sakramentes müßte eigentlich einem Blinden |445| zeigen, auf welche Wege man sich begibt, wenn man heute die alte Sakramentslehre von der Naturmystik aus meint verstehen oder auch bereichern und verbessern zu können. Einer der an Spekulationen dieser Art auch seine Freude gehabt hat, Tertullian, hat sich, als er in seiner Schrift über die Taufe im besten Zuge war, dieser Freude zu frönen, alsbald selbst mit der wohlangebrachten Warnung zum Schweigen gebracht: «Vereor ne laudes aquae potius, quam baptismi rationes videar, congregasse.»[au] Das Lob des Wassers, so angebracht es an sich sein mag, ist eben wirklich nicht identisch mit einer Begründung der Taufe. Das Stattfinden jener augustinischen «similitudo», jener Analogie göttlicher Wahrheit in der geschaffenen Wirklichkeit, könnte eben an sich ebensowohl eine Einladung zum Götzen- wie zum Gottesdienst sein. Es könnten auch die Dämonen, die στοιχεῖα τοῦ κόσμου sein, die uns da ihre Zeichen geben. Trotz ihres natürlichen Sinngehaltes müssen die Geschehnisse, die als göttliche Zeichen sprechen sollen, genau so wie die menschlichen Worte dazu geheiligt, sie müssen, wie Calvin bezeichnend sagt, erst «beschrieben» («inscriptae») werden, wie rohes Silber zur gültigen Münze erst geprägt werden muß. Sie bedürfen einer «nova

---

[at] Gr. Kat. E. A. 21.131ff.[90]
[au] De bapt. 3.[92]

[90] BLSK 695,21–23.
[91] L. Feuerbach, *Das Wesen des Christentums*, Kritische Ausgabe, hrsg. von K. Quenzel, Leipzig o. J. (1904), S. 45: «Ich setze in der Tat und Wahrheit an die Stelle des unfruchtbaren Taufwassers die Wohltat des wirklichen Wassers.» Vgl. K. Barth, *Ludwig Feuerbach*, in: ZZ, Jg. 5 (1927), S. 11–33, bes. S. 13.
[92] Q. S. F. Tertullianus, *De baptismo*, MPL I, col. 1310f.

forma, ut inciperent esse quod prius non erant».[av] Sie *sind* nicht «in hanc significationem signatae», sie müssen es erst *werden*.[aw]

Von hier aus erledigt sich nun auch die moderne Frage nach der religionsgeschichtlichen Originalität der christlichen Sakramente. Nichts ist theologisch verständlicher, als daß von *solcher* Originalität *nicht* gesprochen werden kann. Initiations- und Lustrationsriten und kultische Mahlzeiten aller Art gehören, wie man heute weiß, zum stehenden Inventar der religiösen Erscheinungswelt, in der auch das Christentum (das Wort ist nicht umsonst Fleisch geworden) in aller Relativität seinen bestimmten Ort hat. Auch in geschichtlicher Hinsicht kann die Mächtigkeit des Sakraments nicht in der «Natur» der Zeichen und Riten gesucht werden. Es gehört zum Geheimnis des wahren Sakraments, daß es, auf seine «Natur» gesehen, nichts aufweist, was nicht in den sogenannten anderen Religionen auch vorkommen könnte und teilweise tatsächlich vor-|446|kommt. Wie denn die menschlichen Zeugen der Offenbarung auch keine eigene, neue Sprache gesprochen, nicht einmal eine eigene, neue Weltanschauung vorgetragen haben. Es ist sehr instruktiv, daß wiederum der Berner Synodus[ax] nach der Feststellung, daß die Sakramente «nit Ceremonien und kilchengepreng syen», fortfährt: «Also *bitten* wir den allmechtigen, das er by uns die übung der Sakramente zu einem waren göttlichen handel *mache* und *nit* ein menschenwerk *blyben* lasse.»[94] Diese Qualifizierung der bewußten «Übung»: daß aus dem, was zunächst ein «Menschenwerk» ist, ein «göttlicher Handel» werde (allgemein gesagt: die Verabsolutierung des «Christentums» zur Offenbarungswahrheit), ist offenbar eine Sache, um die gebetet werden muß und die letztlich nur im Gebet behauptet, d. h. auftragsgemäß verkündigt werden kann. Denn wie kommt es dazu? Wie werden *diese* Zeichen aus der unübersehbaren Reihe der anderen Zeichen herausgehoben als «Gottes Wort im Zeichen»? Offenbar, allgemein gesagt, nur durch das mächtige Wort Gottes selber. «Accedit Verbum ad elemen-

---

[av] Instit. IV 14,18. «fiunt quae antea non fuerunt», wird trotz der scheinbaren gefährlichen Nähe zum katholischen Transsubstantiationsdogma sogar in Zürich bekannt (Conf. Helv. post. cap. 19, Müller S. 207, 11).

[aw] Instit. IV 14,3.[93]

[ax] cap. 19, Müller S. 44,15ff.

[93] Siehe oben Anm. 88.

[94] Hervorhebungen von Barth.

tum et fit sacramentum, etiam ipsum tamquam visibile verbum.»[ay] Was heißt «accedit Verbum»? Was heißt das, daß das Wort das Element zum Sakrament macht und also die dem Element als solchem transzendente Kraft des Zeichens als Zeichen ist? Darauf ist sachgemäß eine dreifache Antwort zu geben.

1. Zum kräftigen Zeichen wird dieses und dieses natürliche Geschehen «Dei institutione», kraft seiner *Einsetzung* dazu durch Gottes Willenserklärung. «Laß äußerlich Ding sein, als es immer kann, da stehet aber Gottes Wort und Gebot, so die Taufe einsetzet, gründet und bestätiget. Was aber Gott einsetzet und gebeut, muß nicht vergeblich, sondern eitel köstlich Ding sein, wenn es auch dem Ansehen nach geringer denn ein Strohhalm wäre.»[az] Wie das Wort der Predigt dadurch Gottes Wort wird, daß es im Gehorsam gegen Christus gesprochen ist, so wird hier das elementare Geschehen dadurch Sakrament, «verbum visibile», daß es im Gehorsam gegen denselben Christus geschieht, der als das fleischgewordene Wort der Prototyp beider, des Predigtwortes und des Sakramentes, ist. Daß es in diesem Gehorsam geschieht, das ermißt sich aber hier wie dort an seinem Verhältnis zu dem biblischen Zeugnis von Gottes Wort. Christus, der seine Jünger nicht nur predigen, |447| sondern auch taufen heißt, Christus, der also auch das Sakrament «einsetzt», ist der Christus der Propheten und Apostel. Also nicht der von diesem Zeugnis abstrahierte «historische Jesus». Diese unmaßgeblich konstruierte Größe ist hier wie anderweitig theologisch belanglos. Der die Sakramente eingesetzt hat, ist der Kyrios, den wir nicht κατὰ σάρκα kennen [2. Kor. 5,16], sondern im Geiste durch das Zeugnis des Wortes seiner Berufenen. Uns genügt die Feststellung, daß der Christus des Paulus und der Synoptiker die Sakramente tatsächlich eingesetzt *hat*. *Welche* Sakramente? Daß ihrer «probabili quadam ratione»[ba] gerade

---

[ay] Augustin, In Joann. tract. 80,3.[95]
[az] Luther, Gr. Kat. E. A. 21,129.[96]
[ba] Vgl. z. B. Cat. Rom. II, 1,12.[97]

[95] CChrSL 36, 529,5–7.
[96] BSLK 692,17–24.
[97] Ed. cit., S. 248: «(Qu. 12 Cur nec majori nec minori numero sacramenta concludantur?) Cur autem neque plura, neque pauciora numerentur, ex iis etiam rebus, quae per similitudinem a naturali vita ad spiritualem transferuntur, probabili quadam ratione ostendi poterit.»

sieben, nicht mehr und nicht weniger sein müssen, wie die katholische Kirche seit dem dreizehnten Jahrhundert offiziell gelehrt hat[bb], das scheinen jedenfalls noch Cyprian, Ambrosius und Augustin, noch Cyrill von Jerusalem und Johannes Damascenus weder im Neuen Testament gefunden noch sonst gewußt zu haben, und noch der franziskanische Scholastiker Alexander von Hales († 1245) hat Taufe und Abendmahl als von Christus eingesetzte Sakramente von Firmelung, Beichte und letzter Ölung, von Priesterweihe und Ehe jedenfalls unterschieden wissen wollen.[bc] Soll aber die Einsetzung durch Christus entscheiden, dann gehören jene anderen Einrichtungen, wie es auch mit ihrem sonstigen Recht stehen möge, überhaupt nicht in diese Reihe. Ihre Einbeziehung, um von den unzähligen sogenannten Sakramentalien der katholischen Kirche nicht zu reden, steht zu jenem das Sakrament aufhebenden *Pan-Symbolismus* in derselben fatalen Beziehung wie die katholische Gleichordnung von Schrift und Tradition zu der *historistischen* Verflüchtigung der Offenbarung. Wir haben allen Anlaß, uns der radikalen Ordnung, die die Reformation auch in dieser Hinsicht geschaffen hat, anzuschließen und also nur von diesen zwei Sakramenten zu reden.

2. Zum kräftigen Zeichen wird dieses und dieses natürliche Geschehen durch das es begleitende *gesprochene Wort der Kirche*. Wir sagten schon: das menschliche Wort muß, wie es selber durch das sichtbare Zeichen eingeschränkt wird, nun auch seinerseits jenem einschränkend und eben damit prägend, bezeichnend, auszeichnend gegenübertreten, damit dieses Sakrament, Gottes Wort im Zeichen, werde. Die «*forma sacramenti*» hieß dieses Moment des Begriffs in der alten Kirchensprache. Nach katho-|448|lischer[bd] und lutherischer[be] Auffassung ist darunter speziell und ausschließlich der vom fungierenden Priester oder Pastor rezitierte biblische Text der Einsetzungsworte zu verstehen. Es be-

---

[bb] Conc. Lugd. II 1274.[98]
[bc] Hagenbach, Dogm. Gesch. 6. A. S. 406.
[bd] Conc. Florent. 1439 Decr. pro Armen.[99]
[be] J. W. Baier, Comp. Theol. posit. III 8,8.[100]

[98] DS 860.
[99] DS 1321.
[100] J. W. Baier, op. cit., p. 609s: «*Forma* sacramenti est verbum institutionis, actioni circa elementum sensibile occupatae addendum. ... Verbum, inquam, non *promissionis*, quod ad fructum aut effectum sacramenti spectat; sed *institutionis*, quod constitutionem sacramenti omnino ingreditur.»

424

deutet demgegenüber doch ein sachgemäßeres Verständnis, wenn die reformierte Schule bei dem «Accedit Verbum» über den Text der «Einsetzungsworte» hinaus an das «verbum praedicatum» oder «concionale» überhaupt denken wollte.[bf] Die Rezitation der biblischen Worte schafft's eben nicht, die Analogie zu einer «magica incantatio» (Calvin) muß ausgeschlossen sein, das von der Kirche verantwortlich *aufgenommene* und *verkündigte* biblische Zeugnis ist das konsekrierende Wort. «Non quia dicitur, sed quia creditur» hat jedenfalls schon Augustin selber sein «Accedit Verbum» kommentiert.[103] Also: dann und da, wo es von der «viva vox evangelii»[104] begleitet ist, ist das Sakrament konsekriertes, kräftiges Sakrament im Unterschied zu einem bloßen «kilchengepreng».

3. Zum kräftigen Zeichen wird dieses und dieses natürliche Geschehen in der *Aktualität der göttlichen Selbstoffenbarung* gegenüber dem Empfänger des Sakraments. Die seit dem Ketzertaufstreit des dritten Jahrhunderts feststehende katholische Anschauung muß auch die unsrige sein, daß diese Aktualität hier so wenig wie bei der Predigt gebunden ist an die religiöse und moralische Würdigkeit des menschlichen Spenders der Sakramente. Der Glaube und Gehorsam des Dieners am Worte kann seine Kraft auch hier so wenig schaffen, wie sein Unglaube und Ungehorsam sie zerstören kann. Der Hörer und Empfänger steht

---

[bf] Calvin, Instit. IV 14,4[101]; vgl. Syn. pur. Theol. Leiden, Disp. 43,10.[102]

[101] Inst. IV, 14,4: «Verbum enim intelligere debemus, non quod sine sensu et fide insusurratum, solo strepitu, velut magica incantatio, consecrandi elementi vim habeat; sed quod praedicatum intelligere nos faciat quid visibile signum sibi velit.»

[102] Ed. cit., p. 588: «Hoc sensu si quis verba institutionis *operatoria* vocet ..., non multum repugnabimus; si quis, inquam, elementi in Sacramentum conversionem, hac phrasi tantum intelligat; dummodo simul agnoscat, esse etiam *verbum concionale*, ad veram Sacramenti rationem necessarium; quo intelligimus verbum praedicatum & creditum.»

[103] CChrSL 36, 529,9–11: «Unde ista tanta uirtus aquae, ut corpus tangat et cor abluat, nisi faciente uerbo, non quia dicitur, sed quia creditur?»

[104] Vgl. A. Adam, *Lehrbuch der Dogmengeschichte*, Bd. II, Gütersloh 1968, S. 282, Anm. 51: «Die heute gebräuchliche Formulierung ‹viva vox evangelii› stammt mittelbar aus Luthers Schrift ‹Ad librum Ambrosii Catharini›, 1521 (WA 7, S. 722,3) vocali et publica voce Evangelii in Verbindung mit S. 721,21 exegit, ut ... Evangelium doceret viva voce).» Vgl. ähnliche Stellen WA 3,250,4f.; 7,526,13–16; 10 I/1, 625,14–20; 10 I/2, 204,18–22; 12,259,8–13; 12,275,5–15. Zur Geschichte des Begriffs «viva vox» in der alten Kirche vgl. oben S. 91, Anm. 71.

und fällt seinem Herrn.[bg] Wiederum haben wir uns aber von der katholischen Anschauung zu trennen, wenn nach ihr von einer Wirksamkeit des Sakraments «ex opere operato», kraft des äußerlich korrekt vollzogenen und von keinem inneren Widerstand («obex») begleiteten Empfangs die Rede sein soll.[bh] Wie sollte die menschliche Willigkeit und der äußerliche Vollzug dieses Geschehens auf Seiten des Empfängers hier eine Bedeutung haben, die der persönlichen Qua-|449|lifikation des Spenders mit Recht abgesprochen wird? *Gottes* Kraft, die hier allein Bedeutung haben kann, ist Gottes freies Geschenk. Darum suchen wir die Aktualität, in der das Zeichen kräftiges Zeichen ist, jenseits des menschlichen Spenders *und* Empfängers, in der Aktualität der göttlichen Selbstoffenbarung. Des freien Zeugnisses des *heiligen Geistes* ist hier zu gedenken. Er redet und er hört in der Predigt, er gibt und er empfängt auch in den Sakramenten. Er macht ihren Vollzug kräftig in der Spendung und im Empfang. «Sacramenta ... munere suo tum rite demum perfungentur, ubi interior ille magister Spiritus accesserit». Denn «penes illum agendi virtus residet».[bi] Mit anderen Worten: Die göttliche *Einsetzung* des Sakraments darf *nicht nur* laut des biblischen Zeugnisses von [vor] 1900 Jahren in Palästina vollzogen sein, sie darf sich *nicht nur* darin vollziehen, daß dieses Zeugnis in der Kirche heute und hier aufgenommen und verkündigt wird, sie muß sich am Empfänger selbst in actu vollziehen, damit die Handlung, auch die von Christus befohlene, auch die von der viva vox evangelii begleitete Handlung gotteskräftig sei. Im Blick auf jenes vollendende «accedere» des heiligen

---

[bg] «Sic ergo quos baptizavit ebriosus, quos baptizavit homicida, quos baptizavit adulter, si baptismus Christi erat, Christus baptizavit. Non timeo adulterum, non ebriosum, non homicidam, quia columbam attendo, per quam mihi dicitur: hic est qui baptizat!» (Augustin, In Joannem Tract. 5,18[105]); vgl. Conc. Trid. a.a.O. can. 12[106]; Melanchthon, Apologie IV, 3.[107]

[bh] Conc. Trid. a.a.O. can. 6–8.[108]

[bi] Calvin, Instit. IV 14,9.[109]

[105] CChrSL 36, 51,29–52,34.

[106] DS 1612.

[107] BSLK 234,11–24 (Apologie VII,3), u.ö.

[108] DS 1606–1608.

[109] Inst. IV, 14,9: «Caeterum munere suo tum rite demum perfunguntur, ubi interior ille magister spiritus accesserit, cuius unius virtute et corda penetrantur, et affectus permoventur, et sacramentis in animas nostras aditus patet.»

Geistes gewagt, aber auch unter den damit ausgesprochenen Vorbehalt gestellt, ist das Sakrament wahres Sakrament. Seine Wahrheit ist wie die Wahrheit des Predigtwortes jeden Augenblick und jedem Einzelnen gegenüber von Gott selbst abhängig. Gottes einsetzende Kraft kann dem Einzelnen zum Gericht werden, das Zeugnis des heiligen Geistes kann ihn, statt daß es ihn zum Glauben und zum Gehorsam erweckte, zur Linken stellen, es kann ihm zur Verstockung dienen. Gnade wäre nicht Gnade, wenn wir Gott gegenüber anders dran wären, und nicht von einem Mittel der Gnade würden wir reden, wenn wir nicht auch hier der freien göttlichen Erwählung als des eigentlichen Geheimnisses im Geheimnis gedenken müßten. Es gibt aber keine Kraft des Sakramentes, die nicht so oder so die Kraft dieser letzten, verborgenen Einsetzung wäre. Ist sie der Kirche verheißen, so heißt das doch nicht, daß sie an die Kirche gebunden wäre, daß die Kirche über sie verfügen könnte. Sondern noch einmal: die Kirche ist an *sie* gebunden. Sie ist Gottes Werk in jedem Augenblick und in jeder Anwendung kirchlichen Handelns, wie die Existenz der wahren Kirche selber in jedem Augenblick Gottes Werk, Gottes freie und freibleibende Gnade ist. Der Geist weht, wo er will [vgl. Joh. 3,8]. «Ubi et quoties Deo placet» *gibt* der Geist, was die Zeichen verheißen.[bj] Und nochmals: um dieses |450| vollende Wehen des Geistes und damit um das konsekrierende accedere des Wortes zum Element überhaupt muß gebetet, es kann letztlich nur im Gebet und gar nicht theoretisch behauptet werden.[bk] Genau so, wie es sich bei der Verkündigung durch das Wort auch verhält. Man kann also keineswegs, wie man oft in ganz verkehrter Apologie des Sakraments sagen hört[111], von der Subjektivität der Predigt zur Objektivität des Sakraments flüchten, als ob dessen Kraft nicht ebenso wie die der Predigt allein verbürgt wäre in der Subjektivität ohnegleichen, auf die wir geworfen sind, wenn

[bj] Calvin, Instit. IV 14,7.
[bk] Vgl. zu diesem Zusammenhang zwischen sakramentaler Wirklichkeit und *Gebet* auch Gregor v. Nyssa, Orat. Catech. 33f., bes. 34: τὸ δὲ προηγεῖσθαι τὴν διὰ τῆς εὐχῆς κλῆσιν τῆς θείας οἰκονομίας περιουσία τίς ἐστιν τῆς ἀποδείξεως τοῦ κατὰ θεὸν ἐπιτελεῖσθαι τὸ ἐνεργούμενον. Wobei Gregor nicht vergißt, zu erläutern, daß wir nicht um der Kraft unseres Gebetes, sondern um der in sich selbst feststehenden göttlichen Verheißung willen, aber eben *im* Gebet, an diese Wirklichkeit glauben.[110]

[110] Gregor von Nyssa, *Oratio Catechetica magna*, MPG 45, col. 85.
[111] Vgl. z.B. die oben S. 408, Anm. 56, zitierten Ausführungen von H. Stephan.

wir uns wirklich auf den heiligen Geist angewiesen wissen, als gäbe es hier eine Gewißheit, die anders als im Gebet und also menschlich geredet in der ganzen Not der Ungewißheit Gewißheit sein könnte. Wie sollte es der Würde des Wortes und des Sakramentes Eintrag tun, wie sollte nicht vielmehr gerade das ihre eigentümliche Würde bezeichnen, wenn wir ihre Kraft nur als eine solche verstehen können, um die immer wieder gebetet werden muß? Eben unter diesem Vorbehalt verstehen wir sie im strengsten Sinn als Gottes *eigene*, in der ganzen Aktualität seines Lebens und seiner Offenbarung immer wieder von ihm zu spendende und zu empfangende Kraft, als Kraft der Gnade im ernsthaften, nicht im katholischen Sinn dieses Wortes.

5. Der Glaube, das Zeichen und Christus

Wir kommen zum Schluß, zu der großen historischen Kontroversfrage in der Sakramentslehre. Es brauchte vielleicht nach allem Vorangegangenen gar nicht erst ausdrücklich ausgesprochen zu werden, daß der Sinn der Kämpfe, die besonders im sechzehnten Jahrhundert um unseren Gegenstand ausgefochten worden sind, wahrlich nicht der unchristliche, unnötige und bedauerliche Zank um theoretische Subtilitäten gewesen ist. Was damals die Kirchen der Reformation in der bekannten, uns Nachfahren zunächst so rätselhaften Weise auseinandergeführt hat, das ist doch der Exponent eines Ringens um das Verständnis der Offenbarung gewesen, dessen |451| Verschwinden der christlichen Neuzeit weniger das Zeugnis einer tieferen und ernsthafteren Einsicht in die Probleme als das eines Versandens und Erlahmens ihrer geistlichen Bewegtheit ausstellen dürfte. Die Zeit ist vielleicht nicht mehr fern, wo es uns nicht mehr verborgen sein wird, daß die Frage, um die es damals gegangen ist, notwendig war und als eine notwendige unter diesem oder unter einem anderen Vorzeichen auch von uns aufgenommen werden muß.

Man pflegte von «elementum» und «forma» zu unterscheiden die «*res*», «materia» oder «substantia sacramenti». Wer wirkt hier? Oder, wenn darüber Einverständnis herrscht, daß Gott hier wirkt, inwiefern ist Gott hier kräftig, ist Christus im Sakrament gegenwärtig und tätig? Im *Glauben* an seine Gegenwart im Zeichen? Oder in dem dem Glauben gegebenen *Zeichen*? Oder in beiden, weil entscheidend jenseits von beiden? An dieser Stelle scheiden sich die Wege in der schon vorhin beschriebenen, ebenso deutlichen wie lehrreichen wie folgenschweren Weise.

1. Jesus Christus ist nach *Zwingli* im Zeichen insofern gegenwärtig und tätig, als die Austeilung und der Empfang des Zeichens Ausdruck unseres Glaubens bzw. des gemeinsamen Glaubens der Kirche an ihn ist. Die Taufe ist der Bekenntnisakt, den die christlichen Eltern als Erben der göttlichen Verheißung vollziehen. Das Abendmahl ist die kirchliche Gedächtnisfeier des Todes Christi. Sofern dieses Bekennen und Gedenken unseres Glaubens stattfindet, «fidei contemplatione», ist Christus wirksam, wenn wir ihn, seinem Befehle getreu, in diesen seinen Sinnbildern betrachten und ehren. Sakramentsfeier bedeutet nach Zwingli ein «testimonium publicum ejus gratiae, quae cuique privato prius adest». Daß das Sakrament uns etwas gebe oder bringe wie das Predigtwort, ist einfach und unzweideutig in Abrede zu stellen. Der Geist Gottes braucht keine sinnlichen Vehikel. Er redet unmittelbar zum Menschen. Wir haben ihn immer schon. Wir betätigen ihn nur, wenn wir das Sakrament im Glauben begehen, und eben diese Betätigung als Bestätigung und insofern als Bestärkung unseres schon vorhandenen Glaubens ist nach Zwingli der Wert der Sakramente.[bl] Offenbar als getreuer Nachfolger Zwinglis hat A. E. Biedermann[bm] geredet, wenn er die objektive Wirkung des Sakraments in der ethischen Wirkung der begangenen heiligen Handlung als solcher ge-|452|sucht hat, sofern das sinnbildlich in ihr Dargestellte auf den inwendigen Menschen

---

[bl] Vgl. seine abschließende Darlegung in der Fidei ratio 1530, Müller S. 86ff.[112]
[bm] Dogmatik 1. A. 1869 § 927.[113]

[112] Die zitierten Stellen: BSRK 87,48 und 86,47f.

[113] A. E. Biedermann, *Christliche Dogmatik*, Zürich 1869, § 927, S. 732: «Die *objektive Wirkung* der Handlung ist keinerlei unmittelbare Heilswirkung im Menschen, wie eine solche einzig dem im Glauben angeeigneten Heilsprincip selbst zukommt; sie ist vielmehr eine rein durch die *ethische* Wirkung der begangenen heiligen sinnbildlichen Handlung auf das Glaubensleben des an ihr Theilnehmenden *vermittelte:* d. h. sie hat ihre reale Wirkung darin, wie das sinnbildlich in ihr Dargestellte durch den eigenen Act der Theilnahme an der Feier seines Sinnbildes auf den inwendigen Menschen zurückwirkt: im christlichen Heils- und Gemeinschaftsleben kräftigend und fördernd, wo sie mit Andacht, d. h. mit einem auf seine Bedeutung concentrirten Bewußtsein, – abstumpfend, wo sie ohne Andacht, – verstockend, wo sie heuchlerisch begangen wird.»

zurückwirke, wenn er mit Andacht, d. h. mit einem auf die Bedeutung des Sinnbilds konzentrierten Bewußtsein an der Feier teilnehme. Und auf derselben Linie finden wir offenbar H. Lüdemann[bn], wenn er die gnadenzueignende Wirkung der Sakramente bestimmt «als psychologisch vermittelte Einwirkung des in ihnen objektiv bezeugten Gemeinschaftsglaubens auf den Einzelnen, durch welche seine Empfänglichkeit für die seinem eigenen Geistesleben immanente Wirksamkeit des göttlichen Geistes aufgeschlossen und stets von neuem angeregt wird».

Man wird, bevor man hier Abstand nimmt, auch das in dieser Lehre vertretene positive Anliegen hören müssen. Die Feier des Sakraments ist jedenfalls wie die Predigt auch ein menschliches Handeln und insofern jedenfalls auch ein Symbol des Glaubens der Kirche und ihrer einzelnen Glieder. Daß der Glaube im Sakrament eine Tat des Gedächtnisses und des Bekenntnisses Christi vollzieht und daß er in solcher Betätigung sich selber bestätigt und bestärkt, das ist auch wahr. Calvin hat bei sehr energischer Ablehnung des Zwinglianismus als zweite untergeordnete Bedeutung der Sakramente doch auch das anerkannt, daß wir in ihnen unsere «pietas tam coram Deo et angelis quam apud homines testamur»[bo], und wenn das Tridentinum[bp] die Ansicht mit Recht abwehrt, als ob damit alles gesagt wäre, so hat doch auch der Catechismus Romanus[bq] eben dieser Seite der Sache sogar merkwürdig ausführliche Worte gewidmet. Mißlich und gefährlich ist nicht das, was Zwingli und die Zwinglianer sagen, sondern das, was sie nicht nur nicht sagen, sondern mit dem gewissen frostigen Pathos des reinen Spiritualismus leugnen zu müssen meinen. Ist der Mensch, der hier das Sakrament feiert, nicht

[bn] Dogmatik II 1926[114] S. 602.
[bo] Instit. IV 14,1, vgl. 13.
[bp] a.a.O. can. 6.[115]
[bq] II 1,7.[116]

[114] H. Lüdemann, *Christliche Dogmatik*, Bd. II: *System christlicher Dogmatik*, Bern/Leipzig 1926.
[115] DS 1606.
[116] Ed. cit., p. 244s.: «... Sed quarta etiam causa accedit, cur sacramentorum institutio necessaria videri possit: ut scilicet notae quaedam, et symbola essent, quibus fideles internoscerentur; cum praesertim nullus hominum coetus queat, ut etiam a D. Augustino traditum est, sive verae sive falsae religionis nomine, quasi unum corpus coagmentari, nisi aliquo visibilium signorum foedere conjungantur. ... Sacramentis enim fidem nostram in hominem conspectu profiteri, et notam facere videmur ...»

doch letztlich mit sich selbst allein, wenn die Kraft des Zeichens, die Kraft Christi, keine andere ist als die Kraft seines Glaubens, d. h. die Kraft seiner Andacht, seiner Konzentration auf das Sinnbild des kirchlichen Glaubens? Ist das Zeichen, dessen Kraft nur diese ist, wirklich ein uns gegebenes, ein von fremder Hand uns gegenüber aufgerichtetes Zeichen? Wird durch dieses Zeichen noch zu uns geredet? Ist hier nicht der Charakter des Gegenstandes des Glaubens eben als unaufhebbarer Gegenstand bedroht? Und inwiefern soll er |453| dann sein [scil. des Zeichens] überlegener Ursprung sein? Inwiefern kann und darf dann anders als rhetorisch von einer *Gotteskraft* des Zeichens gesprochen werden? Ist hier nicht die Frage nahegelegt, ob nicht das uns begegnende Wort Gottes überhaupt im letzten Grunde unser eigenes Wort sein möchte? Oder inwiefern soll etwa ein significare, das wirklich gar kein efficere außerhalb unseres eigenen Glaubens sein sollte, einen Gegenstand haben? Auf welchen Ursprung wird hier etwa gezeigt als zurück auf den zeigenden Menschen selbst, auf seine Andacht, auf die «seinem eigenen Geistesleben immanente Wirksamkeit des göttlichen Geistes»? «Gratia quae cuidam privato prius adest»! Ist das nicht die Beschreibung einer eschatologischen Möglichkeit, der vollendeten Gemeinschaft mit Gott in der ewigen Seligkeit? Oder aber – wenn es das nicht ist, sondern eine Beschreibung des Christenstandes in der Zeitlichkeit – eine allzu sichere, allzu unbußfertige christliche Rede? Ebenso unermüdlich wie ermüdend hat Zwingli Luther entgegengehalten, der Geist sei es, der lebendig macht, das Fleisch sei nichts nütze [Joh. 6,63][117], ohne auch nur einmal zu bedenken, daß der menschliche Geist, das christliche Predigtwort und das gläubige Herz des Christen, auf das er (statt wie Luther auf den Mund) durchaus verweisen wollte, doch auch Fleisch sind. Und daß jener johanneische Gegensatz ein wenig radikaler als so gemeint sein könnte. Würde Zwingli Christus wirklich, wie er vorgab, im Himmel, aber eben nicht im geschaffenen, sondern im ungeschaffenen, nicht im geistigen, sondern im geistlichen Himmel gesucht haben, an dem überlegenen Ort jenseits des relativen Gegensatzes von «geistig» und «leiblich», so hätte er auf seine Gegenwart im Glauben

---

[117] Vgl. *Huldreich Zwinglis sämtliche Werke*, Leipzig 1905ff., Zürich 1982, Bd. III (CR 90), S. 782,23–784,20; Bd. IV (CR 91), S. 823,12–825,24; Bd. V (CR 92), S. 789,3–12. 959,14–969,32; Bd.IV/2 (CR 93/2), S. 181,7–189,22 u. ö.

und nur im Glauben unmöglich so unverwüstlich pochen und er hätte
das relative Recht der katholisch-lutherischen Ansicht unmöglich so
völlig (so bis zum Verrat am Geheimnis des Sakraments, wird man sa-
gen müssen) verkennen können, wie er es getan hat.|

Und nun kann nicht genug beachtet werden, von wo aus *Calvin* die
zwinglische Sakramentslehre angegriffen und abgelehnt hat. Es war die
Überlegenheit seines Gottes- und Gnadenbegriffes, die ihm jene Verwechslung des Geistlichen mit dem Geistigen und darum auch jenes
triumphierende «adest» ganz unmöglich machte. Calvin hat gewußt,
was er tat, er hat es im Unterschied zu Zwingli nicht spiritualistisch gemeint, wenn auch er, der katholisch-lutherischen Anschauung gegenüber, das «Suchet, was droben ist!» [Kol. 3,1] geltend gemacht hat.[118] Er
hat gewußt, daß Christus, so gewiß er durch den Glauben in unseren
Herzen wohnt, aus guten Gründen |454| nie so in unserem Glauben
aufgeht, daß die Erkenntnis des Glaubens eine Art Selbstgespräch des
Menschen würde. Er hat gewußt, daß der Mensch auch als Glaubender,
ja gerade als Glaubender, Anlaß hat zu dem Schrei: «Ich glaube, lieber
Herr, hilf meinem Unglauben!» [Mk. 9,24][br] Der Ausdruck dieses Wissens war bei ihm das Sehen und die Anerkennung der Wirklichkeit des
Sakraments als eines uns wie die Predigt unzweideutig gegebenen Zeichens und darum einer freilich unseren Glauben angehenden und in ihn
eingehenden, aber ihm grundsätzlich transzendenten, vorangehenden
sakramentalen Gegenwart und Tätigkeit Christi. Lassen wir uns von
Zwingli sagen, daß die Gegenwart und Tätigkeit Christi im Sakrament
allerdings eine Gegenwart und Tätigkeit für unseren Glauben ist und
eine Gegenwart und Tätigkeit in unserem Glauben in sich schließt. Wie
sollte Gottes Kraft im Zeichen kräftig, wie sollte sein Wort zu uns gesprochen und von uns vernommen, wie sollte Christus gegenwärtig
und tätig sein, wenn nicht für unseren Glauben und in unserem Glauben? Aber wenn nun der christliche Glaube der Glaube derjenigen sein

[br] Instit. IV 14,7.

[118] Vgl. Inst. IV, 17,36: «Nam ut Christum illic rite apprehendant piae animae,
in coelum erigantur necesse est. ... Nec alia causa institutum olim fuit ut ante con-
secrationem populus alta voce admoneretur habere sursum corda. Ipsa quoque
scriptura, praeterquam quod Christi ascensionem diligenter nobis enarrat, ...
mentibus sursum erigi iubet, et ipsum in coelo quaerere sedentem in patris dexte-
ra (Col. 3,1).»

sollte, «die ihnen selbst um ihrer Sünden willen mißfallen und doch vertrauen, daß dieselben ihnen verziehen und die übrige Schwachheit mit
dem Leiden und Sterben Christi bedeckt sei, begehren auch je mehr und
mehr ihren Glauben zu stärken und ihr Leben zu bessern»[bs], dann ist er
grundsätzlich ein reines Empfangen und gar kein Haben, ein Hören der
Stimme Gottes und nicht der eigenen Stimme, dann gibt es echt und
recht und gerade für den Glauben allein interessant einen durch das
Sakrament wie durch die Predigt zu bezeugenden Gegenstand und Ursprung des Glaubens. Dann sind das Wort, die Gnade, Jesus Christus
nicht gleichsam eingeschlossen und gefangen im Glauben. Unser Glaube ist eingeschlossen und gefangen in Christus, aber nicht umgekehrt.
Daß *Christus* uns im Glauben gegenwärtig, durch den Glauben in uns
tätig ist, nicht daß *wir* glauben, macht ihn zur Gemeinschaft mit Gott.
Zuerst und entscheidend ist Christus *für* den Glauben gegenwärtig und
tätig, dann und insofern erst auch *im* Glauben. Das gilt vom Wort. Das
gilt auch vom Sakrament. Daß es zwei Sakramente gibt und gerade diese
zwei, könnte von hier aus verständlich werden: zuerst und entscheidend die Taufe, das Zeichen der Gnade *für* den Glauben bei völliger
Verborgenheit der Gnade *im* Glauben. Dann das Abendmahl, das Zei-
chen der Gnade *im* |455| Glauben, die doch gerade durch dieses Zeichen
besonders sprechend selber als Gnade *für* den Glauben bezeichnet ist.
Der zwinglische Glaubenssakramentalismus, der in der Abendmahls-
gnade nur die Gnade *im* Glauben sehen wollte und der folgerichtig die
Taufgnade wegen ihrer Verborgenheit als Gnade *im* Glauben umdeuten
mußte in den Glauben der christlichen Eltern, dürfte ein Mißverstehen
des Sakraments und doch auch ein Mißverstehen des Glaubens bedeuten. Wir haben allen Anlaß, dies gerade im Jubiläumsjahr des Marburger Gesprächs offen und ohne alle reformierten oder gar deutschschweizerischen Prestige-Rücksichten auszusprechen.[120]

[bs] Heid. Kat. Fr. 81.[119]

[119] BSRK 705,8–11.
[120] Vom 12.–14.9.1929 fand in Marburg/Lahn eine Gedächtnisfeier des Religi-
onsgesprächs zwischen Luther und Zwingli statt. Eingeladen hatten die Landes-
kirchenregierung von Hessen-Kassel, die theologische Fakultät der Philipps-
Universität und der Magistrat der Stadt Marburg. Aus dem In- und Ausland kamen etwa 200 Gäste, nur die meisten lutherischen Kirchen aus Deutschland hatten abgesagt. In der Einladung hieß es: «Der Geburtstag der Konfessionen innerhalb des Protestantismus gibt in der gegenwärtigen kirchlichen Lage erneuten

2. Umgekehrt bedeutet nun nach der *katholischen* Lehre die Gegenwart des Zeichens insofern die Gegenwart Jesu Christi, als das konsekrierte Element als solches wesentlich nicht mehr Element, sondern Jesus Christus selber ist.[bt] Wie vorhin ganz subjektiv, so ist die Gnade nun ganz objektiv geworden. Wie bei Zwingli das significare das efficere, so hat nun das efficere das significare verschlungen. «Continent gratiam et ipsam digne suscipientibus conferunt», kann nun von den Sakramenten gelehrt werden.[bu] Nun wird die Anschauung vom «opus operatum» möglich und notwendig. Nun gibt es eine Gnadenmitteilung, die mit dem Geschenk des Glaubens nichts zu tun hat, die weder für

---

[bt] «Benedictione etiam *natura* ipsa *mutatur*» (Ambrosius, De myst. 9,50[121], vgl. 52[122/123]; «... panem et vinum ... *substantialiter converti* in carnem et sanguinem Christi ... non tantum per signum et virtutem sacramenti, sed et proprietate naturae et veritate substantiae» (Conc. Rom. VI 1079)[124]; «... *transsubstantiatis* pane in corpus et vino in sanguinem potestate divina» (Conc. Lat. IV 1215)[125].

[bu] Conc. Florent. a.a.O.[126]

Anlaß, uns über Wesen und Einheit des Protestantismus sowie über Recht und Grenze seiner konfessionellen Gliederung bewußt zu werden und die Aufgaben gemeinsamer Arbeit, die sich heute daraus für den Protestantismus ergeben, zu erkennen.» Siehe den Bericht in: RKZ, Jg. 79 (1929), S. 315–317, Zitat S. 315.

[121] *De mysteriis liber unus*, MPL 16, col. 405: «Forte dicas: Aliud video, quomodo tu me asseris quod Christi corpus accipiam? Et hoc nobis adhuc superest ut probemus. Quantis igitur utimur exemplis! Probemus non hoc esse quod natura formavit, sed quod benedictio consecravit: majoremque vim esse benedictione quam naturae; quia benedictione etiam natura ipsa mutatur.» Hervorhebungen von Barth.

[122] Col. 407: «... sermo ergo Christi qui potuit ex nihilo facere quod non erat, non potest ea quae sunt, in id mutare, quod non erant? Non enim minus est novas rebus dare, quam mutare naturas.»

[123] In Barths Handexemplar findet sich hier folgende Glosse: «Vgl. De fide ad Grat. 4,10,124 Enchir. Patr. S. 479!» Ambrosius, *De fide ad Gratianum Augustum libri quinque*, MPL 16, col. 641: «Denique addidit: Caro enim mea vere est esca, et sanguis meus est potus [Io 6,56]. Carnem audis, sanguinem audis, mortis Dominicae sacramenta cognoscis; et divinitati calumniaris? Audi dicentem ipsum: Quia spiritus carnem et ossa non habet [Lc 24,39]. Nos autem quotiescumque sacramenta sumimus, quae per sacrae orationis mysterium in carnem transfigurantur et sanguinem, mortem Domini annuntiamus [1 Cor 11,26].» Die Glosse verrät, daß Barth die Ambrosius-Stelle gefunden hatte in: M. J. Rouët de Journel S. J., *Enchiridion patristicum*, Friburgi 1929[6.7].

[124] DS 700; Hervorhebung von Barth.

[125] DS 802; Hervorhebung von Barth.

[126] DS 1310.

den Glauben noch im Glauben, sondern in hyperphysischer Analogie zu einer physischen Veränderung Ereignis ist.[bv] Nun verleiht der Empfang der Taufe, der Firmung und der Priesterweihe dem Menschen sogar einen «Charakter», d. h. eine der Seele unauslöschlich eingeprägte Disposition, die mit Glauben wiederum gar nichts zu tun hat.[bw] Wir fragen: wo bleibt das Zeichen, sofern ihm sein elementares Wesen genommen sein, sofern ihm dieses das significare überschießende efficere eigen sein soll, sofern es eine Wirkung haben soll, die gar nicht mehr die eines Zeichens, die gar nicht mehr Wort, sondern offenbar direkte Mitteilung seinsmäßiger Vergottung statt zugesprochene Gottesgnade ist? Wo bleibt |456| dann aber das Sakrament in seiner Analogie zur Predigt, in seiner Unterordnung unter das Wort Gottes selber? Wo bleibt dann vor lauter Objektivität das Geheimnis des Zeichens?

Eben diese Frage ist nun aber auch an die Sakramentslehre *Luthers* zu richten. Luther trifft im Ergebnis mit der katholischen Lehre darin zusammen, daß ihm das Gleichnis des sakramentalen Zeichens zur Gleichung, sein significare zum efficere, seine Verheißung zur Erfüllung, kurz das Zeichen zur Sache selber wird. Das «signum promissionis» im Abendmahl ist Christus selbst «in pane et vino».[bx] Das Taufwasser ist «ein gnadenreich Wasser des Lebens»[by], «ein Wasser in Gottes Wort und Gebot gefasset und dadurch geheiligt», «ein Gotteswasser», ein göttlich, himmlisch, heilig und selig Wasser». Nun «hanget der Glaube am Wasser».[bz] Wer das öde Schlagwort «magisch» Luther gegenüber auch angesichts solcher Formulierungen für unangebracht hält, der wird auch der katholischen Lehre gegenüber mit diesem Vorwurf mindestens zurückhalten. Luther hat gezeigt, wie dieser objektive Sakramentsbegriff jedenfalls gemeint sein kann: Ist das uns wirklich gesagte

---

[bv] Conc. Trid. a. a. O. can. 4.[127]
[bw] Conc. Florent. a. a. O.[128]
[bx] E. A. op. lat. var. arg. V 43.[129]
[by] Kl. Kat. E. A. 21,17.[130]
[bz] Gr. Kat. E. A. 21,130ff.[131]

[127] DS 1604.
[128] DS 1313.
[129] Vgl. WA 6, 518,10–23 (*De captivitate Babylonica ecclesiae praeludium*, 1520).
[130] BSLK 516,19.
[131] BSLK 693,33–36; 694,22f.; 696,35f.

und im Glauben gehörte Wort Gottes nur noch Wort? Ist es nicht Gott in Christus selber, ist da noch Ferne, Abwesenheit, bloßes Gezeigtbekommen des Gezeigten? Ist da nicht das Gezeigte selber? Ist nun also Christus nicht das Zeichen, das Zeichen Christus? Das Anliegen, das hier angemeldet wird, ist richtig und wichtig genug. Soll die Erkenntnis des Glaubens kein Selbstgespräch des frommen Menschen sein, ist der Mensch im Glauben nicht mit sich selbst allein, sondern hat er Gott in seinem Wort zum Ursprung und zum Gegenstand, dann muß es wohl so sein, daß ihm Christus in der Tat *im Zeichen* gegenwärtig ist und nicht nur in seinem eigenen Glauben, in dem er dies Zeichen betrachtet. Dennoch: die Frage ist auch an Luther zu richten, wo denn etwa das Zeichen bleiben möchte, wenn es mit dem Bezeichneten und das Bezeichnete mit ihm direkt identisch sein sollte? Und wo dann das Sakrament in seiner Unterordnung unter Gottes Wort selber? Wo befinden wir uns, wenn das Wort wirklich aufhört, bloßes Wort, und der Glaube aufhört, bloßer Glaube zu sein? Wo befinden wir uns, wenn diese Unterscheidung von Zeichen und Sache einfach wegfällt und geleugnet wird, wenn der Inhalt des Wortes, |457| die Gnade, Jesus Christus, einfach im Objekt ohne Beziehung zum Subjekt, ohne Rücksicht auf die Entscheidung des Glaubens vorhanden ist und übermächtig auf uns zukommt?[ca] Ist nicht auch dieser Realismus und Objektivismus, dieses Gleichheitszeichen, dieses Umlegen aller Schranken vom Gegenstand her, ebenso wie sein zwinglisches Gegenspiel, eine Vorwegnahme ewiger Dinge, und wenn es das nicht ist, ein Verrat am Geheimnis nur unter umgekehrtem Vorzeichen, ein Gefangennehmen und Einschließen Gottes ins Objekt, wie wir bei Zwingli von einer Gefangenschaft Gottes im Subjekt reden mußten? Wir werden uns durch das katholische wie durch das lutherische Dogma sagen lassen, daß das significare im Sakrament wahrlich ein efficere, daß Christus wahrlich im Zeichen und nicht nur in unserem Glauben, und zwar grundsätzlich zuerst im Zeichen und dann in unserem Glauben gegenwärtig und tätig ist. Aber eben weil wir uns das sagen lassen, weil wir wissen, daß es ein *göttliches*

[ca] «quod ... vere et substantialiter *adsint* corpus et sanguis Christi et vere exhibeantur cum illis rebus quae videntur, pane et vino, his qui sacramentum accipiunt» (Melanchthon, Apologie IV 54).[132]

[132] BSLK 247,47–248,4 (Apologie X,1 [54]); Hervorhebung von Barth.

efficere und Handeln auch im signum visibile gibt, werden wir die Aufhebung der Unterscheidung von significare und efficere, das Erlöschenlassen des Gleichnisses in einer Gleichung, also die Rede von einem «Gotteswasser» und von einem leiblichen Essen und Trinken Christi nicht mitmachen, werden wir den Ursprung der Kraft des Zeichens nicht in das Zeichen selbst und als solches verlegen, werden wir die sakramentale Gnade nicht an einer anderen Quelle suchen als da, wo Gnade allein zu suchen und zu finden ist. Gewiß nun nicht doch wieder im Glauben selbst, als ob sie nicht darin und so Gnade wäre, daß sie zuerst und vor allem Gnade *für* den Glauben ist. Aber warum nun deshalb im Zeichen als solchem? Warum nicht bei dem, der die Kraft des Glaubens *und* des Zeichens gibt und selber ist? Sollte das lutherische «adsunt» letztlich besser, sollte es weniger eine Verletzung des Gedankens der freien Gnade sein als das zwinglische «adest»? Etwa darum, weil dort eine realistische, hier eine idealistische Philosophie im Hintergrunde steht? Die Kreatur ist im Objekt Gottes so wenig mächtig wie im Subjekt. Sie kann ihm hier wie dort nur dienen. Ihre Unterschiedenheit von ihm kann auch im Akt dieses Dienstes nicht wegfallen. Mit der Unterscheidung fiele das Geheimnis, mit dem Geheimnis der Glaube, mit dem Glauben die Offenbarung, mit der Offenbarung Gott selber. Darum halten wir auch diese zweite |458| Antwort für unzureichend. «Ad ipsum et sacramentorum et rerum omnium autorem surgere et fides et confessio debent.»[cb]

3. Man versteht die Antwort *Calvins* auf die Frage nach der res sacramenti, nach dem Wesen der Gottesmächtigkeit im Sakrament, falsch, wenn man sie als eine Vermittlung zwischen der katholisch-lutherischen und der zwinglischen Ansicht versteht. Ihr Sinn liegt nicht in der Mitte, sondern in der Höhe über der Mitte dieses Gegensatzes. Weder dem Glauben an sich noch dem Zeichen an sich wird hier die sakramentale Gnade zugeschrieben. Beides bedeutet eine Bedrohung des Sakramentsbegriffes und damit des Offenbarungs- und des Gottesbegriffes. Calvin hat beiden Ansichten gegenüber die Majestät Gottes und die Freiheit seiner Gnade geltend gemacht. Sein Thema war hier wie in seiner ganzen Theologie weder das Subjekt noch das Objekt noch ihre Beziehung an sich und als solche, sondern *Gott* als ihre Beziehung.

[cb] Calvin, Instit. IV 14,12.

Darum sprengt seine Sakramentslehre das Schema der Diskussion zwischen dem zwinglischen Idealismus und dem katholisch-lutherischen Realismus. Darum kann er sich bei dem Verständnis des Sakraments als Glaubenssymbol ebensowenig zufrieden geben, wie er sich der Leugnung des Symbolcharakters des Sakraments im Verhältnis zur Gnade selbst anschließen kann. Darum liegt ihm alles an der eben in und mit dem Zeichen dem Glauben *gegebenen Gabe* Gottes, aber eben darum auch alles daran, daß sie dem *Glauben* und daß sie also im *Zeichen* gegeben ist.

Wir fassen die calvinische Lehre, die wir den beiden anderen Möglichkeiten gegenüber für die gute, notwendige und universalkirchliche Lösung halten, zusammen in drei positiven Sätzen.

a) Sakramentale Gegenwart Christi heißt *symbolische* Gegenwart. Man darf an dem Begriff des Symbolischen nicht unter allen Umständen Anstoß nehmen. Bezeichnet er doch keineswegs einen Gegensatz oder auch nur einen geringeren Grad, sondern eben eine bestimmte Form der Wahrheit: die Form des Bedeutens und des Bedeutetseins, die Form der Beziehung zwischen einem Bedeuteten und einem Bedeutenden, die Form des Zeichens mit einem Wort. Wer diese Form grundsätzlich verwerfen wollte, müßte mit dem Sakrament auch die Predigt, ja er müßte den Begriff der Offenbarung überhaupt verwerfen. Daß es auch Symbole der Unwahrheit gibt, ändert nichts daran, daß gerade das Symbol die uns |459| notwendige Form, die Offenbarungsform der Wahrheit Gottes ist. Sakrament, Predigt, Offenbarung überhaupt ist, wie Calvin sagt (und wie es bei der zwinglischen und bei der katholisch-lutherischen Antwort zu wenig bedacht scheint), eine «significatio, quae certa minimeque fallax et adjunctam secum habet veritatem.»[cc] Das Dilemma, daß die göttliche Wahrheitskundgebung entweder in der geistigen Wirklichkeit des Glaubens oder in der leiblichen Wirklichkeit des Zeichens stattfinden und aufgehen müsse, ist falsch, weil vorläufig, rela-

[cc] Calvin, Instit. IV 17,21.[133]

[133] Inst. IV, 17,21: «Quod si humanitus excogitata symbola, quae imagines sunt rerum absentium potius quam notae praesentium, quas etiam ipsas fallaciter saepissime adumbrant, earum tamen titulis interdum ornantur, quae a Deo sunt instituta, multo maiori ratione rerum nomina mutuantur, quarum et certam minimeque fallacem significationem semper gerunt, et adiunctam habent secum veritatem.»

438

tiv, sekundär. Die göttliche Wirklichkeit der Offenbarung ist sui generis, eine Kategorie für sich, in einem umfassenden Jenseits jenes Gegensatzes. Sie ist immer Wahrheit *und* Symbol, Wahrheit *im* Symbol, Symbol der *Wahrheit*, ohne daß in dieser sakramentalen Einheit[cd] der Wahrheitscharakter des Symbols dieses als solches oder der Symbolcharakter der Wahrheit diese als solche aufheben könnte, dürfte oder müßte. Indem das Sakrament das Symbol der Gnade Gottes, aber auch indem es das Symbol des Wassers, des Brotes und des Weines ist, ist Christus gegenwärtig, ist das Sakrament Wahrheit, Gottes Wort im Zeichen.

b) Sakramentale Gegenwart heißt *geistliche* Gegenwart, will heißen: Gegenwart durch den heiligen Geist, in jener Aktualität der göttlichen Selbstoffenbarung, deren wir bereits zur Erklärung des Begriffs der «Einsetzung» zu gedenken hatten. Noch einmal stoßen wir hier auf das große Rätsel und seine Lösung: Gottes Subjektivität, die nicht an uns gebunden ist, die uns an sich bindet. Die sakramentale Einheit, die Einheit von Wahrheit und Symbol, besteht nicht einfach und an sich, sie ist auch den Christen nicht einfach gegeben und verfügbar mit der kirchlichen Einrichtung und Feier der Sakramente. Christus ist zur Rechten Gottes, wir aber sind Menschen und Sünder auch in der Kirche Gottes. Dieser Unterschied und der in ihm begründete Unterschied zwischen Wahrheit und Symbol *ist* nicht, sondern *wird* aufgehoben, und der ihn aufhebt und jene Einheit schafft, ist Gott selber. Durch ihn muß es geschehen, daß wir wie mit Wasser, so auch mit dem heiligen Geist getauft, wie mit Brot und Wein, so auch mit Fleisch und Blut Christi genährt werden. Er selbst ist «canalis, vinculum et nexus», kraft dessen es

---

[cd] «unio sacramentalis», Conf. Helv. post. cap. 19, Müller S. 207,40f.[134]; vgl. Syn. pur. Theol. Leiden Disp. 43,22f.[135] und 44,24.[136]

[134] BSRK 207,40–44: «... sed ideo usurpant signa rerum nomina, quod rerum sacrarum sunt symbola mystica, et signa et res significatae inter se sacramentaliter coniungantur, coniungantur inquam, vel uniantur per significationem mysticam, et voluntatem vel consilium eius, qui sacramenta instituit.»

[135] Ed. cit., p. 592s.

[136] Ed. cit., p. 613: «Haec unio sacramentalis signi cum re signata, non est conjunctio realis & subjectiva, ut quidem somniant, sed σχετική tantum seu relativa, consistens in mutuo illo respectu, quo signum rem signatam credenti ob oculos ponit & obsignat, & res signata a causa principali sub conditione fidei & resipiscentiae praebetur & offertur.»

gleich wahr ist, nein immer wieder gleich wahr werden |460| muß, daß «quidquid Christus est et habet, ad nos derivatur»[ce], wie daß wir zu ihm hinaufgehoben werden[cf], wir, die wir ohne diese Aktualität der Offenbarung, abgesehen vom Wunder des heiligen Geistes, mit leeren Händen oder vielmehr mit einem dann allerdings leeren Symbol in den Händen dastehen müßten. Geistliche Gegenwart heißt also Gegenwart von oben, von Gott her im Ereignis der Offenbarung, im Gegensatz zu allem physischen oder psychischen «adesse», Gegenwart aus freier Gnade, identisch mit jener letzten und entscheidenden Einsetzung des Sakraments durch Christus, die nur im Gebet behauptet und verstanden, die nur verkündigt und geglaubt werden kann.

c) Sakramentale Gegenwart heißt *virtuelle* Gegenwart. Gegenwart *und Tat* Gottes findet statt, wann und wo er sich in seiner Offenbarung zum Sakrament seiner Kirche bekennt. Gottes Tat heißt aber seines Wortes Frucht und Wirkung. Das Zeichen zeigt dann, und das Gezeigte wird dann gesehen im Zeichen. Es geschieht dann Rechtfertigung, und es findet dann statt Glauben. Es geschieht dann Heiligung, und es findet dann statt Gehorsam des Sünders. In der *Verborgenheit*, aber auch in der *Wirklichkeit Gottes*, in der Rechtfertigung und Heiligung, Glaube und Gehorsam «stattfinden». Eben dessen versichert uns das Zeichen. Diesem Stattfinden, diesem Werk Gottes in Christus durch den heiligen Geist gilt sein Zeigen. Von Gott gegebene und darum wahre *Verheißung* dessen, was in und durch Gott Erfüllung ist, ist das Lehren, Mahnen und Trösten der Predigt *und* das Bestärken, Besiegeln und Bewähren des Sakraments. Was sollte gerade das wahre Sakrament (*und* die wahre Predigt!) anderes wirken als solches wahres Zeigen? Und wie sollte dieses Zeigen gegenstandslos sein, wie sollte ihm kein Gezeigtbekommen, wie sollte ihm nicht Erfüllung entsprechen, wenn es wahres

[ce] Calvin, Instit. IV 17,12.[137]
[cf] a.a.O. 31,36.[138]

[137] Inst. IV, 17,12: «Vinculum ergo istius coniunctionis est spiritus Christi, cuius nexu copulamur; et quidam veluti canalis, per quem quidquid Christus ipse est et habet, ad nos derivatur.»
[138] Inst. IV, 17,31: «Longe autem falluntur qui nullam carnis Christi praesentiam in coena concipiunt nisi in pane sistatur. ... Christus praesens illis non videtur nisi ad nos descendat. Quasi vero, si ad se nos evehat, non aeque potiamur eius praesentia.» 17,36 s. oben Anm. 118.

Sakrament, Träger der Gegenwart und Tätigkeit Christi selber ist? Predigt und Sakrament gehen die an, die sie angehen können, die Gottes Wort hören, weil sie ihm gehören, denen durch Predigt und Sakrament gezeigt werden soll, was für sie wahr und wirklich ist, weil erwählende Gnade sie von Ewigkeit her gesucht und gefunden hat.

Hans Michael Müller (1901–1989), der älteste Sohn von Johannes Müller (Elmau)[1], studierte Theologie und Philosophie bei R. Bultmann in Marburg[2], bei Fr. Gogarten und E. Grisebach in Jena und habilitierte sich an der Theologischen Fakultät Jena. Aus seiner Feder erschien im Juli 1928 in den Theologischen Blättern eine Rezension von Barths Christlicher Dogmatik[3], die nicht nur Barths Buch scharf kritisierte, sondern auch einen «giftigen»[4] Angriff auf Gogarten enthielt. Barth schrieb nach der Lektüre sofort an Gogarten: «Magst du mir ein Wort schreiben, wie du wohl zu dem Hans Michael Müller, deinem jenenser Kollegen, stehst, der sich soeben in den Theologischen Blättern so arg weit herauswagt? Ich las seine Sachen bis jetzt immer recht gern, aber die Art, wie er nun dies gemacht hat, dieses Ausspielen von mir gegen dich und dann von Bultmann gegen mich ... scheint mir nun doch ... von einem Mann, der doch sichtlich bisher unser Brot gegessen hat, reichlich ungezogen – wenn nämlich das Gewicht dessen was er selbst zu sagen hat, nachdem er uns Alle in die Tasche gesteckt hat, ihn nicht nachträglich legitimieren sollte.»[5] Gogarten antwortete umgehend: «Ich kann verstehen, daß Dich der Aufsatz von Müller einigermaßen verwundern muß. Die Situation hier in Jena hat sich seit etwa einem Jahr ziemlich gewandelt. Grisebach und ich sind ziemlich auseinander gekommen. Es ist fast unmerklich geschehen. Müller übernahm Grisebachs Fragen und in dem Maß, als ich die Fragen Grisebachs als unfruchtbar erkannte, bin ich auch auf Müllers Fragen nicht mehr eingegangen ... Das hat Müller mir, wie es scheint, übelgenommen, oder es jedenfalls zum Anlaß genommen, sich mir gegenüber selbständig zu machen, bei dem er nicht nur leiblich, sondern auch theologisch so gut wie zu Hause war.»[6]

---

[1] Vgl. unten S. 456f., Anm. 46.

[2] Bw. B.[1], S. 230; Bw. B.[2], S. 226.

[3] H. M. Müller, *Credo, ut intelligam. Kritische Bemerkungen zu Karl Barths Dogmatik,* in: ThBl, Jg. 7 (1928), Sp. 167–176.

[4] So Barth brieflich an R. Bultmann, Bw. B.[1], S. 89; Bw. B.[2], S. 90.

[5] Bw. B.[1], S. 234f.; Bw. B.[2], S. 227f.

[6] Brief von Fr. Gogarten an Barth, 21.7.1928, Bw. B.[2], S. 229f.

Ein Dutzend Briefe zu Müllers Barth-Rezension sind erhalten und
z. T. auch veröffentlicht. Neben Barth und Gogarten äußerten sich auch
R. Bultmann und E. Peterson, G. Merz und der Herausgeber der Theo-
logischen Blätter, K. L. Schmidt.[7]
  Im darauffolgenden Jahr 1929 erschien H. M. Müllers Lutherbuch,
seine umgestaltete Habilitationsschrift.[8] Etwa im August dieses Jahres
dürfte Barth seine «Bemerkungen» dazu niedergeschrieben haben.[9] Er
nahm die Gelegenheit wahr, das Gewicht dessen, was Müller zu sagen
hatte, und also den Hintergrund seiner Kritik zu überprüfen. Spielt der
Titel «Bemerkungen zu …» das Problem eher herunter, so beweist doch
der Umfang der Rezension – 10 Seiten im Erstdruck –, wie sehr Müllers
Einspruch Barth beschäftigte. Auch im ersten Band der Kirchlichen
Dogmatik (erschienen 1932) nahm Barth noch viermal (KD I/1,
S. 20.94.192.206) auf Müllers Lutherbuch und zweimal (S. 235.242f.)
auf seine Rezension der Christlichen Dogmatik Bezug. Später taucht
H. M. Müllers Name in Barths Schrifttum nicht mehr auf.

Was H. M. Müller[a] «bei Luther» bewegt und was er darum in den Mittelpunkt seines Lutherbuches gerückt hat, sind alle diejenigen Äußerungen des Reformators, in denen er, von den Linien seiner exege-
tisch-dogmatischen Darlegungen zuweilen in der Art einer Zwischenre-
de auf einen Moment abbiegend, den warnenden Hinweis ausspricht,
daß diese und diese jeweils zur Diskussion stehende theologische Einsicht (z. B. über das Verhältnis von Gesetz und Evangelium) nur schein-

[a] Erfahrung und Glaube bei Luther, J. C. Hinrichs, Leipzig 1929.

[7] E. Peterson an Barth, 21.7.1928, zitiert in: Bw. B.[1], S. 91 (Bw. B.[2], S. 90),
Anm. 2; R. Bultmann an Barth, 22./23.7.1928, Bw. B.[1], S. 88f. (Bw. B.[2], S. 88f.);
Barth an Bultmann, 24.7.1928, Bw. B.[1], S. 89–91 (Bw. B.[2], S. 90–92); G. Merz an
H. M. Müller, 19.7.1928, und Fr. Gogarten an Merz, 21.7.1928, beide auszugswei-
se in: Bw. B.[2], S. 230f., Anm. 2; Barth an Thurneysen, 5.8.1928, Bw. Th. II, S. 597.
Vgl. auch H. Diem, *Credo ut intelligam. Ein Wort zu Hans Michael Müllers Kri-*
tik an Karl Barths Dogmatik, in: ZZ, Jg. 5 (1928), S. 517–528.
[8] Siehe Anm. a. Vgl. das (unpaginierte) Vorwort zu Müllers dort genanntem
Buch.
[9] G. Merz hatte das Manuskript am 11.9.1929 in Händen (Brief von ihm von
diesem Tag an Barth). Und am 14.9.1929 schreibt Barth an Merz, die letzten 12
Tage seien für ihn «streng angefüllt [gewesen] mit der Erstellung des Elberfelder
Vortrags» («Der heilige Geist und das christliche Leben»; s. unten S. 458ff.).

bar und vorläufig leicht zu gewinnen und auszusprechen, in Wirklichkeit und letztlich aber Sache einer nicht vom Menschen zu antizipierenden, sondern von Gott her fallenden Entscheidung sei.[10] Diese Entscheidung ist negativ vom Menschen her: die Stunde seiner wirklichen und grenzenlosen Anfechtung, das Ende seiner existentiellen Möglichkeiten sowohl wie seiner «Gläubigkeit» bzw. der unheilbare Riß zwischen beiden, zwischen Leben und Lehre – positiv von Gott her: das Kreuz Christi, die Rechtfertigung, die Gabe des Heiligen Geistes, der Glaube, die Offenbarung.[11] Diese Entscheidung, in welcher Glaube und Erfahrung identisch sind, ist systematisch nicht zu erfassen, sie steht in keiner Kontinuität zu unseren Entscheidungen, weil es bei Gott und nur bei Gott steht (und das eben ist Gottes «Verborgenheit», das Dogma der Prädestination), ob und wann und wie sie fallen wird, weil sie jetzt fällt und jetzt nicht fällt, jetzt so und jetzt anders fällt, alles für uns in schlechthiniger Unbestimmbarkeit.[12] Was wir systematisch erfas-

[10] H. M. Müller, a. a. O., S. 42f.: «Das Problem der begrifflich-bildlichen Unterscheidung von Gesetz und Evangelium ist lösbar: facile intellectu, dictu et scriptu. Aber das wirkliche Problem, die praktische Anwendung des so Gelernten in Todesnot, Verfolgung oder Gewissensangst, ist nicht grundsätzlich zu lösen.» – S. 75: «Das Überwinden der Anfechtung kann niemals zur methodischen Voraussetzung gemacht werden. Es bleibt Gott vorbehalten. Die Offenbarung, nicht die Christologie, überwindet jene nie grundsätzlich lösbare Antinomie unseres Lebens.»
[11] S. 43f.: «Der Gegensatz zu Lehre und Predigt, wie wir sie meinen, sind demnach die Augenblicke der absoluten Haltlosigkeit und des wirklichen Haltes, wo das sündhafte Leben *entweder* ganz in sich zusammenbricht *oder* vom heiligen Geist aus jenem Mißverständnis der Verkündigung herausgerissen wird. Der Hinweis auf den Riß zwischen Lehre und Leben vermittelt niemals den Widerstreit von Unglaube und Glaube selbst, sondern ‹verheißt› ihn.» – S. 147: «... die Verheißung des Glaubens ist erfahrbar nur unter Erfahrungen, die in jeder Hinsicht wider die Existenz sind.» – Zum Stichwort «Gläubigkeit» vgl. S. 159–176: *«Die klare Unterscheidung von Verheißung und Offenbarung, Gläubigkeit und Glaube ist der Richtpunkt in Luthers Theologie»* (S. 161). Zu den positiven Aussagen vgl. S. 2.28.40.
[12] S. 132: «... ist der Glaube die Erfahrung alles dessen, was Gottes Verheißung uns zusagt ...» S. 88: *«Jede systematische Fassung der Offenbarung (auch als Paradoxie!) entstammt dem Wesen des Menschen und rechtfertigt dieses Wesen ‹existenziell›, d. h. aus sich selbst.»* – S. 103: «Die ‹Prädestination des Glaubenden› betrifft ... den unberechenbaren Tageslauf, sofern nur in ihm die praktische Absurdität der Inkarnation zur Entscheidung kommt.» – S. 196: «Die wirkliche Ungewißheit des Menschen zeigt ihr Angesicht erbarmungslos da und dann allein, wenn im Alltag unterschiedlich-unbestimmbar die Anfechtung uns überfällt.»

444

sen, ist unsere eigene Existenz und die ihr gegebene «absurde» Verheißung, aber eben darum weder unsere Sünde noch unser Glaube, weder unser wirkliches Angefochtensein noch die wirkliche Offenbarung und Gewißheit.[13] Diese ist in Bibelauslegung, Predigt und Theologie (Christologie) zu verkünden, aber nicht zu begründen oder eben nicht anders zu begründen denn in Form des Hinweises auf sie.[14] Sie ist «in Rechnung zu ziehen», auf sie ist «Be-|562|zug zu nehmen.[15] Sie ist dem Menschen in ihrer ganzen Absurdität, als «Mysterium absconditum» an Hand vergangener (Bibel und Lebenserfahrung) und im Blick auf künftige Erfahrung anzukündigen.[16] Sie ist aber nicht zu «erschließen», nicht zu «vermitteln», nicht zu «überliefern».[17] Daß wir es in ihr nicht mit einem der lösbaren und gelösten Probleme «bei Luther» (wie z. B. die Distinktion zwischen «Erfahrung» und «Erfahrung»)[18], sondern mit dem ungelösten und prinzipiell unlösbaren Problem «für Luther selbst»[19] und für alle Theologie zu tun haben, daß es in der Predigt und in der Theologie nur um *Verheißung* und nicht um Offenbarung gehen

[13] S. 191: «Das praktisch absurde Geschehen der Offenbarung ist aber mit dem Bekenntnis zu seiner logisch absurden Verheißung niemals schon mitgesetzt.» – S. 34: «Nicht der Begriff von einem geoffenbarten Wesen der Sünde, nur die kontingente Erfahrung kann uns die Sünde offenbaren.»

[14] S. 119: «Die Predigt ist als Vermittlung der Verheißung ... gerade nicht schon ‹Überlieferung› der Offenbarung ..., sondern sie ist *Hinweis auf das Geschehen der Offenbarung.*» – S. 83: «Das ist das Wunder dieses Sieges, daß, wer an Jesus Christus ... glaubt, allem Tode entnommen ist ... Luther trägt kein Wort der Begründung oder Interpretation vor – denn ‹solches mus gegleubet werden ...›»

[15] A. a. O., S. 148.152–156.161f.170.187 u. ö.

[16] S. 99: «Die Kontingenz derselben [der Offenbarung], *das mysterium absconditum ist systematisch nicht zugänglich, weil Sache der Erfahrung.*» – S. 169f.: «Die beschreibende Auslegung der Schrift interpretiert die Erfahrung anderer auf Grund der Erinnerung an eigene Erfahrung. Indem sie von *vergangener Erfahrung* erzählt, handelt sie von der ewigen Verheißung. ... Die Paränese zum Glauben aber, die bei Luther der Sache nach die Auslegung abschließt, verweist ausdrücklich auf die verheißenen Früchte *zukünftiger Erfahrung ...*»

[17] S. 91f.: *«Nach Luther ist die Verheißung in Gläubigkeit tradierbar, die Offenbarung, die Entscheidung des Glaubens selbst, niemals und nirgends.»* – S. 119: «Die vielgenannte ‹objektive Grundlage› von Luthers Kirchenbegriff schließt gerade alle existenziell-magische Tradierung des Glaubens aus!» Vgl. S. 147.188 u. ö.

[18] Vgl. insbesondere das Kapitel «Luthers Bezugnahme auf Erfahrung überhaupt», S. 152–185.

[19] S. 5: «... was ist das Problem der Erfahrung nicht nur *bei Luther,* sondern *für Luther selbst?*» Vgl. S. 37.61.101 u. ö.

kann, eben darum, weil es in der Verheißung um *Offenbarung* und nicht um irgend ein einsichtig zu machendes Seinsverständnis des Menschen geht, daß der Predigt und der Theologie alles Streben nach direkter Mitteilung verboten ist, daß aber ihre indirekte Mitteilung in Form der Verkündigung der Verheißung steht und fällt mit der unverfügbaren Selbstmitteilung Gottes als Anfechtung und Versöhnung des Menschen[20], das ist's, was H. M. Müller aus seiner ausgebreiteten Lutherlektüre gelernt bzw. was er uns für diesmal daraus zu sagen hat.

Ich wollte wohl, daß ich meinen dürfte, mit diesem Bericht über sein Buch Müller richtig verstanden zu haben. Dann würde ich jetzt nämlich weiterfahren: Ich habe es erfreut und dankbar gelesen, dankbar für den dokumentierten Hinweis auf den sachlichen und nicht bloß persönlich biographischen Ernst jener Zwischenreden Luthers, der mir so bisher noch nicht eingeleuchtet hatte, für die Erhellung des lutherischen «propter Christum» durch seine Zusammenschau mit dem Begriff der Anfechtung[21], für die Einschärfung des Extra nos der Rechtfertigung (im Gegensatz zu der die Härte des Sachverhalts erweichenden Hollschen Lutherdeutung[22]), für die Unterstreichung der negativ und positiv gleich wichtigen Unterscheidung zwischen aller und jeder «Lehre» und der doppelten Wirklichkeit des «Lebens» (als Leben in der Anfechtung und im Glauben), zwischen Gottes Wort und Menschenwort[23], eine Sache, die in den letzten zehn Jahren uns alle genug und doch noch

---

[20] Vgl. die oben Anm. 10, 11 und 14 angeführten Stellen; ferner S. 195: «Nicht nur technisch, sondern prinzipiell wird das Meßopfer zum Fortfall kommen. Einen magischen Qualifikationscharakter des Predigtwortes (die Konsequenz etwa der dialektischen Theologie ...) kennt Luther nicht. Denn das ist unsere evangelische Freiheit, daß wir dem Zwange, die Glaubensentscheidung ‹existentiell› tradieren zu sollen, enthoben sind.»

[21] S. 194: «Die Offenbarung, die Gnade des Glaubens ist ... allein Sache der Erfahrung ... sie ist existenziell ebensowenig erschließbar ... wie die Erfahrung der Anfechtung, der die Gnade propter Christum verheißen ist.»

[22] Mit Holl setzt sich Müller durchgängig auseinander (vgl. im Register S. 198). Der «entscheidende Punkt» seiner Kritik ist, daß Holl (wie ähnlich auch Hirsch) die Rechtfertigung «einsichtig» machen wolle. Er wende *den verabsolutierten sittlichen Maßstab des Menschen auf Gott an:* Grund der Rechtfertigung ist die (von Gott selbst) zu vollziehende Neuschöpfung (Gerechtmachung), die Sanktionierung *unseres* metaphysischen Maßstabes!» (S. 91, Anm. 1). Vgl. Barths Kritik an Holl, oben S. 87 mit Anm. 64.

[23] Vgl. insbesondere Kap. IV: «Der Riß zwischen Lehre und Leben, Hören und Glauben», S. 32–49.

446

lange nicht genug beschäftigt hat. Ich würde Müllers Analysen und Schlußfolgerungen verstehen und begrüßen als einen weiteren wahrlich nicht überflüssigen Vorstoß in der Richtung des Versuchs, den Gegenstand der Theologie in seiner ganzen unaufhebbaren Gegen-Ständlichkeit und die Möglichkeit der Theologie in ihrer Bezogenheit auf diesen Gegenstand «grundsätzlich»[24] deutlich zu machen, |563| und würde mir seine an Hand der Luthertexte in dieser Hinsicht gemachten Feststellungen auf der ganzen Linie des von ihm durchgegangenen Problemkomplexes aufmerksam und sorgfältig gesagt sein lassen. Ich würde mich – unverzeihlicherweise den Splitter in meines Bruders Auge suchend [Mt. 7,3] – durch Müllers Darlegungen in Etlichem bestärkt fühlen, was ich gegen – sagen wir vorsichtigerweise: gegen diesen und jenen anderen theologischen Zeitgenossen auf dem Herzen habe; ich würde mich aber gewiß auch in Bezug auf mehr als eine eigene Äußerung dankbar gestört und für die Zukunft belehrt fühlen. Ich würde weiter – immer auf dem Boden grundsätzlicher Übereinstimmung in der Sache selbst – eine gewiß nicht unwichtige, aber auch nicht entscheidende Spezialfrage mit Müller zu diskutieren wünschen. Ich würde ihn fragen, ob es nun nicht doch eine unerlaubte Systematisierung der «Erfahrung» gerade Luthers bedeutet, wenn Müller die Zeiten der Anfechtung bzw. der Offenbarung und des Glaubens durchaus als besondere, von allen anderen (sozusagen als leer vorzustellenden) Zeiten wesenhaft zu unterscheidende Strecken im Menschenleben beschrieben haben will?[25] Ob die Verborgenheit des göttlichen Handelns wirklich in dieser Weise in seinem Wann? und nicht vielmehr grundsätzlich ganz und gar in seinem Wie? zu suchen ist? Ob es sich bei jener Unterscheidung der Zeiten nicht objektiv und subjektiv um quantitative Unterschiede (der Nach-

[24] Vgl. S. 39.54 u. ö.
[25] Vgl. S. 67f.: «Bald gibt mir Gott den Glauben; ich weiß nicht, wodurch und wofür. Bald nimmt er ihn wieder; ich weiß *dann* nicht, wie lang und wozu. Gesetz und Evangelium, Anfechtung und Errettung, Verzweiflung und Glaubenszuversicht sind ein reales, zeitliches Nacheinander. Luther verweist ohne Unterlaß darauf, daß im Leben des einzelnen (in der ‹anschaulichen Reihe seiner seelisch-geschichtlichen Zustände›) auf die Anfechtung und Sündenangst entweder Verzweiflung oder Befreiung folgt, jeweils folgen wird (also ‹nach Analogie menschlicher Zustände›: wie denn sonst?)». Die Zitate in den beiden Klammersätzen von K. Barth, *Der Römerbrief*, München 1924[4], S. 168 (= Zürich 1989[15], S. 183). Weitere Stellen zu Müllers These s. S. 43.134.151.161.196.

drücklichkeit und Eindrücklichkeit) der Erfahrung handeln muß? Ob das nie vorweg bestimmbare Gesprochenwerden des Wortes Gottes (dieser seiner Kontingenz unbeschadet) nun nicht doch, weil es Gottes Wort ist, als ein Kontinuum (als ein Kontinuum von oben selbstverständlich) zu denken ist? Oder gibt es irgend einen Augenblick in der Zeitreihe unseres Lebens, den wir nicht ernsthaft als Augenblick göttlicher Bereitschaft und darum auch menschlichen Errettetwerdens oder Verlorengehens, als Augenblick der Gnade oder des Gerichts, als Augenblick der Entscheidung also verstehen müssen? Ich würde an diesem Punkt meine Lehre von der Freiheit des Wortes Gottes besser, als es mir bei Müller der Fall zu sein scheint, vor der Verwechslung mit der Verkündigung eines Willkürgottes zu schützen suchen.[26] Oder anders ausgedrückt: Ich würde deutlicher zu machen suchen, als es bei Müller geschieht, daß ich nicht etwa dasselbe meine, wenn ich «Anfechtung» und wenn ich «Jesus Christus» sage. (Der sachliche Punkt, an dem ich Müller *von mir aus* etwa staunend und besorgt[27] gegenüberstehe, dürfte damit angedeutet sein.) |564| Aber auch wenn ich mich über diese Frage mit Müller nicht verständigen könnte, so würde ich seine Darlegung dennoch als eine klare und wuchtige Darlegung des aller Theologie gegenüber und in aller Theologie geltend zu machenden Vorbehalts mir einzuprägen und nutzbar zu machen suchen, des Vorbehalts der göttlichen Prädestination, kraft welcher Theologie immer erst werden muß oder auch nicht wird, was ihr Name sagt.[28] Das alles würde in Betracht kommen, wenn ich meinen könnte, Müller richtig verstanden zu haben.

Aber nun steht es so, daß ich leider nicht meinen darf, Müller richtig

[26] Vgl. z. B. S. 151: «Das bleibende Problem des heiligen Geistes ist somit dies, daß er von uns weichen kann – daß selbst die grundsätzlichen, durch ihn vermittelten Einsichten der Gläubigkeit so und so oft von uns weichen. Bei dem Aussetzen der Heiligung ist wiederum Zeit und Ursache unbestimmbar. Ob man von der Anfechtung als dem Handabziehen Gottes oder Überhandnehmen des Teufels gegen Gottes Willen spricht, der letzte Grund bleibt das Rätsel der Prädestination.»

[27] Im Erstdruck: «besagt»; Korrektur von Barth in seinem Handexemplar.

[28] Vgl. K. Barth, oben S. 391f.: «Und nun wird man doch wohl dies als zweites theoretisches Kriterium einer Theologie des Wortes Gottes aufstellen müssen, daß ihr Gottesbegriff in irgendeiner Weise den Begriff der *Prädestination* nicht nur in sich schließen, sondern zentral aussprechen muß. Wüßte eine Theologie davon nichts, ... dann könnte sie allerdings verdächtig sein, speculatio majestatis des Deus nudus zu treiben, theologia gloriae statt theologis crucis ...»

verstanden zu haben, sondern annehmen muß, etwas ganz Entscheidendes, was er mit seinem Buch gerade mir und gegen mich sagen wollte, in verhängnisvoller Weise überhört zu haben. Gibt sich doch sein Buch, gerade sofern es auch mich angehen soll, als eine solenne Ankündigung von Dingen, die gerade mir gänzlich neu und unerhört sein, deren betrübliches Gegenteil vielmehr meine Dinge sein sollen. «Von Luther aus gesehen» (S. iii), dem Müllerschen Luther, durch den ich mich eben noch arglos belehren, bestärken und verschärfen lassen wollte, bin ich ja mit Emanuel Hirsch in *einer* Verdammnis[29], und wie sollte mir da nicht einfallen, daß eben H. M. Müller mich ja schon vor Jahresfrist in seiner bekannten Rezension meiner Dogmatik auch mit Schleiermacher in eine Verdammnis geworfen und zum Überfluß auch noch mit dürren Worten als einen ganz und gar katholischen Theologen verklagt hat?[30] Indem ich nicht überhören kann, daß Hans Michael Müller mich notorisch anders, und zwar nicht nur ein bißchen, sondern ganz anders haben möchte, als ich bin, müßte, daß ich ihn verstanden habe, das bedeuten, daß ich verstanden habe, *inwiefern* er mich ganz anders haben will. «Die Frage ist: Kann der Barth der Dogmatik I von einer grundsätzlichen Kritik seiner petitio principii noch berührt werden?»[31] hörte ich schon 1928 und schwieg, weil ich Müllers angekündigtes Buch und mit ihm die Klärung eben der Frage abwarten wollte, was denn eigentlich das Fundamentale sei, das er an mir zu kritisieren habe. Jene Rezension hatte mir das nämlich nicht deutlich gemacht. Und nun bin ich in der schlimmen Lage, gestehen zu müssen, daß ich auf eben diese Frage auch nach sorgfältigster Überlegung des Müllerschen Lutherbuches noch immer keine Antwort weiß. Ich könnte wiederum schweigend mich bescheiden. Als Zuschauer der bisherigen Kämpfe meine ich zu merken,

---

[29] S. iii: «Wir verdeutlichen die inhaltlich absurde Christologie Luthers in Auseinandersetzung mit der theologischen Debatte der Gegenwart. Von Luther aus gesehen erweisen sich die Gegensätze zwischen *Hirsch, Gogarten, Bultmann, Barth, Brunner* als relativ. Ihre Differenzen sind nur methodisch, aber nicht prinzipiell fundamentale. Die genannten Theologen stimmen prinzipiell darin überein, daß sie das inhaltliche Paradox der Verheißung ablehnen. Das geschieht in methodisch unterschiedlicher, ja gegensätzlicher Weise; je nach dem vorausgesetzten Existenz = Gesetzesbegriff.»

[30] Vgl. H. M. Müller, *Credo, ut intelligam. Kritische Bemerkungen zu Karl Barths Dogmatik*, a. a. O., bes. Sp. 171.174.

[31] A. a. O., Sp. 175f.; der gleiche Vorwurf in *Glaube und Erfahrung bei Luther*, S. 113f.

daß es angesichts der eigentümlich streitlustigen Gesprächsgepflogenheiten |565| Grisebachs und der Seinen[32] keine reine Lust bedeutet, sich auf ihre Herausforderungen auch nur mit solchen «Bemerkungen» einzulassen. Aber es ist gewiß schon im Blick auf die auf alle Fälle sehr ansehnliche Leistung des Müllerschen Buches, aber auch im Interesse der Sache besser, wenn ich diesmal wenigstens das auch öffentlich sage, daß ich und inwiefern ich Müller nicht verstanden zu haben meine. Auch um Müller selbst wissen zu lassen, daß ich den Schall seiner Worte wohl vernehme und mich seinem Anliegen nicht entziehen möchte, daß er aber, wenn ihm ferner daran liegen sollte, weiter und deutlicher reden müßte, um mit seiner Kritik zunächst auch nur in meine Verständnisweite zu kommen, damit ich dann allenfalls auch von ihr «berührt» werde. Heute, 1929, kann das immer noch nicht Ereignis sein. Das ist's, was im Folgenden, soweit es möglich ist, kurz erläutert werden soll.

Ich höre drei Beschwerden, die ich alle nicht verstehe.

1. In Müllers Rezension von 1928 stand der lapidare Satz: «Wer die Wirklichkeit von Offenbarung und Glauben voraussetzt, stimmt grundsätzlich mit Schleiermacher überein und ist prinzipiell katholisch.»[33] Was das soll, ist mir auch durch «Glaube und Erfahrung bei Luther» nicht deutlicher geworden. Ich verstehe und billige, wenn Müller die Theologie rein sehen will von jedem Versuch, die Wirklichkeit der Offenbarung zu «erschließen», zu «vermitteln», zu «tradieren», von jeder methodus fidei, wenn er die Theologie streng auf die Ebene der Verheißung verweist.[34] Ich verstehe aber nicht, inwiefern dadurch

---

[32] Barth denkt höchstwahrscheinlich an die Kontroverse zwischen E. Brunner und E. Grisebach in «Zwischen den Zeiten». Brunner hatte sich mit Grisebachs Buch *Gegenwart. Eine kritische Ethik*, Halle 1928, auseinandergesetzt: *Grisebachs Angriff auf die Theologie*, in: ZZ, Jg. 6 (1928), S. 219–232. Grisebach antwortete: *Brunners Verteidigung der Theologie*, in: ZZ, Jg. 7 (1929), S. 90–106. Unter Berufung auf H. M. Müllers Rezension der Chr. Dogm. griff er auch Barth an. Am 2. 2. 1929 schreibt dann Barth an E. Thurneysen: «... schicke ich dir hier den Durchschlag eines soeben zu Handen des Weisen von Jena gekanzelten Briefes. Seine Erwiderung an Brunner ging mir nun doch etwas über die Hutschnur.» Barth erwägt einen Abdruck seines Briefes an Grisebach in ZZ, von dem er dann trotz Thurneysens Zustimmung Abstand genommen hat (Bw.Th. II, S. 643.649). Vgl. auch Barths spätere Äußerung über Grisebach: Busch, S. 204f.
[33] A.a.O., Sp. 173.
[34] «Erschließen, vermitteln, tradieren»: vgl. *Glaube und Erfahrung bei Luther*, S. 92.119.147.154.172 u. ö.; «methodus fidei»: vgl. S. 47f.77f. u. ö.

verboten sein soll, die Wirklichkeit von Offenbarung und Glauben «vorauszusetzen», verstehe (logisch und sachlich) nicht, was «Verheißung» bedeutet, wenn sie nicht Verheißung der Erfüllung sein, d. h. aber nicht diese Erfüllung und also die Wirklichkeit der Offenbarung und des Glaubens irgendwie voraussetzen soll. Das *Wie* dieses Voraussetzens kann zur Diskussion stehen. Welchen Sinn ich mit der Negation seines *Daß* verbinden soll, das wird mir bei allem Nachdenken nicht einleuchtend. Die Meinung Müllers ist mir durch sein Lutherbuch sogar noch dunkler geworden. Sofern er bei der Konstruktion seiner Begriffe Evangelium, Predigt, Christologie, soweit ich sehe und verstehe, doch selbst nicht darum herumkommt, die Wirklichkeit der Offenbarung und des Glaubens mindestens «in Rechnung zu ziehen», von «Hinweis» und «Bezugnahme» darauf, von ihrer «Ankündigung» usw. zu reden.[35] «Der gläubige Christ sieht in prinzipieller Gewißheit der wirklichen Ungewißheit seiner Existenz und |566| ihrer Überwindung von Gott her entgegen, die eben darin, daß sie ‹existenziell› unentscheidbar sein wird, als wirkliche Gewißheit verheißen ist», lese ich an entscheidender Stelle (189).[36] Indem ich dazu Amen sage, verstehe ich nicht, inwiefern dies nicht schlecht und recht ein «Voraussetzen» der Wirklichkeit der Offenbarung und des Glaubens bedeutet. Müllers Buch ist nicht selbst Verheißung, Bibelauslegung, Predigt, Theologie, sondern eine methodologisch-kritische Bemerkung zu dem allem. Er hat auch so, so wie ich ihn verstehe (aber ich verstehe ihn offenbar nicht), nicht vermeiden können zu tun, was in der Tat auch Anselm und Schleiermacher getan haben, was Hirsch und ich auch tun, was aber offenkundig auch Luther selbst getan hat: in irgend einer systematischen Kontinuität und Korrelation zu dem systematisch nicht faßbaren, diskontinuierlichen X der Offenbarung und des Glaubens zu reden. Gibt es ein systematisches Denken der Verheißung, so gibt es insofern (gewiß nur insofern) auch ein systematisches Denken der Erfüllung. Ihre Diskontinuität zur Verheißung als solcher in Erinnerung zu bringen, wird die besondere Aufgabe dieses Denkens sein müssen. Gäbe es kein kontinuierliches Denken in Bezug auf die diskontinuierliche Erfüllung, dann

---

[35] «In Rechnung ziehen», «Bezugnahme», s. oben Anm. 15; «Hinweis»: S. 119. 196; «Ankündigung»: S. 95.
[36] Der Satz ist bei Müller durch Kursivdruck hervorgehoben.

451

hieße das, daß es kein Denken der Verheißung, weil überhaupt keine Verheißung, gibt. Das Wort wäre dann nicht Fleisch geworden, und das Verbot jenes Voraussetzens wäre dann selbstverständlich, weil es gänzlich gegenstandslos wäre. Wie kann man aber die Verheißung bejahen, ohne eben damit die Erfüllung, sicherlich wissend um ihre Absurdität, vorauszusetzen? Hat Müller das nicht auch selbst getan? Müßte er es nicht noch viel sichtbarer tun, wenn er uns etwa, von der Methodologie zur Sache kommend, ein Stück Bibelauslegung, eine Predigt, seine Christologie selbst vorlegen, d. h. wenn er sich in der von ihm zunächst nur *besprochenen* «Verheißung» irgendwie direkt *betätigen* würde? Kann und darf irgend ein Theologe das von Müller Verbotene *nicht* tun? Oder wie sieht eine Theologie aus, die das wirklich *nicht* tut? Daß Luther, von jenen[37] Zwischenreden einmal abgesehen, ununterbrochen gegen dieses Verbot gehandelt hat, dafür wird Müller doch durch seine verdienstliche Aufmerksamkeit gerade für diese Zwischenreden nicht etwa blind geworden sein.

2. Müller schreibt: «Das wirkliche Ärgernis des Humanum und all seiner Konstruktionen bleibt außer Betracht. An Stelle der absurden Verheißung propter Christum tritt ein unanfechtbar ge-|567|setztes, d. h. metaphysisches Seinsverständnis des Menschen» (114). Diese Worte sollen ausdrücklich mich angehen. Ich verstehe aber nicht und frage: Wenn auch nach Müller die Darlegung der Verheißung die (von ihm selbst allerdings noch nicht angerührte) Aufgabe der Theologie ist, vollzieht sich die Arbeit und diese Aufgabe etwa außerhalb des «Humanum», so daß sich das «Ärgernis des Humanum» durch die Theologie direkt und unzweideutig zur Darstellung bringen ließe? Arbeitet die Theologie mit anderen Konstruktionsmöglichkeiten als den menschlichen, in einem anderen Rahmen als dem eines (es fragt sich doch wohl welches) Seinsverständnisses des Menschen? Kennt Müller eine dem Verdacht bloß existenzieller Dialektik, der Gefahr des menschlichen Verfügens über Gott nicht ausgesetzte, weil grundsätzlich entrückte Möglichkeit theologischer Rede, eine Möglichkeit, das wirkliche Ärgernis des Humanum, die Absurdität der Verheißung nicht bloß durch Klärung des Begriffs der Offenbarung und des Glaubens in der Sphäre menschlicher Begrifflichkeit möglichst sachlich zu bezeichnen, sondern die Anfech-

---

[37] Im Erstdruck: «jenem»; Korrektur von Barth in seinem Handexemplar.

tung und das Kreuz Christi unzweideutig in Betracht zu ziehen? Kann er das göttliche «Von außen»[38] anders denn im Schein und Verdacht eines menschlichen «Von innen» aussprechen? Beispielsweise: Weiß er sich in der Lage, den Begriff der Dreieinigkeit Gottes so zu entwickeln, daß seine Verwechslung etwa mit dem augustinischen «vestigium trinitatis»[39] durchaus ausgeschlossen wäre, so also, daß er, Müller, von allem, aber auch allem Verdacht des Hegelianismus gereinigt wäre? Kennt er eine effektiv heilige und also der Rechtfertigung durch den Glauben nicht bedürftige Theologie? Ich könnte ja auch fragen: Kennt er eine Theologie, die unzweideutig keine Philosophie wäre? Nach der überlegenen Ironie, mit der er 1928 meine sämtlichen Bemühungen um eine *relative* Deutlichkeit hinsichtlich der Grenze alles theologischen Redens aufgenommen, und nach der Unbedingtheit des eben angeführten Urteils zu schließen, müßte das der Fall sein. Aber realisiert hat er selbst diese Möglichkeit auch noch nicht, und wie sollte ich die indirekte Ankündigung dieser Möglichkeit mit seinen eigenen Feststellungen über das Verhältnis von Lehre und Leben, Heiligung und Sünde vereinigen können? Müßte eine Lehre, die «die absurde Verheißung propter Christum» unzweideutig dem Humanum gegenüber auf den Plan führen würde, nicht die Erfüllung selber sein, und wo bliebe dann die Kontingenz und Unzugänglichkeit jener Erfüllung? Ist die «wider unsere Existenz»[40] gehende Verheißung |568| nicht eben als solche in unlösbare Beziehung zu unserer Existenz gesetzt? Ich würde nicht sagen, daß wir, um von Gott zu reden, nur vom Menschen reden können[41], aber ich sehe allerdings nicht ein, wie wir unzweideutig von Gott reden können, wie es zum Zwecke des Verständnisses der «absurden» Verheißung (auch als solche will sie doch immerhin verstanden sein) zu einem Verständnis Gottes kommen soll, das zum Selbstverständnis des Menschen nicht in irgend einer (es fragt sich nur welcher) Analogie stehen würde,

[38] A.a.O., S.66.92.95.196 u.ö.
[39] Vgl. Chr.Dogm., S.183–198.
[40] H.M.Müller, a.a.O., S.147: «... die Verheißung des Glaubens ist erfahrbar nur unter Erfahrungen, die in jeder Hinsicht wider die Existenz sind.»
[41] Vgl. R.Bultmann, *Welchen Sinn hat es, von Gott zu reden?* (1925), in: ders., *Glauben und Verstehen. Gesammelte Aufsätze* [I], Tübingen 1933.1993⁹, S.26–37. S.33: «... wenn gefragt wird, wie ein Reden von Gott möglich sein kann, so muß geantwortet werden: nur als ein Reden von uns.»

sehe nicht ein, inwiefern durch diese formale Bezogenheit und Ähnlichkeit zwischen Gotteserkenntnis und Selbsterkenntnis die Ärgerlichkeit der ersteren für die letztere an sich gefährdet sein soll. Ich sehe wohl ein, daß es innerhalb des selbstverständlichen Anthropologismus der theologischen Rede ernsthafte Unterschiede und Gegensätze, Kriterien, Fragen und Entscheidungen gibt, hinsichtlich derer (also auf dem Feld der lösbaren Probleme) man sich in keiner Weise wird leicht tun dürfen, sehe aber nicht ein die Möglichkeit und das Recht des Müllerschen Generaleinwandes gegen ein Vorgehen, das sich freilich notwendig im Schatten jenes Verdachtes und jener Gefahr vollziehen wird, das mir aber wiederum im Blick auf Joh. 1,14 einem Sachverhalt zu entsprechen scheint, sehe also nicht ein die Möglichkeit und das Recht einer humorlosen Kritik aller und jeder Systematik auf diesem Felde, als ob eine solche durchaus ein «metaphysisches Seinsverständnis des Menschen» sein *müßte* und etwas Anderes durchaus nicht sein *könnte*. Sollte die Müllersche Formulierung der Verheißung, wenn er sie uns dereinst vorlegen wird, wirklich kraft des Fehlens jeder Analogie zum Humanum, kraft reiner Ärgerlichkeit dem Humanum gegenüber unzweideutige Verheißung und also eine der meinigen gegenüber ganz andere sein? Ich möchte darüber Näheres hören, bevor ich mich durch den mir allzu generalen Generaleinwand Müllers auch nur erreicht, geschweige denn getroffen fühle. Vorläufig halte ich H. M. Müller gerade im Blick auf diesen Punkt für einen jener nicht seltenen, vielleicht typisch deutschen Theologen, die, nachdem sie – gewöhnlich bei Luther und gewöhnlich unter dem Eindruck einer bestimmten Philosophie – etwas Wichtiges und Richtiges entdeckt haben, vor lauter grimmigem Lachen über die Anderen das in der Theologie durchaus unentbehrliche Lachen über sich selbst verlernt haben und schon deshalb auf dem Wege sind, ihr Richtiges und Wichtiges schleunigst zu Schanden zu reiten.[42]

3. Die von Müller an Hand von Luther dargestellte Erinnerung |569| an die Diskontinuität zwischen Offenbarung und Glauben einerseits,

---

[42] Im Blick auf Gogarten hatte Barth dessen Art von Polemik kritisiert, die «immer nur vor sich hin mit der Faust auf den Tisch schlägt. Aber das ist den deutschen Lutheranern aller Lager nicht abzugewöhnen. Sie sind Undialektiker, wo sie die Haut anrührt, und wollen alle das letzte Wort selber sagen» (Bw. Th. II, S. 468f.).

Lehre und Gläubigkeit andererseits, hat nach mir methodisch die Bedeutung eines «Vorbehalts».[43] Ich verstehe darunter die gegenüber den notwendig zweideutigen (als bloß existentiell mißzuverstehenden) Hinweisen der der Theologie aufgetragenen Verheißung angebrachte, methodisch sichernde Anmerkung, die eben auf die Zweideutigkeit dieses Hinweises, die explizit auf die «gemeinte» göttliche Entscheidung, auf das Ereignis der Offenbarung und des Glaubens selbst hinweist. Sie wird notwendig selber zweideutig, sie wird dem Bereich des Humanum nicht entzogen sein. Ist sie darum nutzlos, unaufrichtig, eine petitio principii, huius principii, durch die ich nur meinen törichten Anspruch, ein «begnadeter Denker» zu sein, verrate? (114).[44] Warum soll sie nicht in aller Anspruchslosigkeit ein notwendiges letztes Glied sein der Bemühungen, innerhalb des Humanums jenen Hinweis zu vollziehen, in welchem Müller selbst die Aufgabe der Theologie erkennt? Ich verstehe erstens den Eifer nicht, mit dem er aufdeckt, was bei mir von vornherein zugegeben ist: daß auch dieser letzte Hinweis eben ein Hinweis, auch dieses letzte Wissen eben nicht an sich und als solches Wissen um Gott selber, «Erfahrung», Offenbarung und Glaube ist. Wo und wann habe ich den Anspruch erhoben, mit diesem Hinweis oder mit irgend einer anderen meiner zugestandener Weise «humanen» Konstruktionen die Offenbarung und den Glauben zu erschließen, zu vermitteln, zu tradieren? Wo und wann habe ich mit diesem Hinweis oder mit irgend einem anderen Hinweis eine andere Absicht kundgegeben als eben die, zu sagen, was Offenbarung und Glaube ist, im vollen Bewußtsein, damit dem Selbstwort der Offenbarung und des Glaubens, das durch unser Sagen in keiner Weise zu ersetzen ist, bestenfalls *dienen* zu können?

[43] H.M.Müller, a.a.O., S.114: «Auch das Hauptargument Barths, sein berühmter *Vorbehalt*, er konstruiere in Bezug auf das ‹Rätsel der Wirklichkeit des Wortes Gottes› nicht a priori sondern a posteriori, umschreibt nur noch einmal den genannten Existenzbegriff.»

[44] A.a.O., S.114: «Barths philosophisch unhaltbare Alternative ist für seine Theologie sehr bedeutsam. Denn sie enthüllt uns ... die grundsätzlich entscheidende Tatsache, daß Barth als existenziell begnadeter Denker konstruieren will. Seine petitio *muß* also behaupten, petitio *huius* prinzipii [sic], nämlich des absoluten Prinzips zu sein – diese Behauptung mit jeder beliebigen Metaphysik teilend.» Vgl. K.Barth, Chr.Dogm., S.144: «Wenn die Theologie sich der petitio principii, NB der petitio *huius* principii schämt, dann schämt sie sich des Evangeliums ...»

Von welchem sicheren Ort aus aber will Müller umgekehrt in Abrede stellen, daß dieser letzte Hinweis wie das menschliche Hinweisen, Verheißen, Verkündigen überhaupt ubi et quando Deo placet seinen intendierten Dienst am Worte Gottes selber tun *kann?* Und ich verstehe zweitens nicht, inwiefern die in Frage stehende Erinnerung nach Müller etwas Anderes sein sollte als eben ein «Vorbehalt». Ich sehe sie auch in den von Müller benützten Luthertexten nicht anders denn eben als Zwischenrede auftauchen. Daß es nützlich war, wenn Müller sie für einmal zum Thema seines Buches machte, bestreite ich nicht, nur würde ich meinen, daß sein Buch eben darum als Ganzes eine kritisch-methodische Anmerkung ist, ein diesmal |570| *vorausgeschickter* Vorbehalt zu bevorstehenden eigentlich theologischen Darlegungen, in denen er sich um den Hinweis, die Verheißung als solche (im Bereich des Humanum und darum notwendig im Zeichen dieser Erinnerung) bemühen müßte. Für Luther selbst war diese Erinnerung kein Thema, sondern eben eine notwendige Bemerkung zum Thema, ein jeweils letztes Wort, methodisch ähnlich dem «Suspirium», mit dem spätere Dogmatiker, leider sehr viel schematischer und unglaubwürdiger als Luther, aber in guten Treuen, ihre systematischen Darlegungen jeweils am Ende eines Paragraphen zu unterbrechen pflegten.[45] Ich verstehe nicht, wie es anders sein, wie man diesen Faktor anders als in Form des Vorbehaltes «in Rechnung ziehen» soll. Ich würde nicht verstehen – und das scheint nun doch zu drohen –, wenn die solenn angekündigte «kritische Theologie» nun doch darin sich erschöpfen wollte, immer und immer wieder von dem Riß zwischen Lehre und Leben, von der unbestimmbaren Entscheidung, von der Kontingenz der Erfahrung usw. zu reden. Ich würde das und die mit diesen Sätzen an jeder mit den «lösbaren» Problemen beschäftigten Theologie zu übenden Kritik für ein etwas billiges Vergnügen halten und eine Platte voll Salz, bei aller Schätzung gesalzener Speise, für *keine* Speise. So ging es mir, als ich vor 20 Jahren *Johannes* Müllers Lehre vom «Leben» mir anzueignen suchte.[46] So geht es mir

[45] Vgl. Chr. Dogm., S. 17, Anm. d-d: «und wenn auch altprotestantische Dogmatiker wie *D. Hollaz* die Behandlung jedes Locus mit einem «Suspirium» abgeschlossen haben.» Dazu ebd. Anm. 7: «D. Hollaz, *Examen theologicum acroamaticum* (1707), Holmiae/Lipsiae 1735, z. B. Vol. I, p. 37.71.207.310 etc.»

[46] Im Frühjahr 1909, während seiner Tätigkeit als Redaktionsgehilfe für die «Christliche Welt», geriet Barth in Marburg in einen studentischen Kreis, «des-

heute, wo mich *Hans Michael* Müller (nicht doch letztlich mit derselben Lehre?) das Gruseln lehren will.

sen gemeinsame Basis anscheinend in der Bewunderung für die Ideen des religiösen Schriftstellers und Redners Johannes Müller (1864–1949), des Herausgebers der «Blätter zur Pflege persönlichen Lebens», bestand. ... Die Struktur des Kreises ist aus Barths Briefen nicht genau erkennbar. Er bezeichnet ihn abwechselnd als die «Freistudenten» und «die Gesellschaft für persönliches Leben» (H. Stoevesandt in: Vortr. u. kl. A. 1905–1909, S. 373). J. Müller unterhielt seit 1898 in Schloß Mainberg, seit 1916 in Schloß Elmau eine «Freistätte persönlichen Lebens». Seine Zeitschrift trug seit 1914 den Namen «Grüne Blätter». 1916 suchte J. Müller Fühlung zu Barth (Bw. Th. I, S. 135), der polemisch reagierte (Römerbrief 1, S. 661 Register). Müller war nicht gekränkt. Er korrespondierte mit Barth (Bw. Th. I, S. 390) und druckte 1920 einen Abschnitt aus Barths Aarauer Vortrag in den «Grünen Blättern» ab (a. a. O., S. 397.418). Übrigens galt die letzte im Gesamtverzeichnis der deutschen Veröffentlichungen vermerkte Publikation des Sohnes dem Vater: *Von der Wendung des Menschenloses. Eine Auslese aus Johs. Müllers Lebenswerk*, hrsg. von H. M. Müller, Stuttgart 1940.

457

*Die dritte theologische Woche des Reformierten Bundes stellte sich –
nachdem es 1925 um die Frage nach der Kirche, 1927 um die nach dem
Worte Gottes gegangen war[1] – der Frage nach dem heiligen Geist. Das
Thema sollte zunächst aus der Sicht des Predigerseminars durch dessen
Inspektor Pastor Th. Müller entfaltet werden. Zwei mehr historische
Vorträge sollten klären, wie es sich im Pietismus und im deutschen Idealismus mit der Frage nach dem heiligen Geist verhalte. Dazu hatte man
W. Goeters aus Bonn und Heinrich Barth aus Basel gewonnen. Dann
waren die systematischen Themen an der Reihe: Der heilige Geist und
der Rechtfertigungsglaube, der heilige Geist und das christliche Leben,
der heilige Geist und die Kirche. Das erste war dem Senior der deutschen Reformierten, E. F. K. Müller/Erlangen, übertragen worden; das
dritte hatte – nach der Absage von W. Hollweg/Aurich – der Direktor
des Predigerseminars und Organisator der Theologischen Woche,
H. A. Hesse, selbst übernommen. Um die Behandlung des zweiten wurde K. Barth gebeten.*

*Hesses Anfrage an diesen datiert vom 15. 5., Barths Zusage vom 5. 6.
1929. Am 24. 7. übersandte Hesse den Prospekt der Theologischen Woche an Barth. Am 10. 9. schrieb Barth vom «Bergli» aus, wo sein dort
verbrachtes Freisemester dem Ende entgegenging, an seine Mutter: «...
daß ich ganz vergraben bin in der Arbeit an meinem Vortrag für Elberfeld, der um jeden Preis gut werden sollte, der mir aber auch entsprechend Mühe macht. Ich sehe das Ende langsam nahen ... Ich empfinde
jetzt bei der Ausarbeitung dieses Vortrags erst so recht, wie nützlich mir
dieser Sommer gewesen ist und welche Schätze von allerhand Wissen
sich in den vielen Tagen und Wochen unseres stillen hiesigen Betriebs in
meinem Kasten angesammelt haben.»*

*Als Barth zur Hochzeit seines Bruders Heinrich am 24. 9. nach Basel
fuhr, war der Vortrag bereits fertig, und Thurneysen konnte ihn lesen.[2]
Im übrigen standen diese Tage im Zeichen von Barths Berufung nach
Bonn; so mußte er zwischen dem Fest in Basel und dem Vortrag in El-*

---

[1] Vgl. oben S. 183f.
[2] Vgl. Bw. Th. II, S. 675.

berfeld noch nach Berlin reisen zur Aussprache mit den Vertretern des
preußischen Kultusministeriums und der Bonner Fakultät.[3]

Während der Tagung wohnte Barth mit seiner Frau bei der befreun-
deten Familie Putsch in Kohlfurterbrücke, einige Kilometer wupperab-
wärts, in deren Kreis er am Abend des 7. 10. eine Trauung zu halten
hatte.[4] *Dadurch versäumte er den Vortrag von Pastor Müller. Die Aus-*
führungen der übrigen Referenten hörte er mit. Die Reformierte Kir-
chenzeitung hatte seit Juni 1929 eifrig für die Theologische Woche ge-
worben[5] *und druckte jetzt die Leitsätze zu allen sechs Referaten ab.*[6]
Die kirchliche Presse sprach von einem «kirchlich-theologischen Ereignis
von besonderem Gewicht» und gab die Zahl der Teilnehmer mit
200–300 Theologen an. Zu Barths Vortrag am Mittwochnachmittag,
9. Oktober, mußte man aus dem Gemeindesaal auf dem Exerzierplatz
in den großen Festsaal des Jugendhauses ziehen, «dessen 1000 Sitzplätze
fast restlos besetzt waren».[7]

Die Diskussion in und nach Elberfeld entzündete sich an der – auch
direkt gegen Barth gerichteten – These H. A. Hesses in seinem Vortrag
«Der heilige Geist und die Kirche», der apostolische Glaube der Kirche
bestehe nicht in der sehnlichen Bitte «Veni creator spiritus», sondern in
dem dankbaren Bekenntnis «Venit creator spiritus».[8] *In der Reformier-*
ten Kirchenzeitung versuchte O. Weber die Kontroverse aufzulösen, in-
dem er einerseits eine Synthese für unmöglich erklärte, weil wir «auch
über den heiligen Geist nur ‹dialektisch› reden können», andererseits
aber forderte, daß jede Seite «das entscheidende Anliegen» der Gegen-
seite müsse verstehen können.[9] *Hesse schickte Webers Artikel an Barth*
mit dem Wunsch, «daß unser Gespräch von damals eine Klärung und
Fortsetzung erhielte».[10] *Barth antwortete freundlich und erläuterte sei-*
ne Meinung nochmals.[11]

---

[3] Vgl. Bw. Th. II, S. 677f.
[4] Brief Barths an Hesse vom 28. 9. 29; vgl. Bw. Th. II, S. 679.
[5] RKZ Jg. 79 (1929), S. 198.221f.269 u. ö.
[6] A.a.O., S. 321–324.
[7] A.a.O., S. 333.
[8] A.a.O., S. 323.
[9] A.a.O., S. 401–404; vgl. dazu Neuser, S. 60f.
[10] Brief vom 7. 2. 1930.
[11] Brief vom 9. 2. 1930 an Hesse: «Ich habe gestern Abend alles noch einmal
durchgelesen. Was das veni-venit betrifft, so könnte ich wohl fragen, ob Ihrem

Seinem Bruder Heinrich machte Barth in Elberfeld den Vorschlag, ihrer beider Vorträge zusammen erscheinen zu lassen. Dieser stimmte zu[12], und so entstand das Beiheft Nr. 1 von «Zwischen den Zeiten», München 1930 mit dem Gesamttitel: «Zur Lehre vom heiligen Geist».

Leitsätze

1. Der heilige Geist als Schöpfer

1. Der heilige Geist im Ereignis seines Daseins für den Menschen ist die alleinige Wirklichkeit von dessen Gottebenbildlichkeit. Diese ist also nicht und wird nicht eine Eigenschaft des geschaffenen Geistes, sondern sie ist und bleibt das freie nur als Gnade begreifliche, vom Menschen aus immer unbegreifliche Werk des Schöpfers an seinem Geschöpf. (S. 461ff.)[13]

2. Christliches Leben ist das durch den heiligen Geist für das Wort Gottes geöffnete Menschenleben. Der heilige Geist bedeutet also in seinem Dasein und Wirken die subjektive Seite im Ereignis der Offenbarung. Das durch Schrift und Erfahrung vermittelte Wissen des Menschen um das, was sein Schöpfer von ihm fordert («Schöpfungsordnungen»), *ist* nicht, sondern *wird* ihm (durch das Wort gegeben) im heiligen Geiste je und je zu eigen gemacht. (S. 468ff.)

Anliegen genug getan wäre, wenn ich das venit *präsentisch* verstanden ... acceptieren würde? So weit könnte ich Ihnen entgegenkommen. Untragbar bleibt mir die Auffassung der Ausgießung des heiligen Geistes zu Pfingsten als einer ‹Heilstatsache› in einer Reihe mit dem Geschehen der Weihnacht, des Karfreitags, der Ostern und Himmelfahrt. Weil ich diese Nebeneinanderstellung nicht vollziehen kann, ohne die Begriffe Wort und Geist und damit auch die zweite und dritte Person der Gottheit in einander aufgehen zu lassen. Und weil ich die Vorstellung eines schon gekommenen heiligen Geistes und also seines geschichtlichen Weiterwirkens von dem Fatalen, was Hegel und Schleiermacher hier gelehrt haben, nicht zu unterscheiden wüßte. ... ‹Dankbar› für die Gabe des heiligen Geistes können wir nur sein, sofern wir für das aus dem Geist geborene Wort der Propheten und Apostel, d. h. aber für die Verheißung, dankbar sein dürfen und müssen. Im Blick auf einen eigenen, vom Schriftwort unterschiedenen Besitz des heiligen Geistes aber kann es doch wohl nur das veni des Gebets geben, das als Gebet des Glaubens gewiß ein venit, aber dann sicher immer nur ein präsentisches venit in sich schließt.»

[12] Postkarte von H. Barth an K. Barth vom 26.10.1929.

[13] Im Erstdruck sind versehentlich die Seitenzahlen aus Barths Manuskript stehengeblieben. Sie geben die Stellen aus dem folgenden Haupttext an, an denen sich die Ausführungen zu den vorangestellten Leitsätzen finden. In seinem Handexemplar hat Barth die Ziffern handschriftlich korrigiert, d. h. auf die Seitenzählung des Druckes umgestellt. In dieser Ausgabe sind sie der Paginierung des vorliegenden Bandes angepaßt.

2. Der heilige Geist als Versöhner

1. Der heilige Geist als Geist der Gnade streitet gegen die Gnadenfeindschaft oder Werkgerechtigkeit des Menschen als gegen dessen |40| eigentliche, alleinige, vom Menschen nicht wegzuschaffende und darum auch nicht wegzudenkende Sünde. (S. 475ff.)

2. Christliches Leben ist das im heiligen Geist wirkliche Leben des Menschen in der Rechtfertigung durch das Wort oder um Christi willen: in der Rechtfertigung durch den Glauben als Buße und als Vertrauen. Weil die Rechtfertigung die Rechtfertigung des wirklichen Menschen ist, darum fällt sie zusammen mit seiner Heiligung, deren Wirklichkeit sein eigener Gehorsam im heiligen Geiste, aber auch nur im heiligen Geiste entspricht. (S. 485ff.)

3. Der heilige Geist als Erlöser

1. Der heilige Geist ist dem Menschen in Gottes Offenbarung gegenwärtig als Geist der Verheißung. Im heiligen Geist, d. h. in der Letztlichkeit und Zukünftigkeit des prinzipiellen Jenseits seiner Existenz, ist er neue Kreatur: Gottes Kind. (S. 511ff.)

2. Christliches Leben ist das aus dem heiligen Geist gezeugte neue Leben in der Hoffnung. Mit Christus in Gott verborgen hat der Mensch je und je ein Gewissen, das ihn in alle Wahrheit leitet, ist er je und je in Dankbarkeit und darum in Freiheit an Gott gebunden, betet er und ist erhört je und je, indem er betet. (S. 516ff.)

Der heilige Geist ist Gott der Herr in der ganzen Gottheit, in der ganzen Majestät und Herablassung, in dem ganzen Verborgensein und Offenbarwerden *Gottes*. Unsere Untersuchung über den heiligen Geist und das christliche Leben soll bestehen in einer Entwicklung dieses Satzes in seinen verschiedenen Relationen und in der jeweiligen Anwendung der gewonnenen Ergebnisse auf den Begriff des christlichen Lebens.[a] |41|

I.

Augustin hat gewußt, was spätere idealistische Theologen nicht mehr recht wußten, daß Gottes Leben darum, weil er in der Bibel auch Geist,

---

[a] «Was glaubest du vom heiligen Geist? Erstlich, daß er gleich ewiger Gott mit dem Vater und dem Sohn ist. Zum andern, daß er auch mir gegeben ist, mich durch einen wahren Glauben Christi und aller seiner Wohltaten teilhaftig macht, mich tröstet und bei mir bleiben wird bis in Ewigkeit» (Heidelb. Katech. Fr. 53 [BSRK 696,19–25]).

heiliger Geist, genannt wird, nicht identisch ist mit dem, was wir als unser eigenes geschaffenes Geistes- oder Seelenleben kennen. Er weiß: «Nec ipse animus es, quia Dominus, Deus animi tu es.»[b] Er fragt, wenn er nach Gott fragt: «Quis est ille super caput animae meae?»[c] Die Seele als «summum bonum» zu rühmen, das nennt er «animam carnaliter appetere et carnem carnaliter fugere» und fügt hinzu: «Id vanitate sentit humana, non veritate divina.»[d] Das tönt anders und besser, als wenn am Ende einer langen und betrüblichen Entwicklung Troeltsch sich nicht scheut, den heiligen Geist mit der «unmittelbaren religiösen Produktivität des Einzelnen» in eins zu setzen.[e] Aber freilich: auch Augustin hat den ungeschaffenen Geist in der Kontinuität des geschaffenen Geistes gesucht. Gott ist freilich nicht die Seele nach seiner Lehre. Aber der über der Seele, mehr als die Seele ist, ist nach ihm doch ursprünglich auch *in* der Seele, ihr eigentlich gewußter, nur vergessener und mit Hilfe der Gnade sehr wohl zu erinnernder Ursprung. «Non enim quasi novum credimus, sed recordantes approbamus hoc esse quod dictum est.» Wie sollten wir etwas zu wissen bekommen, was wir nicht irgendwie schon zuvor gewußt haben?[f] Wie sollte uns Gott als das höchste Gut er-

---

[b] Conf. X 25,36[14]; vgl. III 6,10 [CChrSL 27,32,40–43], IV 15,24 [27,52,1–10], X 6,10 [27,160,60]; De civ. Dei X 2[15].

[c] Conf. X 7,11 [CChrSL 27,160,1f.].

[d] De civ. Dei XIV 5.[16]

[e] Glaubenslehre 1925, S. 24.[17]

[f] Conf. X 19,28 [CChrSL 27,170,16f.]; vgl. 24,35 [174,1–5].

[14] A. Augustinus, *Confessiones*, CChrSL 27,174,12f.

[15] A. Augustinus, *De civitate Dei*, CChrSL 47,274.

[16] CChrSL 48,420,8–11: «Nam qui uelut summum bonum laudat animae naturam et tamquam malum naturam carnis accusat, profecto et animam carnaliter adpetit et carnem carnaliter fugit, quoniam id uanitate sentit humana, non ueritate diuina.»

[17] E. Troeltsch, *Glaubenslehre. Nach Heidelberger Vorlesungen aus den Jahren 1911 und 1912*, München/Leipzig 1925, S. 24: «Damit kommen wir zu dem Begriff des *religiösen Gegenwartserlebnisses*, das in der alten Dogmatik testimonium spiritus sancti, bei den Spiritualisten die Erfahrung des Geistes oder das innere Licht, bei den Mystikern die Belebung des göttlichen Funkens heißt. Dieses Erlebnis ist die eigentlich entscheidende Quelle und Autorität, aber es ist nichts Einfaches und Plötzliches, nichts rein Supranaturales und vom menschlichen Denken und Fühlen Ablösbares. Es ist vielmehr das lebendige Ineinander der geschichtlichen Einflüsse und der unmittelbaren relativen religiösen Produktivität der Einzelnen.»

freulich und liebenswert werden, wenn wir nicht einen Inbe-|42|griff des seligen Lebens ohnehin hätten[g], wie wir in «caveis abditioribus memoriae» (kantisch geredet: im Vermögen der transzendentalen Apperzeption[19]) auch andere Begriffe haben?[h] Darum kann Augustin klagen: «Sero te amavi, pulchritudo [tam] antiqua et tam nova, sero te amavi.»[i] Darum kann er aber auch triumphieren: «Ubi enim inveni veritatem, ibi inveni Deum meum, ipsam veritatem.»[j] Darum kann er in der berühmten Schilderung seines letzten Gesprächs mit seiner Mutter Monnika die Erkenntnis Gottes eben doch als den letzten, wenn auch im Dunkel mystischer Abstraktion und Intuition sich verlierenden Tritt auf einer langen Stufenleiter eigenen, wenn auch von der Gnade geweckten und geleiteten inneren Bemühens, eines immer höher steigenden «Transzendierens» darstellen.[k]|

Der große Bekämpfer des Pelagius hat die Werkgerechtigkeit dieses Gottesbegriffs nicht als solche empfunden. Wir vermuten schon von da aus, daß doch auch sein Gnadenbegriff so deutlich nicht sein konnte, daß er die Reformation überflüssig gemacht hätte. Es klingt ergreifend, wenn er das erreichte Ziel preist als die «regio ubertatis indeficientis»[l], als das «momentum intelligentiae», wo es |43| heißt: «Gehe ein zu deines Herrn Freude» [Mt. 25,21].[m] Aber die Schärfe des wirklichen Schöpfungsgedankens ist auf dieser Linie nicht deutlich zu machen. Das Feh-

---

[g] «Nimirum *habemus* eam nescio quomodo» (ib. X 20,29 [CChrSL 27, 170,12])[18]; vgl. 21,3 [172,38–40].

[h] Ib. X 10,17f. [CChrSL 27,164,21]. «Memoria quasi venter est animi» (X 14,21 [166,19]).

[i] Ib. X 27,38 [175,1f.].

[j] Ib. X 24,35 [174.4f.].

[k] Ib. IX 10,24 [147,14–32]. «Deus cum homine loquitur ... ipsa veritate, si quis sit idoneus ad audiendum mente, non corpore» (De civ. Dei XI 2 [CChrSL 48,322,5–14]). «Homo ita creatus est, ut per id, quod in eo praecellit, attingat illud, quod cuncta praecellit, id est unum verum optimum Deum» (ib. VIII 4 [47,220,52–58]).

[l] «... ubi pascis Israel in aeternum veritatis pabulo et ubi[20] vita sapientia est, per quam fiunt omnia ista et quae fuerunt et quae futura sunt» (Conf. IX 10,24 [CChrSL 27,147,22–24]).

[m] Ib. IX 10,25 [148,48–50].

[18] Hervorhebung von Barth.

[19] Vgl. I. Kant, *Kritik der reinen Vernunft*, B 132–140, Akademie-Ausgabe, Bd. III, Berlin 1904, S. 108–113, u. ö.

[20] CChrSL: «ibi»; ältere Ausgaben: «ubi».

len der Raum- und Zeitschranke, die Unveränderlichkeit, in der diese Wahrheit zugleich das Gute ist[n], machen sie, die der Mensch suchen kann, weil und indem er von Hause aus ihr glücklicher Finder ist, noch nicht zu Gott dem Schöpfer. Die Diskontinuität zwischen Gott dem Herrn und dem Menschen muß doch wohl schon im Lichte des Verhältnisses von Schöpfer und Geschöpf bedeuten, daß zwischen Herrschen und Beherrschtwerden eine solche Unumkehrbarkeit besteht, die die Vorstellung von Gott als einem Gegenstande unserer Erinnerung, als einer «pulchritudo antiqua» ausschließt, die die Erkenntnis Gottes kennzeichnet als Offenbarung eines wirklich und radikal Neuen, der kein ursprüngliches Schongewußthaben gegenübersteht. Ist Kreatur streng zu verstehen als von Gott gewollte und gesetzte, von seiner eigenen Wirklichkeit unterschiedene Wirklichkeit, als das Wunder einer Wirklichkeit, die kraft seiner Liebe neben seiner eigenen Wirklichkeit Raum und Bestand hat, dann kann auch die Kontinuität zwischen ihm und ihr, die wahre analogia entis, kraft welcher er, der ungeschaffene Geist, dem geschaffenen Geist offenbar sein kann, nicht dem Geschöpf als solchem, sondern nur dem Schöpfer *in seinem Verhalten* zum Geschöpf eignen. Sie kann dann nicht als ein ursprüngliches Begabtsein der Kreatur, sondern nur als zweites Wunder der Liebe *Gottes*, als unbegreifliches, ungeschuldetes, göttliches *Geben* verstanden werden. Der Mensch befindet sich schon als Geschöpf[o] nicht |44| an dem Ort, von dem aus er, etwa im Schema der Einheit von Ähnlichkeit und Unähnlichkeit, sein Verhältnis zu Gott feststellen und überblicken und also sich selbst als «nach oben offen»[p] verstehen und also seinem Erkennen

[n] Ib. X 6,8 [158,1–19]; XIII 2,3 [243,15–31].

[o] Sofern «Geschöpf» mehr *und* weniger ist als «Offenbarung Gottes» (E. Przywara, Religionsphilosophie kath. Theol. 1926, S. 22) oder: «ist» in Analogie zu Gottes «Ist», oder: «potentia oboedientialis zu Gott hin» (ib. S. 24), oder: «Bewegung von Gott her», oder: «Bewegung Gottes nach außen» (ib. S. 57).[21]

[p] Auch nicht, wenn dieses «nach oben offen» als «von Gott her» interpretiert wird (E. Przywara, ib. S. 22 u. 67 [a. a. O., S. 400f.454]). Das notwendige Bedenken schon gegen Augustin würde in verstärktem Maß gegen Thomas von Aquino geltend zu machen sein.

[21] E. Przywara, *Religionsphilosophie katholischer Theologie*, in: *Handbuch der Philosophie*, hrsg. von A. Baeumler und M. Schröter, München/Berlin 1927; wieder abgedruckt in: ders., *Religionsphilosophische Schriften*, Einsiedeln 1962, S. 373–511. Zitate dort S. 400f.404.443f.

ein ihm als solchem eigenes Offenbarsein Gottes zuschreiben könnte.[q] Wir haben, wenn mit der Göttlichkeit des *creator* spiritus Ernst gemacht werden soll, das «zu Gott hin Geschaffensein» des geschaffenen Geistes[r], die Gottebenbildlichkeit des Menschen (Gen. 1,27) nicht als eine uns ruhend und gesichert eignende, sondern als eine uns im strengsten Sinn immer erst «zukommende», nämlich im (für uns durchaus jeweiligen) Ereignis der Offenbarung, des Für-uns-Daseins des Schöpfergeistes uns zu-|45|kommende zu verstehen, nicht als datum, sondern als dandum, nicht als Erfüllung, sondern als Verheißung. Gnade ist un-

---

[q] Der von den katholischen Phänomenologen[22] gerne gebrachte [= gebrauchte?] Begriff der «Hinordnung» (des Geschöpfs zum Schöpfer) wäre nicht unannehmbar, wenn darunter verstanden werden dürfte: der Schöpfer ordnet durch sein Wort das Geschöpf zu sich selbst hin. Die katholischen (und mit ihnen so und so viele arglose protestantische) Theologen denken aber bei diesem Begriff an die logisch mögliche, sachlich unmögliche Umkehrung jenes Satzes: Das Geschöpf ist durch das Wort des Schöpfers zu ihm hin geordnet. Sie ist darum sachlich unmöglich, weil sie auf der illusionären Voraussetzung beruht, als ob wir dem Worte Gottes gegenüber vom *Hören* gemächlich zu einem Gehört*haben*, zu allerhand Folgerungen aus seinem Inhalt übergehen könnten. Indem wir das tun, hören wir nicht mehr, verlieren wir den Gegenstand der Theologie und pflegen eine Metaphysik, die mit dem Ruhm der «Kindlichkeit» zu umgeben man Bedenken tragen sollte.
[r] Conf. I 1,1.[23]

[22] Vgl. E. Przywara, *Gottgeheimnis der Welt* (1923) in: ders., *Religionsphilosophische Schriften*, a.a.O., S.125: «Phänomenologie ist der Heimweg des außerkatholischen Geisteslebens zum verlassenen Dom der alten Philosophie», das «freudige Ja» der «außerkatholischen Geisteswelt» zum «‹doctor universalis› Thomas von Aquin». «Phänomenologie ist ... eine ungestüme Sehnsucht, heraus aus der Welt der descartes-kantischen Verengung, hinein in die Welt der katholischen Weite. Phänomenologie ist weniger ein ‹Erkennen von› als ein ‹Wille zu›. Und dieser Wille ist ein dreifacher: der Wille zum Objekt, der Wille zur Wesenheit, der Wille zu Gott.» Vgl. ferner: ders., *Religionsphilosophie* ..., a.a.O. (Anm.21), S.416: «In der ganzen Breite katholischer Religionslehre von Schöpfung zu Übernatur zu Menschwerdung gilt eben das eine Grundlegende: die Schöpfung zu Gott hingerichtet, aber nicht Gott eine ‹Ergänzung› der Schöpfung.» Der Begriff «Hinordnung» war Barth während seiner Ethik-Vorlesung im Sommer 1928 begegnet bei J. Mausbach, *Christlich-katholische Ethik*, in: *Die Kultur der Gegenwart*, hrsg. von P. Hinneberg, Teil I, Abt. IV, 2. Hälfte: *Systematische christliche Theologie*, Berlin und Leipzig 1906, S.523f., wo von der «spezifische[n] Hinordnung der Natur zum sittlichen Endzweck» sowie von der «Hinordnung auf Gott» die Rede ist (vgl. Ethik I, S.51 und 46, Anm.17).
[23] CChrSL 27,1,6f.: «... fecisti nos ad te».

ser Geschaffensein, Gnade auch unser «zu Gott hin Geschaffensein».[s] Gnade aber ist immer wieder und in allen Beziehungen Gottes *Werk*

[s] Diese Sätze dürften gegenüber dem üblichen Verständnis von Schöpfung, Gottebenbildlichkeit und «Urstand» des Menschen etwas auffallend klingen, und der eilige Einwurf, ob die Unterscheidung zwischen der Schöpfung des Menschen und der schöpfungsmäßigen Offenbarung an den Menschen nicht katholisierend sei, wird nicht ausbleiben. Aber indem ich mich hier gegen die katholische Lehre von der «potentia oboedientialis» des menschlichen Geschöpfs wende (nach Przywara *ist* der Mensch geradezu solche potentia[24]), ist schon gesagt, daß meine Unterscheidung auch mit der katholischen Lehre von der imago Dei als donum supernaturale oder superadditum trotz des formalen Gleichklangs nichts gemein hat. Es wäre freilich in Erwägung zu ziehen, ob nicht mit jener Unterscheidung das berechtigte *Motiv* jener Lehre aufgewiesen sein sollte. Aber hinter ihr kann sich verbergen und verbirgt sich jedenfalls bei den jesuitisch orientierten katholischen Theologen (vgl. z. B. M. J. Scheeben, Handbuch der Dogmatik II § 177[25]) die Vorstellung eines «status naturae purae (= nudae)», der immerhin jene potentia naturalis zukäme, hinter dieser die Auffassung der Erbsünde als eines das eigentliche Wesen des Menschen nicht berührenden bloßen Schadens und hinter dieser wieder die katholische Auffassung der Rechtfertigung als eines bloßen Heiligungsprozesses. Das protestantische Interesse an der «Natürlichkeit» des Ebenbildes Gottes im Menschen liegt danach auf der Hand. Diese «Natürlichkeit» besagt nach protestantischem Verständnis, daß die Beziehung zu Gott dem Menschen nicht irgendwie fremd, daß er vielmehr mit seiner Existenz unmittelbar auch in diese Beziehung gesetzt [ist], daß also ihre Preisgabe sofort das Todesgericht über seine Existenz selber bedeutet und daß deren Errettung Errettung aus diesem Todesgericht und also nicht bloß eine «Heilung» ist. Die altprotestantischen Polemiker haben aber mit Recht nicht versäumt, das zu Gott hin Geschaffensein des Menschen, indem sie es «natürlich» nannten, vom gegebenen Bestand und vom Sein des geschaffenen Menschen durchaus zu unterscheiden. «*Concreata*» heißt die «iustitia originalis» (Form. Conc., Sol. Decl. I 10)[26]. «*Non autem dicitur naturale quasi vel constituerit essentiam hominis, vel ex essentia necessario secutum fuerit: certum est, ablatum fuisse, permanente hominis essentia*» (J. W. Baier, Theol. Posit., Jena 1686, I 4,13).[27] Nicht als «natura recta», sondern als «naturae rectitudo» sollte die Urstandsgerechtigkeit, die das eigentliche Wesen der imago Dei ausmacht, verstanden werden (Bucan,

[24] E. Przywara, *Religionsphilosophie* ... a. a. O., S. 448: «Kreatur sein heißt von Gott kommen und in Gottes Händen sein und damit letztlich, wie der alte Schulausdruck lautet, *potentia oboedientialis*, ‹völlige Bereitschaft zu Gott›.»

[25] M. J. Scheeben, *Handbuch der katholischen Dogmatik*, Bd. II, Freiburg 1878 (unveränderter Neudruck 1925), S. 462.

[26] BSLK 848,6–15: «Deinde, quod sit per omnia totalis carentia, defectus seu privatio concreatae in paradiso iustitiae originalis seu imaginis Dei, ad quam homo initio in veritate, sanctitate atque iustitia creatus fuerat ...»

[27] J. W. Baier, *Compendium theologiae positivae* (Jenae 1686), Lipsiae 1750, p. 257.

und *Tat*, geschehend je in diesem und diesem zeitlichen Augenblick, in dem uns Gott gnädig sein will und gnädig ist und seine Gnade offen-

Institutiones Theologicae, 3. Aufl. Bern 1605 X, 4).[28] Und diese «rectitudo» hat mit einer «potentia naturalis» darum nichts zu schaffen, «quia ista naturae constitutionem in genere *entis* respicit, illa vero naturae constitutae perfectionem in genere *moris*» (Fr. Turrettini, Instit. Theologiae elencticae I, Genf 1679, V, 11,17).[29] Mit anderen Worten: die Urstandsgerechtigkeit ist nicht eine ursprüngliche *Fähigkeit*, sondern die ursprüngliche *Tat* des Menschen: in der praktischen Entscheidung des Gehorsams begriffen ist der Mensch Gottes Geschöpf. Insofern ist sie ihm «natürlich». Joh. 15,5 aber gilt, und «Christus mediator» ist notwendig auch für diese (in unserer Wirklichkeit durch die Sünde ersetzte) Urtat des Gehorsams (Bucan, ib. X,3).[30] Sie ist «donum gratuitum atque adeo indebitum a parte Dei», wenn es auch gewiß Gottes würdig ist, den Menschen so und nicht anders zu schaffen (Turrettini, ib. V, 11,16).[31] «Hominem imagine sua ... *decoravit*» (Fr. Burmann, Synopsis Theologiae, Genf 1678, II 1,2).[32] Ich meine also nichts Neues, sondern einfach das Alte präziser, und ich meine nichts Katholisches, sondern das Protestantische konsequenter gesagt zu haben, wenn ich die schöpfungsmäßige Kontinuität zwischen Gott und Mensch ein «zweites Wunder der Liebe Gottes» genannt habe.

[28] W. Bucan, *Institutiones theologicae, seu locorum communium Christianae religionis, ex Dei verbo, et praestantissimorum Theologorum Orthodoxo consensu expositorum analysis*, Bernae 1605³, p.106: «Iustitia illa originalis, in qua Adamus fuit conditus, fuitne Substantia an Accidens? Non fuit substantia, sed fuit rectitudo & integritas in natura, adeoque qualitas quae citra subiecti, i. [id est] animae corruptionem adesse, & abesse potuit, secundum definitionem accidentis. Differunt enim Natura recta, & Naturae rectitudo ...»

[29] Fr. Turrettini, *Institutio theologiae elencticae*, pars I, Genevae 1679, p.508; Hervorhebungen von Barth.

[30] W. Bucan, op.cit., p.106: «An, si homo perstitisset in illa originali iustitia, opus habuisset Christo Mediatore? Non vt reconciliaretur Deo, & sanaretur a peccato (quod nondum commiserat) sed per quem, quandiu vellet retineretur in gratia Dei & praeseruaretur a peccato: perpetuo enim vera est illa Christi sententia: Sine me nihil potestis. Iohann. 15,5.»

[31] Fr. Turrettini, op.cit., p.508: «Quamvis Iustitia originalis recte dici possit *Gratia*, seu *donum gratuitum*, atque adeo indebitum a parte Dei, quemadmodum & natura ipsa, quae ab ipso creata est; Non sequitur propterea esse supernaturalem, vel indebitam ad perfectionem naturae integrae, quia licet nihil debuerit Deus homini, posito tamen quod voluit creare hominem ad imaginem suam, debuit illum creare justum & sanctum.»

[32] Fr. Burmann, *Synopsis Theologiae et speciatim oeconomiae foederum Dei, ab initiis saeculorum usque ad consummationem eorum*, tom. I, Genevae 1678, p.382: «Ac hominem quidem quo melius coelestem originem referret, ac dignum Deo opus existeret, imagine sua decoravit, quae praecipua ejus gloria est, qua reliquis creaturis longe supereminet.»

|46|bar macht.ᵗ Nie und nimmer aber unsere ursprüngliche Eigenschaft, um die wir schon zuvor wissen könnten. Jede andere Auffassung bedeutet heimlich oder offen, in den Voraussetzungen oder in den Konsequenzen, die Umdeutung des heiligen Geistes in die Schöpferkraft unseres eigenen Geistes. |47|

Wenden wir uns auf Grund dieser ersten Klärung des Begriffes «Heiliger Geist» sofort zu dem zweiten Stichwort unseres Themas. Was heißt das: «Christliches Leben»? Wann, wo, wie und von wem wird christlich gelebt? Wir haben nicht historisch, nicht psychologisch, nicht soziologisch, sondern theologisch zu antworten, und da kann die Antwort nicht zweifelhaft sein: je und je eben dann, wenn Gott einem Menschen gnädig sein will und gnädig ist und seine Gnade ihm offenbar macht. Also je und je dann, wenn Gott sein Wort zu ihm spricht, wenn Christus als der auch für ihn, gerade für ihn, Gekreuzigte und Auferstandene da ist.ᵘ Wir können denselben von Gott erwählten Augen-

---

ᵗ Dieser Satz ist durchaus auch auf die *Schöpfungs*gnade und also auf das Geschaffensein als solches anzuwenden. «*Schöpfung durch das Wort* bedeutet das faktische Dasein der Weltwirklichkeit durch den Willen Gottes, ihre uneingeschränkte Verfügbarkeit für den Willen Gottes, ihr in jedem Augenblick sich erneuerndes Gehaltensein durch den Willen und ihr Gebundensein an den Willen Gottes. ... Als Geschaffener weiß ich mich als den im Fortschreiten des Augenblicks zum nächsten Augenblick immer neu Geschaffenwerdenden, immer neu mir selbst nicht Verfügbaren, immer neu ins Unbekannte ... Gesetzten, immer neu einer fremden Hand Ausgelieferten» (Fr. K. Schumann, Der Gottesgedanke und der Zerfall der Moderne, [Tübingen] 1929, S. 361).³³
ᵘ «... denn ein christlich Leben ganz und gar in Übung und Erfahrung der Dinge stehet, die man täglich aus Gottes Wort höret und lieset» (Luther, Pred. über Röm. 8,18f., E. A. 9,95f. [WA 41,301,17–19]). «Darum, so du eigentlich willst wissen, und die Definitio treffen und geben, was doch ein Christ sei, oder woher der Mensch ein Christ heiße, so mußt du nicht gaffen noch sehen nach Mosis Gesetz, Papsts Regiment, noch aller Menschen, auch der Heiligsten Leben und Heiligkeit, sondern allein hierher auf dies Wort Christi, da er sagt: Meine Schafe [...] hören meine Stimme ... Kurz, alles, was in uns und von uns geschehen kann, das machet keinen Christen. Was denn? Allein [das], daß man diesen Mann kenne, von ihm halte und sich zu ihm versehe, was er will von ihm gehalten haben, nämlich, daß er sei der gute Hirte, der sein Leben für seine Schafe läßt und sie erkennt. ... Also, sage ich, und auf keine andere Weise wird man Christ, daß man diese Stimme allein höre» (Pred. über Joh. 10,12f., E. A. 12,49f. [WA 21,333,36 – 334,19]).

³³ Hervorhebungen von Barth.

468

|48|blick, dasselbe in Gottes Freiheit sich ereignende Geschehen auch beschreiben als das Offensein oder Bereitsein des Menschen für Gottes Gnade, als sein Dasein für Christus, als sein Hören des Wortes Gottes. Wir haben auch dann nicht von einem eigenmächtigen Tun des Menschen, sondern eben dann, wenn wir die subjektive Seite des Zentralbegriffs der Offenbarung ins Auge fassen, haben wir von dem besonderen Werk Gottes des *Geistes*, von dem Wunder der Liebe in der *Ausgießung* des *heiligen* Geistes geredet. Der heilige Geist ist im Ereignis der Offenbarung nach einem in der alten Kirche gerne gebrauchten Bild der «digitus Dei, per quem sanctificamur».[v] Er ist der Paraklet, der uns nicht nur ansprechende, sondern zuredende, so, daß wir hören müssen, zuredende Gott.[w] Denn das kommt nicht in Betracht, daß wir uns für die Teilnahme an diesem Ereignis etwa selbst öffnen, zubereiten und rüsten. Daß diese unsere Teilnahme an dem Ereignis der Offenbarung in diesem Ereignis selbst als einem Ereignis *göttlichen* Handelns *inbegriffen* ist, das ist die grundsätzliche Bedeutung des heiligen Geistes für das christliche Leben.

Christliches Leben ist nun auf alle Fälle auch *geschöpfliches* Leben. Der Christ, als solcher konstituiert durch das Handeln des göttlichen Wortes und Geistes, ist nicht erst das Kind Gottes, auch nicht erst der gerechtfertigte Sünder, sondern auch schon schlecht und recht diese und diese menschliche Kreatur. Und wie das Wort Gottes ihn immer auch in seiner menschlichen Kreatürlichkeit angeht, weil es jedenfalls auch das Wort seines Schöpfers ist, so betrifft das Zubereiten des heiligen Geistes immer auch |49| seine menschliche Kreatürlichkeit als solche, weil er, der Paraklet, jedenfalls auch der Schöpfergeist ist, wie wir ihn vorhin in seiner Unterschiedenheit vom geschaffenen Geist zu verstehen gesucht haben. Und von der Bedeutung eben des *Geistes* Gottes für das christliche Leben soll heute die Rede sein. Das ist sicher, daß diese Bedeutung auch darin besteht, daß der Mensch als solcher, in seiner geschöpflichen Existenz als Mensch und als dieser und dieser

---

[v] Z. B. Augustin, De spir. et. lit. 16,28.[34]
[w] «Qui nos aptaret Deo» (Irenäus, c. o. h. III 17,2).[35]

[34] A. Augustinus, *De spiritu et littera*, MPL 44,218.
[35] Irenäus, *Contra omnes haereses* III,17,2, SC 211,304: «Vnde et Dominus pollicitus est mittere se Paraclitum qui nos aptaret Deo.»

Mensch durch Gott für Gott geöffnet, zubereitet, gerüstet wird. «Durch den *Geist* für das Wort» heißt eben: durch *Gott* für Gott. Und dieses «durch Gott» betrifft eben schon (und immer auch) den Menschen als solchen.

Das unerhörte Wunder der Liebe Gottes ist wahr: Gott hat uns geschaffen. Wir haben Raum und Bestand neben der Wirklichkeit Gottes. Aber eben weil das ein unerhörtes Wunder ist, weil wir unsere Existenz haben in dem schlechthin blendenden Lichte der Existenz Gottes als unseres Schöpfers aus dem Nichts, eben darum können wir unsere Existenz *nicht* verstehen, auch nicht und gerade nicht in ihrem «Geschaffensein zu Gott hin». Wir wissen wohl, was Leben in diesem Augenblick ist, aber was in diesem Augenblick Leben im Gehorsam gegen *Gott* ist, Leben entsprechend dem, daß es von *Gott* geschaffenes Leben ist, das wissen wir nicht. Ich weiß wohl, daß ich dieser und dieser, eben jetzt unter diese und diese äußeren und inneren Bedingungen gestellte Mensch bin, aber was in diesem Augenblick mein mir von Gott gegebener Beruf ist, das weiß ich nicht. Ich weiß wohl, daß Ordnung sein muß, ich weiß auch um bestimmte Ordnungen, die mich auf die für mich in diesem Augenblick gültige und maßgebende Ordnung, die jetzt und für mich aufgerichtete Schöpfungsordnung Gottes hinweisen, aber was etwa Arbeit, Ehe, Familie eben jetzt gerade für mich als Gottes Ordnungen |50| bedeuten, das weiß ich nicht.[x] Und wenn ich das alles zu wissen meinte und täte, was ich wüßte, so wüßte ich noch einmal nicht, ob denn mein Tun auch nur meinem Wissen, geschweige denn der Wahrheit selber entsprechen und also ein gutes Tun sein möchte.|

Dieser Sachverhalt hat mit der Sünde des Menschen an sich noch

[x] Die Art, wie Fr. Gogarten, besonders auffällig in der Schrift «Die Schuld der Kirche gegen die Welt» 1929, mit dem Begriff der «Schöpfungsordnung» als mit einer Gegebenheit umgeht, scheint mir mindestens mißverständlich.[36]

[36] Fr. Gogarten, *Die Schuld der Kirche gegen die Welt*, Jena 1928; z. B. S. 10: «... es ist die Frage, ob nicht heute von der Kirche in der furchtbaren Unerbittlichkeit des drohenden Zusammenbruchs aller und jeder Ordnung dieser Welt nicht mehr und nicht weniger als der Glaube verlangt wird, der allein der Welt ihre Ordnung, ihre göttliche Schöpfungsordnung zurückgeben kann.» – S. 35: «... das ist es, worum es in der Heiligung geht, daß unser an und für sich sündiges Tun als ein heiliges Tun erkannt wird. Das geschieht dann, wenn es als in Gottes Ordnung, das heißt als in unserm jeweiligen Stand geschehendes, als der Schöpfung Gottes gemäßes Tun erkannt wird.»

nichts zu tun. Er ist schon gegeben eben mit jener unaufhebbaren Unterschiedenheit des geschaffenen Geistes gegenüber dem Schöpfergeist, die keineswegs schon an sich auf der Sünde, sondern eben auf der Schöpfung als solcher beruht. Die Kontinuität zwischen Gott und mir in meiner Geschöpflichkeit ist aber nicht meine ruhende, gesicherte Eigenschaft, haben wir gesehen. Sie ist nicht gegeben, sondern sie besteht in Gottes Geben. Darum weiß ich, lebend als Geschöpf Gottes, nicht, was gut, nämlich was göttlich gut ist, darum muß mir das durch das zweite Wunder der Liebe, durch Gottes Offenbarung, gesagt werden. Es ist das Amt des Wortes, durch welches uns das je und je in concretissimo gesagt wird. Aber was hülfe es mir, daß mir durch das Wort gesagt wird, was gut ist und was der Herr von mir fordert [vgl. Micha 6,8], wenn ich es mir nicht gesagt sein ließe? Und nun steht eben dies, daß ich mir das Wort gesagt sein lasse, weil der geschaffene Geist keineswegs an sich «nach oben offen» ist, auch nicht in meiner Kunst noch Kraft, sondern eben das ist des heiligen Geistes Amt, uns je und je für das Wort des Schöpfers hörend zu machen.[y] Das Wort des Schöpfers ist das eine unteil-|51|bare Wort der Schriftverkündigung von Gottes Offenbarung, sofern es mich in meiner kreatürlichen Bedingtheit und Bestimmtheit jeweils[37] konkret trifft, d. h. sofern es mir die mir auch sonst bekannten äußeren und inneren relativen Notwendigkeiten meiner Existenz in diesem Augenblick in dieser und dieser bestimmten Kombination der verschiedenen Möglichkeiten als Gottes maßgebendes und richtendes Gebot verbindlich macht. Das Wort des Schöpfers sagt mir, daß Leben im Gehorsam unter den unabsehbar vielen Lebensmöglichkeiten und inmitten des unübersehbaren Widerstreits zwischen Leben und Leben, daß Leben als Mann oder Frau, als alter oder junger Mensch, als Glied dieses und dieses Volkes, als bisher so und so geführtes Individuum usw., daß Leben in der Arbeit, in der Ehe, in der Familie für mich in diesem Augenblick das und das bedeutet oder eben nicht bedeutet und daß mein Tun, sofern es im Hören dieses bestimmten Aufrufs geschieht, in

---

[y] Vgl. Augustin: «Spiritus autem sanctus operatur intrinsecus, ut valeat aliquid medicina, quae adhibetur extrinsecus. Alioquin etiamsi Deus ipse ... sensus alloquatur humanos ... nec interiore gratia mentem regat atque agat, nihil prodest homini omnis praedicatio veritatis» (De civ. Dei XV 6 [CChrSL 48,459,25–31]).

[37] Im Druck: «jeweilig»; Korrektur vom Hrsg.

der ganzen Fragwürdigkeit und Unsicherheit, in der ich es von mir aus tue, von Gott aus gesehen wohlgetan oder eben nicht wohlgetan ist.|

Dabei ist nun gerade hinsichtlich des Hörens dieses Wortes des Schöpfers zweierlei wohl zu beachten. Einmal, daß wir keine von den uns bekannten inneren oder äußeren Notwendigkeiten unserer kreatürlichen Existenz schon an sich und als solche als das Wort des Schöpfers hinnehmen können. Sodann, daß auch die Schriftverkündigung von Gottes Offenbarung kein Datum, keine Summe von bereit- und uns zur Verfügung stehenden Einsichten und als solche das Wort des Schöpfers ist, das uns jene Notwendigkeiten zu Gottes Gebot machte. Beides, das vermeintlich sichere Wissen |52| um die göttlichen Notwendigkeiten unserer eigenen Existenz *und* der getroste Griff in die Bibel als in ein ethisches Repertorium ist im Grunde dieselbe Willkür. Beides würde eben jene ruhend gesicherte Kontinuität zwischen dem schöpferischen und dem geschöpflichen Geist voraussetzen, die wir als diesem Verhältnis nicht entsprechend bezeichnen müssen. Sondern wie die Schriftverkündigung von Gottes Offenbarung uns zur Stimme des lebendigen Gottes je und je *werden* muß, indem Gott je und je zu uns sagt, was er durch den Mund der Propheten und Apostel ein für allemal gesagt hat, so müssen auch die inneren und äußeren Notwendigkeiten unserer Existenz den Charakter von göttlichen Weisungen, Bindungen und Verheißungen durch göttlichen Zuspruch je und je *bekommen*. Das bedeutet, daß theologische Ethik in keiner Weise, weder unter Berufung auf angebliche Schöpfungswahrheiten noch auch unter Berufung auf diese und jene Bibelsprüche, direkt sagen wollen darf, was Gottes Gebot ist. Sie hat, wie alle Theologie, dem Worte Gottes zu dienen, sie hat es aber nicht vorwegzunehmen und ihm durch Aufrichtung eines menschlichen Gesetzes in den Weg zu treten. Sie hat namhaft zu machen, daß Gottes Wort *Gottes* Wort ist, und sie hat aufzuzeigen, wie die relativen Notwendigkeiten unserer Kreatürlichkeit im Lichte der Schriftverkündigung der Offenbarung Gottes Wort an uns *werden* können. Sie hat aber nicht zu bestimmen, inwiefern sie das *sind*, weil das des Wortes Gottes Sache ganz allein ist. Eine Ethik, die Gottes Schöpfergebot zu kennen und aufstellen zu können meint, setzt sich auf den Thron Gottes, verstopft und vergiftet die Quellen und ist für das christliche Leben verheerender als alle Kinos und Tanzdielen miteinander.|

Eben damit ist nun schon gesagt, daß auch das Hören des Schöpferwortes Gottes, das das menschliche Leben zum |53| christlichen Leben macht, nicht Menschenwerk, sondern Gottes Werk, das Werk des heiligen Geistes ist. Wie unser Geist das Wort Gottes nicht produzieren kann, so kann er es auch nicht rezipieren. Bibelsprüche oder auch irgend eine selbstgemachte oder von anderen gemachte biblische Theologie und die Stimme der eigenen oder fremden Lebenserfahrung vermag er wohl zu hören. Aber das Wort Gottes vermag er nicht zu hören.[z] Er möchte ja immer etwas hören – und er meint auch in dem, was ihm von Gott gesagt ist, immer etwas zu hören –, mit dem er etwas anzufangen weiß, irgend eine je nach seinen besonderen Bedingtheiten konservative oder revolutionäre religiös-sittliche Weltanschauung, auf Grund derer er nun über sich selbst Bescheid zu wissen und sein Leben und das Leben Anderer richten und meistern zu können meint. Und gerade dann hat er – und je schöner, begründeter, praktischer und |54| christlicher dieses sein Programm ausfällt, umso mehr – am Wort des Schöpfers sicher vorbeigehört. Der auf sich selbst gestellte menschliche Geist ist

---

[z] Noch bedenklicher als bei Fr. Gogarten ist dies übersehen bei W. Kolfhaus, Revolution, Zürich 1929.[38] Woher meint man etwa zu wissen, daß ein Fr. Jul. Stahl sich für seine Gesellschaftstheorie mit mehr Recht auf die «Schöpfungsordnungen Gottes» berufen konnte als ein K. Marx für die seinige? Etwa von daher, daß der letztere es unterlassen hat, dies zu tun? Aber sollte der «Heide» in seinem ganzen sträflichen Heidentum nicht gerade darin gegenüber dem «Christen» mit seiner allzu sicheren Anrufung des höchsten Namens einen überlegenen – theologischen Takt bewiesen haben? Woher nimmt man christlich das Recht, ausgerechnet die «Revolution» (NB. ausdrücklich im geschichtlichen Sinn dieses Begriffs) als die Inkarnation des Bösen, seinen eigenen anti-revolutionären Willen aber hemmungslos als konform mit dem Willen Gottes zu behandeln? Ich kann es nicht für wohlgetan halten, das besondere Unheil des 19. Jahrhunderts kaum erst richtig eingesehen, in den Spuren A. Kuypers und doch offenkundig auch in den Spuren der lutherisch-deutschen Reaktion um 1850 im Namen Christi aus einer unverzagten Eindeutigkeit in die andere zu fallen. Nachdem ich die Zürcher Jung-Reformierten persönlich am Werk gesehen habe[39], weniger als je.

[38] W. Kolfhaus, *Revolution*, Braunschweig o. J. (55 S.). Es handelt sich um drei Vorträge, die Kolfhaus im Januar 1929 beim CVJM in Zürich gehalten hat. Im Geleitwort beruft er sich auf Fr. J. Stahl und Abr. Kuyper. «Revolutionsgeist» ist für Kolfhaus «Vergötterung des Menschen ..., grundsätzlich permanente Erhebung des Volkes über alle gegebene Ordnung» (S. 8). Demgegenüber fordert er «völlige Unterwerfung unter Gottes Schöpfungsordnung!» (S. 21). Vgl. die Bemerkungen Thurneysens zu den Thesen von Kolfhaus (Bw. Th. II, S. 658.).

[39] Vgl. Bw. Th. II, S. 664. – Anm. z, Z. 4, im Druck: «... die seinigen?»

auch im Christen, ja im Christen in der allergefährlichsten Weise, ein schwärmender, ein in guten Treuen, in Andacht und voll guten Willens schwärmender, aber ein schwärmender, d. h. ein zur Linken oder zur Rechten, in der Weise des Papstes oder in der Weise der Täufer, reaktionär oder revolutionär, ausweichender, dem, was ihm wirklich von Gott gesagt ist, ausweichender Geist. Gegen dieses Ausweichen ist kein Kraut gewachsen. Wie sollte der auf sich selbst gestellte geschaffene Geist das Wort Gottes anders rezipieren denn als Symbol eines seiner eigenen Prinzipien, das je nachdem das realistische oder das idealistische, das konservative oder das revolutionäre sein kann? Wie sollte er nicht (wohlverstanden: auch in der Brust des treulich lutherischen oder reformierten oder biblischen Christen und Theologen) vergeblich, ganz vergeblich mit Schrift und Erfahrung bewaffnet, letztlich ratlos hin und her rasen im Raum seiner eigenen Möglichkeiten wie eine hungrige Hyäne in ihrem Käfig? Wie sollte er, berauscht von irgend einem seiner Prinzipien, begreifen, daß, was jene Möglichkeiten betrifft, nach Pred. Sal. 3,1 f. alles seine Zeit hat, nicht nach menschlicher Wahl und Willkür, nicht gemäß der weisen Entscheidung des Herkules am Scheidewege, sondern gemäß der verborgenen, aber wahren und gerechten Entscheidung Gottes? Wie sollte er begreifen, daß jede «sittliche Weltanschauung» «nach menschlicher Eitelkeit schmeckt, nicht nach göttlicher Wahrheit»[40]? Begreifen, daß Gottes Wort hören Gott selbst hören bedeuten müßte? Zu solchem Begreifen müßte ihm ja eben jene Kontinuität zu Gott, jene Fähigkeit, Gottes Wort zu rezipieren, eigen sein, die ihm nicht eigen ist, die ihm eben *zugeeignet werden* muß. Es |55| müßte ein reines Wunder an ihm geschehen, ein zweites Wunder über das Wunder seiner Existenz hinaus, wenn sein Leben wirklich christliches Leben, Leben im Hören des Wortes Gottes sein sollte.|

Dieses Wunder ist das Amt des heiligen Geistes. Im heiligen Geist glaubt der Mensch, trifft ihn die Schriftverkündigung der Offenbarung Gottes und zeigt ihm seinen geschöpflichen Weg. Im heiligen Geist hört er, jenseits aller ethischen Besinnung, die hier nur dienen kann, *Gottes* Wort und ist in der Finsternis seines menschlichen Nicht-Wissens nicht verloren. Wir können uns zu diesem Hören nicht erwecken und nicht erziehen, und wir können uns nicht in ihm erhalten. Wir haben, indem

---

[40] Paraphrasierende Übersetzung des Augustin-Zitats S. 462, Anm. 16.

wir hören, keine Sicherung, keine durchschlagende Garantie der Wahrheit als die in dem Gehörten selber uns gegebene. Wir können nur faktisch, nur in der Tat hören, in der göttlichen Sicherheit inmitten unserer menschlichen Ungesichertheit, die dem entspricht, daß dieses Hören das Wunder Gottes ist. Man kann und muß es auch so sagen: wir können nur *betend* hören: «Ich bin ein Gast auf Erden, verbirg deine Gebote nicht vor mir» (Ps. 119,19). Nur im Wunder des heiligen Geistes sind sie uns nicht verborgen. Aber wer könnte und würde auch nur beten um ihre Offenbarung, wenn sie ihm nicht, eben indem er betet, im Wunder der heiligen Geistes schon offenbar geworden wären?

II.

Die Heiligkeit des heiligen Geistes erschöpft sich nicht in seiner *Unterschiedenheit* vom geschaffenen Geist. Sie ist Heiligkeit prägnant in ihrem *Gegensatz* zu der ernstlichen und radikalen Verkehrtheit und Sünde des geschaffenen Geistes. Der Mensch kann der Gnade Gottes, er kann dem |56| Wort und Geist seines Schöpfers sich widersetzen und verschließen. Er kann das nicht nur, sondern er tut es. Wir haben uns hier nicht[41] mit dem Mysterium dieses Könnens zu beschäftigen. Das «mysterium iniquitatis» [2. Thess. 2,7, Vulgata] besteht jedenfalls in seiner tiefsten Tiefe darin, daß *wir* das Böse *tun*. Das Böse ist aber der Unglaube: daß wir uns das Werk des Wortes und des Geistes nicht gefallen lassen. Immer wenn und indem dieses Werk an uns geschieht, wird zugleich offenbar, daß wir ihm nicht nur geschöpflich unvermögend – das sind wir freilich auch –, sondern sündig unwillig gegenüberstehen. Die Grenze zwischen Gott und Mensch, die wir im bisherigen als Kreaturgrenze verstanden haben, bekommt nun sozusagen eine zweite Farbe, Gestalt und Kraft: sie ist zugleich die Grenze zwischen dem, der in Wahrheit und Gerechtigkeit als unser König an uns handelt, und uns, die wir als die Rebellen in seinem Reiche stehen. Das ist sein Reich, daß *er selber* sich uns offenbart, weil wir als seine Kreaturen leben von dem Wort, das aus seinem Munde geht [vgl. Mt. 4,4] und weil er uns nur durch sich selber offenbar werden kann. Und das ist unsere Rebellion,

---

[41] «nicht» fehlt im Erstdruck; von Barth in seinem Handexemplar nachgetragen.

daß wir alles wollen, alles Edle, Hilfreiche und Gute[42], wenn es sein muß, nur das nicht, uns durch Gott für Gott öffnen, zubereiten und rüsten lassen. *Gnade* ist Gottes Reich. Unsere Feindschaft gegen Gott aber – herzliche Freundschaft für jeglichen selbstersonnenen Gottesbegriff oder für diese und jene religiös-sittliche Weltanschauung ist durch sie nicht ausgeschlossen –, das Böse, das wir tun, ist unsere *Feindschaft* eben gegen die *Gnade*, unsere Feindschaft gegen jenes «er selber», mit Luther zu reden: Die «concupiscentia divinitatis»[43], «daß wir die gotterey nicht lassen können»[44].[aa] Erst dann ist doch die Sünde ernst genommen, |57| wenn unter dem Gesetz, gegen das sie sich vergeht und gemessen an dem sie nach 1. Joh. 3,4 «Gesetzlosigkeit» ist, die Offenbarung des lebendigen Gottes selbst, d.h. eben die Gnade verstanden wird. Dann haben wir aber die in der Versöhnung über die Sünde mächtige Gnade [vgl. Röm. 5,20] zu verstehen als die Gnade, die eben über die Feindschaft gegen die Gnade mächtig ist, den heiligen Geist aber, den Geist Gottes des Versöhners nicht als irgend einen Geist des Wahren, Guten und Schönen[45], sondern als den nun erst recht unbegreiflich

[aa] Zit. nach H.M. Müller, Glaube und Erfahrung bei Luther, [Leipzig] 1929, S.19.

[42] Vgl. den Anfang des Gedichtes «Das Göttliche» von J.W. von Goethe:
Edel sei der Mensch,
hilfreich und gut!

[43] WA.TR 1,562,19f.

[44] WA 28,566,1, Predigt über Dt. 4.

[45] Die Trias vom Wahren, Guten und Schönen entspricht der Gliederung der Philosophie in Logik, Ethik und Ästhetik (I. Kant: Kritik der reinen Vernunft, ... der praktischen Vernunft, ... der Urteilskraft) und geht zurück auf die in der klassischen griechischen Philosophie entwickelten Kategorien. Insbesondere geht es dort auch um die Bereiche der menschlichen Seele. Vgl. z.B. C. Ritter, *Die Kerngedanken der platonischen Philosophie*, Tübingen 1930, S.235: «In der Politeia unterscheidet Platon ... drei Seelenteile, den überlegenen (berechnenden = λογιστικόν), den mut- oder eiferartigen (θυμοειδές), und den sinnlich begehrenden (ἐπιθυμητικόν), und diesen drei Teilen weist er im Timaios verschiedene Wohnungen innerhalb des Leibes an: im Gehirn, im Herzen, in der Leber.» Vgl. ferner E.R. Sandvoss, *Aristoteles*, Stuttgart 1981, S.140: «Auf die Wertordnung folgt die Ordnung der Lebensformen. Aristoteles unterscheidet das Leben des Theoretikers (bios theoretikos) vom Leben des Praktikers (bios praktikos) und vom Leben des Genießers (bios apolaustikos).» Vgl. ferner E. Przywara, *Analogia Entis* 1932[1]; Einsiedeln 1962[2], S.29: «Ὄν ist bei Platon wie Aristoteles geradezu Synonym für das ‹eigentlich sein› des Wahren-Guten-Schönen. Das hat bei

heiligen Geist, der in diesem Kampf und Sieg der Gnade gegen die Gnadenfeindschaft des Menschen als dessen eigentliche und wahre Sünde steht. Daß dennoch und in Überwindung unseres radikal bösen Hasses gegen des lebendigen Gottes Offenbarung jenes «er selber» an Stelle aller «gotterey» zu unserer Gemeinschaft mit Gott werde, das ist das Wirken des heiligen Geistes in der Versöhnung.|

Ist dem aber so, dann muß dieses Wirken gesehen sein in seiner grundsätzlichen und unaufhebbaren Abgrenzung gegenüber allem, was unser eigenes Wirken ist. Wo unter irgend einem Vorwand und in irgend einer Gestalt das eigene Wirken des Menschen zur Bedingung seiner Gemeinschaft mit Gott gemacht wird, da ist des heiligen Geistes vergessen, da wird die Sünde zur Überwindung der Sünde gemacht. Das geschah in der alten Kirche in der griechischen und später in der pelagianischen Lehre von dem freien Willen des Menschen als dem Drehpunkt in seinem Verhältnis zu Gott, aber auch überall da, wo von der göttlichen Berufung das selbstzubeschaffende hochzeitliche Kleid [vgl. Mt. 22,12], von der ersten durch Christus vollzogenen Heilung der Wunde der Erbsünde eine zweite, die durch Werke der Gerechtigkeit und Barmherzigkeit von uns selbst zu vollziehende Heilung der Wunde der Tatsünden nach der Taufe abstrakt genug, aber auch nur zu |58| einleuchtend, unterschieden wurde.[ab] *Augustin* hat auch hier dem Verder-

---

[ab] Z.B. Irenäus, c. o. h. IV 36,6[46]; Cyprian, De opere et eleem. 1f.[47] Ein schönes modernes Beispiel zu dieser sozusagen gröberen Werkgerechtigkeitslehre bietet A. Ritschl, nach welchem die Wirkungen der göttlichen Erlösung Anwendung finden «nur unter der Bedingung, daß der Gläubige zugleich auf den anerkannten Endzweck des Reiches Gottes hin tätig ist und den, sei es absichtlichen, sei es gewohnten Dienst der selbstsüchtigen Zwecke und Neigungen aufgegeben hat» (Unterricht in der christl. Religion, 1. Aufl., § 46).[48]

Aristoteles den scharfen Ausdruck darin, daß die Kategorien des ὄν zugleich die Kategorien des Wahr-Gut-Schön sind».

[46] Irenäus, *Contra omnes haereses* IV, 36,6, SC 100,902: «Adhuc etiam [Dominus] manifestavit oportere nos cum vocatione et justitiae operibus adornari, uti requiescat super nos Spiritus Dei; hoc est enim indumentum nuptiarum ...»

[47] Th. C. Cyprianus, *De opere et eleemosynis*, MPL 4,603: «Loquitur in Scripturis divinis Spiritus sanctus et dicit: ... Sicut aqua extinguit ignem, sic eleemosyna extinguit peccatum (Eccli. [= Sirach] III,33). Hic quoque ostenditur et probatur quia, sicut lavacro aquae salutaris gehennae ignis extinguitur, ita et eleemosynis atque operationibus [andere Lesart: operibus] justis delictorum flamma [andere Lesart: fomes] sopitur.»

[48] Barth zitiert nach der kritischen Ausgabe von C. Fabricius: A. Ritschl, *Die*

ben zunächst Einhalt geboten, aber auch hier nicht ohne eine im Grunde noch viel gefährlichere Konzeption auf die Bahn zu bringen. Er hat im Kampf mit den Pelagianern und Semi-Pelagianern das Wollen und das Vollbringen, den Empfang und die Erhaltung der Gnade, die Begründung und den Bestand des christlichen Lebens dem freien, ungeschuldeten Wirken des heiligen Geistes zugeschrieben. Er hat die Rechtfertigung durch den Glauben gelehrt und den Glauben unzweideutig als Gabe Gottes gekennzeichnet. Er hat auch die Werke und die Verdienstlichkeit der Werke als unverdientes Geschenk Gottes beschrieben. Er hat aber leider ebenso unzweideutig die Rechtfertigung in der direkt einsichtigen Wirklichkeit des neuen Gehorsams gesucht. Er hat die Heiligung nicht nur mit der Rechtfertigung zusammenfallen, sondern er hat die Rechtfertigung in der Heiligung aufgehen lassen[ac], die Gnade als «inspiratio bonae voluntatis atque operis» verstanden[ad] und den Glauben als Mitteilung eigenmenschlicher Fähigkeit zum Wollen und Vollbringen dessen, was das Gesetz befiehlt[ae]. Und er hat eine unheimliche Vor-|59|liebe gezeigt für das paulinische Wort, daß die Liebe zu Gott

[ac] De civ. Dei XXI 16 und 27,3 [CChrSL 48,782f.801f.].

[ad] De corr. et gratia 2,3.[49]

[ae] Conf. X 29,40[50]; XIII 9,10 [CChrSL 27,246,10] («In bona voluntate pax nobis est»); De cat. rud. 23,41[51]; De spir. et lit. 3,5 [MPL44,203] u. 9,15 [209] («Ut sanet gratia voluntatem et sanata voluntas impleat legem»); 13,22 [214] («Da quod jubes»); 29,50 [232] («Potest quisque illo incremento intrinsecus dante operari justitiam»); Enchirid. 32[52] («Totum Deo detur qui hominis voluntatem bonam et praeparat adjuvandam et adjuvat praeparatam»); 81,106 [CChrSL 46,107,45–47] («Ut voluntas ipsa ... a Domino praeparetur qua cetera Dei munera capiantur per quae veniatur ad munus aeternum»); De grat. et lib. arb. 14,27; 15,31 («Per hanc fit ut sit homo bonae voluntatis qui prius fuit malae voluntatis»); 17,33[53]; De corr. et grat. 11,32 [MPL 44,935f.]; De praed. 11,22[54] («Ideo enim haec et nobis praecipiantur et dona Dei esse monstrantur, ut intelligatur, quod et nos ea facimus et Deus facit ut illa faciamus»).

christliche Vollkommenheit. Ein Vortrag / Unterricht in der christlichen Religion, Leipzig 1924, S. 70. Dieser Ausgabe liegt die 1. Auflage (Bonn 1875) von Ritschls Schrift zugrunde.

[49] A. Augustinus, *De correptione et gratia*, MPL 44,917.

[50] CChrSL 27,176,1–9: «Da quod iubes et iube quod vis.»

[51] A. Augustinus, *De catechizandis rudibus*, CChrSL 46,165,4–6.

[52] A. Augustinus, *Enchiridion de fide, spe et charitate*, CChrSL 46,67,97–99.

[53] A. Augustinus, *De gratia et libero arbitrio*, MPL 44, 897,899 (mit einer Umstellung), 901.

[54] A. Augustinus, *De praedestinatione sanctorum*, MPL 44,976.

ausgegossen sei in unsere Herzen durch den heiligen Geist [Röm. 5,5][af].
Er hat nach dem anderen Pauluswort den Glauben in der Liebe so kräftig sein lassen [Gal. 5,6][ag], daß kein Zweifel besteht: er hat in diesem feurigen Lieben das Maß und Kriterium und den entscheidenden Inhalt des Glaubens gesehen.[ah] Man wird nicht übersehen dürfen, daß Augustin über den tatsächlichen Bestand dieser eingegossenen Liebesgerechtigkeit im Leben des Christen sich auch sehr zurückhaltend äußern konnte[ai], daß er auch abgesehen von |60| der grundlegenden Gnadeneinflößung die Notwendigkeit immer neuer Vergebung auch und gerade für den in dieser rechtfertigenden Heiligung stehenden Christen ernstlich betont[aj], daß er endlich auch die eschatologische Begrenzung

[af] Man kann die für Luther so wichtige[55] Schrift «De spiritu et litera» [MPL 44,199–246] als einen einzigen Kommentar zu diesem Wort auffassen.

[ag] «Dono tuo accendimur et sursum ferimur. Inardescimus et imus. Ascendimus ascensiones in corde et cantamus canticum graduum. Igne tuo, igne tuo bono inardescimus et imus, quoniam sursum imus ad pacem Jerusalem» (Conf. XIII 9,10 [CChrSL 27,247,17–20]).

[ah] «Charitas ... quanto in quocumque major est, tanto melior est in quo est» (Enchir. 117 [CChrSL 46,111,1–3]; vgl. De fide et op. 16,27; 27,49[56]); De civ. Dei XXI 16 [CChrSL 48,782,26–30]).

[ai] «Sentit (animus meus) adhuc se esse abyssum» (Conf. XIII 14,15 [CChrSL 27,250,4f.]). «Multum in hac via ille profecit, qui quam longe sit a perfectione justitiae proficiendo cognovit» (De spir. et lit. 36,64 [MPL 44,243]). «Aliquid ergo est in abdito et profundo judiciorum Dei ut etiam justorum omne os obstruatur in laude sua et non aperiatur nisi in laudem Dei» (ib. 36,66 [246]). «Talis est pax, ut solatium miseriae sit potius quam beatitudinis gaudium» (De civ. Dei XIX 27 [CChrSL 48,697,3f.]).

[aj] De pecc. merit. II 13,18[57]; De civ. Dei XXII 23 [CChrSL 48,845f.]. «Multum autem nobis in hac carne tribueremus, nisi usque ad eius depositionem sub venia viveremus» (De civ. Dei X 22 [CChrSL 47,296,14f.]). «Ipsa quoque nostra justitia quamvis vera sit propter veri boni finem ad quem refertur, tamen tanta est in hac vita, ut potius peccatorum remissione constet quam perfectione virtutum» (De

[55] Vgl. Luthers Selbstzeugnis in der Vorrede zum ersten Band der Gesamtausgabe seiner lateinischen Schriften (1545), WA 54,186,14–18: «Iam quanto odio vocabulum ‹iustitia Dei› oderam ante, tanto amore dulcissimum mihi vocabulum extollebam, ita mihi iste locus Pauli fuit vere porta paradisi. Postea legebam Augustinum de spiritu et litera, ubi praeter spem offendi, quod et ipse iustitiam Dei similiter interpretatur: qua nos Deus induit, dum nos iustificat.» Vgl. auch seinen Brief an Spalatin vom 19.10.1516, WA.B 1,70,8–16.

[56] A. Augustinus, De fide et operibus, MPL 40,215f.228f.

[57] A. Augustinus, De peccatorum meritis et remissione et de baptismo parvulorum, MPL 44,162.

der durch Gottes Gnade möglichen Werkgerechtigkeit nicht vergessen hat[ak]. Aber das sind Vorbehalte, die den entscheidenden Gehalt dieser Lehre nicht verändern können. Ihr Gehalt ist dieser, daß die Bedingung der Gemeinschaft des sündigen Menschen mit Gott in seiner kraft der Gnade anhebenden allmählichen Umwandlung in einen Nicht-Sünder besteht. Und ihr Hintergrund ist jener Begriff eines Gottes, zu dem das Geschöpf als solches in ruhend gesicherter Kontinuität steht, um welchen es als um den Ursprung und Inbegriff seiner eigenen Wahrheit und Güte schon zuvor weiß. *Dieser* «Gott» kann uns freilich *so* mit sich versöhnen. Mit diesem «Gott» kann man sich so ins Einvernehmen setzen, wie dies Augustin in seinen schrecklichen «Konfessionen» geschildert hat. Mit diesem Gott im Einvernehmen, kann man dann auch so gemächlich christliche Geschichtsphilosophie treiben, wie dies in «De civitate Dei» geschehen ist. Auf diesem Boden steht die mittelalterliche Rechtfertigungs- oder vielmehr Heiligungslehre, auf diesem Boden auch die des Tridentinischen Katholizismus. Und weil die Reformatoren, indem |61| sie sich an die Prädestinationslehre, an die treffliche antipelagianische Polemik des Kirchenvaters und an andere wertvolle Errungenschaften seiner Theologie hielten[al], es unterlassen haben, laut und energisch genug vor dem süßen Gift zu warnen, das gemeint ist, wenn Augustin von «Gnade» redet, konnte es geschehen, daß dieses süße Gift alsbald auch wieder in die protestantische Theologie und Predigt eindringen und den ganz anderen Ansatz der Reformatoren selbst

civ. Dei XIX 27 [CChrSL 48, 697, 4–7]. Die Mauriner machen zu dieser Stelle mit Recht die Anmerkung, daß sie nicht in protestantischem Sinn gedeutet werden dürfe.[58])

[ak] De civ. Dei I 29 [CChrSL 47, 30, 1–18]; X 22 u. 25 [47, 296, 16–300, 82]; XIX 14 [48, 680, 1–682, 55]; De nuptiis et concup. I 33, 38[59].

[al] Ich denke vor allem an seine Beiträge zur Sakramentslehre.[60]

[58] MPL 41, 657, Anm.: «Non intelligendus est ille locus, quasi justitia nostra constet sola remissione peccatorum. Hic potius, quemadmodum animadvertit et ipse Bellarminus, lib. 2 de justific., cap 13, non excludit perfectionem virtutum, sed praeponit remissionem peccati; adeo ut sensus sit, justitiam nostram, quae partim in remissione peccati, partim in perfectione virtutum sita est, magis constare remissione peccati, quam perfectione virtutis: illam enim plenius quam hanc praestare valemus.»

[59] A. Augustinus, *De nuptiis et concupiscentia*, MPL 44, 435.

[60] Vgl. die Augustin-Zitate in Barths Vortrag «Die Lehre von den Sakramenten», oben S. 404f.410.

bis zur Unkenntlichkeit verderben konnte. Die protestantische Gnadenlehre in der Neuzeit ist fast durchweg eine Variation des Augustinischen
Themas, daß die Versöhnung des Menschen mit Gott «ex utroque fit, id
est, *et* voluntate hominis *et* misericordia Dei»[am]. Modern ausgedrückt
heißt das: sie ist «göttliche Gabe und menschlich-schöpferische Tat in
einem»[an]. Und es ist kein gutes Zeichen für den heutigen Stand der Dinge, daß ausgerechnet die Lutherdarstellung, die man als die Eröffnung
einer sogen. Luther-Renaissance zu feiern pflegt – ich meine die von
Karl Holl –, (nicht ohne die übliche «Zusammenschau» von Gottes Tat
und des Menschen Erlebnis) in einem sogen. analytischen Verständnis
des Rechtfertigungsgedankens, zu deutsch in der Auflösung der Recht-
fertigung in die Heiligung, ihr Zentrum und ihren Gipfel hat.[63]|

Warum ist das alles nicht gut? Warum ist der Augustinismus gerade
in der Gnadenlehre Gift und Verderben für die Kirche? Darum, weil er
den «Synergismus» nur dazu aufhebt, um ihn erst recht und nun endgültig in Kraft zu setzen. Darum, weil er, viel raffinierter und gefährlicher als der Pelagianismus und die griechische Freiheitslehre, das Ei-
genwirken des Menschen, die ganze äußere und innere |62| Werkgerech-
tigkeit der Moral und der Mystik und alles menschlichen Heiligkeits-
und Verdienststrebens unter das Vorzeichen der Prädestination und der
Gnade und der höchsten Demut stellt und damit gleichzeitig die Sünde
heilig spricht und die Majestät der Gnade zunichte macht. Es ist eben
nicht wahr, daß der *heilige* Geist darum und darin der Geist Gottes des
Versöhners ist, daß er dem Menschen, wie man Augustin im offiziellen
Katholizismus später, aber richtig, interpretiert hat, eine «divina qualitas in anima inhaerens»[ao] verleiht und so anhebt, ihn nach und nach zu

[am] Enchir. 32 [CChrSL 46,67,83f.][61]
[an] Troeltsch, Glaubenslehre S. 343.[62]
[ao] Cat. Rom. II 2,38.[64]

[61] Hervorhebungen von Barth.
[62] E. Troeltsch, a.a.O., S. 343: «Aber das Hinnehmen und Empfangen ist eine
persönliche Tat, die sich der Seelennatur entgegenstellt und sich für das Einströmen der neuschöpferischen Kräfte öffnet. Die Erlösung ist göttliche Gabe
und menschlich-schöpferische Tat in einem.»
[63] Vgl. Barths Auseinandersetzung mit Holls Luther-Interpretation oben S. 87
mit Anm. 64.
[64] *Catechismus ex Decreto Concilii Tridentini ad Parochos*, in: *Libri Symbolici Ecclesiae Catholicae*, tom. I, edd. Fr. G. Streitwolf und R. E. Klener, Göttingen

einem Nicht-Sünder zu machen. Der *so* geschilderte Geist ist vielmehr deutlich der Geist der Feindschaft gegen die Gnade, der böse Geist, der durch die Gnade und also durch den heiligen Geist doch eben überwunden werden soll. Kein Lobpreis der Ehre Gottes und keine Demutsbezeugung ändern etwas daran, daß da, wo Gottes Gnade und des Menschen Werk nur als die zwei Seiten desselben Sachverhaltes angesehen werden, wo man statt «heiliger Geist» ebensogut Überzeugung, religiöse Leidenschaft, sittlicher Ernst oder gar «menschlich-schöpferische Tat» sagen kann und umgekehrt, daß da der Mensch seiner Sünde ausgeliefert und überlassen wird. Die Sünde, die durch eine «inspiratio bonae voluntatis»[65] grundsätzlich überwunden und dann praktisch nach und nach abgebaut werden kann, ist nicht *ernstliche* Sünde. So mag eine Wunde geheilt, so kann aber nicht ein Toter auferweckt werden. Und wirklich nur eine Wunde, eine Störung innerhalb der ungestörten Kontinuität des Menschen zu Gott ist das, was Augustin Sünde genannt hat, jene «superbia»[ap], jenes «vivere secundum creatum bonum»[aq], dem er doch selbst mit |63| Recht alle Positivität abgesprochen, das er nur als «privatio boni» zu beschreiben gewagt[ar] und dessen substantielle Einheit mit dem Guten er doch auch im Teufel nicht bedroht gesehen hat[as]. Wirklich nur eine Wunde ist die Sünde, wenn sie nach dem Tridentinum als «commutatio in deterius» zu verstehen ist[at] oder

[ap] De civ. Dei XIV 3,2 [CChrSL 48,417,51]; vgl. 13,1 [434,1–8].

[aq] De civ. Dei XIV 5 [CChrSL 48,420,3f.].

[ar] Conf. III 7,12 [CChrSL 27,33,7f.]; IV 15,24 [52,14f.]; VII 12,18 [104,10ff.]; vgl. 16,22 [106,7–9]. De civ. Dei XI 9 [CChrSL 48,330,70f.]; vgl. 22 [341,23f.], XII 2 [357,16–21], XIV 11 [432,32–39] und Enchir. 11 [CChrSL 46,53,34f.].

[as] Conf. X 23,34 [CChrSL 27,173,24–40]; De civ. Dei XII 1,3 [CChrSL 48,356,56–59]; XIX 12,2–3 [676,39–678,130] und 13,2 [679,35–37]; Enchir. 12–14 [CChrSL 46,54,1–56,79].

[at] Decr. sup. pecc. orig. 1.[66]

1846, S. 286: «Est autem gratia, quemadmodum Tridentina Synodus ab omnibus credendum, poena anathematis proposita, decrevit, non solum per quam peccatorum fit remissio, sed divina qualitas in anima inhaerens, ac veluti splendor quidam, et lux, quae animarum nostrarum maculas omnes delet, ipsasque animas pulchriores, et splendidiores reddit.»

[65] Siehe oben S. 478 bei Anm. ad.

[66] *Concilium Tridentinum, Sessio V, Decretum de peccato originali*, DS 1511: «Si quis non confitetur, primum hominem Adam ... ‹per illam praevaricationis offensam secundum corpus et animam in deterius commutatum fuisse›: anathema sit.»

nach Schleiermacher als «die Kraft und das Werk einer Zeit, in welcher die Richtung auf das Gottesbewußtsein noch nicht in uns hervorgetreten war»[au], oder nach A. Schweizer als «das Versenktbleiben in bloßer Natürlichkeit»[av] oder nach Biedermann als das «Sich-selbst-wollen des endlichen Ich gerade in seiner natürlichen Endlichkeit als solcher»[aw] oder nach A. Ritschl als auf die Güter untergeordneten Ranges gerichtete Selbstsucht[ax] oder nach Lüdemann als der «naturgemäße Vorsprung der die gegebene Individualität zu ihrer Selbstbehauptung treibenden Willensmotive»[ay]. Das ist alles darum nicht so schlimm, weil ja damit offenkundig und ausdrücklich nur ein Mangel innerhalb der Ökonomie der menschlichen Geschöpflichkeit als solcher, aber gerade nicht ein Vergehen gegen Gott bezeichnet ist. Darum sind denn auch – soweit ich sehe, noch nicht Augustin, wohl aber – seine modernen Nachfolger ei-

[au] Der christl. Glaube § 67.[67]
[av] Glaubenslehre, 2. Aufl., I, S. 378.[68]
[aw] Dogmatik, 1. Aufl., § 767.[69]
[ax] Rechtfertigung und Versöhnung, 4. Aufl., III, S. 317.[70]
[ay] Dogmatik II, S. 397.[71]

[67] Der Leitsatz zu § 67 der Glaubenslehre lautet: «Wir sind uns der Sünde bewußt als der Kraft und des Werkes einer Zeit in welcher die Richtung auf das Gottesbewußtsein noch nicht in uns hervorgetreten war.»

[68] A. Schweizer, *Die Christliche Glaubenslehre nach protestantischen Grundsätzen dargestellt*, Bd. I, Leipzig 1877², S. 378: «Gott ist es der unser geistiges Leben als im natürlichen Organismus angelegt und versenkt erwachen läßt, so daß alsdann das Versenktbleiben in bloßer Natürlichkeit dem erwachten Geistesleben zur Sünde wird.»

[69] A. E. Biedermann, *Christliche Dogmatik*, Zürich 1869, S. 670: «Dem *Inhalt* nach ist die Sünde ein Sich-selbst-wollen des endlichen Ich gerade in seiner natürlichen *Endlichkeit als solcher*, also in seiner sinnlichen Naturbestimmtheit ...»

[70] A. Ritschl, *Die christliche Lehre von der Rechtfertigung und Versöhnung*, Bd. III, Bonn 1910⁴, S. 317: «Die Sünde ist nun das Gegentheil des Guten, sofern sie aus Gleichgültigkeit oder Mißtrauen gegen Gott Selbstsucht ist und sich auf die Güter untergeordneten Ranges richtet, ohne deren Unterordnung unter das höchste Gut zu beabsichtigen.»

[71] H. Lüdemann, *Christliche Dogmatik*, Bd. II: *System christlicher Dogmatik*, Bern/Leipzig 1926, S. 397 (Leitsatz zu § 62): «Das materiale Wesen der Sünde liegt begründet in dem naturgemäßen Vorsprung der, die gegebene Individualität zu ihrer Selbstbehauptung treibenden Willensmotive, welcher auch dem erwachenden sittlichen Normbewußtsein oder dem göttlichen Gesetz gegenüber fortdauert, und je nach der individuell verschiedenen Form des bestimmungswidrigen und pflichtwidrigen Verweilens des Menschen in niederen Entwicklungsstadien die Trägheitssünde und die Selbstsuchtssünde hervorruft ...»

nig in der tröstlichen Ansicht, daß «das Böse aus dem Freiheits- und Werde-|64|charakter des ethischen Geistes folgt»^{az}, im Plane Gottes durchaus vorgesehen ist. Darum kann denn auch diese Störung auf dem Boden solcher Theologie in einem Atemzug als bestehend, im nächsten Atemzug ebenso gemächlich als wieder behoben gedacht werden. Aller «Sündenernst», mit dem von ihr geredet wird, ändert nichts daran, daß hier gerade nicht von der ernstlichen Sünde geredet wird, denn die könnten wir uns so wenig als behoben denken, wie wir uns einen Toten geheilt denken können, so wenig als behoben *denken*, wie wir sie tatsächlich *beheben* können. Ein Toter kann nur *auferweckt* und ernstliche Sünde kann nur *vergeben* werden, und diese Behebung der Sünde können wir uns nicht in Gestalt einer Veränderung der menschlichen Haltung anschaulich machen, wie dies für die Rechtfertigungslehre Augustins oder auch Holls so bezeichnend ist. Die müßten wir als *Gottes* Tat an uns *glauben*, ohne zu schauen. Was wir uns anschaulich machen können, das ist immer unser eigenes Wirken. Es bleibt unser eigenes Wirken, auch wenn wir es unter das Vorzeichen der Gnade stellen und es uns dann in gewissen möglichen immanenten Veränderungen, in Gestalt einer Veränderung der menschlichen Haltung anschaulich machen. Eben der Geist eigenen Wirkens, den wir da zum heiligen Geist der Versöhnung machen wollen, ist aber nicht nur der geschöpfliche Geist in seiner Unaufgeschlossenheit für seinen Schöpfer, sondern in der Glaub[ens]losigkeit, in der Beharrlichkeit, in der demütigen Selbstgerechtigkeit, in der er bei |65| sich selbst bleiben und von etwas prinzipiell anderem als von seinem eigenen Wirken und dessen möglichen Veränderungen nichts hören will, der Geist der Feindschaft gegen die Gnade, die eigentliche, wahre und ernstliche Sünde. Er ist es umso mehr, je mehr er sich, um seine wahre Natur zu verbergen, hinter die Vokabel «gratia» versteckt, je lauter er von der einströmenden Übernatur, der göttlichen «Wirklichkeit» oder je eindringlich ernsthafter er von dem uns verwandelnden göttlichen Gemeinschaftswillen redet. Gerade der

---

^{az} Troeltsch, Glaubenslehre, S. 306; vgl. aber auch Przywara, Religionsphilosophie, S. 84[72], wo Thomas von Aquino gerühmt wird, der «auch das eigentlich Sündige in der Welt (bei allem unverminderten Sündenernst) doch schließlich zu ertragen weiß, weil eben Gott, indem er ‹ein Anderes als er› schuf, Sündenmöglichkeit sozusagen ‹mitschuf› und eigentliche Sünde darum ‹zuläßt›».

[72] E. Przywara, a.a.O. (Anm. 21), S. 484.

484

Geist des Wahren, Guten und Schönen oder auch der Geist der Liebe oder auch der Geist der mit Heiligkeit gepaarten Güte, an dem der Mensch bald mehr, bald weniger Anteil hat, ist, wo er für den heiligen Geist gehalten wird, sicherlich der böse Geist. Ihn zum Überwinder der Sünde zu machen, heißt den Bock zum Gärtner machen. Im Unterschied, im *Gegensatz* zu diesem Geist ist der Geist unserer wirklichen Versöhnung mit Gott der heilige Geist.

Wir fragen nun wiederum nach der Bedeutung des heiligen Geistes als des Fingers Gottes, als der subjektiven Seite im Begriff der Offenbarung für das «christliche Leben». Das Wunder der Liebe Gottes, an dem sein Wort uns teilnehmen läßt, geht über sein Schöpfersein hinaus und ist weiter seine Gemeinschaft mit uns als Sündern. Auch das ist Wunder, das Wunder unverdienter Barmherzigkeit, d. h. auch das können wir uns nicht, auch nicht denkend, aneignen als eine Beschaffenheit unseres Geistes. Darum war auch hier – und hier noch nachdrücklicher als vorher – Augustin abzuweisen. Die Bedeutung des heiligen Geistes für das christliche Leben im Lichte des Gegensatzes von Gnade und Sünde liegt mit besonderer Präg-|66|nanz darin, daß er der Geist *Jesu Christi*, des im Fleisch für uns gekreuzigten Sohnes Gottes oder (was dasselbe sagt) der Geist des zu uns gesprochenen *Wortes* des Vaters ist. Wenn Jesus Christus der Gekreuzigte oder wenn das Wort des Vaters unsere Versöhnung ist, dann heißt das, daß sie unserem Wirken grundsätzlich entrückt ist. Und wenn der heilige Geist der Geist Christi oder des Wortes ist, dann kann er eben darum nicht der unselige Geist unseres eigenen Wirkens sein.

Die Reformatoren haben die Gerechtigkeit, die uns durch die Gnade Gottes zugeeignet wird, mit Nachdruck und ohne Einschränkung (auch in Bezug auf die Wirklichkeit unserer Heiligung und auf das Problem unseres Gehorsams, auch in Bezug auf die «Gaben» des heiligen Geistes, gerade auch in Bezug auf das alles) *fremde, äußere*, d. h. von außen uns zukommende Gerechtigkeit genannt. «Wir dürfen nicht einen Boten zu ihm schicken, sondern er ist zu uns kommen, und selbst persönlich.»[ba] Sie haben die Paradoxie (die notwendige Paradoxie) gewagt, es

[ba] Luther, Pred. über Lk. 1,26f., EA 6,206[73]. «Deus enim nos non per domesti-

[73] Druck nach Rörer, nicht in WA.

müsse zum Verständnis der Mitteilung dieser Gerechtigkeit gerade die Person des Menschen, der sie doch mitgeteilt wird, außer Betracht bleiben: «Dieu besongne en |67| telle sorte qu'il n'y a rien de nostre costé.»[bb] Sie haben nicht nur die grobe Werkgerechtigkeit des populären Katholizismus, sondern gerade die feine Werkgerechtigkeit der wahrlich schriftgelehrten, wahrlich theologisch umsichtigen und wahrlich auch frommen und gemütstiefen großen Dominikaner und Franziskaner des Mittelalters, die feine Werkgerechtigkeit der eingegossenen Liebe als Begründung der gnädigen Gemeinschaft zwischen Gott und Mensch als durchaus gnadenwidrig des bestimmtesten abgelehnt.[bc] Die

cam, sed per extraneam iustitiam et sapientiam vult salvare ... Igitur omnino externa et aliena iustitia oportet erudiri» (Römerbrief, Ficker II,2 [WA 56,158,10–14]). «Nunquam stare, nunquam apprehendisse, nulla opera ponere finem adeptae iustitiae, sed tanquam adhuc semper extra se habitantem expectare, se vero semper in peccatis adhuc vivere» (ib.100 [264,18–21]). «Intra te non est nisi perditio, sed salus tua extra te est» (ib.104 [269,5f.]). «Iustitiam non esse formaliter in nobis ... sed extra nos in sola gratia et reputatione divina» (Galaterbrief-Kommentar 1535, EA I,337 [WA 40/I,370,28–30]). «In ipso et extra nos iusti reputamur coram Deo» (Calvin, Instit. III 11,4). Unter Anathem gestellt Trident. Can. de iust. 10b.[74]

[bb] Calvin, Pred. über Gen. 15,6, Op. (C.R.) 23,706. «Cum disputandum est de iustitia, prorsus adjicienda est persona. Nam si in persona haereo, vel de ea dico, fit ex persona, velim, nolim, operarius legi subjectus» (Luther, Gal., EA I,243 [WA 40/I,282,18–21]). «Da ist ein anderer Weg, den nicht ich, sondern Christus gehet» (Pred. über Joh. 16,5f., EA 3,424 [WA 52,294,37]). «Christus nimmt die Gerechtigkeit, davon sein Evangelium lehret und die vor Gott gilt, aus meinem und deinem Herzen, ob sie schon drinnen sein muß, und setzet sie zu der Rechten des himmlischen Vaters. Darum ist's nicht unsere Gerechtigkeit, sondern Christi Gerechtigkeit» (Pred. über Joh. 16,5f., EA 3,435[75]; vgl. 4,242[76]). «Ut pro iustis in Christo censeamur, qui in nobis non sumus» (Calvin, Instit. III 11,3). Unter Anathem gestellt Trid. Can. de iust. 32.[77]

[bc] «Fides sine et ante caritatem justificat» (Luther, Gal. EA I,202 [WA

[74] *Concilium Tridentinum, Sessio VI, Decretum de iustificatione*, Canon 10, DS 1560: «Si quis dixerit, homines sine Christi iustitia, per quam nobis meruit, iustificari, aut per eam ipsam formaliter iustos esse: an.s.»
[75/76] Druck nach Rörer, nicht in WA.
[77] DS 1582: «Si quis dixerit, hominis iustificati bona opera ita esse dona Dei, ut non sint etiam bona ipsius iustificati merita, aut ipsum iustificatum bonis operibus, quae ab eo per Dei gratiam et Iesu Christi meritum (cuius vivum membrum est) fiunt, non vere mereri augmentum gratiae, vitam aeternam et ipsius vitae aeternae (si tamen in gratia decesserit) consecutionem, atque etiam gloriae augmentum: an.s.»

Zusammenfassung ihrer Erkenntnis von der alleinigen Konstituierung des christlichen Lebens durch den heiligen |68| Geist war ihr Satz, *daß der Mensch gerechtfertigt werde um Christi willen allein durch den Glauben.*[bd] Wenn die Überlegungen, die wir über den Gegensatz zwischen göttlichem und menschlichem Geist angestellt haben, richtig waren, dann darf bei dem, was jetzt über die Zueignung der Gnade an den

40/I,240,16]), oder das Evangelium, die Freiheit, der Glaube sind verloren, Christus ist umsonst gestorben und auferstanden, unsere Sünden liegen aufs neue auf uns statt auf ihm (ib. I,137f. [167,21−24.30f.]; II,17 [436,27−31]; vgl. Melanchthon, Apologie II 36 und 110 [BSLK 167,9−21 und 183,3−24]). «Alle Weisen sagen also: Gerechtigkeit ist eine qualitas oder forma, das ist, eine solche Tugend, Heiligkeit oder Frömmigkeit, die da sein müsse in eines gerechten und frommen Menschen Seele, gleichwie das Weiße oder Schwarze eine Farbe ist an der Wand, im Brot, auf einem Fell etc. hinein geschmieret oder gegossen: also, sagen sie, müsse die Gerechtigkeit und Heiligkeit stecken in des Menschen Seele, als wäre sie hinein gekleibt. Und zwar unser eigen Herz kann nicht anders urteilen, nach der Vernunft, denket derohalben also: die Gerechtigkeit muß man sehen und fühlen, ich sehe aber und fühle an mir eitel Ungerechtigkeit, wie kann ich denn gerecht sein? ... Woran soll man sich aber halten, daß man solchen Schein möge überwinden? An das Wort. ...» (Pred. über Jes. 9,1f., EA 6,66f.[78]) «Laß nicht deine, sondern seine Gerechtigkeit und seine Gnade dein Deckel sein, daß du nicht durch deine empfangene Gnade, sondern ... durch seine Gnade ein Erbe seist des ewigen Lebens» (Pred. über Tit. 3,4f., EA 7,179 [WA 10/I, 1.Hälfte, 126,15−18]; vgl. 194 [160,21−161,5]). «Ce n'est point donc une qualité qu'il nous faille chercher aux hommes que ceste iustice dont parle ici Moyse, mais c'est la faveur que Dieu nous porte» (Calvin, Pred. über Gen. 15,4, Op. (C.R.) 23,692). «Non dicit apostolus (Christum) missum esse, quo ad iustitiam consequendam nos iuvet, sed ut ipse sit nostra iustitia» (Inst. III 15,5). Unter Anathem gestellt Trid. Can. de iust. 11.[79]

[bd] Unter Anathem gestellt Trid. Can. de iust. 9.13.14.[80]

[78] Druck nach Rörer, nicht in WA.

[79] DS 1561: «Si quis dixerit, homines iustificari vel sola imputatione iustitiae Christi, vel sola peccatorum remissione, exclusa gratia et caritate, quae in cordibus eorum per Spiritum Sanctum diffundatur atque illis inhaereat, aut etiam gratiam, qua iustificamur, esse tantum favorem Dei: an.s.»

[80] DS 1559.1563f.: «Can. 9. Si quis dixerit, sola fide impium iustificari, ita ut intelligat, nihil aliud requiri, quo ad iustificationis gratiam consequendam cooperetur, et nulla ex parte necesse esse, eum suae voluntatis motu praeparari atque disponi: an.s.» − «Can. 13. Si quis dixerit, omni homini ad remissionem peccatorum assequendam necessarium esse, ut credat certo et absque ulla haesitatione propriae infirmitatis et indispositionis, peccata sibi esse remissa: an.s.» − «Can. 14. Si quis dixerit, hominem a peccatis absolvi ac iustificari ex eo, quod se absolvi ac iustificari certo credat, aut neminem vere esse iustificatum, nisi qui credit se esse iustificatum, et hac sola fide absolutionem et iustificationem perfici: an.s.»

sündigen Menschen zu sagen ist, von dieser reformatorischen Einsicht auch nicht um Nagels Breite abgewichen werden.[be] «Gott will nicht leiden, daß wir uns sollen auf etwas anderes verlassen oder mit dem Herzen hangen an etwas, das nicht Christus in seinem Wort ist, es sei wie heilig und voll Geistes es wolle.»[bf] «Alioqui non poterimus servare veram theologiam.»[bg] Was heißt unter dieser Voraussetzung das, daß der heilige Geist als Geist des Sohnes oder des Wortes uns für |69| diesen Sohn oder für das Wort Gottes öffnet, zubereitet und rüstet?

Das ist nach dem Vorangegangenen klar, daß das Amt des heiligen Geistes vor allem ein *Strafamt* sein muß, nicht obwohl, sondern gerade indem er der Geist Gottes des Versöhners ist.[bh] Der Mensch, auch der Christ, weiß ja nicht, daß er ein Sünder, nämlich ein Sünder an Gott ist. Woher sollte er das auch wissen? Durch das Wort wird es ihm freilich gesagt. «Ecce homo!» sagt uns der gekreuzigte Christus [vgl. Joh. 19,5], wenn wir ihn nicht mit sentimentalen, sondern ehrlich mit unseren Pilatusaugen ansehen.[bi] Man sagt ja dasselbe, wenn man sagt: der heilige Geist, «soll ihm der Name (Tröster) bleiben, so muß er auch mit seinem Amt an keinem Ort zu schaffen haben, denn wo *kein* Trost ist, und wo man Trostes bedarf und begehret. Darum kann er die harten Köpfe und frechen Herzen nicht trösten, denn dieselben haben kein Zappeln noch

---

[be] Dasselbe Entweder-Oder wie Luther gegen die Lehre von der «fides formata» hat Calvin (Inst. III 11,11) mit Recht gegen die Lehre des Andreas Osiander von der wesentlichen Gerechtigkeit[81] geltend gemacht. Es ist gut, daß es E. Hirsch bis jetzt noch nicht gelungen ist, diesen Mann wieder aktuell zu machen.[82]

[bf] Luther, Pred. über Lk. 2,42f., EA 11,26 [WA 17/II,25,1–4].

[bg] Luther, Gal. EA I,21 [WA 40/I,49,27].

[bh] «Also erscheinet die göttliche, heilwärtige Gnade, nicht allein uns zu helfen, sondern lehret auch uns erkennen, daß wir ihr bedürfen, dieweil sie mit ihrem Erscheinen anzeigt, daß all unser Wesen ungöttlich, gnadlos, verdammt sei» (Luther, Pred. über Tit. 2,11f., EA 7,133 [WA 10/I,27,12–15]).

[bi] «Denn das eigene natürliche Werk des Leidens Christi ist, daß es ihm den Menschen gleichförmig mache, daß, wie Christus an Leib und Seele jämmerlich in unseren Sünden gemartert wird, müssen wir auch ihm nach also gemartert werden im Gewissen von unseren Sünden (Pred. über Mt. 21,1f., EA 11,147 [WA 2,138,19–22]).

[81] = «iustitia essentialis».

[82] Vgl. E. Hirsch, *Die Theologie des Andreas Osiander und ihre geschichtlichen Voraussetzungen*, Göttingen 1919; s. auch oben S. 80, Anm. 50.

Verzagen geschmeckt».^{bj} Aber man muß dann hinzufügen, daß eben dieses «Zappeln» und Untröstlichsein selber das Werk dieses Trösters ist. Wie sollte der Mensch von sich aus untröstlich sein, wie sollte er hören können, was ihm im Kreuze Christi über ihn selbst gesagt wird? Sünde ist so wenig wie Gerechtigkeit eine Eigenschaft, die dem Menschen abgesehen von Gottes Offenbarung zu eigen wäre und einsichtig wer-|70|den könnte. Daß er ein Sünder ist, das kann er nur glauben, d. h. aber, er kann das Urteil, das durch das Wort, das im Kreuz Christ über ihn gesprochen ist, nur durch den heiligen Geist vernehmen. «Hominem *spiritualiter* fieri oportet peccatorem. Est enim non naturalis.»^{bk} Aber wie dieses «fieri» als solches Gottes Werk an uns ist, so auch die Erkenntnis des Inhalts des Begriffs Sünde. Er ist ethisch nicht eindeutig zu bestimmen. Denn immer wieder kann das, was eine unvorsichtige Ethik eindeutig Sünde nennen möchte, vor Gott Gerechtigkeit sein und umgekehrt.^{bl} Er allein, sein Gesetz, d. h. aber er selber im konkreten Akt seines Gebietens und Verbietens spricht frei und schuldig. Eindeutig Sünde ist offenbar nie und nimmer dieses und jenes Tun, auf das wir den Finger legen können, sondern allein der Widerstand gegen Gottes Gesetz, gegen sein gnädiges Frei- und Schuldigsprechen, d. h. aber eben der Unglaube. Um diese unsere eindeutige Sünde, die immer in diesem *oder* jenem Tun zum Ausbruch kommen kann, weiß Gott allein. Sein

---

^{bj} Pred. über Joh. 14,23f., EA 12,252 [WA 12,575,29–33].⁸³

^{bk} Luther, Röm. Fick. II 71 [WA 56,233,5f.]⁸⁴ «Hoc autem fit quando nos credimus esse peccatores ... Ac sic tales efficimur in nobis ..., quales sumus extra nos (i.e. coram Deo), etiamsi intra nos non simus tales i.e. etiamsi non credamus nos esse tales» (ib. 67 [229,11–15]). «Etsi nos nullum peccatum in nobis agnoscamus, credere tamen oportet, quod sumus peccatores. ... sola fide credendum est, nos esse peccatores» (ib. 69 [231,6f.9f.]). «Hi soli (die Glaubenden) vere sentiunt se peccata habere et committere» (Gal. EA III,25 [WA 40/II,96,29]). «... wer das nicht *glaubet*, daß er ein Sünder und verdammt sei, der wird viel weniger glauben, daß er allein durch Christum selig werde» (Pred. über Joh. 3,16f., EA 12,339 [WA 21,492,21–23]).⁸⁴

^{bl} «Hüte dich, daß du niemand richtest oder urteilest, es sei denn, daß du öffentlich siehest oder hörest, daß er wider das Evangelium rede und glaube. ... Denn Christus will zugleich heimlich und offenbar sein, zugleich sich finden und nicht finden lassen» (Luther, Pred. über Kol. 3,12f., EA 8,79 [WA 17/II,116,36–117,1.8–10]).

⁸³ Einige sicher versehentliche Abweichungen Barths vom EA-Text wurden korrigiert.

⁸⁴ Hervorhebung von Barth.

Wort allein überführt uns |71| dieser Sünde, und sein Geist allein kann uns dieses Wort zur Wahrheit machen.[bm] Aber daß das geschieht, ist wahrlich alles andere als natürlich und selbstverständlich. Auf dem Gebiet, wo der Begriff Sünde zweideutig ist, d. h. auf dem ganzen Gebiet unseres inneren und äußeren Eigenwirkens, können wir uns ja eine wenigstens relative Sündenlosigkeit bzw. Gerechtigkeit zweifellos erwerben. Was liegt näher, als daß wir uns daran gütlich tun? Und eben das, das Sich-verlassen und Trotzen auf diese relative Sündlosigkeit und Gerechtigkeit, ihre Verwendung als Sicherung gegen die Anklage des Wortes Gottes, die Weigerung, solche zu sein, die ganz von Barmherzigkeit leben müssen, ist selbst der Unglaube, die wahre Sünde, neben der alle anderen nicht in Betracht kommen, weil sie selbst die entscheidende Sünde in allen Sünden ist.[bn] Aber wer wird sich dieser Sünde zeihen,

[bm] «So merke diese Definition wohl, daß Sünde heißt, welche uns Gottes Gesetz aufdeckt, und derohalb beschuldigt. Ist's nicht eine solche, so ist's eine erdichtete und gemachte päpstliche Sünde, da Gott nichts von weiß» (Luther, Pred. über Joh. 20,19f., EA 3,364 [Vgl. WA 52,269,28–31]). «Keine Sünde ist mehr in der Welt, denn der Unglaube. Andere Sünden in der Welt sind Herrn Simonis Sünde, als wenn mein Hännsichen und Lenichen in den Winkel scheißt, des lachet man, als sei es wohl getan» (Pred. über Joh. 3,16f., EA 4,131[85]). «Wer hat doch je gehöret, daß das Sünde heiße: nicht glauben an Christum?» (Pred. über Joh. 16,5f., EA 12,83 [WA 12,543,10]). «Das ist allein die Sünde, der Unglaube. Der Glaube vertilget alle Sünde, der Unglaube machet, daß man Gott nicht erkennet; darum fürchtet man sich vor ihm. Wenn man sich fürchtet, so hasset man ihn und lästert ihn und tut alle Sünde auf einen Haufen und folget keinem Gebot nicht» (Pred. über Joh. 3,16f., EA 12,317 [Vgl. WA 10/III,166,5–8]). «Der Unglaube allein verdammt alle Menschen, die verdammt werden» (Pred. über Mk. 16,14f., EA 12,178 [WA 10/III,141,16f.]). Unter Anathem gestellt Trid. Can. de iust. 27.[86]
[bn] «Haec est summa propositio diaboli et mundi ab initio: nos non volumus malefacere videri, sed quaecunque facimus, hoc debet Deus probare» (Luther, Gal., EA I,5 [WA 40/I,34,22–24]). «... humana ratio vellet, quod peccati vis non esset major nec potentior quam ipsa somniat. ... vellet libenter Deo offerre et adducere fictum et simulatum peccatorem, qui ... peccatum non sentiret, sanum vellet adducere, non indigentem medico» (ib. I,56f. [86,23f.29–31]). «Immer und immer treten wir Gott aus seinem Gesichte, daß er uns je[87] nicht ansehe in der Tiefe, da er allein hinsiehet» (Pred. über Lk. 2,1f., EA 10,133 [WA 10/I, 1. Hälfte,

[85] Druck nach Rörer, nicht in WA.
[86] DS 1577: «Si quis dixerit, nullum esse mortale peccatum nisi infidelitatis, aut nullo alio quantumvis gravi et enormi praeterquam infidelitatis peccato semel acceptam gratiam amitti: an. s.»
[87] Im Erstdruck bei Barth irrtümlich: «ja».

wer wird und kann sich das sagen |72| lassen, daß er gerade vor Gott und an Gott sündigt? Wer wird zugeben, daß gerade die besten und reinsten Bemühungen, mit denen wir uns gegen diese Anklage sichern wollen, Abgötterei sind, Heidentum mitten im Christentum, daß «non est medium aliquod inter operationem humanam et Christi cognitionem»?[bo] Eben auch das ist nicht Menschenwerk: einzusehen, daß unser Vertrauen auf Menschenwerk Unglaube und daß das eben die Sünde und das Heidentum ist. Erkenntnis, daß wir durch Gottes Gesetz erkannt und verdammt sind als Feinde der Gnade, Erkenntnis, daß wir auch mit unserem besten Leben dem Gesetz widerstreben, ist keine direkt zu gewinnende Erkenntnis. Wir haben keine Sicherheit über unsere Unsicherheit. Gegen den Wahn der Werkgerechtigkeit ist auf Erden kein Kraut gewachsen. Der Pharisäismus der Zöllner, der Beunruhigten und Zerknirschten, der demütige Hochmut des gekränkten Würmleins Jakob [vgl. Gen. 32,11; Jes. 41,14] ist so unmöglich wie jeder andere Pharisäismus. Buße ist kein Unternehmen, das wir eigenmächtig zum Ziele zu führen vermöchten.[bp] Das Wort Gottes |73| kann uns so Gesetz sein, daß es uns erst recht in die Werkgerechtigkeit stürzt, daß es uns darin und so verdammt, daß wir unsere Verdammnis nicht erkennen. Es steht nicht bei uns, daß es uns das Gesetz des Lebens sei, wie es etwa im 119. Psalm beschrieben wird. Es steht beim heiligen Geist, wenn wir die Sünde gegen den heiligen Geist [vgl. Mk. 3,28f.] nicht begehen, wenn

---

70,3f.]). «Tantum quisque obiicit impedimenti Dei beneficentiae quantum in se ipso acquiescit» (Calvin, Instit. III 12,8). Unter Anathem gestellt Trid. Can. de iust. 7.[88]

[bo] «... hac obscurata perinde est, sive sis monachus sive ethnicus etc.»[89] Der Streit zwischen Papisten und Türken ist gegenstandslos (Luther, Gal. EA II,192 [WA 40/I,604,16–26]), und ein Wiedertäufer ist nicht besser dran als beide (ib. 193f. [605,19–29]; vgl. 198 [609,15–20]); je heiliger und geistlicher eine solche religio scheint, «hoc pernitiosior et pestilentior est» (ib. III,42 [WA 40/II,110,22–24]).

[bp] Sie ist also nicht: «die Selbstabkehr des Ich von seiner Fremde gegen Gott» (Biedermann, Dogmatik § 895 [a.a.O., S. 720]).

[88] DS 1557: «Si quis dixerit, opera omnia, quae ante iustificationem fiunt, quacumque ratione facta sint, vere esse peccata vel odium Dei mereri, aut quanto vehementius quis nititur se disponere ad gratiam, tanto eum gravius peccare: an. s.»

[89] Das Zitat in der Anmerkung ist die Fortsetzung des Zitats in Barths Haupttext, WA 40/I,603,30f.

wir den Glauben an unseren Unglauben und also die wahre Buße nicht verweigern.[bq]

Was sollen wir anderes sagen, wenn wir nun den Glauben, der das christliche Leben konstituiert, von seiner anderen Seite ins Auge fassen, wenn wir ihn nun nicht nur als Buße verstehen, sondern als ein erfahrenes, fröhliches und gewisses Vertrauen zu der Güte eben des Gottes, der uns durch sein Wort, der uns im Kreuze Christi unseres Unglaubens überführt? Jawohl, der Glaube ist Erfahrung, Lebenserfahrung, Herzenserfahrung, Gefühlserfahrung sogar.[br] Jawohl, er ist Freude, denn «glaubest du, so ists |74| nicht möglich, daß davon dein Herze nicht sollte vor Freude in Gott lachen, frei, sicher und mutig werden».[bs]

[bq] «Humiliari vero penitus non potest homo, donec sciat, prorsus extra suas vires ... omnino ex alterius arbitrio ... suam pendere salutem, nempe Dei solius» (Luther, De servo arb., EA o.l.v.a. VIII,153f. [WA 18,632,30−32]). «Solche Reue aber kann ihm der Mensch nicht selber machen; es ist des heiligen Geistes Werk, welches er in uns anrichtet» (Pred. über Lk. 7,36f., EA 6,339 [vgl. WA 52,667.1f.]). «Solche Reue und ernstliches Erschrecken kommt nicht aus eigenem menschlichen Vornehmen und Gedanken, wie die Mönche davon träumen, sondern muß durch Gottes Wort in den Menschen gewirkt werden, welches Gottes Zorn anzeigt und das Herz trifft, daß es anfähet zu zittern und zu zagen und nicht weiß, wo es bleiben soll» (Pred. über Lk. 24,36f., EA 11,282 [WA 21,253,17−21]). Humilitas ist keine «quaedam modestia» (Calvin, Instit. III 12,6), keine «belle contenance (keine «Haltung») devant Dieu, mais c'est que nous soyons tellement desnuez de tout bien, qu'il ne nous reste sinon de nous ietter là aux piedz de Dieu» (Pred. über Gen. 15,6, Op. (C.R.) 23,700). Unter Anathem gestellt Trid. Can. de sacr. poenit. 4 u. 5.[90]

[br] Vgl. dazu W. v. Loewenich, Luthers theologia crucis, [München] 1929, besonders S. 96f., 118f., 141f. und H. M. Müllers schon zitierte Schrift passim.

[bs] Luther, Pred. über Tit. 3,4f., EA 7,160 [WA 10/I, 1. Hälfte, 101,13−15].

[90] *Concilium Tridentinum, Sessio XIV, Doctrina de sacramento paenitentiae,* Canon 4 und 5, DS. 1704f.: «Can. 4. Si quis negaverit, ad integram et perfectam peccatorum remissionem requiri tres actus in paenitente quasi materiam sacramenti paenitentiae, videlicet contritionem, confessionem et satisfactionem, quae tres paenitentiae partes dicuntur; aut dixerit, duas tantum esse paenitentiae partes, terrores scilicet incussos conscientiae agnito peccato, et fidem conceptam ex Evangelio vel absolutione, qua credit quis sibi per Christum remissa peccata: an. s. Can. 5. Si quis dixerit, eam contritionem, quae paratur per discussionem, collectionem et detestationem peccatorum, qua quis recogitat annos suos in amaritudine animae suae, ponderando peccatorum suorum gravitatem, multitudinem, foeditatem, amissionem aeternae beatitudinis, et aeternae damnationis incursum, cum proposito melioris vitae, non esse verum et utilem dolorem, nec praeparare ad gratiam, sed facere hominem hypocritam et magis peccatorem; demum illam esse dolorem coactum et non liberum ac voluntarium: an. s.»

«Denn was kann Herrlicheres und Besseres einem Herzen zu wünschen gesagt werden, denn daß ihm soll gegeben und geschenkt sein ewiges Leben, da der Tod nimmermehr gesehen wird, und ewiglich kein Mangel, Not, Traurigkeit, Anfechtung, sondern eitel Freude und vollen Reichtum aller Güter empfinden und gewiß sein, daß wir einen gnädigen Gott haben und alle Kreaturen uns fröhlich anlachen.»[bt] Jawohl, er ist Gewißheit – »nichts anderes, denn eine beständige, unzweifelhaftige, unwankende, gewisse Zuversicht».[bu] Aber das alles wiederum nicht in ruhend gesicherter Gegebenheit, sondern im Akt des göttlichen Gebens. Ist er doch eben Vertrauen, und zwar Vertrauen auf das *Wort*, auf das Hinweggenommensein unserer ernstlichen Sünde durch das Leiden und Sterben *Christi*, auf die unverdiente *Zurechnung seiner* in unserem Fleische bewährten Gerechtigkeit, auf die *Rechtfertigung* als die unbegreifliche, freie Zuwendung dieser Wohltat.[bv] Es ist darum der Glaube «argumentum non apparentium» (Hebr. 11,1)[93], weil das alles doch ein Handeln bezeichnet, dessen Subjekt Gott ist und bleibt und dessen Prädikate auf uns zu übertragen ein unvollziehbarer Gedanke ist. *Sind* wir gerechtfertigt, so sind wir es eben in *Christus* und nicht in uns. Daß dennoch und gerade so *wir* es wirklich sind, das ist und bleibt uns verhüllt, indem es |75| uns durch das Wort Gottes offenbar wird. Der Glaube vertraut, weil er dem Wort *Gottes* vertraut. So ist er Erfahrung, Freude, Gewißheit. Aber weil das, was das Wort ihm sagt, so verborgen ist, ist er sich selber verborgen. Denn einmal: was heißt Erfahrung, Freude, Gewißheit, wenn es sich um das Erfassen und Wahrseinlassen dieser Herrlichkeit handelt? Wo ist Raum in der Herberge für diesen Gast [vgl. Lk. 2,7]? Wie sollten wir hier anders als, uns selber ein Wunder, durch den heiligen Geist dafür offen sein, d. h. eben glauben?[bw]

[bt] Pred. über Joh. 3,16f., EA 12,331f. [WA 21,487,10–16].
[bu] Pred. über 1. Kor. 4,1f., EA 7,98 [vgl. WA 10/I, 2. Hälfte, 139,18].
[bv] Unter Anathem gestellt Trid. Can. de iust. 12[91]; can. de sacr. bapt. 10[92].
[bw] «Aber wie groß und unaussprechlich dies alles ist, so ist doch dagegen viel

[91] DS 1562: «Si quis dixerit, fidem iustificantem nihil aliud esse quam fiduciam divinae misericordiae peccata remittentis propter Christum, vel eam fiduciam solam esse, qua iustificamur: an. s.»
[92] *Concilium Tridentinum, Sessio VII, Decretum de sacramentis*, DS 1623: «Si quis dixerit, peccata omnia, quae post baptismum fiunt, sola recordatione et fide suscepti baptismi vel dimitti vel venalia fieri: an. s.»
[93] Übersetzung der Vulgata.

Und zum anderen: es streitet die Erfahrung des Glaubens gegen unsere ganze sonstige, gegen alle mögliche Erfahrung, seine Freude gegen die umfassendste und radikalste, gegen die rettungslose Not, in der der Mensch sich letztlich immer und in der «Anfechtung» |76| offenkundig befindet, seine Gewißheit gegen die Gewißheit ihres Gegenteils, die die letzte ist, die der Mensch als solcher haben kann. Es ist nicht umsonst das Wort vom *Kreuz*, dem er vertraut. Dort begegnet ihm die Güte Gottes, dort tritt Gott tragend und gutmachend für ihn ein, wo Gott in unserem Fleische sich selbst in den Tod gibt und wo wir selbst in diesen Tod mitbegraben sind (Röm. 6,4). Das Ja ist gründlich verborgen unter diesem Nein.[94/bx] Die ganze theoretische Unglaublichkeit der Glau-

größer und wunderbarlicher, daß ein menschlich Herz solches alles soll können glauben. Denn das muß ein Herz sein, das da kann fassen mehr denn Himmel und Erden vermag zu begreifen, daß man muß sehen, was für eine treffliche göttliche Kraft und Werk der Glaube ist, der da kann der Natur und aller Welt unmöglich Ding tun und nicht weniger Wunder ist, denn alle Gottes Wunder und Werk, auch größer, denn das, daß Gott ist Mensch worden, von einer Jungfrauen geboren ...» (Luther, Pred. über Joh. 3,16f., E. A. 12,335 [WA 21,489,24–31]). «Nun muß dennoch ein Christ dahin kommen, daß er Gott und dem Herrn Christo die Ehre tue, daß solch sein Wort die Wahrheit sei und seinen Unglauben Lügen strafe. Und wo solches geschieht, da hat schon der heilige Geist seine Kraft und Werk des Glaubens angefangen und ist das Herz so weit aufgetan, daß es diesen Schatz, der größer ist denn Himmel und Erden, kann fassen: wiewohl es noch in großer Schwachheit zugeht und kann es doch auf Erden nimmer also erlangen, noch den Glauben also fühlen, wie es sollte, sondern noch immer bleibt im Wünschen und Seufzen des Geistes, welches auch den Menschen selbst unaussprechlich ist, da das Herz sagt: O, daß es wahr wäre! Item, Ach! wer es könnte glauben etc. Aber dennoch tut solches Seufzen und Fünklein des Glaubens so viel, daß es Gott für völligen Glauben rechnet...» (ib. 336 [490,11–22]).
[bx] «Das begreifet noch tut keine Vernunft, daß ein Mensch sollte unter dem Kreuze Lust, unter dem Unfrieden Frieden haben. Es ist ein Gotteswerk, das niemand bekannt ist, denn dem, der es erfahren hat» (Luther, Pred. über Phil. 4,4f., EA 7,126 [Vgl. WA 10/I, 2. Hälfte, 187,4–7]). «Das Wort höre ich und Paulum sehe ich, der ist ein armer Mensch, aber dieses Heil, Gnade, Leben und Friede, die sehe ich nicht, sondern vielmehr das Widerspiel[95] muß ich täglich se-

[94] Vgl. M. Luther, *Fastenpostille* (1525), WA 17/II,203,29ff. (zu Mt. 15,21ff.): «Damit ist angezeygt, wie unser hertz stehet ynn der anfechtung. Wie sichs fület, so stellet sich hie Christus. Es meynet nicht anders, es sey eytel neyn da und ist doch nicht war. Drumb mus sichs von solchem fülen keren und das tieffe heymliche Ja unter und uber dem Neyn mit festem glauben auff Gotts wort fassen und hallten, wie dis weyblin thut.»
[95] Im Erstdruck bei Barth: «den Widerspruch».

bensartikel ist nur ein an sich belangloses Symptom dieser praktischen Verborgenheit des Glaubens, und ein anderer als der *heilige* Geist wird ihn in dieser Verborgenheit nicht zum wirklichen Glauben machen, unser Geist schon sicher nicht.|

Diese Verborgenheit des Glaubens wird konkret einmal darin, daß der Glaube die *Buße*, und zwar die ernstliche Buße für die ernstliche Sünde, keinen Augenblick als schon erledigt hinter sich lassen kann, daß gerade der durch das Wort überwundene Mensch im Glauben an seine Rechtfertigung in Christus in allem Ernst sein gänzliches Nicht- |77|Gerechtfertigtsein in sich selber, seinen menschlichen Unglauben also zu erkennen und zu bekennen nicht aufhören wird.[by] Gerade der Christ ist «simul peccator et iustus»[bz], und die Überwindung dieses un-

---

hen und fühlen. Sünde, Schrecken, [Unglück,] Leiden und Tod, daß es scheinet, als seien keine Menschen so [gar] von Gott verlassen als die Christen, so dieses Wort hören» (Pred. über Act. 13,26f., EA 8,191 [WA 22,439,20–24]). «Dies ist wohl ein trefflich hoher Trost, aber es ist auch ein sehr geistlich, das ist verborgen und heimlich Erkenntnis vor unsern Augen und Sinnen, daß man soll glauben, daß beide, Christus und der Vater, uns also erkennen, denn es ist tief zugedeckt vor aller Menschen Augen mit mancherlei Ärgernis, Schwachheit und widerwärtigem Ansehen der Welt und unseres Fleisches und Blutes» (Pred. über Joh. 10,12f., EA 12,52 [WA 21,335,25–30]).

[by] «Peccatum est vere peccatum sive ante sive post Christum cognitum committatur et *Deus semper odit peccatum*, imo omne peccatum, quod ad substantiam facti attinet, est mortale. Quod autem credenti non est mortale, fit propter Christum» (Luther, Gal., EA III,24f. [Vgl. WA 40/II,95,27–30]). Calvin hat auf die Vorhaltung des Trid. Konzils: *«In renatis nihil odit Deus»* (Decr. sup. pecc. orig. 5 [DS 1515] erwidert: «Ut hoc illis concedam: *an propterea sequitur nihil odio esse dignum?»* (Acta Syn. Trid. cum Antidoto, Op. (C.R.) 7,425).[96] «Die Sünde ist wohl *da*, aber sie ist *vergeben»* (Luther, Pred. über Mt. 18,21f., EA 5,251).[97]

[bz] Luther, Röm. Fick. II, 108 [WA 56,272,17]; vgl. 105 [269,30], 107 [271,30], 117 [282,9–11], 172 [343,19], 176 [347,3f.]. «Idem homo simul est spiritus et caro» (ib. 179 [350,27]). «Vivo, non vivo; mortuus sum, non mortuus sum; peccator sum, non sum peccator; legem habeo, non habeo legem» (Gal., EA I,246 [WA 40/I,285,13f.]). «Duplex vita est, mea et aliena» (ib. 249 [288,13]). «Sic homo christianus simul justus et peccator, sanctus et profanus, amicus et hostis Dei est» (ib. 335 [368,26f.][98]). «Norunt tum se habere justitiam aeternam ..., cum maxime

---

[96] «Nihil, inquiunt venerandi patres, in renatis odit Deus. Ut hoc illis concedam: an propterea sequitur nihil odio esse dignum? ac non potius ideo nihil odit, quia quod iure posset odisse, ignoscit?» Alle Hervorhebungen sind von Barth.

[97] Druck nach Rörer, nicht in WA. Hervorhebungen von Barth.

[98] EA: «Sic homo ... et peccator, amicus et hostis Dei est.» WA: «Sic homo ... et peccator, sanctus, prophanus, inimicus et filius Dei est.»

versöhnlichen Widerspruchs liegt nicht in ihm, auch nicht in einem verborgensten Heiligtum seiner Existenz, geschieht in keiner der Stunden seines Lebenslaufes, auch in den bewegtesten und tiefsten nicht, nicht in seiner Bekehrungs- und auch nicht in seiner Sterbestunde, sondern sie ist die Tat des Wortes Gottes, die Tat Christi, der immer der ist, der ihn zum peccator macht, um ihn gerade als solchen zum iustus zu machen. Es ist aber beides, die Anerkennung dieses Widerspruchs und die Erkenntnis seiner Überwindung, nicht die Sache |78| unseres eigenen, sondern die Sache des heiligen Geistes.[ca] Und die Verborgenheit des Glaubens wird furchtbar konkret in der *Anfechtung:* Wenn es sich zeigt, wieviel Grund wir haben, gerade als Christen Buße zu tun, wenn über den Christen das Leid hereinbricht, das nur der Christ kennt, weil nur er weiß, daß Gott ihm nichts schuldig ist, wenn das «simul peccator et iustus» ihm zum Gericht statt zur Gnade wird, wenn der Glaube sich zu seinem Entsetzen gleichsam spaltet in den menschlichen Akt des Glaubens und seinen ihn erst zum wirklichen Glauben qualifizierenden Ursprung und Gegenstand, wenn die Erfahrung, die Freude und Ge-

sentiunt terrores peccati et mortis» (ib. II,321 [WA 40/II,33,29–31]). «In mir bin ich ein Sünder; aber in Christo, in der Taufe, im Wort, bin ich heilig» (Pred. über Jes. 9,1f., EA 6,71).[99] Wenn Luther gelegentlich statt «simul» auch «partim – partim» sagen kann (Röm. Fick. II,267 [WA 56,442,21f.]; Gal., EA III,13 [WA 40/II, 86,14f.]) oder wenn er von bloßen «reliquiae veteris vitii» redet (Gal., EA I,275 [WA 40/I,312,16f.] u. ö.), so ist daraus nicht auf ein quantitatives Verständnis des Verhältnisses beider Bestimmungen bei ihm zu schließen. Es darf die von Luther geliebte Verwendung des Gleichnisses vom barmherzigen Samariter bzw. von der «Heilung» des unter die Räuber Gefallenen (Röm. Fick. II,108 [WA 56,272,3 – 273,2] u. ö.) trotz einiger mißverständlicher Stellen (z. B. Röm. Fick. II,111 [275, 25–29]) nicht dazu verführen, ihn dahin zu deuten, daß jenes «simul peccator et iustus» sich allmählich immer mehr zu Gunsten des «iustus» auflöse, um auf dem Sterbebette («an der Schwelle zum Jenseits», sagt Holl, Luther, 2. u. 3.Aufl., S. 122)[100] einem unparadox erlösten «iustus» Platz zu machen. Wenn Luther sagt, daß der Christ «in morte» gesund werde (Röm. Fick. II,73 [WA 56,235,37]), so hat er gerade damit die Erfüllung von der Verheißung prinzipiell unterschieden und die Verheißung als solche kenntlich gemacht.

[ca] «Quis conciliat illa summe pugnantia, quod peccatum in nobis non sit peccans, quod damnabilis non sit damnandus, quod rejectus non sit rejiciendus, quod dignus ira et morte aeterna non sit daturus poenas? unicus mediator Dei et hominum, Jesus Christus» (Gal., EA I,339f. [WA 40/I,373,13–17]).

99 Druck nach Rörer, nicht in WA.
100 Vgl. dazu oben S.125, Anm. 27.

wißheit des christlichen Vertrauens – «Christus entzeucht sich dir und läßt dich stecken»[cb] – sich selbst überlassen bleiben, wenn der Christ gewahr wird, daß er auch von den höchsten Worten des Glaubens faktisch nur die Worte kennt und hat und seine sich selbst überlassene Erfahrung nur die Erfahrung seines Unglaubens ist, wenn das |79| Wort Gottes selbst wohl da, aber nicht für ihn da ist.[cc] Die Anfechtung ist das mehr oder weniger sichtbar werdende Ende der menschlichen, der religiösen Möglichkeiten. Die Anfechtung ist die mehr oder weniger sichtbar werdende Freiheit Gottes auch und gerade den Seinen gegenüber. Wenn in der Anfechtung der Glaube triumphiert über den Unglauben, dann hat nicht der menschliche, auch nicht der christliche, dann hat der *heilige* Geist in ihm gesiegt. Gerade die ständig über uns schwebende Drohung der Anfechtung hat die Verheißung seines souveränen Beistandes als des Trösters. Aber wer das weiß, der wird von seinen Gaben, von der Erfahrung, von der Freude, von der Gewißheit des Glaubens anders reden, als wer das nicht weiß. «Spiritus sanctus non est scepticus.»[cd] Von ihm kommt Erfahrung, Freude, Gewißheit. Aber gerade darum haben wir Anlaß, gegen alles Christliche, sofern es von uns kommt, sehr skeptisch zu sein und alles gewissermaßen grölende Reden von diesen Gaben des Geistes peinlich zu unterlassen. Luther hat einmal das Psalmwort «Ich wache und bin wie ein einsamer Vogel auf dem Dache» [Ps. 102,8] so interpretiert: «Wachen ist anhangen dem ewigen Gute und nach demselben sehen und sehnen. Aber darin ist er ganz allein und niemand mit ihm, denn sie schlafen alle. Und er sagt: Auf dem Dach, als sprech er: die Welt ist ein Haus, darin sie alle schlafen und beschlossen liegen, ich aber allein bin |80| außer dem Haus, auf dem Dach, noch nicht im Himmel, aber auch nicht in der Welt. Die Welt hab ich unter mir und den Himmel über mir, also zwischen der Welt Leben

---

[cb] Luther, Pred. über Joh. 16,16f., EA 12,6 [WA 10/I, 2. Hälfte, 253,17].

[cc] Die Bedeutung des Begriffs der Anfechtung gerade bei Luther ist in der erwähnten Schrift von H. M. Müller in anregender Weise herausgearbeitet, aber, soweit ich sehe und verstehe, nun doch in nicht unbedenklicher Weise isoliert und verabsolutiert worden. Es wird in ihr nicht restlos deutlich, daß die Anfechtung als solche nicht etwa – Christus ist. (Vgl. meine Besprechung «Zwischen den Zeiten» 1929, Heft 6.)[101]

[cd] Luther, De servo arb., EA Op. lat. v. a. VII,123 [WA 18,605,32].

[101] Siehe oben S. 442–457.

und dem ewigen Leben einsam im Glauben schwebe.»[102/ce] Daß dem so ist, das ist die Bedeutung des heiligen Geistes für den Glauben als Vertrauen.

Der Glaube, in dem wir uns Gottes Barmherzigkeit angehen lassen, ist aber bei aller seiner Verborgenheit, in der wir ihn als Buße und als Vertrauen nur als Werk des heiligen Geistes verstehen können, unser *eigener* Glaube. Indem die Versöhnung auf der ganzen Linie *wider* unsere Existenz geht, von unserer Existenz aus nie und nimmer zu begreifen noch zu ergreifen ist, geht sie uns *an*, nimmt sie uns in Anspruch, stört und beunruhigt sie den in sich geschlossenen Kreislauf unseres Existierens. Das ist die Wirklichkeit der *Heiligung* oder das Problem des christlichen *Gehorsams*. Von der *Wirklichkeit* der Heiligung oder vom *Problem* des christlichen Gehorsams ist zu reden. Wer Ohren hat zu hören, der hat schon mit diesen Unterstreichungen alles gehört, was hier zu sagen ist.[cf]

[ce] Zit. nach W. v. Loewenich, a. a. O., S. 102, [auch bei] Georg Merz, Der vorreformatorische Luther, [München] 1926, S. 24f.[103]; vgl. EA Op. ex. lat. 23,136f.: «Simpliciter ex toto corde in alienam justitiam est confidendum, ut quasi inter coelum et terram haereamus.»[104/105]

[cf] «Alle Aussagen über die Heiligung liegen heute ständig unter dem Sperrfeuer der dialektischen Theologie», höre ich seufzen: Ad. Köberle, Rechtfertigung und Heiligung, 1929, S. VIII. Köberle hat es versucht, dieses Sperrfeuer zu durchlaufen, aber er hat es leider mit dem Leben bezahlen müssen. Denn wer es fertig bringt, die Heiligung als «die Antwort des gerechtfertigten Sünders» zu bezeichnen und unter diesem Titel eine neue schöne *Beschreibung* des christlichen Gehorsams und der Sünde zu geben, der mag ein ehrenwerter und vielbelesener

---

[102] M. Luther, *Die sieben Bußpsalmen*, 1517, WA 1,199,1–7.

[103] W. von Loewenich bringt das Zitat in der originalen Orthographie nach WA, Barth in einer orthographisch, G. Merz in einer teilweise auch grammatisch modernisierten Fassung.

[104] *Vorlesung über Jesaja*, 1527–1529, WA 25,328,32–34.

[105] In seinem Handexemplar hat Barth hier am Rand notiert: «Hebr. Fick. II 71» = *Luthers Vorlesung über den Hebräerbrief 1517/18*, hrsg. von J. Ficker, Leipzig 1929, Bd. II, S. 71: «Qui fide et paciencia haereditabunt (6,12). Quam pulchre coniungit utrumque, fidem et patientiam! Fides enim facit cor fixum haerere in coelestibus penitusque rapi et versari in invisibilibus. Ideo necessaria est patientia, qua sustentetur non solum in contemptu allicientium, sed etiam in tolerantia sevientium [= saevientium] rerum visibilium. Sic enim fit, ut fidelis inter coelum et terram pendeat et ‹inter medios cleros›, ut psalmus [68,14] ait, ‹dormiat›, hoc est, in Christo in aëre suspensus crucifigatur.» (WA 57, *Hebräerbrief*, 185,1–8).

Der Glaube mit seiner Erfahrung des Ge-|81|richts und der Rechtfertigung ist Gottes Werk, ganz verborgen und reines Wunder. Er ist aber darum keine über oder vor oder hinter dem wirklichen Menschen schwebende Hypostase. Wer es so sagen wollte, der würde zwar sehr genau die Anfechtung, nicht aber den in der Anfechtung erliegenden oder triumphierenden Glauben beschreiben. «Ich glaube» heißt: ich *existiere* im Glauben. Ich habe allen Anlaß zu erkennen, daß mein Existieren als solches nicht mein Glauben ist, daß ich mein Existieren im Glauben selber nur glauben kann als Gottes und nicht mein Werk. Aber sofern ich glaube, *existiere* ich im Glauben. Das ist der jakobeische, aber wahrhaftig auch paulinische und von keinem Reformator, auch nicht von Luther, vernachlässigte Satz, daß der Glaube nicht ohne Werke,

und gutmeinender Mann sein, der mag einem gewissen gefährlichen Durchschnitt gerade unter den Bewegteren in der heutigen deutschen Theologenwelt aus dem Herzen und zu Dank schreiben, – «die Aussagen der dialektischen Theologie an dem Punkt zu Ende zu sprechen, wo sie es selbst uns bis heute überhaupt noch nicht getan zu haben scheint» (S. 284), dürfte er nun wirklich nicht meinen.[106]

[106] A. Köberle, *Rechtfertigung und Heiligung. Eine biblische, theologiegeschichtliche und systematische Untersuchung*, Leipzig 1929¹1929²; Gießen 1987⁴. «Die Heiligung als Antwort des gerechtfertigten Sünders» ist die Überschrift von Kap. V (2.–4. Aufl.: S. 171–235). Der Satz, dessen Anfang Barth zitiert, stammt aus dem (in der 4. Auflage weggelassenen) Vorwort zur 1. Auflage (2. Aufl. S. V) und lautet vollständig: «Alle Aussagen über die Heiligung liegen heute ständig unter dem Sperrfeuer der dialektischen Theologie und werden von ihr als Neuromantik, Neupietismus, moralische Seelenpflege, Persönlichkeitskultur und idealistische Mystik mit Verdacht belegt oder gebrandmarkt. Wir gestehen gern: die unzulängliche, ungeschützte Art, mit der man vielfach gegen die ‹Theologie der Krisis› im Namen des ‹neuen Lebens› seine Stimme erhoben hat, gibt Barth und seinen Freunden genug Recht und Anlaß zu solchem Angriff. ... Über Erneuerung darf nach unserer Meinung gegenwärtig nur der noch zu reden wagen, der die eben erwähnten Erschleichungen der Heiligung als solche scharf erkannt hat und sie genau so entschieden ablehnt, wie es ‹der Römerbrief› und ‹der Mittler› tun. Erst wo auf weite Strecken hin solch treues Hand-in-Hand-gehen ist gegenüber dem gemeinsamen Feind der Säkularisierung, ist der Neubau einer ‹Ethik des Kreuzes› geschützt vor der berechtigten Prüfung alttestamentlich geschulter Blicke.» Barths Anmerkung (hier: cf) trägt im Druck 1930 die Ziffer 82a, ist also ein Nachtrag. Dieser geht zurück auf eine Anregung von E. Thurneysen, der nach der Lektüre von Barths Manuskript am 26. 9. 1929 an den Freund schrieb: «Und vergiß nicht neben der Anmerkung gegenüber Kolfhaus auch das Buch von Köberle anzusehen und mit einem treffenden Worte zu bedenken» (Bw. Th. II, S. 675).

die Rechtfertigung nicht ohne Heiligung ist. Der rechtfertigende Glaube ist «fides concreta, composita seu incarnata».[cg] *Nicht weil* er das ist, rechtfertigt er. Er rechtfertigt aber *nicht ohne* daß er das ist. So wenig haben die Reformatoren diesen Satz vernachlässigt, daß sie die Ausgießung, Gabe und Leitung des heiligen Geistes öfters fast erstaunlich speziell gerade darauf, auf die Konstituierung des christlichen Lebens eben als unserer eigenen menschlichen Existenz, auf die Motivierung, das Zustandekommen, die Gestaltung des Glaubens als Gehorsam bezogen haben.[ch] Es ist in der Tat so, daß die ganze Wahrheit der in der Versöhnung durch Christus Ereignis werdenden |82| Gemeinschaft zwischen Gott und dem Menschen nach ihrer subjektiven Seite, also als Gabe des heiligen Geistes, konkret wird in der Wirklichkeit der Heiligung, darin, daß der Glaube das Werk bei sich hat. Das Werk ist unsere Existenz, d. h. unser exsistere, unser Heraustreten in die Tat, die Tat dieses und dieses Augenblicks. Der Glaube kann nicht allein stehen, er ist immer der in dieser und dieser Tat sich bewährende oder eben nicht bewährende Glaube. Der Glaube an sich, abstrahiert vom Werk, wäre der vielleicht richtige, aber leere Begriff des Glaubens.[ci] Daß der Glaube das *Werk* bei sich hat, ist identisch gegeben damit, daß er *wirklich* ist. Und eben dieses Wirklichsein geschieht im heiligen Geist, im Gericht und in

---

[cg] Luther, Gal., EA I, 381 [vgl. WA 40/I, 415,16].

[ch] Vgl. z. B. Luther, EA Op. ex. lat. 23,506 [WA 40/III, 727,24]; Predigten EA 9,147 [WA 22,96,5f.]; 12,255 [WA 12,577,5–7] etc.; Melanchthon, Apologie II 99 [BSLK 180,55–181,3]; Calvin, Instit. III 14,9[107].

[ci] «Denn es soll je nicht allein bleiben bei den Worten und ist Christus nicht darum zu tun, daß man davon hören und reden kann, sondern daß es soll in unserm Leben empfunden werden. ... Also ist auch nicht allein vergeblich, sondern auch schädlich und verdammlich, von dem herrlichen und seligen Trost der Auferstehung hören, so das Herz solches nimmer erfähret, sondern allein der Ton in den Ohren oder ein Schaum auf der Zunge davon bleibt» (Luther, Pred. über Kol. 3,1f., EA 8,202 [WA 21,265,35–266,8]).

[107] Inst. III,14,9: «Fatemur, dum nos intercedente Christi iustitia sibi reconciliat Deus, ac gratuita peccatorum remissione donatos pro iustis habet, cum eiusmodi misericordia coniunctam simul esse hanc eius beneficentiam, quod per spiritum suum sanctum in nobis habitat, cuius virtute concupiscentiae carnis nostrae magis ac magis in dies mortificantur, nos vere sanctificamur, hoc est consecramur Domino in veram vitae puritatem, cordibus nostris in legis obsequium formatis.»

der Rechtfertigung des heiligen Geistes. Insofern ist der heilige Geist in der Tat speziell der Geist der Heiligung. Der Begriff der Heiligung kann uns nicht sagen, *was* Gnade ist. (Das ist der Grundirrtum der augustinischen, der katholischen und aller katholisierenden Rechtfertigungs-Heiligungslehre.) Wohl aber, daß und wie Gnade für uns *wirklich* ist. Die *Wahrheit* der Gnade ist, senkrecht von oben hereinfallend[108], unser Gericht und unsere Rechtfertigung. Ihre *Wirklichkeit* aber, die Wirklichkeit unserer Heiligung, besteht darin, daß diese Senkrechte die Waagrechte unserer Existenz schneidet. An dem Punkt, wo unsere Waagrechte von dieser Senkrechten geschnitten wird, geschnitten *ist* – aber das ist wirklich ein mathematischer |83| Punkt –, entsteht das Problem des christlichen Gehorsams.|

Aber verweilen wir noch einen Augenblick bei der Wirklichkeit der *Heiligung*. Das ist sicher, daß die Gnade des Wortes Gottes, indem sie sich uns zum Gehör bringt, unsere *Begrenzung* bedeutet. Wirkliches Hören, ein Hören, das uns wirklich die Existenz eines Anderen als wir selbst zum Bewußtsein bringt, ein Hören, das uns ein wirkliches Gegenüber gibt, kann ja nur das Hören des Wortes Gottes sein. Bei allem anderen Hören hören wir letztlich in grenzenloser Einsamkeit das Echo unserer eigenen Stimme. Das Wort Gottes aber richtet uns gegenüber *Autorität* auf. Das ist die «nova lux et flamma» in den Christen, von der Luther einmal geredet hat.[cj] Diese durch das im Glauben gehörte Wort uns widerfahrende Begrenzung ist aber zugleich: nicht relativ, sondern absolut und: nicht abstrakt, sondern konkret. Sie ist absolut, indem sie

[cj] Gal. EA II,127 [WA 40/I,540,30f.]. «Denn nichts auf Erden heilig ist, denn Gottes Name und Wort. Was nun soll geheiligt werden, muß durch solchen Namen und Wort geheiliget werden» (Pred. über Lk. 5,1f. EA 4,339[109]). «Le principal service, c'est que nous l'escoutions et que nous demeurions comme bridez, tenans tous nos sens captifs sous sa parole, quand il a parlé à nous … Il n'y aura que puantise, iusques à ce que nous ayons apprins d'escouter sa voix et de luy obéir» (Calvin, Pred. über Gal. 1,8f., Op. (C.R.) 50,316).

[108] Die Wendung «senkrecht von oben» ist eine von Barth häufig gebrauchte Variante zu einer Formulierung von Fr. Zündel, *Aus der Apostelzeit*, Zürich 1886, S.26: «senkrecht vom Himmel», die Barth im Tambacher Vortrag «Der Christ in der Gesellschaft» zitiert hat (W.G.Th., S.67). Vgl. Chr.Dogm., S.248f., Anm.6.

[109] Druck nach Rörer, nicht in WA.

uns an *Gott*[ck], und sie ist konkret, indem sie uns an den *Nächsten*[cl] bindet. Solche wirkliche Bindung ist |84| aber die *Liebe* zu Gott und dem Nächsten.[cm] Von da aus wäre der uns widerfahrende Anspruch des heiligen Gottes zu verstehen als Anspruch auf unser *Opfer* und auf unseren *Dienst.* Gott sind wir verfallen und dem Nächsten sind wir verpflichtet durch die Heiligung, anders ausgedrückt: Unsere Heiligung ist darin wirklich, daß wir ohne Aufhebung, sondern in Bestätigung der für unsere Existenz als solche gültigen Schöpfungsordnungen (der Ehe usw.), verantwortlich aufgerufen, in die *Kirche* und in den *Staat* gestellt sind als in die geistliche und weltliche Lebensordnung des Gnadenreiches, unserer Existenz als simul peccatores et iusti. Man kann den Begriff der Heiligung dahin zusammenfassen, daß uns als denen, denen

[ck] «Sunt enim mera opera divinae majestatis, non humanae aut angelicae potestatis» (Luther, Gal., EA I,52 [WA 40/I,81,16–19][110]). «Sola humanitas hic nihil efficisset, sed divinitas humanitati conjuncta sola fecit et humanitas propter divinitatem» (ib. 385 [417,33.]). «Denn wir müssen Christum nach der Menschheit einen Weg, ein Zeichen, ein Werk Gottes sein lassen, durch welches wir zu Gott kommen» (Pred. über Röm. 15,4f., EA 7,68 [WA 10/I, 2. Hälfte, 84,26–28]).

[cl] «Denn er [scil. der Evangelist] will das göttliche, allmächtige, ewige Wort Gottes nicht handeln, noch von ihm reden, denn als in dem Fleisch und Blut, das auf Erden gegangen ist. Er will uns nicht zerstreuen in die Kreaturen, die durch ihn geschaffen sind ..., wie die Platonici tun, sondern er will uns aus denselben weitläuftigen, spazierflüchtigen Gedanken sammeln in Christum» (Pred. über Joh. 1,1f., EA 10,181 [WA 10/I, 1. Hälfte, 202,8–14]).

[cm] Es ist bezeichnend für die idealistische Theologie Augustins, daß die Liebe zum Nächsten bei ihm konstant in die Liebe zu «Gott» umgebogen und aufgelöst wird (Conf. IV 9,14 [CChrSL 27,47,1–13]; XIII 17,21 [253,12–24]; 18,22 [253,1 – 254,25]; De civ. Dei X 3,3 [CChrSL 47,275,9–276,55] und XIX 14 [CChrSL 48, 681,20–682,55]; Enchir. 75 [CChrSL 46,89,1–90,26]). Wenn ich nicht irre, steht Fr. Gogarten unter dem Eindruck einer Seite der Verkündigung Luthers im Begriff, das Gegenteil zu tun[111], was nun doch auch nicht ratsam sein dürfte. Calvin hat durchweg stärkeren Nachdruck auf die Absolutheit, Luther ebenso durchweg stärkeren Nachdruck auf die Konkretheit dieser Bindung gelegt. Eine Überordnung des einen dieser beiden Momente über das andere kann nicht in Frage kommen, wohl aber im Blick auf Mt. 22,36f. und im Blick auf die Sache eine relative Überbetonung des ersten Moments.

[110] Der Text lautet in Ea und WA: «Dare gratiam, pacem, vitam aeternam ... non sunt ullius creaturae opera, sed unius et solius majestatis, angeli ista nec creare nec donare possunt.»

[111] Vgl. die oben S. 470, Anm. x, von Barth genannte Schrift Gogartens, in der dieser die Privatisierung des Glaubens bekämpft und den Akzent auf das Gebot der Nächstenliebe setzt.

Gott vergibt, durch denselben Gott Widerspruch widerfährt, radikaler und kräftiger, d. h. unseren Widerspruch gegen ihn widerlegender, zur Unwahrheit machender Widerspruch, die große, höchst positive, höchst notwendige und fruchtbare Störung[cn] unserer Existenz dadurch, daß wir |85| als *Glaubende*, als Hörer des Wortes *Gottes* existieren und eben als solche nicht anders können als seine Täter sein [vgl. Jak. 1,22].|

Hier entsteht das Problem des christlichen *Gehorsams.*[co] Weichen wir denn dem göttlichen Widerspruch? Lassen wir uns denn die große Stö-

[cn] Zu dem Begriff «Störung» als inhaltliche Bestimmung des Begriffs Heiligung vgl. die Überschriften der hier einschlägigen Kapitel 6–9 im 3. Buch von Calvins Institutio.[112]

[co] Daß man hier freilich auch *kein* Problem sehen kann, mögen folgende Stimmen zeigen: «Die christliche Heiligung besteht in Wahrheit in der fortschreitenden Beherrschung und Gestaltung des ganzen natürlichen Geisteslebens (Denkens, Fühlens und Wollens) des Menschen zum Ausdruck seiner Bestimmung zum kreatürlichen Abbild des absoluten Geistes aus der zum eigenen Selbstbewußtsein subjektivierten Absolutheit des Geistes heraus» (Biedermann, Dogmatik, § 905 [a. a, O., S. 724]). – «Das sittliche Lebenswerk als ein Ganzes bringt man zustande, indem man seine Arbeit in dem besondern Beruf auf das Gemeinwohl des menschlichen Geschlechtes richtet, und man erprobt es an dem berechtigten Selbstgefühl, welches nach dem Zeugnis des Apostels (Phil. 2,15f.) die Erfüllung des Lebenswerkes begleitet» (A. Ritschl, Die christliche Vollkommenheit, 1874, S. 13).[113] – «Im religiös-sittlichen Prozeß löst sich der kreatürliche Geist von der Naturbedingtheit los und wächst in ihm immer mehr aus der bloßen Naturhaftigkeit in das göttliche Geistesleben der Vernunft hinein» (Troeltsch, Glaubenslehre S. 381). – «Heiligung ist die höchste Steigerung des persönlichen Lebens durch die Verbindung mit Gott» (Stephan, Glaubenslehre, 2. Aufl.[114], S. 213) – «Religion und Sittlichkeit stehen also im Christentum nicht bloß irgendwie nebeneinander, sondern sie liegen geradezu und durchaus ineinander» (Wobbermin, Wesen und Wahrheit des Christentums, 1925[115] S. 223).

[112] Inst. III,6: «De vita hominis christiani: ac primum, quibus argumentis ad eam nos hortetur scriptura»; III,7: «Summa vitae christianae; ubi de abnegatione nostri»; III,8: «De crucis tolerantia, quae pars est abnegationis»; III,9: «De meditatione futurae vitae». – «Die große Störung» hatte Barth selbst seine Auslegung der Kapitel Röm. 12–15 im Römerbrief 2, S. 410, überschrieben.

[113] Bei Ritschl: «... Zeugnis des Apostels Paulus die Erfüllung ...» Dazu findet sich in Barths Exemplar von Ritschls Schrift die Randnotiz: «Phil. 2,15f.!» Bei der Einfügung dieser Notiz in das Zitat war im Erstdruck aus der 15 versehentlich eine 13 geworden (vom Hrsg. korrigiert).

[114] H. Stephan, *Glaubenslehre. Der evangelische Glaube und seine Weltanschauung*, Gießen 1928².

[115] G. Wobbermin, *Systematische Theologie nach religionspsychologischer Methode*, Bd. III: *Wesen und Wahrheit des Christentums*, Leipzig 1925.

rung gefallen? Lieben wir denn Gott und unseren Nächsten? Bringen
wir uns denn selbst zum Opfer, und dienen wir denn wirklich? Hier ist
darum ein Problem, weil wir nicht anders können, als uns als Hörer des
Worts auch als Täter, als wirklich Geheiligte und also als im Gehorsam
Stehende zu begreifen^{cp}, und weil uns andererseits dieser unser Ge-
|86|horsam ebenso schlechthin verborgen ist wie unser Glaube als Buße
und als Vertrauen, weil dieser unser Gehorsam uns niemals auch nur
teilweise eindeutig als solcher anschaulich wird, weil auch das: *daß* und
wie die Gnade für uns *wirklich* ist, verhüllt ist in der Finsternis des
Glaubens, in der nur das Wort selber das Licht ist. Luther hat gezögert,
das Partizip Passiv «geheiligt» auf den Christen anzuwenden, und wollte es durch das dem biblischen ἅγιος näher kommende «ausgesondert»
ersetzt wissen.^{cq} Aber auch die Aussonderung des Christen, daß «der
von Gott geboren ist, der muß ein anderer Mann sein denn ein vernünf-
tiger Heide oder kluger Weltmensch»^{cr}, die Beseitigung der Ärgerlichkeit, die seiner Tat vielleicht umso mehr anhaftet, je mehr sie wirklich
die Tat seines Glaubens ist^{cs}, läßt sich mit entscheidender Klarheit nicht

^{cp} «Das gehet also zu, daß Gott über die Gnade, so der Mensch anfähet zu
glauben und sich an das Wort hält, auch im Menschen regieret durch seine göttliche Kraft und Wirkung, daß er wird ... ein solcher Mann, durch welchen Gott,
beide, redet, lebet^{116} und wirket, was er redet, lebet und tut; seine Zunge ist
Gottes Zunge, seine Hand ist Gottes Hand, und sein Wort ist nicht mehr Menschen, sondern Gottes Wort. ... Siehe nun, welch ein groß Ding sei der Mensch,
der da ein Christ ist, oder, wie er sagt, sein Wort hält etc. Ein rechter Wunder-
mensch auf Erden, der vor Gott mehr gilt, denn Himmel und Erden, ja ein Licht
und Heiland der ganzen Welt, in dem Gott alles und alles ist, und er in Gott alles
vermag und tut» (Luther, Pred. über Joh. 14,23f., EA 12,286f. [WA 21,458,38–459,
1.7–10.21–25]).
^{cq} «Verecundius est autem et modestius, se dicere segregatum quam sanctifica-
tum» (Röm. Fick. II,7 [WA 56,164,30f.]).
^{cr} Luther, Pred. über 1.Joh. 5,4f., EA 8,220 [WA 21,281,5–7]).
^{cs} «Die heilige Christenheit ist wohl die liebe angenehme Braut Christi und
muß doch das Ansehen und den Schein haben, als sei sie des Teufels Braut. Sie ist
die rechte christliche Kirche und muß doch gescholten werden verführerisch und
ketzerisch, die von Christo und dem rechten Glauben abtrünnig worden und
sich^{117} abgesondert habe. Die Welt läßt ihr den Namen nicht, daß sie Christi
Braut und Kirche sei, sondern sie muß des Teufels Braut und Kirche sein. Als,
der Türke hält die Christen für das gottloseste und närrischste Volk auf Erden, ja
für lauter Teufel. Die Juden desgleichen; und heutigen Tages die Papisten halten

^{116} Im Erstdruck bei Barth irrtümlich «lehret».
^{117} EA: «sie».

durch-|87|führen, weder nach außen noch nach innen, weder vor den Leuten noch im Gewissen.^{ct} Nichts scheint z. B. Luther eindeutiger ge-

uns für die verfluchsten, schädlichsten Leute, die auf Erden kommen sind. ... Und das wäre noch träglich und leidlich, daß solcher Schein wäre allein vor der Welt und dem Teufel. Aber daß es auch vor unsern Augen oft so scheinet, das ist schwer zu überwinden. Denn die Kunst kann der Teufel, daß er oft einem Christen die Augen sogar abwendet von der Taufe, vom Sakrament, von Christi Wort, daß er sich selbst plaget mit den Gedanken, als sei er von Gott verstoßen; wie David über solch inwendig Zagen und Schrecken klaget, Psalm 31: ‹Ich sprach in meinem Zagen: ich bin von deinen Augen verstoßen›. Das ist unsere Hoffarbe, daß die christliche Kirche vor ihren Augen, und ich vor mir selbst, so sein soll, daß es nicht scheine, daß es die Kirche ist und daß ich ein Christ bin, [...] und soll doch sehen, daß beide, Kirche und ich, zugedeckt sein mit dem starken Deckel, daß wir von aller Welt ketzerisch und teufelisch gescholten werden: ja ich soll hören, daß mein eigen Herz zu mir sagt: du bist ein Sünder. Diese starken Deckel, Sünde, Tod, Teufel und Welt, decken die Kirche und Christen so zu, daß man nichts sehen kann, weder von Kirche, noch von Christen; man siehet eitel Sünde und Tod und höret eitel Lästerung des Teufels und der Welt. Da stehet die ganze Welt und Alles, was weise und klug ist in der Welt, wider mich, ja meine eigene Vernunft sagt mir ab; und ich soll dennoch fest darauf stehen und sagen: ich bin ein Christ, ich bin gerecht und heilig» (Luther, Pred. über Jes. 9,1f., E. A. 6,64f.).¹¹⁸

^{ct} «Alle Welt sagt von Gut tun. Willst du aber wissen, wie du gut tun sollst? Höre zu: tue nicht wie die Narren, die in die Werke sehen und wollen aus den Werken erlesen, welches gut und welches gut sei, machen damit Unterschied unter den Werken. Nein, nicht also, laß die Werke ungeschieden, laß eines sein wie das andere, sondern fürchte Gott und sei gerecht (wie gesaget ist), tue darnach, was dir vorkommt, so ist Alles wohl getan, wenns gleich nicht mehr wäre, denn Mist laden oder Esel treiben» (Pred. über Sir. 15,1f., EA 7,228 [WA 10/I, 1. Hälfte, 293,16–294,2]). «Der Christen Werke haben keinen Namen, Zeit, noch Stätte, sondern was sie tun, das ist gut; und wenn sie es tun, so ist es recht; und wo sie es tun, da ist es wohlgetan» (Pred. über Kol. 3,12f., EA 8,86 [WA 17/II,122, 20–22]). «Also ist ein Christenmensch gar ein freier Mensch, der nichts vor Augen hat, denn Gott allein, und gehet auf der rechten Mittelstraße, zwischen der linken und rechten hinweg, lässet sich das Böse nicht stürzen noch das Gute erheben, sondern braucht es beides zu Gottes Ehre und seines Nächsten Nutz» (Pred. über 2. Kor. 6,1f., EA 8,136 [WA 17/II,186,25–28]). Das bedeutet aber nach außen: «Sic christianus utitur mundo et omnibus creaturis, ut nulla differentia sit inter ipsum et impium» (Gal., EA I,251 [Vgl. WA 40/I,289,12f.]). Und nach innen: «Qui vere bona faciunt, nulla faciunt, quin semper cogitant: Quis scit, si gratia Dei haec mecum faciat? Quis det mihi scire, quod bona intentio mea ex Deo sit? ...» (Röm. Fick. II,323 [WA 56,502,29–31]). Unter Anathem gestellt Trid. Can. de iust. 19.¹¹⁹

¹¹⁸ Druck nach Rörer, nicht in WA.

¹¹⁹ DS 1569: «Si quis dixerit, nihil praeceptum esse in Evangelio praeter fidem,

sagt zu haben als das, daß die guten Werke für einen jeden darin be-
stünden, daß er in den Obliegenheiten seines weltlichen «Standes»: als
Ehemann, Ehefrau, Knecht, Magd usw. Gott und den Nächsten zu lieben habe. Er hat aber tatsächlich auch diesen Satz nicht eindeutig durchführen, sondern gelegentlich auch das Andere sagen können und müssen, daß einer sehr wohl auch im Kloster den Glauben üben und dem
Nächsten dienen könne |88| und daß der alte Adam sich auch mit dem
sonst empfohlenen Übertritt in den weltlichen Stand schmücken wollen
könnte.[cu] «Der Gottesdienst stehet nicht im Werk, sondern im Wort
und Befehl Gottes.»[cv] «Der Glaube bleibet durch alle Werke und Stände
ganz namlos, darum machet er auch Jünger, die Christus lieb hat.»[cw] Ja-
wohl, aber darum bleibt er auch in allen Werken und Ständen verborgen, nämlich verborgen darin, daß seine Tat nun wirklich Gehorsam
gegen Wort und Befehl Gottes ist. Nur im heiligen Geist entscheidet es
sich, ob er Gehorsam und nicht Ungehorsam ist.|

Es ist aber noch mehr zu sagen. Man pflegt von der Unvollkommen-
heit des christlichen |89| Gehorsams zu reden. Mit Recht, sofern man
ihn als Gehorsam des propter Christum rechtfertigenden Glaubens versteht und dann an dessen Vollkommenheit mißt, hinter der er eben zu-
rückbleibt, ja im Verhältnis zu dem er sich immer wieder als ein «Anheben» darstellt.[cx] Gerade im Glauben müssen wir ja aber auch in der
Buße stehen, in der Erkenntnis unseres Unglaubens, d. h. aber: wir
müssen unseren «unvollkommenen» Gehorsam in Gottes Gericht gestellt sehen und dann und insofern, auch wenn wir es in jener Unvollkommenheit noch so hoch gebracht hätten, als Ungehorsam, als Sünde

---

[cu] Pred. über Gal. 3,23f., EA 7,318f. [WA 10/I, 1. Hälfte, 493,9–495,6].
[cv] Pred. über Mt. 6,24f., EA 5,84 [WA 52,470,27f.].
[cw] Pred. über Joh. 21,19f., EA 10,247 [WA 10/I, 1. Hälfte, 323,15–17].
[cx] Luther, Pred. über Mt. 5,20f., EA 4,347f. [vgl. WA 52,406,31–34]; vgl. 8,78f.
[WA 17/II,115,36–116,35]. «Wir sind noch nicht kommen dahin wir sollen, wir
sind aber alle auf der Bahn und auf dem Wege» (Serm. v. d. Beichte u. d. Sakr.,
EA 11,171 [WA 15,502,29f.][120]). «Können wir nicht so stark glauben, als wir sollen, daß wir doch anfahen zu saugen, als die jungen Kindlein, zum wenigsten ein
Löfflein voll von dieser Milch» (Pred. über Mk. 16,1f., EA 11,211 [WA 46,342,
19–21]) usw.

cetera esse indifferentia, neque praecepta, neque prohibita, sed libera, aut decem
praecepta nihil pertinere ad Christianos: an. s.»
[120] EA und WA: «... im Wege».

verstehen. Es muß nachdrücklich darauf aufmerksam gemacht werden, daß Calvin, dessen besonderes Anliegen gerade die Wirklichkeit der *Heiligung* gewesen ist, fast noch grimmiger als Luther immer wieder daran erinnert hat, daß wir bei der Frage nach der Wirklichkeit unseres *Gehorsams* auch von den vermeintlich höchsten Stufen immer wieder allen Ernstes nicht nur auf den Anfang, sondern in das Nichts zurückgeschleudert sind.[cy] Nur im heiligen Geiste entscheidet es sich auch |90| hinsichtlich unseres reinsten, bestgemeintesten Tuns, ob es etwa Sünde sein und bleiben oder aber kraft der mitlaufenden göttlichen Verge-

[cy] «Damit, daß er spricht: die Ersten sollen die Letzten sein, nimmt er dir alle Vermessenheit und verbeut dir, daß du dich über keine Hure erhebst, wenn du gleich Abraham, David, Petrus oder Paulus wärest. Damit aber, daß er spricht: die Letzten sollen die Ersten sein, wehret er dir alle Verzweiflung und verbeut dir, daß du dich unter keinen Heiligen werfest, wenn du auch Pilatus, Herodes, Sodom und Gomorra wärest» (Luther, Pred. über Mt. 20,1–16, EA 11,85f. [WA 17/II,141,2–8][121]). «Mit allen Werken, die du tust, kannst du nichts denn Sünde tun, auch in den Werken, damit du dich denkst gegen mir zu versöhnen. ... Denn dadurch sündigest du auch in den besten Werken, die du tun kannst, daß du sie nicht gerne von Herzen tuest» (Pred. über Joh. 16,5f., EA 12,87 [WA 12,545,36 – 546,4]). Wir haben zu bedenken, «ne angelica quidem sanctitate posse Deum placari, si ad summam trutinam revocet eorum opera» (Calvin, Instit. III 12,1). «Habemus, nec unum a sanctis exire opus, quod si in se censeatur non mereatur iustam opprobrii mercedem» (ib. III 14,9). Eine Sünde genügt «ad delendam exstinguendamque omnem memoriam prioris iustitiae» (ib. III 14,10). «Nullum unquam exstitisse pii hominis opus, quod, si severo Dei iudicio examinaretur, non esset damnabile» (ib. III 14,11). «Nunquam enim ea reperietur in nostris sacrificiis puritas, ut per se Deo grata sint» (Komm. zu 1.Petr. 2,5, Op. (C.R.) 55,234). «Semper claudicando ad Deum tendimus. Porro quidquid dimidium est, laudem apud Deum non meretur. Interea novis subinde peccatis, quantum in nobis est, abdicamus nos a Dei gratia: ita fit, ut quotidiana peccatorum remissione opus habeant sancti omnes, quia haec sola in Dei familia nos retinet» (Komm. zu 1.Joh. 1,7, Op. (C.R.) 55,305). «Semper obnoxii sunt apud eius tribunal mortis iudicio» (Instit. III 11,6). «Que nous prisions tellement les hommes que Dieu retienne tousiours ce que luy est propre: et que si nous faisons comparaison de luy avec les créatures, que nous cognoissions que le tout n'est que vanité» (Pred. über Gal. 1,15f., Op. (C.R.) 50,348). Unter Anathem gestellt Trid. Can. de iust. 25.[122]

[121] EA und WA: «... der Erste soll der Letzte sein ... der Letzte soll der Erste sein ...»
[122] DS 1575: «Si quis in quolibet bono opere iustum saltem venialiter peccare dixerit, aut (quod intolerabilius est) mortaliter, atque ideo poenas aeternas mereri, tantumque ob id non damnari, quia Deus ea opera non imputet ad damnationem: an. s.»

bung, uns selber unbegreiflich, wohlgetan, in Gott getan [vgl. Joh. 3,21]
sein möchte. In unzweideutigem Glanz glänzt auch nicht der Christen
inwendiges Leben, von dem der Dichter singt.[123] Geheiligt ist freilich
das Werk, die Tat, die Existenz, das innere und äußere Leben des Glau-
benden, aber eben durch den Glauben[cz], der Glaube |91| aber nicht
durch sich selbst, sondern im heiligen Geist.[da] Da gibt's kein Wehren
und Jammern, kein Drittes und Mittleres zwischen katholischer und
protestantischer Lehre. «Christiana sanctitas non est activa, sed passiva
sanctitas.»[db] «Aus Barmherzigkeit und Gnade Gottes, nicht aus ihrer
Natur sind die Werke ohne Schuld, vergeben und gut um des Glaubens
willen, der sich auf dieselbe Barmherzigkeit verlässet. Also müssen wir
der Werke halben uns fürchten, aber der Gnade Gottes halben uns trö-

---

[cz] «Facere in theologia intelligitur semper de *fideli* facere, ut fidele facere sit
alius circulus ac novum quasi regnum a facere morali» (Luther, Gal., EA I,379
[WA 40/I,412,20–22][124]). «Oportet primum esse arborem, postea fructus. Poma
non faciunt arborem, sed arbor poma facit. Sic fides primum personam facit,
quae postea facit opera» (ib. I, 368 [402,15–17]). «Fides in theologia perpetuo sit
divinitas operum et sic perfusa per opera, ut divinitas per humanitatem in Christo. ... Est igitur fides fac totum (ut ita loquar) in operibus» (ib. 384 [417,15–19]).
In diesem Vergleich mit der Lehre von der communicatio idiomatum der zwei
Naturen Christi (vgl. ib. 382 [414,27–415,17]) ergibt sich freilich insofern eine interessante Inkonzinnität, als der Nachdruck der lutherischen Christologie – vgl.
aber die Anm. ck zitierte Stelle Gal. I,385 – nicht, wie nach dem beschriebenen
Verhältnis von Glauben und Werk zu erwarten wäre, auf die Gottheit, sondern
auf die Menschheit Christi fällt. Die calvinische Christologie mit ihrer umgekehr-
ten Akzentgebung würde hier besser kongruieren. – Die Lehre: «opera ipsa fructus solummodo et signa esse iustificationis adeptae, non etiam ipsius augendae
causam» ist unter Anathem gestellt Trid. Can. de iust. 24 [DS 1574].
[da] «Das ist der Nutz und Frucht des heiligen Geistes, daß die Sünde wird verändert zu dem allerhöchsten und besten Gebrauch» (Luther, Pred. über Joh.
15,26f., EA 12,227f. [Vgl. WA 10/III,153,3–5]).
[db] Luther, Gal., EA I,41 [WA 40/I,70,14]; vgl. III,34 [WA 40/II, 103,27f.]. Unter Anathem gestellt Trid. Can. de iust. 4.[125]

[123] Siehe das Lied «Es glänzet der Christen inwendiges Leben» von Chr. Fr.
Richter, EKG 265; GERS 307.
[124] Hervorhebung von Barth.
[125] DS 1554: «Si quis dixerit, liberum hominis arbitrium a Deo motum et exci-
tatum nihil cooperari assentiendo Deo excitanti atque vocanti, quo ad obtinen-
dam iustificationis gratiam se disponat ac praeparet, neque posse dissentire, si velit, sed velut inanime quoddam nihil omnino agere mereque passive se habere:
an. s.»

sten.»^{dc} Das heißt aber, daß ganz und gar und allein der heilige Geist Richter ist über das, was christliches Leben ist oder nicht ist. In seinem Geheimnis ist es wahr oder nicht wahr, daß wir je und je den Glauben haben oder nicht haben und also gehorsam und Christen sind oder nicht sind. Darum ist unsere Heiligung Wirklichkeit, unser Gehorsam aber Problem, das wir nicht auflösen, in dessen |92| Finsternis wir nur immer wieder hineingehen können, ganz und gar und allein auf Gott geworfen. Wir können wohl opfern mit unserer Tat, und dazu sind wir aufgerufen, aber daß wir dabei Abel und nicht Kain sind [vgl. Gen. 4,3-5], das steht nicht in unserer Macht. Wir können wohl dienen mit unserer Tat, und dazu sind wir aufgerufen, aber daß wir damit Gott und dem Nächsten wirklich dienen, das ist Gnade. Wir können wohl ein «symbolum nostrae cum Deo conjunctionis»^{dd} aufrichten, wir können wohl demonstrieren»[127], wir können wohl Zeugnis ablegen. Zu dem allem sind wir aufgerufen. Aber daß unser Symbol, unsere Demonstration, unser Zeugnis echt ist, das ist verborgen, nicht in der Innerlichkeit unserer «Gesinnung», nicht als Geheimnis unseres Herzens, sondern verborgen in Gott, unserer Hand gänzlich entnommen. Der heilige Geist, der das menschliche Leben als christliches Leben konstituiert, ist der *heilige* Geist. «Darum sage ich, daß man hier klug sein muß und darauf sehen, daß man von dem heiligen Geist nicht so trotze und freudig poche, wie etliche hoffärtige, vermessene Schwärmgeister tun.»^{de}

Lassen Sie mich als einzige praktische Schlußfolgerung im Rückblick auf diese Hauptstrecke unseres Weges und im Anschluß an das zuletzt zitierte Lutherwort eine kleine, wenn man so will ganz peripherische Frage aufwerfen. Wäre es, wenn wir entschieden nicht bei Augustin, sondern bei Luther und Calvin stehen, nicht angebracht, mit dem Adjektiv «christlich» ganz anders sorgsam umzugehen, als dies in unserer allzeit siegreichen modernen Christenheit üblich geworden ist? Was heißt christliche Weltanschauung, christliche Sittlichkeit, christliche Kunst? Was sind christliche Persönlichkeiten, christliche Familien,

^{dc} Luther, Serm. v. d. gut. Werken, EA 20,211 [Vgl. WA 6,216,3–6].[126]
^{dd} Calvin, Komm. zu 1. Joh. 1,7, Op. (C. R.) 55,304.
^{de} Luther, Pred, über Act. 2,1f., EA 8,310 [WA 21,442,30–32].

[126] Das letzte «uns» von Barth hinzugefügt.
[127] Der Begriff «Demonstration» spielt in Barths Auslegung von Röm. 12–15 (vgl. oben Anm. 112) eine wichtige Rolle. Näheres dazu s. oben S. 27, Anm. 69.

christliche Kreise, |93| christliche Parteien und christliche Zeitungen, christliche Vereine, christliche Anstalten und Bestrebungen? Wer erlaubt uns, mit diesem Prädikat so verschwenderisch umzugehen, wo wir doch wissen müßten, daß gerade die Verleihung dieses Prädikates in seinem eigentlichen, ernsthaften Sinn unserer Vollmacht ganz und gar entzogen ist? Wird es denn gar niemandem übel bei dem Gedanken, daß dieser, wenn man will geringfügige, sprachliche Unfug auf ein höchst allgemeines Vorhandensein eben der praesumptio, eben der christlichen Werkgerechtigkeit hinweisen könnte, die nach Luther und Calvin ihrerseits gerade auf die Abwesenheit des heiligen Geistes im christlichen Leben schließen lassen müßte? Müßte ein ernsthaftes Erwägen des Amtes des heiligen Geistes an den begnadigten Sündern nicht wenigstens die kleine Folge haben, daß etlichen dieses Adjektiv künftig schwerer aus dem Mund und aus der Feder flösse?[128] Und könnte diese geringfügige Unterlassung dann nicht allerhand andere sehr aktuelle Einsichten nach sich ziehen und so ein verheißungsvolles Symbolum dafür sein, daß man in der Kirche Luthers und Calvins wenigstens wieder zu wissen beginnt, um was es geht?[df]|94|

[df] Hinter dieser *Andeutung* steht viel, was ich gegen die *Sprache* unserer heutigen evangelischen Kirche (auf der Kanzel und vor allem in ihrer Presse) immer mehr auf dem Herzen habe. Hört man nicht allzu viele falsche Einsätze in ihrer Musik und nicht allzu viele Versuche, die entstehenden Unreinheiten durch unentwegtes Weiterspielen und – durch Fortissimo gut oder doch vergessen zu machen? Ich meine wiederum den Durchschnitt gerade der *Bewegteren*, derer, die mit *Ernst* Pastoren sein wollen, mit dieser Frage. Aber ich fürchte manchmal, daß manche von den Weltkindern, die nicht in die Kirche gehen und die die Kirchenzeitungen und Gemeindeblätter nicht lesen, besser als manche Pastoren verstehen, daß es hier etwas zu fragen gibt.[129]

[128] Nicht zuletzt an diesen Passus seines Vortrags dürfte Barth gedacht haben, als er im August 1932 im Vorwort zu KD I/1 (S. VIII) den Titel der Neufassung seiner Dogmatik, die das 1927 mit Band I begonnene und dann nicht fortgesetzte Werk «Die christliche Dogmatik im Entwurf» ersetzte, folgendermaßen begründete: «Wenn im Titel des Buches an die Stelle des Wortes ‹christlich› das Wort ‹kirchlich› getreten ist, so bedeutet das einmal: daß ich hinsichtlich des Verzichts auf den von mir bekämpften leichtfertigen Gebrauch des großen Wortes ‹christlich› mit dem guten Beispiel vorangehen möchte ...»

[129] In dem um den Jahreswechsel 1929/30 erschienenen Erstdruck (vgl. Bw. Th. II, S. 695) trägt diese Anm. df die Ziffer 107a. Sie ist also erst bei der Druckkorrektur nachgetragen worden: kurz vor der Niederschrift von «Quosque tandem ...?» (s. unten S. 521–535).

III.

Wir haben noch eine letzte Wegstrecke in einiger Eile abzuschreiten. Die Eile schadet vielleicht nichts, weil viele Worte gerade darüber allzuleicht bewirken können, daß eine Sache, die ihrem Wesen nach keine Breite hat, sondern in einer einzigen Spitze besteht, nun doch wieder breit, d. h. in den Kategorien eines hier nicht zuständigen ontologischen Denkens verstanden wird.

Die Heiligkeit des heiligen Geistes besteht drittens und zuhöchst darin, daß er dem menschlichen Geist in Gottes Offenbarung nicht anders als *eschatologisch* gegenwärtig ist. Gerade damit bezeichnen wir seine in der Offenbarung wirkliche *positive* Beziehung, seine *wahre* Kontinuität zum menschlichen Geist. So, eschatologisch, ist er uns auch als Geist Gottes des Schöpfers und Versöhners gegenwärtig. Indem wir aber unser Augenmerk nun gerade darauf richten, verstehen wir ihn über das bis jetzt Gesagte hinaus in einer dritten Bedeutung: als den Geist Gottes des *Erlösers*. Was heißt das: «eschatologische» Gegenwart des Geistes Gottes in unserem Geist? Die Grenze zwischen Gott und uns, aber auch die Beziehung zwischen ihm und uns ist offenbar immer auch damit gesetzt, daß er uns in seiner Offenbarung ein Letztliches und Zukünftiges *verheißt*, das sein eigentlicher Wille mit uns ist. Ein Allerletztliches, ein prinzipiell Zukünftiges, müssen wir sagen. Denn die zu überwindende Wirklichkeit des Todes, in dessen Schatten wir jetzt und hier existieren, charakterisiert diese Verheißung. Letztlichkeit und Zukünftigkeit aus dem Jenseits unseres Todes eignet dem, was Gottes Wille mit uns ist, eignet unserer Erlösung, der Auferstehung und dem ewigen Leben. Indem uns Gott unsere Erlösung *verheißt*, ist er uns gegenwärtig. Wie das Wort Gottes auch das Wort der Verheißung ist, so ist auch der hei-|95|lige Geist der «Geist der Verheißung», durch den wir versiegelt sind auf den Tag der Erlösung (Eph. 1,13f. und 4,30). Wir haben gesehen: auch seine Gegenwart als Schöpfergeist und als Geist der Gnade ist charakteristisch genug seine Gegenwart als Geist der Verheißung. Gerade als solcher ist er auf der ganzen Linie der Geist des Erlösers.

Wir haben uns auf den beiden ersten Stufen unserer Betrachtung mit *Augustin* auseinandersetzen müssen als mit dem klassischen Repräsentanten der katholischen, aber auch im Protestantismus heimlich oder offen das Feld beherrschenden Anschauung von einer vom Menschen aus als bestehend vorauszusetzenden Kontinuität zwischen Gott und Mensch, die den Menschen immer zu seinem eigenen Schöpfer und Versöhner zu machen droht. Wir können nun sagen: der ganze Augustinismus, seine Lehre von dem Zu-Gott-hin-Geschaffensein des Menschen und seine Lehre von der eingegossenen Werkgerechtigkeit (und diese beiden Lehren sind letztlich eine und dieselbe) würde tragbar und möglich, wenn er als eschatologisch gemeint verstanden werden dürfte. Wir können ihn nicht so verstehen: zu deutlich ist dort von einem Geist der Erfüllung statt von dem Geist der Verheißung, der der heilige Geist ist, die Rede. Zu offenkundig wird da gerade das Allerletztliche und prinzipiell Zukünftige, das uns im heiligen Geist gegenwärtig ist, als solches verkannt und in ein menschlich Erreichbares diesseits des Todes umgedeutet, zu offenkundig erlaubt sich da der menschliche Geist einen Übergriff, der ihm nicht zustehen kann und über dem ihm verloren gehen muß, was ihm wirklich gegeben ist. Aber das darf uns nun wieder nicht hindern, einzuräumen, daß das offenbar *das berechtigte Anliegen* des Augustinismus sein dürfte: festzuhalten, daß in Gottes Offenbarung der heilige Geist dem Menschen wirklich *gegenwärtig* |96| ist. Eschatologisch gegenwärtig, gegenwärtig als der Geist der Verheißung, werden wir sagen. Wir werden uns wohl hüten, jene Gegenwärtigkeit etwa zu leugnen. Wir werden aber, indem wir mit dem Augustinismus an dem Satz von der Gegenwärtigkeit des heiligen Geistes im Ereignis der göttlichen Offenbarung festhalten, bestimmter als er zugleich daran festhalten, daß dieser Satz, um ein echter theologischer Satz zu sein, die Gegenwärtigkeit des *heiligen* Geistes in ihrer ganzen *Besonderheit* behaupten muß, daß die Unterschiedenheit des schöpferischen und des kreatürlichen und der Gegensatz des gnädigen und des sündigen Geistes durch ihn nicht aufgehoben sein darf und daß wir darum diese Gegenwärtigkeit eschatologisch, d. h. eben als Gegenwärtigkeit der Verheißung, zu verstehen haben. Indem uns Gott in unserer Kreatürlichkeit und Sündigkeit offenbar wird, empfangen wir seine Verheißung. Daß wir als seine Kreaturen wirklich sind und daß er uns als Sündern gnädig ist, das ist nur die Explikation der uns gegebenen Verheißung. Der Inhalt der Verheißung selbst besteht darin, daß wir, erlöst aus der Vorläufigkeit unserer Kreatürlichkeit und aus dem Widerspruch des «simul iustus et peccator», ewig zu ihm gehören, daß er nicht nur in sich das A und das O, sondern auch für uns der Anfang und das Ende ist [vgl. Apk. 1,8]. *Das* sagt er uns doch, indem er uns sagt, daß er unser Schöpfer und Versöhner ist. Indem er uns sagt, daß er unser Schöpfer und Versöhner ist, stehen wir vor ihm, und stehen wir damit auch vor uns selber, als am Ziel seiner Wege mit uns, als die Erlösten, als die er uns allerletzlich und in prinzipieller Zukunft haben will. Aus dem Jenseits der Todesgrenze wird uns das gesagt, und es ist uns gesagt als solchen, die sterben müssen und die im Tod den Sold ihrer Sünde nicht verkennen können [vgl. Röm. 6,23]. Eben darum ist uns das als Verheißung gesagt. Es ist uns aber |97| gesagt in der ganzen Wahrheit und Wirklichkeit des Wortes, das selber Gott ist.|

Und indem uns das gesagt ist, sind wir wiedergeboren zu einer neuen Kreatur[dg], «teilhaftig der göttlichen Natur» (2. Petr. 1,4), *Kinder* Gottes. Wie sollte es anders sein? Im Gesprochensein seines Wortes, in der Fleischwerdung und Auferstehung seines lieben Sohnes schafft Gott Gemeinschaft zwischen sich und uns, Gemeinschaft, wie sie eben zwischen Vater und Kind besteht. Offenbarung Gottes wäre ja nicht Offenbarung, wenn sie uns nicht, wie immer das zu verstehen sein möge, Anteil an Gottes eigenem Wesen geben würde. Das ist mit den Worten Schöpfung und Versöhnung an sich noch nicht gesagt; darin sind wir noch nicht Kinder Gottes, daß wir seine Geschöpfe sind, und auch darin nicht, daß seine Gnade über unsere Sünde mächtig ist. Aber Gott kann uns nicht offenbar werden als unser Schöpfer und Versöhner, ohne zugleich und eben damit uns seine Kinder zu heißen, uns als seine Kinder zu erzeugen und so unser Erlöser zu sein. Wir sind Erlöste Gottes, indem Gott uns offenbar wird. In unserer Gegenwart ist durch das Wort unsere göttliche Zukunft, unsere letzte von Gott gewollte Wirklichkeit, gegenwärtig. Darum ist es wahr: «die Taufe machet den Menschen ganz auf einmal rein und selig.»[dh] «Wenn ein Mensch getauft wird, so wird er in der Taufe vor Gott so schön und hell als die liebe Sonne, daß gar keine Sünde mehr da bleibt, sondern eitel und ewige Gerechtigkeit. Denn also sagt Christus selbst: Wer glaubt und getauft wird, der wird selig. Aber solches läßt sich äußerlich nicht sehen. Den-

---

[dg] «Nati ex verbo, quod est uterus divinus, in quo concipimur, gestamur, nascimur, educamur» (Luther, Gal., EA II,185 [WA 40/I,597,24f.]).
[dh] Luther, Pred. über Tit. 3,4f., EA 7,168 [WA 10/I, 1. Hälfte, 112,9f.].

noch ists wahr, soferne man das Urteil nach dem Wort und |98| nach des Hirten Stimme stellen will.»[di] «Und ist allein darum zu tun, daß unser Herr Gott die Wand wegtue, die noch dazwischen ist, [das ist,] daß wir sterben, so wirds alsdann eitel Himmel und Seligkeit sein.»[dj] Das bedeutet keine Einschränkung, wohl aber die notwendige eschatologische Näherbestimmung unseres Erlöstseins. Das heißt eben erlöst sein: Bei noch stehender Wand, diesseits der Todesgrenze, also im Empfangen der Verheißung, nicht im Besitz der Erfüllung, Gottes Kind sein. Das Perfekt: wir *sind* wiedergeboren schließt ja nicht aus, sondern ein: wiedergeboren zu einer lebendigen *Hoffnung* [1. Petr. 1,3]. Und das Präsens: wir *sind* Kinder Gottes [1. Joh. 3,2] schließt nicht aus, sondern ein, daß es heißen muß: das Reich Gottes ist *nahe herbeigekommen!* [Mk. 1,15] und darum: Dein Reich *komme!* [Mt. 6,10] und: Siehe, ich stehe *vor der Tür* und klopfe an! [Apk. 3,20] und: Wir sind wohl selig, *doch in Hoffnung* [Röm. 8,24] und: Der Herr ist *nahe!* [Phil. 4,5] und: Wir seufzen bei uns selbst und *erwarten* unsere Kindschaft [vgl. Röm. 8,23–26]. Wo im Neuen Testament wird von der Erlösung anders geredet als auf der doppelten Linie: Wir *sind* nun Kinder Gottes und ist *noch nicht* erschienen, was wir sein werden [1. Joh. 3,2]? Gerade die *Seinigen* heißt Christus warten, wie die Knechte auf ihren Herrn [Mt. 24,45–51], wie die zehn Jungfrauen auf den Bräutigam [Mt. 25,1–13).|

Es kommt alles darauf an, daß wir es uns nicht zu gering sein lassen, unser Erlöstsein auf dieser doppelten Linie zu verstehen. Was wir besitzen könnten, das wäre als solches nicht das Allerletzte, sondern irgend ein Vorletztes von dem Vielen, das wir im Tode, der alles Besitzens Ende ist, doch wieder hergeben müßten. Und es wäre als solches nicht das prinzipiell Kommende, sondern ein schon Gekommenes, das im Tode sicher noch einmal von uns gehen würde. Was wir besitzen könn- |99|ten, das würde als solches sicher nicht unsere Erlösung sein. Es müßte ja innerlich oder äußerlich sichtbar sein; was aber sichtbar ist, das ist zeitlich [2. Kor. 4,18] und der unvermeidlichen Dialektik alles Zeitlichen unterworfen. Das kann nun von unserer Erlösung, von unserer Wiedergeburt und Gotteskindschaft, von unserer Teilnahme an der göttlichen Natur nicht gelten. Es gilt aber nur dann nicht, wenn wir diese Be-

[di] Pred. über Joh. 10,12f., EA 3,391 [WA 52,281,16–21].
[dj] Pred. über Mt. 22,1f., EA 5,178 [WA 52,505,24–27].

griffe vorbehaltlos eschatologisch, d. h. eben als Inhalt der uns gewordenen Verheißung, verstehen.[dk] Gerade um der wirklichen vollen Glaubens- und Heilsgewißheit willen darf unsere Erlösung nicht abstrahiert werden von der Tat des Erlösers, dürfen also diese Begriffe nicht anthropologisiert werden. Sie verlieren allen Sinn, sie werden zu leeren, sentimentalen oder prahlerischen Plerophorien, wenn darunter auf einmal, den biblischen Zusammenhängen völlig zuwider, Gegenstände einer christlichen Psychologie, d. h. aber menschliche Zuständlichkeiten, verstanden werden. Sie bezeichnen ein «inenarrabile donum»[dl]. Es muß alles im Wort beschlossen bleiben, im zu *uns* gesprochenen Wort, aber im *Wort* und also nicht |100| in unserem Besitz, nicht in den fleischlichen Fangarmen unserer rationalen oder auch irrationalen Erlebnismöglichkeiten. Zu *Erben*, Erben Gottes und Miterben Christi sind wir doch eingesetzt nach der Schrift [Röm. 8,17]. Erben heißt offenbar ausdrücklich: nicht Besitzer, sondern solche, denen der Besitz verheißen ist. Unsere göttliche *Zukunft*, unsere *göttliche* Zukunft ist es doch, die durch das Wort in unserer Gegenwart gegenwärtig ist. Die Ungeduld, die hier mehr erhaschen möchte, als uns gegeben ist, die Ungeduld, die der Not unserer Geschöpflichkeit und der Not des «simul peccator et iustus» entfliehen möchte, entfliehen auf eine Insel der Seligen, wo es etwas Besseres gäbe als Seligkeit in Hoffnung, als Warten und Eilen [vgl. 2. Petr. 3,12], diese Ungeduld sollte sich sagen, daß sie eben mit diesem Haschen nur verlieren kann, was uns gegeben ist: das Wort, das eben dem Glauben und der Hoffnung gegeben ist. Es ist nicht zu wenig zu beten: Amen, ja *komm* Herr Jesu! [Apk. 22,20]. Eben

---

[dk] «Filiatio affert secum regnum aeternum et totam hereditatem coelestem. Quanta autem magnitudo et gloria hujus doni sit, humana mens ne quidem concipere potest in hac vita, multo minus eloqui. Interim in aenigmate cernimus hoc, habemus istum gemitulum et exiguam fidem, quae solo auditu et sono [vocis] promittentis Christi nititur. Ideo quoad sensum nostrum res ista centrum, in se autem maxima et infinita sphaera est. Sic christianus habet rem in se maximam et infinitam, in suo autem conspectu et sensu minimam et finitissimam. Ideo istam rem metiri debemus non humana ratione et sensu, sed alio circulo scil. promissione Dei, qui ut infinitus est, ita et promissio ipsius infinita est, ut maxime interim in has angustias et ut ita dicam, in verbum centrale inclusa sit. Videmus igitur jam centrum, olim videbimus etiam circumferentiam» (Luther, Gal., E. A. II,184 [WA 40/I,596,15–27]).

[dl] Luther, Gal., EA I,197 [WA/I,235,30].

wo so gebetet wird, geht schon in Erfüllung das Andere: Siehe, ich bin bei euch alle Tage bis an der Welt Ende [Mt. 28,20].

Was aber bedeutet das damit skizzierte Verständnis des heiligen Geistes für das christliche Leben? Sicher das, daß dieses Leben durch den heiligen Geist zu einem Leben im Empfangen der Verheißung, zu einem Leben in der Hoffnung, zu einem Leben mit Abraham wird. Über und in der verworrenen Vorläufigkeit unserer Kreatürlichkeit in regno naturae, über und in dem Kampf des Geistes wider das Fleisch [vgl. Gal. 5,17] in regno gratiae gibt es ein Letztes, Unbewegliches und Endgültiges in regno gloriae. Gibt *es*? Nein, eben: gibt *er*, Gott der heilige Geist, und dieses Letzte, Eigentliche, das er gibt, ist, immer kommend, nie schon gekommen, immer Manna für den heutigen Tag, nie zu |101| konservieren für morgen und übermorgen [vgl. Ex. 16,19f.], die Christlichkeit des christlichen Lebens. Gerade weil er der Geber – und weil es von seinem Geben, nein, von ihm selbst, dem Geber, gar nicht zu unterscheiden ist, ist es das Letzte, Eigentliche, das Siegreiche und Herrliche. Aber eben darum auch das in die Verborgenheit seiner freien Liebe Gehüllte. Eben darum das mit Christo in Gott verborgene Leben der Christen [Kol. 3,3]. Lassen Sie mich das unter drei Titeln noch kurz erläutern.

Im heiligen Geist haben wir ein *Gewissen*. Es ist eine erstaunliche Tatsache, daß die theologische Ethik, die mit diesem Begriff so viel Mühe hat, noch nie auf den einfachen Gedanken gekommen ist, ihn von der Eschatologie hier zu verstehen.[130] Συν-είδησις, «con-scientia», ein Mit-Wissen mit Gott um das, was gut und böse ist, wer soll das haben als eben das durch das Wort immer wieder zu gebärende Kind Gottes? Dieses Kind weiß in der Tat um den Willen seines Vaters. Dieses Kind darf und kann und muß sich selber sagen, was der Vater sagt. Auf dieses

---

[130] Zu dieser Zuordnung des Gewissens – wie auch im folgenden der Dankbarkeit – zum eschatologischen Aspekt der Ethik vgl. Ethik II, S. 384–421 (§ 16: Das Gewissen) und S. 422–447 (§ 17: Die Dankbarkeit). Der dritte eschatologische Aspekt der Ethik, das Gebet (unten S. 519f.), wird dort ebenfalls an dritter Stelle behandelt, nämlich in § 18: Die Hoffnung (S. 448–455, bes. S. 451f.). Auch der Begriff der Gotteskindschaft wird in jener Vorlesung dem Eschatologie-Kapitel «Das Gebot des Erlösers» zugeordnet. Er kommt besonders in § 15: Das Gebot der Verheißung (S. 359–383) zur Sprache.

Kind bezogen ist sogar der große Schleiermacherische Greuel: das Gottesbewußtsein im Selbstbewußtsein des Menschen[131], kein Greuel mehr, sondern volle Wahrheit. Dieses Kind schaut über die Gegenwart, auch über die Dialektik des «semper peccator et semper iustus», hinaus auf das kommende Reich seines Vaters. Dieses Kind wird immer im Warten und immer im Eilen sein [vgl. 2. Petr. 3,12]. Ob es im Einatmen oder im Ausatmen begriffen ist, es lebt das eine, das richtige Leben. Es darf sogar, wenigstens scheinbar – dem Reinen ist alles rein [Tit. 1,15] – Prinzipien haben, Idealist oder Realist, konservativ oder revolutionär sein, es darf vielleicht Pietist, aber es darf vielleicht ebensogut Kommunist sein, es darf, weil es dann sicher *muß*. Ihm ist das Schwärmen nicht verboten – es steht nirgends geschrie-|102|ben, daß Gott eine Vorliebe für die hausbackenen bürgerlichen Möglichkeiten habe –, sondern wenn es schwärmt, dann schwärmt es, wie die Propheten geschwärmt haben. Es wird laut reden, dieses Kind, und ein Missionar sein, ob es will oder nicht, und es wird sich durch keine Taktik und Mechanik der Kirche oder des Staates, in denen es lebt, durch keine Eigengesetzlichkeit menschlicher Bewegungen und Veranstaltungen zum Schweigen bringen lassen, es wird aber auch gerne und es wird im letzten Grunde tatsächlich immer in der Minderheit und letztlich in völliger Einsamkeit sein. Es fragt, indem es redet, nicht nach den Hörern, nicht nach dem Erfolg und nicht nach dem, was dabei herauskommt. Es redet, weil es reden muß. Wer ist dieses Kind? Wer hat ein solches wirkliches und echtes Gewissen? Du oder ich, dieser oder jener? Das habe ich nicht gesagt. Damit hätte ich ja augustinisch gelehrt und die Verheißung als Verheißung geleugnet. Wir kennen uns selber nicht als dieses Kind. Dieses Kind ist im strengsten Sinn unsere zukünftige, von Gott her zukünftige Wirklichkeit. Es bedeutet immer Prahlerei, Sentimentalität und Geschmacklosigkeit, wenn jemand sich auf sein Gewissen beruft. Wenn jemand ein Gewissen hat, dann beruft er sich nicht darauf, dann gehorcht er ihm, dann läßt er es reden. Nur das ist zu sagen: im heiligen

---

[131] Vgl. z. B. § 29,1 der Glaubenslehre: «Der Zustand also, welcher der [uns durch den Erlöser] mitgeteilten Fähigkeit [scil. das schlechthinige Abhängigkeitsgefühl allen Lebensmomenten einzubilden] vorangeht, kann weder die absolute Gottesvergessenheit sein, noch auch das bloße gehaltlose Streben nach dem Gottesbewußtsein, sondern dieses muß irgendwie im Selbstbewußtsein gegeben sein.»

Geist der Verheißung *sind* wir Kinder Gottes und *haben* wir ein Gewissen.

Und im heiligen Geist gibt es *Dankbarkeit* als Summe und Inbegriff des Gott wohlgefälligen wirklichen Gehorsams. Im Reich der Schöpfung sind wir Knechte, im Reich der Versöhnung sind wir unterworfene Feinde, im Reich der Erlösung aber sind wir, noch einmal: Kinder Gottes. Wer wirklich dankbar ist, meint nicht, er müsse wiedervergelten, was ihm widerfahren ist. Er bezeugt es |103| in Freiheit. Die Kinder Gottes sind dankbar, und darum sind sie frei. Die Knechte und der Esel bleiben unten am Berg [vgl. Gen. 22,5], die Freunde des Bräutigams außerhalb der Brautkammer [vgl. Joh. 3,29], «heraußen soll Martha bleiben und in der Küche umgehen und ihre Hausarbeit tun» wie Luther so gerne gesagt hat.[dm] Dankbarkeit heißt gelöster Gehorsam, gelöst von der Angst des göttlichen Zornes wie von dem Krampf menschlichen Rechtmachenwollens, gelöst, gerade weil letztlich gebunden, gerade weil sie gern geleisteter Gehorsam ist, gerade weil da wir selber dabei sind und nicht nur ein moralischer Zwang unseres unerlösten Ober- oder Unterbewußtseins. Wer ist Gott dankbar? Wer ist ein freies Kind Gottes? Ich habe nicht gesagt: es gibt solche Leute, ich habe nicht gesagt: der Christ *ist* nun einmal dankbar und *hat* die Freiheit der Kinder Gottes; das wäre wiederum augustinische Lehre, und wenn sie formell noch so protestantisch wäre. Unser unerlöstes Ober- und Unterbewußtsein kennen wir gut genug, uns selbst als Kinder Gottes kennen wir nicht. Die Dankbarkeit und Freiheit der Kinder Gottes [vgl. Röm. 8,21] ist wahrlich unsere letztliche, unsere künftige Wirklichkeit. Ich habe geredet vom «Trost göttlicher Zusagung, die da macht milde, lustige, fließende Menschen, denen alles Ding wohl abgeht»[dn]. Aber: «das vermag die Natur nicht, sondern der Same Abrahä, Christus mit seiner Benedeiung, machet solche Leute durch seine Gnade und heiligen Geist».[do]

[dm] Z.B. Gal., EA II,183f. [WA 40/I,595,27f.][132]; Predigten EA 4,45[133]; 13,38 [WA 36,279,35f.][134] und 67 [WA 10/III,224,6–10].

[dn] Luther, Pred, über Jes. 60,1f., EA 7,350 [WA 10/I, 1.Hälfte, 548,23–549,1].

[do] Pred. über Gal. 4,1f., EA 7,266 [WA 10/I, 1.Hälfte, 360,21–23].

[132] «Servi cum asino in valle maneant, Isaac solus cum patre Abraham in montem ascendat.»

[133] Druck nach Rörer, nicht in WA.

[134] Hier das Zitat über Martha.

Und im heiligen Geist wird gebetet. Auch vom *Gebet* ist zu sagen, daß es nur von der Eschatologie her verständlich werden kann. Setzt es doch den Menschen als ein Subjekt voraus, das er so gar nicht «ist», d. h. das er nur in der |104| Verheißung ist. Das Kind Gottes kann mit Gott dem Vater reden und tut es. Es redet mit Gott und rechnet dabei nicht nur mit der Wirklichkeit seines Redens, nicht nur mit der seines Gehört-, sondern auch mit der seines Erhörtwerdens. Da handelt der Mensch fraglos ἔνθεος, als ein zu Gott Gehöriger. Da versteht er sich selbst so, wie ihn nur Gott verstehen kann. Da nimmt er die Stimme, den Spruch ernst, der in seiner Taufe über ihn gesprochen ist. Da wird Vater Eli immer meinen, daß er trunken sei [vgl. 1. Sam. 1,13]. Da wird er sich selbst immer ein Rätsel sein, betet er doch umso wirklicher und ernstlicher, je mehr er in der Anfechtung ist, d. h. je mehr ihm seine eigenen religiösen Möglichkeiten Gott gegenüber unter den Händen zerrinnen, umso wirklicher und ernster, je mehr Kraft, Leidenschaft und Kunst seines Betenkönnens zusammenschmilzt zu einem Unservater, das gewiß gar nicht den «Sinn des Gebetes»[135] als einer kühnen innerlichen Möglichkeit erfüllt, oder gar zu einem hilflosen Seufzer, der mit einer Leistung letzter, tiefster Konzentration usw. gar nichts zu tun hat, sondern schlecht und recht nichts als ein Seufzer ist. «Diesen Seufzer aber, den wir kaum fühlen, nennt Paulus das unaussprechliche Schreien und Seufzen, welches den Himmel und die Erde erfüllt. ... Er erfüllt nämlich den ganzen Himmel, daß die Engel meinen, sie hätten noch nie etwas gehört außer diesem Schreien. ... daß Gott selbst außer ihm nichts mehr hört und daß er auch den Lärm aller anderen Dinge zum Schweigen bringt.»[dp] Warum? Etwa darum, weil und sofern dieses Seufzen nun doch das eines gar so besinnlichen, kräftigen und leidenschaftlichen Beters wäre – mit dem üblichen Vorbehalt, daß ihn natürlich die Gnade zu einem solchen gemacht habe? Das wäre noch |105| einmal augustini-

***

[dp] Luther, Gal., EA II,169f.174 [WA 40/I,581,28–30; 582,32f.; vgl. 585,28–31].[136]

[135] Siehe unten, Anm. dq.

[136] «Istum ergo gemitum, quem nos vix sentimus, vocat Paulus clamorem et gemitum inenarrabilem, qui replet coelum et terram. ... Replet enim totum coelum, ac tam fortiter clamat, ut Angeli putent se nihil usquam audire praeter istum clamorem. ... ut praeter eum Deus nihil audiat, praeterea compescit omnes omnium aliarum rerum clamores.»

sche Lehre.^{dq} Das Wunder des Gebets ist – und das ist etwas anderes als die eingegossene Gnade des rechten Betenkönnens – das Eintreten des heiligen Geistes für den Beter, sein Seufzen, das, gewiß in *unserem* Munde, aber als *sein* Seufzen, den nüchternen oder trunkenen oder spitzfindigen oder auch in dem allem zusammenbrechenden homo religiosus, der der Beter in sich und an sich ist, zu einem *wirklichen* Beter macht.^{dr} Wo blieben wir denn im Ernstfall, wenn wir uns selbst als die Kinder Gottes, die beten können, zuvor kennen müßten, wenn Gnade nicht auch im Gebet ein Eintreten Gottes für sich bei uns und für uns bei sich selber wäre? Wenn nicht unser Betenkönnen mit unserer Kindschaft Gottes in Gottes Verheißung beschlossen wäre? Es ist schon so: die «vocula ‹pater› formaliter dicta in corde est eloquentia, quam Demosthenes et Cicero ... non possunt exprimere».^{ds} Was für einen Grund hat Luther zu dieser kühnen Behauptung? Den einzigen, daß er einen göttlichen Ernstfall kennt, in dem der Mensch in seiner ganzen Schwachheit und Bosheit, nicht in einem religiösen Tiefenerlebnis, sondern in jenem religiös ganz unbedeutend gewordenen Seufzen begriffen, als Gottes Kind geboren wird^{dt}, weil es Gott gefallen hat, diesen Seufzer und damit die Last dieses Menschen auf *sich* zu nehmen. Dieser Ernstfall ist die Gegenwart des Geistes der Verheißung.

^{dq} Durch und durch augustinisch ist das Buch von E. Hirsch «Der Sinn des Gebets» 1928 und fängt darum mit Recht mit einer in deutsche Verse gebrachten Stelle aus den Konfessionen an.[137]

^{dr} «At in mediis istis, ... rugitibus diaboli incipit clamare ... Spiritus sanctus in corde nostro: Abba, pater!» (Luther, Gal., EA II,168 [WA 40/I,580,25–27]).

^{ds} Ib. 174 [586,24–26].

^{dt} «Quis parit eam (filiationem)? Iste gemitus» (Luther, Gal., EA II,181f. [WA 40/I,593,19]).

[137] E. Hirsch, *Der Sinn des Gebets*, Göttingen 1921¹, 1928². Dort S. 4 (2. Aufl.: S. 7): «Ein Gebet Augustins (Conf. I, § 1–6)».

QUOUSQUE TANDEM ...?[1]
1929/30

In der Reformierten Kirchenzeitung vom 22. 12. 1929 las Barth in der
Rubrik «Kirchliche Nachrichten – Deutsches Reich» eine Glosse des
Schriftleiters H. A. Hesse: Religiöser Gedanke oder Glaube an Christus?[2] «Das neue kirchliche Jahrbuch ... wird in einer Nachricht des*
Evangelischen Pressedienstes mit folgendem Zitat aus der vom Heraus-
geber, Professor D. Schneider, auch diesmal wieder gelieferten Charak-
teristik der kirchlichen Zeitlage[3] empfohlen.» Es folgt der von Barth
wörtlich zitierte EPD-Text. Hesse fährt dann fort: «Beim Vergleiche
dieses Zitats mit dem Original fällt es auf, daß der vom Evangelischen
Pressedienst gesperrt gedruckte Satz über den tief in der deutschen
Volksseele verwurzelten Gedanken vom Herausgeber selber noch mit
der Zwischenbemerkung versehen wurde: ‹Wir drücken uns absichtlich
so unbestimmt aus.› D. Schneider läßt in seinem Aufsatz keine Unklar-
heit darüber bestehen, worum es ihm zu tun ist, um Wortverkündigung,
um Predigt des Evangeliums. Es ist aber bezeichnend, wie es aber nun
mit einer gewissen Genugtuung weiter erzählt wird, daß der ‹religiöse
Gedanke› in unserem Volk tief verwurzelt sei. Wir benutzen diese Ge-
legenheit, um uns mit aller Klarheit gegen jede Verwechslung eines reli-
giösen Gedankens mit dem im Evangelium begründeten Glauben an
Christus zu wenden.»

Den gleichen EPD-Text fand Barth wieder beim Lesen «unseres Ge-
meindeblattes», die gleiche Sprache vernahm er beim «Anhören einer
Weihnachtspredigt».[4]

Am 29. Dezember schrieb er an den Freund Thurneysen: «Da – ich
habe schon wieder etwas geschrieben, und zwar diesmal zurückfallend
in den Stil und Geist unserer schönen aargauischen Jugendtage, etwas

---

[1] M. T. Cicero, Anfang der ersten Rede «In Catilinam»: «Quousque tandem,
Catilina, abutere patientia nostra?»

[2] RKZ, Jg. 79 (1929), S. 406.

[3] J. Schneider, *Kirchliche Zeitlage*, in: *Kirchliches Jahrbuch für die evangeli-*
schen Landeskirchen Deutschlands 1929. Ein Hilfsbuch zur Kirchenkunde der
Gegenwart, hrsg. von J. Schneider, Jg. 56, Gütersloh, S. 314–422; die vom EPD
zitierte Stelle S. 315f.

[4] Bw. Th. II, S. 692f.

kräftig, ja überkräftig Polemisches, das sich mir ... unaufhaltsam in die Feder drängte.»[5]

Am gleichen Tag noch schrieb er an G. Merz: «Lieber Georg, zum Jahresende und Neujahrsanfang sende ich dir hier einen Beitrag für Z. d. Z., den du gewiß nicht erwartet hast, der aber heute mit einer gewissen unaufhaltsamen inneren Notwendigkeit entstanden ist und das dringende Bedürfnis hat, in unserem trefflichen Organ und zwar wie ich mir unbescheidener Weise ausgedacht habe, an der Spitze der ersten Nummer des neuen Jahrgangs zu erscheinen. ... Es handelt sich hier um ein Naturereignis, das früher oder später einmal kommen mußte und das nun, werde daraus, was da wolle, seinen Lauf nehmen muß.»

So geschah es denn, und das Echo blieb nicht aus. Der Beifall Thurneysens[6] *war nicht überraschend, aber am 17. Februar 1930 schrieb Barth an A. Lempp, den Inhaber des Chr. Kaiser-Verlags: «Zu quousque tandem gehen auch bei mir fortwährend neue Kundgebungen ein in einer Fülle, wie ich es bei Aufsätzen, die mir nun wirklicher*[7] *waren und mehr Mühe gekostet haben als gerade dieser, noch nie erlebt habe.» Die meisten der 26 im Karl Barth-Archiv aufbewahrten «Kundgebungen» sind Äußerungen des Dankes: «... daß ich Ihnen selten für etwas so dankbar gewesen bin wie jetzt für diesen Ruf»*[8]. *«Ich danke Gott, daß endlich einmal ein Mann da ist, der es wagt ein kräftiges offenes Wort an unsere evangelische Kirche zu richten um des Evangeliums willen und um der Kirche willen.»*[9] *«Es war ein notwendiges und für viele unter uns Jüngeren befreiendes Wort!»*[10] *«... hat bei uns hier innerste Zustimmung ge-*

---

[5] Ebda.

[6] Bw. Th. II, S. 696: «Endlich dein Schuß aus der Breitseite gegen Schneider. Karl, du hast mir damit einen Seufzer der Erleichterung entlockt wie seit langem nicht mehr. Endlich wieder ein Wort zur Lage! Und zwar eines, an dem man keinen Satz anders haben wollte. Da werden sich auch die fratres minores unseres Ordens weit herum im Lande wieder daran erlaben können, die manchmal erlahmend fragten, ob denn die alte Schlachttrompete bei dir ganz eingerostet sei, ob du nur noch hohe, spanische Schule reitest und für Wildwestgaloppe nur verächtliches Achselzucken übrig habest, ob über all den letzten die ebenso dringenden vorletzten Worte erstorben seien ...»

[7] Verschreibung für «wirklich wichtiger»?

[8] Brief von R. Bultmann vom 3. 2. 1930; Bw. B.¹, S. 99; Bw. B.², S. 98.

[9] Brief von Frau Anna Drescher, Schweinfurt, vom 31. 1. 1930.

[10] Brief von O. Weber, P. Sprenger und K. Zimmermann, Elberfeld-Barmen, vom 6. 2. 1930.

funden. Wir wissen in der Mission ... sehr von dieser Anfechtung zu sagen ... und weil wir unsere Heimatkirche so lieb haben ... leiden wir mit Ihnen unter dieser unverschämten Art, von Sicherheit und Sieg zu reden, wo alles andere am Platze ist als dies.»[11] *Es gibt auch Zustimmung, die Barth zurückweisen mußte*[12]*, und solche, die ihn offenbar ärgern wollte*[13]*. Ein Korrespondent möchte einen bestimmten Kirchenführer aus der Kritik Barths herausnehmen*[14]*, und nur in einem Brief wird auf eine vornehme Weise eine grundsätzliche Anfrage angemeldet*[15]*.*

Lempp schlug angesichts der zahlreichen Zuschriften, die auch ihn erreichten, die Anfertigung eines Sonderdrucks vor. Barth stimmte dem «vorläufig» nicht zu, plädierte aber dafür, interessierten kirchlichen Zeitschriften den Abdruck des Artikels zu genehmigen.[16]

Nun tagte vom 22. Februar bis zum 12. März 1930 in Berlin die neun-

[11] Brief von Missionsdirektor K. Hartenstein, Basel, vom 3. 2. 1930.

[12] Brief des Philosophen Hans Blüher, Berlin, vom 10. 3. 1930, der Barth ein «Memorandum» übersendet, «welches Ihrem Thema eine besondere Seite hinzufügt». Nach Barths Antwortbrief vom 25. 3. 1930 hat Blüher darin einen «Edel-Antisemitismus» vertreten. Dazu Barth: «Ich habe im Antisemitismus nie etwas Anderes sehen können, als einen von den schlimmsten unter den Versuchen, Dämonen mit Dämonen auszutreiben.»

[13] Brief von Wilhelm Stapel, Herausgeber der Monatsschrift «Deutsches Volkstum», Hamburg, vom 16. 2. 1930, der in eine Beschimpfung der «Kirchenregimentler» ausartete.

[14] G. von Rohden, Bernburg a.d. Saale, versichert in seinem Brief vom 17. 2. 1930, daß er H. Kapler, den Präsidenten des Evangelischen Oberkirchenrates in Berlin, als einen bescheidenen, wahrhaft kirchlichen Mann kennengelernt habe.

[15] Studiendirektor W. Wolters auf der Erichsburg bei Einbeck schreibt am 7. 2. 1930 an Barth: «Zugegeben, daß in den angezogenen Ausführungen von J. Schneider bei dem καυχᾶσθαι das κατὰ σάρκα von 2. Kor. 11,18 als das das Ganze charakterisierende Vorzeichen sein Recht nicht erhält – ist damit aber der Frage überhaupt das Recht verwehrt: wenn wir denn einmal den ‹Schatz› in ‹irdenen Gefäßen› haben – sollte dann nicht auch Freude sein dürfen darüber, daß diese Gefäße gewiß immer noch irden, aber doch wenigstens nicht zerschlagen sind? Sollte nicht auch die Sorge darum, daß sie nicht zerschlagen werden, eine berechtigte Sorge sein, so gewiß der Schatz etwas anderes ist als das Gefäß, das ihn birgt? Sollten aber sie, die Gefäße, einmal zerschlagen werden (und das kann ja sein!) – würde nicht alsdann die Notwendigkeit sich ergeben, daß wiederum Gefäße gefunden würden, den Schatz darin zu bergen? – gewiß auch wiederum irdene.»

[16] Brief Barths an A. Lempp vom 17. 2. 1930.

te Generalsynode der Evangelischen Kirche der altpreußischen Union.[17]
Ihr gehörten zwei der von Barth angegriffenen Kirchenführer an, Generalsuperintendent O. Dibelius in Berlin und Präses W. Wolff in Aachen. Am zweiten Sitzungstag ging es um die Besprechung des gemeinsamen Berichts des Kirchensenats und des Evangelischen Oberkirchenrats über ihre Tätigkeit sowie über wichtige Ereignisse im kirchlichen Leben seit 1927.[18] *Die Synode war gegliedert in vier kirchenpolitische Fraktionen, die ihre Vertreter in die Ausschüsse und ihre Sprecher aufs Podium sandten. Sprecher der stärksten Fraktion, der «Positiven Union», war O. Dibelius. Er verwandte das letzte Viertel seiner Rede (3 ¹/₂ von 13 ¹/₂ Seiten) darauf, Barths Kritik zurückzuweisen. Hätte Barth, statt sich auf das im EPD abgedruckte Exzerpt zu stürzen, den Text im Original gelesen und dazu weitere Texte des Autors, dann hätte er feststellen müssen, daß J. Schneider «die mühevolle Arbeit eines ganzen Lebens gerade daran gesetzt hat, inmitten aller kirchlichen Geschäftigkeit den Kirchenbegriff reformatorischer Art nicht untergehen zu lassen». In einem religionslosen Staat sei es notwendig, die Freudigkeit der Kirche zu ihrer Arbeit zu stärken, statt «seine Innerlichkeit dadurch zu beweisen», daß man «an seiner Kirche so viel kritisierte» wie irgend möglich. «Es sitzt manch einer in seiner sicheren Studierstube, der keine Ahnung davon hat (Sehr richtig), was für Mühsal und Kampf und Arbeit dazu gehört, Neues zu schaffen, damit das Evangelium überhaupt gepredigt werden kann.»*[19] *Präses Wolff als Sprecher der «Volkskirchlichen Evangelischen Vereinigung»*[20] *und Superintendent Bock von der «Gruppe der Evangelisch-Lutherischen»*[21] *verstanden es ebenfalls, mit ihren Anspielungen auf Barths Kritik Heiterkeit innerhalb der «Hochwürdigen Synode» zu erzielen. Der Vorsitzende der «Freunde der Freien Volkskirche» dagegen, Justizrat Hallensleben, erklärte, daß man den Barthschen Ausführungen – die er selbst keineswegs billige – «doch etwas ernster entgegentreten» müsse, als es bisher geschehen sei.*[22] *Als Ver-*

---

[17] Vgl. *Verhandlungen der neunten Generalsynode der Evangelischen Kirche der altpreußischen Union (Ordentliche Tagung) vom 22. 2. 1930 bis zum 12. 3. 1930*, 2 Teile, Berlin 1930.
[18] A.a.O., I, S. 13–60.
[19] A.a.O., I, S. 21–35, Zitate S. 33–35.
[20] A.a.O., I, S. 36.
[21] A.a.O., I, S. 48.
[22] A.a.O., I, S. 58–60. Hallensleben war übrigens der Meinung – ähnliches

treter der evangelisch-theologischen Fakultät Münster nahm W. Stählin an der Generalsynode teil. In seinen Lebenserinnerungen schreibt er: «Mein anfänglich starker Eindruck von der rhetorisch glänzenden Rede [Dibelius'] hielt nicht stand. Ich war zu lange in der unmittelbaren Nachbarschaft von Karl Barth gewesen, um nicht zu empfinden, daß man seine kritischen Bedenken nicht mit einer journalistischen Rhetorik abtun kann, die schnell Entrüstung und Gelächter der Versammlung hervorruft. Übrigens hatte Karl Barth genau diese Wirkung seiner Schrift vorhergesagt, als er sie uns seinerzeit im Manuskript vorlas. ... Alles trieft von kirchlichem Selbstbewußtsein und unerschütterlicher Sicherheit.»[23]

Natürlich fand der Konflikt seinen Niederschlag in der kirchlichen Presse. Während das Pfarrerblatt das Unrecht beklagte, das Barth «unserm allverehrten und vielgeliebten D. Schneider ‹und seinesgleichen› angetan» habe[24], bemühten sich die Reformierte Kirchenzeitung[25] und die Allgemeine Evangelisch-Lutherische Kirchenzeitung[26], Barths Kritik durch Entschärfung schmackhaft zu machen.

Erwähnt werden muß noch kurz folgendes Nachspiel: Am 31. Januar 1931 hielt Barth in Berlin einen Vortrag über «Die Not der evangelischen Kirche».[27] Darin zitierte er aus einem Pressebericht einen ihn empörenden Satz aus der Rede des Konsistorialpräsidenten Freiherr von der Goltz auf dem Kirchentag in Saarbrücken. Nachdem Barth seinen Vortrag in Bremen und Hamburg wiederholt hatte, schickte Freiherr

klingt bei Wolff an –, Barth sei überhaupt gegen eine «Betätigung der Kirche in sozialen Dingen» (S. 59, vgl. S. 36). Zu diesem Mißverständnis vgl. die Kontroverse zwischen Barth und Adolf Keller (1924), Vortr. u. kl. A. 1922–1925, S. 395–400, sowie R. Bultmanns Bericht über eine zwischen ihm und Fr. Siegmund-Schultze in Marburg geführte Diskussion, Bw. B.¹, S. 24–26; Bw. B.², S. 29f.

[23] W. Stählin, Via vitae, Kassel 1968, S. 260.

[24] H. Koch/Soest, Quousque tandem ... ? Offener Brief an Karl Barth, in: Deutsches Pfarrerblatt, Jg. 34 (1930), Sp. 112–114, Zitat Sp. 114.

[25] H. A. Hesse, Aus der neunten altpreußischen Generalsynode, in: RKZ, Jg. 80 (1930), S. 77–79. Zu dem Bericht von Hesse nahm Präses Wolff Stellung: a. a. O., S. 115.

[26] W. Zoellner, Von der Preußischen Generalsynode, in AELKZ, Jg. 63 (1930), Sp. 467; vgl. dazu unten S. 566.

[27] Veröffentlicht in: ZZ, Jg. 9 (1931), S. 89–122; wieder abgedruckt in: K. Barth, «Der Götze wackelt». Zeitkritische Aufsätze, Reden und Briefe von 1930 bis 1960, hrsg. von K. Kupisch, Berlin 1961, S. 33–62.

von der Goltz ihm sein Manuskript: der Evangelische Preßverband hatte die Rede grob entstellt! Barth hatte noch die Möglichkeit, vor dem Druck seines Vortrags eine klärende Anmerkung hinzuzufügen. Er konnte deutlich machen, daß es «sehr gleichgültig» sei, auf wen der «beanstandete Schaden» letztlich zurückgehe: «Irgend jemand mit irgend einer nicht geringen kirchlichen Verantwortung hat damals und jetzt so wie ich zitierte geredet oder drucken lassen.»[28] In eine neue Runde aber ging nach Barths Berliner Vortrag die Auseinandersetzung zwischen O. Dibelius und ihm.[29]

Von «Quousque tandem» ist auch Barths Typoskript erhalten. Der Vergleich mit dem gedruckten Text zeigt in letzterem einige kleinere Zusätze, die Barth wohl beim Lesen der Fahnen nachgetragen hat. Sie sind im folgenden durch ⌐ ¬ gekennzeichnet. Die zwischen senkrechten Strichen in den Text eingefügte Originalpaginierung ist die des Erstdrucks in ZZ.

Durch unsere Kirchenzeitungen und Gemeindeblätter ging vor einigen Wochen – gewiß durch eine jener verheerenden «evangelischen Presse-Zentralen»[30] veranlaßt – folgender Passus, mit dem Univ.-Prof. D. Schneider[31] einen Aufsatz über die kirchliche Zeitlage im neuesten Band seines kirchlichen Jahrbuchs eingeleitet haben soll:

> «Die evangelische Kirche hat die ungeheure Bedrohung ihres Daseins lebenskräftig überwunden», so schreibt mit vollem Recht Präses D. Wolff in dem Sammelwerk: «Zehn Jahre deutscher Ge-

[28] A.a.O., S. 115f. bzw. S. 56, Anm. 6.

[29] In einem Nachwort zu jenem Vortrag, a.a.O., S. 117–122 bzw. S. 58–62, nahm Barth Stellung zu einem «Gegenvortrag», den O. Dibelius acht Tage später gehalten und alsbald veröffentlicht hatte: *Die Verantwortung der Kirche. Eine Antwort an Karl Barth*, Berlin 1930.

[30] 1910 bildete sich der Evangelische Preßverband für Deutschland (EPD) als Dachorganisation der regionalen Preßverbände. In seinem Bericht über die Kirchliche Zeitlage (s. oben Anm. 3) berichtet Schneider auch über das evangelische Pressewesen (S. 330–333).

[31] Johannes Schneider (1857–1930), 1922 Honorar-Professor für Kirchenkunde an der Universität Berlin, 1923 Leiter des Kirchenstatistischen Amtes im Deutschen Evangelischen Kirchenausschuß, 1924 Oberkonsistorialrat im Kirchenbundesamt, seit 1894 Herausgeber des von seinem Vater 1873 begründeten Kirchlichen Jahrbuches.

schichte 1918–1928»[32]. Es hat doch in der Tat eine Zeit gegeben, da ihr – wenigstens ihrem äußeren Organismus – buchstäblich die Zerschlagung drohte, eine Zeit, in der der Atheismus sich schon brav und bieder anschickte, ihr die Leichenrede zu halten. Etliche voreilige Schwätzer aus der Schicht der «Intellektuellen» gaben schon die Texte an. Auch Äußerungen mitleidigen Bedauerns wurden laut. Das «Volk» war eigentlich zuerst merkwürdig still, wie gelähmt, all das Erlebte sofort zu fassen. Aber dann merkte man doch, daß es noch ein «Kirchenvolk» gab. Es war eine Zeit, in der anfangs auch etliche der Bannerträger der[33] Kleinmut packen wollte. Es will uns zuweilen vorkommen, als sei man im Begriff, das alles viel zu schnell zu vergessen. Eins hat sich damals gezeigt – und Eins hat sich bewährt. Gezeigt hat sich, daß der religiöse Gedanke doch tiefer in der deutschen Volksseele verwurzelt war, als nach außen hin in die Erscheinung trat. Das heilige «Dennoch» hat sich durchgesetzt. Bewährt hat sich das, was wir empirische Kirche nennen, sowohl in seiner Dauerkraft als auch in seiner Elastizität. Die Kirchenführung des letzten Jahrzehnts war ein Meisterstück – das kommt immer mehr auch den Krittlern zum Bewußtsein. Spätere werden das noch deutlicher sehen als die Gegenwart. Aber die Tatsache, daß die Kirche dageblieben ist – allen Gewalten zum Trotz erhalten[34] –, daß sie neue Freiheit und neue Kraft gewonnen

---

[32] Walther Wolff (1870–1931), seit 1919 Präses der Rheinischen Provinzialsynode, lange Zeit Vizepräsident der altpreußischen Generalsynode. – Der Sammelband «Zehn Jahre Deutsche Geschichte 1918–1928» wurde von Reichskanzler W. Marx in Auftrag gegeben und erschien in Berlin 1928 mit Geleitworten von Marx' Nachfolger H. Müller und dem Reichsaußenminister G. Stresemann. 40 Autoren berichten über die verschiedenen Bereiche der deutschen Geschichte, darunter W. Wolff über «Die deutschen evangelischen Kirchen» (S. 423–430).

[33] Im Erstdruck «die». Barth hatte zuerst «die» geschrieben, dann die Buchstaben «er» darübergetippt. Der Setzer erkannte die Korrektur offenbar nicht.

[34] Vgl. die 2. Strophe des Gedichts «Feiger Gedanken ...» aus dem Singspiel *Lila* von J. W. von Goethe, 2. Aufzug:

> Allen Gewalten
> Zum Trutz sich erhalten;
> Nimmer sich beugen,
> Kräftig sich zeigen,
> Rufet die Arme
> Der Götter herbei.

hat, daß sie bei der «Umwertung aller |2| Werte»[35] ihren Wert behauptet, ja gesteigert hat, soll und darf uns nicht blind machen gegenüber den Wirbeln der Gegenwart. Wir sind noch lange nicht über den Berg, aber wir sind aus dem[36] Engpaß heraus und sehen vor uns ein freies Feld.

Unter Außerachtlassung aller professoralen Umständlichkeit, Rücksicht und Vorsicht möchte ich dazu Folgendes sagen:

Es ist ein zum Himmel schreiender Skandal, daß die deutsche evangelische Kirche andauernd diese Sprache redet. Die deutsche evangelische Kirche, so weit und sofern sie eben nach außen, verantwortlich redend, zur Sprache kommt. Es gibt auch eine deutsche evangelische Kirche, die, durch den andauernden Skandal dieser Sprache übertönt, nicht so redet. Aber so, so reden ihre verantwortlichen Vertreter. So, in dieser Sprache, müssen wir Anderen, wir, das «Kirchenvolk», ohne uns dagegen verwahren zu können, uns nach außen vertreten lassen. Vor den Arbeitern, vor den Gebildeten, vor dem Ausland. Aus dieser Gesinnung heraus müssen wir uns anpredigen lassen. Prof. Schneider steht für Dutzende und Dutzende unserer kirchlichen Führer und für Hunderte und Tausende unserer Pastoren. Ich habe nichts gegen ihn und die Anderen alle, aber ich habe Alles gegen die Sprache, in der er und unzählige seinesgleichen das Land unsicher machen. Und ich bin es leid, dazu zu schweigen. Für indirekte theologische Bedenken haben diese Kreise offenbar keine Zeit, keine Aufnahmefähigkeit und keinen Willen. Es ist in den 10 Jahren, an deren Ende sie, ihres Meisterstücks sich freuend, hemmungslos zu posaunen wagen, daß das heilige «Dennoch» sich durchgesetzt habe – es ist in diesen 10 Jahren oft genug indirekt, theologisch geredet worden. Der Skandal jener Sprache dauert an, nein, er schwillt an, als wäre nichts geschehen. Als ich die angeführte Auslassung bis zu dem Satz vom heiligen Dennoch gelesen hatte, war es mir klar, daß der Augenblick, grob zu werden, gekommen sei.

Und so werde ich grob und sage: wo diese Sprache geredet wird, da

---

[35] Vgl. Fr. Nietzsche, *Zur Genealogie der Moral*, in: ders., *Werke*, hrsg. von K. Schlechta, Bd. II, München 1955, S. 897: «... ich verweise ... auf ein Werk, das ich vorbereite: Der Wille zur Macht. Versuch einer Umwertung aller Werte.» Und öfter.

[36] Im Druck: «über den»; korrigiert nach der Textfassung von Schneider und EPD.

ist Catilina[37], da ist die eigentliche, gefährliche Verschwörung gegen die Substanz der evangelischen Kirche. Gefährlicher als das Gefährlichste, was Katholiken, Juden und Freidenker nach den Schauernachrichten, mit denen ihr je und je euer «Kirchenvolk» außer Atem zu halten sucht, gegen sie im Schilde führen können. Gefährlicher als Alles, was etwa der Sowjet-Atheismus gegen das «Christentum»[38] unternehmen und vollbringen kann. Mögen solche Angriffe gegen die Kirche ausrichten, was sie können und dürfen, – |3| Eines werden sie nicht können und dürfen: die Substanz der Kirche werden sie nicht einmal anrühren, geschweige denn versehren. Sie kann ihnen zum Trotz nicht nur erhalten, sondern unter ihrem Ansturm verzehnfacht und verhundertfacht werden. Die Substanz der Kirche ist die ihr gegebene Verheißung und der Glaube an diese Verheißung. Wann wäre die Verheißung nicht größer, deutlicher, leuchtender geworden gerade unter wirklicher Anfechtung von außen? Wann hätte der Glaube bessere Gelegenheit gehabt, sich als Glaube zu bewähren und aufzurichten, als unter solcher Anfechtung? «Was können uns Menschen tun?» [vgl. Ps. 56,12] «Ist Gott für uns, wer mag wider uns sein?» [Röm. 8,31] Warum wird nicht das, das, den Christen zugerufen von den Führern unserer Kirche, wenn sie wirklich zu sehen meinen, daß die Kirche heute in der Anfechtung stehe? Was sie ihr in Wirklichkeit zurufen, ist die Verleugnung der Verheißung und des Glaubens und bedeutet die Zerstörung der Substanz der Kirche, die nur von innen erfolgen kann. Und die erfolgt hier. Sie rufen uns zu, daß Menschen uns darum nichts tun können, weil wir selbst das Nötige zu ihrer Abwehr zu tun so energisch, so zielbewußt, so erfolgreich im Begriffe stehen. Sie rufen uns zu, daß Gott darum und so für uns ist, daß

[37] L. S. Catilina versuchte im Jahr 63 v. Chr. durch einen Umsturz in Rom an die Macht zu kommen. Nachdem Cicero seine Pläne aufgedeckt hatte, mußte er Rom verlassen. 62 v. Chr. wurde er mit seinem Heer bei Pistoria geschlagen und fiel im Kampf.
[38] Die protestantische Öffentlichkeit war 1929/30 sehr bewegt von der Empörung über bzw. von der Furcht vor dem Sowjet-Atheismus. Z. B. brachte die RKZ im Jahre 1929 in der Rubrik «Kirchliche Nachrichten – Rußland» alle drei Wochen eine entsprechende Mitteilung. O. Dibelius sprach in seiner Rede auf der altpreußischen Generalsynode von einer «Entscheidungsschlacht zwischen dem Geiste im Osten und dem Christentume auf deutschem Boden» (a.a.O., I, S. 27); die Synode selbst beschloß einstimmig eine «Kundgebung zu den Leiden und Nöten der Christen in Rußland» (a.a.O., S. 61–66).

wir selbst (vertreten durch sie, die Kirchenführer!) unentwegt für uns sind. Sie rufen uns zu, daß das heilige Dennoch sich darin und so durchgesetzt habe, daß der in der deutschen Volksseele verwurzelte religiöse Gedanke sich gezeigt und die empirische Kirche sich bewährt habe. Das Übereinkommen, daß es angebracht sei, heute so zu reden und das zu sagen, nenne ich die eigentliche und gefährliche, die catilinarische Verschwörung gegen die Substanz der Kirche. Wenn das andauernd unwidersprochen unter uns gesagt werden darf, wenn das gehört und geglaubt werden sollte, dann hat die Kirche in ihrem Innersten zu leben aufgehört. Die sowjet-atheistische oder auch die neue römische Verfolgung[39], mit der ihr uns gelegentlich graulen machen wollt, mag dann immerhin ausbrechen. Sie wird dann gegenstandslos, und ihre allfälligen Märtyrer werden dann sicher keine christlichen Märtyrer sein. Wenn es denen, die heute, im Besitz des Namens, des Apparates, der Ämter, der Stimme der evangelischen Kirche befindlich, diese Kirche nach ihrem Belieben machen – wenn es ihnen endgültig gestattet sein sollte, aus der Kirche *das* zu machen, dann ist es an der Zeit, allem Volk zu sagen, daß die Kirche aus ist und daß es betrogen wird, wenn man von ihm verlangt, hier Kirche zu sehen, zu ehren, zu glauben, zu lieben. Die evangelische Kirche ist heute schon von einer |4| finstern Wolke von Mißtrauen umgeben. Wer nicht blind ist, sieht es. Ihre Führer aber sind blind und sehen es nicht. Freuen sich des Vertrauens, das ihnen ein Häuflein «Kirchenvolk» entgegen zu bringen scheint, indem es sich an Sonn- und Feiertagen immer wieder erwartungsvoll zu ihren Füßen setzt – und sehen nicht, daß es sich auch und gerade bei diesem guten kleinbürgerlichen «Kirchenvolk» um einen Rest von Vertrauen handelt, der auch noch schwinden kann und schwinden wird, wenn die Unerheblichkeit der ganzen kirchlichen Angelegenheit einmal erwiesen sein sollte. Sie *ist* aber erwiesen, wenn die Kirche noch eine Weile ungestraft

---

[39] Der am 9.7.1929 zwischen Preußen und der römischen Kurie abgeschlossene Vertrag (= Konkordat) wurde in der evangelischen Kirche überwiegend mit Erbitterung konstatiert und kommentiert (z.B. im *Kirchlichen Jahrbuch* 1929, S. 402–422). Das Wort «Verfolgung» gehört allerdings nicht in diesen Zusammenhang; es begegnete Barth 1924, als Adolf Keller ihn fragte: «Wir sollen wohl auch unbesehen die evangelischen Minoritäten in Polen und Rumänien der liebevollen Ausrottungsarbeit Roms und des Staates überlassen ...?» (V. u. kl. Arb. 1922–1925, S. 398).

und ungestört so weiterredet. Für dieses Opium[40] werden sich auch die Kleinbürger, die heute noch den Trost der Pastoren bilden, eines Tages bedanken. Und wenn sie es gleich nicht täten und wenn dieses Treiben ungestraft noch 100 Jahre weiter und weiter gehen würde, so würde es dennoch wahr sein, daß diese Kirche – die Kirche, die legitim durch diese Stimme vertreten sein sollte – von Gott verlassen ist und Jeder ein Verräter der Kirche (und nicht nur der Kirche), der sie dahin «geführt» hat.

Warum ist diese Art «Führung» unerträglich? Warum muß man, ganz und gar ohne den Anspruch eines Propheten, die Verantwortung übernehmen, dagegen zu schreien, solange es noch Zeit ist? Warum ist's wahr, daß die Kirche, die so redet, die Verheißung und den Glauben verleugnet? Darum, weil sie in solchen Worten und Taten so unzweideutig wie nur möglich sich selber will, sich selber baut, sich selber rühmt und eben darin von den um andere Fahnen und Fähnlein Gescharten nur dadurch sich unterscheidet, daß sie das – gebläht durch den Anspruch, die Sache Gottes zu vertreten – viel ungebrochener, viel pausbackiger, viel hemmungsloser tut als alle Anderen. Wenn es ihr um die Sache Gottes ginge, dürfte sie dann mit der Gemächlichkeit, mit der man auf eine überstandene Grippe zurückblickt, reden von der glücklich vergangenen Zeit, da ihr «buchstäblich die Zerschlagung drohte»? Und mit diesem selbstzufriedenen Spott (als ob der große Abfall etwa nur die Schuld der Anderen wäre!) von jenen Atheisten, Intellektuellen und Schwätzern, die sich damals so gründlich geirrt haben sollen? Und mit diesem breiten Behagen (als ob das nicht eine elende Phrase wäre) von dem tief in der deutschen Volksseele verwurzelten «religiösen Gedanken»? Und mit dieser ans Lästerliche streifenden Sicherheit von der Durchsetzung des heiligen «Dennoch»? Und mit dieser Eitelkeit von dem nach 10 Jahren vollendet oder doch |5| nahezu vollendet dastehenden «Meisterstück» von «Kirchenführung»? Und mit dieser Harther-

---

[40] Vgl. K. Marx, *Zur Kritik der Hegelschen Rechtsphilosophie* (1844) in: K. Marx / Fr. Engels, *Werke*, hrsg. vom Institut für Marxismus-Leninismus beim ZK der SED, Bd. I, Berlin 1972, S. 378: «Die Religion ist der Seufzer der bedrängten Kreatur, das Gemüt einer herzlosen Welt, wie sie der Geist geistloser Zustände ist. Sie ist das Opium des Volkes.»

zigkeit (als ob es keine Wohnungsnot[41] und keine Arbeitslosigkeit[42] gäbe in Deutschland) davon, daß sie, sie, die Kirche, «aus dem Engpaß heraus» sei? Wem es um *seine* Sache, um sein *Geschäft*, um seine *Partei*, um seinen *Stand* und dergl. geht, der mag und darf vielleicht so reden. Ein tüchtiger Reklame-Chef eines beinahe und doch noch nicht ganz fallit gegangenen alten Hauses mag und darf vielleicht so reden. Er würde es wahrscheinlich mit mehr Geist und Geschmack tun. Aber nicht *wie*, sondern *daß* die Kirche hier mittut, ist empörend. Wenn sie das tut, wenn sie dazu übergeht und dabei bleibt, als eine Marktbude neben anderen (wie es auf der «Pressa»[43] unseligen Andenkens erschreckend drastisch geschehen ist) sich selbst anzupreisen und auszuposaunen, dann hat sie einfach und glatt aufgehört, Kirche zu sein. ⌐Die Kirche kann nicht Propaganda treiben[44] – Schmach und Schande, wenn die Universität anfängt, auf diese Wege zu geraten![45]¬ Die Kirche kann nicht sich selbst wollen, bauen, rühmen wie alle Anderen. Der Stab, auf den sie sich da stützt, wird ihr durch die Hand gehen [vgl. 2. Kön. 18,21]. Denn bei dem bösen Gewissen, mit dem sie das tut, (und sie kann das nur mit bösem Gewissen tun) kann es nicht anders sein, als daß sie das

---

[41] Vgl. B. Schwan, *Die Wohnungsnot und das Wohnungselend in Deutschland*, Berlin 1929. Schwan ist Geschäftsführer des Deutschen Vereins für Wohnungsreform. In RKZ, Jg. 79 (1929), S. 255, wird aus diesem Buch referiert: «Wir haben im Deutschen Reiche heute nicht nur fast eine Million Wohnungen zu wenig; vielmehr sind auch unter den vorhandenen Wohnungen Hunderttausende, die nicht mehr menschenwürdig sind und deshalb schnellsten Ersatzes bedürfen.»

[42] Am 24.10.1929 kollabierte die Börse in New York. Die Krise traf Deutschland am härtesten; die Arbeitslosenquote betrug 1930 15,7 % und stieg bis 1932 auf 30,5 % (= 7 Millionen Arbeitslose).

[43] In Köln fand 1928 die – vor allem durch den von El Lissitzky gestalteten sowjetischen Pavillon berühmt gewordene – internationale Presseausstellung «Pressa» statt. J. Schneider berichtet (a.a.O., S. 331) über die dortige Präsentation der evangelischen Publizistik.

[44] Zu Barths Kritik an kirchlicher Propaganda vgl. schon den sarkastischen Leserbrief, «Gruppe 44 IV Kirchenwesen», den er 1912 verfaßt hatte angesichts des Beschlusses der schweizerisch-reformierten Kirchenkonferenz zur Teilnahme an der schweizerischen Landesausstellung 1914, in: V.u.kl.A. 1909–1914, S. 457–468.

[45] Der nachgetragene Satz läßt vermuten, daß Barth in jenen Tagen Zeuge einer universitären Propaganda wurde. Worum es sich gehandelt hat, ließ sich nicht mehr feststellen.

schlechter machen wird als alle Anderen und am Ende – wie alle Über-
läufer zum Feinde – erst recht blamiert, blamiert vor Gott und vor der
Welt dastehen wird. Und unterdessen wird, man verlasse sich darauf,
das, was die Kirche tun sollte und könnte, die Predigt des Evangeliums,
versäumt dahinten bleiben: die gänzlich anspruchslose, die nicht welt-
erobernde, nicht sich selbst behauptende, nicht die Jugend und die Arbeiter gewinnen wollende, nicht mit dem «Vorwärts»[46] und mit den
Katholiken zankende, die nicht nach dem in der deutschen Volksseele
verwurzelten religiösen Gedanken schielende, sondern aufrichtige und
lautere Predigt des Evangeliums. Man kann nicht Gott dienen und mit
Teufel und Welt solche Rückversicherungen eingehen [vgl. Mt. 6,24].
Da wird keine Neuentdeckung der «reformatorischen Botschaft»*[47], da
wird keine Liturgie-[48] und Gesangbuchreform[49], ⌐da wird kein Luther-
film[50] und kein violettes «Jahrhundert der Kirche»[51]¬, da wird keine
kirchliche Jugendbewegung[52] und Gemeindearbeit, da werden keine
ökumenischen Ideologien[53] ⌐und Machenschaften¬ auch nur das Ge-

---

[46] «Vorwärts» ist der Titel der sozialdemokratischen Wochenzeitung, die
erstmals 1876 in Leipzig herauskam und nach einer wechselvollen Geschichte
1989 ihr Erscheinen einstellte.

[47] Gemeint ist die Lutherdarstellung von Karl Holl, «die man als die Eröffnung einer sogen. Luther-Renaissance zu feiern pflegt», s. oben, S. 481.

[48] Von der liturgischen Bewegung der zwanziger Jahre nahm Barth am Rande
Kenntnis; vgl. seine Polemik gegen die hochkirchliche Bewegung (V. u. kl. Arb.
1922–1925, S. 79f.129.148), seine Kenntnis des *Berneuchener Buches* (s. oben
S. 416f.) und seine Berührungen mit dem Liturgiker W. Stählin, der in Münster
sein Kollege war (vgl. W. Stählin, *Via vitae*, Kassel 1968, S. 221).

[49] Im Jahre 1929 beschlossen die Rheinische und die Westfälische Provinzialsynode, das Deutsche evangelische Gesangbuch von 1915 samt einem beiden
Landeskirchen gemeinsamen Anhang einzuführen.

[50] Bereits 1924 war Barth bei seinem Besuch in Leipzig mit einem Luther-Film
konfrontiert worden (Bw. Th. II, S. 233); gegen einen weiteren, im Januar 1929 in
Münster gezeigten Luther-Film erhob Barth im Verein mit seinen Kollegen
K. Bauer und W. Stählin scharfen Protest (Neuser, S. 12).

[51] Vgl. O. Dibelius, *Das Jahrhundert der Kirche. Geschichte, Betrachtung,
Umschau und Ziele*, Berlin 1926¹, 1928⁵. Das Buch ist in violettes Leinen einge-
bunden.

[52] Vgl. im *Kirchlichen Jahrbuch* 1929 (a. a. O., S. 336–341) J. Schneiders Bericht
über die Jugendbewegung in Deutschland und in der evangelischen Kirche.

[53] Zur Allgemeinen Konferenz der Kirche Christi für Praktisches Christentum (Life and Work) im August 1925 in Stockholm äußerten sich Barth und
Thurneysen skeptisch (Bw. Th. II, S. 369.371). Thurneysen schrieb einen kleinen

ringste helfen: eine Kirche, die zugestandenermaßen damit beschäftigt ist, ihren (ihren!) Wert zu behaupten, ja zu steigern, eine Kirche, die das Jubeljahr der Augsburger Konfession damit antritt, zu be-|6|jubeln, daß sie (sie!) wieder einmal «aus dem Engpaß heraus» ist, eine solche Kirche kann in keinem Wort ihrer Weihnachts- und Oster- und Sonntagspredigt glaubwürdig sein. Wenn sie «Jesus Christus» sagt, muß und wird man, und wenn sie es tausendmal sagte, ihre eigene Sattheit und Sicherheit hören, und sie soll sich nicht wundern, wenn sie mit allem ihrem «Jesus Christus» in den Wind, an der wirklichen Not der wirklichen Menschen vorbeiredet, wie sie am Worte Gottes vorbeigehört, aus aller Mahnung, Tröstung und Lehre der Bibel und der Reformatoren Wasser auf ihre eigenen kleinen Mühlen gemacht hat. Darum, weil sie im Begriff steht, ihren eigenen Brunnen zu verstopfen und zu vergiften durch eine heillose Unsachlichkeit, darum muß man ihr mit letztem Ingrimm widersprechen.

Mit letztem Ingrimm gerade dann widersprechen, wenn man sie lieb hat. Mir graut vor der Flut von Festreden, Festpredigten und Festspielen, die das Jahr 1930 mit tödlicher Sicherheit bringen wird. Sie werden nach menschlichem Ermessen mehr oder weniger alle auf den unerträglichen Ton von Professor Schneider und seinesgleichen gestimmt sein. Oder sie werden doch weit davon entfernt sein, ihm entgegenzutreten, mit jenem Zorn entgegenzutreten, wie es einer wirklichen Feier der Augsburger Konfession allein angemessen wäre. Und wenn diese Flut für einmal verebbt sein wird, wird die Einbildung nach innen und die Lüge nach außen noch ein Stück größer und dicker geworden sein. – Irgend jemand soll der «empirischen Kirche» zuvor in den Rücken gefallen sein. Irgend jemand soll es zuvor ausgesprochen haben, daß wir nicht auf gutem Wege sind, daß es so auf keinen Fall gehen wird. ⌜Auf die Gefahr hin, allerlei braven Leuten «Unrecht zu tun»! Aber auch die brävsten Leute schweigen da zu dem Greuel einer Sprache, die eine Beleidigung gegen das Christentum ist.⌝ Ich wollte, irgend jemand Ande-

Artikel für ein Gemeindeblatt (ebda.), folgte aber nicht der Bitte Barths (Bw. Th. II, S. 385), daraus einen Aufsatz für ZZ zu machen. Zur Weltkonferenz für Glauben und Kirchenverfassung (Faith and Order) in Lausanne im August 1927 äußerten sich die Freunde nicht, und in ZZ findet sich erst im 3. Heft 1930 (Jg. 8, S. 234–253) ein Bericht von H. Asmussen, *Die Botschaft von Lausanne und Jerusalem als ein neues Bekenntnis der Kirchen.*

res hätte es, die christliche Kirche mehr liebend als die «christliche Liebe», gesagt, den verantwortlichen Führern unserer Kirche und dem mitverantwortlichen «Kirchenvolk» mit ihnen zu Beginn dieses Jahres ins Gesicht gesagt: Es ist höchste Zeit, auf diesem Wege Halt und Kehrt zu machen! Quousque tandem ...?

«Weißt du,» schrieb Barth am 26. Januar 1930 an den Freund E. Thurneysen, *«ich mag ... den Scholz[1] mit seinem heftigen und doch höchst interessierten Protest zehnmal lieber als die Schleichwege, auf denen sich
unsere Freunde um das naive Anfangen eben mit dem Worte Gottes
drücken wollen. Dieses laufende Gefecht mit Scholz wird z. T. durchs
Telephon, z. T. durch schriftliche Thesen, z. T. in nächtlichen Gesprächen geführt, vor allem aber durch Lollo, die jeden Tag in seine Kant-
vorlesung geht und ihm dann nachher bei Kaffee und Kuchen mindestens eine Stunde lang standhalten muß, worauf ich um elf Uhr das Nötige erfahre.»[2]*

*Die denkwürdige, in jenem letzten Münsteraner Semester Barths ent-
standene Freundschaft zwischen dem Philosophen und dem Theologen,
von Barths Biographen E. Busch und W. Neuser an ihrem Ort gewürdigt[3], ist neuerdings von A. L. Molendijk ausführlich dargestellt worden.[4]*

*Noch ganz in den Beginn der Freundschaft gehört der hier folgende
Thesenwechsel: Am 11. Januar 1930 schickte Scholz seine «Axiome zur
Schleiermacher-Interpretation» an Barth, der am nächsten Tag «Apa-*

---

[1] Heinrich Scholz (1884–1956), Schüler und Freund A. von Harnacks, war 1917
Professor für systematische Theologie und Religionsphilosophie in Breslau, 1919
für Philosophie in Kiel, 1928 in Münster. 1936 erhielt er einen Lehrauftrag für Lo-
gistik und wurde 1943 erster deutscher Professor für mathematische Logik und
Grundlagenforschung (RGG[3] V, Sp. 1499). Vgl. D. Schellong, *Heinrich Scholz in
memoriam,* in: Evangelische Theologie, Jg. 18 (1958), S. 1–5.

[2] Bw. Th. II, S. 702; vgl. auch S. 693f.702–706. Lollo: Barths Mitarbeiterin
Charlotte von Kirschbaum.

[3] Vgl. Busch, S. 210f.218–220; Neuser, S. 18–22.

[4] A. L. Molendijk, *Aus dem Dunklen ins Helle. Wissenschaft und Theologie
im Denken von Heinrich Scholz,* Amsterdam/Atlanta 1991. Vgl. besonders die
Abschnitte I.2 «Heinrich Scholz: der Mann und sein Werk» (S. 21–66) und III.
«Die Auseinandersetzung mit Karl Barth» (S. 129–230). Molendijk hat auch einen
Aufsatz – teilweise ein Auszug aus seinem Buch – veröffentlicht: *Eine «rätselhaf-
te» Freundschaft. Die Korrespondenz zwischen Heinrich Scholz und Karl Barth,*
in: Zeitschrift für dialektische Theologie, Jg. 8 (1992), S. 75–98.

*gogische Thesen über den Begriff der Theologie als Wissenschaft» zu-
rücksandte. Zwei Tage später antwortete Scholz mit den «Antilegomena
aus dem Wintergarten der Metaphysik».*

*Molendijk hat die Thesenreihen in seinem Buch abgedruckt (S. 341–
345) und unter der Überschrift «Konturen einer Meinungsverschieden-
heit» kurz kommentiert (S. 129–133).*

*Die Unterlagen befinden sich im Karl Barth-Archiv; und zwar sind
die ersten beiden Thesenfolgen offensichtlich auf Barths Schreibmaschine geschrieben; das Schriftbild läßt vermuten, daß Ch. von Kirschbaum
Scholz' Thesen vom Manuskript ins Typoskript übertragen hat. Die
dritte Thesenreihe dagegen ist erhalten in der Gestalt, die ihr Scholz mit
seiner Feder gegeben hat. Die Transkription für den Druck vollzog
H. Stoevesandt.*

*Dem Thesenwechsel folgt Barths Vortrag «Theologische und philoso-
phische Ethik» mit Scholz als wichtigstem Diskussionspartner auf dem
Fuße.[5]*

*Am 11. Juli 1930 hielt Scholz in Barths Bonner Anselm-Seminar einen
Gastvortrag über den Gottesbeweis des anselmischen Proslogion. Dies
war ein nicht unwesentlicher Impuls für das Entstehen des für Barths
Theologie so wichtigen Anselmbuches.[6]*

*Im Dezember 1930 holte Barth den Freund wiederum nach Bonn.
Dessen Thema lautete: «Wie ist eine evangelische Theologie als Wissenschaft möglich?»[7] So wurde die mit den Januar-Thesen begonnene Diskussion weitergeführt.*

[5] Siehe unten S. 542–565.

[6] K. Barth, *Fides quaerens intellectum. Anselms Beweis der Existenz Gottes im
Zusammenhang seines theologischen Programms* (1931), hrsg. von E. Jüngel und
I. U. Dalferth (Gesamtausgabe, Abt. II), Zürich 1981.1986², S. VIII.1.6.

[7] Veröffentlicht in: ZZ, Jg. 9 (1931), S. 8–53; wieder abgedruckt in: G. Sauter
(Hrsg.), *Theologie als Wissenschaft. Aufsätze und Thesen*, München 1971, S. 221–
264. Dazu K. Barth, KD I/1, S. 7.17.

Heinrich Scholz

Axiome zur Schleiermacher-Interpretation[8]

1.) Jeder denkende Mensch hat ein Ziel.

2.) Von einem *großen* denkenden Menschen verlangen wir,
   a) daß das Ziel seines Denkens scharf formuliert werden kann;
   b) daß der Weg zur Erreichung dieses Zieles so durchdacht ist, daß er uns auch dann noch aufs stärkste fesselt, wenn wir das Ziel für abwegig halten;
   c) daß der also durchdachte Weg so konsequent durchschritten ist, daß er uns die Bewunderung oder lieber das intellektuelle Aufleuchten abringt, das *nur* ein also durchschrittener Weg uns abringen kann.

3.) Schleiermacher, in *jedem* Falle, ist ein *großer* denkender Mensch gewesen. Und der größte denkende Mensch überhaupt (neben Hegel) in der Theologie der vier letzten Jahrhunderte.

4.) Das scharf formulierte *Ziel* der Schleiermacherschen Theologie ist eine Interpretation des Christentums, die zur Voraussetzung hat
   a) das unzerstörbare Verantwortungsgefühl für die intellektuellen Grundlagen der geistigen Welt, in die wir hineingeboren sind (also kurz für die Erhaltung und Emporführung der wissenschaftlichen Erkenntnisgewinnung überhaupt und der autonomen philosophischen Weltdurchleuchtung im besonderen)[9];
   b) diejenigen Freiheitsgrade in der Entfaltung des Christentums, die
      A. mit der Einordnungsfähigkeit desselben in die Klasse der Religionen[10],
      B. mit der Vermeidung der beiden Klippen des Doketismus[11] und des Nazoreismus[12]
      verträglich sind.

5.) Der *Weg* zur Erreichung dieses Zieles ist
   a) der Verzicht auf die Kategorien der Offenbarung[13] und des Wunders[14], weil unverträglich mit 4 a);
   b) A. die Deutung des Christentums durch eine Spezifikation der universalen Bewußtseinstatsache «Religion»[15],
      B. die pünktliche Realisierung dieser Spezifikation durch eine hierzu bestimmte Christologie[16].

Münster/W   11.1.30.   H.S.

[8] Vgl. H. Scholz, *Christentum und Wissenschaft in Schleiermachers Glaubenslehre. Ein Beitrag zum Verständnis der Schleiermacherschen Theologie*, Leipzig 1911².

[9] Vgl. a.a.O., S.33f.

[10] Vgl. a.a.O., S.187.

[11] Vgl. a.a.O., S.191f.

[12] Vgl. a.a.O., S.192–196.

[13] Vgl. a.a.O., S.134f.

[14] Vgl. a.a.O., S.139–142.

[15] Vgl. a.a.O., S.186–190.

[16] Vgl. a.a.O., S.190–198.

Apagogische Thesen über den Begriff der Theologie als Wissenschaft.
(Nicht ohne Seitenblick auf Schleiermacher und H[einrich] S[cholz])

Der Begriff der Theologie als Wissenschaft

1. darf nicht unter Voraussetzung eines allgemeinen Begriffs von Wissenschaft, sondern der allgemeine Begriff von Wissenschaft muß unter der Voraussetzung, daß auch Theologie Wissenschaft ist, formuliert werden,

2. kann insbesondere nur verfehlt werden, wenn er, wie es seit ca. 1600 möglich und wirklich geworden ist, dem Begriff der «autonomen philosophischen Weltdurchleuchtung» subsumiert wird,

3. ist vielmehr dadurch ausgezeichnet, daß alle ihre Sätze explicit oder implicit *auch* den Sinn haben, die Möglichkeit einer «autonomen philosophischen Weltdurchleuchtung» *letztlich* in Abrede zu stellen,

4. ist in concreto nicht durch die Ausmaße der betreffenden denkerischen Leistung, sondern durch das Maß der Sachlichkeit dieser Leistung erfüllt,

5. ist also in concreto z. B. da gefährdet, wo

  a) die *Kirche* als eine «Gemeinschaft, welche nur durch freie menschliche Handlungen entsteht und nur durch solche fortbestehen kann»[17],

  b) die *Predigt* als «Selbstmitteilung» des Predigers[18],

  c) die *Dogmatik* als «Glaubenslehre», d. h. als ein Teil der allgemeinen Wissenschaft vom menschlichen Geistesleben[19],

  d) die *Christologie* unter dem Obertitel «Von dem Zustande des Christen, sofern er sich der göttlichen Gnade bewußt ist»[20]

verstanden und behandelt wird,

6. erlaubt es nicht, den Begriff des «großen denkenden Menschen» anders als eingeklammert und mit einem Humor, der bei Widerspruch

---

[17] Fr. Schleiermacher, Glaubenslehre, § 2,2.
[18] A.a.O., Leitsatz zu § 133.
[19] Die Gewohnheit, Schleiermachers Dogmatik als «Glaubenslehre» zu bezeichnen, geht auf ihn selbst zurück. Vgl. die Leitsätze zu §§ 20, 21, 23, 26 und den Titel der Schrift: *Über seine Glaubenslehre, an Herrn Dr. Lücke (Erstes und zweites Sendschreiben)*, Schleiermachers Sämmtliche Werke, 1. Abth., Zur Theologie, Bd. II, Berlin 1836, S. 575ff.
[20] So die Überschrift über §§ 91–112 der Glaubenslehre (Christologie und Soteriologie).

gegen diese Einklammerung auch in Ingrimm umschlagen kann, zu verwenden.

Münster, den 12. Januar 1930   K. B.

Heinrich Scholz
*Antilegomena aus dem Wintergarten oder Metaphysik**
freundschaftlichst für K[arl] B[arth]

(1) Der Begriff der Wissenschaft ist in den vier letzten Jahrhunderten von keinem großen denkenden Menschen unter den Begriff der philosophischen Metaphysik subsumiert worden, sondern stellt umgekehrt den Begriff der philosophischen Metaphysik unter den Begriff der Wissenschaft.

(2) Seit Plato, Aristoteles, Euclid u. Archimedes ist Wissenschaft jedes Gefüge von Sätzen (= wahren Aussagen), die in zwei Klassen K_1 u. K_2 zerfallen. Zu K_1 gehören die *Axiome*, d.i. die Sätze, deren Wahrsein *vorausgesetzt* wird, zu K_2 gehören die *Theoreme*, d.i. die Sätze, deren Wahrsein aus dem Wahrsein der Axiome *deduziert*, d.i. unter ausschließlicher Anwendung der Regeln der Logik gewonnen wird.

(3) Interessant u. der Mühe wert ist ein Wissenschaftsbegriff dann u. nur dann, wenn er *diesen* Wissenschaftsbegriff umschließt; denn entweder fühlen wir uns überhaupt nicht verantwortlich oder für die Erhaltung und Steigerung *der* Wissenschaften, die unter *diesen* Wissenschaftsbegriff fallen. Denn sie sind Spitzenleistungen des menschlichen Geistes überhaupt.

(4) Ob von der Theologie aus ein Wissenschaftsbegriff definierbar ist, der diesen Wissenschaftsbegriff umschließt, muß so lange bezweifelt werden, bis eine solche Definition existiert. Bis heute existiert sie *nicht*. Und es ist *nicht* wahrscheinlich, daß nur die Trägheit der Theologen dafür verantwortlich ist.

(5) Satz 3 ist nicht so formuliert, daß ich ihn beurteilen kann.

Wenn er bedeuten soll, daß die Theologie nur dann eine Wissenschaft ist, wenn sie zeigen kann, daß es eine philosophische Metaphysik von irgend einem Erkenntniswert nicht gibt, so ist genau die Katastrophe beschrieben, für welche Schl[eiermacher] die Verantwortung in keinem Falle hat tragen wollen, u. so, daß die Schl[eiermachersche] Geisteshaltung eine notwendige Bedingung für die Existenz eines großen denkenden Menschen ist.

(6) Satz 6 ist gleichfalls nicht so formuliert, daß ich ihn beurteilen kann.

Wenn er bedeuten soll: die Theologie ist nur dann eine Wissenschaft, wenn sie zeigen kann, daß es große denkende Menschen nicht gibt, so gelten genau die Folgerungen wie in (5).

(7) Satz 4 entzieht sich so lange der Beurteilung, wie der Begriff der Sachlichkeit nicht definiert ist.

(8) Die vier Punkte aus Satz 5 sind Konsequenzen aus dem Verzicht auf den Offenbarungsbegriff.

* Anm. von H. Scholz: «Es wird freundlichst gebeten, an Eisblumen zu denken!»

Satz 5 ist also zu interpretieren: Der wissenschaftliche Charakter der Theologie ist durch den Verzicht auf den Offenbarungsbegriff gefährdet.

Wie von hier aus ein Wissenschaftsbegriff gewonnen werden soll, in dem die klassischen strengen Wissenschaften unterkommen können, wird erst recht so lange bezweifelt werden müssen, bis das Gegenteil gezeigt ist.

Münster i.W., 14.1.30   H.S.

1. Münster, 15. Januar 1930
2. Marburg, 20. Januar 1930

Am 2. 8. 1929 schrieb O. Brügge, Vorsitzender der theologischen Fach-
schaft in Marburg, an Barth und bat ihn, im Rahmen einer für das Win-
tersemester 1929/30 geplanten Vortragsreihe über das Verhältnis von
Theologie und Philosophie zu sprechen. Die Marburger boten Barth
auch gleich zwei Themen an: «Theologie und Philosophie im Blick auf
die christliche Ethik» oder: «Wenn der Theologe der Philosophie bedarf,
ist es dann gleich, welche Philosophie er zu Grunde legt?» Barth, der
zwei Jahre zuvor eine ähnliche, damals von R. Bultmann übermittelte
Anfrage abgeschlagen hatte[1], sagte diesmal zu, zumal die Thematik ihm
entgegenkam, hatte er doch in seiner erst posthum veröffentlichten
Ethik-Vorlesung im Sommersemester 1928 exakt die erste der beiden
Fragen ausführlich behandelt.

An der Universität Münster gab es eine Arbeitsgemeinschaft von Do-
zenten aller Fakultäten.[2] In diesem Kreis hielt Barth am Mittwoch, den
15. Januar den für Marburg vorbereiteten Vortrag. Im Karl Barth-Ar-
chiv gibt es außer dem Einladungsschreiben zwei weitere Briefe zu die-
ser Veranstaltung. Der Kollege Steffes entschuldigt seine Verhinderung
und bedauert, daß kein Mitglied seiner Fakultät dem Vortrag Barths
beigewohnt hat.[3] Barth selber entschuldigt sich bei einem anderen Kol-

---

[1] Bw. B.[1], S. 76–79; Bw. B.[2], S. 78–81; Barth gebrauchte gegenüber Bultmann
die Wendung, er habe sich geweigert, sich «dort, an der Stätte der richtigen Begriffe, öffentlich katechisieren zu lassen» (S. 78 bzw. S. 79).

[2] Als damaliger Vorsitzender dieser «Vortragsvereinigung aller Dozenten» –
so der offizielle Titel – schrieb der Alttestamentler Johannes Herrmann, Mitglied
der evangelisch-theologischen Fakultät, am 20. 11. 1929 seinem Kollegen Barth,
«bei der letzten Sitzung der Mittwochsgesellschaft» – so offenbar die interne Bezeichnung jener Vereinigung – sei «der lebhafte Wunsch ausgesprochen» worden, Barth möge dort vor seinem Weggang aus Münster noch einen Vortrag halten. Von sich aus, fügt Herrmann hinzu, würde er «wegen des sehr geringen Be-
suchs dieser Abende» diese Bitte nicht gewagt haben. Als Termin nennt er den
11. 12. 1929. Barth entsprach der Bitte fünf Wochen später.

[3] Postkarte vom 19. 1. 1930; Johann Peter Steffes (1883–1955) gehörte der katho-
lisch-theologischen Fakultät an.

legen, daß er ihm die Antwort auf seine Frage schuldig geblieben sei.
«Ich war wohl durch meinen allzu heidnisch sich gebärdenden Freund
Scholz und die Anderen ‹draußen› so intensiv in Anspruch genommen,
daß ich diesmal gerade für den christlichen Einwand ... kein Ohr hat-
te».[4]

    Am Montag, 20. Januar sprach Barth in Marburg. «... hunderte muß-
ten wegen gänzlicher Überfüllung des Lokals umkehren».[5] *Obwohl*
auch M. Rade ihm Quartier geboten hatte[6]*, wohnte Barth bei R. Bult-*
mann. Dieser schrieb am 3. Februar an Barth: «Es war doch ein Jam-
mer, daß Sie neulich nicht noch einen Tag blieben! Viele waren doch
umgekehrt und sollten Sie am 2. Tage hören; viele wollten Sie zum
2. Male hören, und ich hätte doch gerne noch ein wenig mit Ihnen dispu-
tiert.» Barth antwortete: «... Es ist ja höchste Zeit, daß ich Ihnen und
Ihrer Frau sage, wie gern und dankbar ich wieder in Ihrem Hause ge-
wesen bin! Ich werde mich je und je, wenn ich darf, mit Vergnügen
wieder zu einer Pfeife und einem guten Gespräch bei Ihnen einfinden.»[7]
Aber dann folgt ein Gedankenstrich, denn Barth muß nun gestehen,
daß er «richtig bekümmert» von Marburg weggefahren sei, weil er seine
theologischen Freunde Gogarten, Brunner und Bultmann in einer «groß-
artigen Rückkehr zu den Fleischtöpfen Ägyptens» begriffen sehe. Es war
eben dieser Besuch in Marburg, bei dem Barth «das Ende der gemein-
samen Dialektischen Theologie»[8] *gekommen sah, wie er es dem Freund*
E. Thurneysen in einem langen Brief darlegte.[9]

3. Wuppertal, 25. April 1930

Am 2. Februar 1930 trat die Ortsgruppe Elberfeld-Barmen der Kant-
Gesellschaft[10] *durch ihren Geschäftsführer, Dr. H. Messer, an Barth*

---

    [4] Der mit «Lieber Herr Kollege» angeredete Adressat des Briefes vom
16.1.1930 ist nicht zu ermitteln. Zur Freundschaft zwischen Barth und H. Scholz
s. oben S.536f.
    [5] Bw. Th. II, S. 700.
    [6] K. Barth / M. Rade, *Ein Briefwechsel*, hrsg. von Chr. Schwöbel, Gütersloh
1981, S. 247.
    [7] Bw. B.¹, S. 99f.; Bw. B.², S. 98.
    [8] Neuser, S. 46–56.
    [9] Bw. Th. II, S. 699–706.
    [10] Die Kant-Gesellschaft war 1904 von H. Vaihinger in Halle/Saale zur Förde-
rung der Kant-Forschung, aber auch der Philosophie im allgemeinen gegründet

heran mit der Bitte, in dem unter dem Sammeltitel «Die philosophische Problematik von Leben und Tod» stehenden 1. Halbjahresprogramm 1930 einen Vortrag zu übernehmen. Barth antwortete, er könne entweder den Marburger Vortrag wiederholen oder aber einen neuen ausarbeiten, wenn man ihm die Themen der übrigen Referenten mitteile. Es zeigte sich dann, daß die Philosophen N. Hartmann, H. A. Driesch, E. Cassirer, E. Rothacker und der Psychiater H. Prinzhorn so divergente Themen angezeigt hatten, daß ein innerer Zusammenhang der Vortragsreihe ohnehin nicht hätte geschaffen werden können. So hielt Barth am Freitag, 25. April in Wuppertal nochmals den Vortrag «Theologische und philosophische Ethik».[11]

Der Vortrag ist – so formuliert es Busch[12] – ein «stark überarbeiteter Auszug aus einem Kapitel seiner Ethik-Vorlesung» von 1928/29, die Barth dann in seinen ersten beiden Semestern in Bonn (Sommer 1930 und Winter 1930/31) wiederholte. Genauer gesagt: Die Abschnitte I und II entsprechen dem § 1 der Ethik («Ethik und Dogmatik»); die Abschnitte III–V geben frei und knapp den Gedankengang von § 2 («Theologische und philosophische Ethik»)[13] wieder.

Das Typoskript, das unserer Wiedergabe zugrunde liegt, ist mit zahlreichen Verbesserungen, Unterstreichungen und Marginalien aus Barths Hand versehen. Da – mit Ausnahme eines Satzes[14] – nicht erkennbar ist, wann Barth jene Verbesserungen vorgenommen hat, sind sie ohne besondere Kennzeichnung vollständig in den Text aufgenommen worden.

---

worden. Sie führte die seit 1896 erscheinenden «Kant-Studien» weiter. 1938 wurde die Gesellschaft aufgelöst, nach dem Kriege neu gegründet. Sie hat heute ihren Sitz in Bonn, ihr Organisationszentrum in Mainz. Die Herausgeber der Kant-Studien (Jg. 84, 1993) sind zugleich Vorsitzende der Gesellschaft. Ortsgruppen gibt es noch in Minden, wieder in Erlangen.

[11] Der Briefwechsel zwischen H. Messer und Barth im Februar 1930 umfaßt drei Korrespondenzgänge.

[12] Busch, S. 208.

[13] Ethik I, S. 1–29 bzw., 30–74.

[14] Vgl. unten S. 556, Anm. 27.

[I]

Der Titel von Kants Schrift von 1798: «Der Streit der Fakultäten»[15] war aufsehenerregend. Aber er zeigte doch nur ein Problem an, das den Wissenschaften immer aufgegeben war und das auch keine von ihnen jemals ganz und gar nicht beschäftigt hat: das Problem ihrer *Einheit* untereinander. Verstehen wir unter einer *Wissenschaft* das Bemühen um einen die Erkenntnis eines bestimmten Gegenstandsgebietes möglichst angemessen, vollständig und übersichtlich zur Darstellung bringenden Zusammenhang von Sätzen, so bedeutet das Problem der *Einheit* der Wissenschaften die Frage nach einer allen Wissenschaften *gemeinsamen*, sie alle unter den Begriff *einer* Wissenschaft zusammenfassenden *Form* dieser ihrer Sätze und Satzzusammenhänge. Ob wir auf dem Weg zur Beantwortung dieser Frage seit Kant wirklich vorwärts gekommen sind, ob es auf diesem Wege ein Vorwärtskommen überhaupt gibt oder ob es nicht in der Natur der Sache liegt, daß die Bewegung auf diesem Weg jedenfalls vom Zuschauer aus gesehen in Form eines Kreises verläuft, daß Weiterkommen hier also gerade *nicht* Vorwärtskommen, gerade *nicht* Annäherung an das Ziel bedeuten kann, das sind Fragen, die ich hier zunächst bloß stellen, aber nicht beantworten möchte. Eins ist sicher: die Wissenschaftlichkeit einer Wissenschaft ist immer und nicht zuletzt *auch* bedingt durch das Maß, in dem sie von diesem Problem, von dem *Streit* um die Einheit der Fakultäten und Disziplinen untereinander, bedrängt und bewegt ist, durch das Maß, in dem der einzelne Forscher und Lehrer das Bedürfnis und die Fähigkeit hat, von seinem eigenen «Gebiet» aufgeschlossen, angesprochen und irgendwie mitwissend auf andere Gebiete hinüberzublicken, fragend – am besten vielleicht wirklich nur *fragend* – nach der Zusammengehörigkeit dieser sogenannten Gebiete, die doch bestenfalls Provinzen eines Landes sein können, nach der Zusammengehörigkeit dieser Einzelwissenschaften, deren wissenschaftliche Formen doch in ihrer Besonderheit bestenfalls Vorformen einer annoch verborgenen endgültigen Form sein können. Wissenschaft ohne stetige innere Reibung an den Grenzen, die die eine Einzelwissenschaft von den anderen trennen, wäre *nicht* Wissenschaft.

---

[15] I. Kant, *Der Streit der Facultäten in drei Abschnitten*, Kant's gesammelte Schriften, hrsg. von der Königlich Preußischen Akademie der Wissenschaften, Bd. VII, Berlin 1907, S. 1–116.

Durch diese Reibung ist sie fort und fort zur Ordnung, zur Sachlichkeit gerufen, auf die Eigenart ihres Themas und seiner besonderen Methode verwiesen. Mangel an Orientierung und Gestalt und Sinn müßte jede Einzelwissenschaft umso mehr bedrücken, je mehr sie sich dieser Reibung entziehen könnte und wollte. In dieser Reibung begriffen und nur so verwirklicht sie an ihrem Ort vorläufig die Idee der universitas literarum[16].

Wenn nun der Streit um die Einheit der Fakultäten nicht nur die stille Arbeit der einzelnen Wissenschaft bestimmen, sondern je und je auch zum Gegenstand besonderer Besinnung werden soll, so kann das auf doppelte Weise geschehen. Einmal in Form enzyklopädischer Versuche auf dem Hintergrund oder in ausdrücklicher Entfaltung einer *Wissenschaftslehre*[17], eines Systems der Wissenschaft und der Wissenschaften. Man wird sich darüber klar sein müssen, daß dieser Weg einen Anspruch und ein Wagnis erster Ordnung bedeutet. Besagt er doch nicht mehr und nicht weniger, als daß der, der ihn unternimmt, die gesuchte Einheit der Wissenschaft in dem Grade schon eingesehen zu haben meint, daß er sich getraut, von ihr aus rückblickend das Wesen aller Einzelwissenschaften einzusehen und ihren wechselseitigen Zusammenhang aufweisen zu können. Die Verantwortung für eine solche Intuition und Konstruktion zu übernehmen dürfte heute vielleicht sogar dem Philosophen mindestens schwer fallen. Der Vertreter einer positiven Wissenschaft als solcher kann sie jedenfalls nicht unternehmen. Gerade ihm wird, wenn er sich die Einheit der Wissenschaft zum Gegenstand besonderer Überlegung macht, nur der zweite Weg offenstehen: der konkrete Bericht über den Stand der Auseinandersetzung, in der er selbst sich mit seinen Nachbarn oder mit diesem und diesem Nachbar

[16] Über die Theologie als Glied der universitas literarum äußerte sich Barth 1922 in dem Vortrag «Das Wort Gottes als Aufgabe der Theologie» (V. u. kl. A. 1922–1925, S. 155–157); vgl. Ethik I, S. 63–67.

[17] Der Terminus «Wissenschaftslehre» geht auf J. G. Fichte zurück, der mehrere Schriften zu dieser Thematik verfaßt hat (vgl. W. Janke, Art. «Fichte», in: TRE 11, S. 157–171, bes. S. 161,18–163,34). Barth kannte die Schrift Schellings zum gleichen Gegenstand (Fr. W. J. von Schelling, *Vorlesungen über die Methode des akademischen Studiums* (1802/1803), Werke, Auswahl in drei Bänden, hrsg. von O. Weiß, Bd. II, Leipzig 1907, S. 537–682); mit Schelling hatte sich Schleiermacher auseinandergesetzt (ders., *Gelegentliche Gedanken über Universitäten in deutschem Sinn* (1808), Sämmtliche Werke, 3. Abth.: Zur Philosophie, Bd. I, Berlin 1846, S. 535–644). Vgl. dazu auch Th. Schl., S. 252–257.

oder mit diesem und diesem Anliegen dieses und dieses Nachbarn befindet. Ich habe diese letzte, speziellste Form des Themas gewählt. Also nicht: die Theologie im Kreis der anderen Wissenschaften. Und auch nicht: Theologie und Philosophie, sondern: theologische und philosophische Ethik, weil ich dafür halte, daß der Streit um die Einheit der Fakultäten, um die es uns hier letztlich geht, umso sinnvoller ist, je konkreter gefragt und geantwortet wird.

Als Vertreter der positiven Wissenschaft der *Theologie* möchte ich dazu sprechen, der Theologie, die sich nicht nur, aber *auch* auf dem Felde der *Ethik* in eigentümlicher Weise mit der *Philosophie* begegnet. Ich habe nicht den Beruf und nicht die Ausrüstung, etwa gleichzeitig im Namen der Philosophie und von der Philosophie aus zu reden. Allzuoft haben m. E. die Theologen gemeint, im Nebenamt auch noch als Philosophen sich ausweisen und das wahrhaftig gewichtige Geschäft der Philosophie treiben zu können und zu müssen. Allzuoft haben sie sich dabei als Dilettanten bzw. als unselbständige Adepten irgend einer bestimmten Schulphilosophie bloßgestellt, und allzuoft haben sie dabei versäumt, ihre eigene Lektion zu lernen, und wohl gar vergessen, daß sie eine eigene Lektion zu lernen hatten. Ich möchte nicht so tun, als ob ich auf einem überlegenen Ort jenseits von Theologie und Philosophie stünde, von dem aus ich mich getrauen würde, mit distributiver Gerechtigkeit beiden ihre Plätze und ihre Rollen anzuweisen, und ich gestehe, daß ich jeden, der sich an diesen Ort zu stellen wagte, bis auf bessere Belehrung mit größtem Mißtrauen betrachten würde. Ich kann und ich werde nur im Namen der *Theologie* und von der *Theologie* aus reden, zum vornherein im Klaren darüber, daß der Philosoph von seinem Ort aus zu derselben Sache ganz anders, wenn auch sicherlich nicht notwendig ganz Anderes reden müßte. Die Philosophie müßte also hier, sollte es zu einer vollständigen Beleuchtung des vorliegenden Problems kommen, ihr Anliegen selbst vertreten. Sie soll mich hier nur interessieren, sofern ihr gegenüber das Anliegen anzumelden ist, das die *Theologie* hier auf alle Fälle anzumelden hat. Indem ich es so halte, bin ich der Meinung, daß sich in aller Deutlichkeit auf sich selbst zu besinnen und sich über sich selbst so deutlich als möglich auszusprechen die Art sein möchte, wie eine Einzelwissenschaft ihren Nachbarn und damit dem Problem der Einheit der Wissenschaft überhaupt am besten gerecht zu werden vermag.

Über die Notwendigkeit, Stellung und Aufgabe der Ethik in der Theologie selbst ist zunächst Auskunft zu geben.

Die Theologie ist eine positive Wissenschaft, habe ich, anknüpfend an den Sprachgebrauch Schleiermachers[18], beiläufig gesagt. Will sagen: Sie hat wie die Jurisprudenz und die Medizin ihren bestimmten Ort im Leben und mit diesem bestimmten Ort ihren bestimmten Erkenntnisgegenstand und mit diesem bestimmten Erkennntisgegenstand ihre bestimmte Erkenntnisweise, wobei die Bestimmtheit des Erkenntnisgegenstandes und der Erkenntnisweise eben die ihres Ortes im Leben ist. Der Ort der Theologie im Leben ist die Kirche, – nun fahre ich aber sofort anders als Schleiermacher so fort: die Kirche als die Gemeinschaft des durch Gottes Offenbarung begründeten Glaubens.[19] So hat die Theologie in der den Glauben der Kirche begründenden *Offenbarung* Gottes ihren bestimmten Erkenntnis*gegenstand* und in dem durch Gottes Offenbarung begründeten *Glauben* der Kirche ihre bestimmte Erkenntnis*weise*. Sie ist positive Wissenschaft als Wissenschaft der Kirche von dem im Glauben der Kirche vernommenen Wort Gottes, der Kirche *notwendig* darum, weil die Kirche das im Glauben vernommene Wort Gottes zu predigen und weil sie diese ihre Predigt immer wieder unter die Wahrheitsfrage, d. h. unter die Frage nach ihrer Angemessenheit gegenüber ihrem Gegenstand zu stellen hat. Solange die Kirche nicht auf das Stellen der *Wahrheitsfrage* und solange die Wissenschaft nicht auf das Stellen *dieser* Wahrheitsfrage verzichtet, solange wird es

---

[18] Fr. Schleiermacher, *Kurze Darstellung des theologischen Studiums zum Behuf einleitender Vorlesungen entworfen* (1811.1830²), kritische Ausgabe von H. Scholz, Leipzig 1920 (Quellenschriften zur Geschichte des Protestantismus, Heft 10; reprographischer Nachdruck, Darmstadt 1973), S.1, Anm.1 (Text der 1. Ausgabe von 1811): «§ 1. Die Theologie ist eine positive Wissenschaft, deren verschiedene Teile zu einem Ganzen nur verbunden sind durch die gemeinsame Beziehung auf eine bestimmte Religion: die der christlichen also auf das Christentum.» Vgl. dazu auch Th. Schl., S. 250–252. Schleiermacher seinerseits hatte den Begriff «positive Wissenschaften» von Schelling übernommen; vgl. ders., *Vorlesungen* ..., a.a.O. (Anm.17), S. 612.

[19] Schleiermachers These lautet (*Kurze Darstellung* ..., S. 9, Anm. 2, Text der 1. Ausgabe von 1811): «§ 23. Soll es überhaupt Kirchen geben, so muß die Stiftung und das Bestehen solcher Vereine als ein notwendiges Element in der Entwicklung des Menschen können in der Ethik nachgewiesen werden.»

eine Theologie geben. Als solche positive Wissenschaft gliedert sie sich in die drei Hauptdisziplinen der *Exegese*, in der nach der konkret geschichtlichen Begründung des Glaubens durch die Offenbarung gefragt, die *Dogmatik*, in der die Predigt des Glaubens an jenem Ursprung, Gegenstand und Inhalt des Glaubens gemessen und auf ihre sachlichen Regeln untersucht, die *Homiletik*, in der die der Predigt des Glaubens im Blick auf ihren Inhalt angemessene innere und äußere Form bestimmt wird.[20]

Das Wort Gottes ist aber auf der ganzen Linie zu verstehen als Wort an den *Menschen*, ihn angehend, von ihm zu hören, ihn in Anspruch nehmend, eine letzte Entscheidung über ihn aussprechend: den nicht bloß denkenden, sondern, indem er denkt, handelnden, den irgendwie in der *Tat* seines Daseins begriffenen Menschen. Abstrahiert von dieser Beziehung auf das als Tat verstandene Dasein des Menschen wäre es nicht das Wort Gottes. Im Glauben und nur im Glauben wird ja das Wort Gottes vernommen. Glaube aber ist jedenfalls *auch:* eine Gestalt des als *Tat* verstandenen *Daseins* des Menschen. So muß die Theologie auf der ganzen Linie jedenfalls *auch Ethik* sein.

Wir verstehen nun unter Ethik diejenige Wissenschaft, in der gefragt wird nach dem letzten Grund, kraft dessen es nicht nur menschliche Handlungen, sondern menschliche Handlungs*weisen, Stetigkeiten* menschlichen Tuns geben *soll*, eine Frage, die offenbar weder durch die Willenspsychologie noch durch die Kulturgeschichte, noch durch die Geschichtsphilosophie, noch durch die Rechtswissenschaft – obwohl diese alle es ebenfalls mit den Stetigkeiten menschlichen Handelns zu tun haben – aufgeworfen und beantwortet werden kann. Die Ethik und *nur* die Ethik stellt die Frage nach dem *Guten*, nach dem alles Sein menschlicher Handlungsweisen prinzipiell überbietenden und begründenden *Sollen*.

Fragt nun die Theologie nach dem den Menschen angehenden *Wort Gottes*, so fragt offenbar indirekt und in ihrer Weise auch sie nach dem *Guten*, nach dem Sinn der Entscheidung, die im Worte Gottes fällt über den handelnden Menschen, zu dem es gesprochen ist. Nur wenn sie

[20] Von der Einteilung der Theologie in die drei «eigentlichen» Disziplinen Exegese, Dogmatik und Homiletik sprach Barth 1924 (V.u.kl.A. 1922–1925, S. 452–455) und 1928 (Ethik I, S. 18f.). In KD I/1 (S. 3) ersetzt er diese Begriffe durch die der biblischen, dogmatischen und praktischen Theologie.

Metaphysik, Theorie eines Seins wäre, könnte es anders sein, könnte sie der ethischen Wendung allenfalls auch entbehren. Sie ist aber nicht Metaphysik, sie ist Theorie eines konkreten Geschehens, Theorie der Offenbarung. Offenbarung aber ist auf alle Fälle Gottes *Tat*. Wenn der Mensch sie hört und wenn es nun eine Theorie dieses Gehörten gibt, dann muß diese auf alle Fälle auch eine Gegenüberstellung der *menschlichen* mit der *göttlichen* Tat, und also eine höchst grundsätzliche *Kritik* der menschlichen Tat enthalten. Die Offenbarung ist ja die Offenbarung an und über den *Menschen*, und zwar an und über den in der Tat seines Daseins begriffenen Menschen. So wird die Theologie als Frage nach dem Worte Gottes nicht *nur*, aber immer *auch* Frage nach dem Urteil Gottes über den Menschen, sie wird nicht *nur*, aber immer *auch* *Ethik* sein.

Die Frage, wie die Theologie dieser in der Sache liegenden Notwendigkeit gerecht werden soll, kann hier nur in ihren Umrissen berührt werden. Es liegt nahe, die theologische Ethik, sofern ihr Problem systematisch zur Sprache gebracht werden soll, in eine besondere Beziehung zur *Dogmatik* zu setzen. Diese Beziehung darf aber nicht in der Weise hergestellt werden, daß die Ethik nun etwa, wie es in klassischer Weise bei Richard Rothe[21] geschehen ist, zum übergeordneten Rahmen der Dogmatik wird. Und auch so nicht, daß Dogmatik und Ethik koordiniert werden, die eine vom Glauben, die andere vom Leben, die eine von Gott, die andere vom Menschen handelnd. Wenn die Dogmatik nicht *auch* vom Leben, vom Menschen handelte, eben indem sie vom Glauben, von Gott handelt, dann wäre das das sichere Anzeichen dafür, daß sie Metaphysik und also nicht mehr Theologie wäre. Nach dem Worte *Gottes* kann nicht gefragt werden, ohne eben damit auch nach dem *Menschen* zu fragen. Ebenso würde aber eine selbständige oder der Lehre von Gott oder vom Glauben gar übergeordnete Lehre vom Menschen oder vom Leben, eine den Begriff der menschlichen Existenz in die Mitte rückende *Ethik* bedeuten, daß die Theologie ihr Thema aufgegeben hätte, daß sie Philosophie geworden wäre. Sollte sich also sowohl eine Dogmatik, die der Ethik untergeordnet wäre, als auch eine Dogmatik, die nicht selbst Ethik wäre, als auch eine Dogmatik, der die Ethik selbständig gegenüberstehen würde, als untunlich erweisen, so

---

[21] Zu R. Rothe s. oben S. 198–200 und Ethik I, S. 9f.

bleibt nichts übrig, als die Ethik grundsätzlich der Dogmatik *ein*zuordnen. Das kann praktisch bedeuten: entweder, wie es die Scholastiker und die Reformatoren gehalten haben[22]: daß sie in die Dogmatik selbst geradezu einbezogen wird, oder aber, daß sie zwar selbständig neben der Dogmatik auftritt, aber durchaus als eine Hilfswissenschaft der Dogmatik verstanden und bearbeitet wird[23]. Sie wäre dann zu verstehen als diejenige theologische Hilfswissenschaft, in der der ganze Inhalt der Dogmatik, sofern er jedenfalls auch unter den Begriff der Heiligung oder der Inanspruchnahme des Menschen durch das Wort Gottes fällt, unter diesem bestimmten Gesichtspunkt wiederholt, mit besonderem Nachdruck belegt und im Rahmen der für die Dogmatik maßgebenden Hauptbegriffe Gott, Schöpfung, Versöhnung, Erlösung systematisch entfaltet wird.[24] Aber ob diese Frage der theologischen Enzyklopädie so oder anders gelöst werde, das ist sicher, daß der Ethik innerhalb der Theologie die besondere, an ihrer Stelle entscheidende Bedeutung zukommt, den Gegenstand der Theologie von jedem Gegenstand metaphysischer Spekulation und damit die Theologie selbst von jeder Weltanschauungslehre grundsätzlich zu unterscheiden. Die Theologie wäre nicht Theologie, wenn sie nicht auch Ethik wäre.

[III]

Aber nach dem Guten als dem Ursprung und dem Inbegriff aller Stetigkeit menschlichen Handelns kann offenbar auch anders als theologisch gefragt werden. Der theologischen Ethik kann eine philosophische gegenübertreten, die, gleichviel welchem philosophischen Typus sie angehöre, jedenfalls nicht daran denkt, die Frage nach dem Guten als identisch zu verstehen mit der Frage nach einem im Glauben zu vernehmenden offenbarten Worte Gottes. Wir können es dahingestellt sein

[22] Vgl. Ethik I, S. 4–7.
[23] Daß die Ethik eine theologische Hilfswissenschaft sei, hatte Barth in Ethik I, S. 22–29 begründet.
[24] Die vier Kapitel der Ethik von 1928/29 sind dementsprechend überschrieben: «Die Wirklichkeit des göttlichen Gebots», «Das Gebot Gottes des Schöpfers», «Das Gebot Gottes des Versöhners» und «Das Gebot Gottes des Erlösers». In der KD hat Barth das hier genannte Programm der «Einordnung» der Ethik in die Dogmatik in die Tat umgesetzt. Die Kapitelüberschriften sind (soweit Barth zur Ausarbeitung gekommen ist) nahezu gleich geblieben.

lassen, wie denn diese philosophische Ethik diese Frage ihrerseits zu formulieren gedenkt. Tatsache ist, daß sie mit einer anderen als der theologischen Frage auf dem Plane ist. Und diese Tatsache als solche bedeutet für die theologische Ethik zunächst eine doppelte Versuchung, die sich besonders auf dem Gebiet der protestantischen Theologie bemerkbar gemacht hat. Ich möchte sie die Versuchung der voreiligen *Synthese* und die Versuchung der voreiligen *Diastase* nennen.

[1.] Von voreiliger *Synthese*[25] ist da zu reden, wo die theologische Ethik ihr Recht und ihre Notwendigkeit dadurch zu erweisen versucht, daß sie ihr eigentümliches Prinzip einem von der Philosophie her zu bestimmenden Prinzipienzusammenhang ein- und unterordnet. Die Theologie weicht dann vor der Philosophie in der Weise zurück, daß sie erstens der Philosophie die Kompetenz zuweist, endgültig darüber zu entscheiden, was in Sachen menschlicher Erkenntnis Prinzip sein dürfe, daß sie zweitens ihr eigentümliches Prinzip – das theologische – so interpretiert, daß es Aussicht hat, von der Philosophie als mögliches, vielleicht sogar notwendiges Prinzip anerkannt zu werden, daß sie drittens der Philosophie nachzuweisen unternimmt, daß sie von ihren eigenen Voraussetzungen aus die Zulässigkeit oder gar Notwendigkeit dieses theologischen Prinzips anerkennen müsse. Man kann im Rahmen dieses Versuchs etwa mit Schleiermacher zu zeigen versuchen, daß der sittliche Gehalt des religiösen Selbstbewußtseins ein Moment sei, dessen Berücksichtigung auch von einer philosophisch-ethischen Fragestellung aus unvermeidlich erscheint. Man kann die Religion mit W. Herrmann als die befreiende Kraft zum Guten verstehen, die als Antwort auf das Problem der Verwirklichung neben dem des Gesetzes von einer umfassenden philosophischen Ethik ebenfalls in Betracht gezogen werden müsse. Oder man kann die christliche Ethik gar verstehen als die Bejahung einer letzten, höchsten Wertposition, die auch von einer philosophischen Ethik als solche eingesehen und vorgesehen sein müsse. Es ist die modern-protestantische Apologetik, die wir in diesen Erwägungen an der Arbeit sehen. Mag es der Philosophie selbst überlassen bleiben, sich dazu zu äußern, ob sie sich als solchen Hoffnungen zugänglich erklären will. Von der Theologie aus gesehen sind sie *untragbar*. Sie müs-

---

[25] Der folgende Abschnitt entspricht den Ausführungen in Ethik I, S. 33–38; dort auch Belege zu den Meinungen von Schleiermacher und W. Herrmann.

sen daran scheitern, daß das Prinzip der Theologie, «das Wort Gottes», wenn diese Bezeichnung nicht eine rhetorische Floskel sein soll, kein solches Prinzip ist, das von irgendwoher als notwendig oder auch nur als möglich eingesehen werden könnte. Es kann nur auf Grund von Gottes Selbstoffenbarung und im Glauben ergriffen Prinzip *sein*. Es kann nicht an einem Anderen, es kann nur an sich selbst gemessen werden. Es kann nur im *Gehorsam* gehört und als Prinzip erkannt werden. Dieses Wort ist das Wort, das *im Anfang war* [Joh. 1,1], – immer wieder im Anfang war. Oder es ist nicht *dieses* Wort. Es ist Erkenntnis*gegenstand*, indem es Erkenntnis*grund* ist. *So* wird es im Glauben vernommen, und nur indem es im *Glauben* vernommen wird, ist es das Wort Gottes. Mit der Anerkennung der Lehensherrschaft der Philosophie hätte die Theologie aufgehört, Theologie zu sein. Sie dürfte sich dann mit der Religion oder mit jener höchsten Wertposition als ihrem von anderswoher einsichtig zu machenden Prinzip fernerhin beschäftigen. Ihren bestimmten Ort im Leben und damit ihren bestimmten Erkenntnisgegenstand und ihre bestimmte Erkenntnisweise hätte sie dann aufgegeben. Sie hätte dann keinen ernsthaften Grund zu verleugnen, daß sie eine etwas überflüssige Doppelgängerin der Philosophie sei. Wenn es eine Synthese zwischen Theologie und Philosophie gibt, dann darf sie, von der Theologie aus gesehen, auf keinen Fall auf dem Weg dieses voreiligen Kompromisses gesucht werden.

[2.] Von voreiliger *Diastase*[26] aber ist da zu reden, wo die theologische Ethik in Ergänzung, Fortsetzung und Krönung jenes apologetischen Vorgehens nun doch ihre sachliche Verschiedenheit und Eigenart gegenüber der philosophischen Ethik in der Weise herauszuarbeiten versucht, daß zwei verschieden orientierte Wissenschaften von derselben Sache sich so gegenüberstehen, daß der theologische und der philosophische Ethiker je als Vertreter eines bestimmten Menschentypus das Wort führen: aus dem christlich religiösen Bewußtsein oder aus der Offenbarung der Eine, aus Vernunft und Erfahrung der Andere sein Wissen schöpfend, für die Mitglieder der Kirche der Eine, für die Menschen insgemein der Andere redend, angeblich vom Geiste Gottes erfüllt der Eine, angeblich als nackter Vernunftmensch, z. B. allein am kategorischen Imperativ interessiert, der Andere, das Leben in der Erlösung der

---

[26] Zur Methode der «Diastase» vgl. Ethik I, S. 38–44.

Eine, die Selbstbestimmung des Menschen der Andere verkündigend. Auf eine solche Sicherung einer besonderen, nur vom Theologen zu übernehmenden Rolle innerhalb des immerhin von der Philosophie anzuordnenden Spieles pflegen die Darlegungen der protestantisch-theologischen Ethiker über die selbständige Aufgabe dieser Disziplin schließlich hinauszulaufen. Auch diese wohlgemeinte nachträgliche Diastase müssen wir als theologisch unmöglich bezeichnen, und zwar erstens darum, weil die Theologie gar nicht daran denken kann, die methodischen und sachlichen Prärogative, die bei einer solchen Verteilung der Philosophie zugeschrieben werden, nicht sämtlich auch für sich in Anspruch zu nehmen. Wie sollte sie als Wissenschaft sich auszugeben wagen, wenn sie nicht von Vernunft und Erfahrung mindestens ebenso strengen, wenn auch ihren ganz bestimmten Gebrauch machte, wenn sie nicht mit demselben Anspruch auf Allgemeingültigkeit reden, wenn das Gesetz und wenn die Selbstbestimmung des Menschen nicht auch ihre Probleme sein sollten? Zweitens darum, weil zwischen ihr und einer Philosophie, die sich, wenn eine solche Abstraktion überhaupt vollziehbar wäre, durch jene Prärogative für beschränkt hielte, die damit im Gegensatz zur Theologie ihr letztes Wort gesprochen haben sollte, auf keinen Fall ein schiedlich-friedliches, sondern eben nur ein Verhältnis gegenseitiger Ausschließung stattfinden könnte. Die Theologie kann ja, wenn es ihr mit ihrem eigenen Prinzip ernst ist, gar nicht daran denken, mit der Vorstellung einer doppelten Wahrheit zu arbeiten und einer Philosophie, die, während sie selber einer sogenannten religiösen Wahrheit nachginge, den Atheismus oder Pelagianismus zum Prinzip erheben wollte, die Vertretung der anderen, einer grundsätzlich profanen Wahrheit zuzubilligen. Sie könnte eine solche grundsätzlich profane Wahrheit nur Lüge nennen, nicht aber sich mit einer Diastase ihr gegenüber begnügen. Und sie kann sich auf diese Diastase drittens darum nicht einlassen, weil sie sich nicht in die unmögliche Lage begeben kann, sich selbst als heilige Wissenschaft und eben damit die Philosophie als unheilige zu verstehen. Wie käme auch das Wort Gottes, wenn es ein solches gibt, dazu, ein Prärogativ gerade der Theologen zu sein? So daß die Stellung der Theologen unter den anderen Gelehrten eine Art erneuertes Judentum wäre? Um welches Geheimnis der Theologie könnte, ja müßte die Philosophie nicht auch wissen – vielleicht ganz anders, ganz untheologisch, ganz indirekt wissen – aber wissen? Indem die Theologie sich auf die Offenbarung begründet, begründet sie sich auf den Glauben, daß die Offenbarung ergangen, und zwar an Alle ergangen ist und ergeht, auch an den Philosophen. Indem Paulus auf dem Areopag seine Verkündigung Christi ergehen läßt [Act. 17,16–34], hört er auf, mit der Möglichkeit einer wirklich heidnischen Philosophie in den Köpfen dieser Menschen zu rechnen. Eines kann ohne das Andere nicht sein: Wirkliche Verkündigung Christi erfordert resoluten Unglauben an den Unglauben. Diesen Unglauben betätigt dort Paulus. Darum ist es sinnvoll, daß er zugleich an das Wissen der Athener um den unbekannten *Gott* appellieren und *Buße* fordern kann. Mit einer der Offenbarung grundsätzlich und wirklich verschlossenen Philosophie kann die Theologie darum nicht rechnen, weil sie mit dem der Offenbarung grundsätzlich und wirklich verschlossenen Menschen nicht rechnen kann. Und das kann sie darum nicht, weil sie, indem sie die Offenbarung glaubt und verkündigt, ja eben damit rechnet, daß Gott im Begriffe steht, sich den Menschen, an die sie sich wendet, zu erschließen. Sie rechnet also je und je mit dem Menschen als dem Sünder, dem durch Gottes Offenbarung Gnade widerfahren ist. Sie müßte ihr eigenes Thema schlecht verstanden haben, sie müßte schlecht verstanden haben, daß Offenbarung *Versöhnung, Rechtfertigung, Sündenvergebung,* unverdiente *Zuwendung* Gottes zum Menschen bedeutet, wenn sie die Offenbarung für ihr eigenes Prärogativ halten, wenn sie mit der Möglichkeit einer der Offenbarung grundsätzlich und wirklich verschlossenen Philosophie ernstlich rechnen wollte. Schon das Gericht, das die Offenbarung auf alle Fälle auch für sie selbst, die Theologie, bedeutet, wird sie daran hindern, sich selbst eine Begnadigung zuzusprechen, die sie der Philosophie absprechen dürfte. Wenn hier von einer ernstlichen Diastase die Rede sein soll, dann kann es nur die zwischen dem Wort Gottes auf der einen, der Philosophie *und* Theologie auf der anderen Seite sein. Eine ernstliche Diastase zwischen Theologie und Philosophie, eine Diastase, bei der die Theologie mit der Offenbarung auf die eine, die Philosophie mit der autonomen Vernunft auf die andere Seite zu stehen käme, eine solche Diastase gibt es von der Theologie aus gesehen nicht, so gewiß es sich in beiden um menschliche Wissenschaft handelt und so gewiß die Theologie, indem sie sich selbst in den Raum der Kirche stellt, die Philosophie nicht anderswo suchen kann als in demselben Raume, in dem Raume, in dem das Wort Gottes gesprochen ist und je und je gehört werden kann. Damit ist aber der Versuch, der Theologie auf dem gemeinsamen Problemfeld der Ethik ein *besonderes* Gebiet sichern zu wollen, hinfällig.

Soviel über die zunächst liegenden sozusagen gröberen Versuchungen, deren sich eine theologische Ethik angesichts der Tatsache der Konkurrenz der Philosophie zu erwehren hat.

[3.] Die dritte und schwerste, weil feinste Versuchung, von der hier zu reden ist, ist, von der protestantischen Theologie aus gesehen, diejenige Lösung des Problems, die für die katholische Theologie bezeichnend ist.[27] Sie ist fraglos dadurch ausgezeichnet, daß das Problematische ebensowohl jener voreiligen Unterordnung der Theologie unter die Philosophie als auch jener voreiligen Isolierung der Theologie gegenüber der Philosophie hier eingesehen ist. Hier geschieht auf alle Fälle nichts Voreiliges. Moralphilosophie und Moraltheologie sind hier einander zugeordnet als wissenschaftliche Bearbeitungen zweier ein einziges Ganzes bildender grundsätzlich gleichberechtigter, aber in bestimmter Rangfolge übereinander liegender Problemsphären: so, daß die Moraltheologie den Drehpunkt dieses als eine exzentrische Scheibe zu denkenden Ganzen bildet und diese Stellung nie verlieren kann. Es geht in der Moralphilosophie um die rein vernunftmäßige, aber von der Offenbarung geleitete Erkenntnis des im Sein begründeten Sollens als des der vernünftigen Natur des Menschen Angemessenen, des in den vier aristotelischen Tugenden zu verwirklichenden relativen Guten, relativ zu dem höchsten absoluten Gut der göttlichen Wesenheit. Die Moraltheologie dagegen setzt die Erhebung des in Sünde gefallenen Menschen in die Gnadenordnung voraus, schöpft daher ihre Erkenntnis aus Schrift und Tradition und aus dem Quell des lebendigen Lehramts und stellt, indem sie das positive christliche Gesetz entwickelt, die den Menschen faktisch allein zum Ziel führende übernatürliche Sittlichkeit, die drei theologischen Tugenden dar, die doch in ihrem Effekt – «gratia non destruit sed supponit et perficit naturam»[28] – nichts anderes sind als die

---

[27] Vor diesem Satz steht im Typoskript noch folgender – sicherlich für die Wiederholung des Vortrags in Marburg – eingeklammerter und durchgestrichener Satz: «Für das, was zunächst weiter zu sagen ist, muß ich in Münster um kollegiale und christliche Indemnität nachsuchen.» Der folgende Abschnitt entspricht den Ausführungen in Ethik I, S. 45–53.

[28] Siehe oben S. 22f., Anm. 56.

Heilung, Erneuerung und Erhebung eben der menschlichen Natur zu ihrer in Christus wieder hergestellten Gottebenbildlichkeit. Mustergültig an dieser katholischen Lösung muß nach unseren vorangehenden Erwägungen ein Vierfaches erscheinen: 1. Hier ist eingesehen, daß die letzte und entscheidende Voraussetzung theologischer und philosophischer Ethik von der ersteren aus gesehen eine und dieselbe sein muß: die Erkenntnis Gottes. 2. Indem hier Theologie und Philosophie von derselben einen Wahrheit herkommen, kann hier jedenfalls das *nicht* in Frage kommen, daß sich die Theologie durch die Philosophie die Wahrheitsfrage hätte stellen und beantworten zu lassen. 3. Hier wagt es die theologische Ethik, die philosophische im Blick auf jene gemeinsame Voraussetzung – nicht als eine zweite theologische, wohl aber als eine von Haus und Grund aus christliche in Anspruch zu nehmen, sie dabei zu behaften, daß auch sie nichts gegen, sondern nur Alles für die christliche Wahrheit kann [vgl. 2. Kor. 13,8]. 4. Hier kann also zwischen den beiden Disziplinen nur ein relativer methodischer Gegensatz auf dem Hintergrund einer letzten sachlichen Einheit bestehen.

Indem wir diese Grundzüge der katholischen Verhältnisbestimmung der beiden Disziplinen als mit unseren eigenen Überlegungen übereinstimmend bejahen, können wir nun doch nicht umhin, gegen die zweifellos ganz andere Art, in der dort das alles gemeint ist, die ernstlichsten Bedenken anzumelden. Sie lassen sich dahin zusammenfassen: wir meinen zu sehen, daß wir in der Art, wie diese Verhältnisbestimmung hier gemeint ist und begründet wird, die Fehlerquelle vor uns haben, aus der die protestantisch-theologischen Konstruktionen, die wir vorhin abgelehnt haben, entstanden sind. Die gemeinsame Voraussetzung, die Klammer, die nach katholischer Ansicht Moralphilosophie und Moraltheologie zusammenhält, ist eine Metaphysik, in der der Mensch *Gottes* jenseits des Gegensatzes von Natur und Übernatur oder von Natur und Gnade oder von Vernunft und Offenbarung erkenntnismäßig *mächtig* ist, eine Metaphysik, für die dieser Gegensatz nur einen Gegensatz von Stufen bedeutet. Wir fragen: Von welchem Standort aus wird eine Metaphysik, die das leistet, möglich, wie kann es zu einer Zusammenschau von Natur und Gnade kommen, wenn der Mensch jedenfalls durch die Gnade, durch die Offenbarung qualifiziert ist als der gefallene Mensch, der von Gott keine Erkenntnis hat als die eben durch Gnade, eben in der Offenbarung stattfindende? Und weiter: der Gott dieser Metaphysik ist das reine Sein, das höchste Gut – so oder so offenbar Objekt des menschlichen Erkennens. Wir fragen: Ist dieser Gott wirklich Gott? Kann eine vorweg als Objekt verstandene Größe Gott heißen, auch wenn sie nachträglich durch die Theologie als der Dreieinige und als der Erlösergott beschrieben wird? Kann Erkenntnis Gottes anderswo anheben als in seiner Offenbarung, und ist bei diesem Anfang das Verständnis Gottes als des reinen Seins oder als des höchsten Gutes, das Verständnis Gottes als eines Objektes nicht gerade abgeschnitten? Und weiter: die Ordnung des Sollens soll sich aus der Ordnung des Seins, die Ethik aus der Metaphysik ableiten lassen, das Gebotene soll sich verstehen lassen als das Naturgemäße. Wir fragen wiederum, von welchem Standort aus etwa? Ist *das Sollen*, ist *das Gebot*, was nicht in sich selber gründet, sondern in einem hinter ihm liegenden Sein, das also erst der Rückfrage nach diesem begründenden Höheren bedürftig ist? Ist da *Gebot*, wo das Gebot nicht mit dem Gebieter und dem Akt seines Gebietens in Eins zusammenfällt? Und weiter: Gnade soll die Bedeutung haben, die Natur unter Mitwirkung der Natur selbst zu heilen, zu reformieren, zu erheben, zu vollenden. Wieder ist hier mit einer Integrität des Menschen in seinem Verhältnis zu Gott, ja mit einem Vermögen des Menschen für Gott gerechnet, das offenbar durch keinen Abfall verloren gegangen ist. Wir fragen: Ist Gnade dann Gnade, freies Geschenk im Sinn der biblischen Begriffe? Gnade schließt die Möglichkeit aus, nach dem zu greifen, was Gott *ist* oberhalb dessen, was er in seiner Gnade an uns *tut*. Sie schließt den Aufstieg des Menschen zu Gott überhaupt aus. Gnade heißt, daß wir nur durch den persönlichen göttlichen Akt, *in* diesem Akt und nicht sonst, in keiner Weise an sich, in keiner Weise seinsmäßig Gemeinschaft mit Gott haben. Gnade heißt, daß es keine menschliche Integrität Gott gegenüber gibt. Gnade kann ihre Kraft nicht mit einem menschlichen Vermögen teilen. Gnade steht in Analogie zu der creatio mundi ex nihilo, sie ist mehr als eine Erhebung aus einer Ordnung in eine andere. Sie bedeutet nicht Heilung, sondern Totenerweckung.

Wenn wir uns doch überzeugen könnten, daß mit dem, was die katholische Lehre als die gemeinsame Voraussetzung theologischer und philosophischer Ethik angibt, der gnädige und gebietende *Gott* gemeint sei, daß hier nicht doch eine spekulative Philosophie der Theologie Meister geworden ist, sondern daß die Einheit der beiden Disziplinen die

Einheit der Offenbarung und des Glaubens ist! Wir können uns von dem allem angesichts der katholischen Konstruktion dieser Verhältnisbestimmung *nicht* überzeugen. Wir fürchten, daß von hier aus die voreilige Synthese und die voreilige Diastase der protestantischen Ethiker nur zu gut zu verstehen sein möchte. Wenn es der Theologie nicht unzweideutig klar ist, daß Gott Subjekt, Person, handelnder Wille und daß Gnade *freie* Gnade ist, wie sollte es ihr dann nicht unterlaufen, daß sie jetzt: allzu *untheologisch* als eine höchste *Weltweisheit* und jetzt: allzu *theologisch* als eine Art *Geheimwissenschaft* auftritt, jetzt vor lauter Demut ihr Thema verliert und jetzt samt ihrem Thema in den Winkel einer hochmütigen Sekte sich begibt? Wie sollte sie dann freie Wissenschaft von der Offenbarung sein und eben als solche demütig *und* stolz genug, um zu anerkennen, daß das große «Es ist vollbracht» [Joh. 19,30] der Offenbarung für alle andere Wissenschaft nicht minder als für sie selber Gültigkeit hat? Nochmals: Voreiligkeit kann man der katholischen Konstruktion gewiß nicht vorwerfen. Sie ist mustergültig auch in ihrer Weisheit und Bedächtigkeit. Aber es könnte doch sein, und nach unserem Verständnis ist es so, daß hier weise und bedächtig grundsätzlich dieselben mißlichen Wege eingeschlagen werden, gegen die wir uns vorhin abzugrenzen hatten.

[IV]

Versuchen wir es zum Schluß – immer unter dem Vorbehalt, daß hier nur von der Theologie aus geredet werden soll –, unsere kritischen durch einige systematischen Linien zu ergänzen.[29]

Wenn die Auseinandersetzung des theologischen [Ethikers] mit dem philosophischen Ethiker nicht mit der Feststellung eines unlösbaren Zwiespalts endigen soll, dann wird die Ordnung ihres Verhältnisses auf alle Fälle so erfolgen müssen, daß dieses Verhältnis für keine der beiden Disziplinen ein Abhängigkeitsverhältnis bedeutet. Weder «theologia philosophiae ancilla»[30] noch das Gegenteil ist von der Theologie aus ge-

---

[29] Der hier beginnende letzte Teil des Vortrags hat seine Entsprechung in Ethik I, S. 53–74.

[30] Vgl. G. Ebeling, Art. «Theologie und Philosophie», in: RGG³ VI, Sp. 802: «Petrus Damiani bestritt, daß die göttliche Allmacht am logischen Grundprinzip (Satz vom Widerspruch) eine Schranke habe (MPL 145,612), und vertrat als erster im MA den zwar schon in der Patristik begegnenden, auf Philo zurückzuverfol-

sehen tragbar. Jenes nicht, weil das Prinzip der Theologie eine Unterordnung unter ein anderes Prinzip seinem Wesen nach ausschließt. Sein mittelalterliches Gegenteil auch nicht, weil das Prinzip der Theologie seinem Wesen nach nicht dazu taugt, den Vorrang einer menschlichen Wissenschaft vor einer anderen zu begründen, weil ihm gegenüber alle menschliche Wissenschaft in gleicher Weise erniedrigt und erhöht ist.

Gehen wir aus davon, daß auch der Theologie ihrem eigenen Prinzip gegenüber gründlichste Selbstbescheidung geboten ist. Die Theologie, von der unter uns die Rede ist, nennt sich *christliche* Theologie. Damit ist nun nicht bloß eine geschichtliche Unterscheidung dieser Theologie von entsprechenden Erscheinungen im Buddhismus und Islam bezeichnet, sondern dabei ist an Christus gedacht und also an Gottes Offenbarung, wie sie des christlichen Glaubens Geheimnis ist. Des *Glaubens Geheimnis:* mit diesen beiden Worten ist die Hülle, die Verborgenheit bezeichnet, in der die Majestät der Offenbarung Gottes Ereignis ist. So, im Geheimnis des Glaubens, ist Gottes Offenbarung Ursprung und Gegenstand der Theologie. Wenn die Theologie es wagt, sich in diesem prägnanten Sinn als *christliche* Theologie zu bezeichnen, dann kann sie mit diesem Prädikat also gerade nicht etwa einen obersten christlichen Satz meinen, aus dem sich die entsprechenden christlichen Definitionen und Beweise ableiten ließen. Wiederum kann sie damit nicht eine bestimmte Methode meinen, etwa die Ableitung ihrer Sätze aus der heiligen Schrift oder aus dem Dogma oder, wie Schleiermacher gemeint hat, die möglichst freimütige und aufrichtige Aussprache des religiösen Bewußtseins[31]. Und am wenigsten kann sie damit einen bestimmten Hö-

gen den, nun aber schroff akzentuierten Gedanken, die Dialektik habe als ancilla der sacra doctrina als ihrer domina gehorsam zu dienen (603).» Vgl. B. Baudoux, *Philosophia ancilla theologiae,* in: Antonianum, Jg. 12 (1937), S. 293–326. Daß Barth den alten Spruch hier gleich in der Umkehrung zitiert, entspricht nicht nur dem Weg seiner eignen Gedanken, sondern vor allem auch der Tendenz von Kants «Streit der Fakultäten» (a.a.O., Anm. 15). Dort heißt es S. 28: «Auch kann man allenfalls der theologischen Facultät den stolzen Anspruch, daß die philosophische ihre Magd sei, einräumen (wobei doch noch immer die Frage bleibt: ob diese ihrer gnädigen Frau *die Fackel vorträgt* oder *die Schleppe nachträgt*) ...» – S. 35: «Auf diese Weise könnte es wohl dereinst dahin kommen, daß die Letzten die Ersten (die untere [scil. die philosophische] Facultät die obere) würden ...» – Vgl. ferner Bultmanns Bemerkung zu diesem Problem in seiner Kritik an der Chr. Dogm.: Bw. B.¹, S. 81; Bw. B.², S. 82f.

[31] Vgl. dazu Th. Schl., S. 333f.

hengrad persönlicher Frömmigkeit des betreffenden Theologen meinen. In allen diesen drei Richtungen gesucht, wäre das Christliche offenbar als ein Menschliches gedacht, das dem Menschen einsichtig wäre und über das der Mensch Verfügung hätte. Es wäre dann anderswie gegeben als eben im *Geheimnis* des *Glaubens*. Ernst genommen kann das Prädikat «christlich» offenbar auch auf die Theologie angewendet nur einen Hinweis bedeuten auf das Selbstzeugnis eines Anderen, der zu solchem Selbstzeugnis kompetent ist: *Ich* bin – nicht die Theologie ist – der Weg, die Wahrheit und das Leben [Joh. 14,6]. Ernst genommen kann die Christlichkeit der Theologie in keinem Sinn in ihr selbst beruhen, sondern nur in der Offenbarung, die ihr Ursprung und ihr Gegenstand ist. Ernst genommen *christliche* Gotteserkenntnis muß sich dadurch auszeichnen, daß sie schlechterdings nur *wirklich* sein kann, ohne sich doch in Form irgend einer Kategorie menschlichen Erkennens, und wäre es der des Irrationalen[32], einsichtig machen zu lassen. Die Christlichkeit der Theologie ist Gnade, sie ist mit dem Worte Gottes, ja mit Gott selber identisch. Sie ist also kein Instrument, das in die Hände des Menschen gelegt wäre. Sie kann nur Gegenstand des Glaubens und des Gehorsams, nur Gegenstand des Gebetes und Zeugnisses sein, wobei die Kraft dieses Gebetes und Zeugnisses, der Ernst des Glaubens und Gehorsams selber wieder freie Gnade ist. Die Christlichkeit der Theologie ist göttlich *gesichert*, indem sie menschlich *ganz* ungesichert ist. Indem der theologische Ethiker die Wirklichkeit des Wortes Gottes darstellt, wie es als Gottes Gebot den Menschen heiligt, für Gott in Anspruch nimmt, wagt er das Zeugnis des Glaubens und Gehorsams und bekennt sich als unnützen Knecht [vgl. Lk. 17,10], der nichts getan hat, wenn der Gegenstand seines Zeugnisses selbst nicht Alles getan hat. Die Wahrheit muß für sich selbst sprechen. Und die Wahrheit ist frei. Sie *muß* sich nicht bekennen zu ihren menschlichen Bekennern. Es ist Gnade, wenn sie es tut. Sie ist Gott der Herr, an den seine Bekenner gebunden sind, ohne daß er an sie gebunden wäre. – Das ist die Selbstbescheidung, in der die Theologie ihrem Prinzip gegenübersteht.

Christlichkeit in diesem Sinn kann nun aber die Theologie auch der

---

[32] R. Ottos Buch *Das Heilige* (1917; München 1971[36–40]) trägt den Untertitel: *Über das Irrationale in der Idee des Göttlichen und sein Verhältnis zum Rationalen.*

Philosophie nicht absprechen. Ja noch mehr: Christlichkeit in diesem Sinn muß die Theologie als die Verheißung verstehen, die auch der Philosophie gegeben ist. Welcher Philosophie? Gewiß nicht dieser oder jener Philosophie, etwa einer solchen, die mit bestimmten religiösen Obersätzen arbeitete oder die gar einen expliziten Anschluß an die Bibel oder an das christliche Dogma vollzöge. Auf dieser Ebene kann ja auch die Christlichkeit der Theologie selber nicht garantiert sein. Und eine Philosophie, die in ihren Spitzensätzen Bekenntnis und also Theologie würde, wäre wohl als Philosophie eine ebenso fragwürdige Erscheinung wie eine Theologie, die letztlich zur Metaphysik und also zur Philosophie werden wollte. Der Gegenstand der Philosophie ist sicher *nicht* die Offenbarung, *nicht* das Wort Gottes, *nicht* das Christliche. Und darum kann ihre Aufgabe nicht das Zeugnis sein. Wie die Theologie nur Theologie ist, sofern sie im Grunde, wenn auch gewiß cum grano salis verstanden, *Predigt* ist, so *hört* die Philosophie *auf*, Philosophie zu sein, wenn sie in die Predigt übergeht. *Ihre* Aufgabe ist die verkündigungsfreie Verständigung des Menschen selbst über sich selbst. Und ihr Gegenstand ist die in unserer Existenz selbst und als solcher offenbare Wahrheit. Eben darum dürfte in der Philosophie die Ethik der Metaphysik ebenso *übergeordnet* sein, wie sie in der Theologie der Dogmatik *untergeordnet* sein muß. Aber mit dem allen ist nicht gesagt, daß nicht auch die Philosophie im Raum der Kirche stattfinden, daß nicht auch sie christlich sein könne. Das Wort Gottes, die Versöhnung, die Vergebung, die Forderung der Buße – das alles geht den Menschen als solchen an und damit auch die Philosophie. Ist die Botschaft der Kirche *nicht* das Thema der Philosophie, so ist diese doch ebensowenig in der Lage, ihr eigenes Thema *abseits* von dieser Botschaft zu entwickeln. Ist das Wort Gottes entschieden nicht ihr Gegenstand, so fragt es sich doch jeden Augenblick – und gerade für den philosophischen Ethiker wird diese Frage brennend werden –, ob ihr großes Experiment sinnvoll sein, ob die Verständigung des Menschen über sich selbst anderswie als unter der Voraussetzung des zum Menschen gesprochenen Wortes Gottes erfolgen kann, also unter der Voraussetzung, daß die menschliche Existenz, die hier Gegenstand der Wissenschaft ist, keine andere ist als die durch das Wort Gottes unter das Gericht und unter die Gnade gestellte, die Existenz *des* Menschen, für den Christus gestorben und auferstanden ist. *Wie* diese Frage beantwortet wird, ob also der Mensch, der in der Philosophie durch sich selbst erkannt wird, der von Gott erkannte Mensch *ist* und darum seine Erkenntnis *Wahrheit*, philosophische Wahrheit ist, das dürfte dann freilich hier wie in der Theologie des Menschen Hand entnommen sein. Es wird wohl in der Philosophie nicht weniger als in der Theologie Gnade sein, wenn das Experiment gelingt, wenn die Wahrheit selbst sich je und je bekennt zu dem, was wir als unser menschliches Wahrheitsstreben zu kennen meinen.

So suchen wir die Einheit theologisch-ethischer und philosophisch-ethischer Betrachtung in einer Höhe, die nicht den Gegensatz, aber den Streit der Fakultäten sicher unmöglich machen muß. Die theologische Ethik ist die Wissenschaft von *Gottes Gebot*, die philosophische Ethik ist die Wissenschaft von dem unter Gottes Gebot gestellten *Menschen*. Das ist gewiß zweierlei. Es ist nicht erstaunlich, wenn an dieser Grenze immer wieder von hüben nach drüben und zurück die Frage gestellt werden möchte, ob denn das Unternehmen des Anderen nicht unmöglich sei. Der theologische Ethiker muß seiner Sache, der Wirklichkeit des Gebotes Gottes, sehr sicher sein, um einzusehen, daß das Experiment des Philosophen gerade im Lichte dieses seines theologischen Themas wahrhaftig notwendig und sinnvoll ist, daß die Frage nach der Verantwortlichkeit in den Taten des Menschen einen Gegenstand hat. In der Tat: sie *hat* einen Gegenstand, und die philosophische Ethik hat Raum neben der theologischen, nicht mit einem besonderen Stoffgebiet, aber mit dieser ihrer besonderen *Frage:* darum, weil der Mensch der unter Gottes Gebot gestellte Mensch ist. Und der philosophische Ethiker wird wohl seine Frage, die merkwürdige Frage nach der menschlichen Verantwortlichkeit als solcher, sehr gründlich stellen müssen, um seinerseits einzusehen, daß drüben der Theolog kein Gaukler ist, sondern genau die Frage stellt, die er selbst an der Grenze seiner Wissenschaft – aber dann müßte er diese Grenze überschreiten – auch stellen müßte. Sie *hat* einen Sinn, und eine theologische Ethik hat Raum neben der philosophischen, wiederum nicht mit einem besonderen Stoffgebiet, wohl aber mit dieser ihrer besonderen *Frage:* darum, weil die Frage nach der Verantwortlichkeit voraussetzt, daß dem Menschen *gesagt* ist, was gut ist [vgl. Mi. 6,8], und die Frage *danach* ist eben die theologisch-ethische Frage. Aber diese Einsicht auf beiden Seiten ist nicht eine letzte, schönste Blüte wissenschaftlicher Arbeit. Man kann sie auch bei strengster Wissenschaftlichkeit auf beiden Seiten gründlichst verfehlen. Ein Rezept zu solcher Einsicht konnte und sollte mit dem, was hier gesagt wurde, nicht in Jemandes Hände gelegt werden. Nur der Hinweis sollte ausgesprochen sein, daß solche Einsicht möglich, aber eben bei Gott möglich ist. Und was bei Gott möglich ist, das ist allemal allein bei Gott möglich [vgl. Mk. 10,27]. Gott in Christus ist nicht nur der Juden, er ist auch der Heiden Gott [vgl. Röm. 3,29]. Aber das ist nie selbstverständlich. Das ist je und [je] die Voraussetzung, die der *Glaube* macht, weil das je und je von Gott aus wahr ist. Daß Gott wirklich beides *ist*, der Juden *und* der Heiden Gott, darüber hat keine Theologie und keine Philosophie Gewalt. Das ist Offenbarung, das ist Gnade. Das kann sich hüben und drüben nur je und je erweisen. Eine Theologie, die das weiß, ist in der Lage, sich ehrlich, ohne Primatsanspruch gegenüber dem Nachbarn, aber freilich auch ohne sich seinen allfälligen Primatsanspruch gefallen zu lassen, neben die Philosophie zu stellen, im Notfall auch dann, wenn die Philosophie in concreto das nicht weiß oder nicht wissen will.

[V]

Es dürfte nun verständlicher geworden sein, warum wir am Eingang dieses Vortrags Zweifel an der Erreichbarkeit des Zieles der Einheit der Wissenschaften ausgesprochen haben. Wir haben nur von dem Verhältnis zweier Disziplinen gesprochen. Als Einheit zwischen diesen beiden Disziplinen kann nach unseren Erwägungen keine vollziehbare Synthese in Frage kommen. Es kann gerade von der Theologie aus nur als menschlicher, allzu menschlicher Übermut erscheinen, wenn hier der Theolog dem Philosophen oder der Philosoph dem Theologen je seine Synthese, seinen Gesichtspunkt, seine Fragestellung als die überlegene aufdrängen wollte. Wenn wir von Gottes Wort gesprochen haben, so haben wir eben damit sagen wollen: keine vollziehbare Synthese, kein abschließender Gesichtspunkt, keine uniforme Fragestellung. Gott ist nicht das Sein der aristotelischen Metaphysik. Die katholische Theologie selber weiß es besser, wenn sie aus ihrem Eigenen, wenn sie theologisch, wenn sie christlich redet. Die dem Theologen nicht nur naheliegende, sondern notwendige Erinnerung an den Namen, der über alle Namen ist [Phil. 2,9], soll dem Philosophen doch nur sagen, daß sein ganz anderes Anliegen von der Theologie und ihrem Anliegen aus als berechtigt und notwendig einzusehen, aber wirklich nur auf dem Umweg über die höchste Instanz als berechtigt und notwendig einzusehen ist.

Der Philosoph mag und muß sein Anliegen selbst zur Darstellung bringen. Kein Wort von dem, was hier über die Philosophie als solche gesagt wurde, macht den Anspruch, verbindlich und maßgebend gesagt zu sein. Wir zweifeln nicht daran, daß auch dort von innen gesehen alles noch einen anderen Aspekt bietet, als wir von außen sehend hier angedeutet haben. Wir zweifeln nicht daran, daß der Philosoph anders von dieser Sache reden müßte. Aber wir zweifeln auch daran nicht, daß er mit anderen Worten nichts Anderes, sondern nur dasselbe sagen könnte.

ANSPRACHE AN DEN GENERALSUPERINTENDENTEN
D. ZOELLNER ZU DESSEN SIEBZIGSTEM GEBURTSTAG
VON SEINER SPEKTABILITÄT, DEM DEKAN DER
EVANGELISCH-THEOLOGISCHEN FAKULTÄT
1930

*In seinem letzten Münsteraner Semester, dem Wintersemester 1929/30,
amtierte Barth als Dekan der Evangelisch-theologischen Fakultät. Die
Gratulationsrede an den westfälischen Generalsuperintendenten gehörte zu seinen Amtspflichten.[1] Zu Wilhelm Zoellner[2] hatte er ein gutes
Verhältnis, wozu die Zusammenarbeit bei den theologischen Examina
der Landeskirche ihren Beitrag leistete. Zoellner unterstützte Barths
Sondervotum zugunsten der Berufung Gogartens nach Münster.[3] In
seinem Bericht über die Preußische Generalsynode vom 22. 2.–12. 3. 1930
bedauerte Zoellner zwar die «ganz ungewöhnliche Schärfe des Tones»
in Barths Aufruf «Quousque tandem ...?», aber er schrieb auch, «daß
nach meiner Ansicht man auf der Generalsynode D. Barth nicht völlig
gerecht geworden ist».[4]*

*Die Überschrift der Ansprache steht in der oben wiedergegebenen,
zweifellos selbstironisch gemeinten Form über dem Typoskript und ist
dort zusätzlich von Hand mit zwei Ausrufungszeichen versehen.*

[1] Am 26. Januar, also vier Tage vor der Festivität, schrieb Barth an Thurneysen: «Lieber Eduard, sei froh, daß du nicht in meiner Haut steckst! Weißt du,
was mir nächsten Donnerstag um 12 Uhr zustoßen wird? Da muß ich ‹in Cylin-
der und Gehrock›, wie ich selber schriftlich anordnen mußte, an der Spitze der
ganzen Fakultät beim Generalsuperintendenten Zoellner aufmarschieren, der
seinen 70. Geburtstag feiert, und ihm in einer solennen Ansprache ... was sagen?
Ich weiß es wahrlich zur Stunde noch nicht ... aber ich bin schon dabei gewesen,
wie bei solchen Anlässen gelogen wurde, daß sich die Balken bogen – das also
wäre vor allem zu vermeiden und dann noch etwas geburtstäglich Wohltuendes
und zugleich dekänlich Angemessenes und zugleich westfälisch Erdgerüchiges
vorzubringen. Eine verflixte Aufgabe, wa? Die ganzen Kollegen grinsen schon
im Voraus, daß gerade mir gerade das nun aufgeladen ist. Ob ich ihm nicht am
besten das ‹Quousque tandem› vorlesen würde?», Bw. Th. II, S. 703.
[2] Wilhelm Zoellner (1860–1937) war von 1905–1931 Generalsuperintendent
von Westfalen in Münster; s. auch RGG³ VI, Sp. 1927.
[3] Vgl. Bw. Th. II, S. 679; Neuser, S. 22; der Text des Sondervotums ist neuerdings veröffentlicht in: Bw. B.², S. 232–236 (Entwurf) und 236–238 (Endfas-
sung).
[4] AELKZ, Jg. 63 (1930), Sp. 467f.; vgl. oben S. 525.

Die Ansprache ist erstmals 1985 von Neuser, S. 77f., veröffentlicht worden.[5]

Hochgeehrter Herr Generalsuperintendent!

Unter denen, die Sie zum heutigen Tag ehrerbietig, vertrauensvoll und dankbar grüßen, möchte die evangelisch-theologische Fakultät der Westfälischen Wilhelms-Universität nicht fehlen. Ein anderer ist der Dienst eines Vorstehers und Leiters, ein anderer der Dienst eines wissenschaftlichen Lehrers der Kirche. Aber die Kirche würde krank sein, wo die Freude und das Leid, die Sorge und die Hoffnungen des Einen den Anderen nicht mitbewegten, wo Einer im Anderen die gemeinsame Gabe und Aufgabe der Kirche nicht wiedererkennen würde. Wir freuen uns, es heute aussprechen zu dürfen, daß uns dieses Wiedererkennen bei Ihnen, hochgeehrter Herr Generalsuperintendent, nicht schwer gemacht ist. Sie dürfen gewiß sein, daß uns die Art, wie Sie Ihr hohes Amt in der Kirche auffassen und verwalten, mit aufrichtigem Respekt erfüllt, und wir sind Ihnen dankbar, Beweise dafür zu haben, daß Sie Ihrerseits auch unserer Aufgabe und der Art, wie wir ihr nachgehen, mit Verständnis gegenüberstehen. Wir gedenken heute der Tatsache, daß Sie mit unter denen waren, denen unsere Fakultät ihr Entstehen[6] zu verdanken hat. Sie sind für die Beteiligung unserer Fakultät am Prüfungsamt beim Konsistorium eingetreten[7] und haben es verstanden, uns

[5] Die geringfügigen Abweichungen gegenüber der Textgestalt bei Neuser beruhen teils auf dem im Karl Barth-Archiv erhaltenen Typoskript, teils auf dem Prinzip der Gesamtausgabe, Abkürzungen in ungedruckten Texten aufzulösen.

[6] Die 1780 aus einem Jesuitenkolleg hervorgegangene Universität in Münster wurde 1818 in eine theologisch-philosophische Lehranstalt umgewandelt und erst 1902 wieder zur Universität erhoben. Seit 1907 trägt sie den Namen Westfälische Wilhelms-Universität. 1914 wurde ihr eine evangelisch-theologische Fakultät angegliedert.

[7] Vgl. dazu Neuser, S. 77, Anm. 2: «Das ‹Kirchengesetz betr. Vorbildung und Anstellungsfähigkeit der Geistlichen› (1927) bestimmt, daß ‹in jeder Kirchenprovinz bei dem Konsistorium ein theologisches Prüfungsamt eingesetzt› wird (§ 2,2). Es besteht aus dem Generalsuperintendent, den geistlichen Mitgliedern des Konsistoriums, den Abgeordneten der Provinzialsynode und ‹den der Kirche angehörigen, vom Oberkirchenrat zu beauftragenden ordentlichen Professoren der evangelisch-theologischen Fakultät der Provinzialuniversität› (§ 2,3). Barth und seine Kollegen mußten gemäß § 2,3 schriftlich erklären, das Prüfungsamt

diese Mitarbeit zu einer Angelegenheit zu machen, bei der wir immer alle gern dabei waren. Sie haben endlich wohl uns allen persönlich je und je Ihr Interesse für unsere Tätigkeit als Forscher und Lehrer bezeugt und uns damit daran erinnert, daß wir bei unserer Arbeit die Kirche auch in concreto in unserem Rücken wissen dürfen. Es konnte und es kann nicht fehlen, daß die Dinge diesseits und jenseits des Domplatzes[8] gelegentlich ein anderes Gesicht haben. Vereintes Schlagen erfordert ja weithin ein getrenntes Marschieren.[9] Daß es sich um vereintes Schlagen handelt, darüber besteht bei uns kein Zweifel. Und nun weiß ich aus Ihrem eigenen Munde, daß Sie das «otium cum dignitate»[10], dem Sie entgegengehen, nicht zuletzt in erneuter Beschäftigung mit der wissenschaftlichen Theologie zu benützen gedenken. So dürfen wir Sie auch im Blick auf Ihren bevorstehenden Lebensabend grüßen als den Unsrigen. Im Namen der Fakultät wünsche ich Ihnen Gottes Segen zu diesem Tag. Wir wissen uns auch darin mit Ihnen einig, daß unser menschliches Pflanzen und Bauen, Arbeiten und Ruhen in dieser höheren Hand steht!

‹im Sinn und Geist der Kirche› auszuüben; Verhandlungen der achten Generalsynode der Evangelischen Kirche der altpreußischen Union, Teil II, Berlin 1927, S. 304f.»

[8] Vgl. Neuser, S. 78, Anm. 4: «Das Evangelische Konsistorium der Provinz Westfalen befand sich Domplatz 3, am selben Platz lag die Universität.»

[9] Anspielung auf den Helmuth Graf von Moltke zugeschriebenen strategischen Grundsatz: «Getrennt marschieren, vereint schlagen!» Vgl. Büchmann, S. 739.

[10] M. T. Cicero, *Pro Sestio* 45,98.

LICENTIATEN-PROMOTION VON WILHELM NIESEL
1930

Zu den letzten und in jeder Hinsicht erfreulichen Amtspflichten Barths als Dekan der Evangelisch-theologischen Fakultät der Westfälischen Wilhelms-Universität gehörte die Licentiaten-Promotion von Wilhelm Niesel[1]. Niesel, der schon in Göttingen zu Barths Schülern gehört hatte[2], legte eine Arbeit über Calvins Abendmahlslehre vor, die Barth als sehr gut beurteilte[3] und für deren Veröffentlichung in der Reihe «Forschungen zur Geschichte und Lehre des Protestantismus» im Christian Kaiser-Verlag er sorgte[4]. Zu dem feierlichen Akt hatte Barth seinen Bruder Peter eingeladen, zur Überraschung Niesels und damit einige Leute in Münster «sich freuen könnten, die beiden Calvin-Herausgeber in Lebensgröße nebeneinander zu sehen».[5]

Am 22. Februar 1930, 12 Uhr c.t., nach feierlichem Einzug in den Aulahörsaal der Universität, hielt Niesel seinen Vortrag über «Schleiermachers Verhältnis zur reformierten Tradition»[6], und Barth überreichte ihm das Licentiaten-Diplom.

---

[1] Wilhelm Niesel (1903–1988) wurde 1930 Studieninspektor am Predigerseminar in Elberfeld, 1935 Dozent für systematische Theologie an der Kirchlichen Hochschule in Berlin. 1940 wurde er aus Berlin ausgewiesen und mehrfach inhaftiert. Von 1946 bis 1968 lehrte er an der Kirchlichen Hochschule in Wuppertal; von 1946 bis 1973 war er Moderator des Reformierten Bundes, von 1964 bis 1970 Präsident des Reformierten Weltbundes.

[2] Vgl. Busch, S. 145.

[3] Das zweiseitige Gutachten über Niesels Arbeit, das Barth der Fakultät vorgelegt hatte, befindet sich im Karl Barth-Archiv. Es endet mit dem Antrag auf «Note I (sehr gut)».

[4] W. Niesel, *Calvins Lehre vom Abendmahl*, München 1930.1935².

[5] Brief Barths an seinen Bruder vom 5. 2. 1930. Peter Barth (1888–1940) zeichnete verantwortlich für die vom Chr. Kaiser-Verlag herausgebrachte (1952 abgeschlossene) fünfbändige Auswahlausgabe *Joannis Calvini opera selecta*. Nachdem der erste Band (1926) scharfe Kritik erfahren hatte, wurde Niesel als Mitherausgeber herangezogen und wohnte eine Zeitlang in P. Barths Pfarrhaus in Madiswil (Kanton Bern). Siehe Bw. Th. II, S. 432–435 und 571–573.

[6] Der Vortrag wurde veröffentlicht in ZZ, Jg. 8 (1930), S. 511–525.

Sehr geehrter Herr Kandidat! Nachdem Sie mit der eben gehaltenen Rede den vorgeschriebenen Beweis Ihres wissenschaftlichen Wollens und Könnens abgeschlossen haben, darf ich Ihnen im Namen unserer Fakultät mitteilen, daß sie beschlossen hat, Ihnen den Grad eines Licentiaten der Theologie, um den Sie sich beworben haben, zuzusprechen. Ich weiß, daß ich mit Ihnen einig gehe, wenn ich sage, daß die Erteilung und Erwerbung einer solchen *Würde* gerade auf dem Felde der Theologie das Werk einer unangemessenen menschlichen *Eitelkeit* wäre, wenn sie etwas Anderes bedeutete als die Übertragung und Übernahme eines besonderen *Dienstes* und einer besonderen *Verantwortlichkeit.* Wenn dies von *jedem* von der Universität zu verleihenden Grade gilt, so gilt es doch in der Theologie mit einer Prägnanz, die jede andere Auffassung unmöglich macht. Die licentia, die wir Ihnen erteilen, ist eine *Ehre* für Sie, aber wie sollte sie, wo es um die «cognitio Dei et nostri»[7] geht, eine andere sein als schlechterdings die Ehre eines *Auftrags,* eines Auftrags, der noch ganz anders verlangt, daß Sie ihm Ehre machen. Der Auftrag lautet aber: Mit*arbeit* an der wissenschaftlichen, d. h. grundsätzlichen und nur durch die Sache gebundenen *Selbstbesinnung* unserer Kirche. Diese Arbeit kann als *akademische* Forschung und Lehre, sie kann und muß aber auch im engeren und eigentlichen Raum der *Kirche* getrieben werden. Und wir freuen uns ganz besonders darüber, daß Ihre Absicht in dieser letzten Richtung geht. Die Kirche und die theologische Wissenschaft bedürfen in gleicher Weise wissenschaftlich arbeitender *Pfarrer:* die Kirche, damit sie ihre Gründung in der *Wahrheit* nie vergesse, die theologische Wissenschaft, damit sie die Beziehung zur *Wirklichkeit* nicht verliere. Beides ist zum Unheil der Kirche und der Theologie allzu oft geschehen. Ein rechtschaffener Licentiat der Theologie wird, ohne sich darum mit Schleiermacher als «Kirchenfürst»[8] zu fühlen, den

[7] Vgl. J. Calvin, Inst. I 1,1: «Tota fere sapientiae nostrae summa, quae vera demum ac solida sapientia censeri debeat, duabus partibus constat, Dei cognitione et nostri.»

[8] Vgl. Fr. Schleiermacher, *Kurze Darstellung des theologischen Studiums zum Behuf einleitender Vorlesungen* (1811.1830²), hrsg. von H. Scholz (Quellenschriften zur Geschichte des Protestantismus, Heft 10), Leipzig 1910 (= Darmstadt 1968), § 9 (S. 3f.): «Denkt man sich religiöses Interesse und wissenschaftlichen Geist im höchsten Grade und im möglichsten Gleichgewicht für Theorie und Ausübung vereint: so ist dies die Idee eines Kirchenfürsten.» Vgl. a.a.O., § 251 (S. 96) und § 329 (S. 127), sowie Th. Schl., S. 247.252.

Dienst tapfer übernehmen, diesem Unheil zu *steuern*, die *Wahrheit* in der Kirche und die *Wirklichkeit* in der Theologie [geltend zu machen] und in beiden Gott die Ehre zu geben.|

Sie werden sich nicht vorstellen, als ob dieser Auftrag etwa *leicht* sei. Er ist in unseren Tagen in besonderer Weise *nicht* leicht. Wir sind, wenn nicht Alles täuscht, auf dem Felde der Kirche im Begriff, in ein Zeitalter der großen *Worte* und eines beruhigten *Aktivismus* hineinzusteuern, das sich der durch die Theologie geforderten Selbstbesinnung wieder einmal entziehen möchte.[9] Es wird sich nicht von selbst verstehen, daß einer in diesem Zeitalter im besten Sinn wissenschaftlich orientiert seinen Weg in Treue geht. Und wir stehen in der Theologie selbst vor der großen Not, daß uns die Grundlagen, auf denen zwei Jahrhunderte vor uns Theologie getrieben haben, ins Wanken gekommen sind, ohne daß wir sagen könnten, daß uns die neuen oder alten Grundlagen, deren wir bedürfen, schon einigermaßen sicher geworden wären. Es ist vorläufig so, daß ein jeder auf seinen Weg sieht [vgl. Jes. 53,6] und eines Hand wider des andern ist [vgl. Gen. 16,12]. Es wird sich nicht von selbst verstehen, daß ein Jüngling in dieser Situation seinen Weg unsträflich geht [vgl. Ps. 119,9].

Ich spreche das alles aus, um Ihnen, Herr Kandidat, den Auftrag, der mit Ihrem künftigen Grad eins ist, die Ehre, die er Ihnen bringt, und die Ehre, die Sie ihm zu machen haben, noch einmal als eine große Sache vor Augen zu stellen. Wir freuen uns, ich freue mich persönlich ganz besonders, daß Sie in dem Mann, dessen Werk Ihre wissenschaftliche Arbeit bis jetzt in besonderer Weise gegolten hat[10], in dem großen, strengen Calvin, einen menschlichen Lehrmeister haben, der seinesgleichen sucht. Was Sie sich selbst nicht nehmen können und was auch Calvin Ihnen nicht geben kann, steht in Gottes Hand, dessen Wort und Geist wir Sie anbefehlen.

Und nun lassen Sie mich den feierlichen Akt der Promotion vollziehen, indem ich Ihnen den Beschluß unserer Fakultät, wie er in Ihrem Licentiaten-Diplom niedergelegt ist, zur Kenntnis bringe.

22. Februar 1930, Münster i. W.

[9] Vgl. oben S. 528–535.
[10] Vgl. Anm. 4 und 5.

NACHWEIS FRÜHERER VERÖFFENTLICHUNGEN
DES INHALTS DIESES BANDES

Für Übersetzungen einzelner Vorträge dieses Bandes in andere Sprachen vgl. *Bibliographie Karl Barth*, Bd. 1: *Veröffentlichungen von Karl Barth*, hrsg. von H.-A. Drewes, Zürich 1984.

1925

Rezension von W. Vollrath, Das Problem des Wortes, in: ThLZ, Jg. 50 (1925), Sp. 523–525.

1926

Die Kirche und die Kultur, in: ZZ, Jg. 4 (1926), S. 363–384, sowie (unter dem Titel: «Kirche und Kultur») in: *Verhandlungen des Ersten Kontinentalen Kongresses für Innere Mission und Diakonie vom 31. Mai bis 4. Juni 1926 in Amsterdam*, hrsg. von G. Füllkrug, Berlin-Dahlem 1926, S. 24–46.
Wiederabdruck in: Th. u. K., S. 364–391.
Bemerkungen, in: ZZ, Jg. 4 (1926), S. 356.

1927

Polemisches Nachwort (Stellungnahme zu W. Bruhn, *Vom Gott im Menschen*) in: ZZ, Jg. 5 (1927), S. 33–40.
Wiederabdruck in: *Ludwig Feuerbach*, hrsg. von E. Thies (Wege der Forschung, Bd. 438), Darmstadt 1976, S. 24–32.
Rechtfertigung und Heiligung, in ZZ, Jg. 5 (1927), S. 281–309.
Das Halten der Gebote, München 1927, 24 S.
Gleichzeitig abgedruckt in: ZZ, Jg. 5 (1927), S. 206–227.
Wiederabdruck in: Th. Fr. u. A., S. 32–53.
Der Begriff der Kirche, in: ZZ, Jg. 5 (1927), S. 365–378.
Wiederabdruck in: Th. u. K., S. 285–301.
Das Wort in der Theologie von Schleiermacher bis Ritschl, in: ZZ, Jg. 6 (1928), S. 92–109.
Wiederabdruck in: Th. u. K., S. 190–211.

1928

Das Wagnis des Glaubens, in: Berner Tagblatt, Jg. 40 (1928), Beilage zu Nr. 29 vom 4. 2. 1928, S. 1.3.

Der römische Katholizismus als Frage an die protestantische Kirche, in: ZZ, Jg. 6 (1928), S. 274–302.
Wiederabdruck in: Th. u. K., S. 329–363.

1929

Schicksal und Idee in der Theologie, in: ZZ, Jg. 7 (1929), S. 309–348.
Wiederabdruck in: Th. Fr. u. A., S. 54–92.
Die Lehre von den Sakramenten, in: ZZ, Jg. 7 (1929), S. 427–460.
Bemerkungen zu Hans Michael Müllers Lutherbuch, in: ZZ, Jg. 7 (1929), S. 561–570.
Der heilige Geist und das christliche Leben, in: K. Barth / H. Barth, *Zur Lehre vom heiligen Geist,* Beiheft 1 von ZZ, München 1930, S. 39–105.
Vorabdruck der Leitsätze in: RKZ, Jg. 79 (1929), S. 323.

1930

Quousque tandem ...?, in: ZZ, Jg. 8 (1930), S. 1–6.
Teilabdruck ohne Titel innerhalb des Artikels: H. Forsthoff, *Die catilinarische Verschwörung in der evangelischen Kirche,* in: Der Ring. Unabhängige Wochenschrift für nationale Politik (Berlin W), Jg. 3 (1930), S. 138f.
Wiederabdruck in: K. Kupisch, *Quellen zur Geschichte des deutschen Protestantismus 1871–1945* (Quellensammlung zur Kulturgeschichte 14), Göttingen / Berlin / Frankfurt / M. 1960, S. 235–240.
Wiederabdruck in: K. Barth, *«Der Götze wackelt». Zeitkritische Aufsätze, Reden und Briefe von 1930 bis 1960,* hrsg. von K. Kupisch, Berlin 1961, S. 27–32.
Thesen über Schleiermacher und die Wissenschaftlichkeit der Theologie, in: A. L. Molendijk, *Aus dem Dunklen ins Helle. Wissenschaft und Theologie im Denken von Heinrich Scholz,* Amsterdam / Atlanta 1991, S. 341–345.
Ansprache an den Generalsuperintendenten D. Zoellner zu dessen siebzigstem Geburtstag, in: W. H. Neuser, *Karl Barth in Münster 1925–1930* (Theologische Studien 130), Zürich 1985, S. 77f.

REGISTER

Seitenzahlen im Normalsatz beziehen sich auf Barths Text einschließlich der mit
Buchstaben bezeichneten Anmerkungen des Verfassers. Kursiv gesetzte Seitenzahlen verweisen auf die mit Ziffern bezeichneten Anmerkungen des Herausgebers. Der Buchstabe E hinter einer Seitenzahl besagt, daß die Stelle zu einer dem
Haupttext vorangestellten Einleitung gehört. Der Buchstabe P («Partner») bezeichnet eine Stelle aus einem der mit abgedruckten Texte anderer Autoren.

I. BIBELSTELLEN

580

II. NAMEN
Personen, Gremien, Dokumente

Unberücksichtigt bleiben Herausgeber, Übersetzer, Briefempfänger, literarische Gestalten, in Buchtiteln enthaltene Eigennamen sowie biblische Namen, die durch das Bibelstellenregister erschlossen sind.

583

III. GEOGRAPHISCHE NAMEN

IV. BEGRIFFE

Nicht immer findet sich ein Registerstichwort auf den angegebenen Seiten wörtlich, da synonyme oder verwandte Termini gelegentlich für das Register unter
einem gemeinsamen Schlagwort zusammengefaßt sind.